Power JAVA ³판

천인국

서울대학교 전자공학과에 입학하여 1983년에 공학사 학위를 취득하였고, 한국과학기술원 대학원에 입학하여 1985년에 전기 및 전자공학과 석사 학위를, 1993년에 박사 학위를 취득하였다. 1985년부터 1988년까지 삼성전자 종합연구소에서 주임 연구원으로 재직하였고, 1993년부터 현재까지 순천향 대학교 컴퓨터 공학과 교수로 재직 중이다. 2005년에는 캐나다 UBC에서 방문교수를 지냈다.

저서로는 「인공지능」(2020, 인피니티북스), 「스크래치로 배우는 컴퓨팅 사고와 문제해결」(2019, 인피니티북스), 「OpenCV를 이용한 디지털 영상처리」(2019, 인피니티북스), 「Power Java Compact」(2018, 인피니티북스), 「어서와 C++는 처음이지!」(2018, 인피니티북스), 「문제해결과 컴퓨팅 사고」(2017, 인피니티북스), 「문제해결과 컴퓨팅 사고를 위한 스크래치」(2017, 인피니티북스), 「문제해결과 컴퓨팅 사고를 위한 파이썬」(2017, 인피니티북스), 「어서와 파이썬은 처음이지!」(2016, 인피니티북스), 「어서와 Java는 처음이지!」(2015, 인피니티북스), 「어서와 C언어는 처음이지!」(2015, 인피니티북스), 「HTML5+CSS3+JavaScript로 배우는 웹프로그래밍 기초」(2014, 인피니티북스), 「Power JAVA 2판」(2012, 인피니티북스), 「C++ Espresso」(2010, 인피니티북스), 「Power C++」(2010, 인피니티북스), 「쉽게 풀어쓴 C언어 Express」(2007, 생능출판사), 「C언어로 쉽게 풀어쓴 자료구조」(2005, 생능출판사) 등이 있다.

Power
JAVA 3판

인쇄 2022년 9월 13일 3판 2쇄
발행 2022년 9월 20일 3판 2쇄

저자 천인국
발행인 성희령
발행처 INFINITYBOOKS | **주소** 경기도 고양시 일산동구 하늘마을로 158, 대방트리플라온 C동 209호
대표전화 02)302-8441 | **팩스** 02)6085-0777
기획팀 채희만 | **영업팀** 한석범, 최형진, 이호준 | **편집팀** 한혜인, 임유리 | **경영관리팀** 이승희

도서문의 및 A/S지원

홈페이지 www.infinitybooks.co.kr | **이메일** helloworld@infinitybooks.co.kr

ISBN 979-11-85578-98-9 | **등록번호** 제 2021-000018호 | **판매정가** 35,000원

머리말

최근에 수많은 새로운 언어들이 등장하였지만, 자바는 여전히 인기있는 언어 중 하나이다. 자바는 객체 지향을 완벽하게 지원하고 있어 객체 지향 개념을 익히는 데 아주 적합하다. 또 여전히 서버-클라이언트 모델에서 서버측 주력 프로그래밍 언어로 사용되고 있다. 모바일 운영체제인 안드로이드의 기본 개발 언어이기도 하다. 자바는 개발자들이 반드시 마스터하여야 할 필수적인 언어이지만 그 복잡도로 인하여 입문자들은 상당한 어려움을 느끼고 있다. 이 책의 가장 큰 목적은 프로그래밍 입문자들이 이 책을 통하여, 보다 쉽게 그리고 재미있게 자바 프로그래밍의 세계로 들어올 수 있도록 하자는 것이었다. 이 책을 저술하면서 역점을 두었던 몇 가지는 다음과 같다.

- 최신 버전인 JDK16 중에서 필수적으로 알아야 하는 부분을 추가시켰다. 특히 람다식과 스트림을 주축으로 하는 함수형 프로그래밍을 별도의 챕터로 다루었다. 모듈에 대한 내용도 추가하였다.
- 기존의 내용 중에서 멀티 스레딩 부분을 보강하였다.
- 독자들이 흥미를 가질만한 예제를 간추려서 LAB으로 제공하였다. 독자들이 재미를 느끼는 LAB이 하나라도 있다면 이 책은 일단 성공한 셈이다.
- 각 챕터의 끝에는 정답이 주어지지 않는 Mini Project를 수록하였다. 이 문제들은 기말 프로젝트의 주제로도 활용이 가능하다.
- 적절한 그림을 가능한 많이 사용하여 보다 친숙하고, 지루하지 않으며 독자들이 이해하기 쉬운 교재를 만들려고 노력하였다.
- 각각의 주제에 대하여 개념과 원리를 자세하게 설명하였으며 설명은 문답식으로 친숙하게 서술하려고 노력하였다. 특히 객체 지향의 핵심 개념들에 대해서는 페이지를 아끼지 않고 철저하게 설명하였다.

이 책이 만들어지기까지 많은 도움이 있었다. 특히 적극적으로 지원해주신 인피니티북스 여러분께 깊은 감사를 표한다. 또 책이 발간될 때마다 오류를 지적해주시고 격려해주시는 많은 독자 여러분들께 감사드린다. 아무쪼록 이 책이 자바를 시작하는 많은 이들에게 조금이라도 도움이 될 수 있다면 필자에게는 큰 보람이 될 것이다.

2022년 2월
저자 천인국

강의 계획

자바는 그 방대한 내용으로 말미암아 강의 계획을 세우기가 상당히 까다롭다. 본서는 1학기 분량의 강의의 경우, 1학기를 16주로 가정하여 다음과 같은 진행을 생각할 수 있다. 상황에 따라 일부 내용은 제외해도 좋을 것이다.

주	해당 chapter	주제
1	1장, 2장	자바 기초 및 프로그래밍 기초
2	3장	선택, 반복, 배열
3	4장	객체 지향 소개 및 클래스, 객체, 메소드
4	5장	클래스와 메소드 심층 연구
5	6장	상속, 그래픽 사용자 인터페이스
6	7장	추상 클래스, 인터페이스, 패키지
7	8장	자바 API 패키지, 예외처리, 모듈
8	중간 고사	중간 평가 및 프로젝트 제안서 발표
9	9장, 10장	자바 GUI 기초, 이벤트 처리
10	11장, 12장	스윙 컴포넌트, 자바 그래픽
11	13장	제네릭과 컬렉션
12	14장	함수형 프로그래밍, 스트림, 람다식
13	15장	파일 입출력
14	16장	멀티 스레딩
15	17장, 18장	네트워크 프로그래밍이나 데이터베이스 프로그래밍 중 하나
16	기말 고사	기말 평가 및 기말 프로젝트 결과 발표

이 책의 특징

- 최신 버전인 JDK16을 수록하였다. 특히 람다식과 스트림을 주축으로 하는 함수형 프로그래밍을 별도의 챕터로 다루었다. 모듈에 대한 내용도 추가하였다.

- 적절한 그림을 통하여 중요한 개념들을 빠르게 학습할 수 있다.

- 객체 지향의 개념과 원리를 문답식으로 자세하고 쉽게 설명하였다.

- 학습한 내용을 바탕으로 독자가 스스로 프로그램을 작성해 볼 수 있는 실습 문제(LAB)를 대폭 수록하였다. 실습 문제들은 게임, 인공지능, 그래픽에서 흥미로운 주제들로 엄선하였다.

- 각 챕터의 끝에는 정답이 주어지지 않는 Mini Project를 수록하였다. 이 문제들은 기말 프로젝트의 주제로도 활용이 가능하다.

- 아래와 같이 단계적으로 학습할 수 있도록 체계적으로 설명하였다.

학습 단계

학습 목표 설정
학습하게 되는 장의 학습 목표를 구체적으로 살펴본다.

본문 학습
풍부한 그림과 쉬운 설명으로 개념을 확실하게 이해한다.

중간 점검 문제
한 단원이 끝나면 학습한 내용을 퀴즈로 점검한다.

LAB
실습을 통하여 학습한 내용을 다시 한번 복습한다.

Mini Project
간단한 프로젝트 문제로 기말 과제로도 사용할 수 있다.

연습 및 프로그래밍 문제
오류 찾기, 빈칸 채우기, 프로그램 작성 등의 다양한 문제를 풀어본다.

이 책의 구성

이 책은 자바 입문자들이 쉽게 개념을 이해하고 실력을 기를 수 있도록
다양한 학습 장치들을 배치하였다.

학습목표
이번 장에서 무엇을 배워야 하는지를
제시하였다.

다양한 그림
다양한 그림을 사용하여 지루하지 않고
이해가 쉽도록 하였다.

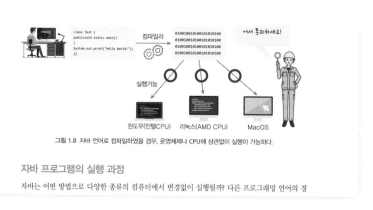

예제
본문의 내용을 실습해볼 수 있는 다양
한 예제를 수록하였다.

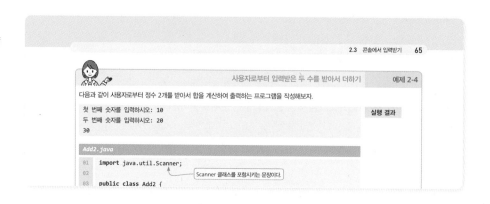

유니코드는 전통적인 문자 인코딩 방법의 문제점을 해결하기 위하여 개발되었다. 유니코드가 사용되기 전에는 국가마다 서로 다른 표준을 사용하였다. 예를 들어 미국에서는 ASCII, 유럽에서는 ISO 8859-1, 중국에서는 GB18030을 사용하였다. 이것은 많은 문제점을 일으켰는데, 글자당 1 바이트면 충분한 국가도 있었고 글자 수가 많아서 글자당 2바이트를 사용하여야 하는 국가도 있었다. 유니코드는 이러한 문제점을 해결하기 위하여 개발되었다. 1991년에 고정된 2바이트 방식의 유니코드 1.0 규격이 발표되었다. 현재의 유니코드 버전은 13.0이다.

유니코드 안에는 UCS-2와 UCS-4, UTF-7, UTF-8, UTF-16, UTF-32 인코딩 등의 많은 인코딩 방식이 사용되고 있다. 이 중 ASCII와 호환이 가능하면서 유니코드를 표현할 수 있는 UTF-8 인코딩이 많이 사용된다. 하지만 현재 자바의 String(문자열을 나타내는 클래스) 객체 내부에서는 UTF-16 인코딩으로 문자열을 저장하고, 문자열을 입/출력할 때에는 사용자가 인코딩을 지정할 수 있다. 자세한 내용은 www.unicode.org를 참

참고

참고
본문에 대한 보충 설명이나 참고 사항을 정리하였다.

여기서 case "SAT", "SUN" -> today = "주말" 문장은 day가 "SAT" 또는 "SUN"이면 today에 "주말"을 저장하라는 것이다. 여기서 break는 없어도 된다.

1. 다음 중에서 switch 문의 제어식으로 사용할 수 없는 것은?
   ① 정수 10   ② 문자 'a'   ③ 문자열 "abc"   ④ 실수 3.14
2. 자바에서 다중 선택 구조를 만드는 2가지 방법을 이야기해보자.
3. x=1, y=2, z=3일 때, 다음 코드를 수행한 후의 x, y, z의 값은 얼마인가?

```
switch(x) {
  case 0: z=x+1; break;
  case 1: y=z+x; break;
  default: z=z+x;
}
```

중간점검

중간점검
핵심 개념을 퀴즈 형식으로 점검할 수 있게 하였다.

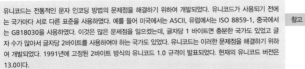

introduction to JAVA Programming

자동차 클래스 작성 **LAB**

자동차를 나타내는 클래스를 정의하여 보자. 예를 들어, 자동차 객체의 경우 속성은 색상, 현재 속도, 현재 기어 등이다. 자동차의 동작은 기어 변속하기, 가속하기, 감속하기 등이 있다. 이 중에서 다음 그림과 같은 속성과 동작만을 추려서 구현해보자.

난이도 중
주제
• 클래스 작성 및 객체 생성

LAB
흥미를 가질만한 주제를 가지고 본문에서 학습한 내용을 실습해볼 수 있도록 하였다.

도전문제

1. 사전에 단어를 추가하거나 검색, 삭제할 수 있는 간단한 메뉴 시스템을 만든다. 사전에 단어를 추가하고, 단어를 삭제하는 기능도 구현하여 보자.
2. 그래픽 사용자 인터페이스를 사용하여서 사전 프로그램을 다시 작성할 수 있는가? 텍스트 필드를 사용하여서 단어를 입력받고 레이블을 통하여 단어의 설명을 화면으로 출력한다.

도전문제
LAB의 주제보다 한 단계 더 심화된 (확장된) 문제를 제공하였다.

Mini Project

해답이 주어지지 않는 간단한 프로젝트
를 제공하였다.

Summary

각 장에서 학습한 중요한 내용을 요약
해서 정리하였다.

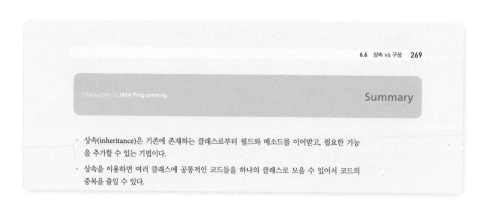

Exercise

본문에서 학습한 내용을 여러 가지 측
면에서 확인할 수 있는
연습문제를 수록하였다.

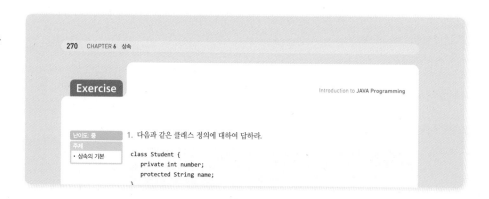

Programming

본문에서 학습한 내용을 응용하여 프로
그램을 작성할 수 있도록 하였다.

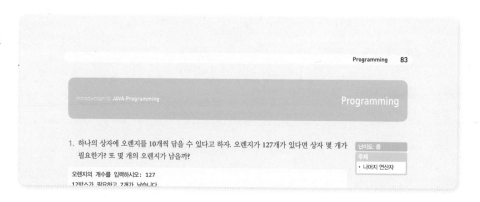

차례

머리말 · iii

강의 계획 · iv

이 책의 특징 · v

이 책의 구성 · vi

CHAPTER 01 자바 소개와 개발도구 설치 · · · · · · · · · · · · · · · · · · 1

1.1 자바의 역사 · 2

1.2 자바의 특징 · 5

1.3 자바의 용도 · 8

1.4 가상 기계 · 11

1.5 자바의 종류와 버전 · 16

1.6 JDK 설치 · 20

1.7 명령어 버전 JDK 사용하기 · 23

1.8 이클립스 소개와 설치 · 28

1.9 이클립스로 첫 번째 프로그램 작성 · · · · · · · · · · · · · · · · 30

    LAB   이클립스 사용 · 34

    Solution   이클립스 사용 · 35

1.10 컴파일 오류 · 36

1.11 이클립스로 프로젝트 내보내기 & 읽기 · · · · · · · · · · · · · 37

1.12 자바 참고 문서 · 39

    Mini Project   사칙 연산 프로그램 · · · · · · · · · · · · · · 40

    Summary · 41

    Exercise · 42

    Programming · 44

CHAPTER 02 자바 프로그래밍 기초 · 45

2.1 자바 프로그램 구성 요소 · 46

2.2 변수와 자료형 · 52

2.3 콘솔에서 입력받기 · 64

2.4 수식과 연산자 · 68

Mini Project   섭씨-화씨 온도 변환 · · · · · · · · · · · · · · · · · · 77

Summary · 78

Exercise · 79

Programming · 83

CHAPTER 03 조건문, 반복문, 배열 · 87

3.1 if-else 문 · 88

3.2 switch 문 · 94

3.3 for 문 · 98

3.4 while 문 · 102

3.5 배열 · 110

3.6 2차원 배열 · 116

3.7 ArrayList · 121

Mini Project   숫자 추측 게임 · 123

Summary · 124

Exercise · 125

Programming · 128

CHAPTER 04 클래스와 객체 I · 133

4.1 객체 지향 프로그래밍이란? · 134

4.2 클래스와 객체 만들기 · 145

4.3 생성자와 메소드 오버로딩 · 154

4.4 접근 제어 · 163

LAB   안전한 배열 만들기 · 169

4.5 무엇을 클래스로 만들어야 할까? · · · · · · · · · · · · · · · · · 171

LAB   자동차 클래스 작성 · 177

Solution   자동차 클래스 작성 · 178

LAB   은행 계좌 클래스 작성 · 179

LAB   윈도우 생성해보기 · 180

Mini Project   주사위 게임 · 182

Summary · 183

Exercise · 184

Programming · 187

CHAPTER 05 **클래스와 객체 II** ···················· 189

5.1 객체의 생성과 소멸 ····················· 190
5.2 인수 전달 방법 ······················· 194
5.3 정적 멤버 ·························· 199
    LAB 싱글톤 패턴 ····················· 207
5.4 객체 배열 ·························· 209
    Mini Project 전기 자동차 ················ 215
    Mini Project 책 정보 저장 ················ 216
    Summary ························· 217
    Exercise ························· 218
    Programming ······················ 220

CHAPTER 06 **상속** ························· 223

6.1 상속 ··························· 224
6.2 상속과 접근 지정자 ···················· 231
6.3 상속과 생성자 ······················ 234
6.4 메소드 오버라이딩 ···················· 239
6.5 다형성 ·························· 246
    LAB 도형 면적 계산하기 ················· 257
    LAB 동물 다형성 ···················· 258
6.6 상속 vs 구성 ······················ 259
    Mini Project 카드와 덱 ················· 267
    Mini Project 황금 획득 게임 ·············· 268
    Summary ························· 269
    Exercise ························· 270
    Programming ······················ 274

CHAPTER 07 **추상 클래스, 인터페이스, 중첩 클래스** ·········· 277

7.1 추상 클래스 ······················· 278
7.2 인터페이스 ························ 282
7.3 인터페이스를 이용한 다중 상속 ·············· 289
7.4 디폴트 메소드와 정적 메소드 ··············· 293
    LAB 자율 주행 자동차 ·················· 298

Solution 자율 주행 자동차 · 299
LAB 객체 비교하기 · 300
Solution 객체 비교하기 · 301
LAB 타이머 이벤트 처리 · 302
Solution 타이머 이벤트 처리 · 303
7.5 중첩 클래스 · 304
7.6 익명 클래스 · 308
Mini Project 큐(Queue) · 311
Summary · 312
Exercise · 313
Programming · 315

CHAPTER **08** **자바 API 패키지, 예외 처리, 모듈** · · · · · · · · · · · · · · · · · · 319

8.1 패키지란? · 320
8.2 패키지 선언하기 · 323
8.3 패키지 사용하기 · 327
8.4 클래스 파일은 언제 로드될까? · 331
8.5 자바 API 패키지 · 335
8.6 Object 클래스 · 336
8.7 랩퍼 클래스 · 340
8.8 String 클래스 · 343
8.9 기타 유용한 클래스 · 348
8.10 예외 처리란? · 351
8.11 모듈 · 359
Mini Project 글자 추측 게임 · 365
Summary · 366
Exercise · 367
Programming · 370

CHAPTER **09** **자바 GUI 기초** · 373

9.1 자바 GUI 소개 · 374
9.2 자바 GUI 기초 · 377
9.3 컨테이너 살펴보기 · 383
9.4 배치 관리자 · 388

9.5 스윙 비주얼 디자이너: WindowBuilder · · · · · · · · · · · · · · · · · · 397

9.6 기초 컴포넌트들 · 400

LAB   계산기 예제 · 409

Mini Project   이미지 뷰어 · 411

Summary · 412

Exercise · 413

Programming · 416

CHAPTER **10** **GUI 이벤트 처리** · 419

10.1 이벤트 처리 개요 · 420

10.2 이벤트 처리 방법 · 424

10.3 스윙 컴포넌트의 이벤트 · 431

LAB   키패드 만들기 · 434

LAB   가위 바위 보 게임 · 435

10.4 키 이벤트 · 437

10.5 Mouse와 MouseMotion 이벤트 · 444

10.6 어댑터 클래스 · 451

Mini Project   계산기 프로그램 · · · · · · · · · · · · · · · · · 454

Mini Project   Tic-Tac-Toe 게임 · · · · · · · · · · · · · · · · 455

Mini Project   지뢰 찾기 게임 · · · · · · · · · · · · · · · · · · 456

Summary · 457

Exercise · 458

Programming · 460

CHAPTER **11** **스윙 컴포넌트** · 465

11.1 스윙 컴포넌트 소개 · 466

11.2 레이블과 버튼의 고급 기능 · 470

11.3 텍스트 필드와 텍스트 영역 · 473

11.4 체크 박스 · 479

11.5 라디오 버튼 · 481

11.6 콤보 박스 · 485

11.7 메뉴 붙이기 · 488

11.8 슬라이더 · 493

Mini Project   피자 주문 · 496

Mini Project   입회원서 · 498

Summary ·· 499
Exercise ··· 500
Programming ··· 501

CHAPTER 12 자바 그래픽 ····································· 505

12.1 그래픽 프로그래밍의 기초 ························· 506
12.2 색상과 폰트 변경하기 ····························· 511
12.3 기초 도형 그리기 ································· 516
12.4 이미지 출력 및 처리 ····························· 524
12.5 그래픽과 이벤트의 결합 ························· 527
     LAB   반사되는 공 애니메이션 ················· 533
     LAB   영상 처리 ······························ 535
     LAB   움직이는 사진 ························· 537
     Mini Project   신호등 프로그램 ··············· 539
     Mini Project   탁구 게임 ···················· 540
     Mini Project   벽돌깨기 게임 ················· 541
     Mini Project   갤러그 게임 I ················· 542
     Summary ······························· 544
     Exercise ······························· 545
     Programming ····························· 547

CHAPTER 13 제네릭과 컬렉션 ································ 551

13.1 제네릭 프로그래밍 ······························· 552
13.2 컬렉션이란? ···································· 558
13.3 벡터 ·· 563
13.4 ArrayList ····································· 566
13.5 LinkedList ··································· 570
13.6 Set ··· 572
13.7 Map ··· 575
13.8 Queue ······································· 579
13.9 Collections 클래스 ····························· 582
     LAB   영어사전 ······························ 587
     Mini Project   카드 게임 ···················· 589
     Mini Project   두더지 게임 ··················· 590
     Summary ······························· 591

Exercise ·· 592
Programming ···································· 594

CHAPTER **14** 함수형 프로그래밍, 람다식, 스트림 ·················· 597

14.1 함수형 프로그래밍의 소개 ························ 598
14.2 람다식 ······································ 604
LAB 타이머 프로그램 ···························· 608
Solution 타이머 프로그램 ······················ 609
14.3 동작 매개 변수화 ···························· 610
14.4 함수형 인터페이스 ·························· 616
14.5 메소드 참조 ································ 621
14.6 스트림 API ································ 627
Mini Project 상품 검색하기 ···················· 636
Summary ···································· 637
Exercise ···································· 638
Programming ································ 640

CHAPTER **15** 파일 입출력 ································ 643

15.1 입출력 스트림 ······························ 644
15.2 문자 스트림 ································ 647
15.3 바이트 스트림 ······························ 652
15.4 중간 처리 스트림 ···························· 656
15.5 객체 저장하기 ······························ 664
15.6 파일 객체 ································ 666
LAB 디렉터리 파일 검색 및 문장 추가 ·············· 670
Solution 디렉터리 파일 검색 및 문장 추가 ·········· 672
LAB 압축(ZIP) 파일 해제하기 ···················· 673
LAB 파일 암호화하기 ·························· 674
Solution 파일 암호화하기 ···················· 675
LAB 파일에서 특정 문자 횟수 세기 ················ 676
Mini Project CSV 파일 읽기 ···················· 677
Mini Project 시저 암호화 ······················ 678
Summary ···································· 679
Exercise ···································· 680
Programming ································ 682

CHAPTER **16** 멀티 스레딩 ·· 687

16.1 멀티 태스킹 ··· 688
16.2 스레드 생성과 실행 ······························ 691
　　 LAB 자동차 경주 게임 만들기 ············· 696
　　 Solution 자동차 경주 게임 만들기 ········ 697
16.3 스레드 스케줄링 ································· 699
16.4 동기화 ·· 708
16.5 스레드 간의 조정 ······························· 715
　　 LAB 공 움직이기 ························· 721
　　 Solution 공 움직이기 ···················· 722
　　 Mini Project 갤러그 게임 II ·············· 724
　　 Summary ································· 726
　　 Exercise ·································· 727
　　 Programming ······························ 729

CHAPTER **17** 네트워크 프로그래밍 ································· 733

17.1 네트워크 프로그래밍의 기본 개념 ············· 734
17.2 인터넷에서 파일 다운로드하기 ················ 739
17.3 TCP를 이용한 통신 ··························· 741
17.4 서버와 클라이언트 제작 ······················ 747
17.5 UDP를 이용한 통신 ·························· 756
17.6 UDP를 이용한 서버와 클라이언트 작성하기 ···· 759
　　 Mini Project 다자 회의 시스템 ··········· 763
　　 Summary ································· 764
　　 Exercise ·································· 765
　　 Programming ······························ 767

CHAPTER **18** 데이터베이스 프로그래밍 ····················· 771

18장 내용은 인피니티북스 홈페이지에서 다운로드할 수 있습니다(http://www.infinitybooks.co.kr).

찾아보기 ··· 775

홈페이지에서
다운로드할 수
있는 콘텐츠

CHAPTER **18 데이터베이스 프로그래밍** ································· DL_1

18.1 **자바와 데이터베이스** ································· DL_2

18.2 **데이터베이스의 기초** ································· DL_5

18.3 **SQL** ································· DL_9

18.4 **JDBC를 이용한 프로그래밍** ································· DL_15

18.5 **Prepared Statements 사용하기** ················· DL_23

　　　 LAB GUI로 데이터베이스 내용 표시하기 ················· DL_25

　　　 Solution GUI로 데이터베이스 내용 표시하기 ············ DL_26

18.6 **JDBC를 사용하여 이미지 저장하기** ················· DL_29

18.7 **JDBC를 사용하여 텍스트 파일 저장하기** ················· DL_33

　　　 Mini Project 명예의 전당 ························· DL_37

　　　 Summary ································· DL_38

　　　 Exercise ································· DL_39

　　　 Programming ································· DL_41

자바 소개와 개발도구 설치

Power JAVA 3e

▶ 다음과 같은 작업들을 수행하는 방법을 알고 있나요? 이번 장에서 함께 알아봐요.

1. 자바 언어의 특징을 설명할 수 있나요?
2. 자바 프로그램이 실행되는 과정을 설명할 수 있나요?
3. 자바를 설치할 수 있나요?
4. 자바를 명령어 버전으로 컴파일하고 실행할 수 있나요?
5. 이클립스를 이용하여 자바 프로그램을 작성할 수 있나요?

➕ 학습목차

1.1   자바의 역사
1.2   자바의 특징
1.3   자바의 용도
1.4   가상 기계
1.5   자바의 종류와 버전
1.6   JDK 설치

1.7   명령어 버전 JDK 사용하기
1.8   이클립스 소개와 설치
1.9   이클립스로 첫 번째 프로그램 작성
1.10 컴파일 오류
1.11 이클립스로 프로젝트 내보내기 & 읽기
1.12 자바 참고 문서

이번 장에서는 먼저 자바에 대하여 살펴본다. 특히 가상 기계의 개념은 철저히 이해하여야 한다. 요즘 자바 가상 기계를 사용하는 언어들이 무척 늘고 있기 때문이다(Clojure, Apache Groovy, Scala, Kotlin 등). 이어서 자바 개발 도구들을 설치하고, 간단한 예제를 컴파일하여 실행시켜보자. 2가지의 개발 도구를 가지고 작업한다. 하나는 JDK의 명령어 버전이고 또 하나는 통합 개발 환경인 이클립스(Eclipse)이다. 우리는 주로 이클립스를 사용하여 개발하겠지만, 이클립스도 결국은 JDK 명령어들을 사용하고 있기 때문에, 불편하지만 JDK 명령어들도 한번은 사용해보아야 한다.

자바(Java)는 현재 컴퓨터 업계에서 가장 많이 사용되는 프로그래밍 언어 중의 하나이다. 자바가 많이 사용되는 이유는 단순히 좋은 프로그래밍 언어라서 그런 것만은 아니다. 그동안 수많은 좋은 언어들이 빛을 보지 못하고 사라져 갔다.

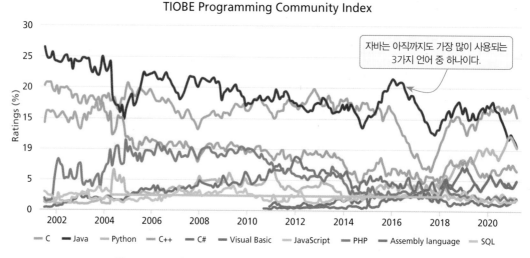

그림 1.1 2020년도 프로그래밍 언어 순위(자료출처: www.tiobe.com)

자바는 단순한 언어가 아니다. 자바는 방대한 라이브러리와 다양한 실행 환경을 가지고 있는 하나의 거대한 플랫폼이다. 자바를 사용하면 현대적이고 쾌적한 문법 구조를 사용할 수 있고, 방대한 자체 라이브러리를 통하여 그래픽이나 네트워킹, 데이터베이스를 쉽게 구현할 수 있다. 한 번만 작성해놓으면 코드를 변경하지 않고서

도 다양한 종류의 컴퓨터에서 실행이 가능한 점도 장점이다. 이 모든 이유들 때문에 자바는 현재 프로그래머들이 가장 선호하는 언어 중 하나이다. 자바는 안드로이드 플랫폼에서 애플리케이션을 개발하는 기본 언어이기도 하다.

일반적으로 자바를 사용하면 C나 C++보다 더 적은 노력으로 프로그램을 작성할 수 있다고 한다. 자바는 강력한 객체 지향 언어이지만 비교적 배우기 쉽고 특히 C 언어를 미리 학습하였다면 더욱 쉽다. 자바는 좋은 코딩 습관을 권장하며 자동 가비지 컬렉션(garbage collection) 기능은 메모리 누수를 막는다. 자바는 기존의 잘 테스트된 코드를 재사용하게 만들고 이것은 버그의 감소로 이어진다.

자바와 자바스크립트

자바와 자바스크립트를 혼동하는 사람들이 많다. 자바는 범용 개발 언어이지만, 자바스크립트는 웹 페이지에서 동적인 컨텐츠를 만들기 위하여 사용하는 스크립트 언어이다. 자바스크립트는 웹 브라우저가 해석하여 실행한다. 웹에서 그림을 그린다거나 게임을 작성할 때 사용된다. 자바스크립트의 원래 이름은 "라이브 스크립트"였지만 "자바" 이름만 라이센싱하여 자바스크립트로 바꾸었다.

참고

자바의 역사

자바는 어떻게 개발되었을까? 1991년에 **제임스 고슬링 (James Gosling)**을 비롯한 썬 마이크로시스템즈사의 Green 프로젝트팀에서는 가정용 전자 제품에 사용할 수 있는 컴퓨터 언어를 설계하기를 원했다. Green 프로젝트는 가정용 전자 제품을 더 똑똑하게 만들고 다른 가전 제품과 통신을 할 수 있는 기능을 내장하는 프로젝트였다. 가정용 전자 제품은 일반 컴퓨터에 비하여 컴퓨팅 파워와 메모리가 부족하였기 때문에 언어는 간결하여야 했다. 또한 전자 제품은 많은 종류의 CPU로 만들어지기 때문에 특정한 CPU에 의존하면 안 되었다. 따라서 연구팀에서는 일종의 가상 컴퓨터인 가상 기계(virtual machine) 개념을 가져오게 된다.

처음에 C++를 사용하여 운영체제를 만들려고 시도하였는데 C++의 복잡도로 인하여 실패하게 된다. 이후 고슬링은 Green 프로젝트를 위한 더 나은 언어를 직접 만들게 되는데 이것이 바로 자바이다. 처음부터 고슬링은 간단하고 버그가 없으며 네트워크 기능을 내장한 언어를 목표로 하였다. 또한 자바는 처음부터 객체 지향 프로그래밍 언어로 설계되었으며 다른 객체 지향 언어보다 쉽게 배울 수 있도록 설계되었다.

이후에 Green 프로젝트는 Time Warner의 주문형 비디오 시스템을 개발하다가 Time Warner가 경쟁사인 실리콘 그래픽스사를 선택하는 바람에 결국 실패하게 된다. 그러던 1993년, 그래픽 기반의 월드 와이드 웹(world wide web)이 발표되고 자바의 개발자들은 곧 이러한 웹 기반의 응용 프로그램에는 자바와 같은 CPU-중립적인 언어가 이상적이라는 것을 발견하였다. 이후 자바 팀은 자바와 월드 와이드 웹과의 연동을 고려하게 된다. 이것이 자바 애플릿이다. 자바 애플릿이 추가된 이후 자바는 폭발적인 인기를 끌게 되었다.

참고

10년 동안 계속된 세기의 자바 저작권 소송

구글과 오라클이 자바 언어의 지식 재산권을 놓고 10년 넘게 벌인 소송에서 구글이 다시 승부를 뒤집으면서 최종 승리했다. 오라클은 2010년에 구글이 자사가 소유한 자바를 이용해 안드로이드 운영체제를 만들어 막대한 수익을 창출했지만, 오라클에 아무런 비용을 지불하지 않았다며 소송을 제기했었다. 이 소송은 최대 30조원에 이르는 엄청난 소송이었다. 2021년 4월 5일 미국 대법원은 6 대 2로 구글 승소 판결을 내렸다. 미국 대법원은 자바 API의 저작권은 인정되지만, 구글이 안드로이드에 자바 API를 사용한 것은 공정이용에 해당된다고 판단하였다.

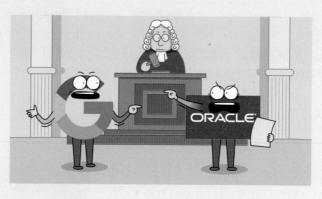

중간점검

1. 자바를 만든 사람은 누구인가?
2. 자바는 왜 CPU-중립적인 언어로 설계되었는가?

자바의 개발진이 공개한 자바 언어 설계 목표는 다음과 같은 단어들로 요약된다.

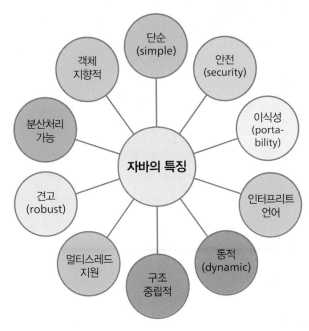

그림 1.2 자바 특징

컴퓨터 구조에 중립적이다.

이 특징이 가장 중요하다 할 수 있다. 사실 이 아이디어는 자바가 처음이 아니다. 하지만 실제로 이 아이디어를 성공시킨 언어가 바로 자바이다. 자바에서는 컴파일된 실행 코드가 플랫폼 독립적이다. 자바 컴파일러는 자바 언어로 작성된 프로그램을 **바이트 코드(byte code)**라는 특수한 이진 파일로 변환한다.

바이트 코드를 실행하기 위해서는 **자바 가상 기계(JVM: Java Virtual Machine)**라는 특수한 가상 컴퓨터 S/W가 필요한데, 이것이 바이트 코드를 한 줄씩 읽어서 해석한 후에 실행한다. 따라서 자바로 개발된 프로그램은 CPU나 운영체제의 종류에 관계없이 자바 가상 기계를 설치할 수 있는 시스템에서는 어디서나 실행할 수 있다.

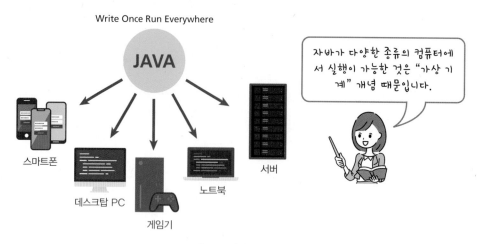

그림 1.3 자바 가상 기계

따라서 자바 프로그램은 한 번만 작성되면, 다시 컴파일하거나 변경하지 않고, 어떤 종류의 컴퓨터에서나 실행이 가능하다. 단 해당 컴퓨터에 가상 기계는 설치되어 있어야 한다. 이것을 흔히 "한 번만 작성해서 어디서나 실행시키세요(Write Once Run Everywhere)"라고 한다. 이러한 특징으로 자바는 인터넷 시대에 가장 잘 맞는 언어라고 할 수 있는데 인터넷은 다양한 종류의 컴퓨터가 연결된 네트워크이기 때문이다. 이 개념은 다음 절에서 자세히 살펴보자.

단순하지만 강력하다.

자바는 C++에서 출발했지만 꼭 필요로 하는 기능만을 포함시키고 복잡하거나 많이 쓰이지 않는 기능은 삭제했다. 예를 들어, 강력하지만 까다로운 포인터 연산을 제거하였으며, 유지 보수를 힘들게 하였던 연산자 중복, 다중 상속 등의 복잡한 기능을 삭제했다. 자바는 이러한 단순함을 가지면서도 C++에서 제공되지 않는 자동 메모리 관리 기능, 멀티 스레드, 객체 지향적인 방법으로 제작된 방대하고 풍부한 라이브러리를 무료로 제공한다. 따라서 프로그래머는 이러한 라이브러리를 사용하여 원하는 프로그램을 힘들이지 않고 작성할 수 있다.

객체 지향적이다.

객체 지향(object-oriented)은 객체별로 코드를 작성하고 객체들을 조합하여 전체 프로그램을 완성하는 프로그램 설계 방법론이다. 객체 지향 기법을 사용하면 작성된 코드를 재사용하기가 쉬워서, 보다 빠르게 신뢰성 있는 프로그램을 만들 수 있다. 객체 지향은 지난 40년간의 연구를 통하여 그 가치를 입증한, 프로그램을 설계하는 방법론이다. 자바에서는 기본 데이터 타입(int, float, long 등)을 제외한 거의 모든 것이 객체로 표현된다. 반면에 C++와 같은 언어는 기존의 설계 방법인 절차 지향적인 특성도 여전히 가지고 있어서 사용자가 객체 지향 방법을 전혀 사용하지 않고서도 프로그램을 작성할 수 있다.

분산처리를 지원한다.

자바는 네트워크상에서 동작되는 것을 기본으로 설계된 언어로 TCP/IP, HTTP, FTP 같은 프로토콜을 처리할 수 있는 라이브러리를 가지고 있다. 따라서 다른 언어보다 쉽게 네트워크 관련 프로그램을 개발할 수 있으며 프로그래머는 로컬 파일 시스템에서 파일에 접근하는 것과 마찬가지로 네트워크에서 URL을 이용하여 네트워크의 자원에 접근하여 사용할 수 있다.

안전하다.

자바는 네트워크 환경에서 운영되는 언어이므로 다른 언어보다 안전성이 요구된다. 자바는 처음부터 다음과 같은 작업들이 불가능하게끔 설계되었다.

- 실행 스택을 벗어난 접근
- 자신의 프로세스 밖의 메모리 공간 접근
- 파일을 허락없이 읽거나 쓰는 것

자바 버전 1.1부터는 클래스에 디지털 서명 개념을 도입하였다. 따라서 클래스의 작성자를 신뢰하면 클래스에게 더욱 많은 권한을 부여하도록 설계하였다.

멀티스레딩을 지원한다.

자바는 언어 수준에서 멀티스레딩(multithreading)을 지원한다. 따라서 다른 언어와는 다르게 아주 쉽게 멀티스레딩 프로그램을 작성할 수 있다. 멀티스레딩이란 여러 가지 작업을 동시에 실행하는 것을 의미한다. 특히 자바는 멀티 프로세서 하드웨어를 지원하도록 설계되었으므로 멀티 프로세서 시스템에서 높은 효율을 낼 수 있다.

동적이다.

자바는 동적(Dynamic)으로 변화하는 환경에 적응하도록 설계되었다. 라이브러리는 실행 파일에 영향을 끼치지 않고 자유롭게 새로운 기능들을 추가할 수 있다. 기존의 C나 C++ 프로그램들은 라이브러리가 변경되면 소스 파일들을 다시 컴파일, 링크하여 새로운 실행 파일을 생성하여야 했다. 하지만 자바는 실행되기 직전에 라이브러리를 동적으로 링크하므로 실행할 때 변경된 라이브러리가 자동적으로 참조된다.

1. 자바 언어의 특징을 요약해보자.
2. 자바가 컴퓨터 구조에 중립적인 것은 _____ 개념 때문이다.

중간점검

자바의 용도

자바 데스크탑 애플리케이션

자바 데스크탑 애플리케이션(Java desktop application)은 독립적으로 실행될 수 있는 응용 프로그램이다. 자바 실행 환경인 JRE가 설치된 환경에서 실행할 수 있다. 자바에는 다른 언어보다 상대적으로 풍부한 클래스 라이브러리가 존재한다. 따라서 일반 응용 프로그램을 작성하는 데도 장점이 될 수 있다. 문자 기반이나 그래픽 사용자 인터페이스 형태로 작성할 수 있다. 가장 대표적인 예는 바로 우리가 사용하려고 하는 개발 도구인 이클립스(Eclipse)이다. 이클립스와 같은 정교한 프로그램이 자바로 작성되었다.

자바 애플릿

애플릿(applet)은 application과 let("작다"라는 의미)을 조합한 합성어이다. 자바 애플릿(Java applet)은 단독으로 실행되지 않고 웹 브라우저 안에서 실행되는 작은 자바 프로그램이다. 일반적으로 애플릿은 크기가 작아서 월드 와이드 웹을 통하여 쉽게 배포할 수 있다.

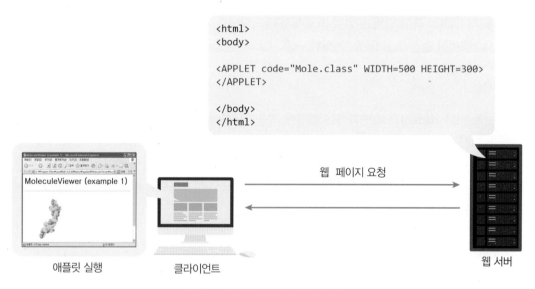

그림 1.4 자바 애플릿의 실행 과정

자바 애플릿은 사용하기 전에 미리 컴파일하여 웹 서버에 저장한다. 웹에서 사용하는 표준적인 언어인 HTML로 작성한 문서에 <APPLET>이라는 태그를 사용하여 자바 애플릿을 지정한다(그림

1.4 참조). 자바 애플릿을 실행하려면 자바 가상 머신이 내장된 웹 브라우저가 필요하다. 웹 브라우저는 다운로드된 HTML 문서 안에 <APPLET>이라는 태그가 있으면, 지정된 애플릿을 웹 서버로부터 다운로드하여서 실행한다.

애플릿은 웹 브라우저상에서 손쉽게 애니메이션이나 비디오를 재생할 수 있었기 때문에 초기에 많은 인기를 끌었다. 하지만 애플릿의 보안 단점을 이용한 악성 코드의 증가 때문에 최근에는 웹 브라우저에서 애플릿의 실행을 차단하는 실정이다.

자바 서블릿

서블릿(servlet)은 웹 서버에서 동작하는 서버 모듈로서 클라이언트의 요구를 받아서 그에 대한 처리를 한 후에, 실행 결과를 HTML 문서 형태로 클라이언트 컴퓨터로 전송한다. CGI와 유사한 역할을 하지만 CGI보다 효율적이다. 서블릿은 자바로 작성되기 때문에 자바가 제공하는 수많은 장점 및 기능을 제한없이 사용할 수 있다.

그림 1.5 자바 서블릿의 실행 과정

JSP

HTML안에 자바 코드를 넣으면 웹 페이지를 사용자와 상호작용하도록 만들 수 있다. JSP(Java Server Page)는 서버에서 실행되고 결과는 HTML로 사용자에게 보내진다. JSP는 서블릿으로 변환되어서 실행된다.

그림 1.6 JSP의 실행 과정

안드로이드 애플리케이션

스마트폰의 운영체제 중의 하나인 안드로이드는 운영체제로는 리눅스(linux)를 사용하지만, 운영체제를 제외한 안드로이드 SDK의 나머지 부분은 모두 자바로 작성되어 있다. 안드로이드 애플리케이션도 물론 **자바**로 작성된다. 안드로이드 개발자들은 자바의 SE 버전 중에서 AWT와 스윙(swing)을 제외한 거의 모든 패키지를 사용할 수 있다. 안드로이드에서는 자바를 지원하기 위하여 자체적인 가상 머신을 구현하였다. 자바의 표준 JVM을 사용하지 않는 이유는 스마트폰이 데스크탑에 비하여 처리 속도와 메모리 측면에서 한참 뒤쳐지기 때문이다. 모바일 장치에서는 모든 것을 최적화시키는 것이 중요하다. 안드로이드에서는 가상 머신에서 JIT 컴파일러를 없애버리고 가비지 콜렉터를 다시 작성했으며 클래스 파일에서 중복된 정보를 제거한 새로운 실행 파일 형식인 달빅 실행 파일(.dex)을 사용한다. 이러한 자체적인 자바 가상 머신을 **달빅(Dalvik) 가상 머신**이라고 부른다. 여기서 한 가지 주의할 점은 안드로이드에서는 달빅 가상 머신을 사용하므로 일반적인 자바의 클래스 파일에 들어 있는 바이트 코드는 직접 실행이 불가능하다는 것이다. 반드시 바이트 코드를 달빅 실행 파일(.dex) 형식으로 변환하여야 실행이 가능하다. 최근에는 안드로이드 개발 언어로 코틀린도 많이 사용된다. 코틀린(Kotlin)도 자바 가상 기계를 사용하는 범 자바 언어의 일종이라고도 할 수 있다.

자바와 다른 언어의 실행 과정 비교

자바를 다른 프로그래밍 언어와 비교했을 때, 자바를 특색 있게 만드는 것은 하나의 자바 프로그램이 어떤 컴퓨터 기종에서도 실행이 가능하다는 점이다. 실행 파일을 전혀 변경하지 않아도 된다. 즉 다시 컴파일할 필요가 없다는 이야기이다. 프로그램을 완성하고 나면 하드웨어나 운영체제의 종류에 관계없이 동일한 모습으로 실행할 수 있다는 것이 자바의 가장 큰 장점이다. 이것을 잘 설명하는 문장이 "한 번만 작성해서 어디서나 실행시키세요(WORE: Write Once Run Everywhere)"라는 자바의 슬로건이다.

이것을 다른 언어와 비교해보자. 예를 들어서 여러분들이 C 언어나 C++ 언어를 사용하여 프로그래밍을 했다고 하자. 이들 언어는 모두 타켓 컴퓨터의 CPU나 운영체제에 맞춘 코드를 생성한다. 따라서 이 프로그램을 다른 CPU나 운영체제에서 실행하려면 다시 컴파일하여야 한다. 예를 들어서 윈도우에서 컴파일된 실행 파일은 리눅스에서 실행되지 않는다. 이것은 여러분들이 간단히 확인할 수 있다. 윈도우의 실행 파일을 맥북으로 가져간다고 해서 실행되는 것은 아니다. 예를 들어서 윈도우용 엑셀 프로그램을 맥북으로 가져간다고 바로 실행될까?

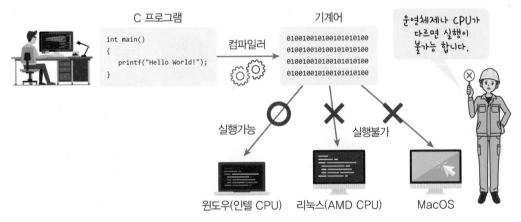

그림 1.7 C 또는 C++ 언어로 컴파일하였을 경우, 운영체제나 CPU가 다르면 실행이 불가능하다.

하지만 자바는 다르다. 자바는 한번 컴파일되면 어떤 종류의 CPU나 어떤 운영체제에서도 실행이 가능하다. 예를 들어 예전에 많이 사용되던 자바 애플릿은 인터넷을 통하여 다운로드되어서 어떤 컴퓨터에서나 실행이 가능하였다. 하지만 안타깝게도 자바 애플릿은 보안 문제로 최근에 모든 웹 브라우저에서 실행이 금지되었다.

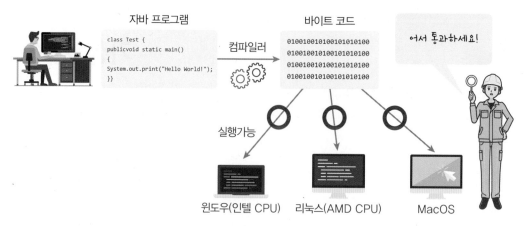

그림 1.8 자바 언어로 컴파일하였을 경우, 운영체제나 CPU에 상관없이 실행이 가능하다.

자바 프로그램의 실행 과정

자바는 어떤 방법으로 다양한 종류의 컴퓨터에서 변경없이 실행될까? 다른 프로그래밍 언어의 경우, 컴파일러는 소스 파일을 처리하여서 특정한 컴퓨터의 기계어를 바로 생성한다. 그러나 자바컴파일러는 특정한 컴퓨터를 위한 코드를 바로 생성하지 않는다. 대신에 가상적인 컴퓨터의 기계어인 **바이트 코드(byte code)**를 생성한다. 이 바이트 코드는 **자바 가상 기계(JVM: Java Virtual Machine)**라고 하는 소프트웨어에 의하여 한 줄씩 해석되면서 특정한 컴퓨터에서 실행된다.

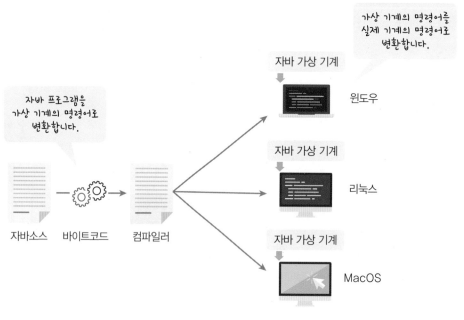

그림 1.9 자바 가상 기계

이렇게 두 단계로 나누어서 컴파일하고 실행하는 이유는 응용 프로그램들을 다시 컴파일하지 않아도 모든 컴퓨터에서 실행되도록 하기 위해서이다. 우리가 각종 컴퓨터에서 자바 가상 기계만 가지고 있다면 어떤 바이트 코드도 다시 컴파일할 필요가 없이 자바 가상 기계 위에서 실행할 수 있다. 자바 가상 기계는 많은 운영체제에서 지원되기 때문에 동일한 바이트 코드 파일이 윈도우, 리눅스, Mac OS에서 변경없이 실행될 수 있는 것이다.

가상 기계

가상 기계는 실제 장치가 아니고 가상적인 컴퓨터를 만드는 소프트웨어를 의미한다. 기존의 컴퓨터에서 가상 기계 소프트웨어를 실행하면 가상 기계가 된다고 간주한다. 우리가 자바 개발 도구 JDK를 설치하면 java.exe라는 실행 가능한 프로그램이 설치되는데, 이것이 우리의 컴퓨터를 가상 기계로 만들어주는 소프트웨어이다. 우리가 java를 실행시키고, 컴파일된 바이트 코드를 전달하면 가상 기계 위에서 우리의 바이트 코드가 실행된다.

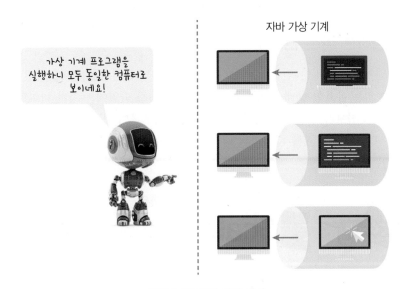

그림 1.10 자바 가상 기계

가상 기계는 오라클이나 마이크로소프트, 구글 등이 제작하여 배포한다. 윈도우나 리눅스 버전은 오라클이 만들어서 배포하고 안드로이드에 사용되는 가상 기계 프로그램은 구글이 만들어서 배포한다. 안드로이드에서 사용되는 가상 기계는 데스크탑에서 사용되는 가상 기계랑 조금 다르다.

자바 프로그램은 자바 가상 기계 덕분에 하드웨어의 종류에 상관없이 어디서나 실행될 수 있다. 반면에 실제 기계의 명령어로만 구성된 **네이티브 코드(native code)**보다 속도는 느리다. 그러나 최근에는 컴파일러와 가상 기계 기술의 진보로 인하여 자바 코드의 속도가 네이티브 코드에 근접하는 정도로 빨라졌다.

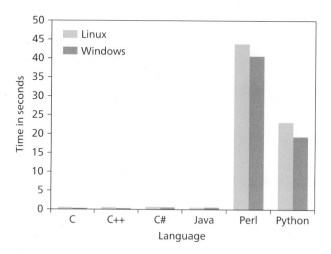

그림 1.11 각종 프로그래밍 언어의 속도 비교(출처: bioinformatics. 9. 82. 10.1186/1472105-9-82)

JVM을 사용하는 다른 언어들

최근에 JVM 언어라고 불리는 언어들이 등장하고 있다. JVM 언어를 컴파일하면 자바 가상 기계가 실행할 수 있는 유효한 클래스 파일을 출력한다. 클래스 파일에는 자바 바이트 코드와 심볼 테이블, 기타 보조 정보가 포함되어 있다. 따라서 JVM으로 실행이 가능하다. 클래스 파일은 컴파일된 클래스 및 인터페이스를 나타내는 데 사용되는 하드웨어 및 운영체제 독립적 이진 형식이다.

몇 가지 JVM 언어가 있으며, 오래된 언어를 JVM으로 이식하기도 하고 완전히 새로운 언어도 만들어졌다. JRuby와 Jython은 각각 Ruby와 Python을 JVM으로 이식한 것이다. 자바 바이트 코드로 컴파일하기 위해 처음부터 생성된 새로운 언어 중에서 Clojure, Apache Groovy, Scala, Kotlin 등이 가장 인기 있는 언어이다. JVM 언어의 주목할만한 기능은 서로 호환된다는 것이다. 예를 들어 Scala 라이브러리는 Java 프로그램과 함께 사용할 수 있으며 그 반대도 가능하다. 두 언어 모두 자바 바이트 코드를 출력하기 때문이다.

자바 플랫폼

플랫폼(platform)이란 프로그램이 실행되는 하드웨어와 소프트웨어 환경이다. 자바 플랫폼은 두 가지의 요소로 이루어져 있다. 플랫폼만 같으면 바이트 코드를 변경 없이 실행할 수 있다.

- 자바 가상 기계(JVM: Java Virtual Machine)
- 자바 응용 프로그래밍 인터페이스(API: Application Programming Interface)

일반적으로 API란 많은 유용한 기능을 제공하는 라이브러리들의 모임이다. API는 자바 프로그래밍 언어의 핵심 기능을 제공한다. API에는 네트워킹, 보안, XML 생성, 데이터베이스 접근에 필요한 기능들이 포함되어 있다.

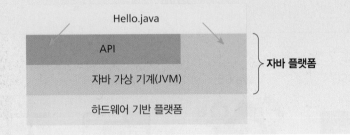

가상 기계

가상 기계는 버추얼 머신, 가상 머신, 가상 컴퓨터라고도 번역되고 있다. 기계(machine)는 서양에서 컴퓨터를 의미한다. 자바 가상 기계는 실제로 존재하는 컴퓨터가 아니라 가상 컴퓨터를 시뮬레이션하는 소프트웨이이다. 자바 가상 기계를 이용하여서 운영체제와 하드웨어를 프로그램으로부터 숨길 수 있다. 자바 가상 기계는 자바 컴파일러가 코드를 생성할 대상이 되는 추상화된 기계의 명세를 바탕으로 소프트웨어로 작성된다.

.NET의 CLR

자바의 가상 기계 개념은 서로 다른 기종의 컴퓨터들이 연결되어 있는 인터넷 환경에서는 상당히 매력적인 개념이다. 마이크로소프트에서도 .NET 프레임워크에서 가상 기계 개념을 도입하였다. .NET 프레임워크의 프로그램들은 CLR(Common Language Runtime)이라고 하는 일종의 소프트웨어 가상 기계에서 실행된다.

1. 자바 프로그램의 실행 과정을 설명해보자.
2. 자바 컴파일러가 소스 프로그램을 컴파일한 것을 무엇이라고 부르는가?
3. 자바가 어떤 컴퓨터에서도 실행이 가능한 근본적인 원인은 무엇인가?
4. 바이트 코드를 해석하여 실행하는 소프트웨어를 무엇이라고 하는가?

자바는 개발 분야에 따라 Java SE, Java ME, Java EE, Java FX 플랫폼 등으로 나누어서 제공된다.

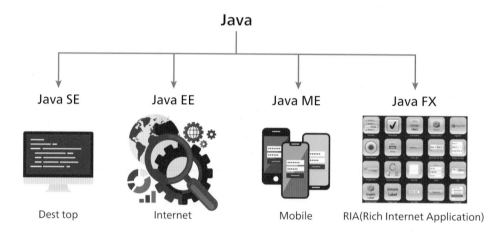

그림 1.12 자바 언어 종류

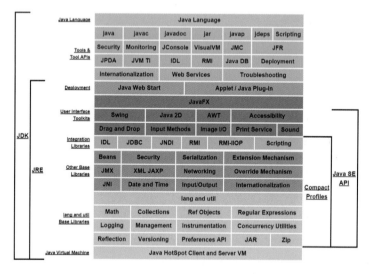

그림 1.13 자바 SE의 구성(출처: 자바 웹 사이트)

Java SE

Java SE(Standard Edition)는 자바 언어의 핵심 기능을 제공한다. Java SE API는 자바 언어의 기본적인 타입과 객체에서부터 네트워킹, 보안, 데이터베이스 접근, 그래픽 사용자 인터페이스, XML 파싱에 사용되는 고수준의 클래스까지를 모두 정의한다. Java SE API에 추가하여서 Java SE 플랫폼은 자바 가상 기계, 컴파일러와 같은 개발 도구, 자바 웹 스타트와 같은 배포 기술 등을 포함하고 있다. 다음은 Java SE에서 제공하는 기술들을 요약한 그림이다.

Java EE

Java EE(Enterprise Edition)는 Java SE 플랫폼상에 구축된다. Java EE는 기업용 애플리케

이션을 개발하는 데 필요한 여러 가지 도구 및 라이브러리들을 모아 놓은 것이다. 이 패키지는 응용 서버, 웹 서버, J2EE API, 엔터프라이즈 자바 빈즈(JavaBeans) 지원, 자바 서블릿 API 와 JSP 등을 포함한다. 또한 Sun GlassFish 엔터프라이즈 서버도 포함하고 있으며 이것은 이전에 Sun Java System Application Server라고 불리던 것이다. Java EE는 엔터프라이즈급의 서버 지향 구조(SOA)나 차세대 웹 애플리케이션을 구현하는 업계 표준이 되어가고 있다.

Java ME

Java ME(Micro Edition)는 핸드폰, PDA, TV 셋톱박스, 프린터와 같은 모바일 기기나 다른 임베디드 장치들에서 실행되는 애플리케이션을 위한 강인하고 유연한 환경을 제공한다. Java ME는 Java SE의 부분 집합에, 모바일 장치를 위한 특수한 클래스 라이브러리가 추가된 것으로 볼 수 있다. Java ME에 기반을 둔 애플리케이션은 많은 장치 간에 이식이 가능하며 성능이 저하되지 않는다.

Java FX

Java FX는 애플리케이션 개발자들이 더 쉽게 리치-인터넷-애플리케이션(RIA: Rich Internet Application)을 생성하고 배포하기 위한 자바 클라이언트 플랫폼이다. RIA은 서로 인터넷상의 다양한 플랫폼에서도 동일한 외관으로 실행된다. 자바 기술에 기반을 두는 Java FX 플랫폼은 고성능의 하드웨어 가속 그래픽과 미디어 엔진 API를 제공하여 엔터프라이즈 클라이언트의 개발을 쉽게 한다. Java FX 애플리케이션은 Java EE 플랫폼 서비스의 클라이언트가 될 수 있다.

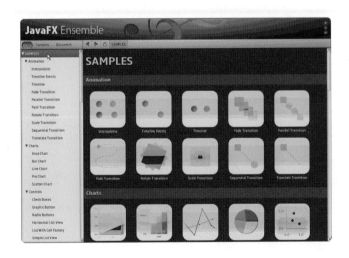

RIA
RIA(Rich Internet Application)는 웹 브라우저나 웹 플러그인, 샌드박스, 자바스크립트, 가상 기계 등의 기술을 통하여 사용자에게 제공되는 웹기반의 애플리케이션이다. RIA는 단조로운 웹 페이지를 화려하게 꾸미는 데 이용되고 있다. 어도비 플래시, Java FX, 마이크로소프트의 실버라이트(Silverlight)가 가장 많이 사용되는 플랫폼이다. 최근에는 모든 웹 브라우저가 외부 플러그인을 제한하는 추세여서 예전보다 이들 RIA의 중요도가 줄어들고 있다. 대안은 HTML5를 사용하는 것이다.

참고

자바의 버전

자바는 지속적으로 업그레이드되고 있다. 이것은 세월이 흘러가도 별다른 변경이 없는 다른 언어들과 아주 다른 점이다. 자바의 내부 버전은 1.0부터 1.16이지만 Sun사는 1.2부터 "Java 2"라는 이름을 사용했다. 1.8버전은 "Java SE 8"으로 불리고 있다. 자바 역사상 J2SE 5.0와 Java 8이 가장 중요한 버전이라고 일컬어 진다. 이 두 버전에서 많은 특징이 추가 되었다.

오라클사는 2019년부터 1년에 2번(3월과 9월)씩 자바의 새로운 버전을 발표하고 있다. 그리고 3년마다 한 번씩 LTS 버전을 발표하고 있다. LTS는 "Long Term Support"의 약자로서 오랫동안 오라클에서 지원하겠다는 의미이다.

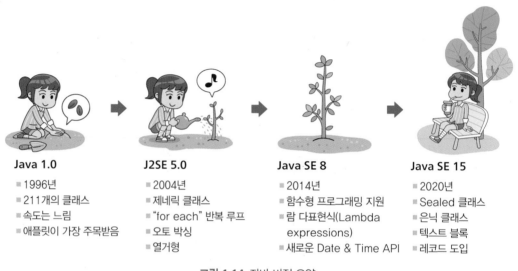

Java 1.0
- 1996년
- 211개의 클래스
- 속도는 느림
- 애플릿이 가장 주목받음

J2SE 5.0
- 2004년
- 제네릭 클래스
- "for each" 반복 루프
- 오토 박싱
- 열거형

Java SE 8
- 2014년
- 함수형 프로그래밍 지원
- 람 다표현식(Lambda expressions)
- 새로운 Date & Time API

Java SE 15
- 2020년
- Sealed 클래스
- 은닉 클래스
- 텍스트 블록
- 레코드 도입

그림 1.14 자바 버전 요약

자바 언어의 변경과는 별도로 자바 클래스 라이브러리도 세월에 따라 많은 변천이 있었으며 JDK 1.0에는 수백 개에 불과하던 라이브러리가 현재는 수천 개 이상으로 증가되었다. 완전히 새로운 라이브러리인 Swing이나 Java2D와 같은 라이브러리들이 추가되었으며 많은 오리지널 JDK 1.0 라이브러리들은 사용 중단이 권고되고 있다. 우리는 물론 자바의 최신 버전인 Java SE 16을 설치하여 사용하겠지만 중요한 버전 중의 하나인 Java SE 8와 SE 9의 특징도 살펴보도록 하자.

Java SE 8: 함수형 프로그래밍 지원

자바 Java SE 8이 2014년도에 출시되었다. Java SE 8이 상당한 관심을 받는 이유는 Java SE 8에 많은 기능들이 추가되었기 때문이다. Java SE 8에 추가된 중요한 특징들은 다음과 같다.

- 함수형 프로그래밍의 지원
- 람다식(Lambda expressions)

- 작은 가상 기계(VM)
- 병렬 배열 정렬(ParalleArray Sorting)
- 컬렉션을 위한 대용량 데이터 처리
- Base64 인코딩과 디코딩을 위한 표준 API
- 새로운 날짜, 시간 API(Date & Time API)
- 강화된 패스워드 기반 암호화(Password-Based-Encryption (PBE))

함수형 프로그래밍이 드디어 자바에서도 Java SE 8부터 지원되었다. 함수형 프로그래밍은 많은 사람들이 기다리던 특징이었다. 함수형 프로그래밍은 부작용(side effect)이 없는 함수들을 연결하여서 작업을 수행하는 프로그래밍 방식이다. Stream 라이브러리, 람다식과 함께 함수형 프로그래밍은 함수들을 서로 연결하여서 과거에 매우 번거로웠던 작업들을 아주 직관적으로 수행하게 해준다.

람다식(Lambda Expressions)은 아마도 가장 흥미로운 자바 언어의 변화일 것 같다. 람다식은 그동안 소외되었던 함수를 객체로 취급한다. 람다식은 기본적으로 함수를 표현하는 방법인 수학의 lambda calculus에서 유래되었다. 예를 들어 두 개의 정수를 받아서 그 합을 반환하는 함수를 (a, b) → a + b;로 표기하는 것이다. 이러한 람다식 표현을 위해 자바 언어에 새로운 연산자인 화살표 연산자(→)와 메소드 참조 등이 추가되었다. 람다식으로 자바 코드는 보다 간결해지고 병렬 처리 기능과 안정성이 향상되었다.

Java SE 9: 모듈화 프로그래밍

최근의 자바에서 또 하나의 흥미로운 점은 모듈화이다. 모듈화는 직소(jigsaw) 프로젝트의 산물이다. 모듈화의 목적은 자바 응용 프로그램을 만들 때, 마치 직소 퍼즐을 연결하듯이 필요한 모듈만을 묶어서 사용하려는 것이다. 이렇게 하여서 개발자가 라이브러리와 큰 응용 프로그램을 보다 쉽게 구성하고 유지 관리할 수 있게 하려는 것이다. 또 라이브러리를 모듈화하면 필요 없는 모듈을 배제할 수 있기 때문에 응용 프로그램의 크기를 축소할 수 있다(임베디드 장치와 같은 소형 장치에서 실행이 가능하다).

자바 프로그램을 개발하기 위해서는 자바 컴파일러가 있어야 한다. 일반적으로 자바 컴파일러와 디버깅 도구, 각종 유틸리티 등의 프로그램 개발 도구들을 **JDK(Java Development Kit)**이라고 한다. JDK는 java.sun.com에서 무료로 다운로드 받을 수 있다.

JDK와 JRE

자바를 다운로드 받는 홈페이지를 가보면 JDK와 JRE이라는 용어가 자주 등장한다. JDK와 JRE의 차이점을 살펴보자.

JRE

JRE(Java Runtime Environment)는 자바 프로그램을 실행하기 위한 라이브러리, 자바 가상 기계, 기타 컴포넌트들을 제공한다. 자바 프로그램을 실행만 하고 개발은 하지 않는 일반인들을 위한 환경이다.

JDK

JDK(Java Development Kit)는 JRE에 자바 프로그램을 개발하는 데 필요한 컴파일러, 디버거와 같은 도구들을 추가한 것이다. JDK 안에 JRE가 포함되어 있음을 유의하자. 우리는 개발자이므로 JDK를 다운로드 받아야 한다.

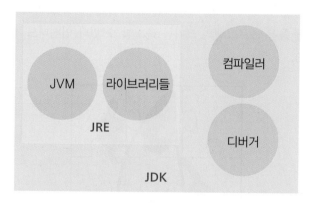

그림 1.15 JDK와 JRE의 관계

Oracle JDK vs Open JDK

JDK를 배포하는 기관은 두 곳이 있다. 하나는 상업용 코드를 판매하는 Oracle JDK이고 다른 하나는 공개 소스 기반의 Open JDK이다. 오라클은 라이선스가 들어있는 코드를 제외한 자바 설치본을 Open JDK를 통하여 배포하고 있다. Open JDK는 Oracle JDK와 거의 차이가 없다. 최근 개발 회사에서는 Open JDK를 많이 사용하고 있다고 한다. 물론 라이선스 문제를 피해 가기 위해서이다. Open JDK는 설치가 약간 번거롭지만 큰 차이는 없다. 우리는 그냥 Oracle JDK을 사용한다. 상업적 목적이 아니라면 어느 배포판을 사용해도 문제가 없다.

JDK 설치

https://www.oracle.com/java/technologies/javase-downloads.html에 가서 Java SE 다운로드 버튼을 클릭한다.

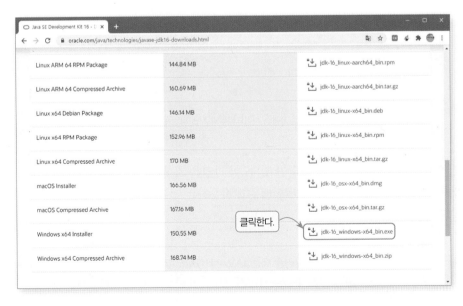

다운로드 받은 파일을 더블 클릭하여 설치를 시작한다.

혹시 설치 과정에서 선택해야 할 사항이 나오면 디폴트 값을 선택하고 설치를 진행하면 된다. 설치가 완료되었다는 대화 상자가 나오면 [Close] 버튼을 누르도록 하자.

JDK의 폴더

JDK는 컴퓨터 안에 몇 개의 폴더를 생성한다. JDK의 기본 설치 폴더 경로는 c:\Program Files\Java가 된다. 이 안에 JDK 폴더가 있다. 자세한 이름은 버전과 업데이트 번호에 따라 달라진다. 현재 16 버전의 경우 jdk-16으로 되어 있다(자바 버전은 계속하여 업데이트 되므로 숫자에 대하여 너무 신경쓰지 말자). 그 아래에 다음과 같은 폴더들이 존재한다.

표 1.1 JDK의 디렉터리

폴더	설명
bin	컴파일러, 디버거 등의 도구가 들어 있다.
conf	구성 파일이 저장된다. 개발자가 편집할 수 있다.
include	네이티브 코드 프로그래밍을 지원하는 헤더 파일들이다. 이들 파일들은 자바와 C를 동시에 사용하는 프로그램 개발 시에 쓰인다.
jmods	컴파일된 모듈이 정의되어 있다.
legal	저작권, 라이선스 파일이 저장된다.
lib	개발 도구들이 필요로 하는 추가적인 클래스 라이브러리와 지원 파일들이다.

lib 폴더 안에 자세히 보면 src.zip 파일이 있다. 이 파일은 자바 핵심 API를 이루는 클래스 라이브러리 소스이다. 이들 소스는 자바 언어를 배우고 사용하는 것을 도와주기 위한, 정보 제공 차원에서 제공된다.

TIP

JDK가 설치된 폴더를 외부 프로그램에 알려줄 때는 JAVA_HOME이라는 환경 변수를 사용한다. 따라서 어떤 프로그램이 자바를 찾을 수 없다고 하면 JAVA_HOME 환경 변수를 설정하도록 하자.

JDK 설치를 마쳤으면 한번 사용하여 보자. JDK는 명령어 프롬프트에서 직접 사용이 가능한 몇 가지의 명령어 도구들을 가지고 있다. 자바 컴파일러인 javac, 자바 프로그램을 실행시키는 데 사용되는 자바 가상 기계를 구현한 java 등이 포함되어 있다. 명령어 도구는 불편하지만 자바 프로그램이 실행되는 원리를 알기 위해서 반드시 한번은 해보아야 한다. 조금 귀찮더라도 따라서 해보자.

이제부터 실제 자바 애플리케이션을 만들어보자. 프로그램 언어를 배울 때 가장 먼저 작성하는 프로그램이 그 세계에 들어왔다는 인사를 하는 것일 것이다. 화면에 인사말을 출력하는 프로그램을 작성해본다. 애플리케이션을 작성하는 단계는 다음과 같다.

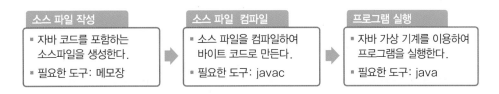

소스 파일 작성
- 자바 코드를 포함하는 소스파일을 생성한다.
- 필요한 도구: 메모장

소스 파일 컴파일
- 소스 파일을 컴파일하여 바이트 코드로 만든다.
- 필요한 도구: javac

프로그램 실행
- 자바 가상 기계를 이용하여 프로그램을 실행한다.
- 필요한 도구: java

경로 설정하기

JDK에 포함된 명령어 도구를 사용하기 위해서는 먼저 어떤 디렉터리에서도 JDK 명령어들을 찾을 수 있도록 운영체제에게 JDK가 설치된 위치를 알려주는 것이 필요하다. 다음과 같이 Path라는 시스템 환경 변수를 적절하게 설정하면 된다.

1. 제어판을 열고 "시스템" 아이콘을 더블클릭한다.

2. "고급 시스템 설정"을 클릭한다.

3. "고급" 탭을 선택하고 하단의 "환경 변수" 버튼을 클릭한다.

4. "시스템 변수" 중에서 "Path" 변수를 선택하고 "편집" 버튼을 누른다.

5. Path 변수의 값의 첫 부분에 JDK의 bin 폴더를 추가한다. 이때 세미콜론(;)을 이용하여 폴더

와 폴더를 구분한다. 예를 들면 다음과 같다. 주의할 점은 시스템에 따라서 정확한 위치가 달라진다.

```
C:\Program Files\Java\jdk-16\bin;...
```

올바르게 설정되었는지 확인하려면 명령 프롬프트를 실행하여 다음과 같이 타이핑해본다.

소스 파일 작성

자바의 세계에 들어온 것을 기념하기 위하여 "Hello World!" 메시지를 콘솔에 출력하는 프로그램을 작성해보자. 화성에 도착한 탐사선도 안전하게 도착하자마자 이 메시지를 지구로 보내왔다고 한다.

```
Hello World!
```

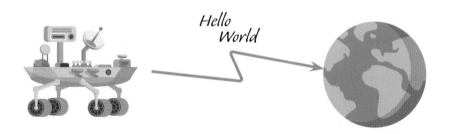

윈도우의 메모장을 이용하여 소스 프로그램을 작성한다. 소스 프로그램을 파일로 저장하면 소스 파일이 된다. 소스 파일을 저장할 때 확장자는 .java로 해야 자바 소스 파일이 된다. 소스 파일의 이름은 반드시 Hello.java로 하여야 한다. 이것은 다른 언어와 상당히 다른 점으로 자바에서는 소스 파일의 이름이 클래스 이름과 동일해야 한다. 소스를 입력할 때에 특히 대소문자에 주의하기 바란다. 만약 class를 Class로 입력하면 프로그램은 동작하지 않는다. 또한 단어와 단어 사이에 공백도 있어야 한다.

메모장에서 파일로 저장할 때는 반드시 파일 이름을 Hello.java로 정확히 지정하여야 한다. 파일 이름으로 단순히 Hello만 입력하면 Hello.txt로 저장된다. 파일이 올바르게 저장되었는지 확인하자.

컴파일

소스 파일을 자바 컴파일러를 이용하여 컴파일한다. 컴파일러의 명령어 버전 이름은 javac이다. 앞의 소스 코드를 c:\user\chun\javasrc 폴더에 저장하였다고 가정하면 "시작 → 프로그램 → 보조 프로그램 → 명령 프롬프트"를 실행하여 다음과 같이 Hello.java를 컴파일한다.

여러분이 앞의 소스를 완벽하게 입력하였다면 아무것도 나타나지 않지만 만약 오류가 있는 경우에는 오류 메시지가 화면에 보이게 된다. 우리는 명령어 버전보다는 이클립스(Eclipse)를 사용할 예정이므로 javac의 자세한 옵션 설명은 생략하기로 한다. 컴파일러가 생성하는 파일을 클래스 파일이라고 한다. 보통 클래스 파일은 소스 파일과 동일한 디렉터리에 만들어진다.

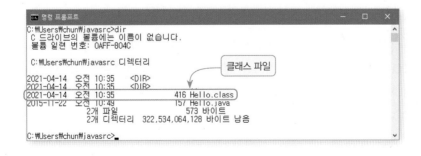

실행

자바 프로그램을 성공적으로 컴파일하였다면, 다음 단계는 가상 기계인 java를 이용하여 클래스 파일을 실행하는 것이다. 자바 프로그램을 실행시키려면 다음과 같이 하면 된다.

Hello World 프로그램의 간단한 설명

앞절에서 실행시켰던 우리의 첫 번째 프로그램인 "Hello World!" 예제 프로그램을 분석하여 보자. 이 예제는 화면에 "Hello World!"를 출력하는 간단한 프로그램이다.

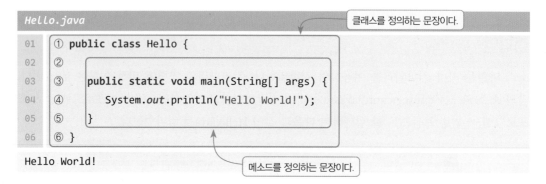

위 소스의 각 문장들을 간단하게 살펴보고 지나가자.

① public class Hello {

이 문장은 클래스 Hello가 시작되는 문장이다. **클래스(class)**는 자바 프로그램의 빌딩 블록이다. 이에 대한 내용은 다음 장에서 설명한다. 클래스는 { 에서 시작하여 }에서 종료된다.

③ public static void main(String[] args) {

이 문장은 메소드 main()이 시작되는 문장이다. **메소드(method)**는 어떤 특정한 기능을 수행하는 코드들의 집합이다. 메소드는 { 에서 시작하여 }에서 종료된다.

④ System.out.println("Hello World!");

이 문장은 "Hello World!"라는 텍스트를 콘솔 창에 출력하는 문장이다. System.out은 객체(object)이다. 이 객체는 println(), print(), …라는 많은 메소드를 가지고 있고 여기서는 이 객체의 println() 메소드를 호출한다.

⑤ }

이 기호에 의하여 메소드가 종료된다.

⑥ }

이 기호에 의하여 클래스가 종료된다.

명령어 도구들의 간단한 설명

c:\Program Files\Java\jdk-16\bin 폴더에 보면 상당한 양의 실행 파일들이 들어 있다. 이것들은 모두 프로그램 개발에 사용되는 도구이다. 많이 사용되는 것들은 다음 표와 같다.

도구	설명
appletviewer	웹 브라우저 없이 애플릿을 실행하고 디버그하는 도구
apt	어노테이션 처리 도구
extcheck	jar 파일을 체크하는 도구
jar	자바 압축 파일(Java Archive)을 생성하고 관리하는 도구
java	가상 기계 프로그램
javac	자바 컴파일러
javadoc	도큐먼트 생성기, 자바 소스 파일 안에 /** */로 주석을 만들면 이 주석을 추출하여 문서로 만들어준다.
javah	C 언어로 된 네이티브 메소드를 작성할 때 사용되는 C 헤더 파일과 스터브 생성기
javap	클래스 파일 디어셈블러
jdb	자바 디버거

통합 개발 환경

명령어 버전을 사용하다보면 편집, 컴파일, 실행이 별도로 이루어져 상당히 불편하다는 것을 느낄 것이다. 그래서 개발된 것이 통합 개발 환경(Integrated Development Environment)이다. 통합 개발 환경에서는 소스 에디터, 컴파일러, 디버거가 결합되어 있으며 특히 비주얼 김포넌트를 마우스로 드래그하고 드롭하여 응용 프로그램을 생성할 수 있는 비주얼 개발 도구를 포함하는 것도 있다. 자바의 통합 개발 환경에는 공개 소프트웨어인 이클립스(Eclipse)나 오라클에서 제공되는 넷빈(NetBeans), IntelliJ IDEA(www.jetbrains.com/idea) 등이 있다. 이클립스는 다음 절에서 자세하게 살펴볼 예정이다.

여기서 중요한 것은 이클립스(Eclipse)와 같은 통합 개발 환경도 내부적으로는 명령어 도구들을 이용한다는 것이다. 통합 개발 환경은 명령어 버전 도구들을 편리하게 사용할 수 있도록 해줄 뿐이다. 따라서 이클립스를 사용하더라도 명령어 도구들은 설치되어 있어야 하고 명령어 도구들의 기본적인 사용 방법은 알고 있어야 한다.

참고

---

1. 다음 질문에 순서대로 답하라.

   (1) 자바 소스 파일 Welcome.java를 컴파일하는 명령을 쓰시오.

   (2) 컴파일하면 어떤 파일이 생성되는가?

   (3) 이 파일을 실행하는 명령을 쓰시오.

2. 자바 소스 파일과 클래스 이름 간에는 어떤 관계가 있을까? 예측하여 보자.

중간점검

1.8 | 이클립스 소개와 설치

이클립스 vs IntelliJ IDEA

명령어 프롬프트를 써서 자바 프로그램을 개발하는 사람은 많지 않다. 너무 불편하기 때문이다. 대신에 개발자들은 다음의 2가지 **통합 개발 환경(IDE)** 중에서 하나를 선택한다.

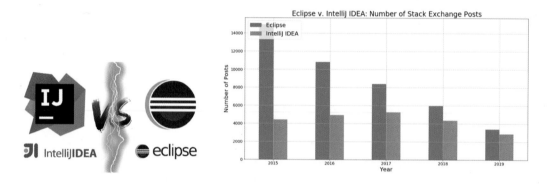

예전에는 이클립스가 압도적으로 많았으나 최근에는 IntelliJ IDEA도 많이 사용되고 있다. IntelliJ IDEA의 개발 화면은 다음과 같다.

IntelliJ IDEA은 상품명 그대로, 인텔리전트하게 코드를 수정해주는 장점이 있다. 이클립스도 최근 많이 도입하고 있는 기능이다. 안드로이드 개발 환경은 IntelliJ IDEA이다. 우리는 의리를 지켜서 이클립스를 사용하자. 이클립스만 사용해도 큰 불편은 없다.

이클립스란?

이클립스(Eclipse)는 자바 프로그램을 쉽게 개발하기 위한 통합 개발 환경의 하나이다. 명령어 기반의 JDK만을 가지고서도 프로그램을 개발할 수 있지만 생산성이 매우 떨어진다. 이클립스는 무료로 제공되고 빠르면서 강력한 기능을 가지고 있기 때문에 자바 개발자 사이에서는 많은 인기가 있다. 이클립스는 오픈 소스 프로젝트로 개발되었으며 비영리단체인 이클립스 재단(www.eclipse.org)에서 배포한다. 이클립스 자체도 자바로 작성되었다. 하지만 자체 GUI 라이브러리를 사용한다. 따라서 이식성이 완벽하지는 않다. 하지만 거의 모든 운영체제 버전이 제공된다.

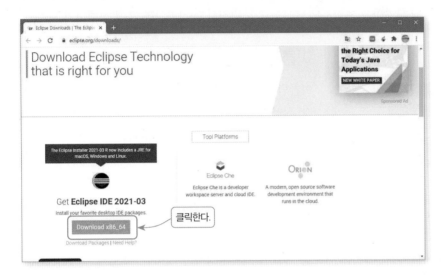

이클립스의 설치

다운로드 받은 파일을 더블클릭하면 설치가 시작된다. 그냥 기본으로 지정된 대로 설치하면 된다.

이 절에서는 이클립스를 이용하여 간단한 예제 프로그램을 작성하여 본다. 콘솔에 "Hello World!"라는 문자열을 출력하는 프로그램을 편집하고 컴파일한 후에 실행시켜 보자.

이클립스 실행

이클립스를 처음으로 실행하면 다음과 같은 대화 상자가 등장한다. 사용자에게 작업 공간을 어떤 폴더로 할 것인지를 물어보는 대화 상자이다. 자신이 작업하고자 하는 폴더로 지정하면 된다.

위의 화면에서 "Launch" 버튼을 누르면 Welcome 화면이 등장한다. 이 화면을 읽어보아도 좋으나 일단은 닫도록 하자.

프로젝트 생성

가장 먼저 해야 할 작업은 새로운 프로젝트를 생성하는 것이다. **프로젝트(project)**는 하나의 프로그램을 생성하기 위하여 필요한 모든 파일들이 모인 것이다. 메뉴에서 [File] → [New] → [Java Project]를 선택한다.

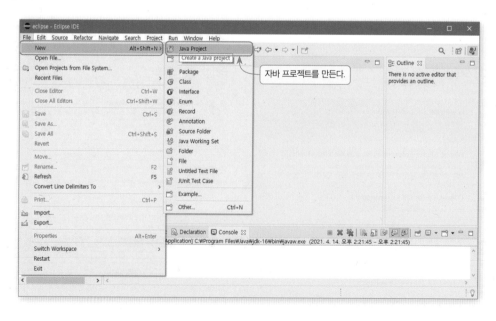

프로젝트 이름으로 "hello"를 입력하고 [Finish] 버튼을 누르면 새로운 프로젝트가 생성된다.

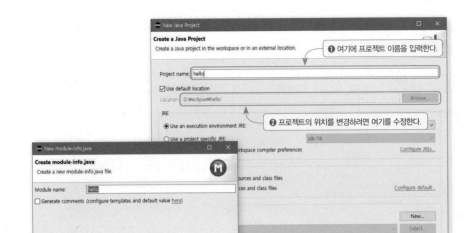

화면 왼쪽의 패키지 탐색기(Package Explorer)를 보면 새로 생성된 프로젝트 hello를 볼 수 있다.

클래스 생성

클래스에 대해서는 아직 학습하지 않았지만 자바 프로그램은 클래스들의 모임으로 이루어진다. 따라서 프로젝트가 생성되면, 다음 절차는 프로젝트 안에 클래스를 작성하는 것이다. 화면 왼쪽의 패키지 탐색기에서 프로젝트 hello의 [src] 폴더 위에서 마우스 오른쪽 버튼을 누르고 [New] → [Class]를 선택하면 다음과 같은 클래스 마법사가 화면에 등장한다.

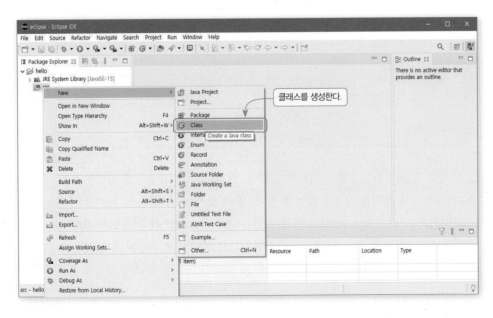

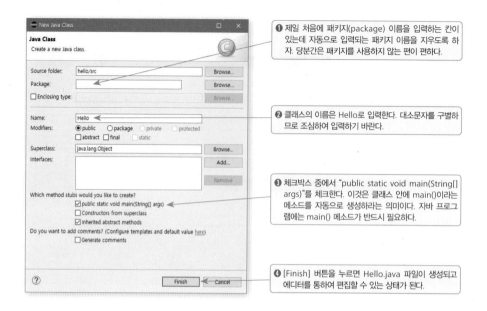

❶ 제일 처음에 패키지(package) 이름을 입력하는 칸이 있는데 자동으로 입력되는 패키지 이름을 지우도록 하자. 당분간은 패키지를 사용하지 않는 편이 편하다.

❷ 클래스의 이름은 Hello로 입력한다. 대소문자를 구별하므로 조심하여 입력하기 바란다.

❸ 체크박스 중에서 "public static void main(String[] args)"를 체크한다. 이것은 클래스 안에 main()이라는 메소드를 자동으로 생성하라는 의미이다. 자바 프로그램에는 main() 메소드가 반드시 필요하다.

❹ [Finish] 버튼을 누르면 Hello.java 파일이 생성되고 에디터를 통하여 편집할 수 있는 상태가 된다.

소스 코드 입력

앞에서 생성된 소스 파일에는 이미 어느 정도의 코드가 들어가 있다. 우리는 다음 그림과 같이 한 줄만 추가하여 보자.

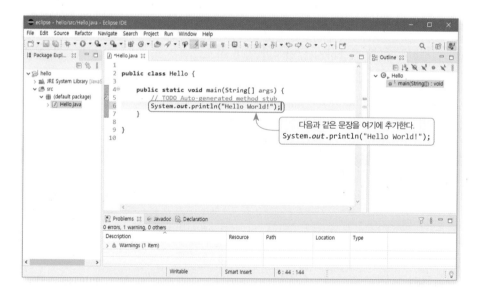

다음과 같은 문장을 여기에 추가한다.
System.*out*.println("Hello World!");

소스를 입력할 때는 대소문자에 유의하여야 한다. System을 system으로 입력하면 안 된다. 또 문장의 끝에는 반드시 세미콜론(;)이 있어야 한다. 만약 소스에 컴파일 오류가 있는 경우에는 빨간 밑줄이 그어진다. 따라서 이러한 빨간 밑줄이 있는 경우에는 소스를 제대로 입력하였는지 다시 한 번 검토하여 보기 바란다. 소스를 입력하면 자동적으로 컴파일이 수행된다. 이것은 초보자에게 무척 편리한 기능으로 다른 통합 개발 환경처럼 따로 컴파일 버튼을 누르지 않아도 된다.

프로그램 실행

프로젝트 이름(hello) 위에서 마우스 오른쪽 버튼을 눌러서 [Run As] → [Java Application]을 선택하면 프로그램이 실행된다. 실행하기 전에 파일 저장 여부를 물어보면 [OK] 버튼을 클릭한다.

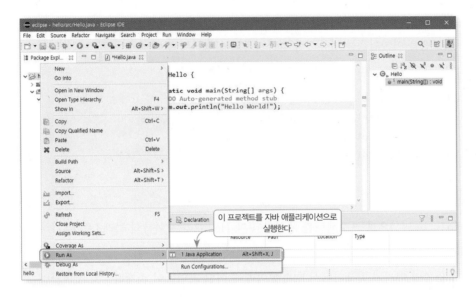

이어서 화면의 아래쪽에 있는 콘솔에 "Hello World!"가 출력되면 올바르게 실행된 것이다.

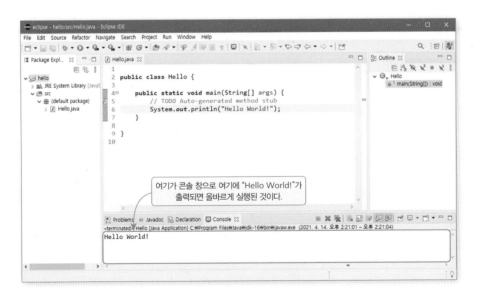

자바 프로그램을 실행할 때, 메뉴바에서 [Run] → [Run As] → [Java Application]을 선택하여도 된다. 그리고 아이콘 을 눌러도 된다. 또는 단축키 Ctrl+F11을 눌러도 된다.

TIP

다음 프로그램을 이클립스를 이용하여 컴파일하고 실행하여 보자.

```java
public class Hello2 {
    public static void main(String args[]) {
        System.out.println("안녕하세요?");              // ❶
        System.out.println("자바를 처음 공부합니다.");
        System.out.println("자바는 재미있나요?");
    }
}
```

1. hello2라는 이름으로 프로젝트를 생성한 후에 Hello2라는 이름의 클래스를 추가하고 위의 코드를 클래스 안의 main() 메소드 안에 입력한다.

2. 화면 왼쪽의 패키지 탐색기에서 hello2 아래에 어떤 파일들이 존재하는지 살펴본다.

3. ❶번 문장을 입력할 때 System.을 입력하면 아래와 같은 콤보 박스가 나타난다. 여기서 out을 선택하여 보자.

4. 프로젝트 위에서 마우스 오른쪽 버튼을 누르고 [Run As] → [Java Application]을 선택하여 프로그램을 실행하여 본다.

도전문제

자신의 이름, 주소, 전화번호, 직장 등의 정보를 화면에 별도의 줄로 출력하는 프로그램을 작성하시오.

TIP

이클립스에서 System.out.println를 빠르게 입력하려면 sysout을 입력한 후에 Ctrl+Space를 누르면 된다.

이클립스 사용 **Solution**

1. 다음과 같이 화면이 나타나면 된다. 프로젝트를 생성하고 소스를 입력하는 절차가 생각이 나지 않으면 1.9절을 참조한다.

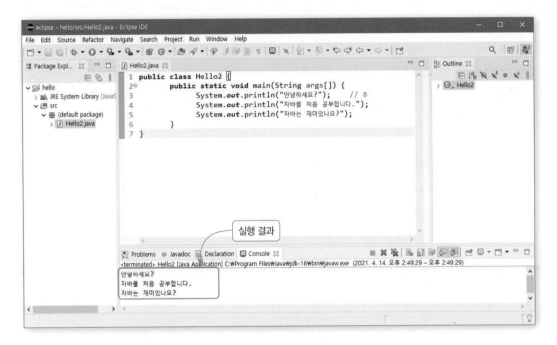

2. 다음과 같은 파일들이 패키지 탐색기에서 hello2 아래에 존재한다.

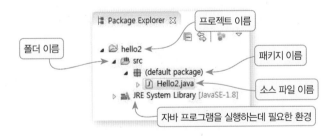

3. 이것도 이클립스의 큰 장점 중의 하나이다. 문자열이 아직 완결되지 않은 상태에서 그 문자열로 시작하는 메소드나 필드들을 보여준다. 대개 자동적으로 나타나게 되나 Ctrl+Space를 누르거나 [Edit] → [Content Assist]를 선택하여도 된다.

4. 위의 그림과 같이, 텍스트가 콘솔 창에 나타나면 성공이다.

1.10 컴파일 오류

자바 소스를 컴파일하다 보면 많은 오류들이 발생한다. 어떻게 대처할 것인가? 이클립스는 매우 훌륭한 오류 수정 방법들을 자동으로 제시한다. 만약 소스를 입력하는 과정에서 다음과 같이 System으로 입력할 것을 system으로 잘못 입력하였다고 가정하자.

```
System.out.println("Hello World!");    →    system.out.println("Hello World!");
```

프로그램을 실행하려고 시도해보자. 컴파일 오류가 발생하게 되고 커서는 소스 편집 창에서 오류가 발생한 위치로 자동으로 이동한다. 컴파일러는 system이 알려지지 않은 클래스라고 불평할 것이다. "system cannot be resolved"라는 메시지는 system이라는 토큰을 처리할 수 없다는 의미이다.

이클립스의 뛰어난 기능 중의 하나는 오류가 발생했을 경우에 처리 방법을 제시하고 개발자가 처리 방법 중에서 하나를 선택할 수 있도록 한다는 점이다. 빨간색 밑줄이 그어진 단어 위로 커서를 올리면 'quick fix' 창이 등장하고 프로그래머는 여러 가지 처리 방법 중에서 하나를 선택할 수 있다.

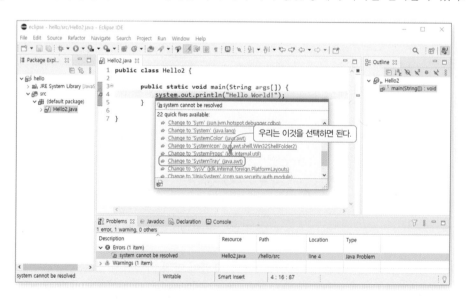

TIP 혹시 이클립스 실습 시에 실수로 어떤 뷰를 지웠다면 [Window] → [Perspective] → [Reset Perspective]를 실행해보자. 원 상태로 되돌아 갈 것이다. 퍼스펙티브는 화면 뷰들의 배치라는 의미이다. 주로 사용하는 퍼스펙티브는 "java"와 "debug"이다.

작성한 이클립스 프로젝트를 다른 컴퓨터로 이동한다고 가정하자. 가장 일반적인 방법은 이클립스에서 [File] → [Export] 메뉴를 사용하여 프로젝트 전체를 외부로 내보내고 이것을 외부 컴퓨터에서 [File] → [Import] 메뉴를 사용하여 읽으면 된다. 이 책의 소스도 출판사 홈페이지에서 다운로드 받아서 이런 방법으로 불러들일 수 있다. 예를 들어서 작성된 프로젝트를 USB로 내보내는 방법을 살펴보자.

프로젝트를 외부로 내보낼 때

1. 앞에서 작성한 hello 프로젝트를 USB에 저장하려면 hello 프로젝트를 선택한 상태에서 [File] → [Export] 메뉴를 선택한다.

2. 대화 상자에서 [General] → [File System]을 선택한다.

3. 대화 상자에서 USB의 디렉터리를 선택하고 [Finish]를 누른다.

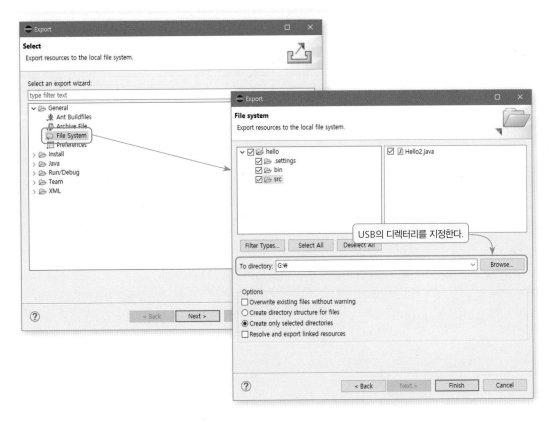

외부 프로젝트를 읽을 때

외부에서 가져온 프로젝트를 읽을 때는 반대 순서로 하면 된다.

1. USB에 저장한 hello 프로젝트를 읽으려면 [File] → [Import] 메뉴를 선택한다.

2. 대화 상자에서 [General] → [Existing Projects into Workspace]를 선택한다.

3. 대화 상자에서 USB의 디렉터리를 선택하고 [Finish]를 누른다.

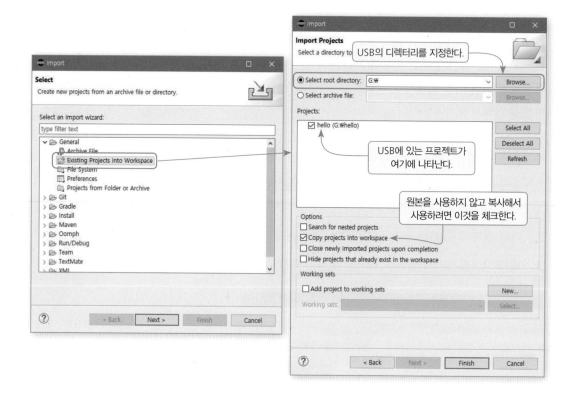

자바는 상당한 분량의 기술 문서를 제공한다.

Java API 문서

자바는 방대한 라이브러리를 자랑한다. 이들 라이브러리 덕분에 강력하고 복잡한 기능의 프로그램을 손쉽게 작성할 수 있다. 하지만 교과서에 나와 있지 않은 라이브러리는 어떻게 사용할 것인가? 이때는 자바가 제공하는 도움말 페이지를 참조하여야 한다.

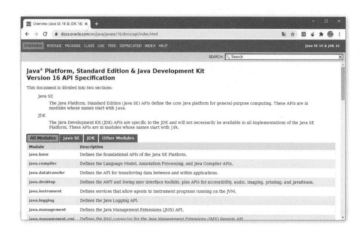

자바 API는 자바가 제공하는 수많은 클래스 라이브러리들의 모임이다. 이번에 구글과 오라클의 소송도 이 API 중 일부를 구글이 가져다가 사용하였다는 것이었다. 이 API들은 자바의 모듈화에 따라 연관된 클래스들을 모듈로 묶어서 계층화시켰다. 개발자들이 이 API들을 잘 이해하고 있어야 응용 프로그램을 빠르게 개발할 수 있다.

자바 튜토리얼

자바 초보자를 위한 튜토리얼은 https://docs.oracle.com/javase/tutorial/에서 찾아볼 수 있다. 자바 튜토리얼은 초보자를 위하여 각 주제를 상세하고 친절하게 설명하는 문서이다. 자바 기초, 컬렉션, 스윙, JDBC, 네트워크 프로그래밍, Java 2D 등의 많은 주제에 대하여 자세한 설명과 소스가 포함되어 있다.

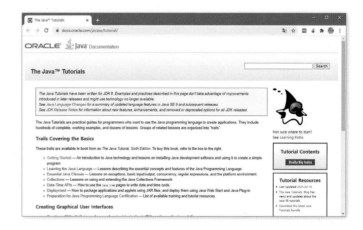

Mini Project

사칙 연산 프로그램

난이도: 중

주제

• 개발 도구 사용법 익히기

다음과 같이 피연산자 20과 10을 가지고 사칙 연산한 결과를 출력하는 자바 프로그램을 JDK와 이클립스를 이용하여 컴파일하고 실행하여 보자.

```
30
10
200
2
```

1. 프로젝트 이름은 lab1으로 한다.

2. 소스 파일 이름은 Lab1.java로 한다.

3. 클래스 이름은 Lab1으로 한다.

예를 들어서 10+20의 결과를 출력하려면 다음과 같은 문장을 사용한다.

```
System.out.println(10+20);
```

1. JDK의 명령어 버전 javac와 java를 이용하여 위의 코드를 작성하고 컴파일 해본다.

2. 이클립스를 이용하여 새로운 프로젝트를 만들고, 이 프로젝트 안에서 클래스를 생성하여 위의 코드를 작성하고 컴파일 해본다.

Introduction to **JAVA Programming**

Summary

- 자바는 범용 프로그래밍 언어로서 객체 지향 언어이다.

- 자바의 가장 큰 특징은 가상 기계라는 개념을 사용하여 어떤 컴퓨터에서도 수정없이 실행이 가능하다는 점이다.

- 자바 소스 파일을 컴파일하면 바이트 코드라고 하는 파일이 생성된다. 이 바이트 코드 파일 안에는 가상 기계를 위한 기계어가 들어있다. 바이트 코드는 가상 기계에서 실행되는 코드로서 특정 CPU에 의존적이지 않다.

- 자바를 개발하는 도구는 JDK라고 불리며, 오픈 소스로 배포된다.

- 자바는 데스크톱 응용 프로그램을 작성할 수 있는 Java SE 버전, 기업용 응용을 위한 Java EE 버전, 모바일 장치를 위한 Java ME로 나누어진다.

- 자바의 통합 개발 도구에는 이클립스와 IntelliJ IDEA 등이 있다.

- 자바 프로그램은 클래스의 선언으로 시작되며 main() 메소드부터 실행된다. 자바에서는 클래스 안에 모든 변수와 함수를 선언하여야 한다.

- 자바는 데스크탑이나 서버 쪽 응용 프로그램, 스마트폰 응용 프로그램을 작성할 수 있다.

- JIT(Just In Time) 컴파일러는 실행 속도를 개선하기 위하여 중요한 부분의 코드를 해당 CPU의 기계어로 컴파일하는 기법이다.

1. 자바에 대한 설명 중에서 잘못된 것은?

   ❶ 자바는 객체 지향 언어이다.

   ❷ 자바는 포인터를 가지고 있다.

   ❸ 자바는 한번 컴파일되면, 가상 기계가 설치된 어떤 컴퓨터에서도 실행할 수 있다.

   ❹ 자바 소스 파일을 컴파일한 파일을 클래스 파일이라고 한다.

2. 다른 프로그래밍 언어와 비교하여 자바 언어의 가장 큰 특징은 무엇인가?

3. 자바가 한번 작성되면 CPU나 운영체제에 상관없이 어디에서나 실행 가능한 이유는 무엇 인가?

4. 가상 기계(virtual machine)의 개념을 설명해보자. 가상 기계가 하는 일은 무엇인가? 가상 기 계의 가장 큰 장점은 무엇이고 단점은 무엇인가?

5. 윈도우 운영체제에서 컴파일한 자바 코드도 리눅스(Linux) 운영체제에서 실행할 수 있는가?

6. 자바 소스 파일의 확장자는 무엇인가? 자바 소스 파일을 컴파일하면 어떤 파일이 생성되는가?

7. 자바에는 여러 가지 버전이 있다. ME, SE, EE 버전은 어디에 사용되는가?

8. JDK와 JRE는 어떻게 다른가? 개발자라면 어떤 것을 설치해야 하는가?

9. 다음 코드 중 main() 함수를 올바르게 정의한 것은 무엇인가?

   ❶ private static void main(String[] args)

   ❷ public static main(String[] args)

   ❸ public void main(String[] args)

   ❹ public static void main(String[] args)

10. 다음 프로그램은 어떤 이름으로 저장될까? 컴파일된 파일 이름은 무엇일까? 실행 결과는 어떻게 되는가?

```java
public class Test {
   public static void main(String args[]) {
      System.out.println("This is a Test");
   }
}
```

11. 다음 프로그램은 어떤 이름으로 저장될까? 컴파일 오류는 발생하지 않는가?

```java
public class Hello {
   public static void main(String args[]) {
      System.out.println("Welcome!");
   }
}
class Test {
}
```

자바 소스 파일에는 하나의 public 클래스만 있어야 한다. public 클래스가 아니면 다른 클래스가 있어도 된다.

12. 소스 파일의 이름이 MyProgram.java라고 하자. 명령어 버전을 사용하여 컴파일하고 실행한다고 하자. 아래 빈칸을 채워보자.

```
c:\>javac _____
c:\>java  _____
```

Programming

난이도: 중

주제

• 개발 도구
  사용해보기

1. 자신의 학번, 이름, 날짜를 출력하는 프로그램을 작성하라. 작업 공간은 c:\java\chap01로 하고, 프로젝트 이름은 1_1로 한다. 클래스 이름은 Hello라고 하자.

자바 프로그래머 여러분
안녕하세요?

난이도: 상

주제

• 연산 결과
  출력하기

2. 1000과 2000을 가지고 사칙 연산을 한 후에, 결과를 출력하는 프로그램을 작성하라. 작업 공간은 c:\java\chap01로 하고, 프로젝트 이름은 1_2로 한다. 클래스 이름은 Math라고 하자.

덧셈= 3000
뺄셈= -1000
곱셈= 2000000
나눗셈= 0.5000000

난이도: 중

주제

• System.out.
  println() 메소드
  사용해보기

3. 다음과 같은 패턴을 출력하는 프로그램을 작성하라. 작업 공간은 c:\java\chap01로 하고, 프로젝트 이름은 1_3로 한다. 클래스 이름은 Pattern라고 하자.

```
    *
  ***
*****
  ***
    *
```

자바 프로그래밍 기초

▶ 다음과 같은 작업들을 수행하는 방법을 알고 있나요? 이번 장에서 함께 알아봐요.

1. 자바를 이용하여 콘솔에 입출력하는 프로그램을 작성할 수 있나요?
2. 자바의 기본 자료형인 int, double,... 등을 사용하여서 프로그램을 작성할 수 있나요?
3. 자바의 각종 연산자를 사용할 수 있나요?
4. 반지름이 20cm인 피자 2개와 30cm인 피자 1개의 면적을 비교하는 프로그램을 작성할 수 있나요?

➕ 학습목차

2.1 자바 프로그램 구성 요소
2.2 변수와 자료형
2.3 콘솔에서 입력받기
2.4 수식과 연산자

Power JAVA 3e

자바 프로그램 구성 요소

이번 장에서는 자바 프로그램을 구성하는 여러 가지 요소들을 살펴보자. 이어서 자바가 지원하는 여러 가지 자료형에 대하여 학습한다. 자바는 엄격한 자료형 검사를 하는 언어이다. 요즘 파이썬을 비롯하여 동적 자료형을 선택하는 언어들이 많지만, 아직까지도 자바의 기본적인 정책은 정적 자료형이다. 각종 연산자에 대해서도 살펴본다. 아래의 프로그램은 100+200을 계산하여 화면에 출력하는 프로그램이다. 이 코드를 가지고 구성 요소들을 설명해보자.

Add.java   두수의 합 계산하기

```java
01   /* 덧셈 프로그램 */                               // ❶ 주석
02   public class Add                                 // ❷ 클래스 정의
03   {
04       public static void main(String[] args) {     // ❸ 메소드 정의
05           int x, y, sum;                            // ❹ 변수 선언
06           x = 100;                                  // ❺ 대입(할당) 연산
07           y = 200;
08
09           sum = x + y;
10           System.out.println(sum);                 // ❻ 출력문
11       }
12   }
```

300

위 소스의 각 문장들을 간단하게 살펴보고 지나가자.

❶ /* 덧셈 프로그램 */

이것은 주석문이다. 주석은 소스에 대한 설명을 적은 문장이다. 주석은 프로그램의 실행에는 영향을 끼치지 않는다. 자바에서는 /* ... */ 스타일과 // 스타일의 주석을 사용할 수 있다. /* ... */ 주석은 /*와 */ 안에 내용을 적어주면 되고 // 주석은 행이 끝날 때까지를 주석으로 처리한다.

❷ public class Add {

이 문장은 클래스 Add가 시작되는 문장이다. **클래스(class)**는 자바 프로그램의 빌딩블록이다. 클래스는 {에서 시작하여 }에서 종료된다. 자바에서 모든 명령문은 클래스 안에 있어야 한다.

❸ **public static void main(String[] args) {**

이 문장은 메소드 main()이 시작되는 문장이다. **메소드(method)**는 어떤 특정한 기능을 수행하는 코드들의 집합이다. 메소드는 { 에서 시작하여 }에서 종료된다. 자바 프로그램은 main()에서부터 실행을 시작한다.

❹ **int x, y, sum;**

변수는 프로그램에서 값들을 저장하는 공간이다. 변수는 사용하기 전에 반드시 선언되어야 한다. 변수 선언은 변수의 자료형과 변수의 이름을 적어주는 것이다. 둘 이상의 변수가 한 줄에서 선언될 수도 있다. 자바에서 모든 문장은 ;으로 끝나야 한다. 자바에서는 한 줄에 여러 개의 문장을 적어도 된다. 다만 각 문장의 끝에 ;만 있으면 컴파일러가 올바르게 문장의 끝을 인식한다.

❺ **x = 100; y = 200; sum = x+y;**

변수에 값을 저장하는 문장이다. = 연산자는 왼쪽의 변수에 오른쪽의 값을 저장한다. + 연산자는 덧셈을 나타내는 연산자이다.

❻ **System.out.println(sum);**

이 문장은 100과 200의 합을 출력하는 문장이다. System.out은 객체(object)이다. 이 객체는 println(), print(), ...라는 많은 메소드를 가지고 있고 여기서는 이 객체의 println() 메소드를 호출한다.

❼ **}**

이 기호에 의하여 메소드가 종료된다.

❽ **}**

이 기호에 의하여 클래스가 종료된다.

> 혹시 여러분들이 이클립스에서 클래스를 생성할 때 패키지를 지우지 않았다면 다음과 같은 문장이 소스에 있을 수 있다.
>
> ```
> package hello;
> ```
>
> 이 문장은 hello라는 패키지를 정의하는 문장이다. 패키지(package)는 클래스들을 모아 놓은 곳으로 현재의 클래스가 hello라는 패키지에 속한다는 것을 알려준다. 위의 문장이 소스에 있더라도 실행 결과는 같다. 패키지는 8장에서 살펴본다.

참고

클래스

클래스(class)는 자바와 같은 객체 지향 언어의 기본적인 빌딩 블록이다. 클래스들이 모여서 하나의 자바 프로그램이 된다. 자바에서는 필요한 클래스를 하나씩 만들어감으로써 전체 프로그램이 완성된다. 자바 프로그램에는 적어도 하나의 클래스는 반드시 필요하다.

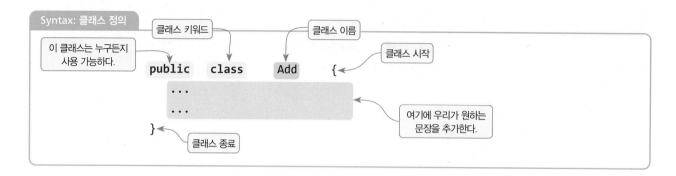

클래스를 작성하는 방법은 간단하다. 키워드 class 다음에 클래스 이름을 적어주고, { 과 } 안에 필요한 문장들을 넣으면 된다. { 과 }은 각각 클래스의 시작과 끝을 나타낸다. 항상 {이 있으면 대응되는 }도 있어야 한다.

클래스 이름을 이루는 단어의 첫 번째 글자는 항상 대문자로 하는 것이 좋다. 예를 들어서 MyFirstProgram과 같다. 이것을 낙타체(CamelCase)라고 한다.

자바에서 소스 파일 이름은 항상 public이 붙은 클래스의 이름과 동일하여야 한다. 위의 소스 파일 이름은 반드시 Add.java이어야 한다. 다른 파일 이름은 사용할 수 없다.

자바에서는 소스 파일 이름과 클래스 이름이 상당한 관련이 있다. 일단 하나의 소스 파일 안에는 하나의 클래스만 있는 것이 바람직하다. 하지만 하나의 소스 파일에는 여러 개의 클래스가 들어 있을 수 있다.

- 소스 안에 public 클래스가 하나 있다면 반드시 소스 파일의 이름은 public 클래스의 이름과 일치하여야 한다. 다른 클래스는 public 클래스가 아니어야 한다.
- 만약 하나의 소스 파일 안에 public 클래스가 없다면, 소스 파일 안에 포함된 어떤 클래스의 이름으로 하여도 상관없다.
- 하나의 소스 파일 안에 public 클래스가 2개 이상 있으면 컴파일 오류가 발생한다.

메소드

메소드(method)는 특정한 작업을 수행하는 코드의 묶음이다. 만약 여러분들이 C 언어를 알고 있다면 메소드는 "클래스 안에 정의된 함수"라고 생각하면 쉽게 이해될 것이다. 메소드는 외부로부터 입력을 받아서 특정한 작업을 수행하고 작업의 결과를 반환하는 블랙박스로 생각할 수 있다. 우리는 여기에 원하는 작업을 수행하는 문장을 적는다.

예제 프로그램에서 이 부분이 메소드이다. 메소드는 반드시 클래스 안에서 정의되어야 한다.

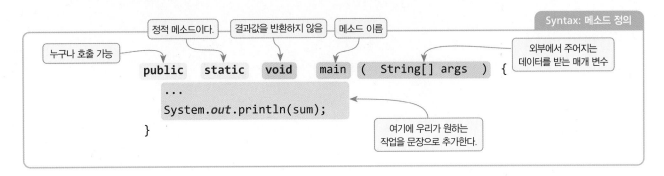

위의 코드에서 "public static void main(String[] args)"는 메소드의 선언부로서 그대로 적어주어야 한다. 각 단어의 내용을 위의 그림에서 간단하게 설명하였다. 메소드 선언부 다음에 나오는 { 과 }은 메소드의 시작과 끝을 의미한다. { 과 } 사이에 우리가 원하는 문장을 추가한다. 메소드 안에 포함된 문장들은 차례대로 실행된다. 메소드는 클래스의 내부에서 또는 클래스의 외부에서 호출될 수 있다. 다음 그림을 참조하자.

```java
public class Add2
{
   public static void main(String[] args) {
      ...
      z = addition(100, 200);
      ...
   }
   public static int addition(int x, int y) {
      int sum = x + y;
      return sum;
   }
}
```

위의 그림에서 100과 200은 인수라고 불리며, 메소드의 매개변수인 x와 y로 각각 전달된다. addition() 메소드는 100과 200을 더하여 300을 반환한다. 결과적으로 변수 z에는 300이 저장된다. 현재는 메소드 앞에 static 키워드가 붙어 있다. static이 앞에 있으면 객체를 생성하지 않아도 메소드를 호출할 수 있다.

자바 프로그램의 일반적인 구조

자바의 일반적인 프로그램의 구조는 다음과 같다. 일반적으로 하나의 소스 파일은 하나의 클래스를 포함하고 있다. 하나의 클래스 안에는 여러 개의 메소드가 포함될 수 있으며 하나의 메소드 안에는 여러 개의 문장이 포함될 수 있다.

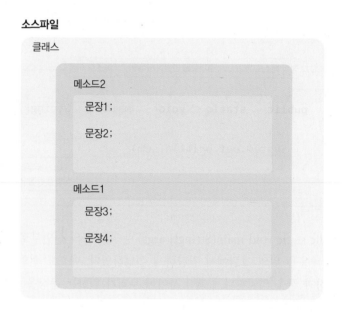

모든 클래스가 main() 메소드를 가지고 있는 것은 아니다. 하지만 하나의 자바 프로그램에는 main() 메소드를 가지고 있는 클래스가 반드시 하나는 있어야 한다. 여러 메소드 중에서도 main()은 특별한데 그 이유는 바로 main() 메소드에서 자바 프로그램의 실행이 시작되기 때문이다. 자바 프로그램은 main()의 첫 번째 문장부터 시작하여서 순차적으로 실행되다가 main()의 마지막 문장을 실행한 후에는 종료된다.

문장

문장(statement)은 사용자가 컴퓨터에게 작업을 지시하는 단위이다. 문장은 프로그램을 이루는 가장 기초적인 단위가 된다. 문장들은 메소드 안에 들어 있다. 보통 프로그램의 한 줄이 하나의 문장이 된다. 문장의 끝은 항상 세미콜론(;)으로 끝나야 한다.

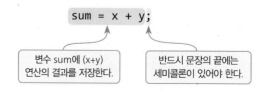

주석

주석(comment)은 소스 코드가 하는 일을 설명하는 설명글로서 프로그램의 실행 결과에 영향을 끼치지 않는다. 자바에서는 다음과 같이 소스 코드에 주석을 붙일 수 있다.

/* text */

주석의 시작과 끝을 /* 와 */로 표시한다. 여러 줄을 주석 처리할 때는 이 방법을 사용한다.

// text

//에서 줄의 끝까지가 주석이다. 한 줄짜리 주석만 가능하다.

중간점검

1. 자바에서는 클래스 바깥에 문장을 작성해도 될까?
2. 자바에서 주석은 어떻게 만드는가?
3. 하나의 클래스 안에 여러 개의 메소드를 정의할 수 있는가?
4. 다음의 main() 메소드 정의에서 잘못된 것은?

```
void main(String[] args) {          }
```

변수

변수(variable)는 데이터를 담아두는 상자로 생각할 수 있다. 변수는 어디에 필요할까? 사용자가 입력한 값을 저장할 때도 필요하고 계산 도중에 중간 결과를 저장할 때도 필요하다.

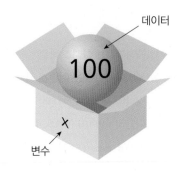

변수는 사용하기 전에 반드시 미리 선언하여야 한다. 변수 선언이란 컴파일러에게 어떤 변수를 사용하겠다고 미리 알리는 것이다. 이것은 요리를 하기 전에 어떤 크기의 그릇들이 얼마나 필요한지를 미리 예상하여 준비해놓는 것과 같다. 선언을 하게 되면 컴파일러는 변수의 자료형에 맞는 기억 공간을 미리 확보한다. 만일 변수를 선언하지 않고 사용하게 되면 컴파일 오류가 발생한다. 변수를 선언하는 방법은 원하는 자료형을 쓰고 이어서 변수 이름을 쓰면 된다. 변수 선언도 하나의 문장이므로 반드시 세미콜론으로 종료하여야 한다.

위의 문장에서 int는 자료형이다. int형은 변수가 저장하는 데이터의 타입이 정수(integer)라는 것을 의미한다. x는 변수의 이름이다. 상자에도 라벨을 붙일 수 있듯이 변수에도 이름이 붙어서 다른 변수와 구별할 수 있다. 변수가 선언되면 변수의 값은 아직 정의되지 않은 상태가 된다. 변수에 선언과 동시에 값을 넣으려면 int x=9;와 같이 초기값을 오른쪽에 적어준다.

식별자 만들기

식별자(identifier)란 클래스, 메소드, 변수의 이름을 의미한다. 식별자는 프로그래머가 마음대로 지을 수 있지만 몇 가지의 규칙을 지켜야 한다. "홍길동", "김영희" 등의 이름이 사람을 식별하듯이 식별자는 변수와 변수, 메소드와 메소드를 구별하는 역할을 한다.

그림 2.1 식별자

식별자는 다음과 같은 규칙에 따라 만들어야 한다.

- 알파벳 문자와 숫자, 밑줄 문자 _로 이루어진다. 한글 이름도 가능하다.

- 첫 번째 문자는 반드시 알파벳 또는 밑줄 문자 _이여야 한다. 숫자로 시작할 수 없다.

- '%', '&', '#'와 같은 특수 문자는 사용할 수 없다. 단 '$'와 '_'은 가능하다.

- 대문자와 소문자를 구별하여 서로 다른 것으로 취급한다. 따라서 변수 index와 Index, INDEX은 모두 서로 다른 변수이다.

- 자바 언어 키워드(if, while, true, false, null,...)와 똑같은 이름은 허용되지 않는다.

abstract	continue	for	new	switch
assert	default	goto*	package	synchronized
boolean	do	if	private	this
break	double	implements	protected	throw
byte	else	import	public	throws
case	enum	instanceof	return	transient
catch	extends	int	short	try
char	final	interface	static	void
class	finally	long	strictfp	volatile
const*	float	native	super	while

※ 별표(*) 표시는 사용되지 않았지만 예약되었음을 나타낸다.

그림 2.2 자바에서의 키워드

여기서 주의할 점은 true, false, null 등은 키워드는 아니지만 역시 변수의 이름으로 사용할 수 없다. assert는 1.4버전부터, enum은 1.5버전부터 사용되는 키워드이다. 올바른 식별자의 예는 다음과 같다.

```
int     sum;
long    employee_id;        // '_' 사용가능
class   Sprite10 {  }       // 숫자 사용 가능
void    get_$() {  }        // '$' 문자 사용 가능
```

잘못된 식별자의 예는 다음과 같다.

```
int     1stPrizeMoney;      // 첫 글자가 숫자
double  super;              // 키워드
int     #ofComputer;        // 허용되지 않는 기호
class   %_of_Money {    }   // 허용되지 않는 기호
```

식별자는 s와 같은 단순한 이름보다는 sum과 같은 의미 있는 이름을 사용하는 것이 좋다. 자바에서는 식별자의 길이 제한이 없다. 따라서 너무 짧게 만들 필요가 없다. 충분히 긴 이름을 사용하도록 하자. 예를 들어서 s_member보다는 StaffMember가 훨씬 가독성이 좋다. 일반적으로 다음과 같은 관례를 따라 식별자를 만든다. 관례를 따르면 코드의 가독성이 높아진다.

표 2.1 식별자의 관례

종류	사용 방법	예
클래스명	각 단어의 첫 글자는 대문자로 한다.	StaffMember, ItemProducer
변수명, 메소드명	첫 단어의 첫글자는 소문자로 시작하고 두 번째 단어부터는 단어의 첫 글자를 대문자로 한다.	width, payRate, acctNumber, getMonthDays(), fillRect(),
상수	상수는 모든 글자를 대문자로 한다.	MAX_NUMBER

자료형

자료형(data type)은 변수에 저장되는 데이터의 타입을 의미한다. 변수를 상자라고 가정했을 경우, 자료형은 상자의 종류와 크기를 나타낸다고 할 수 있다. 물건을 정리하는 상자도 여러 가지 종류와 크기가 있고 커피 전문점에서도 여러 가지 크기의 커피(small, medium, large)를 파는 것과 마찬가지이다.

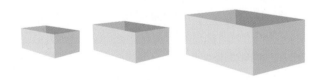

그림 2.3 자료형에는 여러 가지 종류가 있다.

자바에는 크게 나누어서 **기초형(primitive type)**과 **참조형(reference type)**의 자료형이 있다. 기초형은 다시 정수형, 실수형, 문자형, 논리형으로 분류할 수 있고 참조형에는 클래스, 배열, 인터페이스가 있다. 기초형의 변수에는 변수의 값이 저장되어 있으나 참조형의 변수에는 객체를 참조할 수 있는 값이 저장되어 있다. 참조값은 대개 객체의 주소이지만 다른 형태의 참조값도 가능하다. 참조형은 클래스와 객체를 학습할 때 자세히 살펴보자.

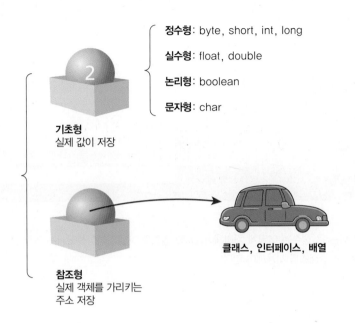

정수형: byte, short, int, long

실수형: float, double

논리형: boolean

문자형: char

기초형
실제 값이 저장

참조형
실제 객체를 가리키는
주소 저장

클래스, 인터페이스, 배열

기초형

다음 표는 자바의 기초형의 크기와 범위를 보여준다. 정수형은 byte, short, int, long이고 부동소수점형은 float와 double이다. 문자형은 char이며 논리형은 boolean이다.

자료형	설명	크기(바이트)	범위
byte	부호있는 정수	1바이트	−128에서 127
short	부호있는 정수	2바이트	−32768에서 32767
int	부호있는 정수	4바이트	−2147483648에서 2147483647(20억 정도)
long	부호있는 정수	8바이트	−9223372036854775808에서 9223372036854775807
float	부동소수점형	4바이트	약 $\pm\,3.40282347 \times 10^{+38}$(유효숫자 6~7개 정도)
double	부동소수점형	8바이트	약 $\pm\,1.7976931 \times 10^{+308}$(유효숫자 15개 정도)
char	문자형	2바이트	\u0000에서 \uFFFF
boolean	논리형	1비트	true 또는 false

자료형마다 처리할 수 있는 범위가 다르기 때문에, 메모리 공간을 효과적으로 사용하려면 처리하는 값의 범위에 따라 적절한 자료형을 선택하면 된다. 전체적으로 C 언어와 아주 유사하지만, C 언어와는 다르게 모든 자료형의 크기가 고정되어 있다. 이것은 신뢰성있는 프로그램을 작성하는 데 큰 장점이 된다. 추가된 자료형은 byte이다. byte는 -128에서 127까지만 저장하는 1바이트 정수 자료형이다.

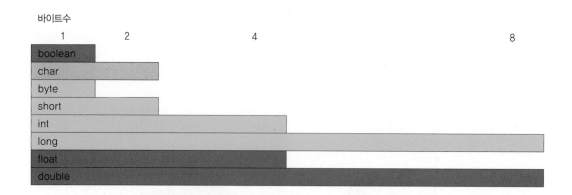

바이트수

1	2	4	8

boolean
char
byte
short
int
long
float
double

참고   long으로도 안 되는 큰 정수는 어떻게 처리해야 할까? 암호화 애플리케이션에서는 아주 큰 정수가 필요하다. 이때는 BigInteger 클래스를 사용해야 한다.

참고   변수를 정의한 후에 초기화하지 않고 사용하면 오류가 발생한다. 따라서 모든 변수를 사용하기 전에 반드시 초기화하여야 한다.

문자형

문자형인 char는 하나의 문자를 저장할 수 있다. 자바에서는 모든 문자를 2바이트의 유니코드 (unicode)로 나타낸다. 유니코드 규격 중에서 UTF-16 규격을 사용한다. 영문자든지 한글 문자든 지 상관없이 하나의 문자는 항상 2바이트이다. 따라서 char 키워드를 이용하여 변수를 작성하면 변수의 크기는 항상 2바이트가 된다. 유니코드를 사용하기 위해서는 한글의 경우, 그대로 입력하 여도 되고, 16진수를 이용해서 '\u0000'(0)에서 '\uffff'(65536)와 같이 표현하여도 된다.

```java
char ch1 = '가';            // 2바이트
char ch2 = '\uac00';       // '가'를 나타낸다.
char ch3 = 'a';            // 2바이트
```

자바에서 2바이트 유니코드를 사용하는 것은 아스키 코드만을 사용하는 다른 언어에 비하여 상당 한 장점이 된다. C/C++와 비슷하게 특수 문자들(제어 문자들과 출력되지 않는 문자들)은 문자 앞 에 역슬래쉬(\)를 사용하여 나타낸다. 특수 문자의 예로는 화면에 출력할 때 새로운 줄을 삽입하 는 \n이 있다. 자바에서 문자열은 기초형이 아니다. 문자열은 String 클래스를 사용하며 이에 대해 서는 이번 장의 후반부에 설명한다.

유니코드는 전통적인 문자 인코딩 방법의 문제점을 해결하기 위하여 개발되었다. 유니코드가 사용되기 전에는 국가마다 서로 다른 표준을 사용하였다. 예를 들어 미국에서는 ASCII, 유럽에서는 ISO 8859-1, 중국에서는 GB18030을 사용하였다. 이것은 많은 문제점을 일으켰는데, 글자당 1 바이트면 충분한 국가도 있었고 글자 수가 많아서 글자당 2바이트를 사용하여야 하는 국가도 있었다. 유니코드는 이러한 문제점을 해결하기 위하여 개발되었다. 1991년에 고정된 2바이트 방식의 유니코드 1.0 규격이 발표되었다. 현재의 유니코드 버전은 13.0이다.

유니코드 안에는 UCS-2와 UCS-4, UTF-7, UTF-8, UTF-16, UTF-32 인코딩 등의 많은 인코딩 방식이 사용되고 있다. 이 중 ASCII와 호환이 가능하면서 유니코드를 표현할 수 있는 UTF-8 인코딩이 많이 사용된다. 하지만 현재 자바의 String(문자열을 나타내는 클래스) 객체 내부에서는 UTF-16 인코딩으로 문자열을 저장하고, 문자열을 입/출력할 때에는 사용자가 인코딩을 지정할 수 있다. 자세한 내용은 www.unicode.org를 참조하라.

리터럴

리터럴(literal)이란, x = 100;에서 100과 같이 소스 코드에 직접 쓰여 있는 값을 의미한다. 리터럴에는 정수형, 부동소수점형, 문자형 등의 여러 가지 타입이 있다.

정수형 리터럴

정수형 리터럴은 다음과 같이 여러 진법으로 표시가 가능하다. 16진수는 0~9와 A~E 사이의 알파벳을 사용한다. 16진수는 앞에 0x를 붙인다. 8진수의 경우에는 앞에 0을 붙인다. 특히 JDK 7부터는 2진수도 표현이 가능하다. 2진수의 경우에는 앞에 0b를 붙인다.

- 10진수(decimal):   14, 16, 17
- 8진수(octal):   012, 013, 014
- 16진수(hexadecimal):   0xe, 0x10, 0x11
- 2진수(binary):   0b1100 ◄——— JDK 7부터 가능

또한 JDK 7부터는 정수형 리터럴 안에 밑줄 기호가 포함될 수 있다. 아래 문장을 실행하면 변수 x에는 123456이 대입된다. 즉 컴파일러는 밑줄 기호를 무시한다.

```
int x = 123_456;
```

부동소수점형 리터럴

부동소수점형 리터럴은 일반 표기법이나 지수 표기법으로 표현될 수 있다. 예를 들어서 빛의 속도인 300000은 3e5와 같이 지수를 사용하여 표기해도 된다. 3e5은 3×10^5을 나타낸다.

```
final double LIGHT_SPEED = 3e5;
```

부동소수점형 리터럴은 double형이 기본이다. 따라서 다음과 같이 부동소수점형 리터럴을 float형 변수에 저장하면 오류가 된다.

```
float temperature = 12.3;          // 12.3은 double형이므로 오류!
```

12.3F와 같이 숫자의 끝에 f나 F를 붙이면 float형 리터럴이 된다.

```
float temperature = 12.3F;         // OK!
```

참고

부동소수점형은 필연적으로 오차가 발생한다. 가장 큰 이유는 부동소수점형을 나타내는 비트가 한정되어 있기 때문이다. 또 하나의 이유는 2진법에서는 정확하게 표현할 수 없는 숫자가 있기 때문이다. 10진법에서 1/3=0.33333...을 정확하게 표현할 수 없는 것처럼, 0.1은 이진법에서는 정확하게 표현할 수가 없다. 0.1000000014901161119384765625과 같이 표현된다. 금융 계산에서 큰 금액을 정확하게 계산하려면 java.math.BigDecimal 클래스를 사용하여야 한다.

논리형 리터럴

논리형(boolean type)은 참과 거짓을 나타내는 데 사용된다. 논리형은 true 또는 false만을 가질 수 있다. 논리형은 논리 연산을 수행하는 데 사용된다.

```
boolean flag = true;
boolean x = 1 < 2;            // false가 저장된다.
```

상수

상수(constant)란 프로그램이 실행하는 동안, 값이 변하지 않는 수 또는 변경 불가능한 수를 의미한다. 앞에서 설명한 리터럴도 상수의 일종이다. 자바에서는 final 키워드를 이용하여 변수 정의를 **상수 정의**로 변경할 수 있다. 변수를 선언할 때 앞에 final을 붙이면, 기호상수가 된다. final 키워드는 변수에 값이 대입되고 나면 변수의 값이 더 이상 변경되지 않는다는 것을 의미한다.

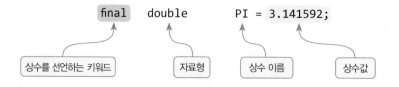

3.141592보다 PI라는 기호상수를 사용하는 것이 가독성이 높고 편해진다. final로 선언된 상수를 프로그램 안에서 변경하려고 시도하면 컴파일 오류가 발생한다.

```
PI = 3.141593;              // 초기값과 달라서 컴파일 오류!!
```

변수 타입 추론 기능

자바는 변수를 정의할 때, 변수의 타입을 명확히 밝혀야 한다. 예를 들면 다음과 같다.

```
int  age = 22;
String  name = "Kim";
```

Java 10부터는 var 키워드를 사용할 수 있다. 지역 변수의 타입을 자동으로 추론하는 것이 가능하다. 이 기능의 장점은 개발자가 복잡한 자료형을 기억하지 않아도 되고, 코드 가독성이 높아진다는 것이다. 예를 들면 다음과 같다.

```
var  age = 22;                      // age는 int 타입으로 추론
var  name = "Kim";                  // name은 String 타입으로 추론
```

> var 키워드는 변수의 타입을 초기값으로부터
> 자동적으로 추론할 때 사용한다.

간단한 자료형은 var를 사용할 필요가 없다. 하지만 자바에서는 아주 복잡한 변수 타입도 등장한다. 우리는 아직 배우지 않았지만, 다음과 같은 변수 타입도 있다. 이 경우에는 map이라는 변수의 타입을 적어주는 것도 상당한 일이 된다.

```
MAP<String,String>  map = new HashMap<String,String>();
```

⬇

```
var  map = new HashMap<String,String>();
```

> map은 Map<String,String>타입으로 추론

다음과 같이 컴파일러가 지역 변수 유형을 추론하기에 충분한 정보가 없으면 컴파일이 실패한다.

```
var id = 0;           // 충분한 정보가 없어서 정수형으로 가정
var sum;              // 변수 sum의 타입을 추측할 정보가 부족함. 컴파일 오류!!
```

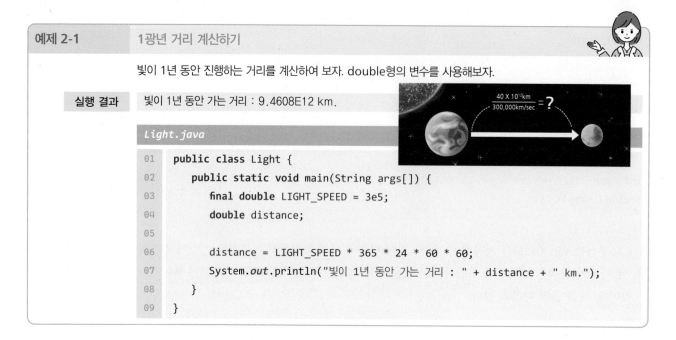

예제 2-1   1광년 거리 계산하기

빛이 1년 동안 진행하는 거리를 계산하여 보자. double형의 변수를 사용해보자.

실행 결과   빛이 1년 동안 가는 거리 : 9.4608E12 km.

Light.java

```java
01  public class Light {
02     public static void main(String args[]) {
03        final double LIGHT_SPEED = 3e5;
04        double distance;
05
06        distance = LIGHT_SPEED * 365 * 24 * 60 * 60;
07        System.out.println("빛이 1년 동안 가는 거리 : " + distance + " km.");
08     }
09  }
```

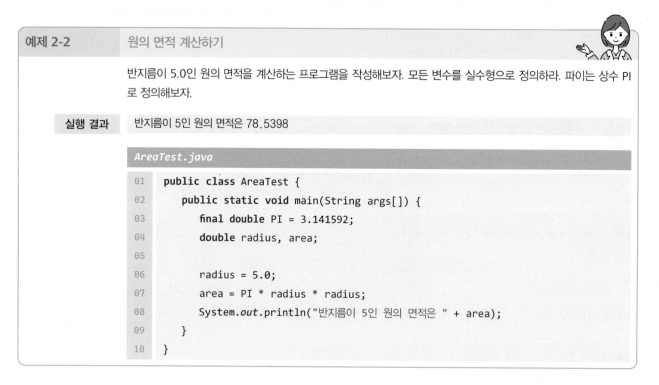

예제 2-2   원의 면적 계산하기

반지름이 5.0인 원의 면적을 계산하는 프로그램을 작성해보자. 모든 변수를 실수형으로 정의하라. 파이는 상수 PI
로 정의해보자.

실행 결과   반지름이 5인 원의 면적은 78.5398

AreaTest.java

```java
01  public class AreaTest {
02     public static void main(String args[]) {
03        final double PI = 3.141592;
04        double radius, area;
05
06        radius = 5.0;
07        area = PI * radius * radius;
08        System.out.println("반지름이 5인 원의 면적은 " + area);
09     }
10  }
```

문자열

문자열(string)은 문자들의 모임이다. 예를 들어서 문자열 "Hello"는 H, e, l, l, o 등의 5개의 유니
코드 문자로 구성되어 있다. 하지만 자바 언어에는 내장된 문자열 자료형이 없다. 대신에 String
클래스가 제공된다. 아직 클래스에 대해서는 학습하지 않았지만 String 클래스는 문자열을 나타

내는 자료형이라고 생각하자. 우리가 int를 사용해서 정수형 변수를 생성하는 것처럼 String을 사용하여서 문자열 변수를 생성하고 여기에 문자열을 저장할 수 있다.

```
String s1 = "Hello";
String s2 = "World!";
```

위의 코드에서 s1과 s2가 바로 String 타입의 객체이다. String 객체들을 + 연산자를 이용하여 서로 더하면 문자열이 합쳐진다.

```
System.out.println(s1 + s2);          // "Hello World!"가 출력된다.
```

+를 이용하여서 변수의 값과 문자열을 합칠 수도 있다. 이때는 변수의 값이 문자열로 자동 변환되어 합쳐진다.

```
int age = 20;
System.out.println("내년이면 " + age + "살");   // "내년이면 20살"이 출력된다.
```

형변환

때로는 하나의 자료형을 다른 자료형으로 변환하는 것이 필요하다. 이것을 **형변환(type conversion)**이라고 한다. 형변환은 자동적으로 발생하기도 하고 개발자가 강제적으로 형변환할 수도 있다.

자동적인 형변환

컴퓨터에서는 산술적인 연산을 하기 전에 피연산자의 타입을 통일하여야 한다. 컴퓨터에서 정수 계산 하드웨어와 실수 계산 하드웨어는 완전히 다르다. 수식을 계산할 때는 가장 범위가 넓은 피연산자의 타입으로 변환된다.

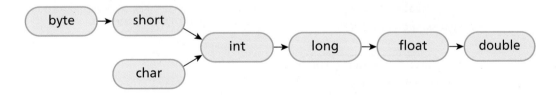

예를 들어 1.3 + 12와 같은 수식에서는 12가 12.0으로 변환되어서 1.3에 합쳐진다. 따라서 1.3 + 12.0이 되고 수식의 결과는 13.3이 된다.

```
double sum = 1.3 + 12;                    // 1.3 + 12.0으로 변환된다.
```

강제적인 형변환

강제적인 형변환을 하려면 형변환 연산자를 사용한다. 변환하려는 값의 앞에 원하는 자료형을 적어주면 된다. 예를 들어 int형 변수 x가 가지고 있는 값을 double로 형변환하여 y에 대입하려면 다음과 같이 한다.

```
int x = 3;
double y = (double) x;
```

더 작은 크기의 자료형에 값을 저장하는 형변환은 정보를 잃을 수 있다. 이러한 변환을 축소 변환이라고 한다. 예를 들어 실수형 변수를 정수형 변수에 저장하면 소수점 이하가 없어진다.

```
i = (int) 12.5;                                    // i에는 12만 저장
```

위의 문장이 실행되면 소수점 이하는 사라진다. 따라서 축소변환을 할 때는 자료를 잃을 가능성 때문에 항상 주의해야 할 것이다.

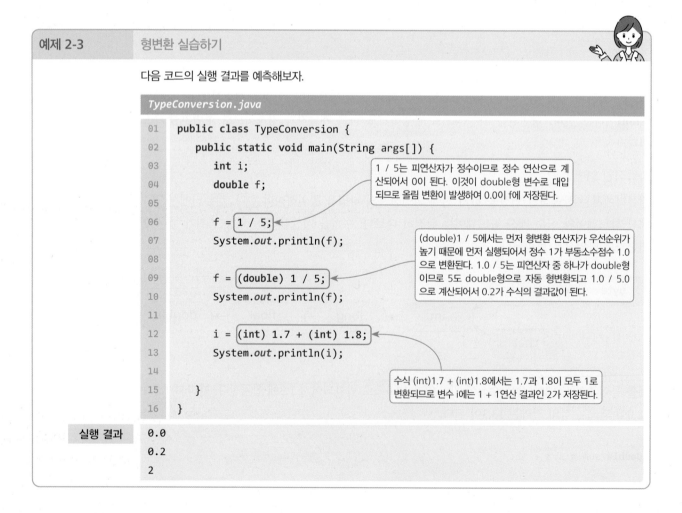

예제 2-3   형변환 실습하기

다음 코드의 실행 결과를 예측해보자.

TypeConversion.java

```
01  public class TypeConversion {
02     public static void main(String args[]) {
03        int i;
04        double f;
05
06        f = 1 / 5;
07        System.out.println(f);
08
09        f = (double) 1 / 5;
10        System.out.println(f);
11
12        i = (int) 1.7 + (int) 1.8;
13        System.out.println(i);
14
15     }
16  }
```

1 / 5는 피연산자가 정수이므로 정수 연산으로 계산되어서 0이 된다. 이것이 double형 변수로 대입되므로 올림 변환이 발생하여 0.0이 f에 저장된다.

(double)1 / 5에서는 먼저 형변환 연산자가 우선순위가 높기 때문에 먼저 실행되어서 정수 1이 부동소수점수 1.0으로 변환된다. 1.0 / 5는 피연산자 중 하나가 double형이므로 5도 double형으로 자동 형변환되고 1.0 / 5.0으로 계산되어서 0.2가 수식의 결과값이 된다.

수식 (int)1.7 + (int)1.8에서는 1.7과 1.80이 모두 1로 변환되므로 변수 i에는 1 + 1연산 결과인 2가 저장된다.

실행 결과

```
0.0
0.2
2
```

참고

printf()의 사용

혹시 자바 언어에서 C 언어의 printf() 함수를 그리워하는 사용자가 있을 지도 모른다. 필자도 그 중의 1명이다. 자바에서도 다음과 같이 printf() 함수를 사용할 수 있다.

```
System.out.printf("x = %d", x);
```

거의 C 언어의 printf() 사용법과 동일하다. C 언어 사용자의 끈질긴 요구 끝에 추가되었다는 소문이 있다.

중간점검

1. 다음 중 잘못된 식별자를 모두 고르시오.
   ❶ int 합계;   ❷ int 2ndIndex   ❸ void get$$() { }   ❹ int double;

2. 다음 중 자바의 관습에 따라 만들어진 클래스 이름은?
   ❶ MYITEM   ❷ my_item   ❸ myItem   ❹ MyItem

3. 다음 중 자바의 관습에 따라 만들어진 메소드 이름은?
   ❶ get_sum   ❷ get_Sum()   ❸ getSum   ❹ GetSum

4. 100의 값을 갖는 상수 STUDENTS를 정의해보자.

5. byte 타입의 변수에 올바르게 저장되지 않는 값은?
   ❶ 0   ❷ -1   ❸ 100   ❹ 200

6. 다음 수식의 결과 값은 얼마인가?

```
(int) 12.3 + (double) 10
```

입력받기

콘솔에서 읽는 것은 System.in을 사용한다. System.in은 키보드에서 바이트를 읽어서 우리에게 전달한다. 이 바이트를 우리가 해석하여 정수나 실수로 변환할 수도 있지만 너무 번거롭다. 따라서 우리는 Scanner 객체를 이용하여 바이트들을 정수나 실수, 문자열로 변환한다.

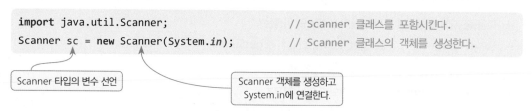

```java
import java.util.Scanner;                       // Scanner 클래스를 포함시킨다.
Scanner sc = new Scanner(System.in);            // Scanner 클래스의 객체를 생성한다.
```

Scanner 타입의 변수 선언

Scanner 객체를 생성하고 System.in에 연결한다.

키보드에서 받은 바이트들을 정수로 변환하려면 nextInt()를 호출한다.

```java
int x = sc.nextInt();
```

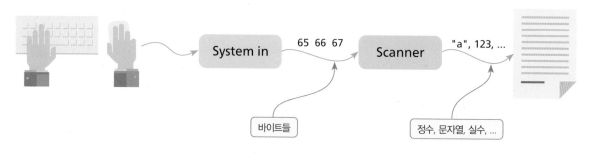

먼저 Scanner 클래스를 이용하여 정수를 받아서 처리하는 프로그램을 살펴보자.

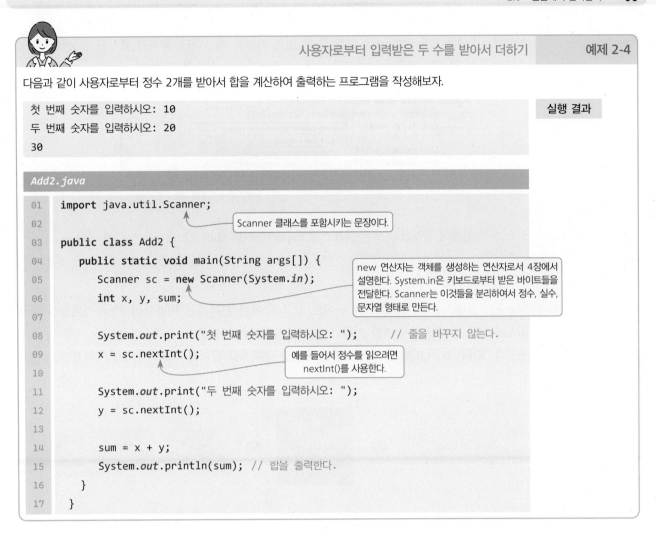

예제 2-4

사용자로부터 입력받은 두 수를 받아서 더하기

다음과 같이 사용자로부터 정수 2개를 받아서 합을 계산하여 출력하는 프로그램을 작성해보자.

실행 결과

```
첫 번째 숫자를 입력하시오: 10
두 번째 숫자를 입력하시오: 20
30
```

Add2.java

```java
01  import java.util.Scanner;
02
03  public class Add2 {
04      public static void main(String args[]) {
05          Scanner sc = new Scanner(System.in);
06          int x, y, sum;
07
08          System.out.print("첫 번째 숫자를 입력하시오: ");      // 줄을 바꾸지 않는다.
09          x = sc.nextInt();
10
11          System.out.print("두 번째 숫자를 입력하시오: ");
12          y = sc.nextInt();
13
14          sum = x + y;
15          System.out.println(sum);  // 합을 출력한다.
16      }
17  }
```

Scanner 클래스를 포함시키는 문장이다.

new 연산자는 객체를 생성하는 연산자로서 4장에서 설명한다. System.in은 키보드로부터 받은 바이트들을 전달한다. Scanner는 이것들을 분리하여서 정수, 실수, 문자열 형태로 만든다.

예를 들어서 정수를 읽으려면 nextInt()를 사용한다.

import 문장

Scanner 클래스는 자바 애플리케이션이 사용자로부터 쉽게 정수나 문자열을 받을 수 있도록 자바 패키지에서 제공하는 클래스이다. Scanner 클래스는 java.util 패키지에 있다. 따라서 우리는 컴파일러에게 어디서 Scanner 클래스를 찾을 것인지를 알려주어야 한다. 이것은 import 문장으로 가능하다. 자바에서 모든 클래스는 사용하기 전에 import되어야 한다.

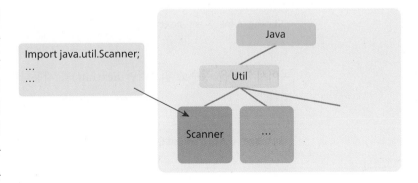

이클립스에서는 각종 import를 쉽게 할 수 있는 기능을 제공한다. 오류가 표시된 문장에 커서를 올리고 잠시 있으면, 해결책을 제공하는 Quick Fix 기능을 이용할 수 있다.

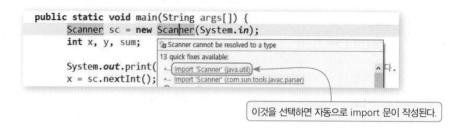

이것을 선택하면 자동으로 import 문이 작성된다.

소스 파일 전체에 등장하는 모든 클래스를 import하려면 Shift+Ctrl+O를 누르면 된다.

Scanner 클래스

Scanner 클래스는 키보드로부터 바이트 값을 받아서 분리자를 이용하여 각 바이트들을 토큰 (token)으로 분리한다. 특별한 지정이 없으면 분리자는 공백문자(' ', '\n', '\t')이다. 예를 들어 사용자가 "Kim 20 84.0"과 같이 입력하면 이것을 공백으로 끊어서 "Kim"과 "20", "84.0"으로 분리한다.

우리는 Scanner가 가지고 있는 메소드 중에서 하나만 사용하였지만 Scanner는 다양한 입력 메소드를 제공한다. 가장 기본적인 메소드는 next()이다. next()는 공백문자로 분리된 다음 단어를 반환한다. 다음과 같이 문장으로 사용자의 이름을 읽을 수 있다.

```
String name = sc.next();              // 한 단어(토큰) "Kim"을 읽는다.
```

이어서 "20"을 정수로 읽으려면 nextInt()를 사용한다. 단순히 next()를 호출하면 문자열로 반환된다.

```
int age = sc.nextInt();               // 문자열 "20"을 정수 20으로 변환하여 반환한다.
```

부동소수점수를 읽고 싶으면 nextDouble()을 사용하면 된다.

```
double weight = sc.nextDouble();      // 문자열 "84.0"을 실수 84.0으로 변환하여 반환한다.
```

사용자가 입력한 한 줄의 문자열을 읽고 싶으면 nextLine() 메소드를 호출한다.

```
String line = sc.nextLine();          // 문자열 "Kim 20 84.0"이 반환된다.
```

	사용자로부터 이름과 나이를 받는 프로그램	예제 2-5

사용자로부터 이름과 나이를 입력받아서 화면에 출력하는 프로그램을 작성하여 보자.

	실행 결과

이름을 입력하시오: 홍길동
나이를 입력하시오: 24
홍길동님 안녕하세요! 24살이시네요.

InputString.java

```
01    import java.util.*;
02
03    public class InputString {
04        public static void main(String[] args) {
05            String name;
06            int age;
07
08            Scanner sc = new Scanner(System.in);
09
10            System.out.print("이름을 입력하시오: ");
11            name = sc.nextLine();
12            System.out.print("나이를 입력하시오: ");
13            age = sc.nextInt();
14
15            System.out.println(name + "님 안녕하세요!  "  + (age) + "살이시네요.");
16        }
17    }
```

> 한줄 전체를 얻기 위하여 nextLine()을 사용한다.

1. Scanner 클래스를 사용하려면 어떤 문장이 필요한가?
2. Scanner 클래스의 메소드 중에서 한 줄 전체를 받을 때 사용하는 메소드는?
3. Scanner 클래스를 이용하여 사용자가 입력한 3개의 부동소수점수의 합을 계산하여 출력하는 프로그램을 작성하라.

중간점검

수식

프로그램에서 어떤 계산을 하려면 **수식(expression)**을 사용한다. 수식은 피연산자와 연산자로 이루어진다. 연산자(operator)는 특정한 연산을 나타내는 기호를 의미한다. 피연산자(operand)는 연산의 대상이다. 수식 3.14*radius*radius에서 3.14와 radius는 피연산자이고 *는 연산자이다.

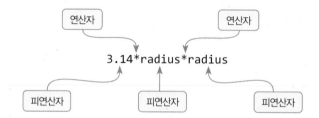

연산자

자바에서는 풍부한 연산자(operator)가 제공된다. 연산자들 사이에는 우선순위(precedence)가 존재한다. 표 2.2에서 위에 있는 연산자가 우선순위가 더 높다. 수식을 계산할 때에는 우선순위가 높은 연산자가 먼저 실행된다. 표 2.2에서 같은 줄에 있는 연산자들은 우선순위가 같다. 하나의 수식 안에 우선순위가 같은 연산자가 여러 개 있다면 대부분 왼쪽에서 오른쪽으로 계산된다.

표 2.2 자바 언어의 연산자들

높음

연산자	우선순위	결합 규칙
단항(postfix)	++ --	오른쪽에서 왼쪽
단항(prefix)	++ -- + - ! ~ (형변환)	오른쪽에서 왼쪽
곱셈	* / %	왼쪽에서 오른쪽
덧셈	+ -	왼쪽에서 오른쪽
이동	《 》》 》	왼쪽에서 오른쪽
관계	〈 〉 〈= 〉=	왼쪽에서 오른쪽
동등	== !=	왼쪽에서 오른쪽
비트별 AND	&	왼쪽에서 오른쪽
비트별 XOR	^	왼쪽에서 오른쪽
비트별 OR	|	왼쪽에서 오른쪽
논리적 AND	&&	왼쪽에서 오른쪽
논리적 OR	||	왼쪽에서 오른쪽
조건	? :	오른쪽에서 왼쪽
대입	= += -= *= /= %=	오른쪽에서 왼쪽

낮음

산술 연산

컴퓨터는 기본적으로 계산을 하는 기계이다. 따라서 프로그램 안에서 산술 연산을 할 수 있다는 것은 아주 당연한 일이다. 다음 표에서 산술 연산자들을 요약하였다.

표 2.3 산술 연산자

연산자	기호	의미	예
덧셈	+	x와 y를 더한다	x+y
뺄셈	–	x에서 y를 뺀다.	x−y
곱셈	*	x와 y를 곱한다.	x*y
나눗셈	/	x를 y로 나눈다.	x/y
나머지	%	x를 y로 나눌 때의 나머지값	x%y

나눗셈 연산자 /을 사용할 때는 주의하여야 한다. 피연산자가 모두 정수형이면 정수 나눗셈 연산을 한다. 예를 들어서 12/5는 2이다. 하지만 피연산자 중에 하나라도 부동소수점형이면 전체의 계산이 부동소수점형 나눗셈이 된다. 예를 들어 12.0/5는 2.4가 된다.

% 연산자는 나머지 연산을 한다. 예를 들어서 12%5는 2가 된다. 12를 5로 나누면 나머지가 2가 되기 때문이다. 수식 x%y의 값이 0이면 y는 x의 약수가 된다. 예를 들어 x%2가 0이면 x는 2의 배수가 된다. 즉 짝수가 된다. 홀수는 어떻게 검사하면 좋을까? x%2가 1이면 x는 홀수가 된다.

증감 연산자

증감 연산자는 ++기호나 --기호를 사용하여 변수의 값을 증가시키거나 감소시키는 연산자이다. 증감 연산자는 피연산자의 앞이나 뒤에 올 수 있다. ++x와 같이 적으면 x를 증가하고 증가된 값을 수식에 사용한다. x++와 같이 적으면 현재의 x의 값을 먼저 사용하고 나중에 증가하게 된다.

증감 연산자	차이점
++x	수식의 값은 증가된 x값이다.
x++	수식의 값은 증가되지 않은 원래의 x값이다.
--x	수식의 값은 감소된 x값이다.
x--	수식의 값은 감소되지 않은 원래의 x값이다.

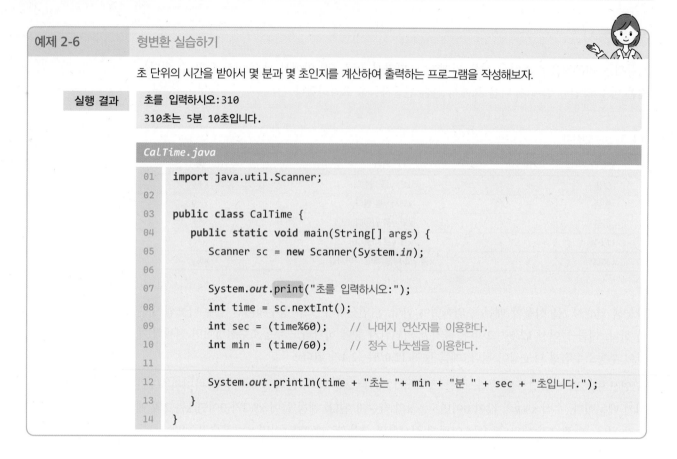

예제 2-6   형변환 실습하기

초 단위의 시간을 받아서 몇 분과 몇 초인지를 계산하여 출력하는 프로그램을 작성해보자.

실행 결과

초를 입력하시오:310
310초는 5분 10초입니다.

CalTime.java

```java
01   import java.util.Scanner;
02
03   public class CalTime {
04      public static void main(String[] args) {
05         Scanner sc = new Scanner(System.in);
06
07         System.out.print("초를 입력하시오:");
08         int time = sc.nextInt();
09         int sec = (time%60);    // 나머지 연산자를 이용한다.
10         int min = (time/60);    // 정수 나눗셈을 이용한다.
11
12         System.out.println(time + "초는 "+ min + "분 " + sec + "초입니다.");
13      }
14   }
```

복합 대입 연산자

복합 대입 연산자란 +=처럼 대입 연산자 =와 산술 연산자를 합쳐 놓은 연산자이다. x += y의 의미는 x = x + y와 같다. 복합 대입 연산자는 소스를 간결하게 만들 수 있다. 다음 표는 가능한 복합 대입 연산자들을 보여주고 있다.

복합 대입 연산자	의미
x += y	x = x + y
x -= y	x = x − y
x *= y	x = x * y
x /= y	x = x / y
x %= y	x = x % y

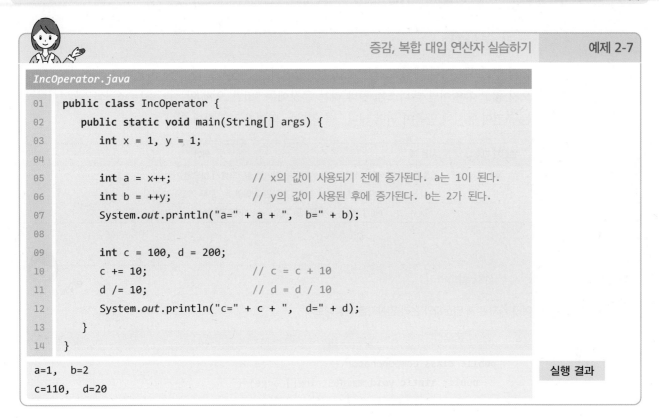

증감, 복합 대입 연산자 실습하기   예제 2-7

```java
IncOperator.java

01  public class IncOperator {
02    public static void main(String[] args) {
03      int x = 1, y = 1;
04
05      int a = x++;              // x의 값이 사용되기 전에 증가된다. a는 1이 된다.
06      int b = ++y;              // y의 값이 사용된 후에 증가된다. b는 2가 된다.
07      System.out.println("a=" + a + ",  b=" + b);
08
09      int c = 100, d = 200;
10      c += 10;                  // c = c + 10
11      d /= 10;                  // d = d / 10
12      System.out.println("c=" + c + ",  d=" + d);
13    }
14  }
```

실행 결과

```
a=1,   b=2
c=110,  d=20
```

관계 연산자

관계 연산자(relational operator)는 두 개의 피연산자를 비교하는 데 사용된다. 예를 들면 "변수 x가 0과 같은가", "변수 y가 10보다 더 작은가" 등을 따지는 데 사용된다. 관계 연산자의 결과는 true(참) 아니면 false(거짓)으로 계산된다.

표 2.4 관계 연산자

연산자 기호	의미	사용 예
==	x와 y가 같은가?	x == y
!=	x와 y가 다른가?	x != y
〉	x가 y보다 큰가?	x 〉 y
〈	x가 y보다 작은가?	x 〈 y
〉=	x가 y보다 크거나 같은가?	x 〉= y
〈=	x가 y보다 작거나 같은가?	x 〈= y

예를 들어서 3 == 6은 false이고 3 != 6은 true이다.

논리 연산자

논리 연산자는 여러 개의 조건을 조합하여 참인지 거짓인지를 따질 때 사용한다. 예를 들어 "비가 오지 않고 휴일이면 테니스를 친다"라는 문장에는 "비가 오지 않는다"라는 조건과 "휴일이다"라는 조건이 동시에 만족이 되면 테니스를 친다는 의미가 포함되어 있다.

연산자 기호	사용 예	의미
&&	x && y	AND 연산, x와 y가 모두 참이면 참, 그렇지 않으면 거짓
||	x || y	OR 연산, x나 y 중에서 하나만 참이면 참, 모두 거짓이면 거짓
!	!x	NOT 연산, x가 참이면 거짓, x가 거짓이면 참

예제 2-8   관계 연산자 실습하기

여러 가지 관계 연산자와 논리 연산자를 사용해보자.

CompOperator.java

```java
01  public class CompOperator {
02    public static void main(String[] args) {
03      System.out.print((3 == 4) + " ");
04      System.out.print((3 != 4) + " ");
05      System.out.print((3 > 4) + " ");
06      System.out.print((4 > 3) + " ");
07
08      System.out.print((3 == 3 && 4 == 7) + " ");   # 하나만 거짓이면 전체가 거짓
09      System.out.print((3 == 3 || 4 == 7) + " ");   # 하나만 참이면 전체가 참
10    }
11  }
```

실행 결과   `false true false true false true`

비트 연산자

자바에서는 정수를 이루고 있는 각각의 비트를 가지고 작업할 수 있는 연산자가 제공된다. 예를 들어 정수값에서 특정한 위치에 있는 비트를 마스크하여 추출할 수 있다. 비트 연산자에는 다음과 같은 것들이 있다.

연산자	의미	예
~	비트 NOT	~(0x0FFF)은 0xF000이 된다.
&	비트 AND	(0x0FFF & 0xFFF0)은 0x0FF0이 된다.
^	비트 XOR	(0x0FFF ^ 0xFFF0)은 0xF00F이 된다.
|	비트 OR	(0x0FFF | 0xFFF0)은 0xFFFF이 된다.

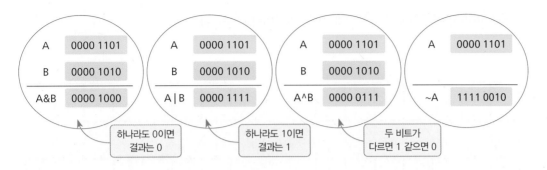

~ 연산자는 비트 패턴을 반전한다. 즉 ~ 연산자는 0은 1로 만들고 1은 0으로 만든다. 예를 들어 byte 타입의 변수 x가 이진수로 00001111의 값을 가지고 있었다면 ~x는 11110000이 된다. 또한 비트 OR, AND, XOR 연산을 제공한다. 앞의 표를 참조하라.

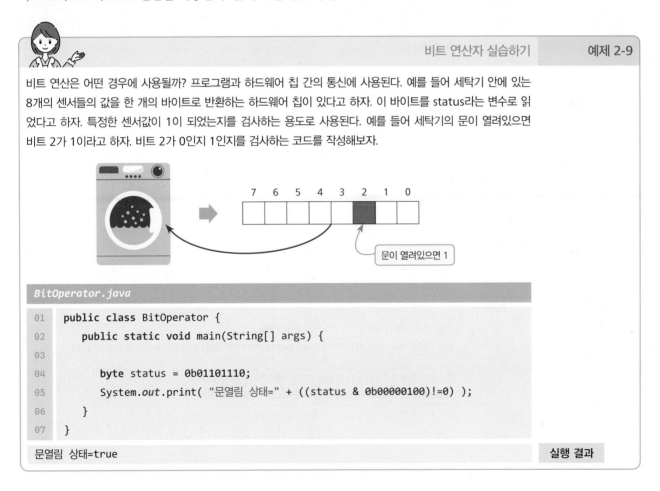

비트 연산은 어떤 경우에 사용될까? 프로그램과 하드웨어 칩 간의 통신에 사용된다. 예를 들어 세탁기 안에 있는 8개의 센서들의 값을 한 개의 바이트로 반환하는 하드웨어 칩이 있다고 하자. 이 바이트를 status라는 변수로 읽었다고 하자. 특정한 센서값이 1이 되었는지를 검사하는 용도로 사용된다. 예를 들어 세탁기의 문이 열려있으면 비트 2가 1이라고 하자. 비트 2가 0인지 1인지를 검사하는 코드를 작성해보자.

BitOperator.java

```
01  public class BitOperator {
02     public static void main(String[] args) {
03
04        byte status = 0b01101110;
05        System.out.print( "문열림 상태=" + ((status & 0b00000100)!=0) );
06     }
07  }
```

문열림 상태=true

비트 이동 연산자

부호 이동 연산자인 << 연산자는 비트를 왼쪽으로 이동한다. >> 연산자는 반대로 비트를 오른쪽으로 이동한다. >> 연산자는 부호 비트가 왼쪽에 채워진다. 이들은 2로 곱하거나 2로 나누는 효과를 낸다. 따라서 이들을 산술적인 비트 이동 연산이라고 부른다.

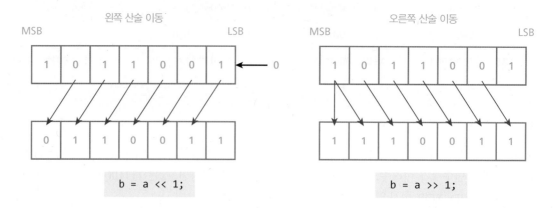

반면에 부호가 없는 이동 연산자인 >>>은 왼쪽 자리에 0을 채워 넣는다. 이것을 논리적인 비트 이동 연산이라고 부른다.

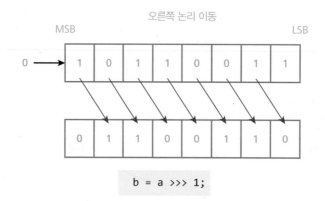

연산자	의미	예
<<	비트 왼쪽 이동	0xFFF << 4은 0xFFF00이 된다.
>>	비트 오른쪽 이동	0xFFFFFFF0 >> 4은 0xFFFFFFFF이 된다. 왼쪽 비트가 부호 비트로 채워진다.
>>>	비트 오른쪽 이동 (unsigned)	왼쪽 비트가 부호 비트로 채워지지 않고 0으로 채워진다. 0xFFFFFFF0 >>> 4은 0x0FFFFFFF이 된다.

다음 코드의 실행 결과를 예측해보자.

BitOperator2.java

```
01   public class BitOperator2 {
02      public static void main(String[] args) {
03         int x = 0b00001101;                    // 13
04         int y = 0b00001010;                    // 10
05         System.out.print("x&y=" + (x & y) + "    ");
06         System.out.print("x|y=" + (x | y) + "    ");
07         System.out.print("x^y=" + (x ^ y) + "    ");
08         System.out.println("~x=" + (~x) + "    ");
09         System.out.print("x>>1=" + (x>>1) + "    ");
10         System.out.print("x<<1=" + (x<<1) + "    ");
11         System.out.println("x>>>1=" + (x>>>1));
12      }
13   }
```

실행 결과

```
x&y=8      x|y=15     x^y=7        ~x=-14
x>>1=6     x<<1=26    x>>>1=6
```

조건 연산자

조건 연산자는 유일하게 3개의 피연산자를 가지는 삼항 연산자이다. 간단한 예를 들어서 조건 연산자를 설명하여 보자.

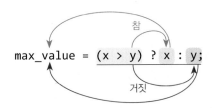

위의 식에서 조건 (x > y)가 참이면 x가 수식의 결과값이 된다. 따라서 x가 max_value로 대입된다. 조건 (x > y)가 거짓이면 y가 수식의 결과값이 된다. 따라서 y가 max_value로 대입된다. 조건 연산자는 아주 간결하게 표현할 수 있어서 상당히 많이 활용된다. 조건 연산자를 이용한 대표적인 이용 사례를 모아보면 다음과 같다.

```
absolute_value = (x > 0) ? x: -x;     // 절대값 계산
max_value = (x > y) ? x: y;           // 최대값 계산
min_value = (x < y) ? x: y;           // 최소값 계산
```

예제 2-11　조건 연산자 사용하기

지름 20cm 피자 2개

20cm　20cm

지름 30cm 피자 1개

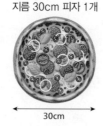

30cm

반지름이 20cm인 피자 2개와 30cm인 피자 1개의 면적을 비교해보자. 어떻게 주문하는 것이 유리한가?

실행 결과

```
20cm 피자 2개의 면적=2513.2736
30cm 피자 면적=2827.4328
30cm 피자 한 개를 주문하세요.
```

Pizza.java

```java
01  import java.util.*;
02
03  public class Pizza {
04      public static void main(String[] args) {
05          double area1 = 2 * 3.141592 * 20 * 20;
06          double area2 = 3.141592 * 30 * 30;
07          System.out.println("20cm 피자 면적=" + area1);
08          System.out.println("30cm 피자 면적=" + area2);
09          System.out.println((area1 > area2)? "20cm 두 개": "30cm 한 개");
10      }
11  }
```

도전문제

1. 반지름이 20cm인 피자 2개와 30cm인 피자 1개의 면적을 비교해보자. 어떻게 주문하는 것이 유리한가?
2. println()과 print()의 차이점은 무엇인지 실험하여 보라.

중간점검

1. 다음 문장의 실행결과는?

   System.out.println(10%3);

2. 다음 문장의 실행결과는?

   System.out.println(10>>1);
   System.out.println(10<<1);

3. 다음 문장의 실행결과는?

   int x = 2;　System.out.println(x--);

Introduction to **JAVA Programming**

섭씨-화씨 온도 변환   **Mini Project**

섭씨 온도와 화씨 온도는 다음과 같은 수식을 만족한다.

$$C=\frac{5}{9}(F-32)$$

1. 사용자로부터 화씨 온도를 받아서 섭씨 온도로 환산하여 출력하는 프로그램을 작성하시오.

2. 사용자로부터 섭씨 온도를 받아서 화씨 온도로 환산하여 출력하는 프로그램을 작성하시오.

3. 2가지의 변환 중 하나를 사용자가 선택하게 하라. 조건 연산자를 사용해보자(또는 여러분이 if-else 문을 이미 알고 있다면 사용해도 좋다).

```
=====================================
1. 화씨->섭씨
2. 섭씨->화씨
=====================================

번호를 선택하시오: 1
화씨온도를 입력하시오: 100.0
섭씨온도는 37.77777777777778
```

다음 코드를 참조한다.

```java
import java.util.Scanner;

public class FtoC {
   public static void main(String args[]) {
      Scanner sc = new Scanner(System.in);
      System.out.print("화씨온도를 입력하시오: ");

      // ...
      System.out.println("섭씨온도는 " + c_temp);
   }
}
```

Summary

Introduction to **JAVA Programming**

- 클래스(class)는 자바와 같은 객체 지향 언어의 기본적인 빌딩 블록이다. 클래스들이 모여서 하나의 자바 프로그램이 된다.

- 메소드(method)는 특정한 작업을 수행하는 코드의 묶음이다.

- 문장(statement)은 사용자가 컴퓨터에게 작업을 지시하는 단위이다.

- 변수(variable)는 데이터를 담아두는 상자로 생각할 수 있다.

- 자바에는 크게 나누어서 기초형(primitive type)과 참조형(reference type)의 자료형이 있다. 기초형은 다시 정수형, 실수형, 문자형, 논리형으로 분류할 수 있고 참조형에는 클래스, 배열, 인터페이스가 있다.

- System.in과 Scanner 객체를 이용하여 콘솔에서 정수나 실수, 문자열을 읽는다.

- import 문장은 다른 클래스를 포함시키는 문장이다.

- 자바는 +, -, *, /, % 등의 산술 연산자를 제공한다.

- 자바는 <, >, <=, >= 등의 관계 연산자를 제공한다.

- 자바는 &&, ||, !와 같은 논리 연산자를 제공한다.

1. 자바 언어에서 지원되는 기초 자료형에는 어떤 것들이 있는가?

2. 문자열은 어떤 클래스를 이용하여서 처리할 수 있는가?

3. 클래스를 정의하는 키워드는 무엇인가?

4. 다음 중에서 올바른 주석이 아닌 것은?

   ❶ /** 주석 */   ❷ /* 주석 */
   ❸ /* 주석   ❹ // 주석

5. 다음 중에서 올바른 식별자가 아닌 것을 전부 골라보자.

   ❶ int abc__;   ❷ int abc#;   ❸ int method;
   ❹ double abc$$;   ❺ int 1stMoney;

6. 다음의 설명에 부합하는 변수를 선언해보자.

   (a) long형 변수 size

   (b) 183.2로 초기화된 변수 height(var 키워드를 사용해보자)

   (c) 문자 '가'로 초기화된 char형 변수 ch

   (d) "Seoul"으로 초기화된 문자열 변수 city

7. 다음 코드에서 변수와 상수를 구별하시오.

```
int k=10;
long m=200L;
double f=1.2345D;
final int SIZE=100;
```

8. 다음과 같은 코드에서 질문에 답하라.

```
int v = 10;
int k = v++%5;
```

(a) 코드가 실행된 후에 v와 k의 값은 무엇인가?

(b) 만약 두 번째 문장이 int k = ++v%5;이었다면 v와 k의 값은 어떻게 되는가?

9. 다음 수식의 결과값은 무엇인가?

❶ 20 + 0.25   ❷ 1/5

❸ 1.0/5   ❹ 1==2

10. 다음 문장들의 오류를 지적하고 올바르게 수정하라.

(a) int b = (10>3)?true:false;   (b) long weight = 78.2;

(c) char c = "a";

11. 다음 문장을 조건식으로 표시해보자.

(a) height가 165보다 크고 180보다 작다.

(b) height가 165보다 작거나 같다.

(c) height가 165보다 작거나 age가 10보다 적다.

12. 다음 문장들을 실행했을 경우의 출력 결과를 적으시오.

```
System.out.println("100"+"200");
System.out.println(100+200);
System.out.println("100"+200);
```

문자열에 대하여 +를 적용하면 2개의 문자열이 합쳐진다. 하나의 피연산자라도 문자열이면 문자열로 변환된 후에 합쳐진다. 하지만 2개의 피연산자가 모두 숫자이면 덧셈이 실행된다.

13. 다음 코드의 출력은?

```
int i1 = 10;
int i2 = 20;
String s1 = "9";
System.out.println(i1 + i2 + s1);
```

14. 다음 문장이 실행되면 변수의 i의 값은? 참고로 Math.random()은 0보다 크고 1보다 작은 실수를 반환한다.

```
int i = (int) Math.random();
```

15. boolean 변수의 값을 true에서 false로 반전시키려면 어떤 연산자를 사용하여야 하는가?

16. 2개의 값을 비교하려고 한다. = 연산자를 사용하여야 하는가? 아니면 == 연산자를 사용하여 야 하는가?

17. 다음 코드의 출력은?

```java
String s1 = "abc";
String s2 = "def";
String s3 = s2;
s2 = "ghi";
System.out.println(s1 + s2 + s3);
```

18. 다음 프로그램의 출력은?

```java
int x = 100;
double y = 123.4;
boolean b = (x = y);
System.out.println(b);
```

19. 다음의 코드에서 4가 두 번 출력되는 이유를 설명하라.

```java
int i = 3;
System.out.println(++i);    // "4"
System.out.println(i++);    // "4"
```

20. 각 문장에서 변수의 값을 표에 기록하시오. 사용자는 2 3과 같이 입력한다고 가정한다.

```java
❶ import java.util.Scanner;
❷
❸ public class Test {
❹    public static void main(String args[]) {
❺       int x = 0;
❻       System.out.println(x);
❼       Scanner s = new Scanner(System.in);
❽       x = s.nextInt();
❾       x = s.nextInt();
❿       boolean a = true, b = false, c = true;
⓫       a = (b || c) && (a || false);
⓬
⓭    }
⓮ }
```

줄번호	x	a	b	c
5		정의되지 않음	정의되지 않음	정의되지 않음
8		정의되지 않음	정의되지 않음	정의되지 않음
9		정의되지 않음	정의되지 않음	정의되지 않음
10				
11				

Programming

1. 하나의 상자에 오렌지를 10개씩 담을 수 있다고 하자. 오렌지가 127개가 있다면 상자 몇 개가 필요한가? 또 몇 개의 오렌지가 남을까?

난이도: 중

주제
• 나머지 연산자

```
오렌지의 개수를 입력하시오: 127
12박스가 필요하고 7개가 남습니다.
```

/ 연산자와 % 연산자를 사용한다.

2. 마일을 킬로미터로 변환하는 프로그램을 작성하라. 1마일은 1.609킬로미터와 같다. 사용자로 부터 마일의 값을 읽어 들인다.

난이도: 중

주제
• 산술 연산자

```
마일을 입력하시오: 10
10.0마일은 16.09킬로미터입니다.
```

Scanner의 nextDouble()을 이용하여서 마일값을 읽는다. System.out.print()를 사용하면 출력한 후에 줄을 바꾸지 않는다.

3. 사용자로부터 두 개의 정수를 받아서 정수의 합, 정수의 차, 정수의 곱, 정수의 평균, 큰 수, 작은 수를 계산하여 화면에 출력하는 프로그램을 작성하라. 큰 수와 작은 수를 구할 때는 조건 연산자를 사용해보자.

난이도: 상

주제
• 산술 연산자

```
x: 10
y: 20
두 수의 합: 30
두 수의 차: -10
두 수의 곱: 200
두 수의 평균: 15.0
큰 수: 20
작은 수: 10
```

max = (x>y)x:y;와 같이 조건 연산자를 사용할 수 있다.

난이도: 상

주제
• 논리 연산자

4. 자바의 기본 논리 연산에 대한 진리표를 다음과 같이 표시하는 프로그램을 작성해보자.

```
P            Q            AND          OR           XOR
true         true         true         true         false
true         false        false        true         true
false        true         false        true         true
false        false        false        false        false
```

열을 정렬할 때는 탭을 나타내는 문자인 '\t'을 사용한다.

난이도: 중

주제
• 산술 연산자

5. 사용자가 번개로부터 얼마나 멀리 떨어져 있는지를 계산하는 프로그램을 만들어 보자. 소리는 공기를 통해 초당 약 340m를 이동한다. 빛은 초당 300,000km를 이동한다. 번개를 본 시간과 소리가 도달하는 시간 사이의 간격을 알면 번개까지의 거리를 계산할 수 있다. 시간 간격은 사용자로부터 입력받는다.

```
시간간격을 입력하시오(단위: 초): 7
번개가 발생한 곳까지의 거리: 2100m
```

빛의 속도가 소리보다 훨씬 빠르므로 빛은 순간적으로 도착한다고 가정하자.

난이도: 상

주제
• 문자열 조작

6. 사용자로부터 파일이 위치한 드라이브 이름(c), 디렉터리 이름(\test\), 파일이름(sample), 확장자(py)를 받아서 완전한 파일 이름(c:\test\sample.py)으로 만드는 프로그램을 작성해보자.

```
드라이브 이름: c
디렉터리 이름: \test\
파일 이름: sample
확장자: py

완전한 이름은 c:\test\sample.py
```

7. 상점에 가면 우리는 상품에 대한 돈을 내고 영수증을 받는다. 영수증에는 10% 부가세와 잔돈 등이 인쇄되어 있다. 구입한 상품의 가격과 손님한테 받은 금액을 입력하면 부가세와 잔돈을 출력하는 프로그램을 작성하여 보자.

난이도: 상
주제
• 산술 연산자 응용

```
받은 돈: 10000
상품 가격: 7500
부가세: 750
잔돈: 2500
```

8. 사용자로부터 구의 반지름을 입력받아서 부피를 계산하여 출력하는 프로그램을 작성하라. 단 구의 반지름은 실수로 입력되며 출력도 모두 실수형으로 하여야 한다. 부피를 계산하는 수식 은 $\frac{4}{3}\pi r^3$이다.

난이도: 상
주제
• 산술 연산자 응용

```
구의 반지름: 5.0
구의 부피: 166.666666666663
```

9. 정수(최대 2자리)를 2진수로 변환하여 출력하는 프로그램을 작성해보자.

난이도: 상
주제
• 나머지 연산자 응용

```
정수: 127
127: 1111111
```

/ 연산자와 % 연산자를 사용한다. Integer.toBinaryString(value)을 사용하지 않고 직접 변환하여 보자. 음 수는 제외한다. 반복 루프를 사용하지 않고 해결해보자.

10. 움직이는 물체의 운동에너지를 계산해보자. 물체의 에너지를 계산하는 식은 0.5 × 무게 × 속도^{2}이다. 적절한 자료형을 사용한다.

난이도: 상
주제
• 산술 연산자 응용

```
물체의 무게를 입력하시오(킬로그램): 100
물체의 속도를 입력하시오(미터/초): 100
물체는 500000.0 (줄)의 에너지를 가지고 있다.
```

제곱하는 것은 그냥 x*x와 같이 단순히 두 번 곱한다.

Introduction to JAVA Programming

조건문, 반복문, 배열

▶ 다음과 같은 작업들을 수행하는 방법을 알고 있나요? 이번 장에서 함께 알아봐요.

1. 조건에 따라 서로 다른 문장을 실행하는 코드를 만들 수 있나요?
2. 조건에 따라서 반복하는 코드를 만들 수 있나요?
3. 자바에서 배열을 생성하고 배열 안에 값을 저장할 수 있나요?
4. 자바에서 2차원 배열을 생성하고 사용할 수 있나요?
5. ArrayList를 생성하고 값을 저장할 수 있나요?

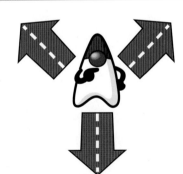

➕ 학습목차

3.1 if-else 문

3.2 switch 문

3.3 for 문

3.4 while 문

3.5 배열

3.6 2차원 배열

3.7 ArrayList

Power JAVA 3e

3.1 | if-else 문

조건에 따라서 서로 다른 처리를 하고 싶을 때 사용하는 구조가 if-else 문이다. 예를 들어 우리가 인터넷에서 쇼핑을 한다고 하자. 상품의 가격이 2만 원을 넘으면 배송비는 없고 그렇지 않으면 3000원의 배송비가 붙는다. 이런 경우에 사용할 수 있는 문장이 if-else 문이다. 이것을 흐름도로 그리면 그림 3.1과 같다. 이런 경우에 사용할 수 있는 문장이 조건문이다. 조건문에는 if-else 문, switch 문이 있다.

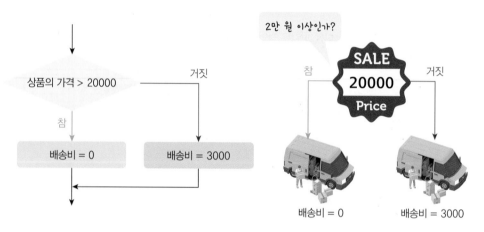

그림 3.1 조건문을 순서도로 그린 것이다.

if-else 문의 형식은 다음과 같다. if-else 문장은 "만약 조건이 참이면 이것을 실행하고, 조건이 참이 아니라면 저것을 실행해!"라고 말하는 것과 같다.

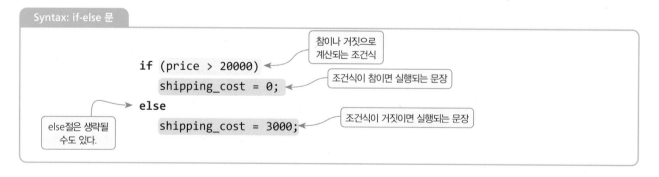

if-else 문에서는 조건을 수식으로 표현하는데 그 수식을 바로 '조건식'이라고 한다. 일반적으로 조

건식에는 결과값이 참이나 거짓으로 생성되는 수식이 사용된다. 조건식은 일반적으로 "price > 20000"과 같은 수식이 된다. if-else 문은 주어진 조건식을 계산하여 조건식이 참(True)으로 계산되면 if 아래에 있는 문장을 실행한다. 만약 거짓(False)이면 else 아래에 있는 문장을 실행한다. 상황에 따라 else 절은 생략될 수 있다.

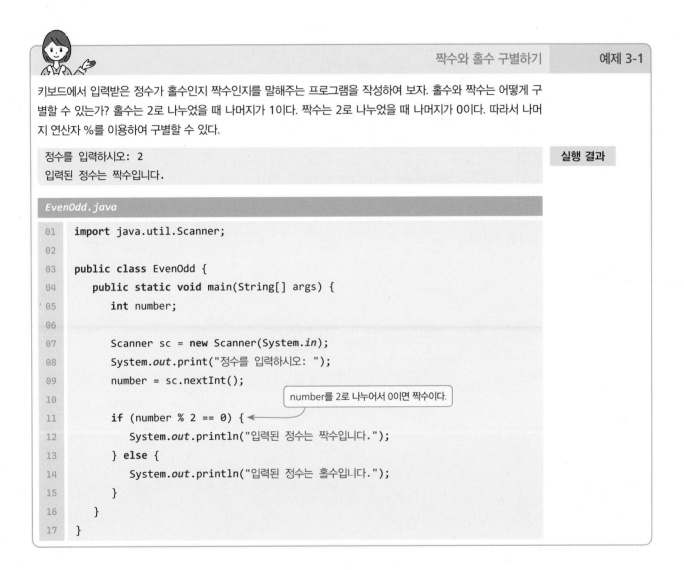

짝수와 홀수 구별하기   예제 3-1

키보드에서 입력받은 정수가 홀수인지 짝수인지를 말해주는 프로그램을 작성하여 보자. 홀수와 짝수는 어떻게 구별할 수 있는가? 홀수는 2로 나누었을 때 나머지가 1이다. 짝수는 2로 나누었을 때 나머지가 0이다. 따라서 나머지 연산자 %를 이용하여 구별할 수 있다.

실행 결과

```
정수를 입력하시오: 2
입력된 정수는 짝수입니다.
```

EvenOdd.java

```java
01  import java.util.Scanner;
02
03  public class EvenOdd {
04      public static void main(String[] args) {
05          int number;
06
07          Scanner sc = new Scanner(System.in);
08          System.out.print("정수를 입력하시오: ");
09          number = sc.nextInt();
10
11          if (number % 2 == 0) {        // number를 2로 나누어서 0이면 짝수이다.
12              System.out.println("입력된 정수는 짝수입니다.");
13          } else {
14              System.out.println("입력된 정수는 홀수입니다.");
15          }
16      }
17  }
```

다중 if-else 문

다중 if-else 문은 if-else 문장이 연속되는 형태이다. 예를 들어 사용자로부터 받은 정수가 양수인지, 0인지, 음수인지를 검사할 때는 다음과 같은 형태를 사용할 수 있다.

Nested.java

```java
01  import java.util.Scanner;
02
03  public class Nested {
04      public static void main(String[] args) {
05
06          Scanner sc = new Scanner(System.in);
07          System.out.print("정수를 입력하시오: ");
08          int number = sc.nextInt();
09          if(number > 0 )
10              System.out.println("양수입니다.");
11          else if (number ==0 )
12              System.out.println("0입니다.");
13          else
14              System.out.println("음수입니다.");
15      }
16  }
```

다중 if-else 문이라고 한다.

실행 결과

정수를 입력하시오: 10
양수입니다.

종종 우리는 조건에 따라서 다중으로 분기되는 결정을 내려야 하는 경우가 있다. 학생들의 성적을 받아서 학점을 출력하는 프로그램을 작성하여 실행하여 보자. 성적이 90점 이상이면 A학점, 80점 이상이고 90점 미만이면 B학점, 70점 이상이고 80점 미만이면 C학점과 같이 결정하는 것이다.

실행 결과

성적을 입력하시오: 92
학점 A

이 경우 가장 자연스러운 방법은 if 문 다음에 else if 문을 연속적으로 사용하는 것이다. 만일 이중 하나의 조건식이 참이면 관련된 문장이나 블록이 수행되고 더 이상의 비교는 이루어지지 않는다. 예제에서 시험 성적에 따라서 학점을 부여하는 것을 이러한 구조를 사용하여 코딩하면 된다. 즉 90 이상이면 A학점, 80에서 89은 B학점, 70에서 79까지는 C학점, 60에서 69까지는 D학점, 60점 미만이면 F학점을 부여한다.

Grading.java

```java
01  import java.util.Scanner;
02
03  public class Grading {
04      public static void main(String[] args) {
05          int grade;
06
07          Scanner sc = new Scanner(System.in);
08          System.out.print("성적을 입력하시오: ");
09          grade = sc.nextInt();
10          if (grade >= 90)           // ①
11              System.out.println("학점 A");
12          else if (grade >= 80)      // ②
13              System.out.println("학점 B");
14          else if (grade >= 70)
15              System.out.println("학점 C");
16          else if (grade >= 60)
17              System.out.println("학점 D");
18          else
19              System.out.println("학점 F");
20
21      }
22  }
```

> 문장 ②에서 if(grade >= 80 && grade < 90) 이라고 할 필요가 없음에 유의하라. grade가 90보다 크거나 같은 경우에는 앞의 문장 ①에서 이미 처리되었기 때문이다.

어떤 학교에서는 A학점도 성적에 따라서 A+(95점 이상)와 A0로 나누어진다. B, C, D, E 학점도 마찬가지이다. 위의 프로그램에서 A+와 A0 학점을 구분하도록 수정하여 보자.

도전문제

예제 3-3   가위, 바위, 보 게임

가위, 바위, 보 게임을 작성하여 보자. 텍스트 버전은 여기서 작성하고 그래픽 버전은 8장에서 작성해보자. 사용자가 가위, 바위, 보 중에서 하나를 선택하면 이것을 컴퓨터가 생성한 난수값과 비교한다. 누가 이겼는지를 화면에 출력한다.

실행 결과

```
가위(0), 바위(1), 보(2): 1
인간: 1 컴퓨터: 0   인간 승리
```

RockPaperScissor.java

```java
01  import java.util.*;
02
03  public class RockPaperScissor {
04      final int SCISSOR = 0;
05      final int ROCK = 1;
06      final int PAPER = 2;
07
08      public static void main(String[] args) {
09          Scanner sc = new Scanner(System.in);
10          System.out.print("가위(0), 바위(1), 보(2): ");
11          int user = sc.nextInt();
12
13          int computer = (int) (Math.random() * 3);
14          if( user == computer )
15             System.out.println("인간과 컴퓨터가 비겼음");
16          else if (user == (computer + 1) % 3)
17                                   // 0은 1한테 지고 1은 2한테, 2는 0한테 진다.
18             System.out.println("인간: " + user + " 컴퓨터: " + computer +
19                                               "  인간 승리");
20          else
21             System.out.println("인간: " + user + " 컴퓨터: " + computer +
22                                               "  컴퓨터 승리");
23      }
24  }
```

1. 자바에서 참과 거짓은 무엇으로 표시되는가?

2. 조건에 따라서 실행되어야 하는 문장이 두 개 이상이면 어떻게 해야 하는가?

3. 실수와 실수를 비교할 때 주의해야 할 점은 무엇인가?

4. 수식 (!true)의 값은?

5. 다음 코드는 어떤 오류를 가지고 있는가?

```
if (x=1) { System.out.println("x는 1입니다."); }
```

6. 속도가 60km/h 이상이고 100km/h 이하이면 "정상 속도"라고 출력하는 코드를 작성해보자.

7. x와 y 중에서 큰 값을 max에 저장하고 작은 값을 min에 저장하는 코드를 작성해보자.

3.2 | switch 문

if-else 문에서는 조건식이 참이냐 거짓이냐에 따라서 실행할 문장이 둘 중에서 하나로 결정된다. 따라서 if-else 문에서 가능한 실행 경로는 두 개이다. 만약 가능한 실행 경로가 여러 개면 switch 문을 사용하는 것도 좋다.

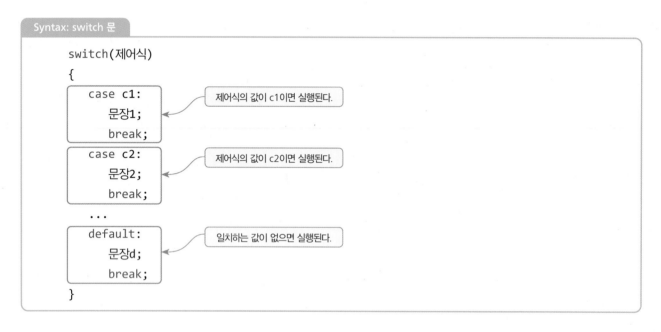

Syntax: switch 문

```
switch(제어식)
{
    case c1:
        문장1;          ← 제어식의 값이 c1이면 실행된다.
        break;
    case c2:
        문장2;          ← 제어식의 값이 c2이면 실행된다.
        break;
    ...
    default:
        문장d;          ← 일치하는 값이 없으면 실행된다.
        break;
}
```

예를 들어 제어식의 값이 c1이면 문장1을 수행하고 제어식의 값이 c2이면 문장2를 수행한다고 가정하자. 그리고 일치되는 값이 없으면 문장d를 수행한다. 이런 경우에 switch 문을 사용하면 좋다. switch 문에서는 제어식의 값을 계산하여 case 뒤의 c1, c2, ... 등과 비교한다. 만약 제어식의 값과 일치하는 값이 있으면 관련된 case 절 안의 문장이 실행된다. break 문에 도달하면 switch 문을 빠져나간다. 만약 어느 것에도 해당되지 않으면 default 아래의 문장들이 실행된다.

성적을 학점으로 변환하는 프로그램 II | 예제 3-4

사용자가 자신의 성적을 입력하면 성적을 학점으로 변환하여 출력해주는 프로그램을 작성하여 보자. 이것은 앞에서 if-else 문장으로도 작성한 바 있다. if-else 문장을 사용하는 방법과 비교하여 보자.

| 실행 결과 |
성적을 입력하시오: 92
학점: A

Score2Grade.java

```java
01  import java.util.*;
02
03  public class Score2Grade {
04      public static void main(String[] args) {
05          int score, number;
06          char grade;
07
08          Scanner sc = new Scanner(System.in);
09          System.out.print("성적을 입력하시오: ");
10          score = sc.nextInt();
11          number = score / 10;
12          switch (number) {
13              case 10:
14              case 9:             grade = 'A';        break;
15              case 8:             grade = 'B';        break;
16              case 7:             grade = 'C';        break;
17              case 6:             grade = 'D';        break;
18              default:            grade = 'F';        break;
19          }
20          System.out.print("학점: " + grade);
21      }
22  }
```

> 정수 10으로 나누어서 소수점 이하를 없앤다.

여기서 주의해야 할 점은 break 문이 없으면 선택된 case 절 안의 문장들을 실행한 다음, 계속해서 다음 case절의 문장들을 실행하게 된다.
default 문은 어떤 case 문과도 일치되지 않는 경우에 선택되어 실행된다. default 문은 없을 수도 있다. 만약 default 문이 없고 일치하는 case 문도 없다면 아무 것도 실행되지 않고 switch 문 다음 문장으로 이어진다. 미처 예상하지 못한 값을 알아내기 위하여 가급적 default 문을 포함시키는 것이 좋다.

switch 문에 문자열 사용

Java 7부터는 switch 문의 제어식으로 String 객체를 사용할 수 있다. 즉 문자열도 switch 문을 이용하여 분류할 수 있는 것이다. 다음과 같은 문장들이 가능하다.

```java
String s = "yes";
switch(s) {
  case "yes": ...
    break;
  case "no": ...
    break;
}
```

예제 3-5   피자의 종류에 따른 가격 출력

피자 종류를 입력받아서 피자의 가격을 반환하는 프로그램을 작성해보자.

실행 결과
피자 종류를 입력하시오: 콤비네이션
피자 콤비네이션의 가격=20000

StringSwitch.java

```java
01  import java.util.Scanner;
02
03  public class StringSwitch {
04    public static void main(String[] args) {
05      Scanner sc = new Scanner(System.in);
06      System.out.print("피자 종류를 입력하시오: ");
07      String model = sc.next();
08      int price = 0;
09      switch (model) {
10        case "콤비네이션":
11        case "슈퍼슈프림":      price = 20000;       break;
12        case "포테이토":        price = 15000;       break;
13        case "쉬림프":          price = 25000;       break;
14        default:               price = 0;          break;
15      }
16      System.out.println("피자 " + model + "의 가격=" + price);
17    }
18  }
```

도전문제

카페에서 판매하는 모든 커피에 대한 가격을 알려주는 프로그램을 switch 문을 이용하여 작성해보자.

향상된 switch 문

Java 12부터는 "화살표"를 사용하는 향상된 switch 문을 사용할 수 있다. "case L -> "과 같은 형식을 사용한다. 예를 들어서 요일을 "주중"과 "주말"로 나누어서 출력하는 switch 문을 작성해보자.

Test.java

```
01  public class Test {
02    public static void main(String[] args) {
03      var day = "SAT";
04      var today = "";
05      switch (day) {
06        case "SAT", "SUN" -> today = "주말";
07        case "MON", "TUS", "WED", "THU", "FRI" -> today = "주중";
08        default -> System.out.println("Error");
09      }
10      System.out.println(today);
11    }
12  }
```

주말   실행 결과

여기서 case "SAT", "SUN" -> today = "주말" 문장은 day가 "SAT" 또는 "SUN"이면 today에 "주말"을 저장하라는 것이다. 여기서 break는 없어도 된다.

중간점검

1. 다음 중에서 switch 문의 제어식으로 사용할 수 없는 것은?

   ① 정수 10   ② 문자 'a'   ③ 문자열 "abc"   ④ 실수 3.14

2. 자바에서 다중 선택 구조를 만드는 2가지 방법을 이야기해보자.

3. x=1, y=2, z=3일 때, 다음 코드를 수행한 후의 x, y, z의 값은 얼마인가?

```
switch(x) {
  case 0: z=x+1; break;
  case 1: y=z+x; break;
  default: z=z+x;
}
```

4. 3번 문제의 코드를 ->을 사용하는 새로운 switch 구문으로 작성해보자.

for 문은 정해진 횟수만큼 반복할 때 사용하는 반복 구조이다. for 루프(loop)라고도 한다. for 문은 반복 구조 중에서 가장 많이 사용되는데 그 이유는 많은 장점이 있기 때문이다.

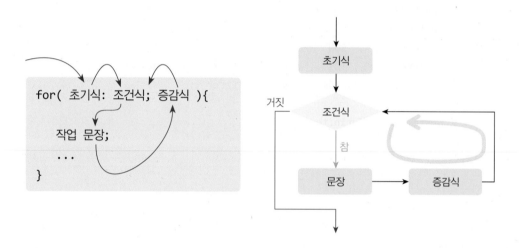

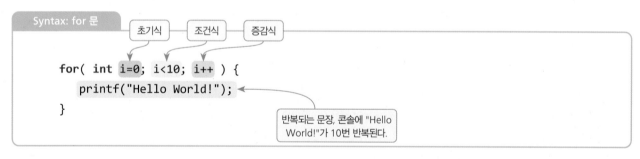

초기식을 실행한 후에 조건식이 true인 동안 문장을 반복한다. 한 번 반복이 끝날 때마다, 증감식이 실행된다.

초기식

초기식은 반복 루프를 시작하기 전에 한 번만 실행된다. 제어 변수를 선언하고 초기화하는 용도로 많이 사용된다. 위의 예에서는 변수 i를 선언하고 0으로 초기화하였다. 이 변수는 for 문 안에서만 사용할 수 있다.

조건식

반복의 조건을 검사하는 수식이다. 이 수식의 값이 true이면 반복이 계속되고 false가 되면 반복이 중단된다. 위의 예제에서 i<10이 조건식이다.

증감식

한 번의 반복 루프가 끝나면 증감식이 실행된다. 앞의 예제에서는 i++;가 여기에 해당하고 변수 i의 값을 1만큼 증가시키는 역할을 한다.

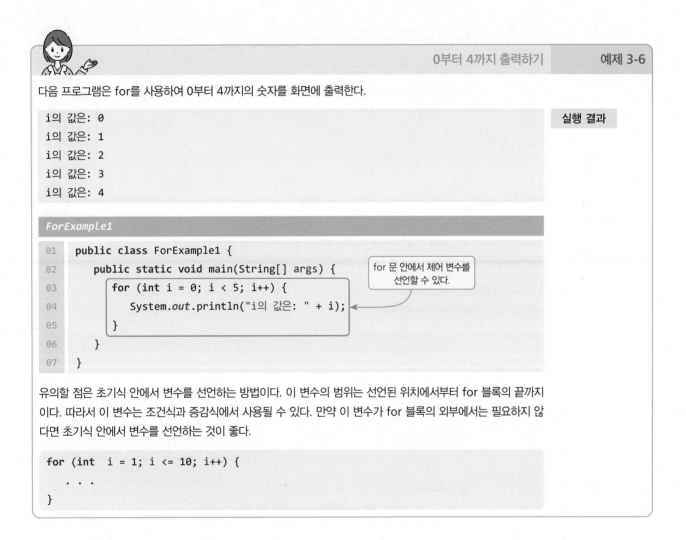

0부터 4까지 출력하기   예제 3-6

다음 프로그램은 for를 사용하여 0부터 4까지의 숫자를 화면에 출력한다.

실행 결과

```
i의 값은: 0
i의 값은: 1
i의 값은: 2
i의 값은: 3
i의 값은: 4
```

ForExample1

```
01  public class ForExample1 {
02      public static void main(String[] args) {
03          for (int i = 0; i < 5; i++) {
04              System.out.println("i의 값은: " + i);
05          }
06      }
07  }
```

for 문 안에서 제어 변수를 선언할 수 있다.

유의할 점은 초기식 안에서 변수를 선언하는 방법이다. 이 변수의 범위는 선언된 위치에서부터 for 블록의 끝까지 이다. 따라서 이 변수는 조건식과 증감식에서 사용될 수 있다. 만약 이 변수가 for 블록의 외부에서는 필요하지 않다면 초기식 안에서 변수를 선언하는 것이 좋다.

```
for (int  i = 1; i <= 10; i++) {
    . . .
}
```

예제 3-7	정수의 합 계산하기

간단한 예로 1부터 10까지의 정수를 더하여 합을 구하는 프로그램을 살펴보자.

실행 결과	1부터 10까지의 정수의 합 = 55

Sum.java

```java
01  public class Sum {
02      public static void main(String[] args) {
03          int sum = 0;
04
05          for (int i = 1; i<= 10; i++)
06              sum += i;
07
08          System.out.println("1부터 10까지의 정수의 합 ="+sum);
09
10      }
11  }
```

> for 문 안의 초기식에서 제어 변수를 선언할 수 있다.

예제 3-8	팩토리얼 계산하기

이번 예제에서는 팩토리얼 값을 계산하여 보자. 팩토리얼이란 다음과 같이 정의된다.

$$n! = 1 \times 2 \times 3 \times \ldots \times n$$

실행 결과	정수를 입력하시오:20 20!은 2432902008176640000입니다.

Factorial.java

```java
01  import java.util.*;
02
03  public class Factorial {
04      public static void main(String[] args) {
05          long fact = 1;
06          int n;
07
08          System.out.print("정수를 입력하시오:");
09          Scanner scan = new Scanner(System.in);
10          n = scan.nextInt();
11
12          for (int i = 1; i <= n; i++)
13              fact = fact * i;
14
15          System.out.printf("%d!은 %d입니다.\n", n, fact);
16
17      }
18  }
```

> 팩토리얼의 값은 생각보다 아주 커질 수 있다. 따라서 long으로 선언한다. 여기서 fact의 초기값은 반드시 1이어야 한다. 0이면 안 된다. 왜냐하면 팩토리얼은 정수를 전부 곱해서 계산하는 것이므로 초기값이 0이면 결과는 0이 되어 버린다. 따라서 반드시 1로 초기화를 시켜야 한다.

사용자로부터 계산하고자 하는 팩토리얼의 값을 입력받도록 앞의 프로그램을 수정하라. 즉 사용자가 10을 입력하면 10!을 계산하여 출력한다. 10!부터 계산을 시작하여 11!, 12!, 13!,...과 같이 계산해보자. 어떤 팩토리얼 값부터 오버플로우가 발생하는가?

도전문제

약수 계산하기   예제 3-9

사용자로부터 양의 정수를 입력받아서 그 정수의 모든 약수를 출력하는 프로그램을 작성하여 보자.

실행 결과

```
양의 정수를 입력하시오: 100
100의 약수는 다음과 같습니다.
 1 2 4 5 10 20 25 50 100
```

분석적인 방법으로 약수를 구하려면 아주 어렵다. 하지만 컴퓨터를 사용하면 아주 쉽게 가능하다. 사용자가 입력한 정수가 100이라고 가정하자. 100의 약수는 1부터 100 사이의 값이다. 따라서 반복 구조를 사용하여 1부터 100까지 증가시키면서 100을 나누어보면 된다. 나누어서 나머지가 0이 나오면 약수라고 판단하면 된다.

개략적인 알고리즘은 다음과 같다.

```
i를 1부터 n까지 1씩 증가시키면서 반복한다.
    만약 n을 i로 나누어서 나머지가 0이면
        i를 약수로 출력한다.
```

Divisor.java

```java
01  import java.util.Scanner;
02
03  public class Divisor {
04      public static void main(String[] args) {
05          Scanner scan = new Scanner(System.in);
06          System.out.print("양의 정수를 입력하시오: ");
07          int n = scan.nextInt();
08
09          System.out.println(n + "의 약수는 다음과 같습니다.");
10          for (int i = 1; i <= n; ++i) {
11              if (n % i == 0)
12                  System.out.print(" " + i);
13          }
14      }
15  }
```

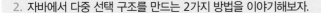

1. 다음 중에서 switch 문의 제어식으로 사용할 수 없는 것은?

    ① 정수 10   ② 문자 'a'   ③ 문자열 "abc"   ④ 실수 3.14

중간점검

2. 자바에서 다중 선택 구조를 만드는 2가지 방법을 이야기해보자.

while 문은 어떤 조건을 정해놓고 반복을 하는 구조이다. 예를 들어서 자동차 경주에서 경주용 자동차는 반드시 서킷을 10번 돌아야 한다면, 반복하는 조건은 "횟수가 10번 미만인가요?"가 될 것이다. 이것을 순차 다이어그램으로 그리면 오른쪽과 같다. 반복을 결정하는 조건이 있고 조건이 참이면 반복을 하고 그렇지 않으면 반복 루프를 빠져나가게 된다.

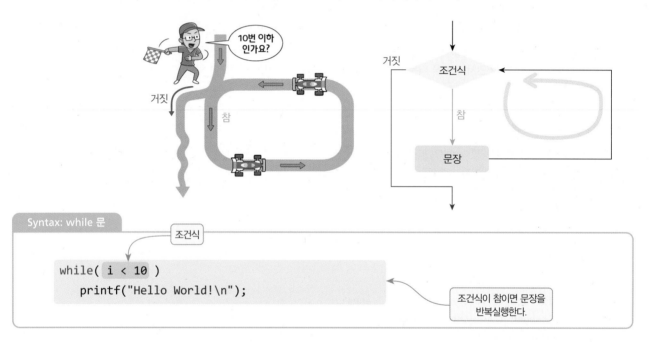

Syntax: while 문

조건식

```
while( i < 10 )
    printf("Hello World!\n");
```

조건식이 참이면 문장을 반복실행한다.

while 안의 조건식이 참이면, 중괄호 안의 문장을 반복 실행한다. 반복되는 문장이 하나이면 중괄호는 생략할 수 있다. 예를 들어서 "환영합니다."를 화면에 5번 출력하는 예제를 while 문을 이용하여 작성하면 다음과 같다.

WelcomeLoop.java

```
01  public class WelcomeLoop {
02      public static void main(String[] args) {
03          int i = 0;
04          while (i < 5) {
05              System.out.println("환영합니다!");
06              i++;
07          }
```

```
08          System.out.println("반복이 종료되었습니다.");
09      }
10  }
```

환영합니다!
환영합니다!
환영합니다!
환영합니다!
환영합니다!
반복이 종료되었습니다.

위의 코드에서 반복 조건에 해당하는 것은 수식 "i < 5"이다. 위의 코드가 의미하는 것은 i가 5보다 작은 동안에는 중괄호 안에 있는 2개의 문장을 실행하라는 것이다. i의 초기값은 0이고 i는 한 번 반복될 때마다 1씩 증가된다. 따라서 i는 0 → 1 → 2 → 3 → 4와 같이 증가하게 되고 i가 5가 되면 수식 "i < 5"은 거짓이 되어 반복이 종료된다. 반복 조건은 while 문에 처음으로 진입할 때 검사되고 한 번씩 반복할 때마다 반복을 계속할 것인지를 결정하기 위하여 검사된다.

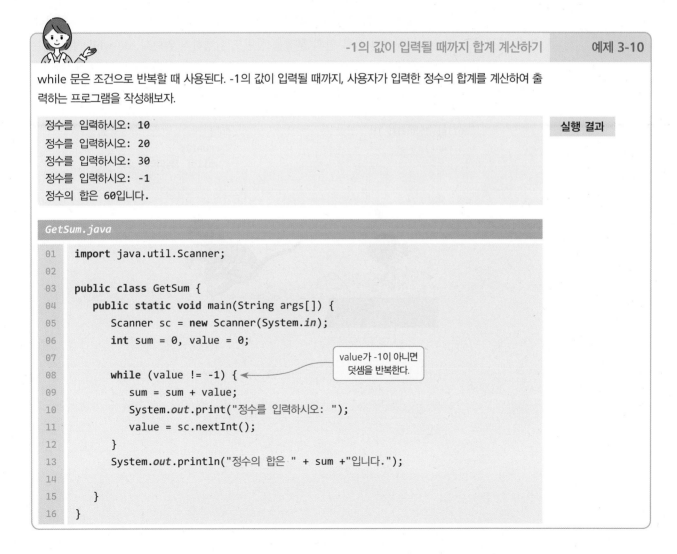

-1의 값이 입력될 때까지 합계 계산하기　　**예제 3-10**

while 문은 조건으로 반복할 때 사용된다. -1의 값이 입력될 때까지, 사용자가 입력한 정수의 합계를 계산하여 출력하는 프로그램을 작성해보자.

실행 결과

정수를 입력하시오: 10
정수를 입력하시오: 20
정수를 입력하시오: 30
정수를 입력하시오: -1
정수의 합은 60입니다.

GetSum.java

```
01  import java.util.Scanner;
02
03  public class GetSum {
04      public static void main(String args[]) {
05          Scanner sc = new Scanner(System.in);
06          int sum = 0, value = 0;
07
08          while (value != -1) {          value가 -1이 아니면
09              sum = sum + value;          덧셈을 반복한다.
10              System.out.print("정수를 입력하시오: ");
11              value = sc.nextInt();
12          }
13          System.out.println("정수의 합은 " + sum +"입니다.");
14
15      }
16  }
```

do-while 문

do-while 문은 while 문과 비슷하나 반복 조건을 루프의 처음이 아니라 루프의 끝에서 검사한다는 것이 다르다.

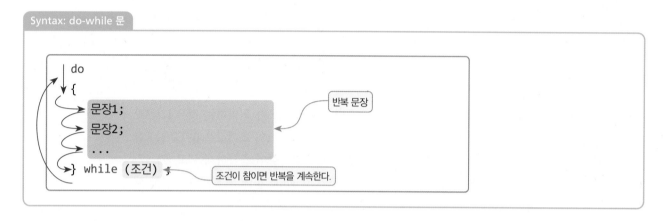

do-while 문이 while 문과 다른 점은 조건을 검사하기 전에 블록 안의 문장을 실행한다는 점이다. while 문에서는 조건이 거짓이면 블록 안의 문장을 한번도 실행하지 않는다. do-while 문에서는 먼저 블록 안의 문장을 실행하고 나서 조건을 검사하기 때문에 블록 안의 문장이 적어도 한번은 실행된다.

정확한 입력받기 | 예제 3-11

사용자로부터 월의 번호를 입력받는 프로그램을 작성하여 보자. 사용자가 올바른 월 번호를 입력할 때까지 반복을
계속한다. 사용자가 올바른 월 번호를 입력해야만 다음 문장으로 넘어간다.

실행 결과

```
올바른 월을 입력하시오 [1-12]: 13
올바른 월을 입력하시오 [1-12]: 14
올바른 월을 입력하시오 [1-12]: 0
올바른 월을 입력하시오 [1-12]: 1
사용자가 입력한 월은 1
```

CheckInput.java

```java
01  import java.util.Scanner;
02
03  public class CheckInput {
04      public static void main(String args[]) {
05          Scanner sc = new Scanner(System.in);
06          int month;
07          do {
08              System.out.print("올바른 월을 입력하시오 [1-12]: ");
09              month = sc.nextInt();
10          } while (month < 1 || month > 12);
11          System.out.println("사용자가 입력한 월은 " + month);
12      }
13  }
```

중첩 반복문

반복문은 중첩하여 사용될 수 있다. 즉 반복문 안에 다른 반복문이 실행될 수 있다. 이러한 형태를
중첩 반복문(nested loop)이라고 한다. 바깥쪽에 위치하는 반복문을 외부 반복문(outer loop)이
라고 하고 안쪽의 반복문을 내부 반복문(inner loop)라고 한다. 내부 반복문은 외부 반복문이 한
번 반복할 때마다 새로 실행된다.

```
for(int i=0; i<5; i++) {          ← 외부 반복문
    for(int k=0; k<5; k++) {      ← 내부 반복문
        반복문장;
    }
}
```

중첩 반복문에서 가장 주의할 점은 각각의 반복문을 제어하는 변수가 달라야 한다는 점이다. 위의

그림에서 바깥쪽 반복문을 제어하는 변수는 i이고 안쪽 반복문을 제어하는 변수는 k로 서로 다르다. 만약 같은 변수가 사용되면 논리적인 오류가 발생할 가능성이 높다.

예제 3-12　사각형 모양 출력하기

중첩 반복문은 실제 프로그래밍에서 많이 나오는 형태로 특히 사각형과 비슷한 데이터를 처리하는 데 유용하다. 다음 예제는 *기호를 사각형 모양으로 출력한다.

실행 결과

```
**********
**********
**********
**********
**********
```

여기서는 반복문으로 for 루프를 사용하여 보자. 주의할 점은 외부의 for 루프가 반복시키는 문장이 2개 이상이기 때문이 반드시 이들을 중괄호로 묶어서 블록으로 만들어 주어야 한다. 그렇지 않으면 외부 for 문은 바로 아래에 위치한 문장만 반복할 것이다.

NestedLoop.java

```java
01    import java.util.*;
02
03    public class NestedLoop {
04        public static void main(String[] args) {
05
06            for (int y = 0; y < 5; y++) {
07                for (int x = 0; x < 10; x++)
08                    System.out.print("*");
09
10                System.out.println("");
11            }
12
13        }
14    }
```

위의 프로그램을 실행하면 50개의 *가 화면에 5 × 10의 정사각형 모양으로 출력된다. *를 출력하는 문장의 외부에는 두 개의 for 루프가 중첩되어 있다. 외부의 for 루프는 변수 y를 0에서 4까지 증가시키면서 내부의 for 루프를 실행시킨다. 내부의 for 루프는 변수 x를 0에서 9까지 증가시키면서 print() 메소드를 호출한다. 내부 for 루프가 한 번 실행될 때마다 화면에는 한 줄의 *가 그려진다. 내부 for 루프가 한 번씩 종료될 때마다 줄바꿈 문자가 화면에 출력되어 다음 줄로 넘어가게 된다.

break 문

break 문은 반복문을 벗어날 때 사용한다. break 문이 실행되면 현재의 반복문을 벗어나게 된다. break 문에 레이블을 붙이면 중첩 반복문도 벗어날 수 있다.

```java
for(int i = 1; i<6; i++) {
   if(i == 4)
      break;                  // 4이면 반복문을 벗어난다.
   System.out.println(i);
}
```

실행 결과

1 2 3

continue 문

continue 문은 반복문에서 현재의 반복을 건너뛰어서 다음 반복으로 넘어가게 한다.

```java
for(int i = 1; i<6; i++) {
   if(i == 4)
      continue;               // 4일 때는 출력하지 않고 다음 반복으로 넘어간다.
   System.out.println(i);
}
```

실행 결과

1 2 3 5 6

무한 루프와 break 문

while 문을 사용할 때, 종료 조건을 만들려면 상당히 까다로운 경우가 있다. 예를 들어 사용자가 'q'를 입력하거나 사용자가 입력한 정수의 개수가 100개를 넘어가면 반복을 종료한다고 하자. 이 경우, while 문을 이용해서 반복 조건을 설정하면 이해하기 어려운 코드가 된다. 이 경우에는 차라리 while(true)를 이용하여 무한 루프를 만들고 무한 루프 안에서 break를 사용하여서 루프를 빠져나가는 조건을 기술하는 편이 가독성이 높고 코딩하기 쉽다.

```java
while( c != 'q' && count <= 100 ) {
   ...
}
```

```java
while( true ) {
   if( c == 'q' ) break;
   if( count > 100 ) break;
   ...
}
```

예제 3-13	점수 평균 구하기

사용자가 입력한 점수들의 평균을 내는 프로그램을 작성한다. 만약 사용자가 음수를 입력하면 break에 의하여 반복 루프가 종료되게 한다.

실행 결과
```
점수를 입력하시오: 10
점수를 입력하시오: 20
점수를 입력하시오: -1
평균은 15
```

Averager.java

```java
01  import java.util.*;
02
03  public class Averager {
04     public static void main(String[] args) {
05        int total = 0, count = 0;
06        Scanner sc = new Scanner(System.in);
07
08        while (true) {
09           System.out.print("점수를 입력하시오: ");
10           int grade = sc.nextInt();
11           if (grade < 0)          break;
12           total += grade;
13           count++;
14        }
15        System.out.println("평균은 " + total / count);
16     }
17  }
```

Q&A

Q 3가지의 반복문 for, while, do...while 중에서 어떤 것을 사용해야 하는가?

A 부분적으로는 개인적인 취향의 문제이다. 일반적인 선택 기준은 루프의 반복 횟수를 아는 경우에는 for 루프가 while 루프에 비하여 약간 더 편리하다고 할 수 있다. 즉 루프 제어 변수를 증가하는 것을 잊어버린다거나 하는 일이 while 루프에 비하여 덜 발생한다. 만약 조건만 존재하고 정확한 반복 횟수는 모르는 경우에는 while 구조가 좋다. 만약 반드시 한 번은 수행되어야 하는 문장들이 있다면 do...while 구조가 제격이다. 또한 while과 for는 반복하기 전에 조건을 검사하는 구조이고 do...while은 먼저 실행한 후에 반복 조건을 검사한다. 특별한 경우가 아닌 일반적인 경우에는 반복을 하기 전에 조건 검사를 하는 것이 좋다. 뭐든지 실행하기 전에 면밀하게 사전 조사를 하는 것이 좋은 것과 마찬가지이다.

중간점검

1. do-while 문에서 반복 조건이 거짓이면 몇 번이나 반복되는가?

2. do-while을 이용하여 사용자가 'q'를 입력할 때까지 정수의 합계를 계산하는 프로그램을 작성해보자.

3. 중첩 반복문을 이용하여서 구구단을 2단부터 9단까지 출력하여 보자.

4. for(;;) i=i+1; 은 몇 번이나 반복하는가?

5. 1부터 100 사이의 정수에서 6의 배수의 합을 계산하는 프로그램을 작성해보자.

배열(array)은 여러 개의 변수를 하나로 묶어 넣은 것이다. 배열을 사용하면 같은 종류의 대량의 데이터를 한 번에 선언할 수 있다.

```
int[]  s = new int[10];
```

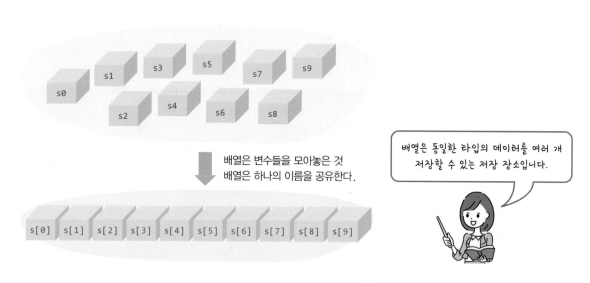

배열은 변수들을 모아놓은 것
배열은 하나의 이름을 공유한다.

배열은 동일한 타입의 데이터를 여러 개 저장할 수 있는 저장 장소입니다.

s[0] s[1] s[2] s[3] s[4] s[5] s[6] s[7] s[8] s[9]

배열의 요소들은 **인덱스(index)**라 불리는 번호가 붙어 있고 이 번호를 통하여 배열 요소에 접근할 수 있다. 예를 들어서 s가 정수 배열이라면 s[i]는 배열 안에 있는 i번째 정수이다.

배열의 선언과 사용

자바에서 배열은 **객체(object)**이다. 우리는 아직 객체를 학습하지 않았다. 따라서 배열의 완전한 학습은 객체에 대하여 학습한 이후에 가능하다.

1. 먼저 배열 참조 변수부터 다음과 같이 선언한다. 정수형 배열을 만든다면 배열 참조 변수는 int[] 타입으로 선언하면 된다.

int[]   s;

배열의 자료형   배열의 이름

2. 배열 참조 변수를 선언했다고 해서 배열이 생성된 것은 아니다. 변수만 생성되었다. 실제 배열은 new 연산자를 사용하여서 생성하여야 한다. 대괄호 안의 숫자가 배열의 크기이다. 이 문장이 실행되면 10개의 요소를 가지는 배열이 생성되고 이 배열을 s가 가리키게 된다.

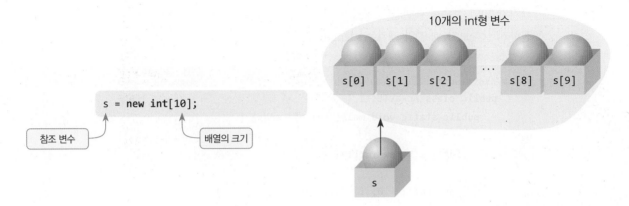

배열의 초기값은 어떻게 될까? 만약 숫자들의 배열을 생성하면 모든 요소들은 0으로 초기화된다. boolean 배열은 false로 초기화된다. 문자열 배열은 null로 초기화된다.

①과 ② 과정을 하나의 문장에서 하여도 된다. 즉 배열 선언과 동시에 배열을 생성하는 것도 가능하다.

```
int[] s = new int[10];
```

참고

배열을 생성할 때 배열의 크기를 변수로 하여도 된다. 자바에서 배열의 크기는 반드시 상수일 필요는 없다. 다음과 같이 변수도 가능하다.

```
int size = 10;
int[] s = new int[size];
```

참고

참조 변수 선언 방법

자바에서는 C언어와 유사하게 배열 참조 변수를 선언할 수도 있다.

```
int[] values;          // ① 자바 방식
int values[];          // ② C언어 유사 방식
```

위의 두 가지는 100% 동일하며 모두 values라고 하는 배열 참조 변수를 선언하는 것이다. 대부분의 자바 프로그래머들은 첫 번째 방법을 선호한다. 왜냐하면 이 방법이 자료형(int[])과 변수(values)를 명확하게 분리하기 때문이다.

참고

반복문과 배열

배열의 각각의 요소는 인덱스(index)라는 번호로 접근할 수 있다. 예를 들어서 배열 s의 첫 번째 요소는 s[0]이 된다. 배열이 생성되면 반복 루프를 이용하여서 배열 요소에 값들을 채울 수 있다. 크기가 10인 정수형 배열을 생성하고 여기에 0부터 9까지의 값으로 배열을 채우는 프로그램을 완전하게 살펴보자. 배열의 크기는 s.length로 알 수 있다.

ArrayTest1.java

```
01  public class ArrayTest1 {
02      public static void main(String[] args) {
03
04          int[] s = new int[10];          크기가 10인 배열 생성
05
06          for (int i = 0; i < s.length; i++) {
07              s[i] = i;
08          }                               i번째 요소에 i를 저장
09
10          for (int i = 0; i < s.length; i++) {    반복문을 이용하여 배열의 요소를 출력한다. 배열의 크기는 s.length로 알 수 있다.
11              System.out.print(s[i] + " ");
12          }
13      }
14  }
```

실행 결과　0 1 2 3 4 5 6 7 8 9

배열이 편리한 이유는 반복 구조를 이용하여 배열 요소에 차례로 접근할 수 있기 때문이다. 배열을 사용하면, 관련된 데이터를 차례로 접근하여서 쉽게 처리할 수 있다. 만약 관련된 데이터들이 서로 다른 이름의 변수에 저장되어 있다면 이들 이름을 일일이 기억해야 할 것이다.

배열은 한번 생성되면 크기를 변경할 수 없다. 만약 실행 도중에 배열의 크기를 변경하여야 한다면 ArrayList나 Vector 클래스를 사용하여야 한다. ArrayList는 이번 장 끝에서 간단하게 소개된다.

배열의 크기

자바에서는 배열이 객체이기 때문에 배열의 크기도 손쉽게 알 수 있다. 배열 이름이 s라면 s.length가 배열의 크기가 된다.

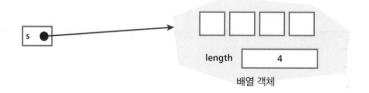

배열 객체

배열의 초기화

배열을 선언과 동시에 초기화하려면 배열을 선언한 다음에 중괄호를 사용하여 배열 요소의 초기 값을 적어 넣는다. 이때에는 연산자 new를 사용하지 않아도 배열이 생성된다. 또 배열의 크기를 지정할 필요도 없다. 이 방법은 배열에 저장되는 수를 미리 알고 있는 경우에 사용된다.

ArrayTest3.java

```
01    public class ArrayTest3 {
02        public static void main(String[] args) {
03            int[] scores = { 10, 20, 30, 40, 50 };
04            for (int i = 0; i < scores.length; i++)
05                System.out.print(scores[i]+" ");
06        }
07    }
```

각 배열은 length라는 필드를 가지고 있다. length 필드는 배열의 크기를 나타낸다. 따라서 이것을 이용하면 배열의 크기만큼 반복을 시킬 수 있다.

실행 결과
```
10 20 30 40 50
```

for-each 루프

JDK 1.5 버전부터는 배열에 대하여 다음과 같은 형식의 for-each 루프라고 불리는 향상된 루프를 사용할 수 있다. for-each 루프에서는 아주 쉽게 배열의 각 요소를 순차적으로 접근할 수 있다.

자바에서는 배열의 요소들을 꺼낼 때 카운터 변수를 사용하지 않아도 된다는데요?

그럼요. for-each 루프로 가능합니다.

Syntax: for-each 문

```
        int[] list = { 1, 2, 3, 4, 5 };
변수                                        배열

for(int e : list) {
    System.out.println(e);
}
```

배열 list의 각 요소가 변수 e로 차례대로 대입되면서 반복된다.

간단한 예제로 정수형 배열을 작성하고 for-each 루프로 배열에서 정수를 하나씩 꺼내 화면에 출력하여 보자.

```java
ArrayTest4.java

01  public class ArrayTest4 {
02      public static void main(String[] args) {
03          int[] numbers = { 10, 20, 30 };
04          for (int value : numbers)          변수 value에는 첫 번째 요소부터 마지막
05              System.out.print(value+" ");   배열 요소까지 차례대로 대입된다.
06      }
07  }
```

실행 결과   10 20 30

반복이 진행되면서 변수 value에는 numbers 배열의 첫 번째 요소부터 마지막 배열 요소까지 차례대로 대입된다. 이 for-each 루프는 다음과 같은 전통적인 for 루프와 똑같은 효과를 낸다.

```java
for (int i = 0; i < numbers.length; i++) {
   System.out.print(numbers[i]+" ");
}
```

for-each 루프는 전통적인 for 루프보다 사용하기가 쉽다. for-each 루프에서는 배열의 크기에 신경 쓰지 않아도 되고 인덱스 값을 저장하는 변수를 생성할 필요도 없다. 또 사용법이 간결하여서 오류가 발생할 가능성이 적다. 따라서 배열에서 요소를 하나씩 꺼내어 처리하는 경우라면 for-each 루프를 사용하는 것이 권장된다.

하지만 경우에 따라서는 for-each 루프를 사용할 수 없는 경우가 있다. 가장 대표적인 경우가 배열 요소의 값을 변경하는 경우이다. 또한 역순으로 배열 요소를 처리하는 경우, 전체가 아니고 일부 요소만을 처리하는 경우, 하나의 반복 루프에서 두 개 이상의 배열을 처리하는 경우에는 for-each 루프가 부적합하다. 이런 경우에는 전통적인 for 루프를 사용하여야 한다.

참고   배열의 모든 요소의 값을 출력하려면 더 간단한 방법도 있다. Arrays 클래스의 toString() 메소드를 사용하는 것이다.

```java
System.out.println(Arrays.toString(numbers));
```

```
[10, 20, 30]
```

문자열 배열 | 예제 3-14

앞에서는 정수 배열만을 살펴보았는데 실수 배열이나 문자열의 배열도 얼마든지 생성하여 사용할 수 있다. 여기서는 5가지의 피자 토핑의 종류를 문자열 배열에 저장하고 배열에 저장된 문자열을 꺼내서 화면에 출력하여 보자. for-each 루프를 사용해보자.

```
Pepperoni Mushrooms Onions Sausage Bacon
```
실행 결과

PizzaTopping.java

```java
01  public class PizzaTopping {
02      public static void main(String[] args) {
03
04          String[] toppings = { "Pepperoni", "Mushrooms", "Onions", "Sausage",
05                                                          "Bacon" };
06
07          for (String s: toppings) {
08              System.out.print(s + " ");
09          }
10      }
11  }
```

1. 위의 코드에서 for-each 루프를 전통적인 형태로 변경하여 보자.
2. 10개의 실수를 저장할 수 있는 배열을 생성한다. 여기에 0.0, 0.1 ,… 0.9을 저장하고 저장된 값들을 배열에서 꺼내어서 화면에 출력해보자.

도전문제

배열에서 인덱스가 배열의 크기를 벗어날 때에는 예외(오류)가 발생한다. 예외 이름은 ArrayIndexOutOfBoundsException이다. 예외를 처리하는 방법은 7장을 참조한다.

참고

1. 10개의 부동소수점 난수를 저장하는 배열 farray를 선언하고 생성하는 코드를 작성하라.
2. 배열의 크기는 어떻게 알 수 있는가?
3. 1번 문제의 farray를 for-each 구문으로 방문해서 출력하는 코드를 작성하라.
4. 1번 문제의 배열 farray에 저장된 값들의 합계를 계산하여 출력하는 코드를 작성하라.

중간점검

배열은 많은 데이터들을 하나로 묶어서 처리할 때 유용한 자료 구조이다. 데이터는 1차원이 아니라 2차원이 될 수도 있다.

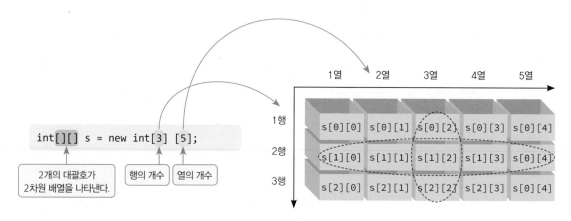

자바에서도 다른 언어들과 마찬가지로 2차원 배열을 만들고 사용할 수 있다. 예를 들어 int 타입의 2차원 배열을 선언, 생성하여 보자.

```
int[][]  s = new int[3][5];
```

위의 문장은 3행 × 5열의 요소를 가지는 2차원 배열을 선언한 것이다. 2차원 배열을 사용할 때도 인덱스를 사용한다. 첫 번째 인덱스는 행의 번호이고 두 번째 인덱스는 열의 번호이다. 예를 들어서 1행의 3열의 요소는 s[1][3]이다.

2차원 배열을 처리하는 프로그램은 일반적으로 중첩된 루프를 사용한다. 다음의 코드는 2차원 배열에 저장된 값을 화면에 출력한다.

```
for(int i=0; i <3; i++)
   for(int j=0; j<5; j++)
     System.out.println(s[i][j]);
```

2차원 배열의 초기화

2차원 배열의 초기화도 중괄호를 이용한다. 2차원 배열에서는 같은 행의 요소를 중괄호로 묶으면
된다.

```
int[][] testArray = {
    {10, 20, 30},
    {40, 50, 60},
    {70, 80, 90}
};
```

1차원 배열의 경우와 마찬가지로 초기화 리스트가 존재하는 경우에는 new 연산자를 사용할 필요
가 없다. 위의 예제에서 첫 번째 행의 요소는 {10, 20, 30}이고 두 번째 행은 {40, 50, 60}, 세 번째
행은 {70, 80, 90}이다.

극장 안의 관객 수 세기 | **예제 3-15**

극장에 앉아있는 관객들을 2차원 배열로 나타낼 수 있다. 관객이 있는 좌석은 1로, 관객이 없는 좌석은 0으로 나
타낸다. 현재 극장에 앉아있는 관객들의 수를 세는 프로그램을 작성해보자.

| 현재 관객 수는 7명입니다. | **실행 결과** |

TheaterSeats.java

```java
01  public class TheaterSeats {
02     public static void main(String[] args) {
03
04        int [][] seats = { {0, 0, 0, 1, 1, 0, 0, 0, 0, 0},
05                           {0, 0, 1, 1, 0, 0, 0, 0, 0, 0},
06                           {0, 0, 0, 0, 0, 0, 1, 1, 1, 0} };
07        int count = 0;
08        for (int i = 0; i < seats.length; i++)
09           for (int k = 0; k < seats[i].length; k++)
10              count += seats[i][k];
11
12        System.out.print("현재 관객 수는 "+ count + "명입니다.");
13     }
14  }
```

학생 3명이 있고 각 학생당 5번의 테스트 점수를 2차원 배열에 저장한다. 학생별 평균 점수를 계산해보자.
또 각 테스트의 평균 성적도 계산해보자.

도전문제

래그드 배열

자바에서 다차원 배열은 "배열의 배열"을 이용하여서 구현된다. 자바에는 실제로는 다차원 배열은 없고 1차원 배열밖에 없다. 다차원 배열은 1차원 배열 요소에 배열을 저장하는 방식으로 생성된다.

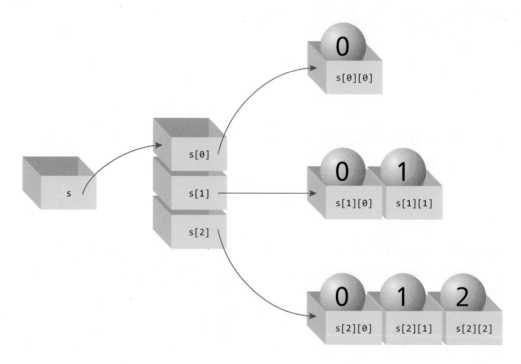

2차원 배열 s[][]에서 s[i]는 배열 s의 i번째 요소이고 이것은 다시 배열이 된다. s[i][j]는 이 배열의 j번째 요소가 된다. 이 성질을 이용하면 행마다 길이가 다른 **래그드 배열(ragged array)**을 만들 수 있다. 위의 그림과 같은 래그드 배열을 작성해보자. i번째 행의 길이는 (i+1)이 된다.

먼저 행을 저장하고 있는 배열을 다음과 같은 문장으로 생성한다.

```
int[][] ragged = new int[MAX_ROWS+1][];
```

각 행을 생성하여 ragged[]에 저장한다.

```
for(int r = 0; r <= MAX_ROWS; r++)
    ragged[r] = new int[r+1];
```

이제는 2차원 배열이 생성되었으므로 값을 저장하여 본다.

```
for(int r = 0; r < ragged.length ; r++)
   for(int c = 0; r < ragged[r].length ; c++)
      ragged[r][c] = c;
```

전체 프로그램은 다음과 같다.

RaggedArray.java

```
01  public class RaggedArray {
02     public static void main(String[] args) {
03
04        int[][] ragged = new int[3][];
05        ragged[0] = new int[1];
06        ragged[1] = new int[2];
07        ragged[2] = new int[3];
08
09        for (int r = 0; r < ragged.length; r++) {
10           for (int c = 0; c < ragged[r].length; c++)
11              ragged[r][c] = c;
12        }
13     }
14  }
```

래그드 배열을 처리할 때는, 각 행의 length 필드를 이용하여서 각 행의 길이를 파악하여야 한다. 행의 개수는 ragged.length로 알 수 있다. 래그드 배열은 배열 초기화로도 생성할 수 있다.

```
int[][] ragged = { {0}, {0, 1}, {0, 1, 2} };
```

예제 3-16   래그드 배열

다음과 같은 래그드 배열을 생성해보자.

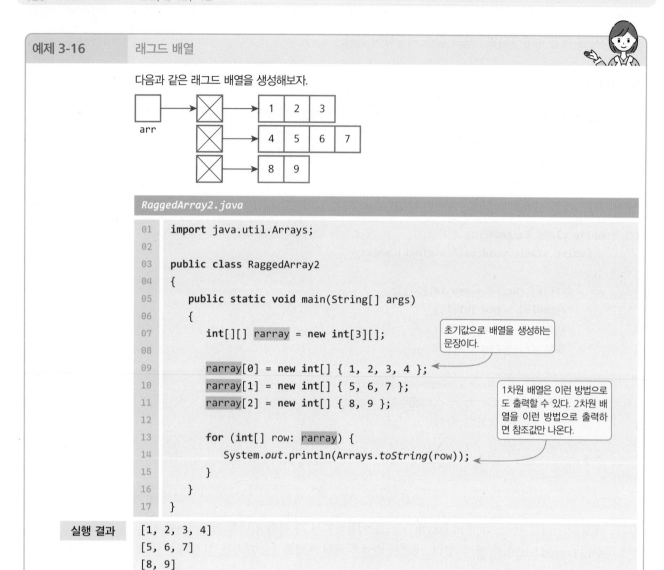

RaggedArray2.java

```
01    import java.util.Arrays;
02
03    public class RaggedArray2
04    {
05       public static void main(String[] args)
06       {
07          int[][] rarray = new int[3][];           ← 초기값으로 배열을 생성하는 문장이다.
08
09          rarray[0] = new int[] { 1, 2, 3, 4 };    ←
10          rarray[1] = new int[] { 5, 6, 7 };         1차원 배열은 이런 방법으로도 출력할 수 있다. 2차원 배
11          rarray[2] = new int[] { 8, 9 };            열을 이런 방법으로 출력하면 참조값만 나온다.
12
13          for (int[] row: rarray) {
14             System.out.println(Arrays.toString(row));  ←
15          }
16       }
17    }
```

실행 결과
```
[1, 2, 3, 4]
[5, 6, 7]
[8, 9]
```

중간점검

1. 다음의 배열 선언 중에서 잘못된 것을 모두 고르시오.

  ① int[] a = int[10];   ② int[] a = new int[10];   ③ int a[] = int[10];

  ④ int a[] = new int[10];   ⑤ int[] a = { 1, 2, 3, 4, 5 };

2. double형의 데이터를 저장하는 3×4 크기의 2차원 배열을 생성하라.

3. 초기값을 이용하여 다음과 같은 래그드 배열을 생성하는 코드를 작성하라.

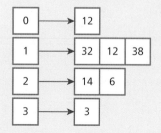

자바에는 전통적인 배열보다 훨씬 사용이 편리한 배열이 있다. 바로 ArrayList이다. 전통적인 배열의 가장 큰 약점은 바로 배열의 크기이다. 전통적인 배열의 경우, 크기가 한번 결정되면 절대 변경할 수 없다. 이것은 실제 프로그래밍에서 상당히 불편한 점이다. 자바에서는 ArrayList라는 클래스를 제공하는데, 이 클래스를 사용하면 배열의 크기를 동적으로 변경하면서 사용할 수 있다. 즉 우리가 요소를 추가하면 배열은 자동으로 커지게 된다.

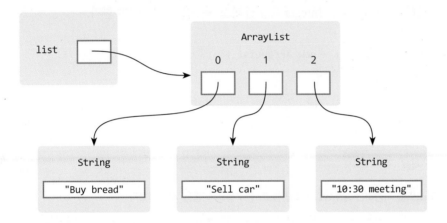

ArrayList에 대한 완전한 설명은 11장에서 할 것이지만 우리는 다음 장부터 가끔씩 ArrayList를 사용하여야 한다. 따라서 ArrayList를 사용하는 간단한 방법만 학습하도록 하자. 다음과 같은 문장으로 문자열(String)을 저장할 수 있는 ArrayList를 생성한다.

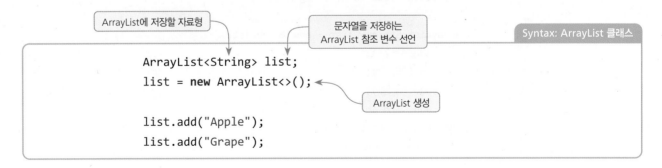

예를 들어서 친구들의 리스트를 ArrayList로 생성하여 보자. 친구들의 이름을 저장하여야 하므로 String을 자료형으로 주어서 ArrayList를 생성하면 된다.

```
ArrayList<String> list = new ArrayList<>();
```

위의 문장이 실행되면 비어있는 리스트가 생성된다. 여러분들은 add() 메소드를 호출하여서 요소들을 리스트에 추가할 수 있다.

```
list.add("철수");
list.add("영희");
```

리스트에서 요소를 삭제할 때는 다음과 같이 하면 된다.

```
list.remove(1);          // 1번째 요소 삭제
```

정수를 저장하는 ArrayList는 Integer라는 클래스 이름을 적어주어야 한다.

```
ArrayList<Integer> list = new ArrayList<>();
list.add(10);
list.add(20);
```

예제 3-17	ArrayList 사용

친구들의 리스트를 저장하는 ArrayList를 만들고, 친구들의 이름을 저장해보자.

ArrayListTest.java

```
01  import java.util.*;
02
03  public class ArrayListTest {
04    public static void main(String args[]) {
05
06      ArrayList<String> list = new ArrayList<>();
07      list.add("철수");
08      list.add("영희");
09      list.add("순신");
10      list.add("자영");
11      for (String obj : list)
12        System.out.print(obj + " ");
13    }
14  }
```

실행 결과	철수 영희 순신 자영

Introduction to **JAVA Programming**   숫자 추측 게임    **Mini Project**

이 예제는 프로그램이 가지고 있는 정수를 사용자가 알아맞히는 게임이다. 사용자가 답을 제시하면 프로그램은 자신이 저장한 정수와 비교하여 제시된 정수가 더 높은지 낮은지만을 알려준다. 정수의 범위를 1부터 100까지로 한정하면 최대 7번이면 누구나 알아맞힐 수 있다. 정수의 범위를 1부터 1,000,000까지 확대하더라도 최대 20번이면 맞출 수 있다. 왜 그럴까? 이진 탐색의 원리 때문이다. 정렬되어 있는 숫자 중에서 중간값과 한 번씩 비교할 때마다 탐색의 범위는 1/2로 줄어든다. 예를 들어서 1부터 100사이에서 50과 비교하여 50보다 작다는 답변을 들었다면, 다음 탐색 범위는 1부터 50이 된다. 그렇지만 물론 게임이기 때문에 운도 따른다. 게임이 끝나면 몇 번 만에 맞혔는지도 함께 출력하자.

```
정답을 추측하여 보시오: 10
제시한 정수가 낮습니다.
정답을 추측하여 보시오: 30
제시한 정수가 낮습니다.
정답을 추측하여 보시오: 60
제시한 정수가 높습니다.
정답을 추측하여 보시오: 59
축하합니다. 시도횟수=4
```

프로그램은 반복 루프를 사용하여 사용자가 정확하게 정수를 알아맞힐 때까지 반복한다. 반복 루프 중에서 do-while 루프가 적당한데 그 이유는 일단 사용자로부터 숫자를 입력받아야 하기 때문이다. 사용자가 정답을 알아맞히면 몇 번 만에 알아맞혔는지를 화면에 출력한다. 사용자가 제시한 정수와 정답을 비교하는데 if 문이 사용된다.

```
do
    사용자로부터 숫자를 guess로 입력받는다.
    시도횟수를 증가한다.
    if( guess < answer )
        제시한 숫자가 낮다고 출력한다.
    if( guess > answer )
        제시한 숫자가 높다고 출력한다.
while(guess != answer);
    "축하합니다"와 시도횟수를 출력한다.
```

Summary

Introduction to **JAVA Programming**

- 조건문은 조건에 따라 여러 실행 경로로 분기하는 구조로서 if-else 문, switch 문이 있다.

- break 문은 현재의 반복을 중단하고 반복 루프를 빠져나갈 때 사용한다.

- switch 문의 case 절에는 정수, 문자, 문자열이 올 수 있다.

- 반복문은 조건에 따라 문장을 반복하여 실행하는 구조로서 for 문, while 문이 있다.

- do-while 문은 문장을 무조건 한번 실행한 후에 조건을 검사하여 반복한다.

- 반복문 안에 다른 반복문을 포함할 수 있다.

- 배열은 같은 자료형의 데이터를 여러 개 순차적으로 저장하는 자료 구조이다.

- 자바에서 배열은 객체이다.

- 자바에서 배열을 생성하려면 먼저 참조 변수부터 선언한다. 참조 변수는 배열 객체의 주소를 저장하는 변수이다. 이어서 배열을 생성하여 저장 공간을 확보한다.

- 정수 3개를 저장하는 배열은 int[] a = new int[4];와 같이 만든다.

- 배열의 크기는 배열 객체의 length 필드에 저장된다.

1. 다음의 작업을 수행하는 문장을 작성하라.

   (a)   20 이상이고 60 미만이면 count를 증가한다.

   (b)   x와 y 중에서 큰 값을 max에 저장하고 작은 값을 min에 저장한다.

   (c)   x가 1부터 20 사이에 있으면 x의 값을 y에 대입한다.

2. 다음 프로그램의 출력은 무엇인가?

```java
for(int i = 0; i < 3; i++) {
   switch(i)      {
      case 0: break;
      case 1: System.out.print("one ");
      case 2: System.out.print("two ");
      case 3: System.out.print("three ");
   }
}
System.out.println("done");
```

3. 다음 코드를 실행하였을 경우, 생성되는 출력을 쓰시오. 들여쓰기를 올바르게 수정하시오.

```java
int age = 66;

if( age > 20 )
   if( age < 65 )
      System.out.println("1번 그룹");
else
   System.out.println("2번 그룹");
```

4. 4번 코드를 논리 연산자를 사용하여 다시 작성해보자.

5. 다음 코드를 실행하였을 경우, 어떤 일이 발생하는가?

```java
for (int i = 0; i < 10; i++) {
    System.out.print(i + " ");
}
System.out.println(i);
```

6. 다음 문장의 오류를 찾아서 수정하라. 오류가 없을 수도 있고 2개 이상의 오류가 있을 수도 있다. 문법적인 오류뿐만 아니라 논리적인 오류도 지적하라.

(a)

```java
if( 0 < age < 18 )
    System.out.println("청소년");
```

(b)

```java
if( x = 0 )
    System.out.println("x는 0이다.");
```

7. 다음의 프로그램에서 생성되는 출력 결과는 무엇인가?

```java
int i = 0;
while(i < 10) {
    System.out.println("i="+i);
    i += 3;
}
```

8. 다음의 수학식을 계산하는 코드를 작성하라.

$$\sum_{j=1}^{M} (i^2 + 1)$$

9. 다음 중에서 올바른 배열 선언을 모두 선택하시오.

❶ int [] myScores;　　　❷ char [] myChars;　　　❸ int [6] myScores;

❹ Dog myDogs [];　　　❺ Dog myDogs [7];

10. 다음과 같은 배열을 생성하는 문장을 작성하시오.

(a)　30개의 원소를 가지는 int형 배열 studentNumbers

(b)　원소로 1.2, 3.3, 6.7을 가지는 double형 배열 values

11. 다음의 자바 코드에서 잘못된 부분은 어디인가? 어떻게 수정하여야 하는가?

```
int a[10];
a[0] = 100;
a[1] = a[0];
```

12. int[] employees = new int[5];와 같은 배열 선언이 있다고 하자.

   (a) 유효한 인덱스의 범위는?

   (b) 만약 employees[5]와 같이 원소를 접근하였다면 어떤 일이 발생하는가?

13. double형 배열 values의 각 요소를 0으로 초기화하는 문장을 작성하라.

```
double[] values = new double[100];
```

14. 다음 프로그램을 컴파일하여 보자.

```java
public class Test {
    public static void main(String[] args) {
        int[] array = new int[10];
        int i = array[10];
    }
}
```

   (a) 위의 프로그램은 컴파일 시에 오류가 발생한다. 어떤 오류가 발생하는가?

   (b) try/catch 블록을 사용하여서 예외를 처리하여 보라.

15. 다음 프로그램의 출력을 쓰시오.

```java
try {
   int n = Integer.parseInt("abc");
   System.out.println("try");
}
catch (NumberFormatException e){
   System.out.println("숫자 형식 오류");
}
finally {
   System.out.println("finally");
}
```

Programming

난이도: 중

주제
• 조건문

1. 사용자가 입력한 값이 1, 2,..., 9이면 "ONE", "TWO",..., "NINE"과 같이 출력하는 프로그램을 작성하라. 1부터 9사이가 아니면 "OTHER"를 출력한다.

```
정수를 입력하세요: 7
SEVEN
```

난이도: 상

주제
• 조건문

2. 간단한 계산기 프로그램을 작성하여 보자. 먼저 사용자로부터 하나의 문자를 입력받는다. 이어서 사용자로부터 2개의 숫자를 입력받는다. 사용자로부터 받은 문자가 '+'이면 두 수의 덧셈을, 문자가 '-'이면 뺄셈을, 문자가 '*'이면 곱셈을, 문자가 '/'이면 나눗셈을 수행하도록 작성하라. if-else 문을 사용하라. 나눗셈의 경우, 분모가 0이 아닌지를 먼저 검사하여야 한다.

```
연산을 입력하세요: *
피연산자 2개를 입력하세요: 10 20
10.0*20.0 = 200.0
```

난이도: 중

주제
• 반복문, 배열

3. 369 게임을 만들어보자. 369 게임은 숫자에 3,6,9가 포함되어 있으면 3,6,9의 개수만큼 박수를 치는 게임이다. 1부터 50까지의 정수에 대하여 369 게임을 실행한다.

```
1 2 짝 4 5 짝 7 8 짝 10 11 12 짝 14 15 ..
```

난이도: 상

주제
• 반복문

4. 1부터 100 사이의 정수 중에서 3 또는 4의 배수의 합을 계산하는 프로그램을 작성하라.

```
3 또는 4의 배수의 합=2551
```

난이도: 상

주제
• 조건문, 반복문

5. 2개의 주사위를 던지는 게임이 있다고 가정하자. 2개 주사위의 합이 6이 되는 경우는 몇 가지나 있을까? 합이 6이 되는 경우의 수를 출력하는 프로그램을 작성해보자.

```
(1,5) , (2,4) , (3,3) , (4,2) , (5,1) ,
```

난이도: 상

주제
• 조건문, 반복문

6. 1차 방정식 3x+10y=100을 만족하는 모든 해를 구하는 프로그램을 작성해보자. 여기서 x와 y는 정수이고 0<=x<=10, 0<=y<=10이라고 가정하자.

```
(0,10)
(10,7)
```

7. 2와 100 사이에 있는 모든 소수(prime number)를 찾는 프로그램을 작성하라. 주어진 정수 k 를 2부터 k-1까지의 숫자로 나누어서 나머지가 0인 것이 하나라도 있으면 소수가 아니다.

```
2부터 100사이의 모든 소수: 2 3 5 7 11 13 ...
```

8. 피타고라스의 정리는 직각 삼각형에서 직각을 낀 두 변의 길이를 a, b라고 하고, 빗변의 길이를 c라고 하면 $a^2 + b^2 = c^2$의 수식이 성립한다는 것이다. 각 변의 길이가 100보다 작은 삼각형 중에서 피타고라스의 정리가 성립하는 직각 삼각형은 몇 개나 있을까? 3중 반복문을 이용하여 피타고라스의 정리를 만족하는 3개의 정수를 찾도록 한다.

```
3 4 5
4 3 5
5 12 13
..
```

9. 피보나치 수열은 다음과 같이 정의되는 수열이다.

$$f_0 = 0$$
$$f_1 = 1$$
$$f_{i+1} = f_i + f_{i-1} \quad \text{for} \quad i = 1, 2, \ldots$$

피보나치 수열에서는 앞의 2개의 원소를 합하여 뒤의 원소를 만든다. 피보나치 수열에서 처음 몇 개의 원소를 나열하면 다음과 같다.

0, 1, 1, 2, 3, 5, 8, 13, 21, 34, 55, ...

피보나치 수열은 컴퓨터에서도 탐색 문제 등에 사용되기도 한다. 반복문을 이용하여 피보나치 수열을 구하는 프로그램을 작성하여 보자.

```
출력할 항의 개수: 10
0 1 1 2 3 5 8 13 21 34
```

10. {1.0, 2.0, 3.0, 4.0} 과 같은 초기값을 가지는 double형의 배열을 생성한다. 모든 배열 요소를 출력한 후에 모든 요소를 더하여 합을 출력하고 요소 중에서 가장 큰 값을 찾아서 출력하는 프로그램을 작성하라.

```
1.0 2.0 3.0 4.0
합은 10.0
최대값은 4.0
```

난이도: 중

주제
- 배열

11. "Hello", "Java", "World"를 가지고 있는 문자열의 배열을 생성해보자. 화면에 배열 요소를 출력하는 프로그램을 작성해본다.

```
Hello
Java
World
```

난이도: 중

주제
- 반복문, 배열

12. 다음과 같이 학생들의 성적을 받아서 배열에 저장했다가 합계와 평균을 구하는 프로그램을 작성하라. -1이 입력되면 반복을 종료한다.

```
성적을 입력하세요: 10
성적을 입력하세요: 20
성적을 입력하세요: 30
성적을 입력하세요: -1
합계: 60
평균: 20.0
```

난이도: 상

주제
- 반복문, 배열

13. 카드를 랜덤하게 선택하여 화면에 출력하는 코드를 작성해보자. { "Clubs", "Diamonds", "Hearts", "Spades" }와 { "2", "3", "4", "5", "6", "7", "8", "9", "10", "Jack", "Queen", "King", "Ace" }를 가지고 있는 문자열 배열을 생성하고 이것들로부터 5장의 카드를 랜덤하게 선택하는 코드를 작성하라.

```
Diamonds의 King
Clubs의 10
Spades의 9
Diamonds의 9
Spades의 3
```

0부터 99 사이의 난수를 만들려면 다음과 같이 Math.random()을 호출한다.

```
int i = (int) (Math.random() * 100);
```

난이도: 중

주제
- 래그드 배열, 배열

14. 다음과 같은 2차원 배열을 순회하면서 전체 요소 값을 화면에 출력하는 프로그램을 작성하라.

```
int[][] a={ {1,2,3}, {1,2}, {1}, {1,2,3} };
```

```
1 2 3
1 2
1
1 2 3
```

15. 3×5 크기의 2차원 배열을 생성하고 0으로 초기화한다. 여기에 5개의 정수 1를 랜덤하게 배열에 배치해보자(난수를 인덱스로 사용한다). 최종 배열을 화면에 출력한다.

난이도: 상

주제
· 2차원 배열, 배열

```
0 1 0 0 0
0 1 1 0 0
1 0 0 1 0
```

Introduction to **JAVA Programming**

클래스와 객체 I

▶ 다음과 같은 작업들을 수행하는 방법을 알고 있나요? 이번 장에서 함께 알아봐요.

1. 객체 지향과 절차 지향을 비교해서 설명할 수 있나요?
2. 특정한 객체를 찍어내는 클래스를 정의할 수 있나요?
3. 메소드 오버로딩을 사용하여서 이름이 동일한 여러 개의 메소드를 정의할 수 있나요?
4. 생성자를 작성하여 객체를 초기화할 수 있나요?
5. 접근자와 생성자를 만들어서 접근을 제어할 수 있나요?

➕ 학습목차

4.1 객체 지향 프로그래밍이란?
4.2 클래스와 객체 만들기
4.3 생성자와 메소드 오버로딩
4.4 접근 제어
4.5 무엇을 클래스로 만들어야 할까?

Power JAVA 3e

자바는 객체 지향 언어이다. 객체 지향 언어의 핵심은 객체(object)이다. 객체를 사용하는 프로그래밍 방식을 객체 지향 프로그래밍(OOP: Object-Oriented Programming)이라고 한다. OOP는 우리가 사는 실세계와 비슷하게 소프트웨어도 작성해보자는 방법론이다. 실세계에는 사람, 자동차, 신호등, 텔레비전, 리모컨, 세탁기, 냉장고 등의 많은 객체가 존재한다. 예를 들어서 사물 인터넷이 완벽하게 구현된 미래의 도로를 생각해보자. 자동차, 보행자, 신호등 모두가 객체라고 생각할 수 있다. 자동차와 신호등은 서로 정보를 교환하여 어떤 작업을 할 수 있다. 예를 들어서 10초 후에 정지 신호로 바뀌니 조심하라고 신호등이 자동차로 메시지를 보낼 수도 있다. 하나의 자동차는 다른 자동차에 자신의 위치를 전송할 수도 있다.

객체들은 객체 나름대로의 고유한 기능을 수행하면서 다른 객체들과 상호 작용한다. 예를 들면, 사람이 리모컨을 이용하여 텔레비전을 조작하는 상황을 생각해보자. 텔레비전과 리모컨은 모두 특정한 기능을 수행하는 객체(object)라고 생각할 수 있고, 텔레비전과 리모컨은 메시지(message)를 통하여 상호 작용하고 있다. 소프트웨어 개발에서도 이와 같은 OOP라고 한다. OOP는 다양한 기능을 하는 소프트웨어 객체들을 조합하여 자기가 원하는 기능을 구현하는 기법이다. 소프트웨어 객체들도 서로 메시지를 주고받으면서 작업을 수행한다.

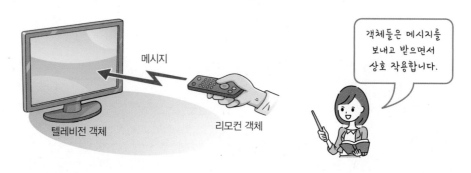

객체

객체(object)는 그 이름에서 볼 수 있듯이, 객체 지향 기술의 핵심 개념이다. 객체는 상태와 동작을 가지고 있다. **객체의 상태(state)**는 객체의 속성이다. 예를 들어, 텔레비전 객체의 경우, 채널 번호, 볼륨, 전원 상태 등이 상태에 해당된다. **객체의 동작(behavior)**은 객체가 취할 수 있는 동작 (기능, 행동)이다. 텔레비전을 예로 들면, *켜기*, *끄기*, 채널 변경하기, 볼륨 변경하기 등이 동작에 해당된다.

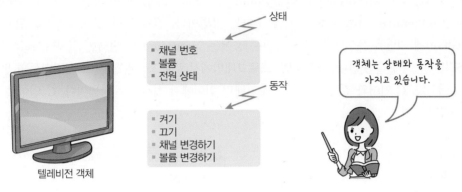

그림 4.1 텔레비전 객체의 예

객체의 상태와 동작은 소프트웨어에서는 각각 필드와 메소드로 표현할 수 있다. 객체 안의 변수를 **필드(field)**라고 부르고, 객체 안의 함수를 **메소드(method)**라고 부른다. 즉 객체는 필드와 메소드로 이루어져 있는 소프트웨어의 묶음이라 할 수 있다.

프로그래밍 기법의 발전

컴퓨터가 개발된 이후로 프로그래밍 기법은 크게 발전하였다. 일반적으로 다음 그림과 같이 프로그래밍 기법의 발전을 표현한다. 객체 지향 방법론은 아직까지도 최고의 기법으로 간주되고 있다. 최근 자바 버전에서는 함수형 프로그래밍을 과감하게 도입하고 있다. 함수형 프로그래밍은 13장을 참조하도록 하자.

이 단계에서 입문자가 이해하기 어려운 것은 절차 지향 프로그래밍(C 언어 등)에서 어떤 문제점이 있어서 객체 지향 프로그래밍으로 발전되었는지일 것이다. 이것은 사실 프로그래밍 경험이 많지 않으면 완벽하게 이해하기 힘들 수 있다. 수십만 줄로 구성된 상업용 프로그램을 작성하고 유지관리해 볼 수는 없으므로, 일단은 추상적으로 이해하도록 하자.

절차 지향 프로그래밍

절차 지향 프로그래밍(procedural programming)은 프로그래밍 패러다임에서 보면 명령형 프로그래밍(imperative programming)에 속하는 방법이다. 절차 지향 프로그래밍은 프로시저(procedure)에 기반을 두고 있다. "절차"라는 용어는 "procedure"를 번역한 것이며, 프로시저는 함수 또는 서브루틴을 뜻한다. 절차 지향 프로그래밍에서 프로그램은 함수(프로시저)들의 집합으로 이루어진다. C 언어와 같은 다양한 프로그래밍 언어에서 지원하는 방법이다. C 언어로 예를 들면 다음과 같다.

```c
int main(void) {
    double radius = 10.0;
    double area;
    area = 3.14*radius*radius;
    printf("면적=%f\n", area);

    return 0;
}
```

```c
double getCircleArea(double r) {
    double area;
    area = 3.14*r*r;
    return area;
}
```

함수를 사용하여
소스를 작성한다.

```c
int main(void) {
    int radius = 10.0;
    double area = getCircleArea(radius);
    printf("면적=%f\n", area);
    return 0;
}
```

복잡한 프로그램은 수십만 줄의 코드로 이루어진다. 이들 코드를 하나의 함수에 전부 넣을 수는 없는 일이다. 따라서 관련 있는 코드를 함수로 묶어서 재활용하는 기법은 코딩의 초창기부터 시도되었다.

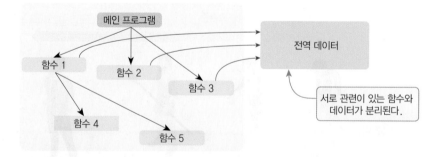

메인 프로그램

전역 데이터

함수 1   함수 2

함수 3

서로 관련이 있는 함수와
데이터가 분리된다.

함수 4

함수 5

절차 지향에서 사용되는 설계 방법은 하향식 설계(top down design)라고도 불린다. 하향식 설계 방법은 복잡한 문제를 점점 더 작은 문제로 분해하는 방법이다. 하향식 설계 방법에서는 나누어진 문제가 쉽게 해결될 때까지 이 과정을 반복한다. 나누어진 문제는 하나의 함수로 구현된다. 앞의 그림을 참조하기 바란다.

절차 지향 프로그래밍은 오랫동안 좋은 방법으로 여겨졌다. 하지만 문제는 없었을까? 가장 중요한 단점은 데이터가 함수와 분리된다는 점이다. 예를 들어서 앞의 코드에서 원의 반지름을 나타내는 radius와 이 데이터를 사용하는 함수 getCircleArea()는 서로 분리되어 있다. 절차 지향 언어에서는 변수와 함수를 묶을 방법 자체가 아예 없다. 데이터가 프로그램의 중요한 부분임에도 불구하고 절차 지향 방법에서는 알고리즘을 함수로 분리하여 작성하는 것에만 신경을 쓰게 된다.

객체 지향이 나오게 된 동기

우리가 메인보드, CPU, RAM, 하드 디스크, 케이스, 전원 공급 장치를 구입하여 PC를 조립한다고 가정하자. 조립이 성공적으로 끝나고 전원을 켜면 PC가 실행될 것이다. 우리는 CPU가 4코어인지 8코어인지 걱정할 필요가 없다. 저장장치가 SSD인지 하드 니스크인시도 신경쓰지 않아도 된다. RAM도 한국산이든 미국산이든 상관없다. 하지만 한 가지 조건이 있다. 각 부품이 올바른 인터페이스를 지원하고 있어야 한다는 것이다. 즉, 메인보드가 IDE만 지원하는 경우, SCSI 하드 디스크를 사용하면 안 되고, IDE 하드 디스크를 선택해야 할 것이다. 또 메인보드가 지원하는 CPU 소켓도 확인해야 한다. 소켓도 일종의 인터페이스이다. 그럼에도 불구하고 부품을 조립하여 컴퓨터를 만드는 것은 그렇게 어렵지 않다. 인터페이스만 잘 확인하고 조립하면 된다.

소프트웨어는 어떨까? 여기에서 함수를 선택하고 저기에서 함수를 선택하여 프로그램을 조립하여 만들 수 있는가? 다른 사람이 작성한 코드에서 함수만 분리하여 내가 사용하기에는 상당히 어렵다. 데이터와 코드가 혼합되어서 잘 분리되지 않는다. 하드웨어와 달리 소프트웨어를 조립하여 만드는 것은 매우 어렵다. 1950년대에 컴퓨터가 등장한 이후로, 프로그래머들은 수많은 함수와 코드를 작성하였다. 그러나 기존의 소프트웨어를 재활용하는 것이 어렵기 때문에, 항상 처음부터 프로그램을 다시 작성해야 했다. 이것은 마치 바퀴를 재발명하는 것과 마찬가지이다. 더 좋은 방법은 없었을까?

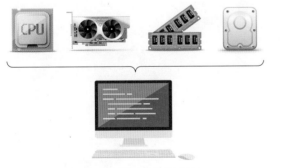

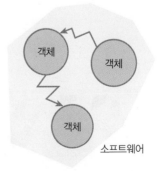

소프트웨어

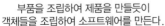
부품을 조립하여 제품을 만들듯이
객체들을 조립하여 소프트웨어를 만든다.

그림 4.2 객체 지향 방법

객체 지향으로 소프트웨어를 작성하는 것은 컴퓨터 하드웨어 부품을 구입하여서 컴퓨터를 조립하는 것과 비슷하다. 컴퓨터 업체들이 아주 빠르게 새로운 모델의 컴퓨터를 시장에 내어 놓을 수 있는 것은 부품 하나하나를 자신들이 만들지 않고 다른 업체의 부품을 구입하여 조립만 하기 때문이다. 예를 들어서 그래픽 카드나 파워 서플라이, 디스크 드라이브 등은 외부에서 공급받아서 사용한다. 이들 부품들은 속성(크기, 모양 등)을 가지고 있으며 동작(데이터를 읽는다, 전원을 공급한다 등)도 가지고 있다.

객체 지향 소프트웨어도 같은 아이디어를 사용하는 것이다. 프로그램은 객체들로 구성되고 객체들은 속성과 기능을 가지고 있다. 객체를 직접 작성할 것인지 아니면 사올 것인지는 예산과 시간에 따라 달라진다. 하지만 기본적으로 객체가 사양을 만족하기만 하면 그 기능이 어떤 식으로 구현되었는지는 중요하지 않다. 즉 디스크 드라이브가 디스크를 읽고 쓰기만 한다면 디스크 드라이브의 내부 구조에 대해서는 신경쓰지 않는다. 객체는 소프트웨어 부품으로 생각할 수 있다.

객체 지향 프로그래밍

연구가 진행될수록 관련 있는 함수와 데이터를 묶어서 생각해야 한다는 점이 명백해졌다. 객체 지향 프로그래밍(object-oriented programming)은 데이터와 함수를 하나의 덩어리로 묶어서 생각하는 방법이다. 데이터와 함수를 하나의 덩어리(객체)로 묶는 것을 캡슐화(encapsulation)라고 부른다. 객체 지향 프로그래밍 방법은 오래 전에 등장하였지만 지금도 가장 각광 받고 있는 프로그래밍 기술이다. 객체 지향은 현실 세계를 시뮬레이션하는 언어였던 시뮬라(SIMULA)라는 언어에 기반을 두고 있다.

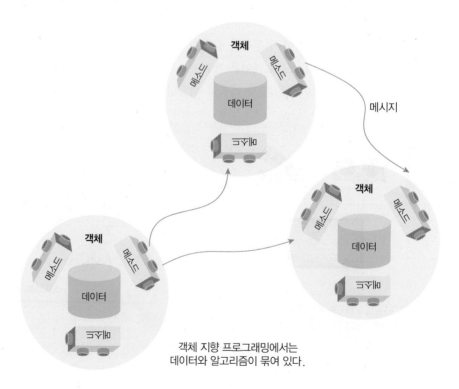

객체 지향 프로그래밍에서는
데이터와 알고리즘이 묶여 있다.

객체 지향 프로그래밍으로 동일한 프로그램을 작성한다면 여러 가지 타입의 객체들을 만든 후에 객체끼리 메시지를 주고 받으면서 문제를 해결하게 된다. 앞의 C 언어로 구현된 코드의 일부를 객체 지향 방법으로 다시 작성하면 다음과 같다. 아직 클래스를 정의하는 방법도 학습하지 않았으므로 아래의 코드는 이해하지 않아도 된다. 다만 관련 있는 데이터와 함수가 묶여 있다는 것만 인지하도록 하자.

```java
public class Circle {
    double radius;                               // 데이터
    String color;                                // 데이터
    double getArea() { return 3.14*radius*radius; }  // 함수
}
```

절차 지향 vs 객체 지향

다시 한번 절차 지향 프로그래밍과 객체 지향 프로그래밍을 비교해보자. 절차 지향 프로그래밍에서는 함수(프로시저)를 중요시한다. 우리가 자율 주행 애플리케이션을 작성한다고 생각해보자. 절차 지향 방식에서는 자율 주행 자동차가 주행하거나 멈추는 함수인 drive(), stop() 등의 함수를 작성하는 데 심혈을 기울이게 된다. 이 과정에서 자동차 정보나 신호등 정보는 관심을 받지 못한다. 반면에 객체 지향 방식에서는 자동차나 보행자, 신호등의 정보가 중심이 된다. 자동차 객체, 보행자 객체, 신호등 객체가 생성되고 이들이 상호 작용하면서 프로그램이 수행된다.

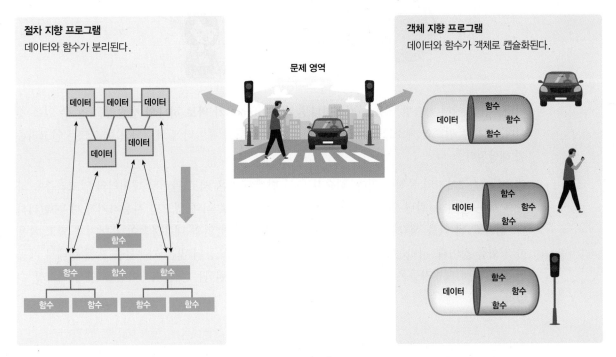

그림 4.3 절차 지향과 객체 지향의 비교

객체 지향 프로그래밍의 특징

OOP의 4개의 기둥

우리는 아직 클래스를 작성하는 법도 배우지 않은 상태이다. 만약 이번 절이 이해되지 않는다면 이번 장을 학습한 후에 다시 돌아와서 읽어도 좋을 것이다. 역사적으로 객체 지향 언어는 캡슐화, 상속 및 다형성으로 정의된다. 따라서 언어가 이 모든 것을 지원하지 않으면, 완전히 객체 지향적인 것으로 간주되지 않는다.

캡슐화

지금까지 소프트웨어 개발이 힘들었던 이유는 이전의 사람들이 작성하였던 수많은 코드가 있음에도 불구하고 새로운 소프트웨어를 개발하기 위해서는 다시 처음부터 모든 것을 개발하여야 했기 때문이다. 따라서 이전의 코드들을 재사용할 수 있는 메커니즘이 필요하다는 것을 인식하게 되었다. 만약 다른 사람이 작성한 코드를 재사용 하기 위해서는 코드 자체가 잘 정리되어 있어야만 할 것이다. 즉 관련된 데이터와 알고리즘이 하나의 묶음으로 정리되어 있어야 한다. 객체 지향 프로그래밍에서는 이것을 **캡슐화(encapsulation)**라고 부른다. 캡슐화는 용어 그대로 서로 관련된 데이터와 알고리즘을 캡슐에 넣어서 보호한다는 것을 의미한다.

여러분이 앞에서 학습한 내용을 기억한다면 **객체(object)가 바로 하나의 캡슐**임을 알 수 있을 것이다. 객체는 필드와 메소드를 가진다고 하였는데, 필드는 데이터에 해당되고 메소드는 알고리즘에 해당된다.

캡슐화에는 2가지의 목적이 있다. 캡슐화의 첫 번째 목적은 서로 관련된 데이터와 알고리즘을 하나로 묶는 것이다. 관련 있는 데이터와 알고리즘이 하나로 묶여 있으면 사용하기가 매우 편리하다. 캡슐로 된 약을 생각해보자. 캡슐로 싸여 있지 않으면 안의 내용물들이 흩어지게 되고 복용하기 힘들 것이다. 자바는 그래픽, 네트워크, 데이터베이스 등의 많은 기능들을 객체 형태로 제공한다. 따라서 개발자들은 이들 객체를 이용하여 자신이 원하는 애플리케이션을 쉽게 제작할 수 있다.

캡슐화의 두 번째 목적은 객체를 캡슐로 싸서 객체의 내부를 보호하는 것이다. 즉 객체의 실제 구현 내용을 외부에 감추는 것이다. 캡슐로 된 약을 생각해보자. 캡슐이 없으면 내용물들이 보호되지 않을 것이다. 객체에서도 내부의 구현 내용을 보호하는 것이 필요하다. 우리가 스마트폰을 분해해서 내부를 마음대로 건드리면 제조사에서 AS를 해주지 않는 것과 유사하다.

정보 은닉

정보 은닉(information hiding)은 객체의 외부에서는 객체의 내부 데이터를 볼 수 없게 한다는 의미이다. 객체 안의 데이터와 알고리즘은 외부에서 변경하지 못하게 막고, 공개된 인터페이스를 통해서만 객체에 접근하도록 하는 개념이다. 정보 은닉은 캡슐화의 두 번째 목적이다. 외부 객체는 객체의 내부 데이터 값에 직접 접근할 수 없으므로, 메소드를 통해 간접적으로 값을 전달받아야 한다.

하나의 예를 들어보자. 우리는 도서관에서 책을 찾는 2가지 방법이 있음을 알고 있다. 첫 번째 방법은 개가식 도서관으로 가서 지기가 직접 책을 찾는 것이다. 이 방법을 사용하려면 책이 어떤 서가에 있는지를 잘 알고 있어야 한다. 또한 책을 반납할 때 엉뚱한 곳에 꽂을 수 있다. 즉 내부 데이터가 망가질 수 있다. 두 번째 방법은 폐가식 도서관으로, 도서관을 관리하는 사서가 있다. 우리가 사서에게 원하는 책을 이야기하면 사서가 책을 찾아서 가져다 준다. 사서는 도서관을 잘 알고 있으므로 책을 엉뚱한 곳에 꽂지 않을 것이다. 즉 내부 데이터가 훼손될 염려가 없다.

(a) 절차 지향 방법   (b) 객체 지향 방법

그림 4.4 어떤 방법이 내부 데이터를 안전하게 보관할까?

소프트웨어 캡슐도 유사하다. 소프트웨어 캡슐 내부가 어떻게 구성되어 있으며 어떻게 돌아가는지 전혀 신경 쓸 필요가 없다. 그냥 사용법만 익혀서 사용하면 된다. 소프트웨어 캡슐에서 관리자는 바로 메소드이다. 우리는 메소드만 호출한다.

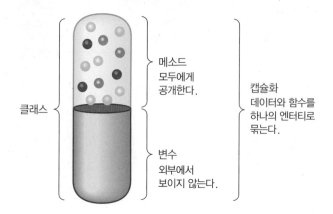

캡슐화는 사용자들에게 객체의 기능과 사용법만 제공하고 내부는 보지 못하도록 감추는 놓은 개념이다. 객체 안에는 메소드들도 같이 포장되어 있는데, 이들 메소드를 호출하여서 객체에게 어떤 작업을 시키고 결과를 받게 된다.

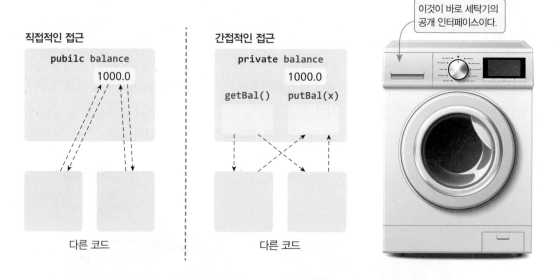

정보 은닉이 아주 잘 구현된 것이 바로 가전제품이다. 세탁기는 전자공학이나 기계공학에 대한 지식에 전혀 없는 사람들도 사용할 수 있도록 사용자 인터페이스가 만들어졌다. 만약 세탁기를 전자공학이나 기계공학을 알고 있어야 사용할 수 있도록 만들었다면 얼마나 불편할 것인가? 세탁기 위에 있는 버튼이 바로 클래스에 정의된 공개 인터페이스에 해당된다. 정보 은닉은 자바에서 public, private와 같은 키워드를 통하여 구현된다. 정보 은닉이 되어 있다면 클래스 개발자는 언제든지 내부 데이터와 알고리즘을 변경할 수 있다. 즉 업그레이드나 수정이 용이하다. 유지되어야 할 것은 오직 공개 인터페이스이다.

상속

자동차 회사에서 새로운 모델을 개발할 때, 기존의 모델을 수정하는 방법도 많이 선택한다. 예를 들어, 기존에 많이 팔린 모델이 있다면 여기에 터보 엔진과 6단 변속기를 추가하는 식이다. 클래스를 개발할 때도 마찬가지이다. 우리는 이미 작성된 클래스(부모 클래스)를 이어받아서 새로운 클래스(자식 클래스)를 생성할 수 있다. 이것을 상속(inheritance)라고 한다. 부모 클래스를 이용하여 공통적인 속성과 동작을 정의한다. 자식 클래스는 부모 클래스의 모든 속성과 동작을 물려받는다. 이때 부모 클래스의 코드 중에서 자신의 문제에 맞지 않는 코드가 있을 수 있다. 이런 경우에 다른 사람의 클래스를 상속받아서 자신이 필요한 부분을 변경하여 사용할 수 있다. 상속도 기존의 코드를 재사용하는 강력한 기법이다.

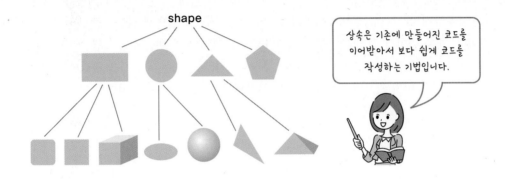

다형성

다형성이란, 동일한 이름의 동작이라고 하여도 객체의 실제 타입에 따라서 동작의 내용이 달라질 수 있다는 것을 의미한다. 예를 들어서 speak()라는 메소드를 호출하면 객체가 소리를 낸다고 가정하자. speak() 메소드 호출을 받은 객체는 자신의 실제 타입에 따라서 서로 다른 소리를 낼 수 있다. 즉 강아지라면 "멍멍", 고양이라면 "야옹", 오리라면 "꽥꽥"이라고 소리를 낸다.

다형성을 사용하게 되면 개념적으로 동일한 작업을 하는 메소드에 똑같은 이름을 부여할 수 있으

므로 코드가 더 간단해진다. 예를 들어, 동물들이 모여 있는 곳에 가서 어떤 동물들의 소리를 듣고 싶으면 speak()만 호출하면 된다. 동물의 종류에 따라서 speak_dog(), speak_cat() 등의 메소드를 별도로 작성하지 않아도 되는 것이다. 뒤에서 학습하게 될 메소드 오버로딩과 같은 것도 넓은 의미로 다형성에 속한다.

추상화

추상화(abstraction)는 불필요한 정보는 숨기고 중요한 정보만을 표현함으로써 프로그램을 간단히 만드는 기법이다. 추상화는 요즘 유행하는 "미니멀리스트"를 생각하면 이해하기 쉽다. 예를 들어서 TV를 객체로 나타내는 작업을 생각해보자. TV에는 지금까지 우리가 축적한 엄청난 기술이 들어 있다. 따라서 TV의 모든 정보를 객체로 나타내려면 객체가 엄청나게 커져야 할 것이다. 이래서는 프로그래밍하기 힘들어진다. 우리가 필요한 몇 개만을 남기고 불필요한 것들은 삭제해야 할 것이다. 예를 들어서 전원 버튼을 누르면 TV가 켜지고 채널 버튼을 누르면 채널이 변경되는 기능만 있다고 가정할 수 있다. 이것이 바로 추상화이다. 추상화는 복잡성을 관리하는 데 사용된다. 추상화를 사용하지 않으면 객체들이 너무 복잡해진다. 추상화는 개발자마다 달라진다. 객체에 대하여 관심사가 다르기 때문이다.

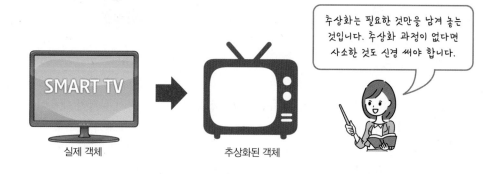

추상화는 필요한 것만을 남겨 놓는 것입니다. 추상화 과정이 없다면 사소한 것도 신경 써야 합니다.

실제 객체   추상화된 객체

중간점검

1. 객체 지향의 개념에 속하는 것들을 나열해보자.

2. 객체 지향의 최종 목적은 무엇일까? 즉 무엇 때문에 객체 지향적인 방법으로 설계하는가?

3. 캡슐화의 장점은 무엇인가?

4. 정보 은닉이란 무엇인가?

5. 절차 지향 방법과 객체 지향 방법을 비교해서 설명해보자.

클래스란?

우리는 앞에서 객체 지향 프로그램은 객체로 구성된다는 사실을 배웠다. 그런데 같은 종류의 객체는 하나만 있을까? 자동차를 예를 들어보자. 자동차는 하나만 있는 것이 아니다. 철수네도 자동차를 가질 수 있고 영희네도 자동차를 가질 수 있다. 자동차는 어떻게 만들어질까? 엔지니어가 자동차 설계도를 만들고 이 설계도에 의하여 각각의 자동차가 만들어진다.

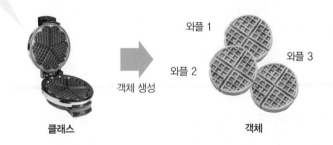

클래스는 객체를 찍어내는 틀과 같다.

클래스 → 객체 생성 → 와플 1 / 와플 2 / 와플 3 → 객체

객체 지향 소프트웨어에서도 객체들이 동일한 방법으로 생성된다. 즉 설계도에 의하여 객체들이 생성된다. 객체에 대한 설계도를 **클래스(class)**라고 한다. 클래스란 특정한 종류의 객체들을 찍어내는 형틀(template) 또는 청사진(blueprint)이라고도 힐 수 있다. 클래스로부터 만들어지는 각각의 객체를 그 클래스의 **인스턴스(instance)**라고 한다.

여기서 주의해야 할 점이 있다. 하나의 클래스로 여러 개의 인스턴스를 찍어내지만, 인스턴스마다 속성의 값은 다르다. 예를 들어서 자동차 클래스로 자동차 객체를 많이 생성하더라도 각 자동차의 현재 상태는 다 다를 것이다. 사람마다 성격이나 특징이 다른 것과 마찬가지이다.

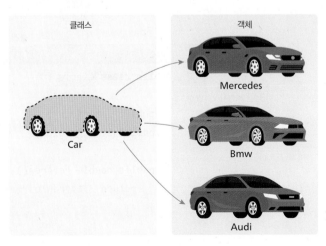

클래스

Car

객체

Mercedes

Bmw

Audi

인스턴스(instance)는 사례라는 의미이다. 이미 객체라는 용어가 있는데 인스턴스라는 새로운 용어를 사용하는 이유는 무엇일가? 객체가 너무 광범위한 의미를 가지고 있기 때문이다. 특정한 클래스로부터 생성된 객체를 그 클래스의 인스턴스라고 한다.

클래스 작성

클래스는 객체의 형태를 정의하는 **틀(template)**과 같은 것이다. 클래스는 변수와 함수를 동시에 가지고 있다. 클래스는 다음과 같은 구조를 이용하여서 정의된다.

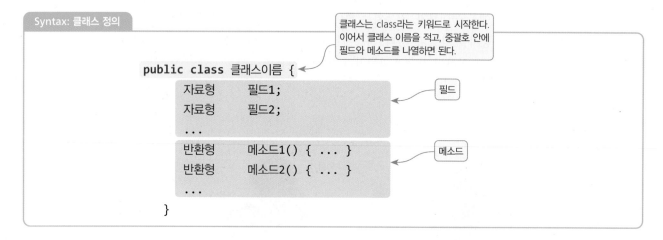

클래스 안에는 필드와 메소드들을 정의한다. 이들을 클래스의 멤버(member)라고 한다. 필드는 객체의 속성을 나타내고 메소드는 객체의 동작을 나타낸다. 필드는 객체 안에 정의된 변수이다. 따라서 변수를 정의하듯이 자료형과 변수 이름을 적어주면 된다. 메소드는 클래스 안에 정의된 함수이다. 아주 간단한 클래스부터 작성해보자. 원을 나타내는 클래스 Circle을 정의하여 보자. 우리는 이클립스 프로젝트 아래에 소스 파일 Circle.java를 생성하고 여기에 클래스 Circle을 작성한다. 하나의 소스 파일에는 하나의 클래스만을 넣는 것이 원칙이다.

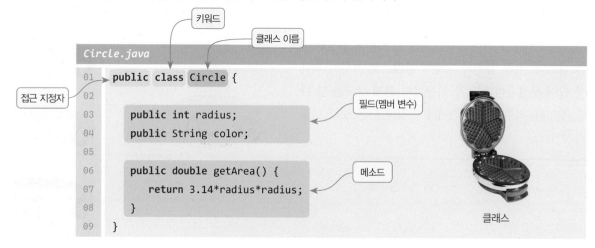

public은 외부에서 클래스를 자유롭게 사용할 수 있다는 접근 지정자이다. Circle은 클래스 이름이다. 중괄호 { ... } 안에 필드와 메소드를 선언한다. 필드로 원의 반지름을 나타내는 radius 변수와 원의 색상을 나타내는 color 변수를 선언한다. 메소드로는 원의 반지름을 계산하여 반환하는 getArea()를 정의한다. 메소드는 입력을 받아서 출력을 생성하는 코드의 묶음이라고 이해하자. 여러분이 함수에 대하여 이미 알고 있다면 메소드는 클래스 안에 선언된 함수라고 이해하면 된다.

클래스의 또 다른 의미

클래스라는 용어는 "유형", 또는 "부류"라는 의미이다. 앞에서는 객체를 찍어내는 틀로 이야기하였지만 클래스(class)는 공통되는 것들을 묶어서 그 유형에 이름을 붙인 것으로 이해하여도 된다. 즉 승용차, SUV, RV 등의 객체는 "자동차(car)"라는 유형에 속한다. 따라서 이들 객체의 클래스는 "자동차"가 된다.

참고

클래스와 구조체

혹시 여러분들이 먼저 C 언어를 배웠다면, C 언어의 구조체를 알고 있을 것이다. 구조체는 연관된 변수들을 묶어놓은 것이다. 클래스는 여기에 이들 데이터를 사용하는 함수들까지 묶은 것으로 이해하면 된다.

참고

객체 생성

우리는 앞에서 클래스를 정의하여 보았다. 앞에서 말했듯이 클래스는 객체가 아니다. 클래스는 객체를 만들기 위한 설계도(틀)에 해당된다. 설계도를 가지고 어떤 작업을 할 수는 없다. 예를 들어서 자동차 설계도를 운전하고 집에 갈 수는 없는 일이다. 실제로 어떤 작업을 하려면 객체를 생성하여야 한다. 앞에서 정의한 Circle 클래스를 이용하여 객체를 생성하고 사용하는 코드를 제시한 후에 각 문장들을 자세히 설명하도록 하자. 동일한 프로젝트 밑에 또 하나의 소스 파일 CircleTest.java를 생성하고 여기에 다음의 코드를 입력한다. 클래스가 작성되면 작성된 클래스가 올바르게 동작하는지는 반드시 테스트하여야 한다. 클래스의 여러 가지 메소드를 호출하면서 클래스의 내부 상태를 출력해본다.

CircleTest.java

```java
01  public class CircleTest {
02      public static void main(String[] args) {
03          Circle obj;                         ❶ 참조 변수 선언
04          obj = new Circle();                 ❷ 객체 생성
05          obj.radius = 100;
06          obj.color = "blue";                 ❸ 객체의 필드 접근
07          double area = obj.getArea();        ❹ 객체 메소드 접근
08          System.out.println("원의 면적=" + area);
09      }
10  }
```

원의 면적=31400.0

실행 결과

1. 객체를 생성하는 첫 번째 단계는 참조 변수를 선언하는 단계이다.

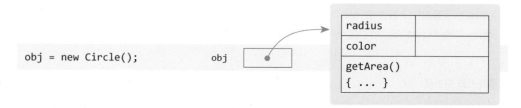

```
Circle obj;                    obj    ┌──────┐
                                      └──────┘
```

위의 문장으로는 객체는 생성되지 않는다. 객체를 가리킬 수 있는 참조 변수만 생성된다.

2. 두 번째 단계는 new 연산자를 사용하여서 객체를 생성하고 객체의 참조값을 참조 변수에 저장하는 단계이다.

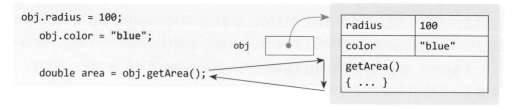

```
obj = new Circle();            obj
```

new 연산자는 객체를 **히프 메모리**(사용되지 않은 메모리)에 생성한 후에 객체의 참조값을 반환한다. 코드에서는 이 참조값을 참조 변수 obj에 저장한다. 아직 객체는 초기화되지 않았다.

3. 세 번째 단계는 객체의 필드와 메소드를 사용하는 단계이다. 객체의 필드나 메소드에 접근할 때는 점(.) 연산자를 사용한다.

```
obj.radius = 100;
   obj.color = "blue";
                                obj

   double area = obj.getArea();
```

참조 변수

자바에서는 변수를 **기초 변수(primitive variable)**과 **참조 변수(reference variable)**로 나눌 수 있다. 기초 변수는 int, float, char 등의 기초 자료형의 값을 저장하는 변수이다. 이들 기초 변수에는 실제 데이터값이 저장된다. 반면에 참조 변수는 객체를 참조할 때 사용되는 변수로서 여기에는 객체의 참조값이 저장된다. 참조값은 일반적으로 객체의 주소이다. 참조 변수에 객체가 직접 저장되는 것은 아니라는 것을 주의하여야 한다.

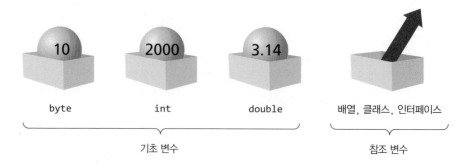

객체를 참조하는 변수가 없다면 우리는 객체를 사용할 수가 없다. 참조 변수에는 화살표만 들어 있다고 생각하면 된다.

자바에서 모든 것이 객체로 되어 있지 않은 이유는 효율성 때문이다. 정수나 실수 같은 데이터도 객체로 처리하는 경우에는 실행 속도가 크게 저하된다. 자바에서는 기초적인 값들은 기초 변수 안에 저장한다.

메모리에 생성된 객체는 이름이 없다. 따라서 참조 변수를 객체의 이름이라고 생각할 수 있다.

프로그래밍 시 혼동을 많이 일으키는 부분은, 다음과 같이 선언하면 객체가 생성된다고 생각하는 것이다.

```
Circle obj;
```

위의 문장은 단순히 객체를 참조하는 변수 obj를 선언해놓은 것이다. 객체의 이름만 정해놓은 것이라고 생각해도 좋다. 아직 객체는 생성되지 않았다. 참조 변수만 생성된 것이다. 자바에서 모든 객체는 new 연산자를 이용해야만 비로소 생성된다. 하지만 C++ 언어에서는 위의 문장으로 실제 객체가 생성된다. 자바랑 혼동하지 말자.

public 클래스와 소스 파일 이름

원칙적으로 하나의 소스 파일에는 하나의 public 클래스만 있어야 하고 public 클래스의 이름은 소스 파일 이름과 동일하여야 한다. 하지만 public 클래스가 아니라면 다른 클래스도 동일한 소스 파일에 추가할 수 있다. CircleTest 클래스에 public을 뺀 Circle 클래스를 추가해도 된다.

main()의 위치

main() 메소드는 어떤 클래스에도 넣을 수 있다. 앞의 소스에서 Circle 클래스 안에도 main()을 넣을 수 있다. 다만 이렇게 되면 입문자들이 이해하기 어렵기 때문에 CricleTest 클래스를 하나 더 작성한 것이다. main()이 있는 public 클래스는 실행할 수 있다.

Circle 객체 2개를 생성해보자. 참조 변수 obj1과 obj2로 가리키게 하라. 첫 번째 객체에는 100, "red"를 저장하고 두 번째 객체에는 200, "blue"를 저장해본다.

예제 4-1 | DeskLamp 클래스 작성하고 객체 생성해보기

집에서 사용하는 데스크 램프를 클래스로 작성하여 보면 다음과 같다.

DeskLamp
-isOn : bool
+turnOn()
+turnOff()

DeskLamp.java

```java
01  public class DeskLamp {
02      // 인스턴스 변수 정의
03      private boolean isOn;              // 켜짐이나 꺼짐과 같은 램프의 상태
04
05      // 메소드 정의
06      public void turnOn()   {   isOn = true;    }
07      public void turnOff()  {   isOn = false;   }
08      public String toString() {
09          return "현재 상태는 " + (isOn == true ? "켜짐" : "꺼짐");
10      }
11  }
```

DeskLampTest.java

```java
01  public class DeskLampTest {
02      public static void main(String[] args) {
03          // 객체를 생성하려면 new 예약어를 사용한다.
04          DeskLamp myLamp = new DeskLamp();
05
06          // 객체의 메소드를 호출하려면 도트 연산자인 .을 사용한다.
07          myLamp.turnOn();
08          System.out.println(myLamp);
09          myLamp.turnOff();
10          System.out.println(myLamp);
11      }
12  }
```

실행 결과

현재 상태는 켜짐
현재 상태는 꺼짐

상자를 나타내는 Box 클래스를 작성하여 보자. Box 클래스는 가로 길이, 세로 길이, 높이를 나타내는 필드를 가지고 상자의 부피를 계산하는 메소드를 가진다.

Box 클래스를 정의하고 Box 객체를 하나 생성한다. Box 객체 안의 가로 길이, 세로 길이, 높이를 20, 20, 30으로 설정하여 보자. 상자의 부피를 출력하여 본다.

상자의 가로, 세로, 높이는 20, 20, 30입니다.   **실행 결과**
상자의 부피는 12000.0입니다.

우리는 하나의 소스 파일 안에 여러 개의 클래스를 넣을 수도 있다. 이 경우에는 하나의 클래스만 public으로 선언되어야 한다. 이번 예제에서는 BoxTest.java에 2개의 클래스를 함께 넣어보자. 클래스마다 별도의 파일에 저장하는 것이 가장 좋으나, 소스를 나타내기에는 너무 번잡하게 되므로 이 책에서는 이 방법을 주로 사용하겠다.

BoxTest.java

```
01  class Box {
02    int width;
03    int length;
04    int height;
05    double getVoume() {          return (double) width*height*length;   }
06  }
07  public class BoxTest {
08    public static void main(String[] args) {
09      Box  b;
10      b = new Box();
11      b.width = 20;
12      b.length = 20;
13      b.height = 30;
14      System.out.println("상자의 가로, 세로, 높이는 " + b.width + ", " +
15                                  b.length + ", " + b.height + "입니다.");
16      System.out.println("상자의 부피는 " + b.getVoume() + "입니다.");
17    }
18  }
```

예제 4-3   Television 클래스 작성하고 객체 생성해보기

우리는 객체를 여러 개 생성할 수 있다. 각 객체는 클래스에 정의된 필드의 자체 복사본을 가지고 있다. 따라서 하나의 객체에 들어 있는 변수의 내용은 다른 객체에 들어 있는 변수의 내용과 다르다. 각 객체들은 같은 타입의 객체라는 사실을 제외하면 서로 간에 연결이 없다. 예를 들어, 두 개의 텔레비전 객체가 있다고 가정하자. 각 텔레비전 객체의 채널 번호, 볼륨, 전원 상태는 일반적으로 다르다. 다음 프로그램이 이 사실을 보여준다. 이번에는 Television 클래스 안에 main() 메소드를 넣어 보자. main()은 어디든지 들어갈 수 있다. 가상 기계로 어떤 특정 클래스를 실행하게 되면, 클래스 안의 main()을 찾아서 실행한다.

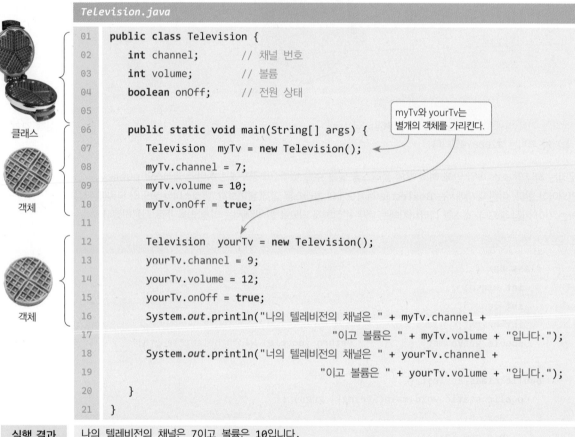

Television.java

```
01   public class Television {
02       int channel;        // 채널 번호
03       int volume;         // 볼륨
04       boolean onOff;      // 전원 상태
05
06       public static void main(String[] args) {
07           Television  myTv = new Television();
08           myTv.channel = 7;
09           myTv.volume = 10;
10           myTv.onOff = true;
11
12           Television  yourTv = new Television();
13           yourTv.channel = 9;
14           yourTv.volume = 12;
15           yourTv.onOff = true;
16           System.out.println("나의 텔레비전의 채널은 " + myTv.channel +
17                               "이고 볼륨은 " + myTv.volume + "입니다.");
18           System.out.println("너의 텔레비전의 채널은 " + yourTv.channel +
19                               "이고 볼륨은 " + yourTv.volume + "입니다.");
20       }
21   }
```

> myTv와 yourTv는 별개의 객체를 가리킨다.

클래스

객체

객체

실행 결과   나의 텔레비전의 채널은 7이고 볼륨은 10입니다.
너의 텔레비전의 채널은 9이고 볼륨은 12입니다.

아래 그림에서 보듯이 myTv의 데이터는 yourTv의 데이터와 완전히 분리되어 있다.

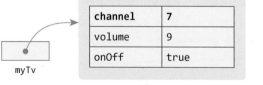

channel	7
volume	9
onOff	true

myTv

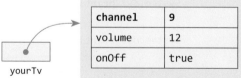

channel	9
volume	12
onOff	true

yourTv

참고   앞의 코드와 같이, Television 클래스 안에 main() 메소드를 넣을 수도 있다. 하지만 그렇게 되면 Television 클래스 안에서 Television 객체가 생성되기 때문에, 초보자의 경우 이해하기가 더 힘들다. 따라서 이 책에서는 가급적 테스트하는 클래스를 별도로 작성하였다.

1. 객체를 생성시키는 연산자는 무엇인가?

2. 클래스와 객체와의 관계는 무엇이라고 할 수 있는가?

3. 각 객체가 가지고 있는 데이터는 모두 동일한가? 아니면 객체마다 다른가?

4. 자바에서 객체를 참조하려면 변수를 어떻게 선언하여야 하는가?

5. 다음의 코드에서 잘못된 부분은 어디인가?

```
Circle obj;
obj.radius = 100;
obj.color = "blue";
```

메소드 오버로딩

자바에서는 같은 이름의 메소드가 여러 개 존재할 수 있다. 이것을 **메소드 오버로딩(method overloading)**이라고 한다. 오버로딩을 우리말로 번역하자면 "중복정의"라고 할 수 있다. 프로그래밍에서는 동일한 이름의 메소드를 여러 개 정의하는 것을 의미한다. 메소드 오버로딩은 다형성을 구현하는 한 가지 방법이 된다.

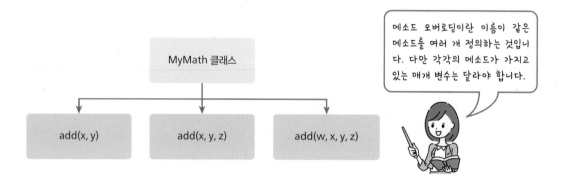

위의 그림에서 MyMath 클래스에는 add() 메소드가 3개나 정의되어 있다. add() 메소드는 주어진 숫자들의 합을 계산하여 반환한다. 이름이 같은 메소드들은 어떻게 구별하면 좋을까? 위의 그림에서도 알 수 있듯이 메소드의 매개 변수로 구별할 수 있다. 자바에서 메소드 오버로딩을 사용할 때는 반드시 매개 변수를 서로 다르게 하여야 한다. MyMath 클래스를 구현하여 보자.

```java
MyMath.java

01  public class MyMath {
02
03      int add(int x, int y)                { return x+y;     }
04      int add(int x, int y, int z)    { return x+y+z;   }
05      int add(int x, int y, int z, int w) { return x+y+z+w; }
06
07      public static void main(String[] args) {
08          MyMath obj;
09          obj = new MyMath();
10          System.out.print(obj.add(10, 20)+" ");
11          System.out.print(obj.add(10, 20, 30)+" ");
```

매개 변수만 다르면 메소드 이름은 같아도 된다. 이것을 메소드 중복정의라고 한다.

```
12        System.out.print(obj.add(10, 20, 30, 40)+" ");
13    }
14 }
```

```
30 60 100
```

만약 add(10, 20)과 같이 호출되면 컴파일러는 매개 변수의 개수, 타입, 순서 등을 확인하여 첫 번째 메소드를 호출한다. 만약 add(10, 20, 30)과 같이 호출되면 인수가 3개이므로, 두 번째 add() 메소드를 호출할 것이다.

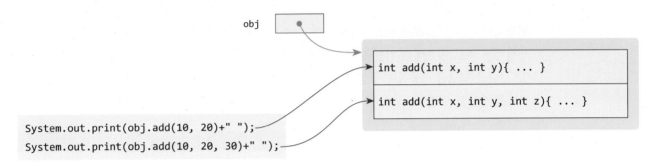

메소드 중복정의는 왜 유용할까? 만약 메소드 중복정의를 사용하지 않는 경우를 생각해보자. 데이터의 개수가 달라지면 add() 메소드의 이름을 전부 다르게 지어야 한다. 예를 들어서 2개의 정수를 더하는 메소드는 add2(), 3개의 정수를 더하는 메소드는 add3()와 같이 서로 다른 이름을 사용하여야 한다. 이는 상당히 번거로운 일이다. 메소드 오버로딩을 사용한다면 add()라는 이름을 여러 번 중복하여서 사용할 수 있다.

> 메소드의 반환형만 다르다고 중복정의할 수는 없다. 반드시 메소드 매개변수가 달라야 한다.
>
> ```
> int add(int x, int y) { ... }
> double add(int x, int y) { ... } // 중복 안 됨!
> ```

TIP

생성자

클래스는 객체를 찍어내는 틀 또는 객체의 설계도라고 할 수 있다. 객체는 어떻게 초기화하면 좋을까? 객체가 생성된 후에 객체 멤버에 값을 대입하여도 된다. 하지만 이러한 방법은 많은 단점을 가지고 있다. 그 중 한가지는 개발자가 깜빡 잊어버릴 수 있다는 점이다. **생성자(constructor)**는 객체가 생성될 때 객체를 초기화하는 특수한 메소드이다.

생성자의 이름은 클래스 이름과 같다. 일반 메소드와 아주 흡사하지만 반환값을 가지지 않는다. 생성자는 주로 필드에 초기값을 부여할 때 많이 사용되지만 특별한 초기화 절차를 수행할 수도 있다. 다음 코드를 사용하여 생성자에 대하여 살펴보자. 생성자도 메소드이기 때문에 메소드 오버로딩을 사용할 수 있다.

PizzaTest.java

```
01  class Pizza
02  {
03      int size;
04      String type;
05
06      public Pizza() {              매개 변수가 없는 생성자
07          size = 12;
08          type = "슈퍼슈프림";
09      }
10
11      public Pizza(int s, String t) {   매개 변수가 있는 생성자
12          size = s;
13          type = t;
14      }
15  }
16  public class PizzaTest {
17      public static void main(String[] args) {
18          Pizza obj1 = new Pizza();
19          System.out.println("("+obj1.type+ " , "+obj1.size+",)");
20
21          Pizza obj2 = new Pizza(24, "포테이토");
22          System.out.println("("+obj2.type+ " , "+obj2.size+",)");
23      }
24  }
```

실행 결과

```
(슈퍼슈프림 , 12,)
(포테이토 , 24,)
```

1. 위의 코드에서 생성자는 Pizza()와 Pizza(int s, String t)이다. 생성자도 오버로딩될 수 있다. 생성자는 객체가 new 연산자로 생성될 때, 자동으로 한 번만 호출된다.

```
Pizza obj1 = new Pizza();
```

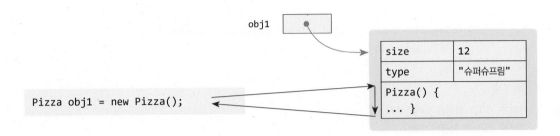

```
Pizza obj1 = new Pizza();
```

생성자 앞에는 대부분 public을 붙이지만 싱글턴 디자인 패턴에서처럼 객체가 딱 하나만 생성되어야 되는 경우에는 private를 붙일 수도 있다.

2. Pizza(int s, String t) 생성자에서는 s와 t라는 매개 변수를 정의하고 이것은 필드인 size와 type을 초기화하는 데 사용된다. 객체가 new에 의하여 생성될 때, 24는 s로 전달되고 "포테이토"의 값은 t로 전달된다.

```
Pizza obj2 = new Pizza(24, "포테이토");
```

생성자 만들어 보기　　　　　**예제 4-4**

앞의 Television 클래스에 생성자를 추가하여서 업그레이드 해보자. 생성자는 객체가 생성될 때, channel, volume, onOff 필드를 초기화한다.

TelevisionTest.java

```java
public class Television {
    private int channel; // 채널 번호
    private int volume;  // 볼륨
    private boolean onOff;      // 전원 상태

    Television(int c, int v, boolean o) {    // 생성자가 정의되었다.
        channel = c;
        volume = v;
        onOff = o;
    }

    void print() {
        System.out.println("채널은 " + channel + "이고 볼륨은 " + volume + "입니다.");
```

```
14        }
15    }
16    public class TelevisionTest {
17        public static void main(String[] args) {
18            Television myTv = new Television(7, 10, true);
19            myTv.print();
20
21            Television yourTv = new Television(11, 20, true);
22            yourTv.print();
23        }
24    }
```

실행 결과	채널은 7이고 볼륨은 10입니다. 채널은 11이고 볼륨은 20입니다.

기본 생성자

기본 생성자(default contrcutor)는 매개 변수가 없는 생성자이다. 만약 개발자가 생성자를 하나도 정의하지 않으면 자바 컴파일러는 기본 생성자를 자동으로 만든다. 기본 생성자에서는 자동적으로 모든 멤버 변수들을 기본값으로 초기화한다. 기본 생성자에서는 필드가 int와 같은 수치형 변수라면 0으로, 참조형 변수라면 null로, 부울형 변수라면 false로 초기화한다. 예를 들어서 상자를 니타내는 다음과 같은 클래스를 만들었다고 하자. 우리는 생성자를 따로 작성하시 않았다. 하지만 컴파일러가 자동으로 기본 생성자를 추가한다.

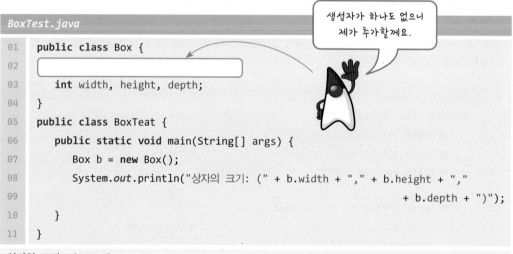

```
BoxTest.java
01    public class Box {
02
03        int width, height, depth;
04    }
05    public class BoxTeat {
06        public static void main(String[] args) {
07            Box b = new Box();
08            System.out.println("상자의 크기: (" + b.width + "," + b.height + ","
09                                                        + b.depth + ")");
10        }
11    }
```

실행 결과	상자의 크기: (0,0,0)

위의 코드에서는 기본 생성자가 추가되어서 width, height, depth가 모두 0으로 초기화된 것을 알 수 있다.

기본 생성자가 추가되는 않는 경우

여기서 주의할 점은 개발자가 생성자가 하나라도 선언하면, 컴파일러는 기본 생성자를 추가하지 않는다는 점이다. 아래의 코드를 보자.

Box.java

```
01  public class Box {
02      int width, height, depth;
03      public Box(int w, int h, int d)   { width=w;   height=h;   depth=d; }
04
05
06
07      public static void main(String[] args) {
08          Box b = new Box();          // 오류 발생!!
09          System.out.println("상자의 크기: (" + b.width + "," + b.height + ","
10                                                      + b.depth + ")");
11      }
12  }
```

> 생성자가 하나 있어서 제가 기본 생성자를 추가하지 않아요!

이런 경우에는 오류가 발생한다. Box()라고 하는 기본 생성자가 정의되지 않았다는 오류이다. 개발자가 Box(int w, int h, int d) 형태의 생성자를 추가하였기 때문에 컴파일러는 기본 생성자를 만들지 않았다. 컴파일러가 개발자의 의도를 거스를 수 없기 때문이다. 개발자가 혹시 Box 객체를 생성할 때는 반드시 박스의 크기를 지정해야 한다고 의도했을 수도 있기 때문이다. 이런 경우에 컴파일러가 기본 생성자를 추가해버리면 개발자의 의도가 훼손된다. 이것은 입문자들이 많이 혼동하는 오류이기 때문에 반드시 이유를 알아두자.

this 참조 변수

this는 현재 객체 자신을 가리키는 참조 변수이다. this는 컴파일러에서 자동으로 생성한다. 흔히 생성자에서 매개 변수 이름과 필드 이름이 동일한 경우에 혼동을 막기 위해서 사용한다.

```
01  public class Circle {
02      int radius;
03
04      public Circle(int radius) {
05          this.radius = radius;
06      }
07      double getArea() {
08          return 3.14*radius*radius;
09      }
10  }
```

> this.radius는 필드이고 radius는 매개 변수라는 것을 알 수 있네요.

위의 코드에서 생성자를 아래와 같이 작성하였다고 하자.

```
public Circle(int radius) {
   radius = radius;                    // ???
}
```

물론 작성자의 의도는 매개 변수 radius를 필드 radius에 대입하라는 것이겠지만 컴파일러는 둘 다 매개 변수 radius로 생각한다(문법 규칙에 따라서). 따라서 작성자의 의도와는 다르게 실행된다. 이런 경우에 this를 사용하면 좋다. 즉 this가 현재 객체를 참조하고 있기 때문에, this.radius는 현재 객체가 가지고 있는 필드 radius가 된다. this가 붙지 않은 radius는 매개 변수 radius가 된다.

```
public Circle(int radius) {
   this.radius = radius;              // OK
}
```

객체의 필드
radius

매개 변수
radius

this는 물론 이런 용도로만 사용되는 것은 아니다. 메소드에서 현재 객체를 반환할 때도 사용된다. this는 컴파일러가 자동으로 만드는 참조 변수로서 현재 객체를 가리킨다고 생각하면 좋다.

this()

this에 ()을 붙이면 전혀 다른 의미가 된다. this()는 다른 생성자를 의미한다. 흔히 가장 복잡한 생성자를 먼저 작성한 후에, 다른 생성자는 이 복잡한 생성자를 호출하게끔 하는데, 이런 경우에 this()가 사용된다.

```
01  public class Circle {
02     int radius;
03
04     public Circle(int radius) {
05        this.radius = radius;
06     }
07
08     public Circle() {
09        this(0);
10     }
11
12     double getArea() {
13        return 3.14 * radius * radius;
14     }
15  }
```

Circle(0)을 호출한다.

this() 사용 시 주의 사항

this()를 사용할 때는 몇 가지 주의해야 할 점이 있다.

- this()는 반드시 생성자 안에서만 호출이 가능하다.
- this()는 반드시 첫 번째 문장이어야 한다.
- this()는 다른 생성자를 호출할 때만 사용하여야 한다.

이클립스는 생성자를 자동으로 만들어주는 메뉴를 가지고 있다. 클래스 안에 커서를 두고 [Source] → [Generate Constructor using Fields]를 사용해보자. 한 번만 사용해보면 금방 익숙해질 것이다. 생성자에서 초기화할 필드만 체크하면 된다.

"생성자"라는 이름 때문에 약간의 오해가 있을 수 있다. 생성자는 실제로 객체를 생성하는 메소드는 아니다. 객체가 생성될 때 초기화하는 메소드이다. 따라서 생성자를 구성자라고 번역하기도 한다.

Q&A

Q 생성자는 진짜 메소드인가?

A 전문가들의 의견은 엇갈린다. 생성자가 특수한 메소드라고 하는 사람도 있고 생성자는 메소드가 아니라는 의견도 있다. 우리는 생성자는 일종의 특수한 메소드라고 생각하자.

Q 생성자에서 다른 메소드를 호출할 수 있는가?

A 생성자에서 다른 메소드를 얼마든지 호출할 수 있다.

Q 생성자를 하나도 정의하지 않아도 괜찮은가?

A 그렇다. 생성자가 하나도 정의되지 않으면 자바에서는 기본 생성자라고 하는 매개 변수가 없는 생성자를 자동으로 추가한다. 따라서 객체 생성 시에 기본 생성자가 호출된다.

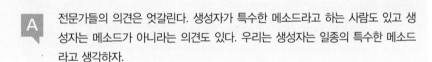

```
ClassA obj = new ClassA(); // OK!
```

하지만 생성자가 하나라도 정의되어 있으면 자동으로 추가하지 않는다. 즉 매개 변수가 있는 생성자 하나가 선언되어 있다면 다음과 같이 쓰는 것은 컴파일 오류이다.

```java
ClassB obj = new ClassB(); // 오류!
```

 생성자를 사용하지 않고 인스턴스 변수들을 초기화할 수 있는가?

 가능하다. 인스턴스 변수 선언 시에 초기화하면 된다. 그러나 복잡한 초기화는 힘들다.

```java
public class Car {
    private int speed = 0;
    private int gear = 0;
    private String color = "red";
    ...
}
```

중간점검

1. 만약 클래스 이름이 MyClass라면 생성자의 이름은 무엇이어야 하는가?
2. 생성자의 반환형은 무엇인가?
3. 생성자 안에서 this()의 의미는 무엇인가?
4. this의 주된 용도는 무엇인가?
5. 같은 이름의 메소드를 중복하여 정의하는 것을 _____라고 한다.
6. 메소드 오버로딩에서는 무엇으로 이름이 동일한 메소드를 구별하는가?

우리는 앞장에서 클래스 안에 변수나 메소드들을 정의하였다. 이들 변수나 메소드는 누구나 사용할 수 있는 것처럼 설명하였다. 하지만 이렇게 하는 것이 좋은 것일까? 클래스의 변수나 메소드를 누구나 마음대로 사용한다면 많은 문제가 발생할 것이다. 예를 들면 클래스의 개발자가 외부에 보여줘서는 안 되는 정보를 숨길 수 있어야 하는 경우이다. 직원을 모델링하는 Employee 클래스를 살펴보자.

```java
class Employee {
    String name;
    int regNumber;              // 주민등록번호
    ...
}
```

Employee 클래스 안에 선언된 변수 중에서 regNumber(주민등록번호)와 같은 민감한 정보는 클래스 내부에서만 사용하도록 할 수 있다면 좋을 것이다.

접근 제어(access control)란 클래스의 멤버에 접근하는 것을 제어하는 것이다. public이나 private의 접근 지정자를 멤버 앞에 붙여서 접근을 제한하게 된다. public은 공용이라는 의미이므로 public을 멤버 앞에 붙이면 누구나 자유롭게 접근할 수 있는 멤버가 된다. 반대로 private는 전용이라는 의미이므로 private를 붙이면 클래스 안에서만 접근이 가능한 멤버가 된다. protected 키워드를 붙이면 멤버는 부모 클래스와 자식 클래스만이 접근할 수 있다 (6장 상속에서 다시 설명할 것이다).

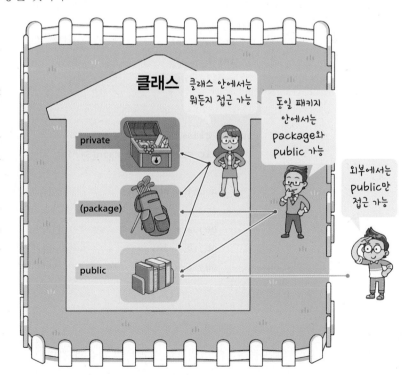

그런데 만약 멤버 앞에 아무것도 붙이지 않으면 어떻게 될까? 멤버 앞에 접근 지정자가 없으면 디폴트(default)로 동일한 패키지 안에서만 접근이 가능하게 된다. 패키지(package)란 서로 관련된 클래스들을 하나로 묶은 것이다. 우리는 7장에서 자세히 학습하게 된다.

클래스의 멤버에 대한 접근을 제어하는 것은 객체 지향 프로그래밍의 핵심적인 부분이다. 접근을 제어하게 되면 객체를 잘못 사용하는 것을 방지할 수 있다. 올바르게 정의된 메소드만 데이터를 사용할 수 있게 하면 데이터의 값이 부적절한 값으로 변경되는 것을 막을 수 있다. 예를 들어서 데이터의 범위를 검사하여서 범위를 벗어난 값이 멤버에 저장되는 것을 막을 수 있다.

자바의 접근 제어 지정자

멤버 접근 제어는 3가지의 지정자로 구현된다. public, private, protected가 바로 그것이다. 자바의 접근 지정자는 아래 표로 요약할 수 있다.

접근 지정자	해당 클래스 안	패키지	자식 클래스	전체
public	O	O	O	O
protected	O	O	O	X
없음	O	O	X	X
private	O	X	X	X

간단한 클래스를 이용하여서 접근 제어를 이해하여 보자.

```
Test.java
01  class A {
02      private int a;        // 전용
03      int b;                // 디폴트
04      public int c;         // 공용
05  }
06
07  public class Test {
08      public static void main(String args[]) {
09
10          A obj = new A();   // 객체 생성
11
12          obj.a = 10;        // 전용 멤버는 다른 클래스에서는 접근 안 됨
13          obj.b = 20;        // 디폴트 멤버는 접근할 수 있음
14          obj.c = 30;        // 공용 멤버는 접근할 수 있음
15      }
16  }
```

위의 클래스를 그림으로 그려보면 다음과 같다.

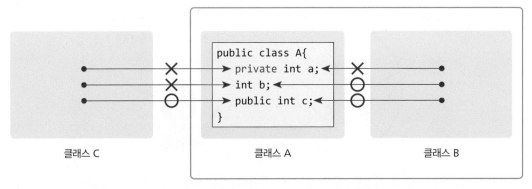

각 변수들을 접근 제어의 차원에서 분석해보자.

- 변수 a는 private로 정의되었으므로 변수 a는 클래스 A 안에서는 사용할 수 있다. 하지만 Test 클래스에서는 사용할 수 없다. 클래스가 다르기 때문이다.

- 변수 b 앞에는 아무런 접근 지정자가 붙지 않았다. 이런 경우에는 동일한 패키지에 있는 클래스라면 얼마든지 사용이 가능하다. 위의 코드에서는 패키지를 지정하지 않았기 때문에 클래스 A와 클래스 Test는 디폴트 패키지에 속하게 된다. 따라서 Test 클래스에서도 b를 사용할 수 있는 것이다.

- 변수 c는 public으로 정의되어 있기 때문에 얼마든지 외부에서 사용이 가능하다.

지금까지는 변수만 가지고 접근 제어를 설명하였지만 메소드에 대해서도 똑같은 이야기를 할 수 있다. 메소드를 정의할 때도 앞에 private, public, protected를 붙일 수 있고 그 의미는 변수의 경우와 동일하다.

> **접근 제어를 선택하는 팁**
>
> - 일반적으로 멤버에 대해서는 가장 엄격한 접근 제어를 선택하라. 만약 특별한 이유가 없으면 private를 선택하라.
> - 상수를 제외하고는 필드에 public을 사용하면 안 된다. 외부 클래스들이 public 필드를 자유롭게 사용하면 코드를 변경하기가 힘들어진다.

접근자와 설정자

객체 지향 방법의 개념 중에 **정보 은닉(information hiding)**이 있었다. 정보 은닉이란 구현의 세부 사항을 클래스 안에 감추는 것이다. 대표적으로 클래스 안의 데이터를 외부에서 마음대로 변경하지 못하게 하는 것이다. 따라서 클래스 안에 변수를 선언할 때는 private를 붙이는 것이 좋다. private를 붙이게 되면 외부로부터의 접근이 차단된다. 클래스는 다음과 같이 설계하는 것이 좋다고 한다.

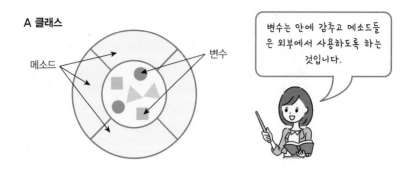

하지만 만약 클래스 안에 저장된 필드 값이 꼭 필요한 경우에는 어떻게 하면 좋을까? 이 경우에는 어떤 특수한 메소드가 있어서 이들 메소드가 데이터 값을 읽어 외부로 전달해주면 좋을 것이다. 필드와 관련된 두 가지의 종류의 메소드가 있다. 하나는 필드값을 반환하는 **접근자(getters)**이고 또 하나는 필드값을 설정하는 **설정자(setters)**이다. 이러한 메소드는 대개 get이나 set이 메소드 이름 앞에 붙여진다. 예를 들면 getBalance()는 접근자이고 setBalance()는 설정자이다.

접근자 메소드 또는
설정자 메소드

예를 들어서 은행 통장을 나타내는 Account 클래스를 작성해보자. 통장은 고객 이름, 잔고 등의 정보를 가지고 있다. 이 정보들을 보호해보자. 필드를 private로 선언하고 필드에 대하여 접근자와 설정자를 추가하여 보면 다음과 같다.

```
Account.java
01  public class Account {
02      private int regNumber;
03      private String name;
04      private int balance;
05
06      public String getName() {        return name; }
07      public void setName(String name) {        this.name = name;    }
08      public int getBalance() {        return balance;  }
09      public void setBalance(int balance) {    this.balance = balance;  }
10
11  }
```

필드가 모두 private로 선언되었다. 클래스 내부에서만 사용이 가능하다.

접근자와 설정자를 사용하고 있다.

```
12  public class AccountTest {
13    public static void main(String[] args) {
14        Account obj = new Account();
15        obj.setName("Tom");
16        obj.setBalance(100000);
17        System.out.println("이름은 " + obj.getName() + " 통장 잔고는 "
18              + obj.getBalance() + "입니다.");
19    }
20  }
```

실행 결과 이름은 Tom 통장 잔고는 100000입니다.

클래스 Account의 필드 name과 balance는 모두 private로 선언되었다. 이들 필드하고 연결된 설정자와 접근자도 정의하였다. 예를 들면 필드 balance에 대한 접근자는 getBalance()이고 설정자는 setBalance()이다. 필드가 private로 선언되어 있더라도 외부에서는 이 메소드들을 이용하면 불편 없이 필드의 값을 변경하거나 읽을 수 있다.

이클립스에서는 접근자와 설정자를 쉽게 만들 수 있는 기능이 내재되어 있다. [Sources] → [Generate Getters and Setters] 메뉴를 이용하면 원하는 필드를 선택하여서 자동으로 설정자와 접근자를 생성할 수 있다. **참고**

접근자와 설정자를 사용하는 이유

앞의 예제를 처음 본 사람들은 의아하게 생각한다. obj.balance=100000과 같이 객체의 필드에 바로 접근하는 것이 시간을 절약할 텐데 무엇 때문에 귀찮게 메소드를 통하여 변수에 간접적으로 접근하라고 강요하는 것일까? 아주 중요한 이유가 있다. 접근자와 설정자를 사용하여서 필드를 간접적으로 접근하는 것은 다음과 같은 이점이 있다.

- 접근자와 설정자를 사용해야만 나중에 클래스를 업그레이드할 때 편하다.
- 접근자에서 매개 변수를 통하여 잘못된 값이 넘어오는 경우, 이를 사전에 차단할 수 있다.
- 필요할 때마다 필드값을 동적으로 계산하여 반환할 수 있다.
- 접근자만을 제공하면 자동적으로 읽기만 가능한 필드를 만들 수 있다.

첫 번째 이유가 가장 중요하다. 예를 들어서 앞의 Account 클래스를 보자. 만약 Account 클래스의 멤버를 외부에서 마음대로 사용하고 있었다면 은행에서 통장의 구조를 변경하기 아주 어려울 것이다. 예를 들어 주민등록번호를 나타내는 필드인 regNumber를 외부에서 마음대로 사용하고 있었다면 주민등록번호 대신에 아이핀을 사용하도록 변경하는 것이 불가능할 것이다. 하지만 설정자나 접근자를 통하여 사용하고 있었다면 개발자는 안심하고 regNumber 변수를 iPin 변수로 변경할 수 있다.

설정자는 변수의 값을 변경하려는 외부의 시도를 주의 깊게 검사할 수 있다. 예를 들어서 시간의 값을 25시로 변경하는 시도는 거부되어야 한다. 또한 인간의 나이를 음수로 변경하려는 것도 거부되어야 한다. 예를 들어서 학생을 나타내는 Student 클래스의 필드 age를 변경한다고 가정하자. 만약 메소드를 통하지 않고 필드를 직접 조작하게 한다면 다음과 같은 잘못된 값이 변수에 들어갈 수 있다.

```
obj.age = -10;          // 학생의 나이가 -10?
```

따라서 다음과 같이 설정자를 사용하는 편이 여러모로 안전하다.

```java
public void setAge(int age)
{
   if( age < 0 )
      this.age = 0;
   else
      this.age = age;
}
```

중간점검

1. 필드의 경우, private로 만드는 것이 바람직한 이유는 무엇인가?
2. 필드를 정의할 때 아무런 접근 제어 수식자를 붙이지 않으면 어떻게 되는가?

Introduction to **JAVA Programming**

안전한 배열 만들기 | LAB

접근자와 설정자를 이용한 실제적인 예제를 작성해보자. 우리는 3장에서 배열에 대하여 학습하였다. 배열을 사용할 때 가장 위험한 점이 무엇이었는지 기억하는가? 우리는 인덱스(index)를 사용하여서 배열 요소에 접근한다. 만약 인덱스가 배열의 크기를 벗어나게 되면 실행 오류가 발생한다. 따라서 실행 오류를 발생하지 않는 안전한 배열을 작성하여 보자. 배열을 감싸는 클래스를 작성하고 배열 요소에 접근할 때, 접근자와 설정자를 사용하여서 인덱스의 값을 검사하여 안전한 값만 통과시키도록 하면 된다.

난이도: 상

주제
• 접근자와 설정자

<<SafeArra>>
-a[]: int
+lenght: int
+get(index: int):int
+put(index: int, value: int)

클래스 SafeArray에서는 put()이 설정자이다. 만약 put(index, value)로 잘못된 인덱스 값이 넘어오면 오류를 표시하고 배열로 전달하지 않는다. index를 검사하여서 length와 같거나 많으면 오류를 출력하면 된다.

SafeArray 클래스에 ArrayList 클래스처럼 append(item) 메소드를 추가할 수 있는가? append()는 배열의 맨 끝에 주어진 item을 추가하는 메소드이다.

도전문제

SafeArrayTest.java

```java
01  public class SafeArray {
02      private int a[];
03      public int length;
04
05      public SafeArray(int size) {
06          a = new int[size];
07          length = size;
08      }
09
10      public int get(int index) {
11          if (index >= 0 && index < length) {
12              return a[index];
13          }
14          return -1;
15      }
16
17      public void put(int index, int value) {
18          if (index >= 0 && index < length) {
19              a[index] = value;
20          } else
21              System.out.println("잘못된 인덱스 " + index);
22      }
23  }
24  public class SafeArrayTest {
25      public static void main(String args[]) {
26          SafeArray array = new SafeArray(3);
27
28          for (int i = 0; i < (array.length + 1); i++) {
29              array.put(i, i * 10);
30          }
31      }
32  }
```

> 설정자에서 잘못된 인덱스 번호를 차단할 수 있다.

실행 결과 잘못된 인덱스 3

만약 절차 지향 언어 경험만 있고 객체 지향 언어를 처음 사용한다고 가정하자. 객체 지향 프로그램을 올바르게 작성하기 위해서는 새로운 "객체 지향" 사고 과정을 이해하여야 한다. 만약 이 패러다임 전환이 일어나지 않으면 자바와 같은 객체 지향 언어를 사용하더라도 전혀 객체 지향적이지 않은 프로그램을 작성할 수 있다. 객체 지향적인 사고 과정과 설계 과정은 "객체 지향 분석 및 설계" 과목에서 본격적으로 다룬다. 이 책에서는 간단하게 살펴보도록 하자.

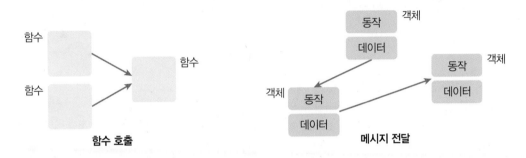

자바 입문자들이 항상 헷갈리는 것은 "무엇을 클래스로 정의해야 하는가?"이다. 물론 TV, 자동차와 같이, 실제 생활에서 사용되는 객체들은, 클래스로 작성하기가 비교적 쉽다. 하지만 프로그램 안에서는 실제 생활에는 사용되지 않는, 추상적인 객체들도 많이 존재한다. 예를 들어서 View나 Controller, Model과 같은 클래스도 사용된다. 무엇을 클래스로 정의해야 할까? 이것은 프로그램 개발 과정에서 이루어지는 "객체 지향 설계"와 깊은 관련이 있다.

요구 사항 문서

어떤 회사가 시스템 개발을 의뢰할 때는 작업 명세서를 개발 회사에 보낸다. 작업 명세서(statement of work)는 시스템을 설명하는 문서이다. 작업 명세서는 모든 사람에게 시스템에 대한 완전하고 높은 수준의 이해를 제공해야 한다. 작업 명세서를 바탕으로 요구 사항 문서 (problem requirements)를 작성한다. 요구 사항 문서는 시스템이 수행할 작업에 대해 설명한다. 요구 사항 문서는 기술적인 내용이 들어갈 필요는 없지만, 최종 제품에 대한 사용자 요구를 나타낼 수 있을 만큼 구체적이어야 한다. 설계 그룹이 이 문서를 사용하여 설계 단계를 진행할 수 있도록 구체적인 세부 정보를 제공해야 한다. 구체적인 예는 다음과 같다.

- 사용자는 다양한 송장(invoice)을 검색할 수 있도록 검색 옵션을 제공받아야 한다.

- 사용자는 모든 보고서를 관리자에게 메일로 보낼 수 있어야 한다.

- 사용자를 여러 개의 그룹으로 나눌 수 있으며 그룹마다 별도의 권한을 부여할 수 있어야 한다.

클래스 식별

요구 사항이 문서화되면 클래스 식별 과정을 시작할 수 있다. 요구 사항에서 클래스를 식별하는 한 가지 방법은 모든 "명사"를 표시하는 것이다. 사람, 장소, 사물과 같은 객체들이 표시될 수 있다. 처음부터 모든 클래스를 완벽하게 설계할 수는 없다. 객체 지향 설계는 점진적인 과정이다. 설계 과정의 단계에서 클래스가 제거될 수도 있고 클래스가 추가될 수도 있으며, 클래스가 변경될 수 있다. 프로그램 설계는 항상 반복적인 프로세스라는 사실을 잊지 말자.

예를 들어보자. 우리가 은행 업무 자동화를 맡았다고 하자. 은행 업무를 아주 간단하게 기술한 작업 명세서를 읽고 클래스의 후보를 생각하여 보자.

은행은 정기 예금 계좌와 보통 예금 계좌를 제공한다. 고객들은 자신의 계좌에 돈을 입금할 수 있으며 계좌에서 돈을 인출할 수 있다. 그리고 각 계좌는 기간에 따라 이자를 지급한다. 계좌마다 이자는 달라진다.

이 문서를 읽고 잠재적인 클래스 후보를 찾아보자. 참고로 문서에 등장하는 명사가 클래스의 후보가 된다. 위의 문서에서는 "은행", "정기 예금 계좌", "보통 예금 계좌", "고객", "계좌", "돈", "이자" 등이 클래스의 후보가 된다.

다음 단계는 우리에게 주어진 문제를 해결하는 데, 반드시 필요한 클래스만을 선별하는 과정이다. 예를 들어서 어떤 것은 다른 단어의 별칭인 경우도 있다. 예를 들어서 "아이디"와 "ID"는 동일하다. 또 어떤 단어는 다른 단어의 속성일 수 있다. 예를 들어서 계좌 번호는 계좌의 속성일 수 있다. 또 어떤 단어는 다른 클래스의 인스턴스일 수 있다. 예를 들어서 "S-CLASS"은 "Car"라는 클래스의 인스턴스로 간주하는 것이 더 적합하다. "S-CLASS"를 클래스로 작성하는 것은 아무래도 이상하다.

클래스의 속성 결정

다음 단계는 우리가 선별한 각 클래스들의 속성을 결정하는 것이다. 여기에는 클래스가 저장해야 하는 데이터를 결정하는 것이다. 예를 들어, 은행 계좌를 나타내는 Account 객체는 계좌 번호와 잔고가 반드시 있어야 할 것이다. 고객을 나타내는 Client 객체는 이름이나 주소, 아이디 등의 속성을 가질 수 있다.

클래스의 동작(책임) 결정

각 클래스가 수행해야 하는 작업을 식별한다. 예를 들어, 은행을 나타내는 Bank 클래스는 addAccount(), addClient()와 같은 작업이 필요하다. 계좌를 나타내는 Account 클래스는 deposit(), withdraw()와 같은 작업이 필요할 것이다. 이것들은 모두 클래스의 메소드가 된다. 데이터 구조나 알고리즘에 대해 생각하지 말자. 이러한 결정은 세부 설계 단계까지 남겨두는 것이 가장 좋다.

요구 사항 문서에서 "동사"에 해당되는 부분이 메소드가 되는 경우가 많다. 앞의 요구 사항 문서에서 "고객들은 자신의 계좌에 돈을 입금할 수 있으며 계좌에서 돈을 인출할 수 있다."라는 문장이 있다. 여기서 "입금한다", "인출한다"와 같은 동사는 deposit(), withdraw() 메소드로 매핑시킬 수 있다.

글래스 간의 관계를 결정한다.

대부분의 클래스는 단독으로 존재하지 않는다. 클래스가 특정한 동작을 수행할 수 있지만, 원하는 것을 얻기 위해서는 다른 클래스와 상호 작용해야 하는 경우가 많다. 여기에서 클래스 간의 메시지가 사용된다. 하나의 클래스는 다른 클래스가 가지고 있는 정보가 필요하거나 다른 클래스가 무언가를 해주기를 원하는 경우, 다른 클래스에 메시지를 보낼 수 있다.

이러한 클래스 간의 관계를 설정하는 부분은 객체 지향 설계에서 가장 어려운 부분이다. 개발자는 많은 결정을 내려야 한다. 가장 중요한 결정은 다음의 2가지이다.

- 상속(Inheritance)
- 구성(Composition)

우리는 아직 상속을 학습하지 않았다. 클래스와 클래스와의 관계는 6장 상속에서 자세히 설명하기로 하자.

UML

컴퓨터 프로그래밍 초기부터 사람들은 프로그램을 그림으로 표현하기를 좋아했다. 초기에는 절차적인 논리를 그림으로 표현하기 위하여 순서도(flow chart)를 그렸다. 순서도는 알고리즘을 작성하는 데는 좋았지만 너무 세부적이었다. 1970년대에 구조적인 프로그래밍이 유행하면서 프로그래머들은 프로그램의 전반적인 구조를 구조도(structure chart)로 그렸다. 구조도는 프로그램의 각 모듈 사이의 구조적인 관계를 나타낸다.

객체 지향 프로그래밍에서도 프로그래머들은 애플리케이션을 구성하는 클래스들 간의 관계를 그리기 위하여 클래스 다이어그램(class diagram)을 사용한다. 가장 대표적인 클래스 다이어그램 표기법은 **UML(Unified Modeling Language)**이다. 사실 UML은 클래스만을 그리는 도구는 아니고 객체 지향 설계 시에 사용되는 일반적인 모델링 언어라고 할 수 있다. UML을 사용하면 소프트웨어를 본격적으로 작성하기 전에 구현하고자 하는 시스템을 시각화하여 검토할 수 있다.

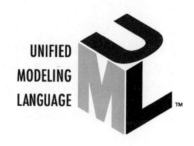

UML은 Rational Software의 Grady Booch, Ivar Jacobson, James Rumbaugh에 의하여 1994~ 1995년 걸쳐서 첫 번째 버전이 완성되었다. 1997년에 Object Management Group(OMG)에 의하여 표준으로 채택되었다. 2005년에는 International Organization for Standardization(ISO)에 의하여 ISO 표준으로 채택되었다.

UML의 구성 요소에는 클래스 다이어그램, 객체 다이어그램, 상태 다이어그램, 시퀀스 다이어그램 등과 같은 많은 다이어그램이 있다. 우리는 클래스 다이어그램에 대해서만 살펴볼 것이다.

각 클래스는 사각형으로 그려진다. 사각형은 반드시 클래스 이름을 포함하여야 한다. 사각형은 세 부분으로 나누어져 있다. 첫 번째 부분은 클래스의 이름이다. 중간 부분은 필드들이 나열되고 아래 부분에는 메소드들이 나열되어 있다. 예를 들어서 아래 그림은 자동차를 나타내는 Car 클래스를 UML로 그려본 것이다.

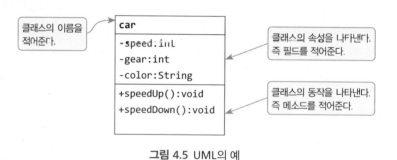

그림 4.5 UML의 예

필드에 대해서는 자료형을 표기할 수 있고, 메소드에 대해서는 매개 변수와 반환형을 표기할 수 있다. 필드의 자료형은 이름 뒤에 : 기호를 쓰고 자료형을 적으면 된다.

필드나 메소드의 이름 앞에는 **가시성 표시자(visibility indicator)**가 올 수 있다(아직 학습하지 않았다. 5장에서 설명한다). +는 public을, −는 private을 의미한다.

+	Public
−	Private
#	Protected
/	Derived (can be combined with one of the others)
~	Package

클래스 다이어그램에서는 화살표를 사용하여 클래스 간의 관계를 나타낼 수 있다. UML은 다양한 화살표를 사용한다. 용어들은 아직 학습하지 않은 것이다.

표 4.1 UML에서 사용되는 화살표의 종류

관계	화살표
일반화(generalization), 상속(inheritance)	⟶▷
구현(realization)	⤍▷
구성관계(composition)	⟶◆
집합관계(aggregation)	⟶◇
유향 연관(direct association)	⟶
양방향 연관(bidirectional association)	⟶
의존(dependency)	⤍>

중요한 클래스 관계에는 가장 일반적인 클래스 연결 관계인 연관(association), 전체와 부분을 나타내는 집합(aggregation), 다른 클래스의 코드를 상속받는 상속(inheritance), 하나의 클래스가 다른 클래스에 영향을 주는 의존(dependency)이 있다. 우리는 일단 "의존 관계" 하나만 알아보기로 하자.

의존 관계

점선의 열린 화살표는 의존을 나타낸다. 의존(dependency)이란 하나의 클래스가 다른 클래스를 사용하는 관계이다. 예를 들어서 CarTest 클래스는 Car 클래스의 객체를 생성하여 Car 클래스를 사용한다고 볼 수 있다. 따라서 아래와 같은 표시로 그릴 수 있다.

CarTest.java

```
01  public class CarTest {
02     public static void main(String[] args) {
03        Car myCar = new Car();
04        myCar.speedUp();
05     }
06  }
```

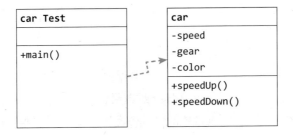

그림 4.6 Car 예제의 UML

참고 UML 다이어그램을 그리는 많은 도구들이 있다. 고성능이면서 값이 비싼 대표적인 도구는 IBM사의 Rational Rose(http://www.ibm.com/software/awdtools/developer/rose)일 것이다. 무료로 사용할 수 있는 도구도 많다. ArgoUML(http://argouml.tigris.org)이나 Violet(http://violet.sourceforge.net)이 대표적이다.

중간점검

1. 작업 명세서가 주어졌다고 하자. 클래스 후보는 어떻게 찾을 수 있는가?
2. 작업 명세서가 주어졌다고 하자. 메소드 후보는 어떻게 찾을 수 있는가?
3. TV를 나타내는 클래스를 정의하고 UML의 클래스 다이어그램으로 표현하여 보라.

Introduction to **JAVA Programming**

자동차 클래스 작성 LAB

자동차를 나타내는 클래스를 정의하여 보자. 예를 들어, 자동차 객체의 경우 속성은 색상, 현재 속도, 현재 기어 등이다. 자동차의 동작은 기어 변속하기, 가속하기, 감속하기 등이 있다. 이 중에서 다음 그림과 같은 속성과 동작만을 추려서 구현해보자.

난이도: 상

주제
• 클래스 작성 및 객체 생성

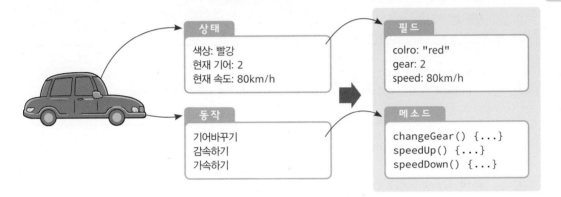

상 태	필 드
색상: 빨강 현재 기어: 2 현재 속도: 80km/h	colro: "red" gear: 2 speed: 80km/h

동 작	메 소 드
기어바꾸기 감속하기 가속하기	changeGear() {...} speedUp() {...} speedDown() {...}

```
Car [color=null, speed=10, gear=1]
```

추가적으로 toString() 메소드를 Car 클래스에 추가하여 보자. toString()에서는 필드의 값을 하나의 문자열로 만들어서 반환한다. 클래스가 toString()을 가지고 있으면 다음과 같은 문장으로 객체의 상태를 화면에 출력할 수 있다.

```
System.out.println(obj);
```

위의 프로그램에서 자동차 연비를 나타내는 속성을 추가하여 보자. 그리고 지정된 거리를 주행하는 데 필요한 연료의 양을 계산하는 메소드도 추가하여 보자. 자동차에 관련된 여러 가지 속성과 메소드를 추가해보자.

도전문제

Solution 자동차 클래스 작성

CarTest.java

```java
class Car {
    String color;  // 색상
    int speed;     // 속도
    int gear;      // 기어

    @Override
    public String toString() {
        return "Car [color=" + color + ", speed=" + speed + ", gear=" + gear + "]";
    }

    void changeGear(int g) {           gear = g;        }
    void speedUp() {             speed = speed + 10;    }
    void speedDown() {           speed = speed - 10;    }
}

public class CarTest {
    public static void main(String[] args) {

        Car myCar = new Car();
        myCar.changeGear(1);
        myCar.speedUp();
        System.out.println(myCar);
    }
}
```

> toString() 메소드는 이클립스에서 자동으로 생성시킬 수 있다. [Source] → [Generate toString()...] 메뉴를 사용해보자.

실행 결과

```
Car [color=null, speed=10, gear=1]
```

Introduction to **JAVA Programming**

은행 계좌 클래스 작성 　LAB

은행 계좌를 클래스로 정의하여 보자. 먼저 잔액은 변수 balance로 표시한다. 예금 입금은 deposit() 메소드로, 예금 인출은 withdraw() 메소드로 나타내면 된다.

난이도: 상

주제
· UML

BankAccount
-owner : string
-accountNumber : int
-balance : int
+deposit()
+withdraw()

BankAccount.java

```java
01  class BankAccount { // 은행 계좌
02      int accountNumber; // 계좌 번호
03      String owner; // 예금주
04      int balance; // 잔액을 표시하는 변수
05
06      void deposit(int amount) { // 저금    balance += amount;   }
07      void withdraw(int amount) { // 인출    balance -= amount;   }
08      public String toString(){
09          return "현재 잔액은 " + balance + "입니다.";
10      }
11  }
12
13  public class BankAccountTest {
14      public static void main(String[] args) {
15          BankAccount myAccount = new BankAccount();
16          myAccount.deposit(10000);
17          System.out.println(myAccount);
18          myAccount.withdraw(8000);
19          System.out.println(myAccount);
20
21      }
22  }
```

실행 결과

현재 잔액은 10000입니다.
현재 잔액은 2000입니다.

LAB 윈도우 생성해보기

난이도: 상

주제
• 기작성된 클래스의 객체 만들기

우리는 앞에서 클래스를 정의하고 객체를 생성해보았다. 이것만 가지고도 상당한 작업을 할 수 있다. 우리가 학습한 지식을 바탕으로 여러 개의 윈도우를 생성해보자. 객체 지향 방법을 사용하면 윈도우를 훨씬 쉽게 생성할 수 있다.

자바에서 윈도우를 나타내는 클래스는 JFrame이다. 윈도우를 만들 때 가장 힘든 작업이 윈도우의 기본 값들을 설정하는 부분이다. 객체 지향 방법에서는 "생성자" 개념이 있어서 이 부분이 아주 쉽게 가능하다. 개발자가 아무 것도 설정하지 않아도 생성자에서 기본값으로 설정된다.

화면에 윈도우 하나를 표시하는 코드를 살펴보자. 어렵지 않다. new를 사용하여서 JFrame 객체를 생성해주면 화면에 윈도우가 하나 표시된다.

```
FrameTest.java

01  import javax.swing.*;              ❶ javax.swing이라는 패키지
02                                        안의 모든 클래스를 읽어들인다.
03  public class FrameTest {
04      public static void main(String[] args) {
05          JFrame f = new JFrame("Frame Test");    ❷ JFrame 클래스의 객체를 생
06                                                      성하고, 생성자를 호출한다.
07          f.setSize(300, 200);
08          f.setVisible(true);
09      }                             ❸ JFrame 클래스의 메소드를
10  }                                    호출한다.
```

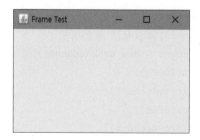

1. javax.swing은 GUI에 관련된 클래스들을 모아 놓은 패키지이다. 패키지 안의 모든 클래스를 포함하는 문장이다.

2. JFrame은 윈도우를 나타내는 클래스이다. new를 이용하여 객체를 생성하면서 생성자를 호출하고 있다. 생성자가 받는 것은 윈도우의 제목이다.

3. JFrame 클래스가 가지고 있는 메소드들을 호출하고 있다. set이 앞에 붙은 메소드는 설정자이다. setSize(width, height)은 윈도우의 크기를 설정한다. setVisible(boolean b)은 윈도우를 나타나게 하거나 보이지 않게 한다.

윈도우를 2개 생성하여 경주를 시켜보자. 화면의 왼쪽에서 출발하여서 화면의 오른쪽으로 진행한다. 난수만큼 윈도우의 위치를 변경하는 작업을 반복한다.

Mini Project · 주사위 게임

난이도: 상

주제
- 여러 개의 객체 생성

주사위를 Dice 클래스로 모델링한다. Dice 클래스는 주사위면(face)을 필드로 가지고 있고 roll(), getValue(), setValue() 등의 메소드를 가지고 있다. 생성자에서는 주사위면을 0으로 초기화한다. 이번 미니 프로젝트에서는 Dice 클래스를 이용하여 주사위 게임을 작성해보자.

하나의 예는 다음과 같다. 2개의 주사위 객체를 생성하여서 주사위를 반복하여 던진다. 두 주사위 값의 합이 2가 되면 반복을 종료하고 2가 나오는데 걸린 횟수를 화면에 출력한다.

```
주사위1= 5 주사위2= 5
주사위1= 3 주사위2= 4
주사위1= 1 주사위2= 1
(1, 1)이 나오는데 걸린 횟수= 3
```

```java
public class Dice {
    private int value;

    public Dice() {
        value = 0;
    }
    ...
}
```

Introduction to **JAVA Programming**

Summary

- 객체 지향 방법은 실세계가 객체로 구성되어 있는 것처럼 소프트웨어도 객체로 구성하는 방법론이다.

- 절차 지향은 함수를 사용하여 프로그램을 작성하는 방법이다. 함수는 재사용하기가 어렵다.

- 객체 지향을 이루고 있는 핵심적인 개념에는 "캡슐화", "상속", "다형성", "추상화" 등이 있다.

- 캡슐화는 객체의 속성과 동작을 하나로 묶는 것을 의미한다. 내부 구현을 알 수 없게 은닉하는 것도 캡슐화에 포함된다.

- 상속은 다른 클래스를 재사용하는 강력한 방법이다.

- 객체는 속성과 동작으로 정의된다. 프로그램에서는 속성은 필드로, 동작은 메소드로 구현된다.

- 클래스는 필드와 메소드로 구성된다.

- 자바에서는 new를 사용하여 객체를 생성한다.

- 객체를 생성하기 전에 반드시 객체를 참조하는 변수를 먼저 선언하여야 한다.

- 메소드 오버로딩이란 이름은 동일하지만 매개 변수가 다른 메소드를 여러 개 정의하는 것이다.

- 생성자는 객체가 생성될 때, 초기화 작업을 담당하는 특별한 메소드이다.

- this는 현재 객체를 가리키는 참조 변수이다.

- this()는 생성자에서 다른 생성자를 호출할 때 사용된다.

- 접근 제어란 외부에서 내부 구현을 알 수 없게끔 감추는 것이다. private, public 등의 키워드를 사용한다.

1. 하나의 자바 파일에 2개의 public 클래스를 넣을 수 있는가?

   ❶ True   ❷ False

2. 객체 지향 프로그래밍의 핵심 개념을 전부 골라보자.

   ❶ 추상화   ❷ 상속   ❸ 인터페이스

   ❹ 다형성   ❺ 제네릭

3. 다음 코드의 출력은?

```java
class Simple {  int i;    }
```

```java
public class SimpleTest {
   public static void main(String args[]) {
      Simple obj;
      System.out.println(obj.i);
}
```

   ❶   0   ❷ 쓰레기값   ❸ 컴파일 오류   ❹ 실행 오류

4. 다음과 같이 클래스가 정의되어 있다고 가정하자. 이 클래스의 객체를 생성하고 필드를 10과 1.2345로 초기화하며 각 필드의 값을 출력하는 코드를 작성하라.

```java
public class NumberBox {
   public int ivalue;
   public float fvalue;
}
```

5. 다음은 메소드 오버로딩을 이용한 코드이다. 어떤 문제가 있을 수 있는가?

```java
class Test {
   int sub(int x) {  return 0; }
   double sub(int x) {  return 0.0; }
}
```

6. 2개의 정수의 합을 구하는 sum()과 3개의 정수의 합을 구하는 sum()을 메소드 오버로딩을 이
   용하여 정의하라.

```
class Calculation {
   // 여기에 정의한다.
   public static void main(String args[]){
      Calculation obj=new Calculation();
      obj.sum(10,20,30);
      obj.sum(10,20);
   }
}
```

7. 다음 클래스에 생성자를 추가해보자. name은 반드시 전달되어야 한다. id가 전달되지 않으면
   0이라고 가정한다.

```
public class Student {
   int id;
   String name;
}
```

8. 다음 코드에는 어떤 문제점이 있을 수 있는가? 올바르게 수정해보자.

```
public class Book {
   String title;
   String author;
   public Book(title, author){
      title = title;
      author = author;
   }
}
```

9. 다음의 코드에서 잘못된 부분은 어디인가? 접근자와 설정자를 이용하여 올바르게 수정해보자.

```
public class Number {
   private int number;
}
public class NumberTest {
   public static void main(String[] args) {
      Number obj = new Number();
      obj.number = 100;
   }
}
```

10. 다음은 영화를 나타내는 Movie 클래스이다. 질문에 답하라.

```
public class Movie {
   private String title, director, actors;
}
```

(a) 각 필드에 대한 접근자와 설정자를 작성하여 보라.

(b) Movie 클래스를 UML로 그려보자. 메소드도 포함시킨다.

(c) Movie 클래스를 작성하여 보라.

(d) Movie 객체를 하나 생성하고, 생성된 객체의 title 속성을 "Transformer"로 변경하여 보자.

Programming

1. 로켓을 나타내는 Rocket 클래스를 작성하고 테스트해보자. Rocket 클래스는 다음과 같은 필드와 메소드를 가진다.

난이도: 상

주제
• 클래스 작성 및 객체 생성

구분	속성	설명
필드	x, y	현재 로켓의 위치
메소드	Rocket(x, y)	생성자 메소드
	toString()	로켓 정보를 문자열로 변환하는 메소드
	moveUp()	로켓의 y좌표가 1만큼 증가

2. Person이라는 클래스를 작성하고 테스트해보자. Person 클래스는 다음과 같은 필드와 메소드를 가진다.

난이도: 상

주제
• 클래스 작성 및 접근 제어

구분	속성	설명
필드	name	이름
	mobile	핸드폰 번호(private)
	office	직장 전화번호(private)
	email	이메일 주소(private)
메소드	Person(n, m, o, e)	생성자 메소드
	toString()	삼각형의 정보를 문자열로 변환하는 메소드
	setName(), getName(), ...	각 속성에 대한 접근자와 설정자 메소드

3. 노래 한곡을 나타내는 클래스 Song을 작성하고 테스트해보자. Song 클래스는 다음과 같이 정의되고 사용된다. this()도 사용해보자.

난이도: 상

주제
• 다중 생성자

구분	속성	설명
필드	title	노래의 제목
	artist	가수
	length	곡의 길이(단위: 초)

```java
class SongTest    {
   public static void main(String[] args)           {
      Song s1 = new Song("Outward Bound", "Nana", 180);
      Song s2 = new Song("Jambalya", "Carpenters");
      Song s3 = new Song("Yesterday");
      Song s4 = new Song();
   }
}
```

난이도: 상

주제
• 다중 생성자

4. 강아지를 나타내는 Dog이라는 이름의 클래스를 설계한다. Dog 클래스는 다음과 같은 필드를 가져야 한다.

구분	속성	설명
필드	name	강아지의 이름, 전용 멤버
	breed	강아지의 종류, 예를 들면 "요크셔테리어", 공용 멤버
	age	강아지의 나이, 전용 멤버
메소드	toString()	삼각형의 정보를 문자열로 변환하는 메소드
	Dog(name, age)	강아지의 이름과 나이를 초기화
	Dog(name, breed, age)	강아지의 이름, 종류, 나이를 초기화
	barking()	짖음

```
(york, 1, orange)
barking()
```

난이도: 상

주제
• 클래스 작성 및
  객체 생성

5. 학생을 나타내는 클래스 Student를 만들어보자. 학생은 이름(name)과 학번(rollno), 나이를 가진다. 학번은 private로 선언해보자. Student 클래스를 작성하고 객체를 생성하여 테스트하라.

```
학생의 이름: Kim
학생의 학번: 0001
학생의 나이: 20
Student 객체가 생성되었습니다.
```

난이도: 상

주제
• 메소드 오버로딩

6. 날짜를 나타내는 클래스 Date를 만들어보자. Date는 연도, 월, 일 등의 속성을 가지며, 날짜를 "2012.7.12"과 같이 출력하는 메소드 print1(), 날짜를 "July 12, 2012"와 같이 출력하는 print2() 등의 메소드를 가진다. Date 클래스를 작성하고 객체를 생성하여서 테스트하라.

```
2022.9.5
```

난이도: 중

주제
• 클래스 작성 및 객
  체 생성

7. 영화 Movie 클래스를 정의하여 보자. Movie 클래스는 영화 제목, 평점, 감독, 발표된 연도 등의 필드를 가진다. 영화의 모든 정보를 문자열로 요약하여 반환하는 toString() 메소드를 구현하라. Movie 클래스를 작성하고 객체를 생성하여서 테스트하라.

```
제목: 티파니에서 아침을
감독: 블레이크 에드워즈
연도: 1962
주연배우: 오드리 헵번
평점: 8.43
```

클래스와 객체 II

▶ 다음과 같은 작업들을 수행하는 방법을 알고 있나요? 이번 장에서 함께 알아봐요.

> 1. 객체가 언제 생성되고 언제 소멸되는지를 설명할 수 있나요?
> 2. 가비지 컬렉터의 역할을 설명할 수 있나요?
> 3. 객체가 메소드에 전달되는 메커니즘을 설명할 수 있나요?
> 4. 정적 멤버를 선언하고 사용할 수 있나요?

➕ 학습목차
5.1   객체의 생성과 소멸   5.3   정적 멤버
5.2   인수 전달 방법   5.4   객체 배열

이 세상에 영원한 것은 없다. 객체도 생성되어서 사용되다가 사용이 끝나면 파괴된다. 객체의 일생은 객체를 참조하는 변수와 밀접한 관련이 있다. 자세히 살펴보자.

객체의 생성   객체의 사용   객체의 파괴

그림 5.1 객체의 일생

참조 변수와 대입 연산

기초 변수와 참조 변수는 대입 연산에서 상당히 다르게 동작한다. 기초 변수의 값을 다른 변수에 대입하게 되면 변수의 값이 복사된다. 즉 등호의 오른쪽 변수의 값이 복사되어서 왼쪽 변수로 대입된다.

```
int x = 10, y = 20;
y = x;          // x의 값이 y로 대입된다.
```

참조 변수의 경우에는 상황이 약간 복잡해진다. 예를 들어서 다음과 같은 문장을 생각해보자.

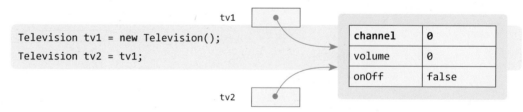

언뜻 보기에 tv1과 tv2는 서로 다른 객체를 참조하는 것 같지만 실제로는 동일한 객체를 참조하게 된다. tv1을 tv2에 대입하는 것은 tv1에 저장된 참조값을 tv2로 복사하는 것이다. 따라서 동일한 참조값이 tv2로 복사된다. 다음과 같은 문장을 추가로 실행한다고 하자.

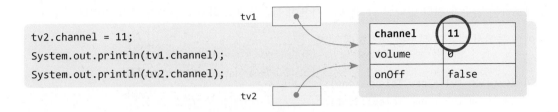

```
tv2.channel = 11;
System.out.println(tv1.channel);
System.out.println(tv2.channel);
```

화면에는 동일한 값인 11이 출력된다.

일반적으로는 하나의 객체를 2개의 참조 변수가 가리킬 필요는 없다. 하지만 객체가 메소드로 전달되는 경우에는, 참조값이 전달되기 때문에 여러 개의 참조 변수가 하나의 객체를 가리키는 일이 발생한다. 이것은 다음 절에서 좀 더 상세하게 설명하도록 하자.

객체의 소멸과 가비지 컬렉션

자바에는 객체를 생성하는 연산자는 있지만, 객체를 삭제하는 연산자는 없다. 다른 언어에서는 프로그래머가 직접 객체의 삭제를 책임져야 한다. 예를 들어 C++ 언어에서는 delete 연산자를 실행하면 객체가 삭제된다. 그렇다면 자바에서는 객체들을 삭제할 필요가 없는 것일까? 객체들은 상당한 메모리를 차지하고 있기 때문에, 사용이 종료된 객체는 삭제해야 한다. 자바에서 객체들은 new 연산자에 의하여 **히프 메모리(heap memory)**에서 할당된다. 히프 메모리는 JVM이 가지고 있는 가용 메모리를 가리킨다. 메모리는 무한하지 않기 때문에 히프 메모리는 언제든지 고갈될 수 있다. 따라서 JVM에서 사용되지 않는 객체들을 삭제하여 메모리를 확보하는 것이 필요하다.

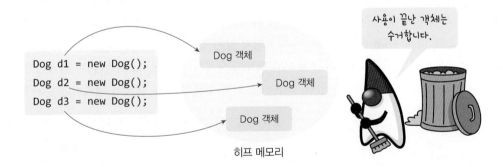

히프 메모리

하지만 자바에는 삭제 연산자가 없다. 자바에서는 자동 메모리 삭제 시스템을 사용하는데 이것을 **가비지 컬렉션(garbage collection)**이라고 한다. "가비지"는 쓰레기를 뜻하는 단어이므로, 가비지 컬렉션은 쓰레기 수거라는 의미가 된다. 이것은 개발자를 위한 것이다. 개발자가 자신이 할당받은 동적 메모리를 기억하고 있다가 사용이 끝나면 반환하는 것은 상당히 번거롭고 귀찮은 일이다. 따라서 자동으로 메모리를 삭제해주는 것은 자바의 장점이 된다. 하지만 뭐든지 반대 급부가 있기 마련이다. 이것 때문에 자바의 속도가 느려진다고 불평하는 개발자들도 있다.

자바의 가비지 컬렉션은 자동으로 이루어진다. 그러면 어떻게 가비지 컬렉션은 객체가 사용되지 않는지를 파악하는 것일까? 모든 객체는 참조 변수를 통해야만 사용할 수 있다. 만약 어떤 객체를 참조하는 변수가 전혀 없다면 그 객체는 사용이 불가능하고 따라서 없애도 좋은 것이다.

예를 들어서 다음의 문장을 생각하여 보자.

```
Television tv1 = new Television();
Television tv2 = new Television();
tv2 = tv1;
```

tv2가 가리키고 있었던 객체는 위의 코드가 실행된 후에는 아무도 참조하지 않게 되어서 더는 아무도 접근할 수 없다. 따라서 이 객체는 가비지 컬렉션의 후보가 된다.

가비지 컬렉션

가비지 컬렉터(Garbage Collector)는 히프 메모리에서 더 이상 필요 없는 객체를 찾아 지우는 작업을 한다. 아무리 메모리 용량이 큰 컴퓨터라고 하여도 한계가 있기 때문에 히프 메모리가 부족해지면 자바 가상 기계는 가비지 컬렉터를 수행하게 된다. 가비지 컬렉터가 수행되면 가비지 컬렉터를 제외한 나머지 자바 애플리케이션은 모든 동작을 멈춘다. 가비지 컬렉터가 작업을 완료한 이후에 중단한 작업을 다시 시작한다. 이것은 자바의 성능이 큰 영향을 끼친다. 사용자는 잠시 컴퓨터 서비스가 중단되는 것처럼 느낄 것이다. 고급 자바 개발자가 되기 위해서는 가비지 컬렉터에 대해서도 알아야 한다.

가비지 컬렉터는 JVM의 중요한 부분이다. JVM 중에서 가장 대표적인 것은 오라클사의 HotSpot이다. HotSpot은 많은 가비지 컬렉션 옵션을 제공한다(4개의 가비지 컬렉터가 있다). HotSpot에는 다양한 사용 사례에 최적화된 여러 가비지 컬렉터가 있지만, 모든 가비지 컬렉터는 동일한 기본 프로세스를 따른다. 첫 번째 단계에서 참조되지 않은 객체가 식별되고 가비지 수집 준비가 된 것으로 표시된다. 두 번째 단계에서는 표시된 객체가 삭제된다. 선택적으로 가비지 컬렉터가 객체를 삭제한 후 메모리를 압축할 수 있다. 히프 메모리를 압축하면 새 객체에 메모리를 순차적으로 할당하기가 더 쉽다.

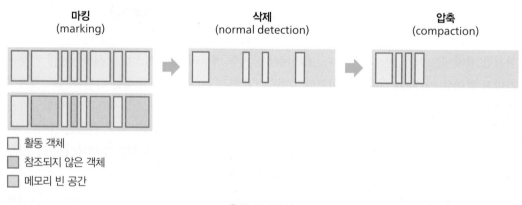

마킹
(marking)

삭제
(normal detection)

압축
(compaction)

☐ 활동 객체
☐ 참조되지 않은 객체
☐ 메모리 빈 공간

출처: 오라클사

HotSpot의 가비지 컬렉터는 객체를 연령별로 분류하는 세대별 가비지 수집 전략을 구현한다. 세대별 가비지 컬렉션의 근거는 대부분의 객체가 수명이 짧고, 생성 후 금방 가비지 컬렉션의 대상이 된다는 것이다. 일부 프로그래머는 주로 제어 및 성능의 이유로 가비지 컬렉션보다 수동 메모리 관리를 선호한다. 하지만 가비지 컬렉션은 인기 있는 프로그래밍 언어의 표준 구성 요소이다. 가비지 컬렉터가 성능에 부정적인 영향을 미치는 경우를 방지하기 위하여 자바는 가비지 컬렉터를 조정하는 여러 옵션을 제공한다.

가비지 컬렉션 요청

개발자는 System 객체의 gc() 메소드를 호출하여서 가비지 컬렉션을 요청할 수 있다. 하지만 앞에서 이야기한 바와 같이 가비지 컬렉터가 수행되면 모든 다른 애플리케이션이 멈추기 때문에 가비지 컬렉터의 실행 여부는 전적으로 JVM이 판단한다.

```
System.gc();            // 가비지 컬렉션 요청
```

자바의 가비지 컬렉션에 대해 이해해야 하는 가장 중요한 점 중 하나는 이것이 비결정적이며 런타임에 가비지 수집이 발생할 때를 예측할 방법이 없다는 것이다. System.gc() 또는 Runtime.gc() 메소드를 사용하여 가비지 컬렉터를 실행하는 코드에 힌트를 줄 수는 있지만 가비지 컬렉터가 실제로 실행된다는 보장은 없다. 자바 가비지 컬렉션을 조정하는 가장 좋은 방법은 JVM을 실행할 때 플래그를 설정하는 것이다. 예를 들어서 사용할 가비지 컬렉터, 힙 메모리의 초기 및 최대 크기, 힙 메모리 섹션의 크기(예: Young Generation, Old Generation) 등을 조정할 수 있다. 예를 들어서 "Parallel Garbage Collector"를 사용하려면 다음과 같이 JVM을 실행한다.

```
C> java -XX:+UseParallelGC -jar Application.java
```

중간점검

1. 다음의 코드를 수행할 때, JVM 안에서 발생하는 일을 설명해보자.

```
String a = new String("Hello");

String b, c;

b = a; c = a;
```

2. C++의 수동 메모리 관리와 비교하여 자바의 가비지 컬렉션 방법의 장단점은 무엇인가?

3. 다음 코드의 어디에서 가비지 컬렉션이 발생할까?

```
String a = new String("Hello");

String b = new String("World");

a = b;
```

5.2 | 인수 전달 방법

메소드를 호출할 때, 우리는 메소드(함수)로 데이터(인수)를 전달할 수 있다. 자바에서 메소드로 인수가 전달되는 방법은 기본적으로 **"값에 의한 호출(call-by-value)"**이다. 값에 의한 호출에서는 인수의 값이 복사되어 매개 변수로 전달된다. 하지만 전달되는 인수가 객체인 경우에는 주의할 점이 있다. 이것을 정확히 이해하고 있어야 자신 있게 자바 프로그램을 작성할 수 있다.

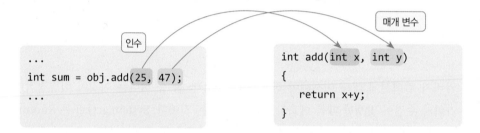

기초형 값이 전달되는 경우

전달하는 인수가 int나 double 같은 기초형 변수인 경우에는 호출자가 전달하는 인수의 값이 매개 변수로 복사된다. 즉 "값에 의한 호출" 방식으로 전달된다. 인수의 복사본이 만들어지고 매개 변수를 변경하여도 메소드 외부에 있는 인수에 영향을 주지 않는다.

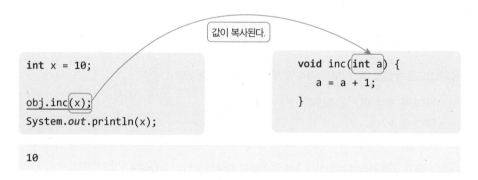

실행 결과에서도 알 수 있듯이 inc() 메소드 안에서 매개 변수 a의 값을 변경하여도 원본 변수 x에는 영향을 주지 않는다.

객체가 전달되는 경우

객체를 메소드로 전달하게 되면 어떻게 될까? 이것을 확실하게 이해하여야 자바 코드를 올바르게 이해할 수 있다. 우리가 객체를 메소드로 전달하게 되면 객체 자체가 복사되어 전달되는 것이 아니고 객체의 참조값만 복사되어서 전달된다. 참조 변수는 참조값(주소)을 가지고 있다. 참조값이 매개 변수로 복사되면 메소드의 매개 변수도 동일한 객체를 참조하게 된다. 따라서 매개 변수를 통하여 객체의 내용을 변경하게 되면 인수가 가리키는 객체도 변경된다.

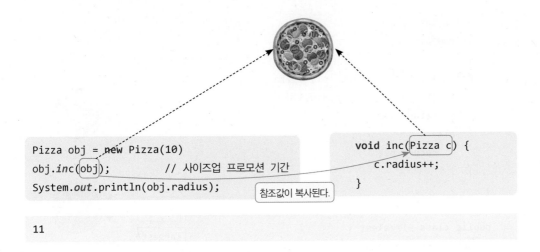

```
Pizza obj = new Pizza(10)
obj.inc(obj);              // 사이즈업 프로모션 기간
System.out.println(obj.radius);
```
참조값이 복사된다.

```
void inc(Pizza c) {
    c.radius++;
}
```

11

위의 그림에서 obj에 저장된 것은 객체가 아니라 객체의 참조값이다. 실행 결과에서 확인힐 수 있듯이 inc() 안에서 객체를 변경하면 원본 객체도 변경된다. 메소드가 객체를 반환할 때도 객체가 통째로 반환되는 것이 아니라 객체의 참조값만 반환된다. 간단한 예제로 살펴보자.

예제 5-1 피자 크기 비교하기

피자 객체 2개를 받아서 더 큰 피자 객체를 반환하는 메소드 Pizza whosLargest(Pizza p1, Pizza p2)를 작성하고 테스트하라.

PizzaTest.java

```
01  class Pizza {
02     int radius;
03
04     Pizza(int r) {
05        radius = r;
06     }
07     Pizza whosLargest(Pizza p1, Pizza p2) {
08        if (p1.radius > p2.radius)
09           return p1;
10        else
11           return p2;
12     }
13  }
14
15  public class PizzaTest {
16     public static void main(String args[]) {
17        Pizza obj1 = new Pizza(14);
18        Pizza obj2 = new Pizza(18);
19
20        Pizza largest = obj1.whosLargest(obj1, obj2);
21        System.out.println(largest.radius + "인치 피자가 더 큼.");
22     }
23  }
```

실행 결과 18인치 피자가 더 큼.

whosLargest() 메소드는 2개의 Pizza 객체를 받아서 더 큰 반지름을 가진 Pizza 객체를 반환한다. 메소드가 Pizza 객체를 받고 Pizza 객체를 반환하지만 실제로 오가는 것은 객체의 참조값(주소값)이다. 실제 객체가 오가는 것은 아니다. 이 점을 확실하게 이해하여야 나중에 혼동이 일어나지 않는다. 그리고 메소드 안에서 피자의 반지름을 변경하면 원본 피자도 변경된다.

배열이 전달되는 경우

배열을 받아서 처리하는 메소드는 상당히 자주 등장한다. 예를 들어서 배열의 원소들을 출력하는 메소드나 배열 원소들의 평균을 구하는 메소드가 있을 수 있다. 이들 메소드는 모두 배열을 매개 변수로 받아야 한다. 만약 배열 원소가 메소드로 전달된다면 이것은 다른 변수들과 다르지 않다. 즉 값이 복사되어서 전달된다. 그러나 배열 전체가 전달된다면 상황은 달라진다. 배열도 객체이기 때문에 배열을 전달하는 것은 배열 참조 변수를 복사하는 것이다.

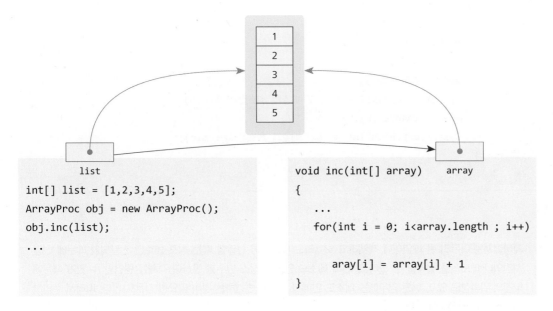

자바에서는 배열도 객체이다. 따라서 배열이 전달되는 경우에도 객체가 전달되는 것과 동일하게 처리된다. 즉 배열이 전달되는 것이 아니라 배열을 가리키는 참조값이 복사되고 메소드에서 매개 변수를 통하여 배열을 변경하면 원본 배열이 변경된다.

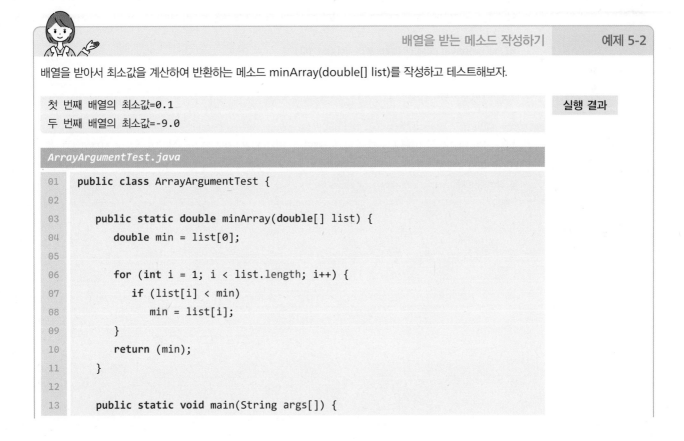

배열을 받는 메소드 작성하기   예제 5-2

배열을 받아서 최소값을 계산하여 반환하는 메소드 minArray(double[] list)를 작성하고 테스트해보자.

```
첫 번째 배열의 최소값=0.1
두 번째 배열의 최소값=-9.0
```
실행 결과

ArrayArgumentTest.java

```java
01  public class ArrayArgumentTest {
02
03     public static double minArray(double[] list) {
04        double min = list[0];
05
06        for (int i = 1; i < list.length; i++) {
07           if (list[i] < min)
08              min = list[i];
09        }
10        return (min);
11     }
12
13     public static void main(String args[]) {
```

```
14          double[] a = { 1.1, 2.2, 3.3, 4.4, 0.1, 0.2 };
15          double[] b = { -2.0, 3.0, -9.0, 2.9, 1.5 };
16
17          double min;
18
19          min = minArray(a);
20          System.out.println("첫 번째 배열의 최소값=" + min);
21          min = minArray(b);
22          System.out.println("두 번째 배열의 최소값=" + min);
23      }
24  }
```

자바에서는 아무리 큰 배열이나 객체라고 하더라도 메소드에 전달할 때는 참조 변수만 전달되기 때문에 전달 시간이나 메모리를 절약할 수 있다. 반면에 메소드 안에서 참조 변수를 통하여 객체를 변경할 수 있기 때문에 약간의 위험성도 있고, 어떤 경우에는 메소드 안에서 객체를 변경하는 것이 필요한 경우도 많다. 따라서 주의하여 현명하게 사용하면 된다.

중간점검

1. 객체를 메소드에 전달하면 무엇이 전달되는가? 메소드 안에서 객체를 변경하면 전달된 객체가 변경되는가?
2. whosLargest() 메소드를 다음과 같이 변경하면 원본 객체에 영향을 끼치는가?

```
Pizza whosLargest(Pizza p1, Pizza p2) {
    p1 = new Pizza(30);
    return p1;
}
```

3. "피자 크기 비교하기" 예제에서 작은 피자 2개와 큰 피자 1개의 면적을 비교하는 메소드를 작성해보자. 즉 20cm 피자 2개를 주문하는 게 나을지, 아니면 30cm 1개를 주문하는 것이 나을지를 결정해 주는 메소드를 작성해보자.

프로그램을 작성하다보면 여러 개의 객체가 하나의 변수를 공유해야 되는 경우가 있다. 이러한 멤버를 **정적 멤버(static member) 또는 클래스 멤버(class member)**라고 한다. 필드를 정의할 때 앞에 static을 붙이면 정적 멤버가 된다. 그리고 메소드 앞에 static을 붙이면 정적 메소드가 된다. 이외에도 static 키워드는 자바에서 다양하게 사용된다. 앞으로 하나씩 살펴보도록 하자.

정적 멤버

쉐어하우스에서는 개인적인 공간인 침실은 각자 소유하지만 주방이나 화장실은 공유한다.

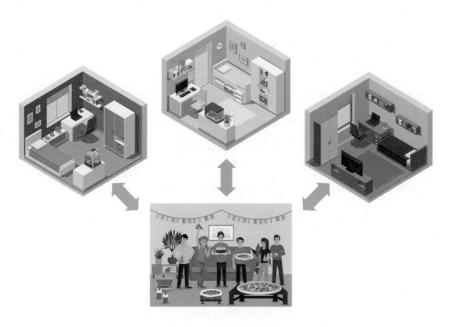

프로그램에서도 객체들마다 개별적으로 소유해야 하는 멤버들도 있고, 객체들이 공유하는 멤버도 있다. 이제까지의 멤버들은 모두 객체마다 별도로 소유하였다. 이것을 인스턴스 멤버라고 한다. 반면에 객체들은 하나의 멤버를 다른 객체와 공유할 수도 있다. 이것을 정적 멤버라고 한다.

인스턴스 멤버 vs 정적 멤버

클래스의 멤버는 인스턴스 멤버와 정적 멤버로 나누어진다. 동일한 클래스를 이용하여 많은 객체들이 생성될 때 각각의 객체(인스턴스)들은 자신만의 필드를 가진다. 이들 필드는 인스턴스마다 별도로 생성되기 때문에 **인스턴스 변수(instance variable)**라고도 한다. 그림 5.1의 Television 클래스에서 channel, volume, onOff는 모두 인스턴스 변수이다. 각 객체는 이들 변수에 대하여 독립적인 기억 공간을 가지고 있으며 각기 다른 값을 가질 수 있다.

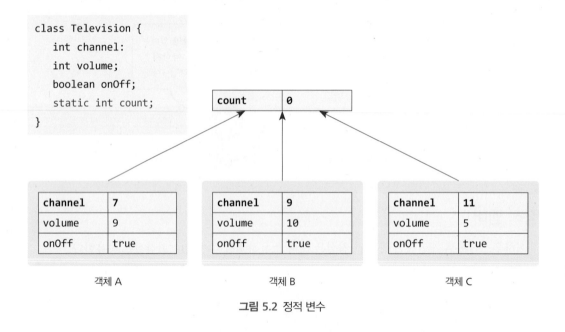

그림 5.2 정적 변수

정적 변수(class variable)는 클래스당 하나만 생성되는 변수이다. 정적 변수를 만들려면 변수를 정의할 때 앞에 static을 붙이면 된다. 위의 코드에서 변수 count 앞에는 static이 붙어 있으므로 정적 변수이다. 정적 변수는 하나의 클래스에 하나만 만들어지고 동일한 클래스로 생성된 모든 객체들은 하나의 정적 변수를 공유한다. 정적 변수는 객체 없이도 사용이 가능하다. 정적 멤버를 사용하려면 단순히 클래스 이름 뒤에 점 연산자(.)를 붙이면 된다.

예를 들어서 Television 클래스의 정적 멤버 count에 100을 대입하려면 다음과 같은 문장을 사용한다.

```
Television.count = 100;
```

객체가 있다면 객체의 이름을 통해서도 접근이 가능하다.

```
Television obj = new Television();
obj.count = 100;
```

정적 변수의 생성 시기

정적 변수는 객체의 생성과는 상관없이 클래스가 자바 가상 기계에 적재되는 순간 생성된다. 객체
가 사라져도 정적 변수는 없어지지 않는다. 정적 변수는 프로그램이 종료되어야 비로소 소멸된다.
반면에 인스턴스 변수는 객체가 생성되어야 비로소 만들어진다. 또한 객체가 소멸되면 인스턴스
변수도 없어진다. 인스턴스 변수는 객체 생성 후에만 사용이 가능하다.

| 정적 변수 사용하기 | 예제 5-3 |

어떤 가게에서 하루에 판매되는 피자의 개수를 알고 싶다고 하자. 피자의 개수를 알기 위해서는 지금까지 피자가
얼마나 생성되었는지를 알아야 한다. 이러한 경우에 정적 변수를 선언하고 생성자에서 개수를 증가시키면 된다.

Pizza.java

```
01   public class Pizza {
02      private String toppings;
03      private int radius;
04      static final double PI = 3.141592;          // 상수 정의
05      static int count = 0;                        // 정적 필드
06
07      public Pizza(String  toppings){
08         this.toppings =  toppings;
09         count++;
10      }
11   }
```

PizzaTest.java

```
01   public class PizzaTest {
02      public static void main(String args[]) {
03         Pizza p1 = new Pizza("Super Supreme");
04         Pizza p2 = new Pizza("Cheese");
05         Pizza p3 = new Pizza("Pepperoni");
06         int n = Pizza.count;
07         System.out.println("지금까지 판매된 피자 개수 = " + n);
08      }
09   }
```

지금까지 판매된 피자 개수 = 3   실행 결과

위의 코드에서 바로 count가 바로 클래스 변수이다. 클래스 변수는 그 클래스의 인스턴스를 만들지 않고도 사용될 수 있다. 클래스의 이름을 객체처럼 사용하여 접근한다.

```
int n = Pizza.count;
```

객체가 생성될 때마다 count가 증가되는 것을 알 수 있다. 또 static final을 이용하여 상수 PI를 정의하고 있다. final 키워드는 다음 절에서 살펴보자.

정적 메소드

변수와 마찬가지로 메소드도 정적 메소드로 만들 수 있다. 정적 메소드도 정적 변수와 마찬가지로 static 수식자를 메소드 앞에 붙여서 만든다. 정적 메소드의 예는 Math 클래스에 들어 있는 각종 수학 메소드들이다. 이들 수학 메소드들은 정적 메소드로 정의되는데 실수의 제곱근을 구하는데 구태여 Math 클래스의 객체를 생성할 필요가 없기 때문이다. 따라서 제곱근을 구하는 sqrt() 메소드는 정적 메소드로 선언되고 클래스 이름인 Math를 통하여 호출한다.

```
public class Math {
   public static double sqrt(double a) {
      ...
   }
}
...
double value = Math.sqrt(9.0);
```

우리가 많이 사용하였던 main() 메소드의 앞에도 static이 붙어 있다. 자바 가상 기계가 객체를 생성할 필요 없이 main() 메소드를 호출할 수 있도록 하기 위해서이다.

간단한 연산을 제공하는 MyMath 클래스를 작성하여 보자. MyMath 클래스는 n^k값을 계산하는 power() 메소드와 절대값 메소드를 제공한다. 모두 정적 메소드로 정의해보자.

MyMath.java

```java
public class MyMath {
    public static int abs(int x) { return x>0?x:-x; }
    public static int power(int base, int exponent) {
        int result = 1;
        for (int i = 1; i <= exponent; i++)
            result *= base;
        return result;
    }
}
```

MyMathTest.java

```java
public class MyMathTest {
    public static void main(String args[]) {
        System.out.println("10의 3승은 "+MyMath.power(10, 3));
    }
}
```

10의 3승은 1000   **실행 결과**

정적 변수의 활용

정적 변수는 상수를 정의하는 용도로 사용된다. 사실 상수는 객체마다 가지고 있을 필요가 없다. 하나를 여러 개의 객체가 공유하는 편이 경제적이다. 또 자바에서는 전역 변수(global variable)의 개념이 없다. 전역 변수란 어디서나 사용할 수 있는 변수이다. 전역 변수는 되도록 사용하지 않는 편이 낫다. 하지만 경우에 따라서는 전역 변수가 필요하다. 이럴 때 정적 변수를 사용하면 일종의 전역 변수를 만들 수 있다. 즉 객체들이 모두 공유하는 전역 변수를 만들 수 있는 것이다. 예전에 C 프로그램을 가장 빠르게 자바 프로그램으로 변경하려면 모든 변수와 함수를 정적으로 만들면 된다는 우스개 소리가 있었다. 정적 메소드와 정적 변수를 사용할 때는 지켜야 되는 규칙이 있다.

● 정적 메소드는 정적 멤버만 사용할 수 있다. - 이것은 조금만 생각하면 당연한 것인데 정적 메소드는 객체가 생성되지 않아도 사용할 수 있다. 따라서 객체가 생성된 후에 생성되는 인스턴스 멤버를 사용하면 안 된다.

```
class Test {
    int a;                      // 인스턴스 변수
    static int b;               // 정적 변수

    void sub1() {  a = 0; }           // OK!
    static void sub2() {  a = 0; }   // 오류! 정적 메소드에서는 인스턴스 멤버를 사용하면 안 됨
}
```

- 정적 메소드에서 정적 메소드를 호출하는 것은 가능하다.

다음과 같이 정적 메소드에서 인스턴스 메소드를 호출하는 것은 컴파일 오류가 된다. main() 메소드도 정적 메소드임을 잊지말자.

```
public class Test {
    public static void main(String args[]) {
        add(10,20); // 오류!! 정적 메소드 안에서 인스턴스 메소드 호출
    }
    int add(int x, int y) {
        return x + y;
    }
}
```

이 경우에 add를 정적 메소드로 만들면 컴파일 오류를 막을 수 있다.

```
public class Test {
    public static void main(String args[]) {
        add(10,20); // 클래스 메소드에서 클래스 메소드는 호출 가능
    }
    static int add(int x, int y) {
        return x + y;
    }
}
```

- 정적 메소드는 this를 사용할 수 없다. - this는 현재 객체를 가리키는 참조 변수이다. 정적 메소드는 객체가 없을 때도 호출될 수 있기 때문에 현재 객체라는 개념이 없다.

```
class Test {
    static int a;                            // 인스턴스 변수

    static void sub(int x) {  this.a = x;   } // 오류! 정적 메소드에서는 this 사용 안 됨
}
```

main()도 정적 메소드이기 때문에 인스턴스 메소드를 호출할 수 없다. 하지만 정적 메소드는 main()에서 호출할 수 있다. 세제곱 계산 프로그램을 정적 메소드만을 이용하여 작성해보자.

Test.java

```java
01  public class Test {
02      public static int cube(int x) {              // 정적 메소드
03          int result = x*x*x;
04          return result;
05      }
06      public static void main(String args[]) {      // 정적 메소드
07          System.out.println("10*10*10은 "+cube(10));  // 정적 메소드 호출
08      }
09  }
```

10*10*10은 1000   실행 결과

final 키워드

final 키워드도 자바에서는 가끔 사용된다. final 키워드에 대한 완전한 설명은 6장 상속에서 할 것이다. 여기서는 어떤 필드에 final을 붙이면 상수가 된다는 것만 알아두자. 상수를 정의할 때 static과 final 수식어를 동시에 사용하는 경우가 많다. 클래스 변수는 모든 객체가 공유하는 정보를 나타내는 데 사용되는데, 대표적인 것이 바로 상수이다. 상수를 인스턴스 변수로 선언하면 각 객체마다 하나씩 만들어지므로 저장 공간이 낭비된다. 따라서 상수는 static을 붙여 클래스 변수로 정의하는 것이 바람직하다.

```java
public class Car {
    ...
    static final int MAX_SPEED = 350;
    ..
}
```

상수는 클래스 변수로 만들어서 공유하는 것이 메모리 공간을 절약한다.

정적 블록

자바 클래스에서 정적 블록(static block)은 클래스가 메모리에 로드될 때 한 번만 실행되는 문장들의 집합이다. 정적 블록은 정적 초기화 블록이라고도 한다. 일반적으로 정적 변수들을 초기화하는 용도로 많이 사용된다.

```java
public class Test {
    static int number;
    static String s;
    static {
        number = 23;
        s = "Hello World!";
    }

    public static void main(String args[]) {
        System.out.println("number: " + number);
        System.out.println("s: " + s);
    }
}
```

정적 블록

```
number: 23
s: Hello World!
```

중간점검

1. 객체마다 따로 생성되는 멤버를 무엇이라고 하는가?

2. 모든 객체를 통틀어 하나만 생성되는 멤버를 무엇이라고 하는가?

3. 왜 정적 메소드에서는 인스턴스 필드나 인스턴스 메소드에 접근할 수 없는 것인가?

4. 상수를 만들려면 어떤 키워드를 사용하는가?

Introduction to **JAVA Programming**

싱글톤 패턴 **LAB**

객체 중에는 전체 시스템을 통틀어서 딱 하나만 존재하여야 하는 것들이 있다. 예를 들어 환경설정 클래스나 혹은 네트워크 연결 풀(Pool), 스레드 풀(Pool)을 관리하는 클래스들이다. 이럴 경우에 사용할 수 있는 디자인 패턴이 있다. 싱글톤 패턴(singleton design pattern)은 하나의 프로그램 내에서 하나의 인스턴스만을 생성해야 하는 경우에 사용된다. 다음의 프로그램을 분석하여서 왜 객체가 하나만 생성되는지를 설명하라. 단 이러한 객체를 생성할 때는 new를 사용하지 않고 정적 메소드 getInstance()를 호출하여야 한다.

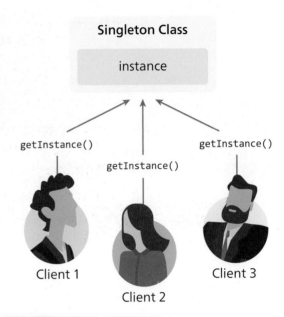

SingleTest.java

```
01   class Single {
02      private static Single instance = new Single();
03      private Single() { }          // 전용 생성자
04
05      public static Single getInstance() {
06         return instance;
07      }
08   }
09
10   public class SingleTest {
11      public static void main(String[] args) {
12         Single obj1 = Single.getInstance();
13         Single obj2 = Single.getInstance();
14         System.out.println(obj1);
15         System.out.println(obj2);
16      }
17   }
```

실행 결과

```
test1.Single@4926097b
test1.Single@4926097b
```

싱글톤 패턴에서는 getInstance() 호출이 반복적으로 이뤄져도 처음 생성된 객체를 계속하여 반환해준다. 앞의 코드에서는 instance라는 전역 변수를 선언하는데 정적 변수로 선언되어 있다. 또 생성자를 호출하여 객체를 생성한 후에 참조값을 저장한다. instance의 접근 지정자가 private로 되어 있어 외부에서 직접적인 접근은 불가능하다. 또 생성자도 private으로 선언되어 있어 외부에서 생성자 호출을 통한 객체 생성도 불가능하다. 외부에서는 getInstance()를 통해서 해당 인스턴스를 얻어서 사용할 수 있다.

우리는 객체를 저장하는 배열도 만들 수 있다. 자바에서는 객체 배열이 상당히 자주 사용된다. 정수형 배열과는 약간 다르다. 정수형 배열에는 정수값이 저장되어 있지만 객체 배열에는 객체에 대한 참조값이 저장되어 있다.

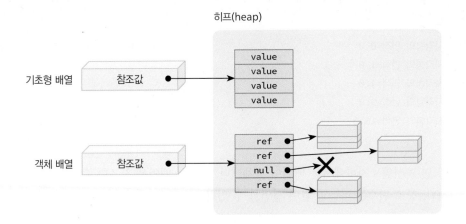

예제를 위하여 사각형을 나타내는 Rect 클래스를 다음과 같이 작성한다.

```java
class Rect {
   int width, height;

   public Rect(int w, int h){
      this.width=w;
      this.height=h;
   }
   double getArea() {    return (double)width*height;    }
}
```

객체 배열을 생성하려면 먼저 배열을 생성한 후에 각각의 배열 요소를 별도로 생성하여 저장하여야 한다. Rect 객체 배열을 생성하고 사용하는 코드를 자세히 살펴보자.

RectArrayTest.java

```
01  public class RectArrayTest {
02    public static void main(String[] args) {          ❶ 참조 변수 선언
03      Rect[] list;                                     
04      list = new Rect[5];                              ❷ 배열 객체 생성
05
06      for(int i=0;i < list.length; i++)                ❸ 배열 요소 생성
07        list[i] = new Rect(i, i);
08
09      for(int i=0;i < list.length; i++)                ❹ 배열 요소 처리
10        System.out.println(i+"번째 사각형의 면적="+list[i].getArea());
11    }
12  }
```

실행 결과

```
0번째 사각형의 면적=0.0
1번째 사각형의 면적=1.0
2번째 사각형의 면적=4.0
3번째 사각형의 면적=9.0
4번째 사각형의 면적=16.0
```

1. 참조 변수 선언 - 자바에서는 배열이 객체이다. 따라서 배열을 참조할 수 있는 참조 변수가 필요하다. 참조 변수는 다음과 같이 선언힐 수 있다.

```
Rect[] list;              // 참조 변수 선언
```

list ▢

2. 배열 객체 생성 - 배열 객체를 생성하기 위한 문장이 필요하다. 아직 배열 요소들은 생성되지 않았다. 배열의 각각의 요소는 비어 있다.

```
list = new Rect[5];
```

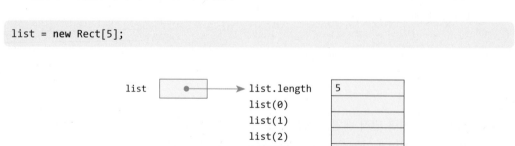

3. 반복문을 이용하여 배열의 크기만큼 객체를 생성하여서 배열 요소에 저장한다.

```
for(int i=0; i < list.length; i++)
   list[i] = new Rect(i, i);
```

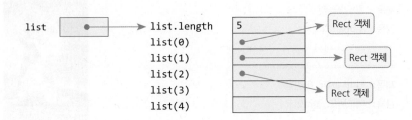

4. 배열 요소 처리 - 반복문을 사용하여 배열에 저장된 객체를 처리한다.

```
for(int i=0; i < list.length; i++)
   System.out.println(i+"번째 사각형의 면적="+list[i].getArea());
```

예제 5-6	객체 배열 만들기

영화의 제목과 감독을 저장하는 Movie 클래스를 정의한다. 몇 개의 영화 정보를 Movie 객체 배열에 저장하고 다시 출력하는 프로그램을 작성해보자.

실행 결과

```
==========================
제목: 백투더퓨쳐
감독: 로버트 저메키스
==========================
==========================
제목: 티파니에서 아침을
감독: 에드워드 블레이크
==========================
```

MovieArrayTest.java

```java
01  import java.util.Scanner;
02  class Movie {
03     String title, director;
04     static int count;
05     public Movie(String title, String director){
06        this.title=title;
07        this.director=director;
08        count++;
09     }
10  }
11
12  public class MovieArrayTest {
13     public static void main(String[] args) {
14        Scanner scanner = new Scanner(System.in);
15
16        Movie [] list= new   Movie[10];
17        list[0] = new Movie("백투더퓨쳐", "로버트 저메키스");
18        list[1] = new Movie("티파니에서 아침을", "에드워드 블레이크");
19
20        for(int i=0;i < Movie.count; i++) {
21           System.out.println("==========================");
22           System.out.println("제목: "+list[i].title);
23           System.out.println("감독: "+list[i].director);
24           System.out.println("==========================");
25        }
26     }
27  }
```

동적 객체 배열

자바의 표준 배열은 크기가 결정되면 변경하기 힘들다. 따라서 실제 프로그래밍에서는 동적 배열을 많이 사용한다. 동적 배열 중에서 ArrayList에 객체들을 저장해보자. 첫 번째 예제로 여행지를 저장하고 있다가 랜덤으로 하나를 선택하여서 사용자에게 추천하는 프로그램을 작성해보자.

ArrayListTest.java

```java
01  import java.util.ArrayList;
02
03  public class ArrayListTest {
04    public static void main(String[] args) {
05
06      ArrayList<String> list = new ArrayList<String>();      // (1)
07      list.add("홍콩");                                        // (2)
08      list.add("싱가포르");
09      list.add("괌");
10      list.add("사이판");
11      list.add("하와이");
12
13      System.out.println("여행지 추천 시스템입니다.");
14      int index = (int) (Math.random()*list.size());
15      System.out.println("추천 여행지는 "+list.get(index));      // (3)
16    }
17  }
```

실행 결과

```
여행지 추천 시스템입니다.
추천 여행지는 괌
```

1. ArrayList를 생성할 때는 어떤 객체를 저장할 것인지를 <...> 안에 지정하여야 한다. 여기서는 String 객체를 저장한다고 지정하였다.

```java
ArrayList<String> list = new ArrayList<String>();
```

2. ArrayList에 객체를 추가할 때는 add()를 사용한다.

```java
list.add("홍콩");
```

3. 지정된 인덱스에서 객체를 꺼낼 때는 get()을 호출한다.

```java
System.out.println("추천 여행지는 "+list.get(index));
```

예제 5-7	연락처 정보 저장하기

이름과 전화번호를 저장하는 Person 클래스를 정의하고 Person 객체를 저장하는 동적 배열을 생성해보자. 몇 사람의 연락처를 저장해본다.

실행 결과

```
(홍길동,01012345678)
(김유신,01012345679)
(최자영,01012345680)
(김영희,01012345681)
```

ArrayListTest2.java

```java
01  import java.util.ArrayList;
02  class Person {
03     String name;
04     String tel;
05
06     public Person(String name, String tel) {
07        this.name = name;
08        this.tel = tel;
09     }
10  };
11
12  public class ArrayListTest2 {
13     public static void main(String[] args) {
14
15        ArrayList<Person> list = new ArrayList<Person>();      // (1)
16        list.add(new Person("홍길동", "01012345678"));
17        list.add(new Person("김유신", "01012345679"));
18        list.add(new Person("최자영", "01012345680"));
19        list.add(new Person("김영희", "01012345681"));
20
21        for (Person obj : list)
22           System.out.println("(" + obj.name + "," + obj.tel + ")");
23     }
24  }
```

중간점검

1. 다음 코드에서 잘못된 부분은 어디인가?

```
Rect[] list = new Rect[10];
System.out.println(list[0].getArea());
```

2. Rect 타입의 객체 배열(크기 3)을 생성하고 모든 배열 요소에 Rect 타입의 객체를 채워보자.

Introduction to **JAVA Programming**

전기 자동차

Mini
Project

전기 자동차를 클래스로 작성해보자. 자동차는 완전(100%) 배터리로 시작한다. 자동차를 운전할
때마다 1km를 주행하고 배터리의 10%를 소모한다. 전기 자동차에는 2가지 정보를 보여주는 디
스플레이가 있다. 주행한 총 거리는 "주행거리: ...km", 남은 배터리 충전량은 "배터리: ...%"와 같
이 표시된다.

배터리가 0%이면 더 이상 자동차를 운전할 수 없으며 "배터리 empty"와 같이 표시된다. 4개의 메
소드를 가진 ECar 클래스를 구현해보자.

1. ECar.getInstance() : 새로운 자동차를 생성하는 정적 메소드이다. 새로운 전기 자동차 인스턴
   스를 반환한다.

```
ECar car = ECar.getInstance();
```

2. dispDistance() : 주행 거리를 표시한다.

3. dispBattery() : 배터리 백분율 표시한다.

4. drive() : 한 번 호출될 때마다 1km를 운행한다.

다음과 같이 실행된다.

```
ECar car = ECar.getInstance();
car.drive();
car.drive();

car.dispDistance();          // 주행거리  2km
car.dispBattery();           // 배터리 80%
```

Mini Project

책 정보 저장

사용자가 읽은 책과 평점을 저장하는 객체 배열을 생성해보자. 다음과 같은 메뉴가 제공된다.

```
=====================================
1. 책 등록
2. 책 검색
3. 모든 책 출력
4. 종료
=====================================
번호를 입력하시오: 1
제목: The C Language
평점: 9
...
```

현재까지의 등록된 책의 수는 정적 필드로 구현해보자. 객체 배열은 정적이나 동적으로 생성해본다. ArrayList를 사용하는 것이 권장된다. 다음 코드를 참고한다.

```java
class Book {
    String title;
    int score;
    static int count;   // 정적 필드

    public Book(String title, int score) {
        this.title = title;
        this.score = score;
    }
}
```

- 객체가 자신을 가리키는 참조값을 잃으면 사용이 불가능해진다. 이런 객체들은 정리 대상으로 표시되며 나중에 가용 메모리가 부족해지면 가비지 컬렉터에 의하여 삭제된다.

- 메소드로 기초형의 값을 전달하면 복사되지만, 메소드에 객체를 전달하면 객체의 참조값이 전달된다. 메소드 안에서는 객체 참조값을 이용하여 객체 원본을 변경할 수 있다.

- 인스턴스 멤버란 객체마다 하나씩 생성되는 멤버이다.

- 정적 멤버는 모든 객체를 통틀어서 하나만 생성된다. 객체를 생성하지 않고 클래스 이름만으로 접근할 수 있다.

- 정적 멤버를 선언하려면 앞에 static을 붙인다.

- 정적 메소드에서는 정적 멤버에만 접근이 가능하다. 인스턴스 멤버는 사용할 수 없다.

- 객체 배열은 객체를 저장하는 배열이다. 배열 자체도 객체이므로 먼저 배열 객체를 생성하고 배열 요소에 객체를 생성하여 채워야 한다.

- 동적 객체 배열을 생성하려면 ArrayList를 사용한다.

1. 다음 코드에서 가비지 컬렉터에 의하여 "삭제"로 표시되는 객체는 어떤 것일까?

```java
String a = new String("Hello");
String b = new String("World");
String a = b;
```

2. 다음 코드 중에서 잘못된 부분은 어디인가? 이유는 무엇인가?

```java
class Test {
    int a;
    static int b;

    void sub1() { b = 0; }
    static void sub2() { a = 0; }
    static void sub3() { b = 0; }
}
```

3. 다음 프로그램의 실행 결과는 무엇일까? 이유를 설명하라.

```java
class Point {
    int x, y;
    public void sub(Point p){
        p.x=100;
        p.y=200;
    }
}
public class Test {
    public static void main(String[] args) {
        Point obj = new Point();
        obj.sub(obj);
        System.out.println(obj.x+","+obj.y);
    }
}
```

4. 3번 문제와 같이 Point 클래스가 정의되어 있다고 하자. 2개의 Point 객체를 받아서 x, y 좌표 값이 일치하는가를 검사하는 boolean equalPoint(p1, p2) 메소드를 작성해보자.

5. 다음 프로그램에서 잘못된 부분은?

```java
class MyMath  {
    int multiply(int a, int b){        return a * b;     }
    static int add(int a, int b){        return a + b;      }
}
public class Test {
   public static void main( String[] args ) {
        MyMath obj = new MyMath();
        System.out.println(" 2 * 2 = " + obj.multiply(2, 2));
        System.out.println(" 2 * 2 = " + MyMath.multiply(2, 2));
        System.out.println(" 2 + 3 = " + obj.add(2, 3));
        System.out.println(" 2 + 3 = " + MyMath.add(2, 3));
    }
}
```

6. 다음과 같은 코드가 실행되었다고 할 때, 배열 요소 값이 null인 요소는 몇 개나 될까?

```java
...
String[] employees = new String[10];
String name = "홍길동";
employees[0] = name;
```

7. 다음 코드에서 잘못된 부분은 어디인가? Movie 클래스는 print()라는 메소드를 가지고 있다고 하자. 올바르게 수정해보자.

```java
Movie [] list = new Movie[10];
list[0].print();
```

8. 만약 values라는 double형 배열이 init() 메소드의 매개 변수로 넘어왔다고 하자. 배열의 각 원소를 0으로 초기화하는 문장을 작성하라.

```java
void init(double[] values){
    // 여기에 배열의 원소를 0으로 초기화하는 문장을 작성하라.
}
```

9. 다음 코드는 배열 a를 배열 b로 복사하려는 의도로 작성되었다. 실제 배열이 복사되는가? 만약 올바르지 않다면 올바르게 복사되도록 코드를 수정하라.

```java
int[] a = { 1, 2, 3, 4, 5 };
int[] b = new int[5];
b = a;                 // 배열 a를 배열 b로 복사
```

Programming

난이도: 상

주제
• 메소드로 객체
  전달

1. 은행 계좌를 나타내는 BankAccount 클래스는 잔액을 나타내는 balance 필드를 가지고 있다. 생성자, 설정자, 접근자도 추가하라. 이 클래스에 계좌 간 이체 기능을 수행하는 메소드 transfer(int amount, BankAccount otherAccount)를 추가하고 테스트하라. transfer()는 현재 객체의 잔액에서 amount만큼을 otherAccount 계좌로 송금한다.

```java
public static void main(String[] args){
    BankAccount a1 = new BankAccount(10000);
    BankAccount a2 = new BankAccount(0);
    System.out.println("a1: "+a1);
    System.out.println("a2: "+a2+"\n");
    a1.transfer(1000, a2);
    System.out.println("a1: "+a1);
    System.out.println("a2: "+a2);
}
```

실행 결과

```
a1: BankAccount [balance=10000]
a2: BankAccount [balance=0]

transfer(1000) 호출 후
a1: BankAccount [balance=9000]
a2: BankAccount [balance=1000]
```

난이도: 상

주제
• 메소드로 객체
  전달

2. 원을 나타내는 Circle 클래스는 원의 중심을 나타내는 int x, y; 필드와 반지름을 나타내는 int radius; 필드를 가지고 있다. 생성자, 설정자, 접근자도 추가하라. Circle 클래스에 다음과 같은 메소드 move(int dx, int dy)를 추가해보자. move() 정적 메소드는 주어진 원을 (dx, dy) 만큼 움직인다.

```java
public static void main(String[] args){
    Circle c= new Circle(10, 10, 5);
    System.out.println(c+"\n");
    c.move(10, 20);
    System.out.println("move() 호출 후");
    System.out.println(c);
}
```

실행 결과

```
Circle [x=10, y=10, radius=5]

move() 호출 후
Circle [x=20, y=30, radius=5]
```

3. MyMetric이라는 클래스를 작성하고 여기에 킬로미터를 마일로 변환하는 정적 메소드인 kiloToMile()을 작성하라. 또 반대로 마일을 킬로미터로 변환하는 정적 메소드 mileToKilo() 도 작성하라. MyMetricTest 클래스에서 이들 정적 메소드를 호출하여 테스트하여 보자.

난이도: 중

주제
• 정적 메소드

실행 결과

```
1km를 마일로 바꾸면 0.6213881811967936
```

4. 자동차 회사에서 지금까지 생산한 자동차의 대수를 정적 변수를 이용하여 계산하려고 한다. Car 클래스에 모델 이름(model), 생산자(make) 등의 필드를 정의하고, 여기에 지금까지 생산된 자동차의 대수를 나타내는 정적 변수 numberOfCars를 추가한다. 이 정적 변수를 외부로 반환해주는 정적 메소드 getNumberOfCars()도 정의해서 사용해보자. 생성자, 설정자, 접근자도 적절하게 추가하라.

난이도: 상

주제
• 정적 변수와 정적 메소드

실행 결과

```
자동차 1대 생산, 누적 생산량=1대
자동차 1대 생산, 누적 생산량=2대
자동차 1대 생산, 누적 생산량=3대
```

5. 크기가 3인 Circle 객체 배열을 생성하고 여기에 Circle 객체를 3개 생성하여 배열에 저장한다. 원의 반지름은 0부터 100 사이의 난수를 사용하여 생성한다. 배열에 저장된 객체들을 꺼내서 화면에 출력한다.

난이도: 상

주제
• 객체 배열

실행 결과

```
Circle [radius=42]
Circle [radius=83]
Circle [radius=19]
```

6. 지인들의 연락처(최대 100)를 저장하고 검색하는 프로그램을 객체 배열을 이용하여 작성해보 자. Contacts 클래스는 이름(name), 전화번호(tel), 이메일(email) 등의 필드를 가진다. 여기에 지인들의 수를 저장하는 정적 변수 count를 추가하라. Contacts 객체를 저장하는 객체 배열을 생성한다. 이 프로그램은 다음과 같은 사용자 인터페이스를 가진다.

난이도: 상

주제
• 객체 배열

실행 결과

```
연락처를 입력하시오(종료 -1)
이름과 전화번호, 이메일을 입력하시오: Kim 010-111-2222 kim@java.com
이름과 전화번호, 이메일을 입력하시오: Park 010-111-3333 park@java.com
이름과 전화번호, 이메일을 입력하시오: Lee 010-111-5555 lee@java.com
```

이름과 전화번호, 이메일을 입력하시오: -1
지인들의 수는 3명입니다.

검색할 이름을 입력하시오: Park
Park의 전화번호: 010-111-3333 이메일: park@java.com

문자열이 일치하는지를 검사하려면 equals() 을 사용하여야 한다. == 연산자가 아니다.

난이도: 상

주제
· 객체 배열

7. 간단한 영한 사전을 객체 배열을 이용하여 만들어보자. 클래스 Word는 영어 단어를 나타내는 eng, 한국어 단어를 나타내는 kor을 필드로 가진다. 클래스 Word의 객체 배열을 만들어서 여기에 몇 개의 단어쌍을 저장한다. 이 객체 배열을 이용하여 사용자가 입력하는 영어 단어가 배열 안에 있으면 대응되는 한국어 단어를 출력한다.

실행 결과

검색할 영어 단어를 입력하시오(종료는 quit): house
house -> 집
검색할 영어 단어를 입력하시오(종료는 quit): learning
사전에 없는 단어입니다.
검색할 영어 단어를 입력하시오(종료는 quit): quit

난이도: 상

주제
· 객체 지향 설계

8. ATM을 자바 프로그램으로 구현해보자. 카드를 사용하는 ATM이라고 가정한다. 기본적으로 필요한 클래스는 계좌를 나타내는 Account 클래스이다. 추가적으로 필요한 클래스가 있으면 추가해보자. 다음과 같은 사용자 인터페이스를 가진다.

실행 결과

PIN을 입력하시오: 1234

1. 현금 입금
2. 현금 인출
3. 계좌 이체
4. 종료
번호를 선택하세요: 1
입금액: 1000000
현재 잔액은 1000000입니다.
...
번호를 선택하세요: 3
이체액: 30000
이체 계좌 번호: 1010000
이체되었습니다.
...

상속

▶ 다음과 같은 작업들을 수행하는 방법을 알고 있나요? 이번 장에서 함께 알아봐요.

> 1. 상속이 왜 필요한지를 설명할 수 있나요?
> 2. 상속을 이용하여 자식 클래스를 작성할 수 있나요?
> 3. 부모 클래스의 어떤 부분에 접근할 수 있는지를 설명할 수 있나요?
> 4. 오버라이딩을 이용하여 부모 클래스의 메소드를 재정의할 수 있나요?
> 5. 추상 클래스와 인터페이스를 이용하여 코드를 작성할 수 있나요?
> 6. 상속과 구성의 차이점을 설명하고 적절하게 사용할 수 있나요?

➕ 학습목차

6.1 상속

6.2 상속과 접근 지정자

6.3 상속과 생성자

6.4 메소드 오버라이딩

6.5 다형성

6.6 상속 vs 구성

Power JAVA 3e

현실 세계에서 자식은 부모로부터 유전자를 받아서 부모를 닮는다. 객체 지향 프로그래밍에도 비슷한 개념이 존재한다. **상속(inheritance)**은 기존에 존재하는 클래스로부터 필드와 메소드를 이어받고, 필요한 기능을 추가할 수 있는 기법이다. 상속은 검증된 소프트웨어를 재사용할 수 있어서 신뢰성 있는 소프트웨어를 손쉽게 개발, 유지 보수할 수 있게 해주는 중요한 기술이다. 상속을 이용하면 여러 클래스에 공통적인 코드들을 하나의 클래스로 모을 수 있어서 코드의 중복을 줄일 수 있다.

객체 지향 프로그래밍의 많은 장점이 바로 이 상속 메커니즘에서 나온다. 다른 클래스를 상속하면 그 클래스가 가진 거의 모든 것을 내가 만든 것처럼 사용할 수 있다. 필요하다면 기존의 코드에 새로운 메소드와 필드를 추가, 교체할 수 있다. 우리가 자바를 사용하여서 네트워크 프로그램이나 데이터베이스 프로그램, 그래픽 프로그램을 손쉽게 작성할 수 있는 것도 바로 이 상속 때문이다.

상속의 형식

자바에서는 extends 키워드를 이용하여 상속을 나타낸다. 상속하는 클래스를 부모 클래스(슈퍼 클래스)라고 하고 상속받는 클래스를 자식 클래스(서브 클래스)라고 한다.

자식 클래스 또는
서브 클래스

```
class ElectricCar extends Car  {
    int batteryLevel;
    public void charge(int amount) {
        batteryLevel += amount;
    }
}
```

부모 클래스 또는
슈퍼 클래스

상속을 정의하려면 자식 클래스 이름 뒤에 extends를 쓰고 부모 클래스 이름을 적으면 된다. "extends"는 확장(또는 파생)한다는 의미이다. 즉 부모 클래스를 확장하여서 자식 클래스를 작성한다는 의미가 된다.

구체적인 예를 들어 보자. 전기 자동차는 일반적인 자동차의 특징을 모두 가지고 있고 추가로 배터리를 가지고 있다고 하자. 이런 경우에는 전기 자동차 클래스를 다시 작성하는 것보다는 일반적인 자동차를 나타내는 클래스인 Car 클래스를 상속받아서 전기 자동차를 나타내는 클래스인 ElectricCar를 작성하는 것이 쉽다. UML에서 상속을 나타낼 때는 화살표가 자식 클래스에서 부모 클래스로 향한다.

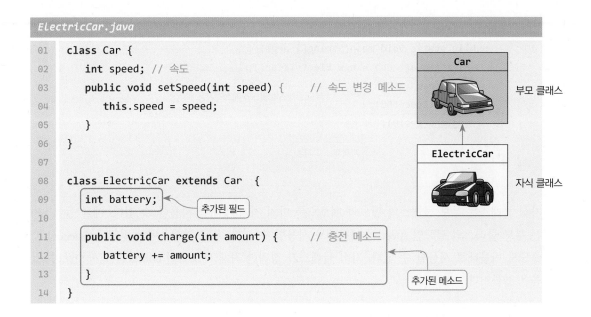

ElectricCar.java

```
01  class Car {
02      int speed; // 속도
03      public void setSpeed(int speed) {     // 속도 변경 메소드
04          this.speed = speed;
05      }
06  }
07
08  class ElectricCar extends Car  {
09      int battery;                    추가된 필드
10
11      public void charge(int amount) {     // 충전 메소드
12          battery += amount;
13      }                                            추가된 메소드
14  }
```

Car
부모 클래스

ElectricCar
자식 클래스

무엇이 상속되는가?

자식 클래스는 부모 클래스가 가지고 있는 모든 멤버들을 전부 상속받고 자신이 필요한 멤버를 추가하기 때문에 항상 자식 클래스가 부모 클래스를 포함하게 된다. 다음 그림에서 ElectricCar

클래스는 Car 클래스의 모든 필드와 메소드를 상속받고 여기에 하나의 필드와 하나의 메소드를 추가하였다. 상속을 나타낼 때 extends(확장)라는 용어를 사용하는 이유도 상속을 하게 되면 멤버가 증가하기 때문이다.

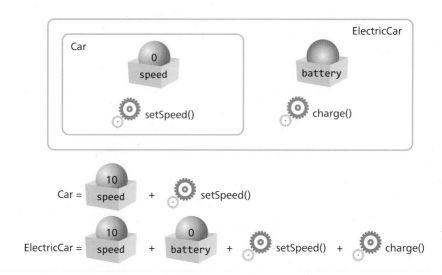

자 이제부터는 ElectricCar 클래스의 객체를 생성하여 상속받은 필드와 메소드를 사용해보자.

```
ElectricCarTest.java

01   public class ElectricCarTest {
02       public static void main(String[] args) {          자식 클래스 객체 생성
03           ElectricCar  obj = new ElectricCar();
04           obj.speed = 10;                                부모 클래스의 필드와 메소드 사용
05           obj.setSpeed(60);
06           obj.charge(10);
07       }                                                  자체 메소드 사용
08   }
```

자식 클래스는 부모 클래스의 필드와 메소드를 마치 자기 것처럼 사용할 수 있다. 예를 들어 obj는 부모 클래스의 필드인 speed를 마음대로 사용할 수 있다. 부모 클래스에 선언된 setSpeed() 메소드도 마음대로 사용할 수 있다. 자식 클래스가 정의한 자체 메소드인 charge()를 사용할 수 있음은 물론이다.

왜 상속을 사용하는가?

우리는 왜 상속을 사용하는가? 상속을 사용하는 이유를 잠시 생각하여 보자.

1. 상속의 아이디어는 간단하지만 아주 강력하다. 새로운 클래스를 생성해야 된다고 가정하자. 만약 우리가 원하는 코드를 가진 클래스가 이미 존재한다면 이 클래스를 상속받아서 새로운

클래스를 정의하면 된다. 이렇게 함으로써 우리는 직접 작성할 필요 없이 이미 존재하는 클래스의 필드와 메소드를 재사용할 수 있다.

2. 상속을 사용하면 중복되는 코드를 줄일 수 있다. 예를 들어서 승용차, 트럭, 버스는 모두 속도를 변경하고 방향을 바꾸는 기능을 가지고 있다. 이들 클래스를 독립적으로 작성하게 되면 속도 변경 메소드 setSpeed()와 방향 변경 메소드 turn()이 모든 클래스에 중복해서 포함될 것이다.

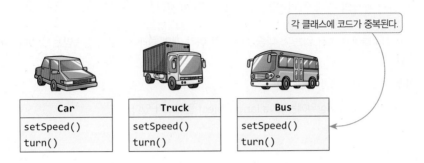

이번에는 상속을 이용해보자. 운송수단의 공통적인 특징을 가지고 있는 클래스 Vehicle을 만들고 Vehicle을 상속받아서 각 클래스를 작성한다면 다음 그림과 같이 중복되는 부분을 최소화할 수 있다.

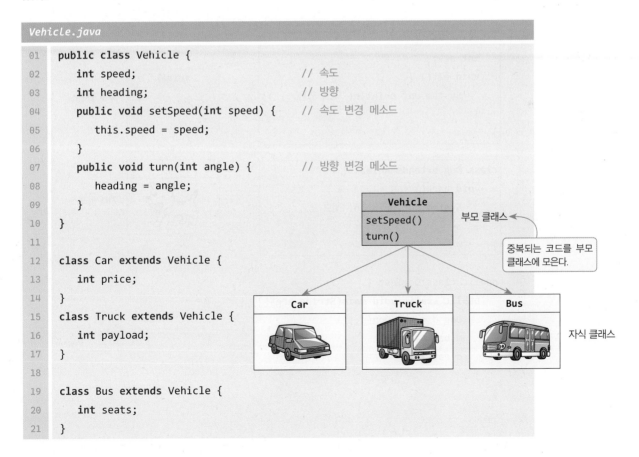

```java
Vehicle.java

01  public class Vehicle {
02      int speed;                              // 속도
03      int heading;                            // 방향
04      public void setSpeed(int speed) {       // 속도 변경 메소드
05          this.speed = speed;
06      }
07      public void turn(int angle) {           // 방향 변경 메소드
08          heading = angle;
09      }
10  }
11
12  class Car extends Vehicle {
13      int price;
14  }
15  class Truck extends Vehicle {
16      int payload;
17  }
18
19  class Bus extends Vehicle {
20      int seats;
21  }
```

이제 공통 부분은 하나로 정리되어서 관리하기 쉽고, 유지 보수와 변경도 쉬워졌다. 메소드뿐만 아니라 필드에 대해서도 마찬가지이다. 중복되는 필드는 한 번만 기술하면 된다.

자바 상속의 특징

프로그래밍 언어마다 상속 기능을 제공하고 있지만, 언어에 따라서 상속의 기능이 각각 조금씩 다르다. 자바에서의 상속은 다음과 같은 특징을 가진다.

- 다중 상속을 지원하지 않는다. 다중 상속이란 여러 개의 클래스로부터 상속받는 것이다. 자바에서는 금지되어 있다.
- 상속의 횟수에는 제한이 없다.
- 상속 계층 구조의 최상위에는 java.lang.Object 클래스가 있다.

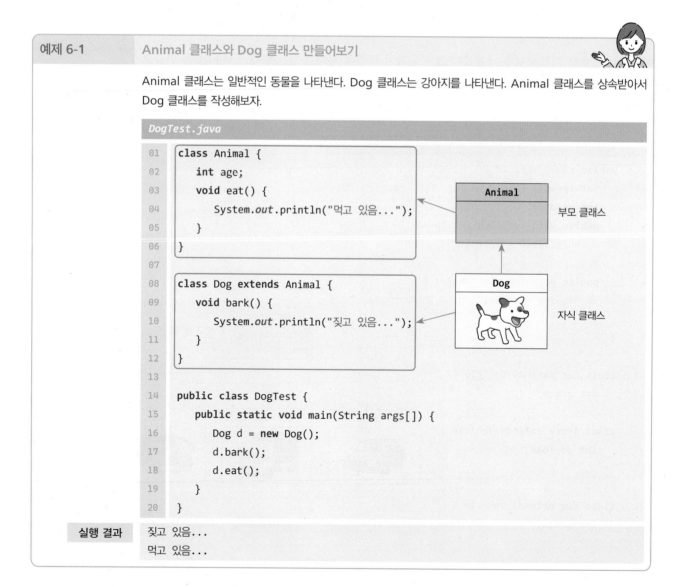

예제 6-1   Animal 클래스와 Dog 클래스 만들어보기

Animal 클래스는 일반적인 동물을 나타낸다. Dog 클래스는 강아지를 나타낸다. Animal 클래스를 상속받아서 Dog 클래스를 작성해보자.

DogTest.java

```
01  class Animal {
02      int age;
03      void eat() {
04          System.out.println("먹고 있음...");
05      }
06  }
07
08  class Dog extends Animal {
09      void bark() {
10          System.out.println("짖고 있음...");
11      }
12  }
13
14  public class DogTest {
15      public static void main(String args[]) {
16          Dog d = new Dog();
17          d.bark();
18          d.eat();
19      }
20  }
```

Animal   부모 클래스

Dog   자식 클래스

실행 결과

```
짖고 있음...
먹고 있음...
```

일반적인 도형을 나타내는 Shape 클래스를 작성하고 이것을 상속받아서 원을 나타내는 Circle 클래스를 작성해보자.

CircleTest.java

```java
class Shape {
    int x, y;
}

class Circle extends Shape {
    int radius;

    public Circle(int radius) {
        this.radius = radius;
        x = 0;
        y = 0;
    }

    double getArea() {
        return 3.14 * radius * radius;
    }
}

public class CircleTest {
    public static void main(String args[]) {
        Circle obj = new Circle(10);
        System.out.println("원의 중심: (" + obj.x + "," + obj.y + ")");
        System.out.println("원의 면적: " + obj.getArea());
    }
}
```

Shape
부모 클래스

Circle
자식 클래스

원의 중심: (0,0)
원의 면적: 314.0

실행 결과

1. 상속의 장점은 무엇인가? 그리고 상속을 사용하는 이유는 무엇인가?

2. 프로그래머, 가수, 무용수를 클래스로 만들려고 한다. 부모 클래스를 어떻게 잡는 것이 코드의 길이를 줄일 수 있을까?

3. 자바에서 상속을 정의하는 키워드는 무엇인가?

4. 상속 계층도의 최상위 층에는 어떤 클래스가 있는가?

5. Animal 클래스[sleep(), eat()], Dog 클래스[sleep(), eat(), bark()], Cat 클래스[sleep(), eat(), play()]를 상속을 이용하여서 표현하면 어떻게 코드가 간결해지는가?

6. 일반적인 상자(box)를 클래스 Box로 표현하고, Box를 상속받는 서브 클래스인 ColorBox 클래스를 정의하여 보자. 적절한 필드(길이, 폭, 높이)와 메소드(부피 계산)를 정의한다.

앞에서는 부모 클래스의 모든 멤버가 상속되는 것으로 이야기하였지만 사실은 상속시킬 멤버와 상속시키지 않을 멤버를 지정할 수 있다. 자식 클래스는 부모 클래스의 public 멤버, protected 멤버, 디폴트 멤버(부모 클래스와 자식 클래스가 같은 패키지에 있다면)를 상속받는다. 하지만 부모 클래스의 private 멤버는 상속되지 않는다.

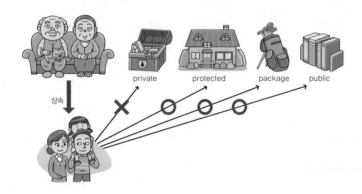

부모 클래스와 자식 클래스만 사용하는 멤버는 protected로 지정하면 아주 편리하다. 자바의 접근 지정자를 다시 한 번 정리하여 보면 다음 표와 같다.

	public	protected	default	private
동일한 클래스	O	O	O	O
동일한 패키지	O	O	O	×
자식 클래스	O	O	O	×
다른 패키지	O	×	×	×

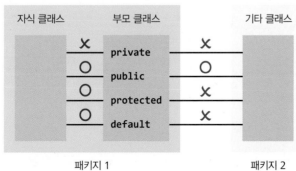

예를 들어서 다음의 코드에서는 Shape 클래스가 부모 클래스이고 Rectangle 클래스가 자식 클래스이다. Shape 클래스의 멤버인 x와 y를 protected로 변경하면 자식 클래스인 Rectangle만 사용할 수 있다.

```java
class Shape {
    protected int x, y;          // protected로 선언되었다.
    void print() {
        System.out.println("x좌표: " + x + " y좌표: " + y);
    }
}

public class Rectangle extends Shape {
    int width, height;

    double calcArea() {
        return width * height;
    }
    void draw() {                // 부모 클래스의 protected 멤버는 사용할 수 있다.
        System.out.println("(" + x + "," + y + ") 위치에 " + "가로: " + width
                + " 세로: " + height);
    }
}
```

Rectangle.java

위의 코드에서 x와 y는 protected로 선언되었기 때문에 Shape와 Rectangle에서만 사용이 가능하다. 외부 클래스는 접근할 수 없다.

Person 클래스와 Student 클래스 만들어보기   **예제 6-3**

Person 클래스는 일반적인 사람을 나타낸다. Person 클래스를 상속받아서 Student 클래스를 작성해보자. Person 클래스 중에서 민감한 개인 정보는 private으로 지정한다. 예를 들어서 주민등록번호나 체중 같은 정보는 공개되면 안 된다. 민감하지 않은 정보는 protected로 지정한다. 공개해도 좋은 정보는 public으로 지정한다.

StudentTest.java

```java
01  class Person {
02      private String regnumer;      // 주민등록번호, 자식 클래스에서 접근 불가
03      private double weight;        // 체중, 자식 클래스에서 접근 불가
04      protected int age;            // 나이, 자식 클래스에서 접근 가능
05      String name;                  // 이름, 어디서나 접근 가능
06
07      public double getWeight() {
08          return weight;
09      }
10      public void setWeight(double weight) {
11          this.weight = weight;
12      }
13  }
14
15  class Student extends Person {
16      int id;                 // 학번
17  }
18
19  public class StudentTest {
20      public static void main(String args[]) {
21          Student obj = new Student();
22          //obj.regnumber = "123456-123456";      // 오류!!
23          //obj.weight = 75.0;                     // 오류!!
24          obj.age = 21;                            // OK
25          obj.name = "Kim";                        // OK
26          obj.setWeight(75.0);                     // OK
27      }
28  }
```

1. 부모 클래스와 자식 클래스만 사용하는 필드는 어떤 접근 지정자를 사용하는 것이 좋은가?

2. 자식 클래스가 부모 클래스에서 private로 선언된 필드에 접근할 수 있는가?

3. 필드 앞에 아무런 접근 지정자가 없다면 어디에 있는 클래스만 사용이 가능한가?

중간점검

자식 클래스의 객체가 생성될 때, 자식 클래스의 생성자만 호출될까? 아니면 부모 클래스의 생성자도 호출되는가? 또 어떤 순서로 호출될까? 이 문제를 분석하기 위하여 다음과 같은 간단한 프로그램을 작성하여 실행해보자.

Test.java

```
01  class Base {
02    public Base() {
03      System.out.println("Base() 생성자");
04    }
05  };
06
07  class Derived extends Base {
08    public Derived() {
09      System.out.println("Derived() 생성자");
10    }
11  };
12
13  public class Test {
14    public static void main(String[] args) {
15      Derived r = new Derived();
16    }
17  };
```

위의 프로그램을 실제로 실행시켜 보면 출력은 다음과 같다.

```
Base() 생성자
Derived() 생성자
```

1. 왜 Derived 객체를 생성했는데 Base 생성자까지 호출되는 것일까? 자식 클래스 객체 안에는 부모 클래스에서 상속된 부분이 들어 있다. 따라서 자식 클래스 안의 부모 클래스 부분을 초기화하기 위하여 부모 클래스의 생성자도 호출되는 것이다.

Derived 클래스

Base 클래스

2. 생성자의 호출 순서는 **(부모 클래스의 생성자) → (자식 클래스의 생성자)** 순으로 된다. 자식 클래스 객체는 부모 클래스에서 상속된 부분을 초기화하기 위하여 먼저 부모 클래스의 생성자를 호출한다. 이것은 동양의 효 사상과도 일치된다고 기억하면 된다. 부모 클래스의 생성자 호출이 끝나면 자식 클래스가 추가한 부분을 초기화하기 위하여 자식 클래스의 생성자가 실행된다.

명시적인 호출

자식 클래스의 생성자에서 명시적으로 부모 클래스의 생성자를 호출할 수 있다. 이 때 super라는 키워드가 사용된다. 다음 예제는 Rectangle의 생성자에서 부모 클래스의 생성자를 명시적으로 호출하는 예이다.

```java
class Base {
   public Base() {
      System.out.println("Base 생성자()");
   }
};
```

```java
class Derived extends Base {
   public Derived() {
      super();
      System.out.println("Derived 생성자()");
   }
};
```

super()를 호출하면 부모 클래스의 생성자가 호출됩니다.

묵시적인 호출

자바에서는 명시적으로 부모 클래스의 생성자를 호출해주지 않아도 자식 클래스의 객체가 생성될 때 자동적으로 부모 클래스의 기본 생성자가 호출된다.

```java
class Base {
   public Base() {
      System.out.println("Base 생성자()");
   }
};


class Derived extends Base {
   public Derived() {


      System.out.println("Derived 생성자()");
   }
};
```

컴파일러는 부모 클래스의 기본 생성자가 자동으로 호출되도록 합니다.

오류가 발생하는 경우

묵시적인 부모 클래스 생성자 호출을 사용하려면 부모 클래스에 기본 생성자(매개 변수가 없는 생성자)가 반드시 정의되어 있어야 한다. 만약 기본 생성자가 정의되어 있지 않으면 오류가 발생한다.

```java
class Base {
   public Base(int x) {
      System.out.println("Base 생성자()");
   }
};


class Derived extends Base {
   public Derived() {
      System.out.println("Derived 생성자()");
   }
};


public class Test {
   public static void main(String[] args) {
      Derived obj = new Derived();
   }
};
```

기본 생성자가 없어!

Base 클래스에는 이미 int 형의 인수를 가지는 생성자가 선언되어 있어서 컴파일러가 기본 생성자를 만들지 않았다. 이럴 때는 super(100)과 같이 명시적으로 자식 클래스의 생성자 첫 부분에 부모 클래스의 생성자를 호출하는 문장을 넣으면 된다. 아니면 Base 클래스에 기본 생성자를 만들어 주어도 된다.

부모 클래스의 생성자 선택

부모 클래스의 생성자가 여러 개 정의되어 있는 경우에, 자식 클래스는 그 중의 하나를 선택할 수 있다. 예를 들어서 다음과 같이 부모 클래스에 2개의 생성자가 정의되어 있는 경우에, super()와 super(x, y) 중에서 하나를 호출할 수 있다.

```java
class TwoDimPoint {
   int x, y;

   public TwoDimPoint() {
      x = y = 0;
   }

   public TwoDimPoint(int x, int y) {
      this.x = x;
      this.y = y;
   }
};


class ThreeDimPoint extends TwoDimPoint {
   int z;
   public ThreeDimPoint(int x, int y, int z) {
      super(x, y);
      this.z = z;
   }
};
```

인수의 형태에 따라 적절한 생성자가 선택됩니다.

| 예제 6-4 | Person 클래스와 Student 클래스 만들어보기 |

Person 클래스는 일반적인 사람을 나타낸다. Person 클래스를 상속받아서 직원을 나타내는 Employee 클래스를 작성해보자. Person 클래스는 이름을 나타내는 name 필드만 가지고 있다. Employee 클래스는 추가적으로 id 필드를 가지고 있다. 생성자 호출에 주의하면서 각 클래스의 생성자를 만들어 보자.

Employee.java

```java
01  class Person {
02      String name;
03      public Person()   {           }
04      public Person(String theName)  {        this.name = theName;    }
05  }
06
07  class Employee extends Person {
08      String id;
09      public Employee()   {          super();       }
10      public Employee(String name)    {          super(name);      }
11      public Employee(String name, String id)   {
12          super(name);
13          this.id = id;
14      }
15      @Override
16      public String toString()
17                          { return "Employee [id=" + id + " name="+name+"]"; }
18  }
19  public class EmployeeTest {
20      public static void main(String[] args) {
21          Employee e = new Employee("Kim", "20210001");
22          System.out.println(e);
23      }
24  };
```

| 실행 결과 | Employee [id=20210001 name=Kim] |

중간점검

1. 상속에서 부모 생성자와 자식 생성자는 어떤 순서대로 호출되는가?

2. 부모 클래스에 기본 생성자가 없는 경우에, 묵시적인 생성자 호출을 사용하면 어떻게 되는가?

메소드 오버라이딩이란?

자식 클래스는 부모 클래스의 메소드를 상속받아서 사용할 수 있다. 하지만 그대로가 아니고 변경해서 사용하고 싶은 메소드가 있을 수 있다. 부모님이 자식에게 아파트를 물려주었어도, 아파트의 인테리어를 다시 하고 싶은 것이나 마찬가지이다. 소프트웨어 세계에서도 유사한 일이 발생한다. 상속은 받았지만, 목적에 맞지 않아서 변경하고 싶은 경우가 있을 수 있다. 대부분의 객체 지향 언어에서는 이것이 가능하다. 또 이것이 가능해야 객체 지향이 유용할 것이다.

메소드 오버라이딩(method overriding)은 자식 클래스가 부모 클래스의 메소드를 자신의 필요에 맞추어서 재정의하는 것이다. 이때 메소드의 이름이나 매개 변수, 반환형은 동일하여야 한다. 오버라이딩은 부모 클래스의 메소드를 무시하고 덮어씌운다는 의미이다. 자식 객체에서 해당 메소드를 실행하면 오버라이딩된 메소드가 실행된다.

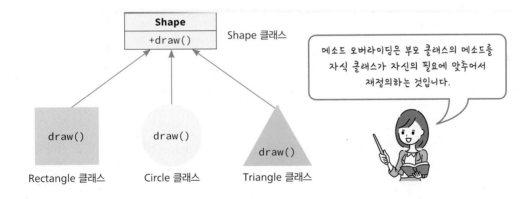

메소드 오버라이딩은 부모 클래스의 메소드를 자식 클래스가 자신의 필요에 맞추어서 재정의하는 것입니다.

예를 들면 추상적인 도형을 나타내는 Shape 클래스에 draw()라는 메소드가 선언되어 있다고 하자. Shape 클래스는 특정한 도형을 지칭하지 않으므로 draw() 메소드의 몸체는 비어 있을 것이다. Shape을 상속받아서 Rectangle 클래스를 선언하였다고 하자. Rectangle 클래스는 정사각형을 나타내므로 이제는 draw()에서 도형을 그릴 수 있다. 이때 메소드 오버라이딩이 사용된다. draw() 메소드를 오버라이드해보자. Rectangle 클래스의 객체를 생성하고 draw()를 호출하였다면 어떤 draw()가 호출될까?

```
ShapeTest.java
```

```java
01  class Shape{
02      public void draw()  {    System.out.println("Shape");    }
03  }
04
05  class Circle extends Shape{
06  @Override
07      public void draw()  {    System.out.println("Circle을 그립니다.");    }
08  }
09
10  class Rectangle extends Shape{
11  @Override
12      public void draw()  {    System.out.println("Rectangle을 그립니다.");    }
13  }
14
15  class Triangle extends Shape{
16  @Override
17      public void draw()  {    System.out.println("Triangle을 그립니다.");    }
18  }
19
20  public class ShapeTest {
21      public static void main(String[] args) {
22          Rectangle s = new Rectangle();
23          s.draw();
24      }
25  }
```

실행 결과 Rectangle을 그립니다.

Rectangle 클래스의 객체에 대하여 draw()가 호출되면 Rectangle 클래스 안에서 오버라이딩된 draw()가 호출된다. Shape의 draw()가 호출되는 것이 아니다.

부모 클래스의 메소드와 자식 클래스의 메소드가 완벽하게 일치하여야 오버라이딩으로 처리된다. 만약 완벽하게 일치하지 않으면 메소드 오버로딩으로 처리되어 버린다. 예를 들어서 다음과 같이 작성하면 메소드 오버라이딩으로 취급되지 않는다. draw()의 매개 변수가 서로 다르기 때문이다.

```java
class Square extends Shape{
    public void draw(String color)  {  System.out.println("Square를 그립니다."); }
}
```

> 부모 클래스의 draw()와 매개 변수가 다르다.

또한 철자를 잘못 쓰는 경우도 많다.

```java
class Square extends Shape{
    public void drew()  {  System.out.println("Square를 그립니다.");  }
}
```

철자를 잘못 쓰는 경우, 컴파일러는 이것을 새로운 메소드 이름으로 인식한다(인공지능은 없다). 따라서 메소드 오버라이드가 일어나지 않는다.

이것을 방지하기 위해서 오버라이딩된 메소드 이름 앞에는 @Override 어노테이션을 붙이는 것이 좋다. 만약 부모 클래스에 그런 이름의 메소드가 없다면 컴파일러가 오류를 발생한다.

```java
class Square extends Shape{
    @Override
    public void draw()  {  System.out.println("Square를 그립니다.");  }
};
```

키워드 super를 사용하여 부모 클래스 멤버 접근

키워드 super는 상속 관계에서 부모 클래스의 메소드나 필드를 명시적으로 참조하기 위하여 사용된다. 만약 부모 클래스의 메소드를 오버라이딩한 경우에 super를 사용하면 부모 클래스의 메소드를 호출할 수 있다. 보통 메소드를 오버라이딩할 때, 부모 클래스의 메소드를 완전히 대치하는 경우보다 내용을 추가하는 경우가 많다. 이런 경우에는 super 키워드를 이용하여 부모 클래스의 메소드를 호출해준 후에 자신이 필요한 부분을 추가해주는 것이 좋다.

ShapeTest.java

```java
01  class Shape{
02      public void draw()    {
03          System.out.println("Shape 중의 하나를 그릴 예정입니다.");
04      }
05  }
06
07  class Circle extends Shape{
08      @Override
```

```
09      public void draw()    {
10          super.draw();                // 부모 클래스의 draw() 호출
11          System.out.println("Circle을 그립니다.");
12      }
13  }
14
15  public class ShapeTest {
16      public static void main(String[] args) {
17          Circle s = new Circle();
18          s.draw();
19      }
20  }
```

실행 결과　Shape 중의 하나를 그릴 예정입니다.
Circle을 그립니다.

오버라이딩 vs 오버로딩

자바에서 오버로딩과 오버라이딩을 혼동하면 안 된다. 오버로딩(overloading)이란 같은 메소드명을 가진 여러 개의 메소드를 작성하는 것이다. 오버라이딩(overriding)은 부모 클래스의 메소드를 자식 클래스가 다시 정의하는 것을 의미한다.

```
class Shape  {

        public void draw() { ... }      ─────────▶    public void draw() {
        public void draw(int x, int y) { ... }             ...
                                                       }
};                                                 };
```

오버로딩

class Circle extends Shape {   오버라이딩

오버라이딩

이들은 모두 다형성과 관련이 있다. 이름을 재사용하는 것은 같다. 오버로딩은 컴파일 시간에서의 다형성을 지원한다. 메소드 오버라이딩을 사용하면 실행 시간에서의 다형성을 지원할 수 있다. 이 것을 동적 바인딩이라고도 한다. 다형성은 객체 지향 프로그래밍에 필수적이다. 다형성을 이용하면 모든 자식 클래스에 공통되는 메소드를 지정할 수 있다. 다형성은 다음 절에서 자세히 살펴본다.

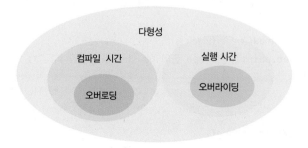

TIP

이클립스는 메소드 오버라이딩을 자동으로 해주는 메뉴를 가지고 있다. 자식 클래스 안에 커서를 두고 [Source] → [Override/Implement Methods...]를 사용해보자. 한 번만 사용해보면 금방 익숙해질 것이다. 부모 클래스의 메소드 중에서 재정의할 것만 체크하면 된다.

정적 메소드를 오버라이드하면 어떻게 될까?

동일한 시그니처(이름, 매개변수의 번호 및 유형 포함)를 가지는 자식 클래스의 인스턴스 메소드는 부모 클래스의 메소드를 오버라이드(재정의)한다. 그런데 만약 동일한 시그니처를 가지는 정적 메소드가 있다면 어떻게 될까?

자식 클래스가 부모 클래스의 정적 메소드와 동일한 정적 메소드를 정의하는 경우, 자식 클래스의 메소드는 부모 클래스의 메소드를 숨긴다고 말한다. 오버라이드된 인스턴스 메소드가 호출되면 항상 자식 클래스의 메소드가 호출된다. 하지만 정적 메소드의 경우에는 어떤 참조 변수를 통하여 호출되는지에 따라 달라진다. 예를 들어보자.

```java
class Animal {
   public static void A() {
      System.out.println("static method in Animal");
   }
}
public class Dog extends Animal {
   public static void A() {
      System.out.println("static method in Dog");
   }
   public static void main(String[] args) {
      Dog dog = new Dog();
      Animal a = dog;
      a.A();
      dog.A();
   }
}
```

실행 결과

```
static method in Animal
static method in Dog
```

Dog 참조 변수를 통하여 정적 메소드를 호출하면 자식 클래스의 정적 메소드가 호출된다. Animal 참조 변수를 통하여 정적 메소드를 호출하면 부모 클래스의 정적 메소드가 호출된다. 만약 정적 메소드가 아니었다면 a를 통하여 호출하여도 메소드 오버라이딩 때문에 자식 클래스의 A()가 호출되었을 것이다.

예제 6-5   Employee 클래스

아래와 같은 상속 계층도를 가정하자. 일반 직원은 Employee 클래스로 모델링한다. Employee 클래스를 상속받아서 관리자를 나타내는 Manager 클래스와 프로그래머를 나타내는 Programmer 클래스를 작성한다. Employee 클래스 안에는 월급을 계산하는 getSalary() 메소드가 있다. 이 메소드를 Manager 클래스와 Programmer 클래스에서 오버라이딩해서 각 직급별로 다른 월급을 반환하도록 한다.

실행 결과   관리자의 월급: 5000000
프로그래머의 월급: 6000000

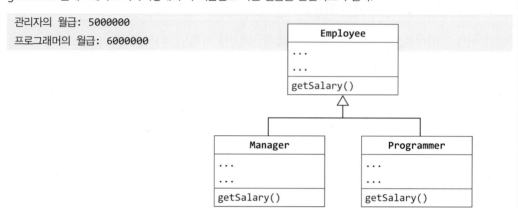

Test.java

```java
01   class Employee {
02       public int baseSalary = 3000000;         // 기본금
03       int getSalary()    {    return baseSalary;    }
04   }
05
06   class Manager extends Employee {
07       @Override    int getSalary()    {    return (baseSalary + 2000000);    }
08   }
09
10   class Programmer extends Employee {
11       @Override    int getSalary()    {    return (baseSalary + 3000000);    }
12   }
13
14   public class Test {
15       public static void main(String[] args)    {
16           Manager obj1 = new Manager();
17           System.out.println("관리자의 월급: "+obj1.getSalary());
18
19           Programmer obj2 = new Programmer();
20           System.out.println("프로그래머의 월급: "+obj2.getSalary());
21       }
22   }
```

1. 메소드 오버로딩과 메소드 오버라이딩은 어떻게 다른가?

2. 다음과 같은 코드에서 오버라이딩이 발생하는가? 그 이유는 무엇인가?

```java
public class A {
    public void add(){ }
    public void add(int a){ }
}


public class B extends A {
    public float add(int b){ }
}
```

3. @Override의 의미는 무엇인가?

다형성(polymorphism)은 "많은(poly)+모양(morph)"이라는 의미로써 주로 프로그래밍 언어에서 하나의 식별자로 여러 개의 작업을 처리하는 것을 의미한다. 넓은 의미에서는 "메소드 오버로딩"이나 "메소드 오버라이딩", 또 뒤에서 학습할 "제네릭 프로그래밍"도 다형성에 포함된다. 하지만 일반적으로 객체지향 프로그래밍에서 다형성이란 객체들이 똑같은 메시지를 받더라도 각자의 실제 타입에 따라서 서로 다른 동작을 하는 것을 말한다.

그림 6.1 다형성의 개념

똑같은 명령을 내리지만 객체의 타입이 다르면 서로 다른 결과를 얻을 수 있는 것이 다형성이다. 여기서 중요한 것은 메시지를 보내는 측에서는 객체가 어떤 타입인지 알 필요가 없다는 점이다. 실행 시간에 객체의 타입에 따라서 자동적으로 적합한 동작이 결정된다.

다형성은 어떤 경우에 사용하는 기술일까? 다형성은 객체 지향 기법에서 하나의 코드로 다양한 타입의 객체를 처리하는 중요한 기술이다. 예를 들어서 한 곳에 모인 동물들이 각자의 소리를 내게 하고 싶으면 어떤 동물인지 신경 쓰지 말고 무조건 speak 메시지를 보내면 된다. 만약 강아지가 speak라는 메시지를 받는다면 "멍멍"이라고 할 것이고, 고양이가 speak 메시지를 받는다면 "야옹"이라고 할 것이다. 또 사각형, 삼각형, 원과 같은 다양한 타입의 도형 객체들이 모여 있다고 하자. 이 도형들을 그리고 싶으면 각 객체에 draw 메시지를 보내면 된다. 각 도형들은 자신의 모습을 화면에 그릴 것이다. 즉 도형의 타입을 고려할 필요가 없는 것이다.

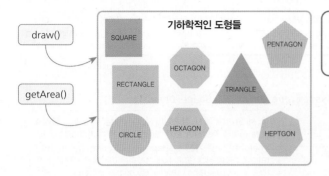

업캐스팅

하나의 예로 Rectangle, Triangle, Circle 등의 도형 클래스가 부모 클래스인 Shape 클래스로부터
상속되었다고 가정하자.

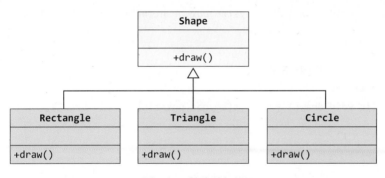

그림 6.2 도형의 상속 구조

각 도형들은 2차원 공간에서 도형의 위치를 나타내는 기준점 (x, y)을 가진다.
이것은 모든 도형에 공통적인 속성이므로 부모 클래스인 Shape에 저장한다.

ShapeTest.java

```
01    class Shape {
02        protected int x, y;
03        public void draw() {    System.out.println("Shape Draw");    }
04    }
05
06    class Rectangle extends Shape {
07        private int width, height;
08        public void draw() {    System.out.println("Rectangle Draw");    }
09    }
10
11    class Triangle extends Shape {
12        private int base, height;
13        public void draw() {    System.out.println("Triangle Draw");    }
14    }
15
16    class Circle extends Shape {
17        private int radius;
18        public void draw() {    System.out.println("Circle Draw");    } }
19    }
```

이어서 Shape에서 상속받아서 사각형을 나타내는 클래스 Rectangle을 정의하여 보자. Rectangle은 추가적으로 width 와 height 변수를 가진다. Shape 클래스의 draw()를 사각형을 그리도록 재정의한다. 물론 실제 그래픽은 아직까지 사용할 수 없으므로 화면에 사각형을 그린다는 메시지만을 출력한다.

서브 클래스인 Triangle을 Shape 클래스에서 상속받아 만든다.

위의 코드에서 자식 클래스인 Rectangle은 부모 클래스 Shape을 상속받고 있다. 위의 클래스를 테스트하기 위하여 다음과 같은 코드를 작성해보자.

ShapeTest.java

```
01    public class ShapeTest {
02        public static void main(String arg[]) {
03            Shape s1, s2;
04
05            s1 = new Shape();          // ① 당연하다.
06            s2 = new Rectangle();      // ② Rectangle 객체를 Shape 변수로 가리킬 수 있을까?
07        }
08    }
```

위의 코드 중에서 **문장** ②를 생각하여 보자. Rectangle 타입의 객체를 Shape 타입의 변수로 참조하는 문장은 얼핏 오류처럼 보인다. 그러나 자식 클래스 객체는 부모 클래스 객체를 포함하고 있기 때문에 위의 문장은 적법하다. 즉 **부모 클래스 변수로 자식 클래스 객체를 참조할 수 있다. 이 것을 업캐스팅(upcasting, 상형 형변환)이라고 한다.** 위의 문장은 다형성의 핵심이 되므로 잘 이해하여야 한다.

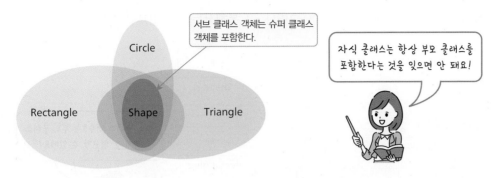

그림 6.3 자식 클래스와 부모 클래스의 포함 관계

그렇다면 ②와 같이 부모 클래스 변수로 자식 클래스 객체를 참조했을 경우에 s2를 통하여 자식 클래스의 모든 필드와 메소드를 사용할 수 있을까? 그렇지는 않다. 자식 클래스 중에서 부모 클래스로부터 상속받은 부분만을 s2를 통해서 사용할 수 있고 나머지는 사용하지 못한다. 즉 ②번 문장이 실행되면 Rectangle 객체 중에서 Shape으로부터 상속받은 부분은 s2를 통해서 사용할 수 있지만 Rectangle 객체의 다른 부분은 s2를 통해서 사용할 수 없는 것이다. s2는 Shape 타입의 변수이기 때문이다.

좀 더 완전한 소스를 통해서 상향 형변환을 분석하여 보자.

ShapeTest.java

```
01   ...
02   public class ShapeTest {
03       public static void main(String arg[]) {
04           Shape s = new Rectangle();          부모 클래스의 변수로 자식 클래
05           Rectangle r = new Rectangle();      스의 객체를 가리키는 것은 합법
                                                 적이다.
06           s.x = 0;
07           s.y = 0;          Shape 클래스의 필드와 메소드에
                               접근하는 것은 OK
08           s.width = 100;
09           s.height = 100;   컴파일 오류가 발생한다. s를 통해서는
10       }                     Rectangle 클래스의 필드와 메소드에
11   }                         접근할 수 없다.
```

실행 결과

```
width cannot be resolved or is not a field
height cannot be resolved or is not a field
```

s를 통해서는 x, y만을 사용할 수 있다. 그러나 r을 통해서는 모든 필드를 전부 사용할 수 있다.

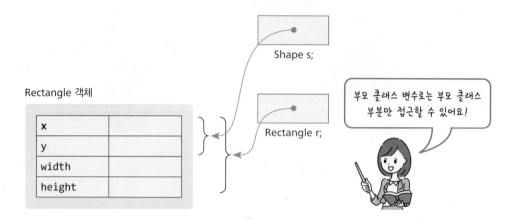

여기서 기억해야 될 것은 어떤 멤버를 사용할 수 있느냐는 변수의 타입에 의하여 결정된다는 점이다. 객체의 타입에 의하여 결정되는 것은 아니다. 부모 클래스 변수를 가지고 자식 클래스의 객체를 참조하는 경우에는 부모 클래스에서 정의된 부분만을 사용할 수 있다. 이것은 상식적으로 말이 되는데 부모 클래스는 자식 클래스가 무엇을 추가하였는지 알 방법이 없기 때문이다. 앞의 코드에서 s를 가지고 width나 height를 사용하게 되면 컴파일 오류가 발생한다.

업캐스팅 vs 다운캐스팅

업캐스팅과 다운캐스팅은 일종의 형변환이다.

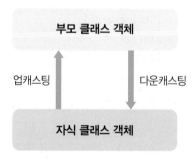

- 업캐스팅(upcasting): 자식 객체를 부모 참조 변수로 참조하는 것이다. 업캐스팅은 묵시적으로 수행될 수 있다. 업캐스팅을 사용하면 부모 클래스의 멤버에 접근할 수 있다. 하지만 자식 클래스의 멤버는 접근이 불가능하다.

- 다운캐스팅(downcasting): 부모 객체를 자식 참조 변수로 참조하는 것이다. 이것은 묵시적으로는 안 되고 명시적으로 하여야 한다.

간단한 예제로 이것을 살펴보자.

```java
class Parent {
    void print()    {    System.out.println("Parent 메소드 호출");    }
}

class Child extends Parent {
    @Override void print()    {    System.out.println("Child 메소드 호출");    }
}

public class Casting {
    public static void main(String[] args)    {
        Parent p = new Child();        // 업캐스팅: 자식 객체를 부모 객체로 형변환
        p.print();                     // 동적 메소드 호출, 자식의 print() 호출

        // Child c = new Parent();     // 이것은 컴파일 오류이다.

        Child c = (Child)p;            // 다운캐스팅: 부모 객체를 자식 객체로 형변환
        c.print();                     // 메소드 오버라이딩, 자식 객체의 print() 호출
    }
}
```

```
Child 메소드 호출
Child 메소드 호출
```

동적 바인딩

여러분은 아마 지금쯤 다음과 같은 질문을 할 것이다.

> "부모 참조 변수를 가지고 자식 객체를 참조하는 것이 도대체 어디에 필요한가요?"

여러 가지 분야에서 필요하다. 여러 가지 타입의 객체를 하나의 자료 구조 안에 모아서 처리하려는 경우에 필요하다. 예를 들어서 그림판 프로그램에서 ArrayList에 여러 가지 도형들을 넣고 도형들을 화면에 그리는 경우에도 필요하다.

앞에서 다형성은 객체들이 동일한 메시지를 받더라도 각 객체의 타입에 따라서 서로 다른 동작을 하는 것이라고 하였다. 좀 더 구체적으로 들어가 보자. 모든 도형 클래스는 화면에 자신을 그리기 위한 메소드를 포함하고 있다고 가정한다. 이 메소드의 이름을 draw()라고 하자. 각 도형을 그리는 방법은 당연히 도형에 따라 다르다. 따라서 도형의 종류에 따라 서로 다른 draw()를 호출해야 한다. Shape가 draw() 메소드를 가지고 있고 Rectangle, Triangle, Circle 클래스들이 이 draw() 메소드를 오버라이딩하였다고 하자.

```
ShapeTest.java
```

```
01    ...
02    public class ShapeTest {
03        public static void main(String arg[]) {
04            Shape[] arrayOfShapes;
05            arrayOfShapes = new Shape[3];
06
07            arrayOfShapes[0] = new Rectangle();
08            arrayOfShapes[1] = new Triangle();
09            arrayOfShapes[2] = new Circle();
10
11            for (int i = 0; i < arrayOfShapes.length; i++) {
12                arrayOfShapes[i].draw();
13            }
14        }
15    }
```

> Shape의 배열 arrayOfShapes[]를 선언한다.

> 배열 arrayOfShapes의 각 원소에 객체를 만들어 대입한다. 다형성에 의하여 Shape 객체 배열에 모든 타입의 객체를 저장할 수 있다.

> 배열 arrayOfShapes[] 길이만큼 루프를 돌면서 각 배열 원소를 사용하여 draw() 메소드를 호출하면 각 원소가 실제로 가리키고 있는 객체에 따라 서로 다른 draw()가 호출된다.

실행 결과

```
Rectangle Draw
Triangle Draw
Circle Draw
```

다음과 같이 Shape 참조 변수를 통하여 각 객체들의 draw() 메소드를 호출하면 과연 어떤 메소드가 호출될까?

```
Shape s2 = new Rectangle();    // OK!
s2.draw();                     // 어떤 draw()가 호출되는가?
```

실행 결과를 보면 Shape의 draw()가 호출되는 것이 아니라 Rectangle의 draw()가 호출된다. **s2의 타입은 Shape이지만 s2가 실제로 가리키고 있는 객체의 타입이 Rectangle이기 때문이다.** 그렇다면 과연 어떻게 해서 Rectangle의 draw()가 호출되는 것일까? 메소드 호출을 실제 메소드의 몸체와 연결하는 것을 **바인딩(binding)**이라고 한다. C 언어에서는 컴파일 단계에서 모든 바인딩이 완료되지만 자바에서는 바인딩이 실행 시까지 연기된다. 자바 가상 머신(JVM)은 실행 단계에서 변수가 참조하는 객체의 실제 타입을 보고 적절한 메소드를 호출하게 된다. 이것을 **동적 바인딩(dynamic binding)**이라고 한다.

"동적 바인딩"이란 오버라이드된 메소드 호출이 컴파일 시간이 아닌 실행 시간에 결정되는 메커니즘을 의미한다. 오버라이드된 메소드가 부모 클래스 참조를 통하여 호출되는 경우에 객체의 타입에 따라서 서로 다른 메소드가 호출되게 하는 메커니즘이다. 즉 객체의 실제 타입이 호출되는 메소드를 결정하는 것이다.

동적 바인딩의 장점

앞의 프로그램과 같이 코딩하는 것은 어떤 장점이 있을까? 만약 앞의 프로그램에 다음과 같이 Cylinder 클래스를 추가한다고 가정해보자.

```java
class Cylinder extends Shape {
   private int radius, height;
   public void draw(){    System.out.println("Cylinder Draw");    }
}
```

만약 drawAll() 메소드에서 도형의 종류를 구분하여 draw() 메소드를 호출하였다면 코드에 Cylinder 클래스를 처리하는 코드를 추가하여야 할 것이다. 그러나 위의 프로그램처럼 동적 바인딩을 사용했다면 drawAll() 메소드는 전혀 변경할 필요가 없다. 즉 프로그래밍할 때 고려하지 않았던 도형의 종류도 처리할 수 있다. 결론적으로 다형성을 사용하면 시스템에 최소한의 영향을 미치면서 새로운 유형의 객체를 쉽게 추가하여 시스템을 확장할 수 있다.

자바에서의 정적 바인딩과 동적 바인딩

자바는 오버로드된 메소드에 대해 정적 바인딩을 사용하고 오버라이드된 메소드에 대해 동적 바인딩을 사용한다. 즉 오버로드된 메소드는 컴파일할 때 결정되지만, 오버라이드된 메소드는 실행 시간까지 바인딩이 연기되었다가 실행 시간에 실제 타입을 보고 어떤 메소드를 호출할 것인지를 결정한다.

참고

업캐스팅의 활용

업캐스팅은 앞에서 설명한 동적 바인딩의 용도로 많이 사용하지만 메소드의 매개 변수를 선언할 때도 많이 이용한다. 메소드의 매개 변수를 부모 타입으로 선언하면 훨씬 넓은 범위의 객체를 받을 수 있다. 예를 들어서 메소드의 매개 변수를 Rectangle 타입으로 선언하는 것보다 Shape 타입으로 선언하면 훨씬 넓은 범위의 객체를 받을 수 있다. Shape 타입으로 선언하면 Shape에서 파생된 모든 타입의 객체를 받을 수 있기 때문이다.

```java
public static void printLocation(Shape s) {
   System.out.println("x=" + s.x + " y=" + s.y);
}
```

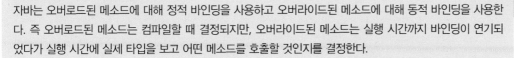

그림 6.4 업캐스팅을 이용하는 메소드의 매개 변수

다음의 코드에서는 Shape 타입으로 정의된 매개 변수를 이용하여서 다양한 도형을 받을 수 있는 print() 메소드를 보여주고 있다.

```
ShapeTest.java
01   ...
02   public class ShapeTest {                    Shape에서 파생된 모든 클래스의 객체를 다 받을 수 있다.
03
04       public static void print(Shape obj) {  ◄
05           System.out.println("x=" + s.x + " y=" + s.y);
06       }
07
08       public static void main(String arg[]) {
09           Rectangle s1 = new Rectangle();
10           Triangle s2 = new Triangle();
11           Circle s3 = new Circle();
12
13           print(s1);
14           print(s2);
15           print(s3);
16       }
17   }
```

만약 자바에서 생성되는 모든 객체를 전부 전달받을 수 있는 메소드를 선언한다면 어떻게 해야 하는가? 모든 객체는 Object 클래스를 상속받는다. 따라서 다음과 같이 정의하면 된다.

```
public static void print(Object obj) {       자바에서 모든 클래스는 Object 클래스를 상속
    ...                                       하므로 모든 객체를 전부 받을 수 있다.
}
```

instanceof 연산자

자바에서는 동적 바인딩으로 인해서 변수의 타입만 보고는 변수가 가리키는 실제 타입을 알 수 없다. 변수가 가리키는 객체의 실제 타입을 알고 싶으면 instanceof 연산자를 사용하면 된다. instanceof 연산자는 다음과 같이 사용한다.

```
if (obj instanceof Rectangle) { ... }
```

위의 코드에서 obj라는 참조 변수가 현재 Rectangle 객체를 참조하고 있다면 "obj **instanceof** Rectangle" 수식이 true를 반환한다.

앞의 예제 print() 정적 메소드에서 실제 객체 타입을 출력해보자.

```
ShapeTest4.java
01  ...
02  public class ShapeTest4 {
03      public static void print(Shape s) {
04          if (obj instanceof Rectangle)
05              System.out.println("실제 타입은 Rectangle");
06          if (obj instanceof Triangle)
07              System.out.println("실제 타입은 Triangle");
08          if (obj instanceof Circle)
09              System.out.println("실제 타입은 Circle");
10      }
11
12      public static void main(String arg[]) {
13          Rectangle s1 = new Rectangle();
14          Triangle s2 = new Triangle();
15          Circle s3 = new Circle();
16
17          print(s1);
18          print(s2);
19          print(s3);
20      }
21  }
```

실행 결과

```
실제 타입은 Rectangle
실제 타입은 Triangle
실제 타입은 Circle
```

종단 클래스와 종단 메소드

종단 클래스(final class)는 상속을 시킬 수 없는 클래스를 말한다. 종단 클래스가 필요한 이유는 보안상의 이유 때문이다. 자바에서는 이론상으로는 중요한 클래스의 서브 클래스를 만들어 서브 클래스로 하여금 시스템을 파괴하도록 할 수 있기 때문에 자바 시스템은 중요한 클래스에 대해서는 종단 클래스로 선언하고 있다. 대표적인 것이 String 클래스이다. String 클래스는 컴파일러에서 많이 쓰이기 때문에 종단 클래스로 선언되어 있다. 종단 클래스로 선언하려면 클래스의 선언 맨 앞에 final을 붙인다.

```
final class String {
    ...
}
```

종단 클래스로 선언되면 그 클래스 내부의 메소드는 모두 재정의될 수 없다. 종단 클래스가 아닌 일반 클래스에서 특정한 메소드만 재정의될 수 없게 만들려면 종단 메소드(final method)로 선언하면 된다. 예를 들어 바둑 게임에서는 항상 흑돌을 든 사람이 먼저 시작하여야 한다. 따라서 첫 번째 돌을 놓는 사람을 반환하는 메소드 getFirstPlayer()가 있다면 final로 지정하는 것이 바람직하다.

```
class Baduk {
    enum BadukPlayer { WHITE, BLACK }
    ...
    final BadukPlayer getFirstPlayer() {
        return BadukPlayer.BLACK;
    }
}
```
> 서브 클래스에서 재정의할 수 없도록 final로 지정한다.

대개 생성자에서 호출되는 메소드들은 일반적으로 final로 선언된다. 그 이유는 만약 생성자가 final이 아닌 메소드를 호출한다면 서브 클래스가 그 메소드를 다시 정의하여서 이상한 결과를 초래할 수 있기 때문이다.

슈퍼 클래스에서 종단 메소드(final method)로 선언된 메소드는 서브 클래스에서 대치될 수 없다. 반면 추상 메소드(abstract method)는 사용되기 전에 반드시 대치되어야만 한다. 추상 메소드는 몸체가 정의되지 않은 메소드를 의미한다. 다음 절에서 자세히 살펴본다.

중간점검

1. 상속과 다형성은 어떤 관련이 있는가?
2. 어떻게 자식 클래스 참조 변수로 부모 클래스의 객체를 참조할 수 있는 것인가?
3. 업캐스팅과 다운캐스팅은 무엇인가?
4. 동적 바인딩이란 무엇인가?
5. 다형성의 장점은 무엇일까?

도형 면적 계산하기 · LAB

우리는 앞의 본문에서 도형들의 상속 계층을 구현한 바 있다. 그 상속 계층 구조에서 Shape 클래스의 getArea()를 오버라이드하여서 각 도형에 맞는 면적을 계산해보자.

실행 결과

```
Rectangle: 200.0
Triangle: 100.0
```

ShapeAreaTest.java

```java
01  class Shape {
02      public double getArea() {           return 0; }
03      public Shape() {            super(); }
04  }
05
06  class Rectangle extends Shape {
07      private double width, height;
08      public Rectangle(double width, double height) {
09          super();
10          this.width = width;
11          this.height = height;
12      }
13      public double getArea() {           return width*height;  }
14  }
15
16  class Triangle extends Shape {
17      private double base, height;
18      public double getArea() {           return 0.5*base*height;   }
19      public Triangle(double base, double height) {
20          super();
21          this.base = base;
22          this.height = height;
23      }
24  }
25
26  public class ShapeAreaTest {
27      public static void main(String args[]) {
28          Shape obj1 = new Rectangle(10.0, 20.0);
29          Shape obj2 = new Triangle(10.0, 20.0);
30
31          System.out.println("Rectangle: " + obj1.getArea());
32          System.out.println("Triangle: " + obj2.getArea());
33      }
34  }
```

Shape
#area:double
+getArea():double

Rectangle
length:double
width:double
+Rectangle
+getArea():double

Circle
radius:double
+Circle:
+getArea():double

LAB 동물 다형성

강아지와 고양이를 나타내는 클래스를 작성하자. 이들 클래스의 부모 클래스로 Animal 클래스를
정의한다. 강아지와 고양이 클래스의 speak() 메소드를 호출하면 각 동물들의 소리가 출력되도록
프로그램을 작성해보자.

실행 결과

```
Animal 클래스의 speak()
멍멍
야옹
```

DynamicCallTest.java

```java
01  class Animal  {
02      void speak() {      System.out.println("Animal 클래스의 sound()");    }
03  }
04
05  class Dog extends Animal {
06      void speak() {      System.out.println("멍멍");     }
07  }
08
09  class Cat extends Animal {
10      void speak() {      System.out.println("야옹");     }
11  }
12
13  public class DynamicCallTest {
14      public static void main(String args[]) {
15          Animal a1 = new Dog();
16          Animal a2 = new Cat();
17
18          a1.speak();
19          a2.speak();
20      }
21  }
```

> 어떤 sound()가 호출될 것인지는 실행 시간에
> 참조되는 객체의 타입에 따라서 결정된다.

이 프로그램은 Animal이라는 부모 클래스를 생성한다. 그리고 2개의 자식 클래스인 Dog과 Cat
클래스를 생성한다. Animal은 sound()라는 메소드를 선언하고 2개의 자식 클래스는 이 메소드
를 오버라이드한다. main() 메소드 안에서 Animal 변수 a1과 a2가 선언된다. a1과 a2를 통하여
sound() 메소드가 호출된다. 출력 결과가 보여 주듯이 어떤 버전의 sound()가 호출되는지는 호출
당시에 참조되고 있는 객체의 타입에 의하여 결정된다. 참조 변수의 타입이 아니다.

우리는 이번 장에서 상속에 대하여 학습하였다. 상속과 아주 유사하지만 상속과는 미묘하게 다른 구성(composition)이라는 기법이 있다. 구성은 클래스가 다른 클래스의 인스턴스를 클래스의 필드로 가지는 디자인 기법이다. 반면에 상속은 한 객체가 클래스를 상속받아서 부모 객체의 속성과 동작을 획득할 수 있는 기법이다. 구성 및 상속은 모두 클래스를 연결하여 코드 재사용성을 제공한다. 상속과 구성은 객체 지향 개발자가 사용하는 두 가지의 중요한 프로그래밍 기술이다. 상속은 한 클래스를 다른 클래스에서 파생시키는 반면 구성은 하나의 클래스를 다른 클래스의 합으로 정의한다.

상속을 통해 생성된 클래스와 객체는 밀접하게 결합되어 있다. 상속 관계에서 부모 클래스를 변경하면 코드가 손상될 위험이 있다. 구성을 통해 생성된 클래스와 객체는 느슨하게 결합되어 코드를 손상시키지 않고 구성 요소를 더 쉽게 변경할 수 있다.

느슨하게 결합된 코드가 더 많은 유연성을 제공하기 때문에 많은 개발자들은 구성이 상속보다 더 나은 기술이라고 생각하기도 한다. 그러나 그렇게 생각하면 안 된다. 좀 더 자세하게 분석해보아야 한다. 프로그래밍 도구를 선택하는 것은 올바른 주방 도구를 선택하는 것과 유사하다. 예를 들어 포크를 사용하여 고기를 자르지 않아야 한다. 모든 프로그램에서 무조건 구성을 선택해서는 안 된다.

상속	구성
상속은 "is-a" 관계이다.	구성은 "has-a" 관계 이다.
상속에서는 하나의 클래스만 상속할 수 있으므로 하나의 클래스에서만 코드를 재사용할 수 있다.	여러 클래스에서 코드를 재사용할 수 있다.
상속은 컴파일 시간에 결정된다.	구성은 실행 시간에 결정될 수 있다.
final로 선언된 클래스의 코드를 재사용할 수 없다.	final로 선언된 클래스에서도 코드 재사용이 가능하다.
부모 클래스의 public 및 protected 메소드를 모두 노출한다.	아무것도 노출되지 않는다. 공개 인터페이스만을 사용하여 상호 작용한다.

is-a 관계

is-a 관계는 "A는 B의 일종이다."라고 말하는 것과 같다. 예를 들어 사과는 과일의 일종이고, 자동차는 차량의 일종이다. is-a 관계가 있으면 상속을 사용한다. 상속은 단방향이다.

- 자동차는 탈것이다(Car is a Vehicle).
- 사자, 개, 고양이는 동물이다.
- 집은 건축물의 일종이다.
- 벤츠는 자동차의 일종이다.

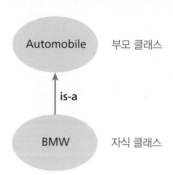

객체 지향 프로그래밍에서 자식 클래스와 부모 클래스 사이에 "is-a" 관계가 있다는 것을 알 때 상속을 사용할 수 있다. 따라서 상속의 계층 구조를 올바르게 설계하였는지를 알려면 is-a 관계가 성립하는지를 생각해보면 된다.

자식 클래스는 부모 클래스의 특수 버전이다. 부모 클래스에서 상속하는 것은 코드 재사용의 예이다. 이번 장에서는 상속을 학습하였지만 구성과 대비하기 위하여 간단한 예제를 살펴보자. 강아지는 동물의 일종이다. 따라서 동물을 나타내는 클래스와 강아지를 나타내는 클래스를 상속 관계로 연결하는 것이 합리적이다.

```java
class Animal {
    void eat() {
        System.out.println("음식을 먹습니다.");
    }
}
public class Dog extends Animal {
    void bark() {
        System.out.println("멍멍");
    }
    public static void main(String args[]) {
        Dog obj = new Dog();
        obj.eat();
        obj.bark();
    }
}
```

상속 사용을 고려할 때는 항상 자식 클래스가 실제로 부모 클래스의 특수한 버전인지 자문해보자. 이 경우 강아지는 동물의 특수한 버전이므로 상속 관계가 맞다. 흔히 자바 입문자들은 의욕에 넘쳐서 모든 것을 상속으로 해결하려고 한다. 하지만 상속을 사용하는 경우, 부모 클래스와 자식 클래스 사이에는 강한 연관관계(tightly coupled)가 생기게 된다. 이 경우 부모 클래스가 변경되면 자식 클래스들도 모두 영향을 받게 된다. 물론 is-a 관계가 있는 클래스인 경우에는 상속을 사용하는 것이 장점이 많고 자연스러운 방법이다. 하지만 is-a 관계가 아닌데도 무분별하게 상속을 사용하게 되면 단점이 더 많다.

has-a 관계

만약 "~은 ~을 가지고 있다"와 같은 has-a(포함) 관계가 성립되면 이 관계는 상속으로 모델링을 하면 안 된다. 이 경우에는 구성을 사용하여야 한다.

- 자동차는 엔진을 가지고 있다.
- 도서관은 책을 가지고 있다(Library has a book).
- 집은 욕실을 가지고 있다.

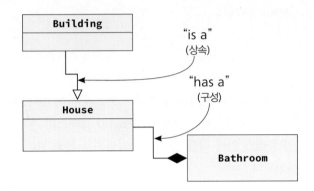

객체 지향 프로그래밍에서 has-a 관계는 구성(composition) 또는 집합(aggregation)을 의미한다. 구성에서는 하나의 객체가 다른 객체의 부품(part-of)이 된다. 집합 관계에서는 하나의 객체가 다른 객체를 소유하게 된다. UML 다이어그램으로 그리면 다음과 같다.

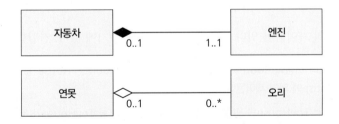

상단 그림에서 자동차는 엔진을 가지고 있다. 검정색 다이아몬드 표시는 구성(composition)을 나타낸다. 자동차가 엔진으로 구성되었다고 생각하여도 된다. 하단 그림에서 연못은 오리를 가지고 있다. 이때는 다이아몬드가 흰색인데 이것은 집합(aggregation)을 의미한다. 집합은 다이아몬드가 있는 객체가 다른 객체를 소유하고 있다는 것을 의미한다. 다이아몬드 옆의 숫자는 개수를 의미한다. 오리에 붙은 0..*은 연못이 오리를 0개에서 무한대 개수까지 가질 수 있다는 것을 의미한다.

has-a 관계가 성립되는 경우에는 상속을 이용하는 것이 아니라 하나의 클래스 안에 다른 클래스의 객체를 포함시키면 된다. is-a 관계 못지않게 has-a 관계를 이해하는 것도 중요하다. 아주 간단한 예제를 들어보면 다음과 같다.

```
01   class Vehicle { }
02   class Engine  { }
03   class Brake   { }
04
05   public class Car extends Vehicle {
06      private Engine e;
07      private Brake b;
08      public Car() {
09         this.e = new Engine();
10         this.b = new Brake();
11      }
12   }
```

위의 코드는 아주 간단하지만 is-a 관계와 has-a 관계가 동시에 들어 있다. Vehicle 클래스와 Car 클래스의 관계는 is-a 관계이다. 하지만 Car 클래스와 Engine 클래스의 관계는 has-a 관계가 된다. has-a 관계에서는 하나의 클래스 안에 다른 클래스를 가리키는 참조 변수가 포함되고 여기에 실체 객체가 생성되어서 대입된다.

자동차는 엔진과 브레이크 등으로 이루어진다. 따라서 다음과 같이 Car 클래스 안에 엔진 객체와 브레이크 객체가 저장되는 것이 합리적이다. 이 경우 우리는 자동차에 엔진과 브레이크가 있다는 것을 알고 있으므로 Car의 구성에서 Engine과 Brake의 객체를 사용할 수 있다.

구성 vs 집합

구성과 집합은 약간의 차이점이 있다. 차이점은 객체 수명 주기에 있다. 간단한 예를 들어보자.

- 구성: House에는 하나 이상의 Room이 있다. 이것은 구성이다. Room은 House 없이는 존재하지 않으므로 Room의 수명은 House에 의해 제어된다.
- 집합: Block을 모아서 ToyHouse를 만들 수 있다. 이것은 집합이다. ToyHouse가 분해되더라도 Block들은 남는다.

구성을 간단하게 코드로 표현하면 다음과 같다.

```
public class A {
   private B b = new B();

   public A() {      }
}
```

클래스 A의 인스턴스에 대한 참조가 더 이상 존재하지 않으면 해당 클래스의 인스턴스 B가 소멸된다. 이것이 구성이다. 부속품이기 때문에 A가 없어지면 B도 소멸한다. 모듈러 설계가 가능하다.

집합을 간단하게 코드로 표현하면 다음과 같다.

```java
public class A {
  private B b;

  public A( B b ) {    this.b = b;   }
}
```

클래스 A의 인스턴스에 대한 참조가 더 이상 존재하지 않더라도 클래스 B의 인스턴스는 소멸되지 않는다. 그렇기 때문에 인스턴스를 재사용할 수 있다. 이들은 모두 객체 지향 프로그래밍에 빈번하게 나타나는 패턴이다.

잘못 사용하는 경우

다음 코드를 살펴보자. 이것은 상속을 올바르게 사용한 것일까?

```java
01  import java.util.ArrayList;
02
03  public class Test extends ArrayList<Object> {
04     public static void main(String[] argv) {
05         Test obj = new Test();
06         obj.add("Kim");
07         obj.add("Park");
08     }
09  }
```

ArrayList 클래스를 상속받아서 Test 클래스를 정의하였다. 이 경우, 자식 클래스는 사용하지 않을 메소드를 상속하므로, 복잡하고 유지 관리하기 어려우면서 ArrayList 클래스와 밀접하게 연결된 코드가 생성된다. 향후 ArrayList가 변경된다면 이 클래스도 변경해야 할지도 모른다. 또한 Test 클래스와 ArrayList 클래스 간에는 전혀 관련이 없으므로 "is-a" 관계가 아니다.

이럴 때는 구성을 사용하는 것이 좋다.

```java
01  import java.util.ArrayList;
02
03  public class Test2 {
04     static ArrayList<String> list = new ArrayList<>();
05
06     public static void main(String argv[]) {
07        list.add("Kim");
08        list.add("Park");
09     }
10  }
```

이 코드에서 구성을 사용하면 Test2 클래스에서 ArrayList의 메소드를 모두 상속하지 않고 한 가지만 사용할 수 있다. 그 결과 이해하기 쉽고 유지 관리하기 쉬운 코드가 생성된다. 더 느슨하게 결합되기도 하였다.

상속 vs 구성

상속과 구성 중에서 선택할 때는 다음과 같은 사항을 고려하자.

- 상속에서는 메소드 오버라이딩 기능을 사용하여 부모 클래스의 메소드를 수정할 수 있다.
- 상속은 내부 구조를 하위 클래스에 노출한다. 만약 구성을 사용하게 되면 객체는 캡슐화된 상태로 유지된다.
- 구성이 더 간단한 경우가 많다.
- 구성은 구현 독립성을 허용한다.

참고

위임(delegation)은 구성과는 약간 다르다. 위임의 예를 들어보자. 회사에서 상사가 여러분에게 커피를 사달라고 부탁했고 여러분은 인턴에게 커피 심부름을 시켰다. 이것이 위임이다. 위임을 간단한 코드로 살펴보면 다음과 같다.

```java
public class A {
    private Intern b = new Intern();

    public void getCoffee() {
        b.getBeverage();
    }
}
```

A의 상사가 getCoffee()를 호출할 때, 클래스 A는 이 호출을 Intern의 getBeverage()에 위임한다.

사실 우리는 지금까지 많은 has-a 관계를 사용해왔다. 객체 안에 하나라도 다른 객체가 포함되면 has-a 관계라고 할 수 있다.

간단한 예제를 살펴보자. 날짜를 나타내는 Date 클래스가 있다. 그리고 직원을 나타내는 Employee 클래스가 있다. Employee 클래스는 직원의 생일을 나타내는 필드인 birthDate를 가지고 있는데 이것은 Date 클래스의 참조 변수이다. 따라서 Employee 클래스는 Date 클래스를 가지고 있다고 할 수 있다. 전체를 UML 클래스 다이어그램으로 그리면 왼쪽과 같다.

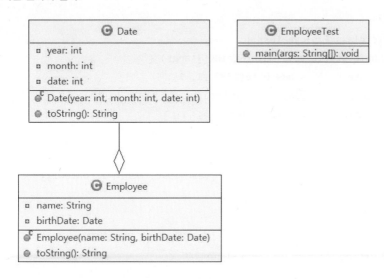

EmployeeTest.java

```java
class Date {
    private int year, month, date;

    public Date(int year, int month, int date) {
        this.year = year;
        this.month = month;
        this.date = date;
    }

    @Override
    public String toString() {
        return "Date [year=" + year + ", month=" + month + ", date=" + date + "]";
    }
}
class Employee {
    private String name;
    private Date birthDate;

```

```
19        public Employee(String name, Date birthDate) {
20            this.name = name;
21            this.birthDate = birthDate;
22        }
23
24        @Override
25        public String toString() {
26            return "Employee [name=" + name + ", birthDate=" + birthDate + "]";
27        }
28    }
29    public class EmployeeTest {
30        public static void main(String[] args) {
31            Date birth = new Date(1990, 1, 1);
32            Employee employee = new Employee("홍길동", birth);
33            System.out.println(employee);
34        }
35    }
```

실행 결과	Employee [name=홍길동, birthDate=Date [year=1990, month=1, date=1]]

1. 어떤 경우에 상속을 사용해야 하는가?
2. 어떤 경우에 구성을 사용해야 하는가?
3. 구성과 결합의 차이점은 무엇인가?
4. 위임(delegation)이란 무엇인가?

Introduction to **JAVA Programming**

카드와 덱

has-a 관계가 가장 쉽게 이해되는 예제 중의 하나가 카
드(Card)와 덱(Deck)이다. 카드 게임장에 가서 보면
카드는 항상 덱 안에 들어 있다.

카드를 나타내는 Card 클래스를 작성하고 52개의
Card 객체를 가지고 있는 Deck 클래스를 작성한다.
각 클래스의 __str__() 메소드를 구현하여서 덱 안에
들어 있는 카드를 다음과 같이 출력한다.

['클럽 에이스', '클럽 2', '클럽 3', '클럽 4', '클럽 5', '클럽 6', '클럽 7', '클럽 8', '클
럽 9', '클럽 10', '클럽 잭', '클럽 퀸', '클럽 킹', '다이아몬드 에이스', '다이아몬드 2', '다
이아몬드 3', '다이아몬드 4', '다이아몬드 5', '다이아몬드 6', '다이아몬드 7', '다이아몬드 8',
'다이아몬드 9', '다이아몬드 10', '다이아몬드 잭', '다이아몬드 퀸', '다이아몬드 킹', '하트 에이
스', '하트 2', '하트 3', '하트 4', '하트 5', '하트 6', '하트 7', '하트 8', '하트 9', '하
트 10', '하트 잭', '하트 퀸', '하트 킹', '스페이드 에이스', '스페이드 2', '스페이드 3', '스페
이드 4', '스페이드 5', '스페이드 6', '스페이드 7', '스페이드 8', '스페이드 9', '스페이드 10',
'스페이드 잭', '스페이드 퀸', '스페이드 킹']

Mini Project 황금 획득 게임

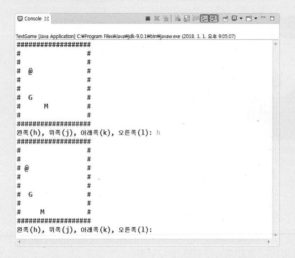

간단한 텍스트 기반 게임을 작성하여 보자. 주인공을 움직여서 몬스터를 피하고 황금을 차지하는 게임이다. 화면에는 3가지의 스프라이트가 나타난다. '@'은 주인공 캐릭터이고 'M'은 몬스터, 'G'는 황금을 나타낸다. 주인공 캐릭터는 키보드의 h, j, k, l 키를 이용하여 상하좌우로 움직인다. 몬스터는 난수만큼 이동한다. 황금은 움직이지 않는다. 어디서 상속을 사용할 수 있을까?

게임에서의 주인공 캐릭터와 몬스터 캐릭터, 황금 등은 모두 공통점을 가지고 있다. 즉 현재의 위치, 이미지, 체력(hp), 이동속도 등의 필드가 있을 수 있고 move(), draw() 등의 메소드를 가질 수 있다. 따라서 이들의 공통점을 모아서 부모 클래스로 정의하는 것은 좋은 기법이다. 여기서는 간단하게 다음과 같은 상속만을 생각한다.

```java
abstract class Sprite {
    int x=3, y=3;
    abstract void move(char c);
}

class Main extends Sprite {
    void move(char c){
        if( c == 'h' ) --x;
        else if( c == 'j' ) --y;
        else if( c == 'k' ) ++y;
        else if( c == 'l' ) ++x;
    }
}

class Monster extends Sprite {
    public Monster() {
        x = y = 7;
    }
    void move(char c){
        x += (Math.random()-0.5)>0? 1: -1;
        y += (Math.random()-0.5)>0? 1: -1;
    }
}
```

- 상속(inheritance)은 기존에 존재하는 클래스로부터 필드와 메소드를 이어받고, 필요한 기능을 추가할 수 있는 기법이다.

- 상속을 이용하면 여러 클래스에 공통적인 코드들을 하나의 클래스로 모을 수 있어서 코드의 중복을 줄일 수 있다.

- 자바에서는 extends 키워드를 이용하여 상속을 나타낸다. 상속하는 클래스를 부모 클래스(슈퍼 클래스)라고 하고 상속받는 클래스를 자식 클래스(서브 클래스)라고 한다.

- 자식 클래스는 부모 클래스의 public 멤버, protected 멤버, 디폴트 멤버(부모 클래스와 자식 클래스가 같은 패키지에 있다면)를 상속받는다.

- (부모 클래스의 생성자) → (자식 클래스의 생성자) 순으로 호출된다.

- 메소드 오버라이딩(method overriding)은 자식 클래스가 부모 클래스의 메소드를 자신의 필요에 맞추어서 재정의하는 것이다.

- 오버로딩(overloading)이란 같은 메소드명을 가진 여러 개의 메소드를 작성하는 것이다. 오버라이딩(overriding)은 부모 클래스의 메소드를 자식 클래스가 다시 정의하는 것을 의미한다.

- 다형성(polymorphism)은 "많은(poly)+모양(morph)"이라는 의미로써 주로 프로그래밍 언어에서 하나의 식별자로 여러 개의 작업을 처리하는 것을 의미한다.

- 부모 클래스 변수로 자식 클래스 객체를 참조할 수 있다. 이것을 업캐스팅(upcasting, 상형 형변환)이라고 한다.

- 자바에서는 메소드 바인딩이 실행 시까지 연기된다. 자바 가상 머신(JVM)은 실행 단계에서 객체의 실제 타입을 보고 적절한 메소드를 호출하게 된다. 이것을 동적 바인딩(dynamic binding)이라고 한다.

- 추상 클래스(abstract class)는 완전하게 구현되어 있지 않은 메소드를 가지고 있는 클래스를 의미한다.

- 추상 메소드로만 이루어진 클래스를 인터페이스라고 한다. 인터페이스는 다른 클래스에 의하여 구현(implement)될 수 있다. 인터페이스를 구현한다는 말은 인터페이스에 정의된 추상 메소드의 몸체를 정의한다는 의미이다.

- 구성은 클래스가 다른 클래스의 인스턴스를 클래스의 필드로 가지는 디자인 기법이다. 반면에 상속은 한 객체가 클래스를 상속받아서 부모 객체의 속성과 동작을 획득할 수 있는 기법이다. 구성 및 상속은 모두 클래스를 연결하여 코드 재사용성을 제공한다.

1. 다음과 같은 클래스 정의에 대하여 답하라.

```java
class Student {
   private int number;
   protected String name;
}


public class GraduateStudent extends Student {
   public String lab;
}
```

(a) 위의 코드에서 부모 클래스는 _____이고 자식 클래스는 _____이다.

(b) 위의 클래스 관계를 나타내는 UML 도형을 그려라.

(c) 각 필드에 대한 접근자와 설정자를 작성하라.

(d) 생성자를 추가하여 보라. 자식 클래스의 생성자에서 부모 클래스의 생성자를 명시적으로 호출하세 하라.

(e) GraduateStudent gs = new GraduateStudent();와 같이 객체를 생성하였다고 하자. 어떤 멤버에 접근할 수 있는가?

(f) Student s = new GraduateStudent();와 같이 객체를 생성하였다고 하자. 어떤 멤버에 접근할 수 있는가?

2. 다음 코드의 실행 결과는?

```java
class A {
   public A()    {          System.out.println("클래스 A 생성자");     }
}
class B extends A {
   public B()    {          System.out.println("클래스 B 생성자");     }
}
public class Test
{
   public static void main(String[] args)    {
      B b = new B();
   }
}
```

3. 다음은 성공적으로 오버라이딩된 것일까?

난이도: 중
주제
• 메소드 오버라이딩

```java
public class A {
    private void test() {  System.out.println("A test()");  }
}
public class B extends A {
    private void test() {  System.out.println("B test()"); }
}
```

4. 다음은 성공적으로 오버라이딩된 것일까?

난이도: 상
주제
• 메소드 오버라이딩

```java
class ParentClass{
    public void test()    {        System.out.println("부모 클래스 test()");    }
}
class ChildClass extends BaseClass{
    protected void test(){       System.out.println("자식 클래스 test()");    }

    public static void main( String args[]) {
        ChildClass obj = new ChildClass();
        obj.test();
    }
}
```

자식 클래스의 메소드는 부모 클래스의 메소드보다 더 제한적일 수 없다. 예를 들어 부모 클래스 메소드의 접근 지정자가 public 이면 재정의 메소드도 반드시 public 이어야 한다.

5. 다음 코드의 출력은 무엇인가?

난이도: 상
주제
• 메소드 오버라이딩

```java
class ParentClass{
    public void test()    {        System.out.println("부모 클래스 test()");    }
}
class ChildClass extends BaseClass{
    public void test(){       System.out.println("자식 클래스 test()");    }

    public static void main( String args[]) {
        ParentClass obj = new ParentClass();
        obj.test();
        ParentClass obj2= new ChildClass();
        obj2.test();
    }
}
```

난이도: 중

주제
· 상속에시의 접근 제어

6. 다음 코드에 대하여 질문에 답하라.

```java
class A {
    private int a;
    protected int b;
    int c;
    public int d;
}
class B extends A {
    public int e;
}
```

(a) 위의 코드에서 B obj = new B(); 문장을 이용하여 객체 obj를 생성하였다고 하자. obj를 통하여 사용할 수 있는 필드는 어떤 것들인가?

(b) 다음 중 잘못된 문장은 무엇인가? 그 이유는?

① A obj = new B();

② B obj = new A();

난이도: 중

주제
· 상속에시의 생성자 호출

7. 다음 코드에는 잘못된 부분이 있다. 올바르게 수정하라.

```java
class A {
    public A(char c) {        }
}
class B extends A {
    public B(char c) {        }
}
```

생성자 호출을 유심히 보자.

8. 다음 코드에 대하여 질문에 답하라.

```
class A {
    public void print() { System.out.println("A");      }
}
class B extends A {
    public void print() { System.out.println("B");      }
}
```

(a) 다음과 같은 코드를 실행한 결과는?

```
B obj = new B();
obj.print();
```

(b) 다음과 같은 코드를 실행한 결과는?

```
A obj = new B();
obj.print();
```

(c) B의 print() 안에서 A의 print()도 호출하려면 어떻게 하면 되는가?

Programming

1. 원을 나타내는 Circle 클래스를 상속받아서 피자를 나타내는 Pizza 클래스를 작성해보자.

```java
class Circle  {
    protected int radius;
    public Circle(int r) { radius = r; }
}
```

Pizza 클래스 안에 포함된 main()을 실행하였을 때 아래와 같은 결과가 출력되도록 하라.

```java
public static void main(String args[]) {
    Pizza obj = new Pizza("Pepperoni", 20);
    obj.print();
}
```

```
🖫 Console ⮂                         ■ ✖ ✖  ▤ ▦ ▨ ⧉ ⧈  ⊡ ▣ ▾ ⊡ ▾ ⊓ ⊟
<terminated> Pizza [Java Application] C:₩Program Files₩Java₩jdk 9.0.1₩bin₩javaw.exe (2018. 1. 2. 오후 2.30.10)
피자의 종류: Pepperoni, 피자의 크기: 20
```

2. 동물을 나타내는 Animal 클래스를 상속받아서 새를 나타내는 Bird 클래스를 작성해보자.

```java
class Animal {
    void walk() {
        System.out.println("걸을 수 있음"); }
}
```

Bird 클래스 안에 포함된 main()을 실행하였을 때 아래와 같은 결과가 출력되도록 하라.

```java
public static void main(String[] args){
    Bird bird = new Bird();
    bird.walk();
    bird.fly();
    bird.sing();
}
```

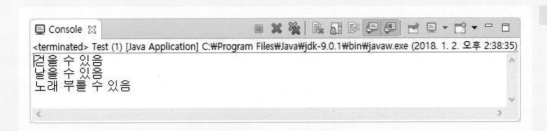

3. 일반적인 경기를 나타내는 Sports 클래스를 다음과 같이 정의한다.

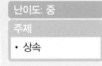

```
class Sports {
    String getName() {        return "아직 결정되지 않음";    }
    int getPlayers() {        return 0;    }
}
```

이 클래스를 상속받아서 축구를 나타내는 클래스 Soccer를 작성하고 getName()과 getPlayers()를 재정의하여서 다음과 같은 출력이 나오도록 하라.

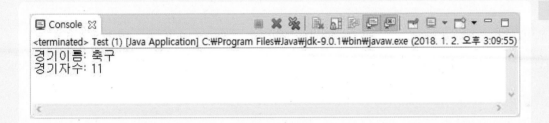

4. 일반적인 사각형을 나타내는 Rectangle 클래스가 다음과 같이 정의된다.

```
class Rectangle {
    int width, height;
    public Rectangle(int width, int height) {
        this.width = width;
        this.height = height;
    }
}
```

Blue

위의 Rectangle 클래스를 상속받아서 색이 있는 사각형을 나타내는 ColorRectangle 클래스를 정의한다. ColorRectangle 클래스에는 색상을 나타내는 필드 String color;가 추가된다. ColorRectangle 클래스의 생성자를 작성해보자. 다음과 같은 실행 결과가 나오도록 한다.

```java
public static void main(String[] args){
    ColorRectangle obj = new ColorRectangle(100, 100, "blue");
    System.out.println("가로:"+obj.width);
    System.out.println("세로:"+obj.height);
    System.out.println("색상:"+obj.color);
}
```

실행 결과

```
Console ☒
<terminated> Test (1) [Java Application] C:\Program Files\Java\jdk-9.0.1\bin\javaw.exe (2018. 1. 2. 오후 3:21:03)
가로: 100
세로: 100
색상: blue
```

추상 클래스, 인터페이스, 중첩 클래스

▶ 다음과 같은 작업들을 수행하는 방법을 알고 있나요? 이번 장에서 함께 알아봐요.

1. 인터페이스를 정의하고 사용할 수 있나요?
2. 인터페이스를 이용하여 다중 상속을 구현할 수 있나요?
3. 중첩 클래스의 장점을 이야기할 수 있나요?
4. 클래스 내부에 다른 클래스를 정의하고 사용할 수 있나요?
5. 익명 클래스를 사용하여 코드를 작성할 수 있나요?

➕ 학습목차

7.1 추상 클래스

7.2 인터페이스

7.3 인터페이스를 이용한 다중 상속

7.4 디폴트 메소드와 정적 메소드

7.5 중첩 클래스

7.6 익명 클래스

Power JAVA 3e

추상 클래스(abstract class)는 완전하게 구현되어 있지 않은 메소드를 가지고 있는 클래스를 의미한다. 메소드가 미완성되어 있으므로 추상 클래스로는 객체를 생성할 수 없다. 추상 클래스는 주로 상속 계층에서 추상적인 개념을 나타내기 위한 용도로 사용된다.

하나의 예로 동물을 나타내는 상속 계층도를 생각하여 보자. 동물을 Animal 클래스로 정의할 수 있지만 약간의 문제가 있다. 우리는 동물의 추상적인 개념에 대해서는 알고 있지만 구체적으로 어떤 동물인지 알 수 없으므로 구체적인 동작을 구현하기는 어렵다. 예를 들어서 move()라는 메소드를 작성한다고 가정하자. 우리는 동물이 움직인다는 것은 알지만 구체적으로 날아다니는지 기어 다니는지는 알 수 없다. 즉 Animal 클래스의 move()라는 메소드를 완전하게 작성할 수 없는 것이다. 이런 경우에 Animal은 추상 클래스로 정의된다. Mammal(포유류), Fish(어류), Bird(조류) 클래스들도 마찬가지 이유에서 추상 클래스로 정의된다.

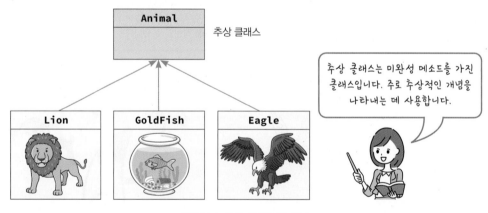

그림 7.1 추상 클래스의 개념

자바에서 추상 클래스를 만들기 위해서는 클래스 선언 시에 앞에 abstract를 붙인다. 앞의 Animal 클래스를 추상 클래스로 정의하여 보면 다음과 같다.

```
public abstract class Animal {
    public abstract void move();        추상 메소드 정의,
    ...                                 ;으로 종료됨을 유의!
};
```

추상 클래스는 하나 이상의 추상 메소드를 가지고 있어야 한다. 추상 메소드란 move()처럼 몸체가 없는 메소드를 말한다. 추상 메소드는 항상 세미 콜론(;)으로 종료되어야 한다. 각종 동물들의 움직이는 방법은 동물에 따라 상당히 다르므로 추상 메소드로 선언하는 것이 논리적이다.

추상 클래스를 상속받는 자식 클래스에서는 반드시 추상 메소드를 재정의하여야 한다. 만약 재정의하지 않으면 오류가 발생한다. 따라서 Lion 클래스에서는 반드시 move() 메소드의 몸체를 구현하여야 한다.

```
public class Lion extends Animal  {
    public void move() {
        System.out.println("사자의 move() 메소드입니다.");
    }
};
```

추상 클래스를 상속받으면
추상 메소드를 구현하여야 한다.

예제 7-1	추상 메소드의 예

구체적인 예로 도형을 나타내는 클래스 계층 구조를 생각하여 보자. 각 도형은 공통적인 어떤 속성을 가지고 있다. 예를 들면 위치, 회전 각도, 선 색상, 채우는 색 등의 속성은 모든 도형이 공유한다. 또한 도형의 기준점을 이동하는 메소드인 translate()는 모든 도형에서 동일하다. 따라서 이 속성들과 메소드는 추상 클래스인 Shape에 구체적으로 정의된다.

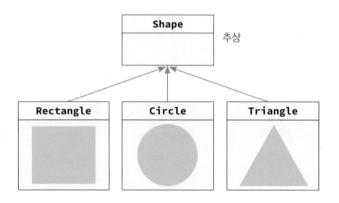

하지만 draw() 메소드를 생각해보자. 도형을 그리는 방법은 각각의 도형에 따라 달라진다. 따라서 draw()의 몸체는 Shape에서는 정의될 수가 없다. 다만 메소드의 이름과 매개 변수는 정의될 수 있다. 이런 경우에 추상 메소드가 사용된다. 즉 draw()는 추상 메소드로 정의되고 draw()의 몸체는 각각의 자식 클래스에서 작성된다.

AbstractTest.java

> 추상 클래스 Shape를 선언한다. 추상 클래스로는 객체를 생성할 수 없다.

```
01  abstract class Shape {
02      int x, y;
03      public void translate(int x, int y) {
04          this.x = x;
05          this.y = y;
06      }
07      public abstract void draw();
08  };
09
10  class Rectangle extends Shape {
11      int width, height;
12      public void draw() {    System.out.println("사각형 그리기 메소드");    }
13  };
14
15  class Circle extends Shape {
16      int radius;
17      public void draw() {    System.out.println("원 그리기 메소드");    }
18  };
19
20  public class AbstractTest {
21      public static void main(String args[]) {
```

> 추상 클래스라고 하더라도 추상 메소드가 아닌 보통의 메소드도 가질 수 있음을 유의하라.

> 추상 메소드를 선언한다. 추상 메소드를 하나라도 가지면 추상 클래스가 된다. 추상 메소드를 가지고 있는데도 abstract를 class 앞에 붙이지 않으면 컴파일 오류가 발생한다.

> 자식 클래스 Rectangle에서 부모 클래스의 추상 메소드 draw()를 실제 메소드로 구현한다. 자식 클래스에서 추상 메소드를 구현하지 않으면 컴파일 오류가 발생한다.

```
22        Shape s1 = new Shape();   // 오류!! 추상 클래스로 객체를 생성할 수는 없다.
23        Shape s2 = new Circle(); // OK!!
24        s2.draw();
25     }
26  };
```

원 그리기 메소드	실행 결과

추상 클래스의 용도

부모 클래스에서 draw()를 void draw() { }와 같이 내용이 없는 일반 메소드로 정의한 후에 자식
클래스에서 재정의하는 것과 추상 메소드를 사용하는 방법과는 어떤 차이가 있을까?

```
abstract class Shape {
    public abstract void draw();
};
```

```
class Shape {
    public void draw() { }
};
```

```
class Circle extends Shape {
    @Override
    public void draw() {
        System.out.println("Circle draw()");
    }
};
```

WINNER

추상 메소드로 정의되면 자식 클래스
에서 반드시 오버라이드하여야 한다.
하지 않으면 오류가 발생한다.

```
class Circle extends Shape {
    @Override
    public void draw() {
        System.out.println("Circle draw()");
    }
};
```

일반 메소드로 정의되면 자식 클래스에
서 오버라이드하지 않아도 컴파일러가
체크할 방법이 없다.

결과는 같다. 하지만 추상 메소드로 정의하면 서브 클래스에서는 반드시 구현하여야 하므로 구현
을 강요하는 면에서 장점이 있다. 추상 메소드가 아니면 자식 클래스에서 재정의하지 않고 넘어갈
수도 있기 때문이다.

1. 추상 클래스는 주로 어떤 용도로 사용되는가?
2. 추상 클래스는 추상 메소드가 아닌 일반 메소드를 가질 수 있는가?
3. 추상 클래스만으로 객체를 생성할 수 있는가?

중간점검

인터페이스

컴퓨터 하드웨어에서 **인터페이스(interafce)**는 서로 다른 장치들이 연결되어서 상호 데이터를 주고받는 규격을 의미한다. 우리에게 친근한 USB 인터페이스를 예로 들어서 설명해보자. 만약 어떤 장치가 USB 인터페이스 규격을 만족한다면 그 장치는 컴퓨터에 연결할 수 있다. 하지만 USB 인터페이스 규격을 지키지 않는다면 컴퓨터에 연결할 수 없다.

USB 인터페이스

> 인터페이스가 맞지 않으면 연결이 불가능합니다.

자바에서도 인터페이스 개념이 존재한다. 여러 프로그래머들이 독립적으로 클래스를 작성하고, 이 클래스들을 합쳐서 하나의 소프트웨어를 완성하는 상황을 가정해보자. 이때 각자의 클래스를 다른 사람의 클래스와 연결하려면 클래스 간의 상호작용을 기술하는 일종의 규격이 있어야 한다. 그래야만 클래스들이 서로 잘 접속될 것이다. 우리는 이러한 규격을 인터페이스(interface)로 정의할 수 있다.

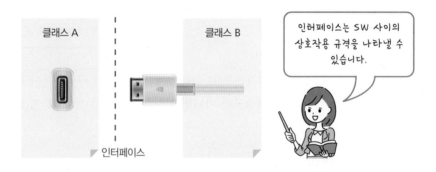

클래스 A

클래스 B

인터페이스

> 인터페이스는 SW 사이의 상호작용 규격을 나타낼 수 있습니다.

인터페이스의 용도

인터페이스는 상속 관계가 아닌, 클래스 간의 유사성을 인코딩하는 데 사용된다. 예를 들어, 사람(Human)과 자동차(Car)는 둘 다 달릴 수 있다. 그렇다고 부모 클래스로 Runner를 작성하고,

Human과 Car를 Runner 클래스의 자식 클래스로 나타내는 것은 약간 이치에 맞지 않는다. 이런 경우에 Runnable 인터페이스를 만들고 이 인터페이스를 양쪽 클래스가 구현하게 하면 된다. 인터페이스의 주된 용도는 다음과 같이 정리된다.

인터페이스는 다형성에 도움이 된다.

계약

인터페이스   구현 클래스

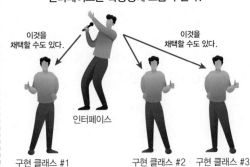

인터페이스는 확장성에 도움이 된다.

이것을 채택할 수도 있다.   이것을 채택할 수도 있다.

인터페이스

구현 클래스 #1   구현 클래스 #2   구현 클래스 #3

- 추상화: 추상화는 객체 지향 프로그래밍 기술의 중요한 개념이다. 인터페이스는 메소드 몸체(세부 구현)가 없는 메소드 시그니처만 저장한다. 메소드 시그니처만 공개하는 것은 사용자에게 메소드 구현을 숨김으로써 추상화를 달성하는데 도움을 준다.
- 다중 상속: 다중 클래스 상속이 필요한 경우, 기존 방식은 심각한 모호성을 초래하므로 다중 상속이 불가능하다 (이러한 유형의 모호성을 다이아몬드 문제라고 한다). 인터페이스는 필드의 정의가 금지되므로, 이러한 문제를 해결할 수 있다.
- 느슨한 결합: 결합(커플링)이란 하나의 클래스가 다른 클래스에 얼마나 종속되느냐이다. 인터페이스를 사용하게 되면, 메소드와 메소드 시그니처를 따로 정의할 수 있어서 클래스들이 완전히 독립적인 상태에서 느슨한 결합을 이룰 수 있다.

인터페이스의 필요성과 예

예를 들어 홈 네트워크 시스템을 생각하여 보자. 홈 네트워크 시스템이란 가정에서 쓰이는 모든 가전 제품들이 유무선 하나의 시스템으로 연결, 쌍방향 통신이 가능한 미래형 가정 시스템을 말한다. 가전 제품과 홈 네트워크 서버 사이에는 가전 제품을 제어할 수 있는 일종의 표준 규격이 필요하다. 자바로 작성한다면 이 표준 규격은 바로 인터페이스로 정의할 수 있다. 가전 제조사들은 가전 제품을 원격 제어할 수 있도록 가전 제품을 제어할 수 있는 소프트웨어를 내장하여 제공한다. 반면 홈 네트워크 서버에서는 모든 가전 제품을 원격 제어할

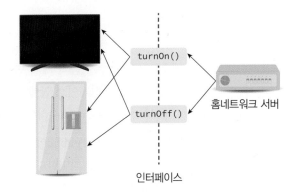

turnOn()

turnOff()

홈네트워크 서버

인터페이스

수 있는 통일된 방법이 필요하다. 따라서 둘 사이에는 어떤 약속이 필요하게 되고, 구체적으로 원격으로 제어하는 데 필요한 메소드들에 대하여 합의하여야 한다. 가전 제품 안에서 메소드가 어떻게 구현되는가는 전혀 필요가 없다. 외부에서 메소드를 호출하여 사용할 수 있으면 그것으로 충분하다. 이것이 인터페이스(interface)의 개념이다.

일단 인터페이스가 디자인되면, 클래스들 간의 통합에 대하여 걱정할 필요없이 각 클래스들은 별도의 팀에 의해 병렬적으로 작성될 수 있다. 예를 들어서 홈 네트워크의 가전 제품들을 원격 조종하기 위한 인터페이스를 정의하여 보자. 여기서는 가전 제품들을 켜고 끄는 기능만을 정의하기로 하자.

인터페이스 정의

인터페이스를 정의하는 것은 클래스를 정의하는 것과 유사하다. 하지만 키워드 class를 사용하지 않고 키워드 interface를 사용한다.

Syntax: 인터페이스 정의

```
public interface 인터페이스_이름 {
    반환형    추상메소드1(...);
    반환형    추상메소드2(...);
    ...
}
```

예를 들어 앞에서 설명한 스마트 홈의 가전 제품들을 원격 조종하기 위한 인터페이스를 정의하여 보자. 여기서는 가전 세품들을 켜고 끄는 기능만을 정의하기로 하자.

```
public interface RemoteControl {
    // 추상 메소드 정의
    public void turnOn();  // 가전 제품을 켠다.
    public void turnOff(); // 가전 제품을 끈다.
}
```

메소드들은 모두 이름과 매개 변수만 존재하고, 몸체가 없으며 세미콜론으로 종료되는 점에 유의하여야 한다. 인터페이스 안에서 선언되는 메소드들은 모두 묵시적으로 public abstract이다. 따라서 public이나 abstract 수식어는 없어도 된다.

인터페이스 앞에도 public이 붙을 수 있으며 public이 붙으면 어떤 패키지의 어떤 클래스도 사용할 수 있다는 것을 의미한다. 인터페이스도 extends 키워드를 붙여서 다른 인터페이스를 상속받을 수 있다. 이것은 차후에 좀 더 살펴보자.

인터페이스 구현

인터페이스만으로는 객체를 생성할 수 없다. 다음과 같은 문장은 컴파일 오류가 발생한다. 인터페이스 안에는 구현되지 않은 메소드가 존재하기 때문이다.

```
RemoteControl r = new RemoteControl();        // 컴파일 오류!!
```

인터페이스는 다른 클래스에 의하여 **구현(implement)**될 수 있다. 인터페이스를 구현한다는 말은 인터페이스에 정의된 추상 메소드의 몸체를 정의한다는 의미이다. 클래스가 인터페이스를 구현하기 위해서는 implement 키워드를 사용한다. 예를 들어서 Television 클래스가 RemoteControl 인터페이스를 구현하기 위한 문법은 다음과 같다.

```java
class Television implements RemoteControl {
   boolean on;
   public void turnOn() {
      on = true;
      System.out.println("TV가 켜졌습니다.");
   }
   public void turnOff() {
      on = false;
      System.out.println("TV가 꺼졌습니다.");
   }
}
```

TV는 생산 업체마다 상당히 다르게 인터페이스를 구현할 것이다. 하지만 동일한 RemoteControl 인터페이스를 지원한다면 홈 네트워크 서버에서는 인터페이스 메소드들을 호출하여서 가전 제품들을 원격 조종할 수 있다.

Television 클래스의 객체를 생성하여 인터페이스에 정의된 메소드를 호출하여 보자.

```java
Television t = new Television();
t.turnOn();
t.turnOff();
```

만약 냉장고를 나타내는 Refrigerator 클래스도 동일한 인터페이스를 구현하였다면 같은 방식으로 가전 제품을 제어할 수 있다.

```java
Refrigerator r = new Refrigerator();
r.turnOn();
r.turnOff();
```

인터페이스를 어떤 클래스가 사용하기 위해서는 인터페이스에 포함된 모든 추상 메소드를 구현하여야 한다. 클래스가 인터페이스에 있는 하나의 메소드라도 빠뜨린다면 컴파일러는 그 클래스는 추상 클래스로 정의되어야 함을 지적한다. 추상 클래스와 마찬가지로 인터페이스는 인터페이스와 같은 이름을 가진 확장자가 .java인 파일에 단독으로 저장된다.

인터페이스 vs 추상 클래스

추상 클래스는 인터페이스와 유사하다. 우리는 이들을 객체화할 수 없고 주로 구현이 안 된 메소드들로 이루어진다. 하지만 추상 클래스에서는 일반적인 필드도 선언할 수 있으며, 일반적인 메소드도 정의할 수 있다. 인터페이스에서 모든 메소드는 public, abstract가 된다. 추가적으로 자바에서는 하나의 클래스만 상속받을 수 있지만 여러 개 인터페이스를 동시에 구현할 수 있다.

그렇다면 추상 클래스와 인터페이스는 언제 사용해야 하는가? 다음과 같은 경우에는 추상 클래스를 사용한다.

- 만약 관련된 클래스들 사이에서 코드를 공유하고 싶다면 추상 클래스를 사용하는 것이 좋다.
- 공통적인 필드나 메소드의 수가 많은 경우, 또는 public 이외의 접근 지정자를 사용해야 하는 경우에 추상 클래스를 사용한다.
- 정적이 아닌 필드나 상수가 아닌 필드를 선언하기를 원할 때 사용한다.

인터페이스는 다음과 같은 경우에 사용한다.

- 관련 없는 클래스들이 동일한 동작을 구현하기를 원할 때 사용한다. 예를 들어서 Comparable과 Cloneable과 같은 인터페이스는 관련없는 클래스들이 구현한다.
- 특정한 자료형의 동작을 지정하고 싶지만 누가 구현하든지 신경쓸 필요가 없을 때 사용한다.
- 다중 상속이 필요할 때 사용한다.

경고

인터페이스는 클래스가 아니므로 new 연산자는 사용할 수가 없다.

```
RemoteControl obj = new RemoteControl(); // 오류!!
```

인터페이스와 타입

우리가 인터페이스를 정의하는 것은 새로운 자료형을 정의하는 것과 마찬가지이다. 우리는 인터페이스 이름을 자료형처럼 사용할 수 있다. 인터페이스의 이름은 클래스의 이름과 마찬가지로 참조 변수를 정의하는 데 사용될 수 있다. 우리가 인터페이스를 자료형처럼 사용하여서 참조 변수를 정의하게 되면, 이 인터페이스를 구현한 객체라면 어떤 것이라도 이 참조 변수에 대입할 수 있다. 만약 인터페이스 타입의 참조 변수를 정의하였다면 이 변수에 대입할 수 있는 값은 반드시 그 인터페이스를 구현한 클래스의 객체여야 한다. 이 성질을 사용하면 인터페이스를 구현한 클래스들을 하나로 묶을 수 있다.

예를 들어 스마트 홈 시스템에서 등장한 RemoteControl 인터페이스를 구현한 Television 클래스의 객체를 생성하여 보자.

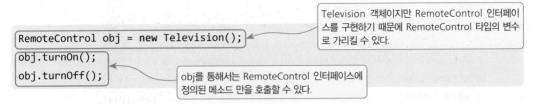

Television 객체를 생성하였지만 Television 참조 변수로 가리키지 않고 RemoteControl 참조 변수로 가리키고 있다. 인터페이스 참조 변수를 통해서는 그 인터페이스 안에 정의된 메소드 만을 호출할 수 있다. 다른 메소드나 필드에는 접근할 수 없다.

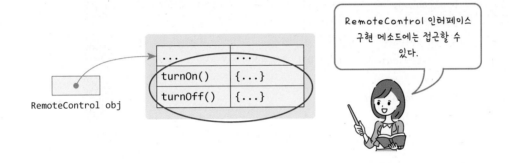

예제 7-2   원격 제어 인터페이스

원격 제어에 필요한 소스를 정리하면 다음과 같다.

TestInterface2.java

```java
01    interface RemoteControl {
02        void turnOn();
03        void turnOff();
04        public default void printBrand() { System.out.println("Remote Control 가능 TV"); }
05    }
06
07    class Television implements RemoteControl {
08        boolean on;
09        public void turnOn() {
10            on = true;
11            System.out.println("TV가 켜졌습니다.");
12        }
13        public void turnOff() {
14            on = false;
15            System.out.println("TV가 꺼졌습니다.");
16        }
17        @Override
18        public void printBrand() {    System.out.println("Power Java TV입니다.");   }
19    }
20
21    public class TestInterface {
22        public static void main(String args[]){
23            RemoteControl obj = new Television();
24            obj.turnOn();
25            obj.turnOff();
26            obj.printBrand();
27        }
28    }
```

실행 결과   TV가 켜졌습니다.
TV가 꺼졌습니다.
Power Java TV입니다.

인터페이스끼리도 상속이 가능하다.

인터페이스끼리도 상속이 가능하다. 앞의 홈 네트워킹을 위하여 정의하였던 RemoteControl 인터페이스를 다시 고려해보자.

```java
public interface RemoteControl {
   public void turnOn(); // 가전 제품을 켠다.
   public void turnOff(); // 가전 제품을 끈다.
}
```

그런데 여기에 두 개의 메소드를 추가하면 어떻게 될까?

```java
public interface RemoteControl {
   public void turnOn(); // 가전 제품을 켠다.
   public void turnOff(); // 가전 제품을 끈다.
   public void volumeUp();   // 가전 제품의 볼륨을 높인다.
   public void volumeDown(); // 가전 제품의 볼륨을 낮춘다.
}
```

만약 다른 프로그래머들이 사용하고 있던 인터페이스를 변경시키면 이 인터페이스를 구현하였던 모든 클래스가 동작하지 않게 된다. 이런 경우를 대비하여서 인터페이스도 상속을 받아서 확장시킬 수 있도록 되어 있다.

```java
public interface AdvancedRemoteControl extends RemoteControl {
   public void volumeUp();   // 가전 제품의 볼륨을 높인다.
   public void volumeDown(); // 가전 제품의 볼륨을 낮춘다.
}
```

> 인터페이스도 다른 인터페이스를 상속 받을 수 있다.

이 경우 인터페이스의 사용자들은 예전의 인터페이스를 계속 사용할 것인지 아니면 새 버전으로 업그레이드 할 것인지를 선택할 수 있다.

다음과 같은 그림을 기억하도록 하자. 클래스도 extends를 이용하여 상속을 받을 수 있고 인터페이스도 extends를 이용하여 다른 인터페이스를 상속받을 수 있다. 클래스가 인터페이스를 구현할 때는 implements 키워드를 사용한다.

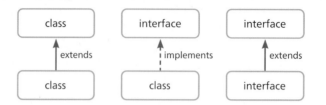

인터페이스를 이용한 다중 상속

다중 상속(Multiple inheritance)은 하나의 클래스가 여러 개의 부모 클래스를 가지는 것이다. 예를 들어서 하늘을 나는 자동차는 자동차의 특성도 가지고 있지만 비행기의 특징도 가지고 있다.

그림 7.2 다중 상속

다중 상속은 애매모호한 상황을 만들 수 있기 때문에 자바에서는 금지되어 있다. 어떤 애매한 상황이 만들어질까? 이것은 흔히 "다이아몬드 문제"로 알려져 있다. 클래스 B와 C가 A로부터 상속을 받는다고 가정하자. 클래스 D는 B와 C에서 상속받는다. 클래스 A에 메소드 myMethod() 가 있는데 이것을 B와 C가 모두 myMethod()를 오버라이드하였다고 가정하자. D를 통하여 myMethod()를 호출하게 되면 어떤 메소드가 호출되는가? B의 메소드인가 아니면 C의 메소드인 가? 이러한 애매함 때문에 자바에서는 다중 상속을 허용하지 않는다.

하지만 부모 클래스를 하나만 허용하는 것은 너무 엄격하다. 앞에서 언급하였듯이 하늘을 나는 자 동차는 자동차의 특성도 가지고 있지만 비행기의 특징도 가져야 한다. 때에 따라서는 다중 상속이 필요한 것이다. 자바에서는 인터페이스를 이용하여서 다중 상속과 비슷한 효과를 낼 수 있다. 하 나의 클래스로부터 상속을 받으면서 동시에 여러 개의 인터페이스도 구현하면 다중 상속과 비슷 해진다.

첫 번째 방법은 여러 개의 인터페이스를 동시에 구현하는 것이다. 동시에 여러 개의 인터페이스를 구현하면 다중 상속의 효과를 낼 수 있다. 하늘을 나는 자동차를 간단히 구현해보면 다음과 같다.

FlyingCar1.java

```java
01   interface Drivable { void drive(); }
02   interface Flyable { void fly(); }
03
04   public class FlyingCar1 implements Drivable, Flyable {
05      public void drive() { System.out.println("I'm driving"); }
06      public void fly() { System.out.println("I'm flying"); }
07
08      public static void main(String args[]) {
09         FlyingCar1 obj = new FlyingCar1();
10         obj.drive();
11         obj.fly();
12      }
13   }
```

실행 결과

```
I'm driving
I'm flying
```

두 번째 방법은 하나의 클래스를 상속받고 또 하나의 인터페이스를 구현하는 것이다. 이렇게 하여도 다중 상속 효과를 낼 수 있다. 하늘을 나는 자동차 클래스를 이 방법으로 구현해보자.

FlyingCar2.java

```java
01   interface Flyable { void fly(); }
02
03   class Car {
04      int speed;
05      void setSpeed(int speed){ this.speed = speed; }
06   }
07
08   public class FlyingCar2 extends Car implements Flyable {
09      public void fly() { System.out.println("I'm flying!"); }
10
11      public static void main(String args[]) {
12         FlyingCar2 obj = new FlyingCar2();
13         obj.setSpeed(300);
14         obj.fly();
15      }
16   }
```

실행 결과

```
I'm flying
```

상수 정의

인터페이스에는 상수를 정의할 수 있다. 인터페이스에서 정의된 변수는 자동적으로 public static final이 되어서 상수가 된다. 예를 들어서 MyConstants라는 다음과 같은 인터페이스는 방향을 나타내는 상수를 정의한다.

```java
public interface MyConstants {
    int NORTH = 1;
    int EAST = 2;
    int SOUTH = 3;
    int WEST = 4;
}
```

우리는 MyConstants.EAST와 같이 상수를 참조할 수 있다. 만약 클래스가 MyConstants 인터페이스를 구현한다면 단순히 EAST 라고 써주어도 된다.

예제 7-3   다중 상속 예제

추상적인 도형을 나타내는 Shape와 그림을 그리는 Drawable 인터페이스를 동시에 상속받아서 Circle 클래스를 정의해보자.

TestInterface2.java

```java
01  class Shape {
02      protected int x, y;
03  }
04  interface Drawable{
05    void draw();
06  }
07  class Circle extends Shape implements Drawable {
08      int radius;
09      public void draw() {  System.out.println("Circle Draw at ("+x+", "+y+")");  }
10  }
11  public class TestInterface2 {
12      public static void main(String args[]){
13          Drawable obj = new Circle();
14          obj.draw();
15      }
16  }
```

상속과 동시에 인터페이스를 구현하고 있다. 이것이 가장 일반적인 클래스 정의 형태이다.

실행 결과   Circle Draw at (0, 0)

자바의 최신 버전에서는 인터페이스에 대한 내용이 상당히 많이 변경되었다. Java 8에서 디폴트 메소드와 정적 메소드가 추가되었고 Java 9에서는 전용 메소드(private method)까지 추가되었다.

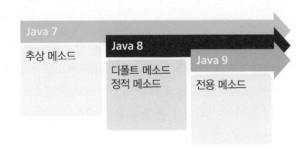

디폴트 메소드

디폴트 메소드(default method)는 인터페이스 개발자가 메소드의 디폴트 구현을 제공할 수 있는 기능이다. 디폴트 메소드가 정의되어 있으면 인터페이스를 구현하는 클래스가 메소드의 몸체를 구현하지 않아도 메소드를 호출할 수 있다. 디폴트 메소드를 정의할 때는 메소드 앞에 default라는 키워드를 추가한다. 간단한 예제를 통하여 디폴트 메소드를 사용해보자.

DefaultMethodTest.java

```
01  interface MyInterface {
02      public void myMethod1();
03
04      default void myMethod2() {
05          System.out.println("myMethod2()");
06      }
07  }
08
09  public class MyClass implements MyInterface {
10      public void myMethod1() {
11          System.out.println("myMethod1()");
12      }
13
14      public static void main(String[] args) {
15          MyClass obj = new MyClass();
```

```
16            obj.myMethod1();
17            obj.myMethod2();
18        }
19    }
```

실행 결과
```
myMethod1()
myMethod2()
```

위의 예제에서 보면 인터페이스 MyInterface의 메소드 myMethod2()는 디폴트 메소드로 정의되었다. 인터페이스 MyInterface를 구현한 클래스 MyClass는 인터페이스의 myMethod2() 메소드를 구현하지 않았다. 그렇지만 우리는 MyClass를 가지고 객체를 생성할 수 있고 myMethod2()도 호출할 수 있다.

디폴트 메소드가 등장하게 된 가장 중요한 이유는 인터페이스가 기존의 코드를 건드리지 않고 확장될 수 있도록 하기 위해서이다. 인터페이스에 의하여 정의된 메소드는 클래스에 의해서 반드시 구현되어야 한다. 개발자들이 많이 사용하는 인터페이스에 새로운 메소드가 추가되면 이 인터페이스를 사용하는 모든 클래스들이 수정되어야 한다. 디폴트 메소드는 이 문제를 해결한다.

예제 7-4   디폴트 메소드 예제

예를 들어서 Drawable 인터페이스에 getSize()라는 메소드가 추가되었다고 하자. 만약 이것을 추상 메소드로만 제공한다면 기존의 코드는 동작하지 않는다. getSize() 메소드를 디폴트 메소드로 정의하여서 기본적인 코드를 붙여준다면 기존의 코드도 변경없이 동작한다.

TestClass.java
```
01    package test;
02    interface Drawable{
03        void draw();
04        public default void getSize(){
05            System.out.println("1024X768 해상도");
06        }
07    }
08    class Circle implements Drawable {
09        int radius;
10        public void draw() {      System.out.println("Circle Draw");     }
11         @Override
12        public void getSize(){    System.out.println("3000X2000 해상도");    }
13
14    public class TestClass  {
```

> 다시 정의할 수도 있고 아니면 기본 구현을 그대로 사용해도 된다.

```
15      public static void main (String[] args)     {
16          Drawable d = new Circle();
17          d.getSize();
18          d.draw();
19      }
20  }
```

3000X2000 해상도
Circle Draw

정적 메소드

인터페이스는 전통적으로 추상적인 규격이기 때문에 **정적 메소드(static method)**가 들어간다는 것은 처음에는 생각할 수도 없었다. 하지만 시대가 변했다. 최근에 인터페이스에서도 정적 메소드 가 있는 것이 좋다고 간주되고 있다. 정적 메소드는 용어의 정의 그대로 클래스의 객체에 들어 있 는 것이 아니라 클래스에 들어 있다. JDK8 이전에는 인터페이스에 딸린 정적 메소드를 제공하려 면 인터페이스와는 별도의 유틸리티 클래스와 헬퍼 메소드를 생성하여야 했다. 그러나 JDK8부터 는 인터페이스에 정적 메소드를 추가할 수 있도록 개발자에게 허용한다. 이것은 코드를 좀 더 깔 끔하고 이해하기 쉽게 만든다. 정적 메소드를 인터페이스에 추가하려면 메소드 이름 앞에 static 키워드를 붙이면 된다. 간단한 예제를 살펴보자.

StaticMethodTest.java

```
01  interface MyInterface {
02
03      static void print(String msg) {
04          System.out.println(msg + ": 인터페이스의 정적 메소드 호출");
05      }
06  }
07
08  public class StaticMethodTest {
09
10      public static void main(String[] args) {
11          MyInterface.print("Java 8");
12      }
13  }
```

> 인터페이스의 정적 메소드이다.
> JDK8부터 사용이 가능하다.

Java 8: 인터페이스의 정적 메소드 호출

예제 7-5	정적 메소드 예제

하나의 예로 직원을 나타내는 Employee 클래스를 구현할 때 인터페이스 안의 정적 메소드를 사용해보자.

StaticMethodTest2.java

```java
01  interface Employable {
02     String getName();
03
04     static boolean isEmpty(String str) {
05        if (str == null || str.trim().length() == 0) {
06           return true;
07        } else {
08           return false;
09        }
10     }
11  }
12
13  class Employee implements Employable {
14     private String name;
15
16     public Employee(String name) {
17        if (Employable.isEmpty(name) == true)
18           throw new RuntimeException("이름은 반드시 입력하여야 할!");
19        this.name = name;
20     }
21     @Override
22     public String getName() {      return this.name;    }
23  }
24
25  public class StaticMethodTest2 {
26     public static void main(String args[]) {
27        Employable employee1 = new Employee("홍길동");
28        // Employable employee2 = new Employee("");
29     }
30  }
```

> 이름을 검사하는 유틸리티 메소드를 만들어서 인터페이스 안에 정적 메소드로 추가할 수 있다.

> 정적 메소드를 호출한다.

최근에 인터페이스에서도 팩토리 메소드(factory method)가 있는 것이 좋다고 간주되고 있다. 팩토리(factory)는 공장이라는 의미이고 팩토리 메소드는 공장처럼 객체를 생성하는 정적 메소드이다. 이것은 디자인 패턴의 하나로서 객체를 만드는 부분을 부모 클래스에 위임하는 패턴이다. 즉 new를 호출하여서 객체를 생성하는 코드를 부모 클래스에 위임한다는 의미이다. 팩토리 메소드를 사용하는 이유는 하나의 클래스가 변경되었을 경우에 다른 클래스의 변경을 최소화하기 위해 서이다. 팩토리 메소드 이름으로 많이 사용되는 것은 getInstance()이다. 팩토리 메소드를 제공할 때 정적 메소드를 사용하게 된다.

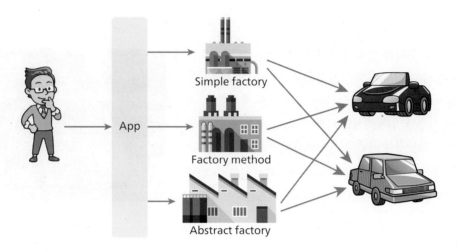

LAB   자율 주행 자동차

예를 들어 운전자가 없이 컴퓨터가 제어하는 자동차가 승객을 수송하는 미래 사회를 상상해보자. 자동차 제조사들은 자동차를 제어하는 소프트웨어를 자바로 작성한다. 자율 주행 시스템 업체에서는 GPS 신호와 교통 상황 정보를 받아서 자동차를 운전하는 소프트웨어를 만든다.

다음과 같은 추상 메소드를 가지는 인터페이스와 이 인터페이스를 구현하는 클래스를 작성하여 테스트해보자.

자동차가 출발합니다.
자동차가 속도를 30km/h로 바꿉니다.
자동차가 방향을 15도 만큼 바꿉니다.
자동차가 정지합니다.

자동차 제조사들은 자동차를 움직이는 데 필요한 메소드, 예를 들어 stop(), start(), setSpeed(), turn()와 같은 메소드들을 설명하는 인터페이스를 발표한다. 자율 주행 소프트웨어를 만드는 업체에서는 자동차를 제어하는 인터페이스에 기술된 메소드를 사용하여서 자신의 소프트웨어를 작성할 수 있다. 자동차 제조사나 자율 주행 시스템 업체에서는 상대방이 어떻게 소프트웨어를 작성하였는지 알 필요가 없다. 이전에 발표한 인터페이스 규격만 따른다면 각 업체는 자신들의 소프트웨어를 언제든지 변경할 수 있다.

인터페이스 안의 모든 메소드는 추상 메소드로 간주되기 때문에, abstract 예약어를 사용하는 것이 반드시 필요하지는 않다. 또한 변수도 모두 상수로 취급되기 때문에 static final을 생략할 수 있다.

자율 주행 자동차 Solution

OperateCar.java

```java
01  public interface OperateCar {
02
03     void start();
04     void stop();
05     void setSpeed(int speed);
06     void turn(int degree);
07  }
```

AutoCar.java(자동차 제조사 구현 부분)

```java
01  public class AutoCar implements OperateCar {
02     public void start() {
03        System.out.println("자동차가 출발합니다.");
04     }
05
06     public void stop() {
07        System.out.println("자동차가 정지합니다.");
08     }
09
10     public void setSpeed(int speed) {
11        System.out.println("자동차가 속도를 " + speed + "km/h로 바꿉니다.");
12     }
13
14     public void turn(int degree) {
15        System.out.println("자동차가 방향을 " + degree + "도 만큼 바꿉니다.");
16     }
17  }
```

AutoCarTest.java(자율 주행 시스템 업체 부분)

```java
01  public class AutoCarTest {
02     public static void main(String[] args) {
03        OperateCar obj = new AutoCar();
04        obj.start();
05        obj.setSpeed(30);
06        obj.turn(15);
07        obj.stop();
08     }
09  }
```

LAB 객체 비교하기

실제 현장에서 많이 사용되는 인터페이스를 가지고 실습하여 보자. 바로 Comparable 인터페이스이다. 이 인터페이스는 우리가 정의하는 것이 아니고 표준 자바 라이브러리에 다음과 같이 정의되어 있다. 이 인터페이스는 객체와 객체의 순서를 비교할 때 사용된다.

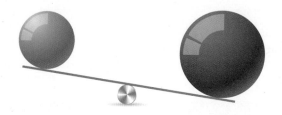

```java
public interface Comparable {       // 실제로는 제네릭을 사용해서 정의된다.
    int compareTo(Object other);    // -1, 0, 1 반환
}
```

예를 들어서 객체들의 배열을 순서대로 정렬한다고 가정해보자. 정렬 알고리즘은 배열의 요소들을 반복적으로 비교하여서 순서가 맞지 않으면 서로 교환한다. 물론 순서의 기준은 객체마다 다를 수 있다. 따라서 비교하는 메소드는 각각의 클래스가 제공하여야 한다. 정렬 알고리즘은 클래스가 제공하는 메소드를 호출하면 된다. 따라서 메소드의 이름과 매개 변수에 대하여 합의하여야 한다. 바로 이때에 인터페이스가 사용되는 것이다.

객체의 크기를 비교하려면 클래스는 Comparable 인터페이스를 구현하여야 한다. 예를 들어서 문자열은 문자들의 개수로 비교할 수 있다. 책을 나타내는 객체라면 책의 페이지수로 비교할 수 있을 것이다. 직사각형을 나타내는 객체는 직사각형의 면적을 가지고 비교할 수 있을 것이다.

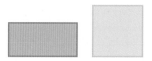

여기서는 Comparable 인터페이스를 구현하는 Rectangle 클래스를 작성하고 이것을 이용해서 직사각형의 면적을 비교하는 프로그램을 작성해보자.

```
Rectangle [width=100, height=30]
Rectangle [width=200, height=10]
Rectangle [width=100, height=30]가 더 큽니다.
```

Introduction to **JAVA Programming**

객체 비교하기 | Solution

RectangleTest.java

```java
01  class Rectangle implements Comparable {
02      public int width = 0;
03      public int height = 0;
04
05      @Override
06      public String toString() {
07          return "Rectangle [width=" + width + ", height=" + height + "]";
08      }
09      public Rectangle(int w, int h) {
10          width = w;
11          height = h;
12          System.out.println(this);
13      }
14      public int getArea() {
15          return width * height;
16      }
17      @Override
18      public int compareTo(Object other) {
19          Rectangle otherRect = (Rectangle) other;
20          if (this.getArea() < otherRect.getArea())
21              return -1;
22          else if (this.getArea() > otherRect.getArea())
23              return 1;
24          else
25              return 0;
26      }
27  }
28  public class RectangleTest {
29      public static void main(String[] args) {
30          Rectangle r1 = new Rectangle(100, 30);
31          Rectangle r2 = new Rectangle(200, 10);
32          int result = r1.compareTo(r2);
33          if (result == 1)
34              System.out.println(r1 + "가 더 큽니다.");
35          else if (result == 0)
36              System.out.println("같습니다");
37          else
38              System.out.println(r2 + "가 더 큽니다.");
39      }
40  }
```

LAB   타이머 이벤트 처리

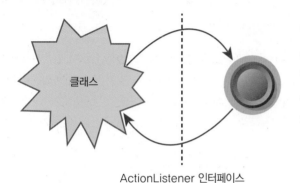

ActionListener 인터페이스

인터페이스가 가장 많이 사용되는 곳은 그래픽 사용자 인터페이스를 구현할 때이다. 예를 들어서 버튼을 눌렀을 때 발생하는 이벤트를 처리하려면 어떤 공통적인 규격이 있어야 한다. 이 규격을 정할 때 인터페이스가 사용되는 것이다. ActionListener 인터페이스가 버튼 이벤트를 처리할 때 규격을 정의한다.

```
public interface ActionListener {
    void actionPerformed(ActionEvent event);
}
```

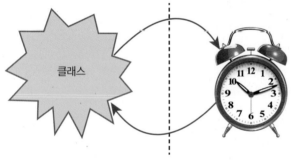

ActionListener 인터페이스

그러나 아직 사용자 인터페이스를 학습하지 않았으므로 위의 버튼 예제는 조금 미루기로 하자. ActionListener는 Timer 이벤트를 처리할 때도 사용된다. 자바에서 기본 제공되는 Timer 클래스는 주어진 시간이 되면 이벤트를 발생시키면서 actionPerformed() 메소드를 호출한다. 이 점을 이용하여서 1초에 한 번씩 다음과 같이 "beep"를 출력하는 프로그램을 작성하여 보자.

```
beep
beep
beep
...
```

Timer 클래스는 주어진 시간이 지나면 ActionListener 인터페이스에 정의된 actionPerformed() 메소드를 호출한다. 따라서 1초에 한 번씩 메시지를 호출하려면 ActionListener 인터페이스를 구현한 클래스를 작성하고 Timer에 객체를 등록하면 된다.

```
ActionListener listener = new MyClass();
Timer t = new Timer(1000, listener);
t.start();
```

Introduction to **JAVA Programming**

타이머 이벤트 처리 **Solution**

CallbackTest.java

```java
01   import java.awt.event.ActionEvent;
02   import java.awt.event.ActionListener;
03   import javax.swing.Timer;
04
05   class MyClass implements ActionListener {
06      public void actionPerformed(ActionEvent event) {
07         System.out.println("beep");
08      }
09   }
10
11   public class CallbackTest {
12      public static void main(String[] args) {
13
14         ActionListener listener = new MyClass();
15         Timer t = new Timer(1000, listener);
16         t.start();
17         for (int i = 0; i < 1000; i++) {
18            try {
19               Thread.sleep(1000);
20            } catch (InterruptedException e) {
21            }
22         }
23      }
24   }
```

> ActionListener 인터페이스를 구현한 객체를 생성한다.

> Timer에 의하여 1초에 한 번씩 호출된다.

> actionPerformed()를 호출해달라고 Timer에 등록한다.

> 아직 학습하지 않았지만 1초 동안 잤다가, 깨어나는 동작을 1000번 되풀이한다. 1초에 한번씩 호출되는지를 보기 위하여 반복하는 것이다. 단위는 밀리초이다.

실행 결과

```
beep
beep
beep
...
```

중간점검

1. 인터페이스로 객체를 생성할 수 있는가?

2. 인터페이스를 정의할 때 사용되는 키워드는?

3. 인터페이스와 클래스의 차이점은 무엇인가?

4. 인터페이스가 가질 수 없는 멤버는 어떤 멤버인가?

7.5 | 중첩 클래스

자바에서는 클래스 안에서 클래스를 정의할 수 있다. 내부에 클래스를 가지고 있는 클래스를 **외부 클래스(outer class)**라고 한다. 클래스 내부에 포함되는 클래스를 **중첩 클래스(nested class)**라고 한다.

```
class OuterClass {
    ...
    class NestedClass {
        ...
    }
}
```

Outer Class

Nested Class

중첩 클래스의 종류

중첩 클래스는 다음과 같이 분류할 수 있다.

- 정적 중첩 클래스: 앞에 static이 붙어서 내장되는 클래스
- 비정적 중첩 클래스: static이 붙지 않은 일반적인 중첩 클래스
  - 내부 클래스(inner class): 클래스의 멤버처럼 선언되는 중첩 클래스
  - 지역 클래스(local class): 메소드의 몸체 안에서 선언되는 중첩 클래스
  - 익명 클래스(anonymouse class): 수식의 중간에서 선언되고 바로 객체화되는 클래스

여기서는 가장 많이 사용되는 내부 클래스만을 살펴보도록 하겠다.

내부 클래스

클래스 안에 클래스를 선언하는 경우이다. 내부 클래스의 접근 지정자는 public, private, protected 또는 package(default) 일 수 있다. 내부 클래스는 외부 클래스의 인스턴스 변수와 메소드를 전부 사용할 수 있다. private로 선언되어 있어도 접근이 가능하다. 이것이 내부 클래스의 최대 장점이다. 간단한 예제를 작성하여 보자.

```java
InnerClassTest.java

01  class OuterClass {
02      private int value = 10;
03
04      class InnerClass {
05          public void myMethod() {
06              System.out.println("외부 클래스의 private 변수 값: " + value);
07          }
08      }
09
10      OuterClass() {
11          InnerClass obj = new InnerClass();
12          obj.myMethod();
13      }
14  }
15
16  public class InnerClassTest {
17      public static void main(String[] args) {
18          OuterClass outer = new OuterClass();
19      }
20  }
```

이것이 바로 내부 클래스이다. 내부 클래스 안에서는 외부 클래스의 private 변수들을 참조할 수 있다.

내부 클래스를 사용한다.

외부 클래스의 private 변수 값: 10   실행 결과

위의 코드에서는 외부 클래스의 생성자에서 내부 클래스의 객체를 생성하였다. 이때는 그냥 내부 클래스의 이름을 그대로 사용하면 된다.

만약 외부 클래스의 바깥에서 내부 클래스의 객체를 생성하려면 다음과 같이 약간 생소한 문법을 사용하여야 한다. 내부 클래스의 객체는 외부 클래스의 객체가 먼저 생성되어 있어야 생성할 수 있다.

```java
...
OuterClass outer = new OuterClass();
OuterClass.InnerClass inner = outer.new InnerClass();
...
```

outer 객체 안에 정의된 InnerClass 란 의미가 된다.

조금 깊게 생각해보자. 내부 클래스도 외부 클래스의 인스턴스 멤버이다. 따라서 외부 클래스 객체가 만들어져야 내부 클래스도 만들 수 있다.

지역 클래스

지역 클래스(local class)는 메소드 안에 정의되는 클래스이다. 이 메소드는 접근 제어 지정자를 가질 수 없다. 지역 클래스는 abstract 또는 final로만 지정할 수 있다. 간단한 예를 작성하여 보자.

```
01  class localInner {
02     private int data = 30;    // 인스턴스 변수
03
04     void display() {
05        final String msg = "현재의 데이터값은 ";
06
07        class Local {
08           void printMsg() {
09              System.out.println(msg + data);
10           }
11        }
12        Local obj = new Local();
13        obj.printMsg();
14     }
15  }
16
17  public class localInnerTest {
18     public static void main(String args[]) {
19        localInner obj = new localInner();
20        obj.display();
21     }
22  }
```

> 메소드 display() 안에 클래스 Local이 정의되어 있다. 지역 클래스는 메소드 안에서만 사용이 가능하다. 외부 클래스의 private 변수에 접근할 수 있다.

실행 결과   현재의 데이터값은 30

지역 클래스는 외부 클래스의 인스턴스 변수뿐만 아니라 메소드의 지역 변수에도 접근할 수 있다. 하지만 지역 변수는 반드시 final로 선언되어야 한다. 이것은 지역 클래스 인스턴스가 메소드 호출보다 더 오랜 기간 동안 존재할 수도 있기 때문이다. 메소드가 종료되어도 지역 클래스 인스턴스는 존재할 수도 있기 때문이다. 그래서 변수의 자체 복사본을 필요로 하고 반드시 final로 선언되어야 한다.

중첩 클래스를 사용하는 이유

중첩 클래스는 우리를 상당히 머리 아프게 한다. 왜 이런 구조를 사용하는 것일까? 중첩 클래스를 사용하는 이유는 다음과 같다.

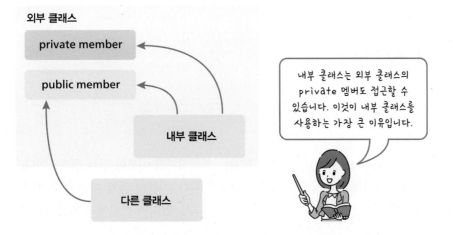

외부 클래스

private member

public member

내부 클래스

다른 클래스

내부 클래스는 외부 클래스의 private 멤버도 접근할 수 있습니다. 이것이 내부 클래스를 사용하는 가장 큰 이유입니다.

- 중첩 클래스는 외부 클래스의 멤버가 private로 선언되어 있더라도 접근할 수 있다.

- 중첩 클래스는 외부에서 보이지 않는다. 즉 철저하게 감춰진다.

- 익명 클래스는 콜백 메소드(callback method)를 작성할 때 아주 편리하다.

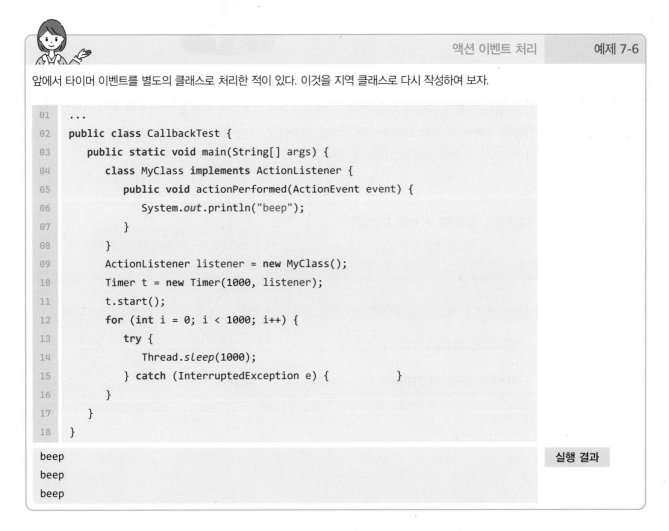

액션 이벤트 처리　　　예제 7-6

앞에서 타이머 이벤트를 별도의 클래스로 처리한 적이 있다. 이것을 지역 클래스로 다시 작성하여 보자.

```
01  ...
02  public class CallbackTest {
03      public static void main(String[] args) {
04          class MyClass implements ActionListener {
05              public void actionPerformed(ActionEvent event) {
06                  System.out.println("beep");
07              }
08          }
09          ActionListener listener = new MyClass();
10          Timer t = new Timer(1000, listener);
11          t.start();
12          for (int i = 0; i < 1000; i++) {
13              try {
14                  Thread.sleep(1000);
15              } catch (InterruptedException e) {          }
16          }
17      }
18  }
```

실행 결과

beep
beep
beep

익명 클래스(anonymous class)는 클래스 몸체는 정의되지만 이름이 없는 클래스이다. 익명 클래스는 클래스를 정의하면서 동시에 객체를 생성하게 된다. 이름이 없기 때문에 한 번만 사용이 가능하다. 익명 클래스는 코드의 양을 줄일 수 있는 장점도 있지만 반면에 표기법이 상당히 난해하다. 익명 클래스는 하나의 객체만 생성하면 되는 경우에 많이 사용된다.

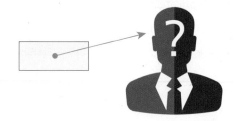

익명 클래스는 부모 클래스에서 상속을 받아서 작성하거나 인터페이스를 구현하여서 작성할 수 있다. new 키워드 다음에 부모 클래스 이름이나 인터페이스 이름을 석어주면 된다. 부모 클래스 이름을 적으면 그 부모 클래스에서 상속을 받는다는 의미이고, 인터페이스 이름인 경우에는 그 인터페이스를 구현하는 클래스라는 의미이다.

Syntax: 중첩 클래스 정의

```
부모클래스 참조변수 = new 부모클래스( ) {
    ...   // 클래스 구현
}
```

> 상속받고자 하는 부모 클래스의 이름이나 구현하고자 하는 인터페이스의 이름을 적어준다.

이름이 있는 클래스와 익명 클래스를 비교하여 보자. 부모 클래스 이름이 Vehicle이라고 하자.

● 이름이 있는 클래스의 경우

```
class Car extends Vehicle {
    ...
}
Car obj = new Car();
```

● 익명 클래스의 경우

```
Vehicle obj = new Vehicle() { ....  };
```

인터페이스를 구현하는 익명 클래스를 작성하여 보면 다음과 같다.

AnonymousClassTest.java

```
01    public interface RemoteControl {
02        void turnOn();
03        void turnOff();
04    }
05
06    public class AnonymousClassTest {
07        public static void main(String args[]) {
08            RemoteControl ac = new RemoteControl() {        // 익명 클래스 정의
09                public void turnOn() {
10                    System.out.println("TV turnOn()");
11                }
12                public void turnOff() {
13                    System.out.println("TV turnOff()");
14                }
15            };
16            ac.turnOn();
17            ac.turnOff();
18        }
19    }
```

> 익명 클래스가 정의되면서 동시에 객체도 생성된다.

```
TV turnOn()
TV turnOff()
```

익명 클래스도 내부 클래스와 같이 필드와 다른 메소드들을 정의할 수 있다. 다만 메소드 안에 정의되는 지역 변수 중에서는 final로 선언된 변수만 사용이 가능하다. 익명 클래스는 주로 그래픽 사용자 인터페이스의 이벤트 처리기를 구현하는 경우에 많이 사용된다. 이벤트 처리 객체는 하나만 생성되면 되기 때문이다. 구태여 클래스에 이름을 붙일 필요가 없는 것이다.

예제 7-7   액션 이벤트 처리

앞에서 타이머 이벤트를 내부 클래스로 처리한 적이 있다. 이것을 익명 클래스로 다시 작성하여 보자.

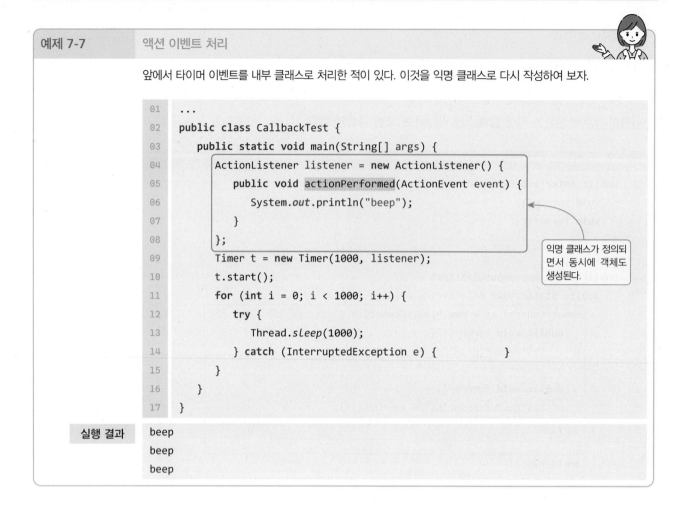

```
01  ...
02  public class CallbackTest {
03     public static void main(String[] args) {
04        ActionListener listener = new ActionListener() {
05           public void actionPerformed(ActionEvent event) {
06              System.out.println("beep");
07           }
08        };
09        Timer t = new Timer(1000, listener);
10        t.start();
11        for (int i = 0; i < 1000; i++) {
12           try {
13              Thread.sleep(1000);
14           } catch (InterruptedException e) {          }
15        }
16     }
17  }
```

> 익명 클래스가 정의되면서 동시에 객체도 생성된다.

실행 결과
```
beep
beep
beep
```

Introduction to **JAVA Programming**   큐(Queue)   **Mini Project**

큐(queue)는 요소가 선입선출 방식으로 추가되고 제거되는 자료구조이다. 예를 들어 맨 처음에 추가되었던 첫 번째 요소는 제거되는 첫 번째 요소가 된다. 큐는 운영체제의 프로세스를 관리하는 데 사용할 수 있다.

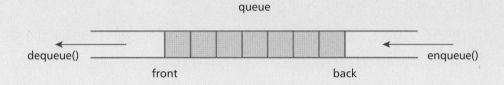

정수를 추가 및 제거하는 메소드를 사용하여 인터페이스 Queue를 설계해보자. 즉 큐가 되려면 제공해야 하는 메소드들을 생각해보는 것이다. 큐가 비어 있는지 확인하는 메소드도 있어야 한다. 필요한 메소드들을 모두 정의한다.

- q.dequeue() : Queue에서 하나의 항목을 삭제하고 반환한다.
- q.enqueue(item) : Queue에서 하나의 항목을 추가한다.
- q.isEmpty() : Queue가 비어 있는지를 검사한다.

인터페이스 Queue를 구현하는 클래스 MyQueue 클래스를 작성해보자. MyQueue 클래스는 배열을 사용하여 인터페이스 Queue를 구현한다. 추가된 모든 요소를 담기 위해 배열이 부족해지면 더 큰 배열을 만들고 기본 배열의 모든 요소를 새 배열에 복사한다. MyQueue의 객체를 생성하여서 철저하게 테스트하라.

Summary

Introduction to **JAVA Programming**

- 인터페이스는 추상 메소드만을 담고 있는 특수한 클래스이다.

- 인터페이스는 interface 키워드로 정의한다.

- 인터페이스를 상속받는 클래스는 반드시 인터페이스 안에 정의된 추상 메소드들을 구현하여야 한다. 즉 메소드의 몸체를 만들어야 한다.

- 인터페이스를 이용하면 다중 상속의 효과를 낼 수 있다. 인터페이스 안에는 필드가 없기 때문에 다중 상속에서 발생하는 복잡한 문제가 발생하지 않는다.

- 디폴트 메소드(default method)는 인터페이스 개발자가 메소드의 디폴트 구현을 제공할 수 있는 기능이다. 디폴트 메소드가 정의되어 있으면 인터페이스를 구현하는 클래스가 메소드의 몸체를 구현하지 않아도 메소드를 호출할 수 있다.

- 중첩 클래스는 클래스 안에 정의되는 클래스를 나타낸다.

- 중첩 클래스에는 내부 클래스, 지역 클래스, 익명 클래스 등이 있다.

- 중첩 클래스를 사용하는 이유는 클래스 안의 멤버들을 자유롭게 접근하기 위해서이다.

- 익명 클래스는 이름이 없이 생성되고 사라지는 클래스이다. 클래스 작성과 객체 생성이 동시에 이루어진다.

Introduction to **JAVA Programming**

1. 다음은 인터페이스에 대한 설명이다. 참 거짓을 판별하라.

   (a) 클래스는 하나 이상의 인터페이스를 구현할 수 있다.

   (b) 클래스는 인터페이스를 상속할 수 있다.

   (c) 인터페이스는 다른 인터페이스를 상속할 수 있다.

   (d) 인터페이스는 생성자를 가질 수 있다.

   (e) 인터페이스의 멤버는 기본적으로 public으로 취급된다.

   (f) 인터페이스를 구현할 때 사용하는 키워드는 "extends"이다.

난이도: 중
주제
• 인터페이스

2. 다음 코드에서 잘못된 부분은 어디인가?

```
abstract class A {
    public abstract void print();
    public void display() { }
}
class B extends A {
}
```

난이도: 중
주제
• 추상 메소드

3. 다음 코드에서 잘못된 부분은 어디인가? 올바르게 수정해보자.

```
public interface Test {
    void myMethod(int a){
        System.out.println("Hello World!");
    }
}
```

난이도: 중
주제
• 인터페이스

난이도: 중

주제
• 인터페이스

4. 다음 코드는 컴파일 오류가 발생한다. 무엇이 문제인가?

```
interface A {
    void sub();
}
class B implements A {
    void sub()  {     System.out.println("sub()");   }
}
```

인터페이스 메소드는 반드시 public으로 구현해야 한다. 인터페이스 메소드는 기본적으로 public이므로 구현할 때, 메소드의 가시성을 줄여서는 안 된다.

난이도: 상

주제
• 인터페이스

5. 다음은 도형에 적용할 수 있는 인터페이스이다. 이 인터페이스를 구현하는 클래스 Rectangle을 정의한 후 테스트해보자.

```
interface CalArea {
    void getArea(int length, int breadth);
}
```

난이도: 중

주제
• 인터페이스

6. 다음과 같은 2개의 인터페이스를 동시에 구현하는 클래스 C를 작성해보자.

```
interface A {  int add(int a, int b);  }
interface B {  int sub(int a, int b);  }
```

난이도: 상

주제
• 익명 클래스

7. 클래스 B 안에서 익명 클래스를 이용하여 객체를 생성하는 코드로 올바른 것은?

```
class A {
    A(String s) { }
    A() { }
}
class B extends A {
    B() { }
    B(String s) {super(s);}
    void test()  {
            // 여기에 코드를 추가한다.
    }
}
```

❶   A obj = new A(20) { };

❷   A obj = new A() { };

❸   B obj = new A(String s) { };

❹   A obj = new A.B(String s) { };

1. 다음의 인터페이스를 Circle 클래스에 구현해보자.

난이도: 중

주제
• 인터페이스 구현

```
interface getInfo {
    public double perimeter();
    public double area();
}


class Circle {
    double radius;
    Circle(double radius) {    this.radius = radius;  }
}
```

2. 동물을 나타내는 Animal 인터페이스를 구현하여서 새를 나타내는 Bird 클래스를 작성해보자.
아래와 같은 실행결과가 나오도록 한다.

난이도: 중

주제
• 인터페이스 구현

```
interface Animal {
    void walk() ;
    void fly() ;
    void sing() ;
}
```

Bird는 걸을 수 있음, 날 수 있음, 노래할 수 있음,

실행 결과

3. 인터페이스 Drawable이 다음과 같이 정의된다.

난이도: 중

주제
• 다중 상속

```
public interface Drawable {
    void draw();
}
```

문제 2번의 Animal 인터페이스와 Drawable 인터페이스를 동시에 구현하는 Duck이라는 클래스를 작성해보자. Duck 클래스는 오리를 나타낸다고 가정하자.

Duck은 걸을 수 있음, 날 수 있음, 노래할 수 있음, 그릴 수 있음

실행 결과

난이도: 중
주제
• 인터페이스 구현

4. 비디오 플레이어는 play와 stop이라는 조작을 할 수 있다. 인터페이스 Controllable을 아래와 같이 정의할 수 있다. Controllable 인터페이스를 구현하는 VideoPlayer 클래스를 작성하고 테스트하여 보자.

```java
public interface Controllable  {
    void play();
    void stop();
}
```

난이도: 중
주제
• 익명 클래스

5. 다음과 같은 인터페이스가 있다. 익명 클래스 형식으로 인터페이스 Animal의 객체를 생성하여서 bark()를 호출하여 보라.

```java
interface Animal{
    void bark();
}
public class Test {
    public static void main(String[] args) {
        Animal dog = _____;
        dog.bark();
    }
}
```

실행 결과   컹컹

난이도: 상
주제
• 인터페이스 타입 처리

6. 다음과 같은 인터페이스들을 정의하라.

```java
public interface Movable {
    void move(int dx, int dy);
}
```

본문에 등장하는 2차원 도형인 원(Circle), 사각형(Rectangle) 클래스가 위의 인터페이스를 구현하도록 수정하라. move() 메소드는 도형을 주어진 거리만큼 이동한다. main()에서 Movable 객체 배열을 생성하고 원이나 사각형 객체를 생성하여 저장한다. 배열에 저장된 각 객체에 대하여 move()를 호출하여 랜덤하게 객체를 이동시키는 프로그램을 작성하라.

7. java.util 패키지에 있는 Iterator 인터페이스를 구현하는 클래스 CardDeck을 작성하라. Iterator 인터페이스는 다음 메소드를 가지고 있다.

난이도: 상
주제
• 인터페이스 타입 처리

- boolean hasNext(): 반환할 요소가 있으면 true를 반환한다.
- Object next(): 반복의 다음 요소를 반환한다.
- void remove(): 이 반복자가 반환한 마지막 요소를 기본 컬렉션에서 제거한다.

CardDeck 클래스는 내부에 13장의 카드가 저장된 객체 배열을 가지고 있다. 첫 번째 next() 호출은 카드 2를 반환하고 이어서 카드 3, 카드 4, ... 카드 Ace까지를 반환한다. 클래스 CardDeck을 테스트하기 위해 main() 메소드를 작성한다.

```
next()가 반환하는 값: 2
next()가 반환하는 값: 3
...
```

8. 객체의 어떤 값을 반환하는 메소드 double getValue()가 포함된 GetInfo 인터페이스를 정의한다. 이어서 GetInfo 인터페이스를 구현하는 Student 클래스를 작성한다. Student 클래스에서 getValue() 메소드는 학생의 학점을 반환한다. 각 객체들의 getValue()를 호출하여서 평균값을 계산하는 double average(GetInfo[] objects) 메소드를 구현한다. 이 메소드를 이용하여 학생들의 평균 성적을 계산해보자.

난이도: 상
주제
• 인터페이스 타입 처리

자바 API 패키지, 예외 처리, 모듈

▶ 다음과 같은 작업들을 수행하는 방법을 알고 있나요? 이번 장에서 함께 알아봐요.

1. 관련된 클래스들을 패키지로 묶을 수 있나요?
2. 외부 패키지들을 불러와서 패키지 안에 포함된 클래스들을 사용할 수 있나요?
3. 자바의 기본 패키지와 유틸리티 패키지 안의 클래스의 사용법을 파악하고 있나요?
4. String 클래스를 이용하여 문자열을 처리할 수 있나요?
5. 자바 프로그램에서 나타나는 오류들을 우아하게 처리할 수 있나요?

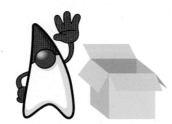

 학습목차

8.1 패키지란?
8.2 패키지 선언하기
8.3 패키지 사용하기
8.4 클래스 파일은 언제 로드될까?
8.5 자바 API 패키지

8.6 Object 클래스
8.7 랩퍼 클래스
8.8 String 클래스
8.9 기타 유용한 클래스
8.10 예외 처리란?
8.11 모듈

Power JAVA 3e

8.1 패키지란?

패키지의 개념

여러분들은 책상 서랍을 정리해본 경험이 있을 것이다. 물건들이 뒤죽박죽 섞여 있는 서랍을 올바르게 정리하려면 조그마한 박스를 준비하여 서로 관련된 물건들을 넣어두는 것이 좋다. 자바도 동일한 작업을 하는 클래스들을 모아 놓는 도구를 가지고 있다. 이것이 바로 패키지이다.

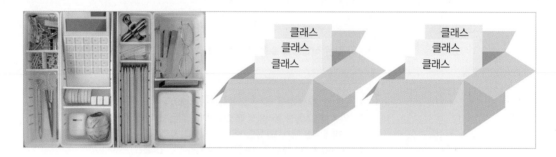

패키지(package)는 관련있는 클래스들을 하나로 묶은 것이다. 우리가 파일들을 모아서 디렉터리로 분류하는 것과 유사하다. 우리는 패키지를 사용하여 이름 충돌을 피하고 유지 관리가 쉬운 코드를 작성할 수 있다. 패키지는 두 가지 종류로 나눌 수 있다.

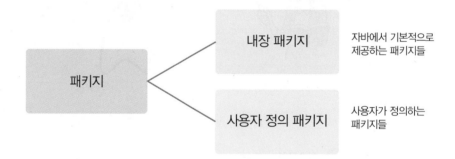

자바에는 lang, util, awt, javax, swing, net, io, sql 등과 같은 많은 내장 패키지가 있다. 예를 들면 String 클래스는 lang 패키지에, ArrayList 클래스는 util 패키지에 들어 있다.

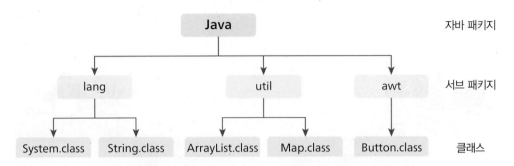

자바의 내장 패키지

우리는 사용자 정의 패키지를 만들어서 사용하는 방법을 학습한 후에, 자바가 제공하는 내장 패키지에 대해서도 살펴보자.

왜 패키지가 필요할까?

자바는 왜 패키지를 사용하는가? 몇 가지의 이유가 있다.

1. 패키지를 이용하면 서로 관련된 클래스들을 하나의 단위로 모을 수 있다. 예를 들어서 네트워크에 관련된 클래스들은 net 패키지로 묶을 수 있다. 유사한 클래스들이 패키지로 묶여 있으면 유지 관리가 쉬워진다.

2. 패키지를 이용하여 세밀한 접근 제어를 구현할 수 있다. 패키지 안의 클래스들은 패키지 안에서만 사용이 가능하도록 선언될 수 있다. 이렇게 선언되면 패키지 외부에서는 이 클래스들을 사용할 수 없다. 따라서 패키지는 클래스들이 캡슐화될 수 있는 또 하나의 방법을 제공한다.

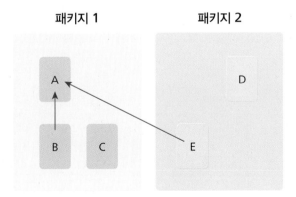

3. 패키지를 사용하는 중요한 이유 중 하나는 **"이름공간(name space)"** 때문이다. 원칙적으로 모든 클래스는 서로 다른 이름을 가져야 한다. 즉 동일한 이름을 가지는 클래스가 여러 개 존재하면 안 되는 것이다. 하지만 프로그램의 크기가 커지면 각 클래스에 유일한 이름을 부여하는 것도 쉬운 일이 아니다. 그리고 만약 여러 프로그래머가 작성한 코드를 합치는 경우에는 더욱 문제가 심각해진다. 우연히 같은 클래스 이름을 사용할 수도 있기 때문이다(사람의 상상력에

는 한계가 있다!). 따라서 이러한 이름 충돌을 방지할 방법이 필요하다. 패키지는 이런 경우에 사용할 수 있는 중요한 도구이다. 패키지만 다르면 개발자들은 동일한 클래스 이름을 마음 놓고 사용할 수 있다.

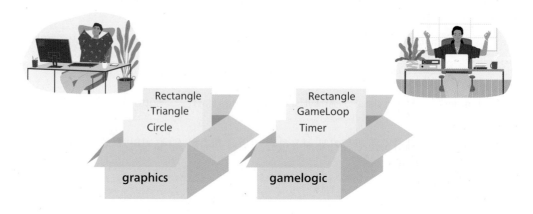

예를 들어서 2명의 개발자가 작업을 분담하여 게임 프로그램을 개발하고 있다고 하자. 1명은 그래픽 부분을 맡고 있고 또 다른 1명은 게임 로직 분야를 담당하고 있다. 이들의 작업을 합쳐서 게임을 완성하고자 한다. 하지만 공교롭게도 2명의 개발자 모두 Rectangle라는 동일한 이름의 클래스를 정의하여 사용하고 있었다. 동일한 이름의 클래스가 여러 개 있으면 최종 실행 단계에서 문제가 발생할 수 있다. 자바 가상 기계가 어떤 클래스를 로드해야 하는지 알 수 없기 때문이다. 이런 경우에 패키지를 사용하면 문제가 해결된다. 패키지만 다르면 각 개발자들은 동일한 이름을 사용할 수 있다.

중간점검

1. 패키지는 관련있는 _____나 _____를 하나로 묶은 것이다.
2. 패키지의 장점은 무엇인가?

패키지를 선언하는 것은 어렵지 않다. 다음과 같이 패키지를 선언하는 문장을 소스 파일의 첫 번째 줄에 추가하면 된다. 예를 들어서 Circle 클래스를 graphics 패키지에 속하게 하려면 다음과 같이 작성한다.

> 소스 파일을 패키지에 넣으려면 소스 파일의 맨 처음에 package 패키지이름; 문장을 넣으면 됩니다.

```
Circle.java
01  package graphics;
02
03  public class Circle {
04      double radius;
05  }
```

패키지 선언문은 반드시 소스 파일의 첫 번째 문장이어야 한다. 위와 같이 패키지를 선언하면 소스 파일 안에서 선언된 클래스들은 지정된 패키지에 속하게 된다.

여러 개의 소스 파일에 동일한 패키지 선언문을 넣을 수 있다. 이 경우 이 소스 파일들은 동일한 패키지에 속하게 된다. 예를 들어서 Circle.java와 Rectangle.java 파일에 package graphics; 문장을 넣으면 Circle 클래스와 Rectangle 클래스가 모두 graphics 패키지에 속하게 된다.

```
package graphics;

public class Circle {
    double radius;
}
```

```
package graphics;

public class Rectangle {
    double width, height;
}
```

→ graphics
  ├── Circle
  └── Rectangle

일반적으로 패키지는 계층 구조가 될 수 있다. 예를 들어서 pkg1 패키지 안에 pkg2 패키지를 넣고 싶은 경우에는 다음과 같이 패키지를 선언하면 된다. 이때는 패키지와 패키지 사이에 점을 찍어서 구별한다.

```
package   pkg1.pkg2;
...
```

이클립스에서 패키지 만들기

우리는 이제까지 이클립스를 사용해왔다. 이클립스를 사용하여 패키지를 생성하면 이클립스가 자동적으로 패키지의 구조에 맞는 디렉터리 구조를 생성해줘서 편리하다.

1. [File] → [New] → [Java Project]를 선택하고 test라는 프로젝트를 만든다.

2. src 폴더 위에서 마우스 오른쪽 버튼을 누른 후 [New] → [Package] 메뉴를 선택하여 패키지 이름을 graphics로 입력한다.

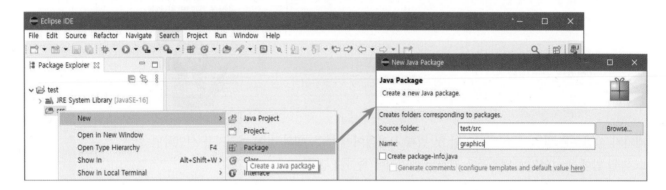

3. graphics 패키지 위에서 마우스 오른쪽 버튼을 눌러서 [New] → [Class] 메뉴를 선택하고 클래스를 추가하면 해당 클래스가 자동으로 graphics 패키지에 속하게 된다(패키지 선언 문장이 자동으로 소스 파일에 입력된다).

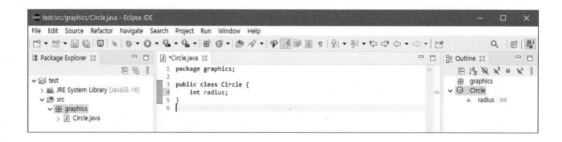

소스 파일의 위치

자바에서는 소스 파일과 클래스 파일을 어떤 원칙으로 관리하는 것일까? 하나의 디렉터리에 모든 소스 파일과 클래스 파일에 있는가? 아니면 여러 디렉터리에 흩여져서 저장되는가? 비록 자바 언어의 사양은 아니지만 많은 자바 구현에서 계층적인 디렉터리 구조를 이용하여 소스 파일과 클래스 파일을 관리한다. 앞에서와 같이 Circle.java을 작성하였다면 <프로젝트 디렉터리>\graphics\

Circle.java로 저장되어야 한다. 패키지를 포함한 클래스 이름과 디렉터리의 이름은 서로 대응되어야 한다. 즉 graphics.Circle은 graphics 디렉터리 아래에 Circle.java가 있음을 의미한다. 이클립스에서는 <프로젝트 디렉터리>\src\graphics\Circle.java로 저장된다.

```
D:\test\
   ---> src\
    ---> graphics\
        ---> Circle.java
```

클래스 파일의 위치

컴파일이 끝난 클래스 파일은 어디에 저장되는가? 클래스 파일도 패키지의 구조를 반영한 디렉터리에 저장된다. 앞의 소스 파일 Circle.java를 컴파일하면 <프로젝트 디렉터리>\graphics\Circle.class로 저장된다. 이클립스에서는 <프로젝트 디렉터리>\bin\graphics\Circle.class로 저장된다.

```
D:\test\
   ---> bin\
    ---> graphics\
        ---> Circle.class
```

명령어 버전으로 패키지 만들기

명령어 버전을 사용하여 패키지 선언문을 포함하는 소스 파일을 컴파일할 때는 다음과 같은 명령을 사용한다.

```
D:\test> javac -d . Circle.java
```

-d 옵션 뒤에는 출력 디렉터리를 적어준다. 여기서는 .을 찍어서 현재 디렉터리(D:\test)을 지정하였기 때문에 컴파일이 끝나고 나면 패키지 계층 구조에 맞춰서 디렉터리를 자동으로 생성해준다. 만약 여기서 -d 옵션을 사용하지 않으면 개발자가 직접 패키지의 계층 구조에 맞추어 출력 디렉터리 구조를 전부 생성하여야 한다.

자바에는 패키지 이름이 중복되지 않도록 결정하는 규칙(convention)이 있다.

- 패키지의 이름은 일반적으로 소문자만을 사용한다. 이것은 클래스나 인터페이스 이름과의 중복을 피하기 위한 것이다.
- 패키지 이름으로 인터넷 도메인 이름의 역순을 사용한다. 보통 "회사이름.부서이름.프로젝트이름"으로 짓는 경우가 많다. 예를 들면 kr.co.company.library 라는 패키지 이름은 company.co.kr에서 일하는 프로그래머에 의하여 생성된 library 패키지임을 알 수 있다.
- 자바 언어 자체의 패키지는 java나 javax로 시작한다.

참고

만약 패키지 문을 사용하지 않은 경우에는 어떻게 되는가? 이런 경우에는 디폴트 패키지(default package)에 속하게 된다. 디폴트 패키지는 이름이 없는 패키지로서 임시적인 프로그램을 작성할 경우에만 사용한다. 본격적인 프로그램을 개발할 때는 반드시 이름을 가진 패키지를 지정하여야 한다.

중간점검

1. Circle.java 파일을 util 패키지에 속하도록 하려면 어떤 문장을 맨 처음에 두어야 하는가?

2. 패키지 이름을 짓는 일반적인 관례는 무엇인가?

3. 인터넷 도메인 이름이 hu.ac.kr이라면 권장되는 패키지 이름은?

4. 만약 패키지의 이름이 company.project와 같다면 소스 파일이 저장되는 디렉터리는?

5. 만약 패키지의 이름이 company.project와 같다면 클래스 파일이 저장되는 디렉터리는?

앞 절에서 패키지를 정의하고 패키지 안에 클래스를 추가하는 방법을 살펴보았다. 이제부터 패키지를 어떻게 사용하는지를 살펴보자. 우리가 외부에서 graphics 패키지를 구입했다고 하자. graphics 패키지 안에 들어 있는 클래스를 사용하려면 어떻게 해야 하는가? 다음과 같은 몇 가지의 방법이 있다.

1. 완전한 이름으로 참조한다. 완전한 이름이란 패키지 이름이 클래스 앞에 붙은 것이다.

2. 패키지 안에서 우리가 원하는 클래스만을 포함한다.

3. 패키지 안의 모든 클래스를 포함한다.

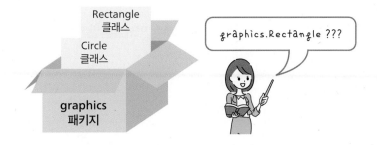

❶ 완전한 이름으로 참조한다.

지금까지는 클래스 이름만 가지고 클래스를 참조하였다. 만약 같은 패키지 안에 있는 클래스라면 이런 식으로 참조할 수 있다. 하지만 외부 패키지에 있는 클래스를 사용하려면 원칙적으로 앞에 패키지를 붙인 정식 클래스 이름을 써주어야 한다. 예를 들어서 graphics 패키지에 있는 Rectangle 클래스의 정식 이름은 graphics.Rectangle이다. 따라서 객체를 생성할 때도 원칙적으로 다음과 같이 작성하여야 한다.

```
graphics.Rectangle myRect = new graphics.Rectangle();
```

자주 사용하지 않는 클래스인 경우에는 위의 방식도 괜찮다. 그러나 반복적으로 많이 사용되는 클래스인 경우에는, 읽기도 힘들고 입력하기도 불편하다. 따라서 이런 경우에는 import를 사용하여서 해당 클래스나 패키지를 포함하는 것이 좋다.

❷ 원하는 패키지 멤버만을 포함한다.

외부 패키지의 특정한 멤버를 import하려면 다음과 같은 문장을 사용한다.

```
import  graphics.Rectangle;
```

클래스가 포함되었으면 이제부터는 클래스 이름만 사용하여서 참조가 가능하다.

```
Rectangle myRect = new Rectangle();
```

만약 외부 패키지에서 몇 개의 클래스만을 사용하는 경우라면 이 방법도 괜찮다. 하지만 외부 패키지에서 많은 클래스를 사용한다면 전체 패키지를 포함하는 것이 낫다.

❸ 전체 패키지를 포함한다.

하나의 패키지 안에 포함된 모든 클래스를 포함하려면 다음과 같이 별표 문자(*)를 사용하면 된다.

```
import graphics.*;          // 패키지의 모든 클래스 포함
```

패키지 전체가 포함되면 패키지 이름을 생략하고 클래스 이름으로만 참조할 수 있다.

```
Rectangle myRect = new Rectangle();
```

계층 구조의 패키지 포함하기

계층적으로 구성된 패키지의 경우, 주의해야 할 사항이 있다. 예를 들어서 java.awt.*를 포함시키면 java.awt 아래에 있는 패키지, 즉 java.awt.font와 같은 패키지가 자동으로 포함될 거라고 생각하기 쉽다. 그러나 java.awt.font 패키지는 자동으로 포함되지 않는다. 다음과 같이 별도로 포함하여야 한다.

```
import java.awt.*;          // java.awt 패키지의 클래스 포함
import java.awt.font.*;     // java.awt.font 패키지의 클래스 포함
```

참고

그런데 만약 똑같은 이름의 클래스를 가지는 패키지가 동시에 포함될 때는, 모호성을 제거하기 위하여 정식 이름을 사용하여야 한다. 즉 예를 들어 2개의 패키지 A, B가 존재하고 각각 Order라는 똑같은 이름의 클래스를 가지고 있다면 다음과 같이 정식 이름으로 써야 한다.

```
import A;
import B;
...
A.Order o1 = new A.Order();      // 패키지 A의 Order 클래스 사용
B.Order o2 = new B.Order();      // 패키지 B의 Order 클래스 사용
```

정적 import 문장

클래스 안에 정의된 정적 상수나 정적 메소드를 사용하는 경우에 일반적으로는 클래스 이름을 앞에 적어주어야 한다. 예를 들면 java.lang.Math 클래스 안에는 PI가 상수로 정의되어 있고, sin(), cos(), tan()와 같은 수많은 정적 메소드들이 정의되어 있다. 일반적으로 이들 정적 상수와 정적 메소드를 사용하려면 다음과 같이 클래스 이름을 앞에 붙여야 한다(정적 멤버는 클래스 이름으로 참조할 수 있다).

```
double r = Math.cos(Math.PI * theta);
```

하지만 정적 import 문장을 사용하면 클래스 이름을 생략하여도 된다.

```
import static java.lang.Math.*;
double r = cos(PI * theta);
```

물론 개발자도 얼마든지 정적 import 문장을 사용할 수 있다. 하지만 너무 남용하면 읽기 어려운 코드가 된다.

이클립스로 패키지 만들고 사용하기	예제 8-1

1. 이클립스로 패키지를 만드는 방법을 학습해보자. 먼저 Calculator라는 프로젝트를 만든다. 이어서 src 폴더 위에서 마우스 오른쪽 버튼을 눌러서 [New] → [Package]를 선택하고 lib와 main 패키지를 각각 생성한다.

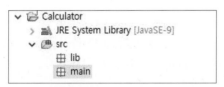

2. lib 패키지 위에서 마우스 오른쪽 버튼을 눌러서 [New] → [Class]를 선택하고 Calculator 클래스를 추가한다. 그리고 다음과 같이 입력한다. 첫 번째 문장은 자동으로 생성된다.

`Calculator.java`

```
01  package lib;
02
03  public class Calculator {
04      public int add(int a, int b) {
05          return a + b;
06      }
07  }
```

3. main 패키지 위에서 마우스 오른쪽 버튼을 눌러서 [New] → [Class]를 선택하고 PackageTest 클래스를 추가한다.

```
∨ 📁 Calculator
  > 🔌 JRE System Library [JavaSE-9]
  ∨ 🐘 src
    ∨ ⊞ lib
      > 🗾 Calculator.java
    ∨ ⊞ main
      > 🗾 PackageTest.java
```

그리고 다음과 같이 입력한다. 첫 번째 문장은 자동으로 생성된다. Calculator 클래스를 사용하기 위하여 패키지 lib 안의 모든 클래스를 가져 왔다.

PackageTest.java

```
01  package main;
02  import lib.*;
03
04  public class PackageTest {
05      public static void main(String args[]) {
06          Calculator obj = new Calculator();
07          System.out.println(obj.add(100, 200));
08      }
09  }
```

실행 결과

```
300
```

만약 lib 패키지를 포함하지 않고 Calculator 클래스를 사용하려면 다음과 같이 한다.

PackageTest.java

```
01  package main;
02
03  public class PackageTest {
04      public static void main(String args[]) {
05          lib.Calculator obj = new lib.Calculator();
06          System.out.println(obj.add(100, 200));
07      }
08  }
```

참고

때로는 인터넷 도메인 이름은 유효한 패키지 이름이 될 수 없다. 예를 들어서 하이픈(-)이나 특수 문자를 포함하는 경우이다. 또한 숫자로 시작되어도 안 되며 자바의 예약어도 안 된다. 이런 경우에는 밑줄 문자(_)를 앞에 붙이면 된다.

중간점검

1. java.util 클래스의 ArrayList 클래스를 import 문장 없이 사용하려고 한다. 어떻게 하면 되는가?
2. java.util 클래스의 ArrayList 클래스만 포함시키는 문장을 작성해보자.
3. java.util 패키지의 모든 클래스를 포함시키려면 어떤 문장을 사용해야 하는가?

언제 클래스 파일이 로드되는가?

자바 소스 파일(확장자 .java)이 컴파일되면 .class 확장자를 가지는 클래스 파일로 변환되고 파일 시스템에 저장된다. 클래스 파일은 자바 가상 머신(JVM)에 의하여 로드된다. 클래스 파일은 언제 로드되는 것일까? 2가지의 경우가 있다.

- 클래스 파일은 요청 시 JVM에 로드된다. 이것이 기본적인 방법으로 지연 클래스 로드(Lazy Class Loading)이 라고도 한다.
- 애플리케이션 코드를 구성하는 기본적인 클래스 파일은 시작 시 로드된다.

기본적인 방법은 지연 클래스 로드이다. 이 방법의 가장 큰 장점은 가상 머신의 메모리를 절약할 수 있다는 것이다. 예를 들어서 사용자 프로그램에 다음과 같은 코드 섹션이 있다고 가정하자.

```java
if(result != null) {
   MyClass object = new MyClass();
   // 어떤 작업을 한다.
}
```

위의 코드에서 result이 null이면 내부의 코드 블록은 절대 실행되지 않는다. 이러한 상황에서 가상 머신은 MyClass를 메모리에 로드하지 않는다. 왜냐하면 프로그램이 요구하지 않았기 때문이다. 따라서 해당 클래스를 로드하지 않았고 이것은 가상 머신의 메모리를 절약하게 한다. 클래스를 로드하는 책임은 가상 머신의 클래스 로더가 담당한다.

자바 가상 머신이 클래스를 찾는 순서

자바 가상 머신은 실행 시간에 필요한 클래스들을 찾아서 로드한다. 어떻게 찾는 것일까? 자바 API에 속하는 클래스를 로드하는 방법과 사용자가 만들거나 구입한 클래스를 로드하는 절차는 다르다. 자바 가상 머신은 다음 순서로 클래스를 검색하고 로드한다.

1. 부트스트랩 클래스 - 자바 플랫폼을 구성하는 핵심적인 클래스이다. 디렉터리 jre/lib에 있는 rt.jar 및 기타 여러 jar 파일이다. Java 9부터는 모듈화되어 있는 jmods 파일들이 로드된다.

2. 확장 클래스 - 자바 확장 메커니즘을 사용하는 클래스이다. 이들은 확장 디렉터리에 있는 jar 파일들이다. 디렉터리 jre/lib/ext의 모든 jar 파일은 확장으로 간주되며 로드된다.

3. 사용자 클래스 - 확장 메커니즘을 활용하지 않는 개발자 및 타사에서 정의한 클래스이다. 가상 머신 명령줄에서 -classpath 옵션을 사용하거나 CLASSPATH 환경 변수를 사용하여 이러한 클래스의 위치를 식별한다.

CLASSPATH

사용자가 직접 작성하였거나 외부에서 다운로드 받은 클래스를 찾기 위하여 가상 머신이 살펴보는 디렉터리들을 모아둔 경로가 클래스 경로(class path)이다.

이 클래스 경로가 적절하게 설정되어 있어야 가상 머신이 사용자 정의 클래스 파일을 찾을 수 있다. 클래스 경로는 많은 디렉터리들로 이루어질 수 있다. 윈도우에서는 ;으로 분리되고 유닉스에서는 :으로 분리된다. 클래스 경로를 지정하는 3가지의 방법을 살펴보자.

1. 첫 번째로 가상 머신은 항상 현재 디렉터리부터 찾는다. 즉 여러분의 클래스들이 현재 작업 디렉터리에 저장되어 있다면 자바 가상 머신이 가장 쉽게 찾을 수 있다.

2. 일반적으로는 환경 변수인 CLASSPATH에 설정된 디렉터리에서 찾는다. CLASSPATH 변수를 설정하려면 명령 프롬프트에서 다음과 같은 명령어를 사용한다.

```
C:\> set CLASSPATH=C:\classes;C:\lib;.
```

위에서는 CLASSPATH 환경 변수에 3개의 디렉터리가 ;로 분리되어서 나열되어 있다. 첫 번째가 C:\classes이고 두 번째 디렉터리가 C:\lib이다. 마지막은 '.'인데 이것은 현재 디렉터리를 나타낸다.

제어판의 환경 변수 설정을 이용하여 CLASSPATH 환경 변수를 설정하여도 된다. [제어판] → [시스템] → [고급 시스템 설정] → [고급] → [환경 변수] 버튼을 눌러서 설정하면 된다. 제어판에서 설정하게 되면 향후 모든 명령 프롬프트에서 자동으로 적용되어서 편리하다.

3. 가상 머신을 실행할 때 옵션 -classpath를 사용할 수 있다. 즉 가상 머신을 실행할 때, 클래스 경로를 알려주는 것이다. 이클립스는 내부적으로 이 방법을 사용한다. 이 방법이 가장 권장되는 방법이라고 한다.

```
C:\> java -classpath C:\classes;C:\lib;. Main
```

JAR 압축 파일

우리가 애플리케이션을 완성한 후에 사용자에게 무엇을 건네줄 것인지를 생각해보자. C 언어라면 확장자가 .exe로 되어 있는 하나의 실행 파일만을 전달하면 된다. 하지만 자바는 무엇을 건네주어야 하는가? 자바에서는 실행 파일이 하나가 아니다. 일반적으로 자바에서는 여러 개의 클래스 파일이 있어야 하나의 프로그램이 실행된다(하나의 클래스 파일이 아니다!). 또 추가적으로 이미지 파일이나 사운드 파일도 있을 수 있다. 물론 여러 개의 클래스 파일을 그냥 전달하여도 된다. 하지만 자바 애플리케이션을 한 개의 파일로 만들어서 사용자에게 전달할 방법은 없는 것일까?

이럴 때 사용할 수 있는 방법이 바로 **JAR 파일**이다. JAR는 "Java Archive"의 줄임말로서 자바 파일들을 압축하여 하나의 파일로 만드는 데 사용된다.

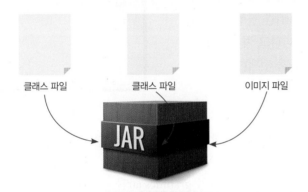

클래스 파일   클래스 파일   이미지 파일

JAR 파일은 클래스 파일과 이미지와 사운드 파일들을 함께 압축할 수 있으며 잘 알려진 ZIP 압축 규격을 이용한다. JDK 안에 포함된 jar 도구를 이용하여서 JAR 파일을 생성할 수 있다. JAR 도구는 jdk/bin 폴더에 있다. 예를 들어 다음과 같이 사용할 수 있다.

```
C:\> jar cvf Game.jar  *.class icon.png
```

만약 실행 가능한 JAR 파일을 생성하려면 다음과 같이 e를 추가하여야 한다. 이것은 JAR 파일 안의 클래스 중에서 제일 처음에 실행되는 클래스를 지정하는 것이다.

```
C:\> jar cvfe Game.jar Main *.class icon.png
```

여기서 Main.class가 제일 처음에 실행되는 클래스가 된다. 이때는 Main 클래스 이름 끝에 .class 확장자를 붙이지 않는다.

JAR 파일로 압축된 파일을 실행하려면 어떻게 하면 될까? 예를 들어 인터넷에서 자바 예제 프로그램을 JAR 파일로 받았다면 어떻게 해야 실행할 수 있을까? 다음과 같이 하면 된다.

```
C:\> java -jar Game.jar
```

자바 가상 머신은 JAR 압축 파일에 저장된 클래스 파일을 찾아서 실행한다. 이것은 반드시 알아 두어야 한다. 일반적으로 자바로 된 도구들은 JAR 파일만을 배포하고 이 JAR 파일은 앞에서와 같이 실행하면 된다.

이클립스를 사용하는 경우

앞에서는 JAR 파일을 생성하는 데 명령어 도구를 사용하였다. 이클립스에는 그러한 기능이 없는 것일까? 그렇지 않다. 이클립스의 Export 메뉴를 사용하면 현재의 프로젝트를 JAR 파일로 생성할 수 있다. 이클립스의 [File] → [Export]를 실행하면 다음과 같은 대화상자가 나타나고 여기서 [Java] → [Runnable JAR file]을 선택하면 된다.

JAR 형태의 라이브러리 사용하기

전문 업체에서 JAR 파일 형태의 자바 라이브러리를 구매하여 사용한다고 하자. 어떻게 가상 머신이 이 라이브러리의 클래스들을 찾을 수 있을까? 클래스 경로에 JAR 파일을 포함시키면 된다. 예를 들어서 외부로부터 받은 JAR 파일 graphics.jar를 사용하려면 다음과 같이 클래스 경로에 graphics.jar 파일을 포함시키면 된다.

```
C:\> set CLASSPATH=C:\classes;C:\lib;C\graphics.jar;.
```

이클립스를 사용한다면 [Build Path] → [Add External Archives...] 메뉴를 사용하여 프로젝트에 JAR 파일을 추가해준다. 18장에서 필요한 JDBC 라이브러리는 이런 방식으로 프로젝트에 추가하면 사용할 수 있다.

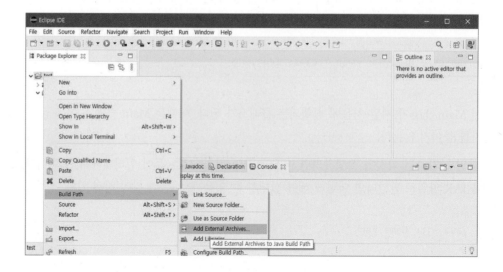

자바에서는 기본적으로 많은 패키지들을 제공하고 프로그래머는 이것들을 이용하여서 편리하게 프로그램을 작성할 수 있다. 자바가 제공하는 패키지들은 자바 API 문서에 나열되어 있다. 자바의 기본 패키지는 java로 시작하며 확장 패키지는 javax로 시작한다. 우리가 처음부터 사용하였던 String 클래스나 System 클래스도 모두 java.lang 패키지에 포함된 클래스이다. 이러한 기본 패키지 중에서 중요한 클래스만 추려서 살펴보자.

패키지	설명
java.applet	애플릿을 생성하는 데 필요한 클래스
java.awt	그래픽과 이미지를 위한 클래스
java.io	입력과 출력 스트림을 위한 클래스
java.lang	자바 프로그래밍 언어에 필수적인 클래스
java.math	수학에 관련된 클래스
java.net	네트워킹 클래스
java.nio	새로운 네트워킹 클래스
java.security	보안 프레임워크를 위한 클래스와 인터페이스
java.sql	데이터베이스에 저장된 데이터를 접근하기 위한 클래스
java.util	날짜, 난수 생성기 등의 유틸리티 클래스
javax.imageio	자바 이미지 I/O API
javax.net	네트워킹 애플리케이션을 위한 클래스
javax.swing	스윙 컴포넌트를 위한 클래스
javax.xml	XML을 지원하는 패키지

Java 16 버전에서 기본적으로 제공하는 패키지 정보는 https://docs.oracle.com/javase/16에서 제공하고 있다. 참고

1. 자바에서 제공되는 패키지 중에서 java.math에 어떤 클래스들이 존재하는지 자바 API 문서를 보고 조사하여 보자. 중간점검

8.6 | Object 클래스

자바에서는 클래스를 정의할 때 명시적으로 부모 클래스를 선언하지 않으면 Object 클래스가 부모 클래스가 된다. Object 클래스는 java.lang 패키지에 들어 있으며, 자바 클래스 계층 구조에서 맨 위에 위치하는 클래스이다.

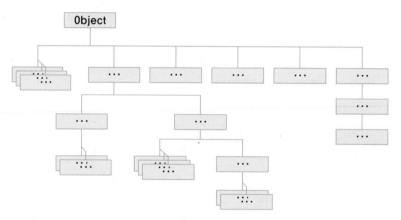

그림 8.1 Object 클래스는 상속 계층 구조의 맨 위에 있다(출처: java.sun.com).

Object 안에 정의되어 있는 메소드는 다음과 같다. 필요하다면 메소드들을 자신의 용도에 맞추어 재정의하여 사용하면 된다.

- public boolean equals(Object obj) : obj가 이 객체와 같은지를 검사한다.
- public String toString() : 객체의 문자열 표현을 반환한다.
- protected Object clone() : 객체 자신의 복사본을 생성하여 반환한다.
- public int hashCode() : 객체에 대한 해쉬 코드를 반환한다.
- protected void finalize() : 가비지 컬렉터에 의하여 호출된다.
- public final Class getClass() : 객체의 클래스 정보를 반환한다.

우리가 관심 있게 봐야 할 몇 가지의 메소드에 대하여 살펴보자.

getClass() 메소드

getClass()는 객체가 어떤 클래스로 생성되었는지에 대한 정보를 반환한다. 즉 "What type of object am I?"라는 질문을 던지는 것이라고 생각할 수 있다. getClass()는 **리플렉션(reflection)**이라는 기법을 구현한 것이다. 리플렉션은 객체가 자신을 만든 클래스에 대하여 물어보는 것이다. 경우에 따라서는 객체가 자신에 대하여 질문을 던져야 하는 경우도 있다. 특히 안드로이드 프로그래밍에서는 종종 사용된다. 다음 예제를 보자.

```
CircleTest.java
01  class Circle {   }
02  public class CircleTest {
03     public static void main(String[] args) {
04        Circle obj = new Circle();
05        System.out.println("obj is of type " + obj.getClass().getName());
06        System.out.println("obj의 해쉬코드=" + obj.hashCode());
07     }
08  }
```

```
obj is of type test.Circle
obj의 해쉬코드=1554547125
```
실행 결과

객체 obj를 만든 클래스 이름과 해쉬코드를 반환하는 것을 볼 수 있다.

toString() 메소드

이것도 일반적으로 재정의하여야 하는 메소드이다. Object 클래스의 toString() 메소드는 객체의 상태를 몇 줄의 문자열로 요약하여 반환하는 함수이다. 우리가 println()을 사용하여 객체를 출력하면 객체의 toString() 메소드가 자동으로 호출된다. 따라서 toString() 메소드는 재정의하는 것이 권장된다. 아래 코드에서 원을 나타내는 클래스에 toString()을 재정의하여서 사용해보았다.

```
CircleTest.java
01  class Circle {
02     int radius;
03     public Circle(int radius) {        this.radius = radius;        }
04     public String toString() {         return "Circle(r="+radius+")";        }
05  }
06  public class CircleTest {
07     public static void main(String[] args) {
08        Circle obj = new Circle(10);
09        System.out.println(obj);
10     }
11  }
```

```
Circle(r=10)
```
실행 결과

equals() 메소드

우리가 자바 프로그램을 작성하다보면 객체가 동일한 값을 가지고 있는지 비교할 때가 종종 있다. 예를 들어서 객체가 가지고 있는 값이 일치하는지를 비교하기 위하여 다음과 같이 == 연산자를 사용하면 잘못된 결과를 얻게 된다.

```java
CircleTest2.java
01    class Circle {
02       int radius;
03       public Circle(int radius) {          this.radius = radius;        }
04    }
05    public class CircleTest {
06       public static void main(String[] args) {
07          Circle obj1 = new Circle(10);
08          Circle obj2 = new Circle(10);
09          if( obj1 == obj2 ) System.out.println("2개의 원은 같습니다.");
10          else System.out.println("2개의 원은 같지 않습니다.");
11       }
12    }
```

실행 결과   2개의 원은 같지 않습니다.

== 연산지는 객체의 내용을 검사하는 것이 아니다. == 연산자는 객체의 참조값이 동일한지만을 검사한다. 2개의 객체가 동일한 값을 가지고 있는지를 검사하기 위해서는, equals() 메소드를 재정의하여서 사용해야 한다. 이것은 입문자들에게 많은 혼란을 가져오는 문제이니 유념하도록 하자. 예를 들어서 2개의 Circle 객체가 동일한 반지름을 가진 원인지를 검사하기 위해서는 다음과 같이 equals()를 재정의하고 equals()을 호출하여야 한다.

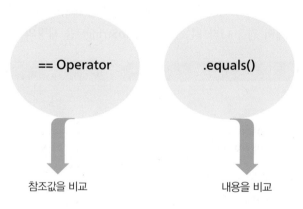

CircleTest3.java

```
01  class Circle {
02      int radius;
03      public Circle(int radius) {          this.radius = radius;        }
04      public boolean equals(Circle c1) {
05          if( radius == c1.radius ) return true;
06          else return false;
07      }
08  }
09  public class CircleTest {
10      public static void main(String[] args) {
11          Circle obj1 = new Circle(10);
12          Circle obj2 = new Circle(10);
13          if( obj1.equals(obj2) ) System.out.println("2개의 원은 같습니다.");
14          else System.out.println("2개의 원은 같지 않습니다.");
15      }
16  }
```

2개의 원은 같습니다. 실행 결과

finalize() 메소드

Object 클래스는 finalize()라는 콜백(callback) 메소드를 정의한다. 이것은 객체가 소멸되기 직전에 호출된다. Object 클래스의 finalize()에서는 아무 것도 하지 않지만 자식 클래스에서 재정의하여서 자원을 반납하는 등의 정리 과정을 실행할 수 있다.

중간점검

1. 객체가 자신을 만든 클래스에 대하여 알고 싶다. 어떤 메소드를 사용해야 하는가?
2. 어떤 객체와 다른 객체가 동일한 내용물을 가지고 있는지를 검사하고 싶다. 어떤 메소드를 재정의해야 하는가?
3. 객체를 출력했을 때 객체의 요약 문자열이 출력되게 하려면 어떤 메소드를 재정의하여야 하는가?

자바에서는 정수나 실수와 같은 기초 자료형을 제외하고는 모든 것이 객체로 되어 있다. 하지만 어떤 경우에는 정수와 같은 기초 자료형도 객체로 포장하고 싶은 경우가 있다. 가장 대표적인 예가 객체만을 저장하는 벡터(vector)이다. 벡터에 기초 자료형을 넣으려면 기초 자료형을 객체로 포장하여야 한다. 이때 사용되는 클래스가 랩퍼 클래스(Wrapper Class)이다.

예를 들어서 Integer 클래스는 정수값을 데이터로 가지고 있다. Integer 클래스의 객체를 만드는 문장은 다음과 같다. 아래의 문장이 실행되면 obj 객체는 정수 100을 객체로 나타내며 정수 대신에 객체가 필요한 경우에 사용될 수 있다.

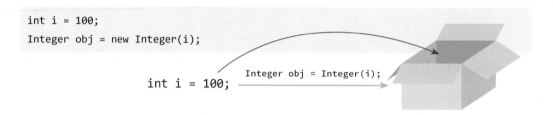

```
int i = 100;
Integer obj = new Integer(i);
```

자바의 각 기초 자료형에 대하여 해당되는 랩퍼 클래스가 존재한다.

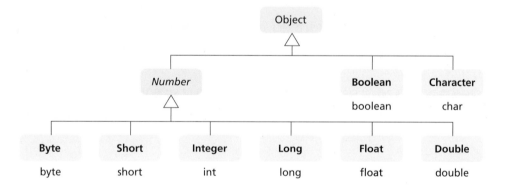

랩퍼 클래스는 여러 가지 유용한 메소드도 제공한다. 특히 저장된 값을 다른 자료형으로 변환하는 메소드를 제공한다. 이 중에서도 기초 자료형을 문자열로 변환하거나, 또는 반대로 변환하는 메소드가 많이 사용된다. 예를 들어서 Integer 클래스가 제공하는 메소드 중의 일부를 살펴보면 다음과 같다.

반환값	메소드 이름	설명
static int	intValue()	int형으로 반환한다.
static double	doubleValue()	double형으로 반환한다.
static float	floatValue()	float형으로 반환한다.
static int	parseInt(String s)	문자열을 int형으로 변환한다.
static String	toBinaryString(int i)	int형의 정수를 2진수 형태의 문자열로 변환한다.
static String	toString(int i)	int형의 정수를 10진수 형태의 문자열로 변환한다.
static Integer	valueOf(String s)	문자열 s를 Integer 객체로 변환한다.
static Integer	valueOf(String s, in radix)	문자열 s를 radix진법의 Integer 객체로 변환한다.

이들 메소드는 많이 사용되므로 정적 메소드로 정의되어 있다. 따라서 객체를 생성하지 않고 클래스의 이름에 도트 연산자를 붙여서 사용할 수 있다. 예를 들어서 랩퍼 객체 안에 포장된 정수 100을 꺼내려면 intValue() 함수를 사용한다.

```
Integer obj = new Integer(100);
int value = obj.intValue();        // value는 정수 100
```

만약 정수 100을 문자열로 변환하고 싶다면 Integer 클래스의 toString() 메소드를 이용한다.

```
String s = Integer.toString(100);    // s는 "100"
```

이번에는 반대로 문자열 "100"을 정수 100으로 변환하려면 Integer 클래스의 parseInt() 메소드를 사용한다.

```
int i = Integer.parseInt("100");
```

오토박싱

자바는 랩퍼 객체와 기초 자료형 사이의 변환을 자동으로 해주는 기능이 있다. 이것을 오토박싱(auto-boxing)이라고 한다. 예를 들어 다음과 같은 문장에서 int형 정수는 Integer 객체로 자동으로 변환된다. 또한 Integer 객체는 자동으로 int형 정수로 변환된다.

```
Integer obj;

obj = 10;                     // 정수 -> Integer 객체
System.out.println(obj + 1); // Integer 객체 -> 정수
```

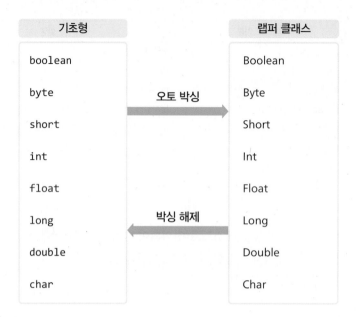

중간점검

1. 자바에서 정수 10과 Integer(10)은 어떻게 다른가?

2. 3.14를 적절한 랩퍼 클래스에 저장하는 문장을 작성하라.

3. 3.14가 저장된 랩퍼 객체에서 3.14를 추출하는 문장을 작성하라.

4. 문자열 "3,14"을 부동소수점 수로 변환하는 문장을 작성하라.

5. 오토박싱이란 무엇인가?

문자열을 나타내는 String 클래스를 살펴보자. String 클래스는 문자열을 구성하는 문자들을 내부에 저장한다. String 안에 저장된 문자에는 0부터 시작하는 번호가 매겨져 있다. 이것을 인덱스(index)라고 한다.

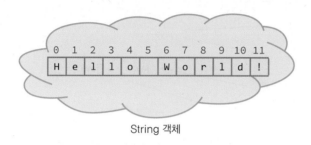

String 객체

String 클래스

자바 API 문서에서 String 클래스를 찾아보면 아주 많은 메소드들이 있다. 그중에서 많이 사용되는 몇 가지만을 추리면 다음과 같다.

	메소드 요약
char	**charAt**(int index) 지정된 인덱스에 있는 문자를 반환한다.
int	**compareTo**(String anotherString) 사전적 순서로 문자열을 비교한다. 앞에 있으면 −1, 같으면 0, 뒤에 있으면 1이 반환된다.
String	**concat**(String str) 주어진 문자열을 현재의 문자열 뒤에 붙인다.
boolean	**equals**(Object anObject) 주어진 객체와 현재의 문자열을 비교한다.
boolean	**isEmpty**() length()가 0이면 true를 반환한다.
int	**length**() 현재 문자열의 길이를 반환한다.
String	**toLowerCase**() 문자열의 문자들을 모두 소문자로 변경한다.
String	**toUpperCase**() 문자열의 문자들을 모두 대문자로 변경한다.

객체 생성

자바에서 객체를 생성하는 유일한 방법은 new를 사용하는 것이다. 하지만 문자열은 프로그래밍에서 아주 많이 사용되기 때문에 다음과 같이 2가지 방법으로 String 객체를 생성할 수 있고 의미가 약간 다르다.

```
String s1 = "Java";    // (1) 많이 사용되는 방법
String s2 = "Java";
String s3 = new String("Java");         // (2) 원칙임
String s4 = new String("Java");
```

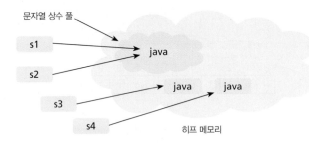

우리가 String 클래스의 객체를 생성할 때, (2)와 같이 new을 사용해서 String 객체를 생성하면 문자열이 동일하다고 하여도 새로운 객체를 생성한다. (1)과 같이 문자열 상수로 초기화하면, 문자열 상수 풀(pool)을 조사해서 동일한 문자열을 가진 객체가 존재하면 이것을 공유한다. 결과적으로 s3과 s4는 별도의 객체를 가리키지만 s1과 s2는 문자열 상수 풀에 있는 동일한 객체를 가리키게 된다.

문자열의 기초 연산들

String 클래스의 length() 메소드는 문자열의 길이를 반환한다.

```
String s = "Hello World!";    // 객체 생성
int size = s.length();        // 12가 반환됨
```

String 객체 안에 들어 있는 문자를 추출하려면 charAt()이라는 메소드를 호출하면 된다. 문자 번호는 0부터 시작한다.

```
String s = "Hello World!";    // 객체 생성
char c = s.charAt(0);         // 'H'가 반환된다.
```

자바에서 2개의 문자열을 붙이려면 물론 concat()라는 메소드를 호출하여도 되지만 + 연산자를 사용하는 것이 더 편리하다.

```
String result = "A chain" + " is only as strong" + "as its weakest link";
```

문자열 비교하기

2개의 문자열이 동일한지 검사하려면 equals()을 호출하여야 한다. == 연산자를 사용하는 것이 아니다. 이는 자바에서 매우 흔한 실수로 아주 주의하여야 한다. 다른 언어와 다르기 때문이다.

```java
String s1 = "Java";              // (1) 많이 사용되는 방법
String s2 = "Java";
String s3 = new String("Java");  // (2) 원칙임
String s4 = new String("Java");

System.out.println(s1.equals(s2));  // true, 올바른 방법
System.out.println(s1.equals(s3));  // true, 올바른 방법
System.out.println(s1==s2);         // true이지만 올바르지 않은 방법
System.out.println(s1==s3);         // false, 올바르지 않은 방법
```

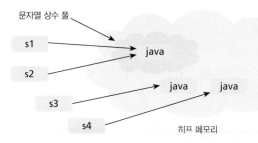

앞에서도 언급하였지만 자바에서는 == 연산자로 문자열 객체를 비교할 수 없다. == 연산자는 문자열 객체의 주소만을 비교하게 된다. 위의 예에서 s1==s2 연산자를 사용하여도 true를 반환하는데, 이것은 문자열 풀에서 동일한 객체를 사용하기 때문이다. 이것은 올바른 방법이 아니다. 위의 그림을 참조하라.

문자열 안에서 단어 찾기

문자열에서 단어를 찾을 때는 indexOf()를 사용하는 것이 가장 쉽다. 단어의 시작 위치가 반환된다.

```java
String s = "The cat is on the table";
int index = s.indexOf("table");

if(index == -1)
    System.out.println("table은 없습니다. ");
else
    System.out.println("table의 위치: " + index);
```

table의 위치: 18   **실행 결과**

문자열을 단어로 분리할 때

예전에 자바에서 문자열을 단어들로 분리할 때는 StringTokenizer 클래스를 사용하였다. 하지만 최근 버전에서는 String 클래스가 제공하는 split() 메소드를 사용하면 훨씬 쉽게 문자열을 단어로 분리할 수 있다. 이 메소드는 문자열을 분석하여서 토큰으로 분리시켜 주는 기능을 제공한다. 사용자로부터 받은 텍스트나 파일에 저장된 텍스트를 처리하는 경우에 유용하게 사용할 수 있다. 예를 들어 날짜를 "2020.12.25"과 같은 문자열로 받아서 "2020", "12", "25"로 분리하는 데 사용할 수 있다. split() 메소드에서 분리자 문자를 지정할 수 있다.

```java
String[] tokens = "I am a boy.".split(" ");
for (String token : tokens)
    System.out.println(token);
```

실행 결과
```
I
am
a
boy.
```

앞에서는 문자열을 분리할 때 스페이스를 사용하였는데 분리 문자를 지정할 수도 있다. 예를 들어서 ',' 문자를 분리 문자로 사용할 수 있다.

```java
String[] tokens - "100,200,300".splil(",");
for (String token : tokens)
    System.out.println(token);
```

실행 결과
```
100
200
300
```

StringBuffer 클래스

String 클래스의 경우, 빈번하게 문자열을 변경할 때에는 비효율적일 수 있다. 왜냐하면 문자열의 내용을 변경하는 String 클래스 메소드의 경우, 새로운 String 객체를 생성하고 기존의 내용을 복사해야 하기 때문이다. String 객체는 불변성을 가진 객체이다. 불변성이란 한 번 만들어지면 변경되지 않는 객체를 의미한다. 예를 들어보자.

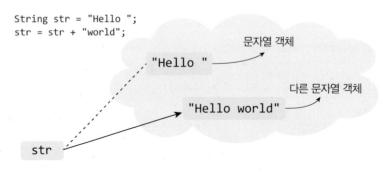

앞의 코드에서 + 연산자는 str의 내용을 변경하는 것이 아니라 새로운 String 객체를 생성하여 반환한다. String이 불변성을 가진 객체이기 때문에, 빈번하게 문자열이 추가, 수정, 삭제되는 경우에는 불리하다. 즉 히프 메모리에 많은 가비지 객체가 생성되어서 히프 메모리가 부족해지기도 한다. 예를 들어 100만 개의 String 객체에 대하여 + 연산을 하는 경우에 100만 개의 가비지 객체가 생성된다.

자바는 변경 가능한 문자열을 위하여 String 클래스의 대안으로 StringBuffer 클래스를 제공한다.

```
StringBuffer s = new StringBuffer("Happiness depends upon ourselves");
```

	String	StringBuffer
메모리 위치	String pool	Heep
수정 여부	No(immutable)	Yes(mutable)
스레드 안전성	Yes	Yes
동기화 여부	Yes	Yes
성능	Fast	Slow

StringBuffer 객체는 내부적으로 문자열을 저장하는 메모리를 가지고 있다. 이 메모리를 버퍼(buffer)라고 한다. 버퍼의 총 크기는 capacity가 나타내고 현재 저장된 문자열의 길이는 length이다. 버퍼의 크기는 자동적으로 조절된다. length()와 capacity() 메소드는 length 값과 capacity 값을 반환한다.

```
StringBuffer sb = new StringBuffer("Hello"); // 16바이트의 공간이 할당된다.
int length = sb.length();            // 5
int capacity = sb.capacity();        // 21
```

StringBuffer만이 제공하는 가장 중요한 메소드는 append()와 insert()이다. 이 두 메소드는 어떤 타입의 데이터도 받을 수 있도록 중복 정의되어 있다. 각 메소드는 인수를 문자열로 변환한 후에 문자열의 뒤에 붙이거나 특정한 위치에 삽입한다. 새로운 객체가 생성되지 않는다. append()는 문자열의 끝에 여러 종류의 데이터를 추가하는 메소드이다. insert()는 문자열의 특정 위치에 여러 종류의 데이터를 문자열로 바꾸어 삽입한다.

```
StringBuffer sb = new StringBuffer("10+20=");
sb.append(10+20);
sb.insert(0, "수식 ");                      // sb= "수식 10+20=30"
```

1. StringBuffer와 String은 어떻게 다른가?
2. 다음 문장이 실행되면 sb에는 어떤 문자열이 저장되는가?

```
StringBuffer sb = new StringBuffer("Hello");
sb.append(1+2);
```

중간점검

Math 클래스

Math 클래스는 지수나 로그, 제곱근, 삼각함수와 같은 기본적인 수치 연산을 위한 메소드들을 제공한다. 간단한 예제를 들면 다음과 같다.

MathTest.java

```java
01  public class MathTest {
02      public static void main(String[] args){
03          double x = Math.PI;
04          System.out.println(Math.sin(x));
05          System.out.println(Math.random());
06      }
07  }
```

실행 결과
```
1.2246467991473532E-16
0.8082738632799703
```

Random 클래스

Random 클래스의 객체는 난수를 발생하는 데 사용된다. 48비트 길이의 시드(seed)를 사용하며 알고리즘으로는 변형된 선형 합동 수식(linear congruential formula)을 이용한다. 만약 동일한 시드를 이용하여서 두 개의 Random 객체가 생성된다면 동일한 난수를 발생하게 된다.

RandomTest.java

```java
01  import java.util.*;
02  public class RandomTest {
03      public static void main(String[] args)    {
04          Random random = new Random();
05          for (int i = 0; i < 10; i++)
06              System.out.print(random.nextInt(100)+",");
07      }
08  }
```

실행 결과
```
12,48,7,4,15,77,84,60,8,62,
```

Arrays 클래스

Arrays 클래스는 배열을 다루는 다양한 메소드들을 가지고 있다. 예를 들면 정렬하거나 탐색하는 것과 같은 메소드들을 제공한다. 주어진 값으로 배열을 채우는 메소드인 fill()이나 배열 원소를 크기 순으로 정렬하는 메소드인 sort()등이 제공된다. 이들 모두 객체를 생성하지 않고서도 호출될 수 있는 정적 메소드이다. 다음은 간단한 예이다.

ArraysTest.java

```
01    import java.util.*;
02
03    public class ArraysTest {
04      public static void main(String[] args) {
05        int[] array = { 9, 4, 5, 6, 2, 1 };
06        Arrays.sort(array);                    // 배열을 정렬한다.
07        printArray(array);
08        System.out.println(Arrays.binarySearch(array,9)); // 9을 탐색한다.
09        Arrays.fill(array,8);                  // 배열을 특정한 값으로 채운다.
10        printArray(array);
11      }
12      private static void printArray(int[] array) {
13        System.out.print("[");
14        for(int i=0 ;i< array.length;i++)
15            System.out.print(array[i]+" ");
16        System.out.println("]");
17      }
18    }
```

실행 결과

```
[1 2 4 5 6 9 ]
5
[8 8 8 8 8 8 ]
```

Calendar 클래스

Calendar 클래스는 추상 클래스로서 날짜와 시간에 대한 정보를 가지고 있고 특정 시각을 연도, 월, 일 등으로 변환하는 메소드도 가지고 있다. Calendar 클래스는 1970년 1월 1일 00:00:00.000 GMT부터 흘러온 시간을 저장하고 있다(흔히 UNIX 시간이라고 한다). 현재 날짜를 출력하는 프로그램을 작성해보면 다음과 같다.

```
CalendarTest.java
01    import java.util.*;
02
03    public class CalendarTest {
04      public static void main(String[] args) {
05        Calendar d = Calendar.getInstance();        // 객체 생성
06        System.out.println(d);
07        System.out.println(d.get(Calendar.YEAR)+"년");
08        System.out.println(d.get(Calendar.MONTH)+1 +"월");
09        System.out.println(d.get(Calendar.DATE)+"일");
10
11        d.set(Calendar.HOUR, 12);
12        d.set(Calendar.MINUTE, 34);
13        d.set(Calendar.SECOND, 0);
14        System.out.println(d);
15      }
16    }
```

실행 결과
```
java.util.GregorianCalendar[time=1633217253036,...]
2021년
10월
3일
java.util.GregorianCalendar[...]
```

중간점검

1. 1에서 10 사이의 난수를 생성하여 크기가 10인 배열 a를 채우는 문장을 작성하시오.

2. Arrays.sort() 메소드를 이용하여 위의 배열을 정렬해보자.

이 세상에 완벽한 프로그램은 없다. 따라서 어떤 프로그램이든지 잘못된 코드, 부정확한 데이터, 예외적인 상황에 의하여 오류가 발생할 수 있다. 예를 들어 배열의 인덱스가 배열의 한계를 넘을 수도 있고, 디스크에서는 하드웨어 에러가 발생할 수 있다. 자바에서는 이러한 오류를 **예외**라는 이름으로 부른다. 예외(exception)이란 "exceptional event"의 약자이다. 일반적인 경우, 오류가 발생하면 프로그램이 종료된다. 그러나 무조건 종료하는 것보다 프로그램에서 오류를 감지하여 우아하게 프로그램을 종료하거나 오류를 처리한 후에 계속 실행할 수 있다면 더 나은 프로그램이 될 수 있을 것이다.

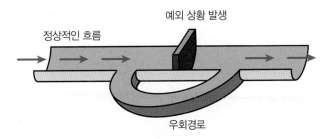

그림 8.2 자바에서는 실행 오류가 발생하면 예외가 생성된다.

예외 발생 예제

예외를 강제로 발생시켜보자. 10을 0으로 나누면 산술 계산 예외가 발생한다.

```
DivideByZero.java
01  public class DivideByZero {
02      public static void main(String[] args) {
03          int result = 10 / 0;
04          System.out.println("나눗셈 결과: " + result);
05      }
06  }
```

실행 결과

```
Exception in thread "main" java.lang.ArithmeticException: / by zero
    at DivideByZero.main(DivideByZero.java:14)
```

위의 예제는 결과에서 볼 수 있듯이, 정수 10을 0으로 나누었기 때문에 ArithmeticException이라는 이름의 예외가 발생하였다. 현재 예외를 처리하고 있지 않기 때문에 예외가 발생하는 즉시 프로그램이 종료되었다. 실행 결과에서 알 수 있듯이 예외가 발생한 지점 이후의 문장들이 실행되지 않았다.

버그와 예외

여기서 한 가지 주의할 점은 버그와 예외는 구별하여야 한다. 실행 도중에 버그로 인해서도 실행 오류가 발생할 수 있지만 이러한 버그는 개발 과정에서 모두 수정되어야 한다. 자바에서는 버그에 의한 실행 오류도 예외로 취급하지만 진정한 의미에서의 예외는 우리가 예상하였던 상황이 아닌 경우를 의미한다. 예를 들면 반드시 존재하여야 하는 파일이 없거나 인터넷 서버가 다운된 경우 등을 진정한 의미에서의 예외라고 할 수 있다.

try-catch 구조

자바에서는 try-catch 구조를 사용하여 예외를 처리한다.

Syntax: 예외 처리 구조

```
try {
    // 예외가 발생할 수 있는 코드
} catch (예외클래스 변수) {
    // 예외를 처리하는 코드
}
} finally {
    // 여기 있는 코드는 try 블록이 끝나면 무조건 실행된다.
}
```

생략이 가능하다.

try 블록에는 예외가 발생할 가능성이 있는 문장이 들어간다. catch 블록에는 처리하고자 하는 예외의 종류를 지정하고 그 예외를 처리하기 위한 코드가 들어간다. 예외마다 하나의 catch 블록을 지정하여야 한다. try/catch 블록에서 예외가 발생하는 경우와 발생하지 않는 경우의 실행 흐름을 비교하여 보자. 먼저 예외가 발생하지 않는 경우에는 catch 블록의 코드는 실행되지 않는다. 반면에 예외가 발생한 경우에는 catch 블록의 코드가 실행된다. finally 블록은 항상 실행된다.

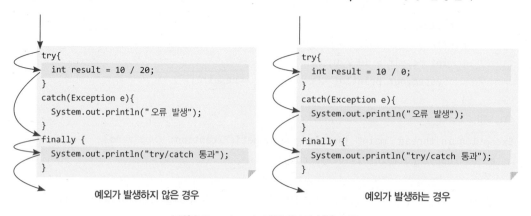

그림 8.3 try/catch 블록에서의 실행 흐름

0으로 나누는 예외 처리

앞에 등장하였던 0으로 나누는 예외를 발생시키는 프로그램에 예외 처리기를 붙여보자. 먼저 오류가 발생할 가능성이 있는 코드는 try 블록으로 감싸고 처리 과정은 catch 블록에 위치시키면 된다.

```java
DivideByZeroOK.java
07  import java.util.Scanner;
08
09  public class DivideByZeroOK {
10      public static void main(String[] args) {
11          try {
12              int result = 10 / 0;    // 예외 발생!
13          } catch (ArithmeticException e) {
14              System.out.println("0으로 나눌 수 없습니다.");
15          }
16          System.out.println("프로그램은 계속 진행됩니다.");
17      }
18  }
```

> 여기서 오류를 처리한다. 현재는 그냥 콘솔에 오류 메시지를 출력하고 계속 실행한다.

실행 결과

```
0으로 나눌 수 없습니다.
프로그램은 계속 진행됩니다.
```

예외의 종류

try-catch 구조를 사용하여 예외를 처리하려면 각종 예외를 나타내는 클래스 이름을 알아야 한다. 이 클래스 이름을 catch 블록에 적어주어야 하기 때문이다. 모든 예외는 Throwable 클래스로부터 상속되어서 Error와 Exception이라고 하는 두 개의 클래스로 나누어진다. Exception은 다시 RuntimeException과 그 외로 나누어진다.

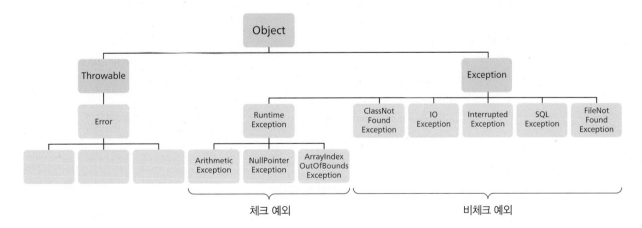

예외의 첫 번째 종류는 Error이다. Error는 자바 가상 기계 안에서 치명적인 오류가 발생하면 생성된다. 보통 애플리케이션은 이러한 오류를 예측하거나 복구할 수 없다. 예를 들어서 하드웨어의 오류로 인하여 파일을 읽을 수 없는 경우이다. 이런 경우에는 IOError가 발생한다. 애플리케이션은 이러한 Error를 잡아서 사용자에게 보고할 수는 있지만, 더는 처리할 수 없다. 따라서 애플리케이션을 종료시키는 것이 최선이다. 다행히 Error는 자주 발생하지는 않는다. Error는 예외 처리의 대상이 아니다. 따라서 컴파일러가 체크하지 않는다.

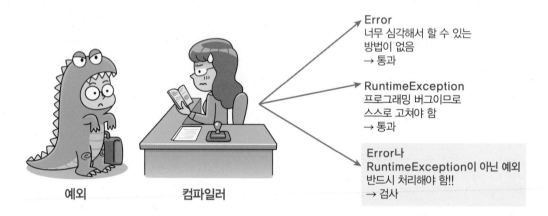

예외의 두 번째 종류는 RuntimeException이다. 이는 주로 프로그래밍 버그나 논리 오류에서 기인한다. 예를 들면 파일 이름을 FileReader 생성자로 전달하는 과정에서 null 값을 전달한다면 생성자가 NullPointerException을 발생한다. 애플리케이션은 이러한 예외를 잡아서 처리할 수 있지만, 보다 합리적인 방법은 예외를 일으킨 버그를 잡는 것이다. RuntimeException도 예외 처리의 주된 대상이 아니다. 따라서 컴파일러가 체크하지 않는다. 하지만 개발자는 이것을 처리하기로 결정할 수도 있다. Error와 RuntimeException를 합쳐서 비체크 예외(unchecked exceptions)라고 한다.

분류	예외	설명
Runtime-Exception	ArithmeticException	어떤 수를 0으로 나누는 경우
	NullPointerException	널 객체를 참조하는 경우
	ClassCastException	적절치 못하게 클래스를 형변환하는 경우
	NegativeArraySizeException	배열의 크기가 음수값인 경우
	OutOfMemoryException	사용 가능한 메모리가 없는 경우
	NoClassDefFoundException	원하는 클래스를 찾지 못하였을 경우
	ArrayIndexOutOfBoundsException	배열을 참조하는 인덱스가 잘못된 경우

예외의 세 번째 종류는 Error와 RuntimeException을 제외한 나머지 예외이다. 이들은 **체크 예외(checked exception)**라고 불린다. 이 예외들은 충분히 예견될 수 있고 회복할 수 있는 예외이므로 프로그램은 반드시 처리하여야 한다. 예를 들어서 애플리케이션이 사용자에게 파일 이름을 받아서 파일을 오픈하는 상황을 가정하자. 정상적으로는 사용자가 이미 존재하는 파일 이름을 입력

하고 FileReader 객체가 성공적으로 생성될 것이다. 그러나 만약 사용자가 실수로 잘못된 파일 이름을 입력한다면 FileNotFoundException 예외가 발생한다. 노련한 프로그래머라면 이 예외를 잡아서 사용자에게 정확한 파일 이름을 다시 입력하도록 요청할 것이다. 이러한 예외가 예외 처리의 주된 대상이 된다. 개발자가 체크 예외를 처리하였는지를 컴파일러가 확인한다. 만약 개발자가 처리하지 않았으면 컴파일 오류가 발생한다.

분류	예외	설명
Checked-Exception	ClassNotFoundException	클래스가 발견되지 않을 때
	IOException	입출력 오류
	illegalAccessException	클래스의 접근이 금지되었을 때
	NoSuchMethodException	메소드가 발견되지 않을 때
	NoSuchFieldException	필드가 발견되지 않을 때
	InterruptedException	스레드가 다른 스레드에 의하여 중단되었을 때
	FileNotFoundException	파일을 찾지 못했을 때

배열 인덱스 예외 처리   **예제 8-2**

이번에는 배열에서 인덱스가 배열의 크기를 벗어나는 경우에 발생되는 예외를 처리하여 보자. 예외의 이름은 ArrayIndexOutOfBoundsException이다. 이 예외를 치리해보자.

1 2 3 4 5 인덱스 5는 사용할 수 없네요!   **실행 결과**

ArrayError.java

```java
public class ArrayError {
    public static void main(String[] args) {
        int[] array = { 1, 2, 3, 4, 5 };
        int i = 0;

        try {
            for (i = 0; i <= array.length; i++)
                System.out.print(array[i] + " ");
        } catch (ArrayIndexOutOfBoundsException e) {
            System.out.println("인덱스 " + i + "는 사용할 수 없네요!");
        }
    }
}
```

예제 8-3　　　입력 예외 처리

다음과 같은 프로그램에서는 NumberFormat 예외가 발생할 수 있다. 이것을 처리하여 보자.

```
int num = Integer.parseInt("ABC");
System.out.println(num);
```

실행 결과　`Exception in thread "main" java.lang.NumberFormatException:`

다음과 같이 try-catch 구조를 사용하여서 예외를 처리할 수 있다.

ExceptionTest3.java

```
01  public class ExceptionTest3 {
02     public static void main(String args[]) {
03        try {
04           int num = Integer.parseInt("ABC");
05           System.out.println(num);
06        } catch (NumberFormatException e) {
07           System.out.println("NumberFormat 예외 발생");
08        }
09     }
10  }
```

Try-With-Resource

try-with-resources(자동 리소스 관리라고도 함)는 Java 7에서 도입된 새로운 예외 처리 메커니즘으로, try catch 블록 내에서 사용되는 리소스를 자동으로 닫는다. 이 기능을 사용하려면 try 괄호 안에 필요한 리소스를 선언하기만 하면 된다. 생성된 리소스는 블록의 끝에서 자동으로 닫힌다. 다음은 try-with-resources 문을 사용한 예이다. 파일에서 문자를 읽는 예제로서 우리는 아직 학습하지 않았다. 예외 부분만 살펴보자.

TryTest.java

```
01  import java.io.*;
02
03  public class TryTest {
04     public static void main(String args[]) {
05        try (FileReader fr = new FileReader("test.txt")) {
06           char[] a = new char[50];
07           fr.read(a);
08           for (char c : a)
09              System.out.print(c);
10        } catch (IOException e) {
11           e.printStackTrace();
12        }
13     }
14  }
```

> 괄호가 있으면 자원으로 취급한다.

앞의 예제에서 try-with-resources 문장 안에 선언된 리소스는 FileReader이다. try 키워드 바로 다음에 소괄호가 있으면 리소스로 취급한다. FileReader 객체가 try-with-resource 문장 안에 선언되었으므로 try 문장이 정상적으로 종료되든 예외가 발생하든지 간에 무조건 닫혀진다. 이 기능을 사용하려면 자원 객체가 java.lang.AutoCloseable 인터페이스를 구현하여야 한다. Java SE 7 버전부터 FileReader 클래스는 이 인터페이스를 구현하고 있다.

예외를 떠넘기기

앞에서는 try-catch 블록을 이용해 예외를 잡아서 처리하였다. 하지만 가끔은 메소드가 발생되는 예외를 그 자리에서 처리하지 않고, 자신을 호출한 상위 메소드로 예외를 전달하는 편이 더 적절할 수도 있다. 발생하는 모든 예외를 그 자리에서 처리하는 것은 상당한 양의 코드를 필요로 하고 또 반드시 상위 메소드가 그 예외를 처리하도록 해야 하는 경우도 있다.

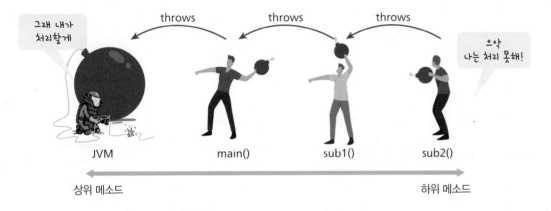

만약 발생하는 예외를 바로 처리하지 않으려면 메소드가 이들 예외를 던진다고 메소드 정의에 "throws"로 표시하여야 한다. 예를 들어 디스크에 있는 텍스트 파일을 열어서 문자를 하나씩 읽는 코드는 다음과 같다(우리는 아직 학습하지 않았다). 여기서는 try-catch 블록을 사용하지 않고 main() 메소드에 **throws** IOException를 붙여서 예외를 처리하였다.

ExceptionTest.java

```
01  import java.io.*;
02
03  public class ExceptionTest {
04
05      public static void main(String args[]) throws IOException {
06          FileReader fr = new FileReader("test.txt");
07          char[] a = new char[50];
08          fr.read(a);
09          for (char c : a)
10              System.out.print(c);
11      }
12  }
```

> 입출력 예외가 발생하면 상위 메소드로 예외를 던져서 처리하겠다는 의미이다.

주의할 점

try와 catch 블록은 별도의 독립된 블록이다. 따라서 try 블록에서 정의된 변수는 catch 블록에서 사용할 수 없다.

예외 발생 차단

try-catch 구문은 유용하고 필요한 도구이다. 하지만 최선의 방법은 역시 예외가 일어나지 않도록 하는 것이다. 물론 이것이 불가능한 경우도 많이 있다. 하지만 미리 데이터를 테스트하여서 예외가 일어나지 않도록 하는 것이 가능한 경우도 있다. 사실 예제 8-2는 프로그래밍 버그에 해당한다. 따라서 예외 처리를 할 것이 아니라 버그를 잡아야 한다.

1. 예외는 어떤 경우에 발생하는가?

2. 예외를 처리하는 경우와 처리하지 않는 경우를 비교하여 보라. 장점은 무엇인가?

3. 예외가 발생했을 때 바로 종료하는 것과 try-catch 예외 처리 구조를 사용하는 것을 비교해보자. 어떤 방법이 더 장점이 많은가?

4. try-catch 예외 처리 구조에서 예외를 처리하는 문장은 어디에 놓아야 하는가? 또 예외를 발생하는 문장은 어디에 두어야 하는가?

5. 정수를 입력받을 때, 사용자가 문자 형태로 입력하면 InputMismatchException 예외가 발생한다. 이 예외를 처리하는 코드를 작성해보자.

6. 배열에서 인덱스가 범위를 벗어나도 예외가 발생한다. 크기가 10인 배열을 생성하고 11번째 원소에 0을 대입하여 보라. 이 예외를 처리하는 try-catch 블록을 만들어 보라.

7. Error와 RuntimeException은 언제 발생하는가?

8. 자바 코드에서 반드시 처리하여야 하는 예외는 어떤 것들인가?

9. RuntimeException을 처리했는지를 왜 컴파일러에서는 검사하지 않는가?

10. 만약 호출한 메소드가 예외를 발생할 가능성이 있다면 어떻게 하여야 하는가?

11. 예외를 발생할 가능성이 있는 메소드는 어떻게 정의되는가?

12. throws가 의미하는 것은 무엇인가?

자바 모듈(module)은 여러 가지 자바 패키지들을 하나의 단위(모듈)에 포장할 수 있는 메커니즘이다. 자바 플랫폼 모듈 시스템(JPMS: Java Platform Module System)은 직쏘 프로젝트의 결과물로서 Java 9 버전의 주요 변경 사항이다. 이전 버전의 자바에는 모듈 개념이 없었기 때문에 애플리케이션의 크기가 커지고 이동하기 어려웠다. 자바 API 자체도 크기가 너무 무거워서 Java 8에서 rt.jar 파일 크기는 약 64MB나 되었다.

필요한 모듈만 패키징하여서 애플리케이션의 크기를 줄일 수 있습니다.

사용되지 않는 자바 API 때문에 애플리케이션은 필요한 크기보다 더 크게 배포되었다. 이것은 스마트폰, 라즈베리 파이 등과 같은 소형 장치에서 문제가 될 수 있다. 상황을 처리하기 위해 Java 9는 자바 API를 모듈의 집합으로 재구성하여 프로젝트에 필요한 모듈만 사용할 수 있도록 했다. 자바 플랫폼 모듈 시스템을 사용하면, 애플리케이션이 실제로 사용하는 자바 플랫폼 API의 모듈만으로 애플리케이션을 패키징할 수 있다. 이렇게 하면 배포해야 하는 애플리케이션의 크기가 작아진다. 개발자는 자바 API 외에도 자신의 애플리케이션도 모듈로 나누어서 개발할 수 있다.

직쏘 프로젝트

직쏘(Jigsaw) 프로젝트는 2008년에 시작되어서 2017년에 완료된 OpenJDK의 프로젝트이다. 프로젝트 직쏘의 목표는 개발자가 라이브러리와 대규모 애플리케이션을 쉽게 구성하고 유지 관리할 수 있도록 한다는 것이었다. 구체적으로 자바 API를 모듈로 분리하여서 소형 컴퓨팅 장치에서도 사용하도록 축소하는 것이었다. 그동안에는 기존에는 자바 API의 일부분만 배포할 수가 없었다. 즉 애플리케이션이 사용하지 않더라도 무조건 rt.jar 파일(XML, SQL, Swing 등이 포함되어 있다)이 항상 같이 배포되었다. 따라서 메모리가 작은 임베디드 장치의 경우, 자바를 실행하기가 쉽지 않았다. 프로젝트 직쏘의 최대 목표는 필요한 모듈만으로 경량화된 실행 이미지를 만들 수 있게 하는 것이었다.

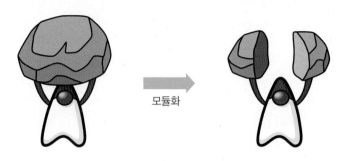

모듈화

프로젝트 직쏘의 결과로 자바 API가 여러 개의 모듈로 분할되었다. 모든 자바 API를 모듈로 분할시키는 이점은 이제 애플리케이션에 필요한 자바 플랫폼의 모듈을 지정할 수 있다는 것이다. 애플리케이션에 필요한 자바 플랫폼 모듈이 무엇인지 알면 자바는 애플리케이션이 실제로 사용하는 자바 플랫폼 모듈만 포함하여 애플리케이션을 패키지화할 수 있다.

모듈화의 장점

최신 버전의 자바에서는 자바 플랫폼 자체도 모듈화를 사용한다. Java 8까지는 JDK를 설치하면 자바 플랫폼을 위한 rt.jar가 생성되는데, Java 9 버전부터는 jmods 폴더에 여러 개로 분리된 jmods 파일이 설치된다. 개발자는 jmods 파일 중에서 필요한 파일만을 선택할 수 있다.

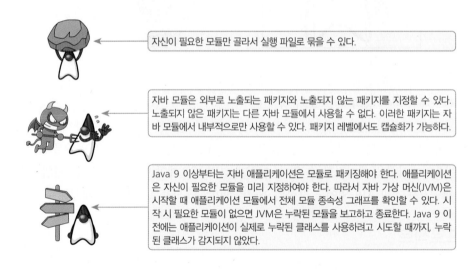

자신이 필요한 모듈만 골라서 실행 파일로 묶을 수 있다.

자바 모듈은 외부로 노출되는 패키지와 노출되지 않는 패키지를 지정할 수 있다. 노출되지 않은 패키지는 다른 자바 모듈에서 사용할 수 없다. 이러한 패키지는 자바 모듈에서 내부적으로만 사용할 수 있다. 패키지 레벨에서도 캡슐화가 가능하다.

Java 9 이상부터는 자바 애플리케이션은 모듈로 패키징해야 한다. 애플리케이션은 자신이 필요한 모듈을 미리 지정하여야 한다. 따라서 자바 가상 머신(JVM)은 시작할 때 애플리케이션 모듈에서 전체 모듈 종속성 그래프를 확인할 수 있다. 시작 시 필요한 모듈이 없으면 JVM은 누락된 모듈을 보고하고 종료한다. Java 9 이전에는 애플리케이션이 실제로 누락된 클래스를 사용하려고 시도할 때까지, 누락된 클래스가 감지되지 않았다.

모듈의 정의

모듈은 하나 이상의 자바 패키지로 이루어진다. 모듈은 패키지의 상위 개념이다. 클래스들이 모여서 패키지가 되고 패키지가 모여서 모듈이 된다.

자바 모듈에는 고유한 이름이 지정되어야 한다. 예를 들어 example이나 com.example은 모두 유효한 모듈 이름이다. 자바 모듈 이름은 자바 패키지와 동일한 명명 규칙을 따른다. 그러나 모듈 이름에 밑줄(_)을 사용하면 안 된다. 밑줄로 된 모듈 이름은 자바가 사용한다. 가능하다면 모듈에 포함된 루트 패키지의 이름과 동일한 이름으로 지정하는 것이 좋다. 예를 들어서 모듈이 저장되는 패키지가 com.example이면 모듈의 이름도 com.example로 한다.

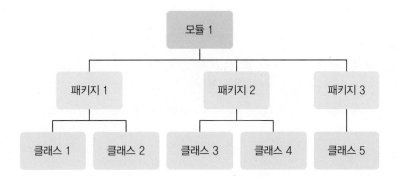

모듈에서는 지정된 패키지를 요구할 수도 있고, 자신이 가진 패키지를 남들이 사용할 수 있도록 허가할 수도 있다. 이것은 모듈마다 하나씩 있어야 하는 module-info.java에서 지정한다.

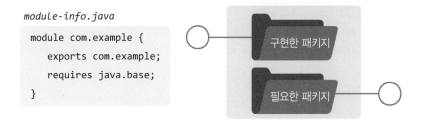

exports 뒤에는 자신이 구현하여서 남들에게 제공하는 패키지를 지정한다. requires 뒤에는 자신이 필요한 패키지를 지정한다.

디렉터리 구조 생성

모듈을 생성하기 위해서는 주어진 디렉터리 구조를 따라야 한다. 모듈의 이름으로 디렉터리를 만들고 하위에 패키지를 저장한다. 예를 들어서 모듈의 이름이 com.example이라면 com.example 이름의 디렉터리를 만들고 이 안에 패키지들을 저장한다.

```
d:\src
   ---> com.example
     ---> com
       ---> example
           ---> Hello.java
     ---> module-info.java
```

모듈 선언자 만들기

각 자바 모듈에는 module-info.java가 필요하다. 이 파일은 해당 모듈 루트 디렉터리에 있어야 한다. 예를 들어서 모듈 루트 디렉터리가 com.example인 경우, 모듈 설명자 module-info.java가

com.example 디렉터리에 있어야 한다. 모듈 설명자는 모듈이 내보내는 패키지와 필요한 패키지를 중괄호 안에 적는다. 모듈 종속성이 없는 경우 모듈 본문을 비워 둔다.

```
module com.example {
    exports com.example;       // 내보내는 패키지
    requires java.base;        // 필요한 패키지
}
```

자바 소스 파일 작성

패키지 안에 자바 소스 파일을 만든다.

```
package com.example;

public class Hello {
    public static void main(String[] args){
        System.out.println("Hello from module");
    }
}
```

이 파일을 Hello.java 이름으로 src/com.example/com/example/에 저장한다.

자바 모듈 컴파일

여기서는 명령어 버전을 사용한다고 가정한다. 자바 모듈을 컴파일하려면 컴파일러 javac를 사용한다. 다음과 같이 javac의 옵션을 지정한다.

```
d:\> javac -d mods --module-source-path src/ --module com.example
```

컴파일 후 다음과 같은 구조의 디렉터리가 생성된다.

```
d:\mods
    ---> com.example
       ---> com
          ---> example
              ---> Hello.class
       ---> module-info.class
```

이제 실행할 수 있는 컴파일된 파일이 생성되었다.

모듈 실행

자바 모듈 안의 클래스를 실행하려면 다음과 같은 명령의 java를 사용한다.

```
d:\> java --module-path mods/ --module com.example/com.example.Hello
```

--module-path 인수는 컴파일된 모듈이 있는 루트 디렉터리를 가리킨다. --module 인수는 모듈 + Main 클래스를 의미한다. 예제에서 모듈 이름은 com.example이고 기본 클래스 이름은 com.example.Hello이다.

실행 결과는 다음과 같다.

```
Hello from module
```

독립 실행형 애플리케이션으로 자바 모듈 패키징

자신이 만든 자바 모듈을 필요한 자바 API와 함께 독립 실행형 애플리케이션으로 패키징할 수 있다. 이러한 독립 실행형 애플리케이션은 애플리케이션에 자바가 포함되어 제공되므로 애플리케이션을 실행하기 위해 자바 JRE를 미리 설치할 필요가 없다. 즉, 애플리케이션이 실제로 사용하는 만큼의 자바 플랫폼 API를 포함한다.

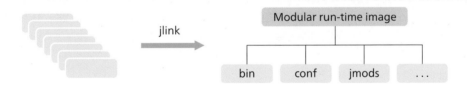

JDK와 함께 제공되는 명령 jlink를 사용하여 자바 모듈을 독립 실행형 애플리케이션으로 패키징한다. 예를 들어서 앞에서 컴파일한 com.example 모듈을 독립 실행형 애플리케이션으로 패키징하는 명령어는 다음과 같다. 이때 제어판의 "Path" 환경 변수가 jlink 명령어가 들어 있는 "C:\Program Files\Java\jdk-16.0.1\bin"을 포함하고 있어야 한다.

```
d:\> jlink --module-path "mods;C:\Program Files\Java\jdk-16.0.1\jmods" --add-modules
com.example --output out-standalone
```

- --module-path 인수는 모듈을 찾기 위한 모듈 경로를 지정한다. 예제에서는 모듈이 컴파일되는 디렉터리 mods과 JDK 설치 디렉터리의 jmods를 지정한다.
- --add-modules 인수는 독립 실행형 애플리케이션으로 패키지에 자바 모듈을 지정한다. 위의 예에는 com.powerjava 모듈만 포함되어 있다.
- --output 인수는 독립형 자바 애플리케이션이 생성되는 디렉터리를 지정한다. 디렉터리가 존재하지 않아야 한다.

앞의 명령어가 성공적으로 실행되면 out-standalone이라는 디렉터리가 생성되고 여기에 독립 실행형 애플리케이션이 저장된다.

독립 실행형 애플리케이션 실행

패키지가 완료되면 명령 프롬프트를 열어 현재 디렉터리를 out-standalone으로 변경하고 다음 명령을 실행하여 자바 애플리케이션을 실행할 수 있다. 독립 실행형 자바 응용 프로그램에는 실행 파일 java가 있는 bin 디렉터리가 있다. 이 java 실행 파일은 애플리케이션을 실행하는 데 사용된다.

```
d:\> cd out-standalone
d:\out-standalone> bin\java --module com.example/com.example.Hello
```

실행 결과
```
Hello from module
```

● --module 인수는 어떤 모듈의 클래스를 실행할 것인지를 지정한다.

참고

이름 없는 모듈

Java 9 이상부터 모든 자바 클래스는 모듈에 있어야 한다. 그러나 이전 버전의 자바 클래스라면 어떻게 해야 하는가? Java 9 이후 버전에서도 애플리케이션을 실행할 때 가상 머신에 대한 인수 -classpath를 계속 사용할 수 있다. 클래스 경로에는 Java 9 이전과 마찬가지로 이전 자바 클래스를 모두 포함할 수 있다. 클래스 경로에 있는 모든 클래스는 자바가 "이름 없는 모듈"이라고 하는 클래스에 포함된다.

Introduction to **JAVA Programming**   글자 추측 게임   **Mini Project**

휠오브포춘(wheel of fortune) 또는 행맨(hangman)과 같은 단어 게임을 제작하여 보자. 빈칸으로 구성된 문자열이 주어지고 사용자는 문자열에 들어갈 글자들을 하나씩 추측해서 맞히는 게임이다.

사용자가 문자열에 들어 있는 글자를 말했으면 화면에 그 글자를 출력한다. 일정한 횟수만 시도할 수 있게 하라. 문제에 사용되는 문자열들은 String 배열에 저장되어 있고 매번 랜덤하게 선택된다고 가정한다.

```
행맨 게임에 오신 것을 환영합니다.
  현재의 상태: _____
  글자를 추측하시오: s

  현재의 상태: _____
  글자를 추측하시오: c

  현재의 상태: c____
  글자를 추측하시오: o
  ...
```

다음 코드를 참조하여 전체 프로그램을 작성해보자.

```java
String[] words = { "java", "count", "school", "book", "student", "programmer" };
int index = (new Random()).nextInt(words.length);
solution = words[index];
StringBuffer answer = new StringBuffer(solution.length());
```

- 패키지(package)는 관련있는 클래스들을 하나로 묶은 것이다. 패키지를 사용하여 이름 충돌을 피하고 유지 관리가 쉬운 코드를 작성할 수 있다.

- 패키지를 선언하는 문장 "package 패키지이름;"은 소스 파일의 첫 번째 줄로 추가한다.

- 패키지를 사용하는 방법에는 3가지의 방법이 있다.

  ❶ 완전한 이름으로 참조한다.

  ❷ 패키지 안에서 원하는 클래스만을 포함한다.

  ❸ 패키지 안의 모든 클래스를 포함한다.

- JAR 파일을 사용하면 자바 파일들을 압축하여 하나의 파일로 만들 수 있다.

- 클래스를 찾기 위하여 가상 머신이 둘러보는 디렉터리들을 모아둔 경로가 클래스 경로(class path)이다.

- 자바에서는 기본적으로 많은 패키지들을 제공하고 프로그래머는 이것들을 이용하여서 편리하게 프로그램을 작성할 수 있다. 자바의 기본 패키지는 java로 시작하며 확장 패키지는 javax로 시작한다.

- 클래스를 정의할 때 명시적으로 부모 클래스를 선언하지 않으면 Object 클래스가 부모 클래스가 된다.

- 기초 자료형을 객체로 포장할 때 사용되는 클래스가 랩퍼 클래스(Wrapper Class)이다.

- 2개의 문자열이 동일한지 검사하려면 String 클래스의 equals()을 호출하여야 한다.

- 예외 처리를 사용하면 오류가 발생했을 때, 우아하게 종료하거나 계속 실행할 수 있다.

- 예외는 try-catch 블록을 이용하여 예외를 잡아서 처리할 수도 있고 상위 메소드로 예외를 전달할 수도 있다.

1. (a) 다음의 Rectangle 클래스를 library 패키지에 속하게 하려고 한다. 어떤 문장을 추가하여야 하는가?

```
_____;
public class Rectangle {
    int w, h;
}
```

(b) 위의 Rectangle 클래스를 import 문장 없이 사용하고자 한다. 어떻게 하여야 하는가?

```
_____.Rectangle obj = new _____.Rectangle();
```

(c) import 문장을 사용하여 library 패키지를 포함시켜 보자.

```
_____;
...
Rectangle obj = new Rectangle();
```

2. 여러 가지 유틸리티 라이브러리를 사용하여 보자. 빈칸에 해당되는 문장을 삽입한다.

```
public class Test {
        public static void main(String[] args) {
            _____;
        }
}
```

(a) 0부터 100 사이의 난수를 하나 생성하여 보자.

(b) 국제 전화 번호 "082-2-777-5566"에서 국가 번호, 도시 식별 번호, 가입자 번호를 추출하여 보자. split() 메소드를 사용한다.

(c) 오늘 날짜를 화면에 출력하여 보자.

(d) Test 클래스의 객체를 생성하고 이 객체를 통하여 객체를 생성한 클래스의 이름을 출력하여 보자.

(e) 0도부터 90도까지 5도씩 증가하면서 사인(sin)값을 출력하는 루프를 작성하고 테스트하라.

3. 2개의 문자열이 동일한지를 비교하기 위하여 아래와 같은 문장을 작성하여 실행하였다. 하지만 결과는 문자열이 같지 않다고 나온다. 무엇 때문이고 어떻게 수정하여야 하는가?

```java
String s1 = new String("Why");
String s2 = new String("Why");
if( s1 == s2 )
    System.out.println("2개의 문자열은 같습니다.");
else
    System.out.println("2개의 문자열은 다릅니다.");
```

4. 다음 코드에서 자동 박싱과 자동 언박싱을 지적하라. 원래는 어떻게 적어주어야 하는가?

```java
Integer obj = 100;
int i = obj;
```

5. Integer와 같은 랩퍼 클래스는 왜 필요한가?

6. 다음 프로그램을 컴파일하여 보자.

```java
public class Test {
    public static void main(String[] args) {
        sub();
    }
    public static void sub() {
        int[] array = new int[10];
        int i = array[10];
    }
}
```

(a) 위의 프로그램은 컴파일 시에 오류가 발생한다. 어떤 오류가 발생하는가?

(b) try/catch 블록을 사용하여서 예외를 처리하여 보라.

(c) throws 선언을 이용하여 예외를 처리하여 보라.

7. 다음과 같은 예외 처리기로 잡을 수 있는 예외는 어떤 종류인가? 그리고 이런 종류의 예외 처리기가 바람직하지 않은 이유는 무엇인가?

```java
try {
    ...
} catch (Exception e) {
    ...
} catch (ArithmeticException a) {
    ...
}
```

8. 다음 프로그램의 출력을 쓰시오.

```java
try {
    int n = Integer.parseInt("abc");
    System.out.println("try");
}
catch (NumberFormatException e){
    System.out.println("숫자 형식 오류");
}
finally {
    System.out.println("finally");
}
```

Programming

1. 문자열을 처리하는 프로그램을 작성하여 보자. 문자열의 split() 메소드를 이용하여서 사용자로부터 받은 문자열을 단어로 분리한다. 단어들의 개수를 출력한다.

```
문자열을 입력하시오: This is a house
This,is,a,house
모두 5개의 단어가 있습니다.
```

2. 사용자가 입력하는 문자열을 받아서 이것을 정수로 변환하여 정수들의 합을 계산하는 프로그램을 작성한다. 이때 사용자가 정수로 변환할 수 없는 문자열을 입력하는 경우에는 예외가 발생한다. 이 예외까지 처리하는 프로그램을 작성해보자.

```
10 20 30 40
정수들의 합은 100
```

```
3.14 1.23
NumberFormatException 발생!!
```

3. "가위/바위/보" 게임을 이번 장에서 학습한 난수 발생기 클래스 Random을 이용하여서 구현하여 보자. 사용자와 컴퓨터가 대결하는 것으로 하고 컴퓨터는 0부터 2까지의 난수를 발생한다. 0은 가위, 1은 바위, 2는 보로 간주하고 사용자가 입력한 수를 비교하여서 승부를 결정하라. rps 패키지를 생성하고 전체 소스를 rps 패키지에 추가한다.

```
하나를 선택하시오: 가위(0), 바위(1), 보(2): 1
컴퓨터는 바위를 냈습니다.
비겼습니다.
```

4. 주사위를 나타내는 클래스 Dice를 작성하여 보자. 다음과 같은 메소드를 가진다.

난이도: 상

주제
• 패키지

메소드	설명
Dice()	생성자, 주사위 면을 1로 초기화한다.
int roll()	주사위를 던진다. 1부터 6까지의 숫자를 반환한다.
void setValue(int v)	주사위 면을 설정한다.
int getValue()	현재 주사위 면을 반환한다.
String toString()	현재 주사위의 상태를 문자열로 반환한다.

Dice 클래스를 이용하여서 컴퓨터와 사용자 간의 주사위 게임을 구현하고 테스트하라. game 패키지를 생성하고 전체 소스를 game 패키지에 추가한다. 전체 파일을 JAR 파일로 압축해 보자.

5. 사용자로부터 단어를 읽고 각 문자의 발생 횟수를 출력하는 프로그램을 작성한다. 문자는 먼저 모두 대문자로 변환된 다음 각 문자가 0에서 25 사이의 숫자로 변환된다. 이것을 발생 횟수를 저장하는 배열의 인덱스로 사용한다. 문자가 실제로 알파벳인지 확인하는 검사는 수행되지 않는다. 이때 알파벳이 아닌 문자가 입력되는 경우 0에서 25 사이가 아닌 인덱스가 생성되므로 ArrayIndexOutOfBoundsException이 발생한다. 이것을 처리하는 프로그램을 작성하라.

난이도: 상

주제
• 예외 처리

```
A B A

A: 2번
B: 1번
```

```
# $
ArrayIndexOutOfBoundsException 발생!!
```

Introduction to **JAVA Programming**

CHAPTER 09

자바 GUI 기초

▶ 다음과 같은 작업들을 수행하는 방법을 알고 있나요? 이번 장에서 함께 알아봐요.

1. 객체 지향 기법을 사용하여 GUI 화면을 구성할 수 있나요?
2. 버튼, 텍스트 필드, 레이블을, 원하는 대로 화면에 배치할 수 있나요?
3. 패스워드가 보이지 않게 입력받을 수 있나요?
4. 화면에 이미지를 표시할 수 있나요?

Java Swing

➕ 학습목차

9.1 자바 GUI 소개
9.2 자바 GUI 기초
9.3 컨테이너 살펴보기
9.4 배치 관리자
9.5 스윙 비주얼 디자이너: WindowBuilder
9.6 기초 컴포넌트들

Power JAVA 3e

지금까지 등장한 프로그램들은 모두 콘솔-기반이었다. 콘솔-기반이란 명령 프롬프트와 같이 텍스트만을 사용하여 사용자와 대화하는 것으로 현재는 많이 사용되지 않는 방식이다. 현재 대부분의 프로그램은 버튼이나 스크롤바와 같은 **그래픽 사용자 인터페이스(Graphical User Interface, GUI)**를 사용한다. GUI를 공부하면서 우리는 객체 지향의 실제 적용 사례를 볼 수 있다. 객체 지향 기법이 가장 많이 사용되는 분야 중 하나가 GUI이다. GUI 기반의 응용 프로그램을 작성하다 보면, 우리는 클래스, 객체, 상속, 인터페이스들이 실제로 어떻게 사용되는지를 체험할 수 있다. GUI는 객체들로 만들어진다. 이들 객체들을 GUI 컴포넌트(component)라고 한다. 대표적인 GUI 컴포넌트가 버튼, 체크박스, 콤보박스이다. 위젯(widget) 또는 컨트롤(control)이라고도 한다. 그림 9.1은 스윙에서 사용되는 다양한 GUI 컴포넌트들을 보여주고 있다.

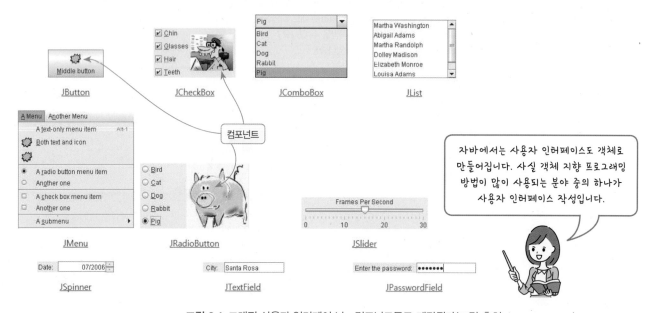

그림 9.1 그래픽 사용자 인터페이스는 컴포넌트들로 제작된다(그림 출처: java.sun.com).

AWT, 스윙, JavaFX

현재 자바에서 사용할 수 있는 GUI에는 **AWT(Abstract Windows Toolkit), 스윙(Swing), JavaFx**가 있다. AWT는 초기 자바 버전에서 제공하였던 GUI이다. AWT는 운영체제가 제공하는 자원을 이용하여서 컴포넌트를 생성한다. 스윙은 AWT와는 달리, 순수 자바로 작성되어 있기 때문에, 어떤 플랫폼에서도 일관된 화면을 보여줄 수 있다. 피자를 주문하는 애플리케이션의 GUI를 AWT와 스윙으로 각각 작성하여 보면 다음과 같다.

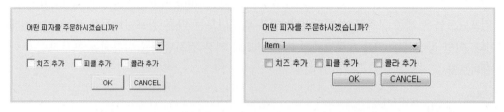

그림 9.2 동일한 GUI를 AWT(왼쪽)와 스윙(오른쪽)으로 만들어본 예

AWT와 스윙을 비교하면 다음 표와 같다. 스윙은 AWT에 비하여 화려하고 예쁜 컴포넌트들이 많다.

자바 AWT	자바 스윙
AWT 컴포넌트는 플랫폼에 따라 다르게 보인다.	스윙의 컴포넌트는 자바로 작성되어서 플랫폼에 독립적이다.
AWT 컴포넌트는 무겁다(중량).	스윙 컴포넌트는 가볍다(경량).
AWT 는 룩앤필을 지원하지 않는다 .	스윙은 룩앤필을 지원한다.
AWT는 컴포넌트의 개수가 적다.	스윙은 비교적 많은 컴포넌트를 제공한다.
AWT는 MVC (모델 뷰 컨트롤러) 모델을 따르지 않는다.	스윙은 MVC 모델을 따른다.

최근에 JavaFx가 발표된 바 있다. JavaFx는 RIA(Rich Internet Application) 시장과 모바일 시장을 겨냥하고 만들어진 GUI이다. 모바일에서도 사용이 가능한 경량 GUI로서 상당한 관심을 모았으나, HTML5와 안드로이드 때문에 모바일에서도 많이 사용되지 않는 것 같다. 최근 오라클에서 지원을 중단하였고 OpenJDK로 이관되었다. 이 책에서는 고전적이지만 생명력이 강한 스윙만을 다룰 것이다.

자바 초기 버전에서 AWT가 발표되었고 나중에 이것을 업그레이드한 스윙이 발표되었으므로 클래스 이름 충돌이 일어난다. 따라서 자바에서는 스윙에 속하는 클래스 이름 앞에 J를 붙이기로 하였다. 예를 들어 버튼을 나타내는 클래스가 AWT에서는 Button이고 스윙에서는 JButton이다. 스윙 컴포넌트들은 계층 구조로 설계되었다. 일부 컴포넌트는 다른 컴포넌트들을 포함하는 컨테이너이다. 이번 장에서는 GUI 프로그램의 기본 구조와 기본 컴포넌트를 사용하는 프로그램에 대하여 살펴보자.

스윙 패키지

스윙은 강력하고 유연하지만 방대하다. 스윙은 모두 18개의 패키지로 구성되어 있다. 하지만 대부분의 프로그램은 스윙 패키지 중에서 아주 작은 부분만을 사용한다. 따라서 대부분의 경우 다음 패키지만 있으면 된다.

- java.awt — GUI 컴포넌트를 위한 부모 클래스들을 제공하고 추가로 Color나 Point와 같은 유틸리티 타입의 클래스들을 포함하고 있다.

- java.awt.event — GUI 컴포넌트로부터 발생되는 이벤트(예를 들면 버튼 클릭 이벤트)를 처리하기 위한 클래스와 인터페이스를 가지고 있다.

- javax.swing — 버튼이나 텍스트 필드, 프레임, 패널과 같은 GUI 컴포넌트들을 가지고 있다.

개발자는 AWT와 스윙을 선택하여 사용할 수 있지만 히니의 프로그램 인에서 AWT 컴포닌트와 스윙 컴포넌트를 동시에 사용하는 것은 지양하여야 한다(내부 처리 구조가 다르기 때문이다). 예를 들어서 버튼을 생성할 때 AWT의 Button 클래스와 스윙의 JButton을 동시에 사용하는 것은 좋지 않다. 물론 이벤트 처리는 스윙도 AWT 구조를 그대로 사용한다.

중간점검

1. 운영체제에 따라서 GUI 컴포넌트의 모양이 달라지는 것은 AWT인가? 스윙인가?
2. 순수 자바로 작성된 GUI는 AWT인가? 스윙인가?
3. GUI를 구성하는 객체들을 무엇이라고 부르는가?

컨테이너 컴포넌트

자바가 제공하는 컴포넌트는 크게 단순 컴포넌트와 컨테이너 컴포넌트로 나누어진다. 컨테이너 컴포넌트란 다른 컴포넌트들을 내부에 넣을 수 있는 컴포넌트를 의미한다. GUI 화면은 먼저 컨테이너를 만들고 그 안에 자신이 필요한 컴포넌트를 넣어서 작성하게 된다.

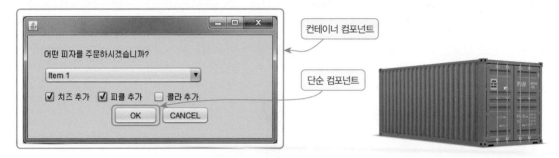

그림 9.3 컨테이너 컴포넌트

컴포넌트 종류	설명
단순 컴포넌트	단순한 컴포넌트로서 JButton, JLabel, JCheckbox, JChoice, JList, JMenu, JTextField, JScrollbar, JTextArea, JCanvas 등이 여기에 속한다.
컨테이너 컴포넌트	다른 컴포넌트를 안에 포함할 수 있는 컴포넌트로서 JFrame, JDialog, JPanel, JScrollPane 등이 여기에 속한다.

최상위 컨테이너

컨테이너는 다시 최상위 컨테이너와 일반적인 컨테이너로 나누어진다. 최상위 컨테이너란 절대 다른 컨테이너 안에 포함될 수 없는 컨테이너를 의미한다. **JFrame, JDialog, JApplet** 등이 여기에 해당된다.

JApplet   JDialog   JFrame

그림 9.4 최상위 컨테이너

GUI 프로그램을 만드는 절차

GUI 애플리케이션을 작성하려면 제일 먼저 최상위 컨테이너를 하나 생성하여야 한다. 최상위 컨테이너가 생성되었다면 다음 단계는 애플리케이션에 필요한 컴포넌트를 생성하여서 컨테이너에 추가하는 것이다. 예를 들어 버튼이 필요하다면 버튼을 생성하여서 컨테이너에 추가하면 된다. 원하는 만큼 컴포넌트를 컨테이너에 추가할 수 있다.

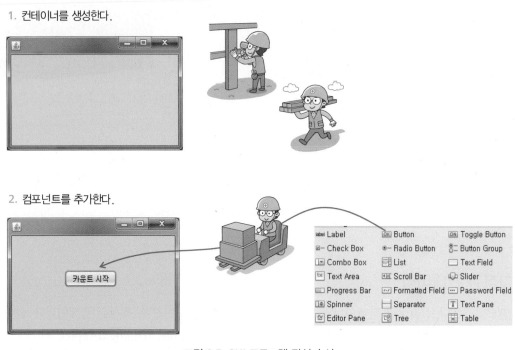

1. 컨테이너를 생성한다.

2. 컴포넌트를 추가한다.

카운트 시작

label Label	OK Button	ON Toggle Button
☑ Check Box	◉ Radio Button	〓 Button Group
▤ Combo Box	▤ List	☐ Text Field
tx Text Area	◀▶ Scroll Bar	◻ Slider
▭ Progress Bar	/// Formatted Field	⋯ Password Field
▦ Spinner	─ Separator	T Text Pane
▨ Editor Pane	▤ Tree	▦ Table

그림 9.5 GUI 프로그램 작성 순서

간단한 예로 최상위 컨테이너인 프레임을 생성하는 2가지 방법을 살펴보자. **우리는 이 중에서 한 가지만을 사용하면 되지만 두 가지 방법을 모두 검토하다 보면 객체 지향의 개념을 보다 확실하게 할 수 있다.**

프레임을 생성하는 방법 #1

프레임은 JFrame 클래스에 의하여 표현된다. 따라서 JFrame의 객체를 생성하면 하나의 프레임이 만들어질 것이다. JFrame의 객체는 어떻게 생성하면 되는가? 우리가 앞에서 학습하였듯이 new 연산자와 생성자를 호출하여서 다음과 같이 생성할 수 있다. 상속과 구성 중에서 구성에 더 가까운 방법이다.

```java
FrameTest.java

01    import javax.swing.*;    // (1)
02
03    public class FrameTest {
04      public static void main(String[] args) {
05
06        JFrame f = new JFrame("Frame Test");    // (2)
07        f.setTitle("MyFrame");      // (3)
08        f.setSize(300, 200);        // (4)
09        f.setVisible(true);         // (5)
10        f.setDefaultCloseOperation(JFrame.EXIT_ON_CLOSE);  // (6)
11      }
12    }
```

1. 스윙을 사용하기 위하여 javax.swing 패키지 안의 모든 클래스를 포함한다.

2. new 연산자를 이용하여서 JFrame 객체를 생성한다.

3. 프레임의 타이틀을 설정한다.

4. 프레임 객체의 setSize() 메소드를 호출하여서 프레임의 크기를 변경한다.

5. 프레임 객체의 setVisible() 메소드를 호출하여서 프레임이 화면에 나타나게 한다.

6. 프레임의 닫힘 버튼(우측 상단의 x자 버튼)을 누르면 전체 프로그램이 종료되게 한다.

참고

main()에서는 MyFrame 객체를 생성한 후에 종료한다. 하지만 위의 프로그램을 실행시켜 보면 윈도우는 종료되지 않는다. 어떻게 된 일일까?

```java
public static void main(String[] args) {
   MyFrame f = new MyFrame();      // 이 문장이 종료되면 프로그램도 종료?
}
```

자바 스윙에서 JFrame 객체를 만들면 윈도우를 담당하는 새로운 스레드가 하나 생성된다(스레드는 독립적으로 실행되는 코드이다). 따라서 main()이 종료되더라도 윈도우는 없어지지 않는다.

프레임을 생성하는 방법 #2

앞에서와 같이 JFrame 클래스를 직접 사용할 수도 있지만 JFrame 클래스를 상속한 클래스 MyFrame을 정의할 수도 있다. Myframe 클래스의 객체는 JFrame의 객체를 포함하고 있다. 따라서 MyFrame 객체를 생성하여도 프레임이 하나 만들어지는 것이다. 이 방법에서는 필요한 변수나 메소드를 MyFrame에 추가할 수도 있다. 앞에서 학습하였던 상속의 개념을 실제로 적용하는 것이다. 앞으로 이 코드를 기본으로 사용하자.

```java
// MyFrame.java
01   import javax.swing.*;    // (1)
02
03   public class MyFrame extends JFrame {   // (2)
04      public MyFrame() {                       // (3)
05         setSize(300, 200);
06         setTitle("MyFrame");
07         setVisible(true);
08         setDefaultCloseOperation(JFrame.EXIT_ON_CLOSE);
09      }
10      public static void main(String[] args) {
11         MyFrame f = new MyFrame();      // (4)
12      }
13   }
```

1. 스윙을 사용하기 위하여 javax.swing 패키지 안의 모든 클래스를 포함한다.

2. JFrame을 상속하여서 MyFrame 클래스를 정의한다.

3. MyFrame 클래스의 생성자에서 MyFrame 객체를 초기화한다. setSize()는 윈도우의 크기를 설정한다. setTitle()은 프레임의 타이틀을 설정한다. setVisible()은 윈도우를 화면에 표시한다. setDefaultCloseOperation(EXIT_ON_CLOSE)은 윈도우가 닫히면 전체 애플리케이션을 종료하라는 의미이다.

4. main()에서 MyFrame 객체를 생성한다. MyFrame 생성자가 호출되면서 모든 작업이 시작된다.

참고

앞의 프로그램에서 main() 메소드가 MyFrame 클래스 안에 정의되었다. main()은 어떤 클래스 안에서도 선언될 수 있다. main() 앞에서는 static가 붙어 있다. 즉 정적 메소드라는 이야기다. 정적 메소드는 객체를 생성하지 않아도 얼마든지 호출할 수 있다. main()은 외부에서 객체를 생성하지 않고도 호출할 수 있어야 되기 때문이다. 클래스 안에 main()이 정의되어 있으면 그 클래스를 독립적으로 실행할 수 있다. 새로운 클래스를 작성하였을 때 테스트하고 싶으면 클래스 안에 main()을 만들면 된다. 그리고 그 클래스를 실행시키면 된다. 이클립스에서는 클래스 위에서 마우스 오른쪽 버튼을 누르고 "Run As Java Application" 메뉴를 선택한다.

프레임에 버튼 추가하기

컨테이너가 생성되었으면 원하는 컴포넌트 객체들을 컨테이너에 추가한다. 이 경우에는 JFrame 객체가 컨테이너가 된다. add() 메소드를 이용하면 컴포넌트를 컨테이너에 추가할 수 있다. 버튼 컴포넌트를 생성하여 프레임에 추가하여 보자. 버튼 컴포넌트의 이름은 JButton이다.

```java
MyFrame.java

01  import javax.swing.*;
02  import java.awt.FlowLayout;
03
04  public class MyFrame extends JFrame {
05      public MyFrame() {
06          setSize(300, 200);
07          setTitle("MyFrame");
08
09          setLayout(new FlowLayout());        // (1)
10          JButton button = new JButton("버튼");// (2)
11          add(button);            // (3)
12          setVisible(true);
13          setDefaultCloseOperation(EXIT_ON_CLOSE);
14      }
15      public static void main(String[] args) {
16          MyFrame f = new MyFrame();
17      }
18  }
```

1. MyFrame 클래스의 생성자에서 setLayout(setLayout(new FlowLayout()); 문장을 실행하여 배치 관리자를 FlowLayout으로 변경한다. 배치 관리자는 컨테이너 안에서 자식 컴포넌트들의 배치를 담당하는 객체이다. 배치 관리자도 객체이기 때문에 new로 생성하였다. FlowLayout은 자식 컴포넌트들을 순차적으로 배치하는 배치 관리자이다.

2. new 연산자를 이용하여 버튼 객체를 생성한다.

3. add(button); 문장을 실행하여서 버튼을 프레임에 추가한다.

만약 배치 관리자를 FlowLayout으로 지정하지 않고 버튼을 프레임에 추가하면 버튼이 전체 화면을 차지하게 된다. 이유는 컴포넌트를 배치하는 배치 관리자가 BorderLayout이기 때문이다. 이번 장 뒷부분에서 학습한다.

참고

참고

setVisible()의 위치

setVisible(true) 문장의 위치에 주의하자. add() 문장의 앞에서 setVisible(true) 문장이 실행되면 화면에 아무것도 나오지 않을 수 있다. 항상 모든 자식 컴포넌트들을 컨테이너에 추가한 후에 맨 마지막에 setVisible(true) 문장을 실행하도록 한다.

중간점검

1. 최상위 컨테이너 중에서 하나만 말해보자.
2. 버튼이 하나 있는 GUI를 작성하는 절차를 말해보자.

컨테이너 중에서 우리가 많이 사용하는 컨테이너는 JFrame과 JPanel이다. 차례대로 좀 더 자세히 살펴보자.

JFrame 클래스

JFrame은 아래 그림과 같이 수많은 조상 클래스들을 가지고 있다. 우리가 상속에서 살펴보았듯이 **조상 클래스가 제공하는 속성과 메소드들은 자식 클래스가 사용할 수 있다.** 따라서 JFrame 클래스의 조상 클래스가 가지고 있는 속성과 메소드들도 모두 사용이 가능하다.

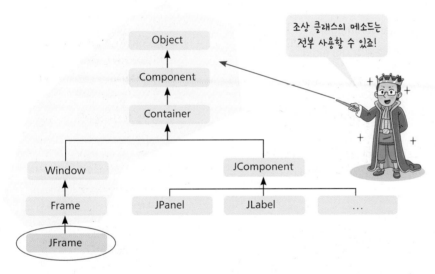

그림 9.6 스윙 관련 클래스의 계층 구조

JFrame은 프레임(Frame), 메뉴바(Menubar), 컨텐트 페인(Content Pane)으로 되어 있다. Frame은 AWT에서 제공하는 클래스(java.awt.Frame)로서 윈도우 자체를 나타낸다. 메뉴바는 메뉴를 부착할 수 있는 공간이다. 컨텐트 페인은 컴포넌트들을 부착하는 판유리 같은 것이다. 페인(pane)은 한 장의 판유리라는 의미이다.

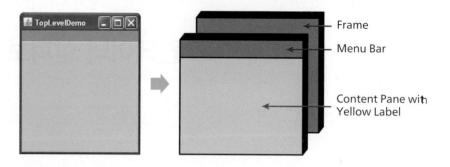

다음은 프레임이 제공하는 메소드 중에서 많이 사용되는 것들이다. set이 앞에 붙은 메소드는 설정자 메소드이다.

- add(component)
  - 프레임의 컨텐트 페인에 컴포넌트를 추가한다.

- setLocation(x, y) , setSize(width, height)
  - 프레임의 위치와 크기를 설정한다.

- setIconImage(IconImage)
  - 윈도우의 제목줄에 표시할 아이콘을 설정한다.

- setTitle()
  - 제목줄의 제목을 변경한다.

- setResizable(boolean)
  - 사용자가 윈도우의 크기를 조절하도록 허용하는지 여부를 설정한다.

- getContentPane()
  - 프레임 안의 컨텐트 페인을 가져온다.

- setLayout()
  - 프레임의 배치 관리자를 설정한다.

JFrame 컨테이너의 배경색을 노랑색으로 변경하고 버튼을 2개 추가하는 프로그램은 다음과 같다.

MyFrame.java

```java
01  import java.awt.*;
02  import javax.swing.*;
03
04  public class MyFrame extends JFrame {
05     public MyFrame() {
06        setSize(300, 150);          // (1) JFrame의 크기를 설정한다.
07        setLocation(200, 300);      // (2) JFrame의 위치를 설정한다.
08        setTitle("MyFrame");
09        setLayout(new FlowLayout());
10        getContentPane().setBackground(Color.yellow);   // (3) 배경색을 변경한다.
11        JButton button1 = new JButton("확인");
12        JButton button2 = new JButton("취소");
13        this.add(button1);
14        this.add(button2);
15        setVisible(true);
16           setDefaultCloseOperation(EXIT_ON_CLOSE);
17     }
18     public static void main(String[] args) {
19        MyFrame f = new MyFrame();
20     }
21  }
```

3. getContentPane()은 프레임 안에 있는 컨텐트 페인을 가져온다. 컨텐트 페인은 컴포넌트를 부착하는 판의
   역할을 한다. 컨텐트 페인의 배경색을 "yellow"로 변경한다.

예전에는 프레임에 컴포넌트를 부착하려면 컨텐트 페인을 꺼낸 후에, 컨텐트 페인에 컴포넌트를 부착하여야
했다. | 참고

```java
JButton button1 = new JButton("확인");
getContentPane().add(button1);
```

하지만 이 방법은 불편함이 커서, 그냥 프레임에 컴포넌트를 부착하여도 자동으로 컨텐트 페인에 부착되게 하
였다.

```java
JButton button1 = new JButton("확인");
add(button1);
```

JPanel 클래스

패널(panel)은 컴포넌트들을 부착할 수 있도록 설계된 컨테이너 중의 하나이다(최상위 컨테이너는 아니다). 스윙에서는 JPanel이란 이름으로 제공된다. 우리는 앞에서 버튼을 프레임에 직접 추가하였지만 보다 일반적인 방법은 패널에 이들 컴포넌트를 추가하고 그 패널을 프레임에 추가하는 것이다. 우리가 벽에 게시물을 붙이기 전에 나무판을 벽에 걸고 그 위에 게시물을 붙이는 것과 비슷하다. 패널은 바로 이 나무판의 역할을 한다. 물론 패널을 쓰지 않고 프레임에 컴포넌트들을 직접 추가할 수도 있지만 별도의 패널을 쓰는 것이 유지 보수 및 배치 관리에 유리한 경우가 많다. 예를 들어서 프레임에 2장의 패널을 부착하고 각 패널의 배경색을 다르게 할 수 있다.

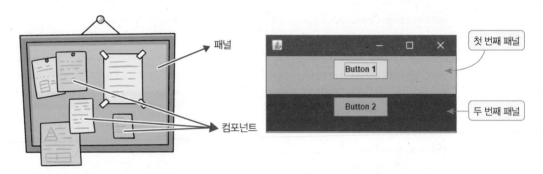

그림 9.7 패널은 컴포넌트를 붙일 수 있는 판이다.

패널은 배경을 제외하고는 아무 것도 색으로 칠하지 않는다. 패널은 기본적으로 불투명이지만 setOpaque()를 호출하여서 투명도를 조절할 수도 있다. 패널도 컨테이너의 일종이므로 배치 관리자도 void setLayout(LayoutManager layout)을 호출하여 설정할 수 있다. 패널에서 가장 중요한 메소드는 컴포넌트를 추가하고 삭제하는 add()와 remove()이다.

- add(aComponent)
  - 패널에 컴포넌트를 추가한다.

- remove(aComponent)
  - 패널에 컴포넌트를 삭제한다.

- setBackground(Color c)
  - 패널의 배경색을 변경한다.

패널을 사용하는 간단한 예제를 살펴보자.

MyFrame.java

```java
import java.awt.*;
import javax.swing.*;

public class MyFrame extends JFrame {
    public MyFrame() {
        JPanel panel = new JPanel(); // 패널을 생성한다.
        panel.setBackground(Color.orange); // 패널의 배경색을 변경한다.

        JButton b1 = new JButton("Button 1"); // 버튼을 생성한다.
        b1.setBackground(Color.yellow); // 버튼의 배경색을 변경한다.

        JButton b2 = new JButton("Button 2");
        b2.setBackground(Color.green);

        panel.add(b1); // 버튼을 패널에 추가한다.
        panel.add(b2); // 버튼을 패널에 추가한다.
        add(panel); // 패널을 프레임에 추가한다.
        setSize(300, 150);
        setVisible(true);
        setDefaultCloseOperation(EXIT_ON_CLOSE);
    }

    public static void main(String argv[]) {
        MyFrame f = new MyFrame();
    }
}
```

중간점검

1. 컨테이너와 단순 컴포넌트가 다른 점은 무엇인가?

2. 프레임에서 컴포넌트를 붙일 수 있는 영역을 무엇이라고 하는가?

3. 패널은 최상위 컨테이너인가?

9.4 배치 관리자

컨테이너에 추가되는 컴포넌트의 위치와 크기는 누가 결정하는 것일까? 프로그래머가 절대 좌표 값으로 컴포넌트의 위치와 크기를 지정할 수도 있지만, 절대값을 사용하게 되면 화면의 크기에 따라서 프로그램의 외관이 상당히 달라진다. 이런 문제점을 해결하기 위하여 자바에서는 **배치 관리자(layout manager)**를 사용한다. 배치 관리자는 컨테이너 안에 존재하는 컴포넌트들의 크기와 위치를 관리하는 객체이다. 배치 관리자는 컨테이너마다 하나씩만 존재하여야 한다.

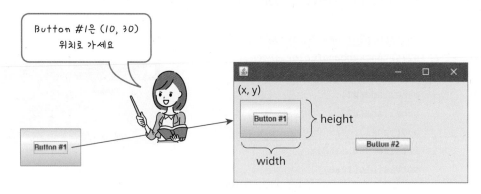

그림 9.8 배치 관리자의 개념

배치 관리자의 종류

java.awt 패키지에는 여러 가지의 배치 관리자가 포함되어 있다. 대표적인 배치 관리자는 다음과
같다.

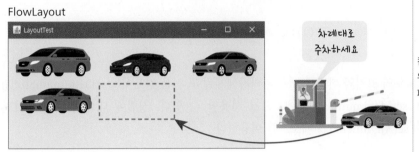

FlowLayout

컨테이너에 추가되는 순서대로 컴포넌트를 부착한다.
위쪽에서 아래쪽으로, 왼쪽에서 오른쪽으로 배치한다.
패널의 기본 배치 관리자이다.

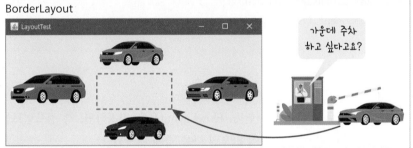

BorderLayout

컨테이너의 영역을 동서남북, 중앙의 5개의 영역으로
구분하여 이 영역에 컴포넌트를 배치한다. 프레임의
기본 배치 관리자이다.

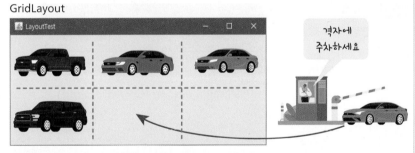

GridLayout

컨테이너의 공간을 동일한 크기의 격자로 나누고 이 격
자에 컴포넌트를 배치한다.

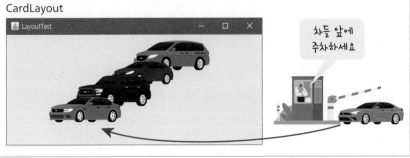

CardLayout

컨테이너에 컴포넌트를 카드처럼 겹치게 쌓아서 배치
한다.

배치 관리자를 설정하기

컨테이너에 배치 관리자를 설정하려면 먼저 new 연산자를 이용하여 배치 관리자 객체를 만들고 이 객체를 컨테이너의 setLayout() 메소드를 사용하여 배치 관리자로 지정한다. 예를 들어서 패널에 BorderLayout 배치 관리자를 설정하는 방법은 다음과 같다.

```java
panel.setLayout(new BorderLayout());   // 패널의 배치 관리자를 설정한다.
```

프로그래머가 컴포넌트의 크기와 힌트를 배치 관리자에게 주고 싶은 경우에는 setMinimumSize(), setPreferredSize(), setMaximumSize() 메소드를 사용할 수 있다. 정렬에 대한 힌트를 주려면 setAlignmentX()와 setAlignmentY() 메소드를 이용한다.

```java
button.setMaximumSize(new Dimension(300, 200));  // 최대 크기 힌트
button.setAlignmentX(JComponent.CENTER_ALIGNMENT);  // 중앙 정렬 힌트
```

FlowLayout

컴포넌트들을 왼쪽에서 오른쪽으로 버튼을 배치한다. FlowLayout으로 지정하면, 각 컴포넌트들은 하나의 줄에서 차례로 배치되고 더 이상 공간이 없으면 다음 줄에 배치된다.

컨테이너의 너비를 변경하면, 버튼의 배치가 달라진다.

FlowLayout의 생성자는 다음과 같다.

- FlowLayout()
- FlowLayout(int align)   // align은 정렬 방법을 지정한다.
- FlowLayout(int align, int hGap, int vGap)   // 간격을 지정한다.

여기서 **align**은 컨테이너 안에서 컴포넌트의 정렬 방법을 나타낸다(왼쪽 정렬=FlowLayout.LEFT, 오른쪽 정렬=FlowLayout.RIGHT, 중앙 정렬=FlowLayout.CENTER). hGap은 컴포넌트 간의 수평간격이다. vGap은 컴포넌트 간의 수직간격이다.

```
MyFrame.java
01   import java.awt.*;
02   import javax.swing.*;
03
04   public class MyFrame extends JFrame {
05      public MyFrame() {
06         setTitle("FlowLayoutTest");
07         setSize(300, 150);
08         setLayout(new FlowLayout());        프레임의 배치관리자를 FlowLayout으로 지정
09
10         add(new JButton("Button1"));
11         add(new JButton("Button2"));
12         add(new JButton("Button3"));
13         add(new JButton("Button4"));
14         add(new JButton("Button5"));
15         setVisible(true);
16         setDefaultCloseOperation(EXIT_ON_CLOSE);
17      }
18
19      public static void main(String argv[]) {
20         MyFrame f = new MyFrame();
21      }
22   }
```

BorderLayout

BorderLayout은 아래 그림처럼 컨테이너를 5개의 영역(상, 하, 좌, 우, 중앙)으로 구분하고 각각
의 영역에 컴포넌트를 배치할 수 있는 배치 관리자이다. JFrame, JDialog와 같은 최상위 컨테이너
의 디폴트 배치 관리자이다.

영역을 지정할 때는 "North", "South", "East", "West", "Center"의 문자열을 사용한다. 예를 들어
서 버튼을 남쪽에 배치하고 싶으면 다음과 같은 문장을 사용한다.

```
add(button, "South");
```

만약 영역을 지정하지 않으면 컴포넌트는 중앙(Center)에 놓인다. 여러 개의 컴포넌트를 같은 영역에 추가하는 경우, 마지막으로 추가된 컴포넌트만 표시된다. BorderLayout의 생성자는 다음과 같다.

- BorderLayout()
- BorderLayout(int hGap, int vGap)

만약 중앙에 컴포넌트를 추가할 때, 다른 컴포넌트가 없으면 컨테이너 전체 영역을 차지한다. 다른 컴포넌트가 추가되면 중앙 영역은 줄어든다.

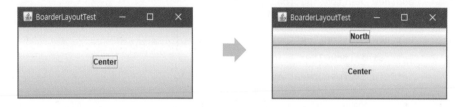

버튼을 5개 만들어서 동, 서, 남, 북, 중앙에 배치하는 프로그램은 다음과 같다.

```java
MyFrame.java

23  public class MyFrame extends JFrame {
24      public MyFrame() {
25          setTitle("BoarderLayoutTest");
26          setSize(300, 150);
27          setLayout(new BorderLayout()); // (1)
28
29          JButton b1 = new JButton("North");
30          JButton b2 = new JButton("South");
31          JButton b3 = new JButton("East");
32          JButton b4 = new JButton("West");
33          JButton b5 = new JButton("Center");
34
35          add(b1, "North");
36          add(b2, "South");
37          add(b3, "East");
38          add(b4, "West");
39          add(b5, "Center");
40
41          setVisible(true);
42          setDefaultCloseOperation(EXIT_ON_CLOSE);
43      }
44  ...
```

GridLayout

GridLayout은 컨테이너 공간을 격자(grid) 모양으로 나눈 후에 각 셀에 하나씩 컴포넌트들을 배치한다. 컴포넌트들이 추가되는 순서대로 격자의 셀을 채우게 된다. GridLayout은 상당히 깔끔하게 컴포넌트들을 배치할 수 있어서 자주 사용된다.

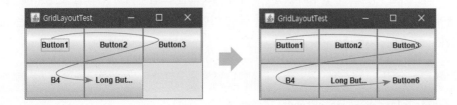

GridLayout의 생성자는 다음과 같다. 생성자에서 행의 개수와 열의 개수를 지정하게 된다.

* GridLayout()   # 1행과 1열의 격자
* GridLayout(int rows, int cols)   # rows 행과 cols 열
* GridLayout(int rows, int cols, int hGap, int vGap)   # 간격 지정

MyFrame.java

```
01   public class MyFrame extends JFrame {
02      public MyFrame() {
03         setTitle("GridLayoutTest");
04         setSize(300, 150);
05         setLayout(new GridLayout(2, 3)); //
06
07         add(new JButton("Button1"));
08         add(new JButton("Button2"));
09         add(new JButton("Button3"));
10         add(new JButton("B4"));
11         add(new JButton("Long Button5"));
12         setVisible(true);
13         setDefaultCloseOperation(JFrame.EXIT_ON_CLOSE);
14      }
15   ...
```

> 3개의 열과 2개의 행을 가지는 GridLayout을 생성한다. 격자 사이의 간격을 지정하려면 GridLayout(2, 3, 2, 2)와 같이 한다.

CardLayout

CardLayout은 한 번에 하나의 컴포넌트만 볼 수 있게 배치하는 관리자이다. 각 컴포넌트들을 카드처럼 취급하므로 CardLayout이라고 한다. CardLayout 클래스에서 일반적으로 사용되는 메소드는 다음과 같다.

- next(container): 주어진 컨테이너의 다음 카드로 이동한다.
- previous(container): 주어진 컨테이너의 이전 카드로 이동한다.
- first(container): 주어진 컨테이너의 첫 번째 카드로 이동한다.
- last(container): 주어진 컨테이너의 마지막 카드로 이동한다.

일반적으로는 어떤 이벤트가 발생하였을 때 위의 메소드를 호출하여서 카드를 변경하게 된다. 이번 예제에서는 람다식을 이용하여서 버튼의 클릭 이벤트를 간단히 처리해보자. 람다식은 14장을 참조하자.

```java
MyFrame.java

01  public class MyFrame extends JFrame {
02      JButton b1, b2, b3;
03      Container cPane;
04      CardLayout layoutm;
05
06      public MyFrame() {
07          setTitle("BoarderLayoutTest");
08          setSize(300, 150);
09          cPane = getContentPane();
10          layoutm = new CardLayout();
11          setLayout(layoutm); // (1)
12
13          JButton b1 = new JButton("Card #1");
14          JButton b2 = new JButton("Card #2");
15          JButton b3 = new JButton("Card #3");
16
17          add(b1);
18          add(b2);
19          add(b3);
20          b1.addActionListener(e->layoutm.next(cPane));
21          b2.addActionListener(e->layoutm.next(cPane));
22          b3.addActionListener(e->layoutm.next(cPane));
23          setVisible(true);
24          setDefaultCloseOperation(EXIT_ON_CLOSE);
25      }
26      ...
27  }
```

> 람다식을 사용하여서 버튼이 눌리면 다음 컴포넌트를 보이게 한다. 이벤트 처리에서 자세히 학습한다.

절대 위치로 배치하기

배치 관리자를 사용하는 것이 권장되지만, 특별한 경우에는 컴포넌트들을 배치 관리자 없이 배치해야만 하는 경우도 있다. 즉 컨테이너 안의 컴포넌트들의 크기와 위치가 외부의 영향을 받지 않는 경우가 그렇다. 또 어떤 특수한 효과를 주고자 하는 경우에도 그렇다. 예를 들어서 의도적으로 컴포넌트와 컴포넌트가 겹치게 하고자 하는 경우에는 절대 위치를 사용하여 배치해야 한다.

배치 관리자를 사용하지 않으려면 배치 관리자를 null로 설정하고 setBounds() 메소드를 사용하여 위치와 크기를 설정하면 된다. 절차는 다음과 같다.

1. 배치 관리자를 null로 설정한다.

```
setlayout(null);
```

2. add() 메소드를 사용하여 컴포넌트를 컨테이너에 추가한다.

```
Button b = Button("Button #1");
add(b);
```

3. setSize(w, h)와 setLocation(x, y)을 사용하여 컴포넌트의 위치와 크기를 지정한다. 아니면 setBounds(x, y, w, h)를 사용하여 위치와 크기를 동시에 지정해도 된다.

```
b.setBounds(x, y, w, h);
```

절대 위치를 사용하는 간단한 예제 프로그램은 다음과 같다.

MyFrame.java

```
01   ...
02   public class MyFrame extends JFrame {
03       private JButton b1, b2;
04
05       public MyFrame() {
06           setTitle("Absolute Position Test");
07           setSize(300, 150);
08           setLayout(null); // (1)
09
10           b1 = new JButton("Button #1");
11           add(b1); // (2)
12           b1.setLocation(50, 30); // (3)
13           b1.setSize(90, 50);
14
15           b2 = new JButton("Button #2");
16           add(b2);
17           b2.setBounds(180, 30, 90, 20);
18           setVisible(true);
19           setDefaultCloseOperation(JFrame.EXIT_ON_CLOSE);
20       }
21       public static void main(String args[]) {
22           MyFrame f = new MyFrame();
23       }
24   }
```

> 패널의 배치 관리자를 지정하지 않는다. 즉 절대 위치를 사용하겠다는 의미이다.

> 각 버튼의 크기와 위치를 setSize(), setLocation() 메소드를 이용하여 지정한다. setBounds(x, y, width, height)를 사용하여서 위치와 크기를 동시에 지정하여도 된다.

TIP

컨테이너에서 어떤 배치 관리자를 사용할 것인지도 우리가 결정해야 할 문제이다. 컴포넌트가 가능한 모든 영역을 차지하도록 하려면 BorderLayout을 사용해야 한다. 모든 컴포넌트가 같은 크기를 가지기를 바란다면 GridLayout을 사용해야 한다. 각 컴포넌트를 한 줄로 나열시키고 싶을 경우에는 FlowLayout을 사용한다.

참고

이외에도 BoxLayout, CardLayout, GridBagLayout, GroupLayout, SpringLayout 등이 있다. 자세한 내용은 http://docs.oracle.com/javase/tutorial/uiswing/layout/ 사이트를 참조한다.

참고

행의 개수나 열의 개수를 0으로 하면 추가하는 컴포넌트의 개수에 따라서 행이나 열의 개수가 정해진다. 또 생성자에서 격자 간의 간격도 설정할 수 있다.

```
setLayout(new GridLayout(0, 3, 1, 1));
```

위의 문장에서 열의 개수는 3이지만 행의 개수는 컴포넌트의 개수에 따라서 동적으로 변경된다. 그리고 격자 간의 간격은 1픽셀이다.

 Q&A

Q 어떻게 컴포넌트의 정확한 크기를 지정하는가?

A 왜 컴포넌트의 정확한 크기를 설정해야 하는지 확인하자. 종종 스윙 컴포넌트의 정확한 크기를 지정하는 것은 의미가 없다. 만약 컴포넌트가 배치 관리자에 의해 제어되지 않는 경우 setSize() 또는 setBounds() 메소드를 호출하여 컴포넌트의 크기를 설정할 수 있다. getMinimumSize(), getPreferredSize(), getMaximumSize()를 사용한다.

Q 컴포넌트를 컨테이너에 추가한 후 표시되지 않는다.

A 컨테이너의 revalidate()와 repaint()를 호출해보자.

Q 컴포넌트의 크기가 너무 작아진다.

A 컴포넌트 안에 getPreferredSize() 및 getMinimumSize() 메소드를 구현해보자.

중간점검

1. 격자처럼 컴포넌트를 배치하는 배치 관리자 클래스는?
2. 순차적으로 컴포넌트를 배치하는 배치 관리자 클래스는?
3. 동서남북으로 컴포넌트를 배치하는 배치 관리자 클래스는? 컴포넌트 사이의 수평, 수직 간격을 10 픽셀, 20 픽셀로 하는 GridLayout 배치 관리자를 생성해보자.
4. 컨테이너의 배치 관리자를 제거하려면 어떻게 하면 되는가?

스윙 비주얼 디자이너: WindowBuilder | 9.5

여러분들은 왜 스윙은 비주얼 화면 디자이너가 없는지 궁금할 수도 있다. 스윙도 "Window-Builder"라고 불리는, 상당히 우수한 비주얼 디자이너를 가지고 있다. 다음과 같은 절차로 "WindowBuilder"를 설치해보자. 지면에 제약이 있어서 자세히 설명하지 못하는 점은 많은 이해 부탁드린다.

1. 이클립스의 [Help] → [Eclipe Marketplace]를 선택한 후 "WindowBuilder"를 검색하고 [Install] 버튼을 누른다. 설치가 종료되면 이클립스를 다시 시작한다.

2. 새로운 자바 프로젝트 "Test"를 생성한다. 이어서 이클립스의 툴바에서 [JFrame]을 선택한다.

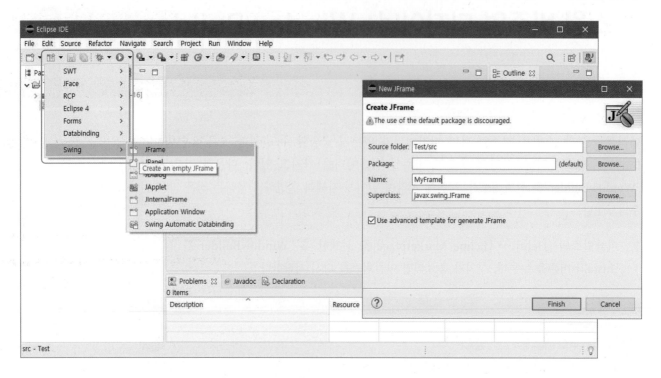

3. 자동으로 생성된 소스 아래쪽을 보면 [Source] 탭과 [Design] 탭이 새로 생겼다. [Dcsign] 탭을 이용하여 마우스를 사용해 자유롭게 디자인 수정이 가능하다. 아무래도 코드로 화면을 디자인하는 것보다 훨씬 편리하게 화면을 설계할 수 있다. 컨텐트 페인의 배치 관리자를 "Absolute Layout"으로 변경한다.

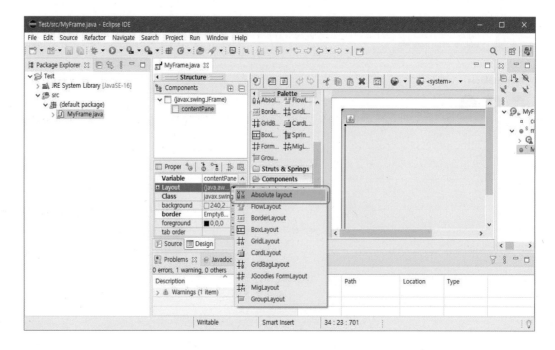

4. 팔레트 중에서 [Components]에서 버튼을 선택하여 화면으로 이동한다. 버튼의 속성 중에서 [text] 속성을 "OK"로 변경해보자.

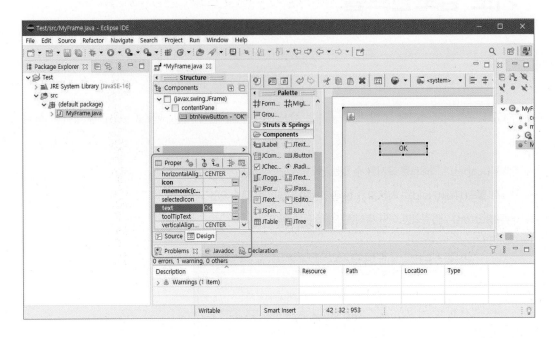

5. [Source] 탭을 선택하여 소스가 어떻게 생성되었는지를 살펴보자. 프레임의 크기, 버튼의 크기 등이 자동으로 입력된 것을 알 수 있다. 이러한 방식으로 우리가 필요한 컴포넌트들을 시각적으로 생성할 수 있다.

기초 컴포넌트들

자바 GUI 애플리케이션에서 많이 사용하는 컴포넌트인 레이블, 버튼, 텍스트 필드에 대하여 살펴보자.

- 레이블(JLabel) - 텍스트를 표시할 수 있는 공간
- 텍스트 필드(JTextField) - 사용자가 한 줄의 텍스트를 입력할 수 있는 공간
- 버튼(JButton) - 클릭되면 어떤 동작을 실행하는 버튼

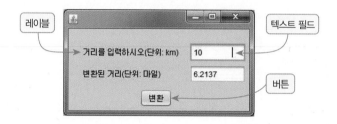

레이블

레이블(label)은 텍스트를 표시하기 위한 컴포넌트이다. 레이블은 다양한 용도로 사용되는데 사용자를 위한 정보 또는 계산의 결과를 표시하는 데 사용될 수 있다. 레이블은 텍스트와 이미지를 동시에 표시할 수 있다. 텍스트를 표시하는 데 사용하는 폰트의 종류, 크기, 색상 등은 변경 가능하다.

일반적으로는 레이블을 생성할 때 표시할 텍스트를 생성자에 넘긴다.

```java
JLabel label = new JLabel("안녕하세요?");
```

먼저 레이블 객체를 생성하고 나중에 레이블의 텍스트를 설정하는 방법도 있다.

```java
JLabel label = new JLabel();
label.setText("안녕하세요?");
```

레이블에 사용되는 색상과 폰트는 변경이 가능하다. 레이블의 색상과 폰트를 변경하여서 프레임 위에 표시해보자.

레이블의 폰트 변경하기 예제 9-3

`LabelTest.java`

```java
01  import java.awt.*;
02  import javax.swing.*;
03
04  public class LabelTest extends JFrame {
05     private JPanel panel;
06     private JLabel label1, label2;
07
08     public LabelTest() {
09        setTitle("레이블 테스트");
10        setSize(400,150);
11
12        panel = new JPanel();
13        label1 = new JLabel("Color Label");
14        label1.setForeground(Color.BLUE);
15        label2 = new JLabel("Font Label");
16        label2.setFont(new Font("Arial", Font.ITALIC, 30));
17        label2.setForeground(Color.ORANGE);
18        panel.add(label1);
19        panel.add(label2);
20        add(panel);
21        setVisible(true);
22     }
23
24     public static void main(String[] args) {
25        LabelTest t=new LabelTest();
26     }
27  }
```

레이블에 이미지 표시하기

레이블과 버튼에는 텍스트뿐만 아니라 이미지도 표시할 수 있다. 그림 9.10은 레이블과 버튼에 이미지를 추가로 표시한 것이다.

그림 9.9 이미지를 가지고 있는 레이블과 버튼

스윙 컴포넌트에 이미지를 표시하려면 먼저 ImageIcon 인스턴스를 생성하여야 한다. ImageIcon 은 JPEG, GIF, PNG 이미지 파일을 읽을 수 있다. 다음 단계는 setIcon() 메소드를 사용하여 레이블에 이미지를 지정하는 것이다.

```java
ImageIcon image = new ImageIcon("d://dog.png");
JLabel label = new JLabel("Dog");
label.setIcon(image);
```

레이블에 이미지가 설정되면 레이블의 텍스트는 오른쪽에 표시된다. 버튼에 이미지를 추가하는 과정도 레이블과 아주 유사하다.

예제 9-4	레이블로 이미지 표시하기

레이블로 이미지를 표시하고 아래에 버튼을 표시해보자. d: 드라이브에 dog.png 파일이 있어야 한다.

```java
ImageLabelTest.java

01    ...
02    public class ImageLabelTest extends JFrame {
03        private JPanel panel;
04        private JLabel label;
05        private JButton button;
06
07        public ImageLabelTest() {
08            setTitle("레이블 테스트");
09            setSize(400, 250);
10
11            panel = new JPanel();
12            label = new JLabel("Dog");
13            ImageIcon icon = new ImageIcon("d://dog.png");
14            label.setIcon(icon);
15
16            button = new JButton("자세한 정보를 보려면 클릭하세요!");
17            panel.add(label);
18            panel.add(button);
19            add(panel);
20            setVisible(true);
21        }
22        public static void main(String[] args) {
23            ImageLabelTest t = new ImageLabelTest();
24        }
25    }
```

텍스트 필드

텍스트 필드(text field)는 JTextField 클래스로서 제공된다. 텍스트 필드는 입력이 가능한 한 줄의 텍스트 상자이다. 텍스트 필드 안에서 문자열을 선택할 수 있고 선택한 문자열을 복사하여 붙이는 것(Cut and Paste)도 가능하다. JTextField는 두 개의 자식 클래스를 가지는데 JPasswordField는 사용자가 입력하는 문자를 보여주지 않는 컴포넌트이다. JFormattedTextField는 사용자가 입력할 수 있는 문자 집합을 제한한다.

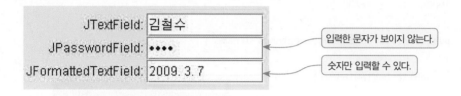

텍스트 필드를 생성하고 사용하려면 다음과 같은 문장들을 사용한다.

```
JTextField tf = new JTextField(30);        // 30자 크기의 텍스트 필드를 만든다.
tf.setText("아이디를 입력하시오.");          // 텍스트 필드의 텍스트를 설정한다.
System.out.println(tf.getText());           // 텍스트 필드의 텍스트를 가져온다.
```

텍스트 필드가 사용자로부터 입력을 받을 수 있으려면 키보드 포커스를 가지고 있어야 한다. 다음과 같이 requestFocus()를 호출한다.

```
tf.requestFocus();
```

텍스트 필드에 입력한 후에 [Enter]키를 누르면 액션 이벤트가 발생한다. 액션 리스너를 정의하고 actionPerformed()에서 액션 이벤트를 처리하면 된다. 이벤트는 다음 장에서 자세히 다룬다.

예제 9-5   패스워드 필드 사용하기

패스워드 필드는 용어 그대로 암호를 입력받을 때 사용한다. 패스워드 필드에 사용자가 암호를 입력하면 글자들이 모두 * 문자로 표시된다. 패스워드 필드를 사용하여서 다음과 같은 로그인 윈도우를 작성하여 보자.

LoginWindow.java

```java
01   import java.awt.*;
02   import java.awt.event.*;
03   import javax.swing.*;
04
05   public class LoginWindow extends JFrame {
06
07      public LoginWindow()
08      {
09         setTitle("login window");
10         setSize(300, 150);
11
12         JPanel panel = new JPanel();
13         add(panel);
14
15         panel.add(new JLabel("id     "));
16         panel.add(new JTextField(20));
17         panel.add(new JLabel("pass"));
18         panel.add(new JPasswordField(20));
19
20         JButton login = new JButton("login");
21         panel.add(login);
22
23         JButton cancel = new JButton("cancel");
24         panel.add(cancel);
25
26         setVisible(true);
27      }
28      public static void main(String[] args) {
29         new LoginWindow();
30      }
31   }
```

> JTextField 클래스
>
> JPasswordField 클래스

버튼

버튼은 사용자가 클릭했을 경우, 이벤트를 발생하여 원하는 동작을 하게 하는 데 이용된다. 버튼에서 우리가 변경할 수 있는 것은 버튼 안의 텍스트, 버튼 텍스트의 폰트, 버튼의 전경색, 배경색, 그리고 버튼의 상태(활성, 비활성)이다.

스윙에서 지원하는 버튼에는 다음과 같은 것들이 있다. 체크박스와 라디오 버튼은 10장에서 다룬
다.

- JButton – 가장 일반적인 버튼이다.
- JCheckBox – 체크박스 버튼
- JRadioButton – 라디오 버튼으로 그룹 중의 하나의 버튼만 체크할 수 있다.
- JToggleButton – 2가지 상태를 가지고 토글이 가능한 버튼이다.

| | 온도 변환 프로그램 만들기 | 예제 9-6 |

화씨 온도를 섭씨 온도로 변환해주는 애플리케이션을 작성하여 보자. 아직 이벤트 처리를 학습하지 않았으므로 일
단 아래와 같은 화면만 만들어보자.

TempConverter.java

```java
01  import java.awt.*;
02  import javax.swing.*;
03
04  public class TempConverter extends JFrame {
05    public TempConverter() {
06      JPanel panel = new JPanel();              // (1)
07      add(panel);
08
09      JLabel label1 = new JLabel("화씨 온도");  // (2)
10      JLabel label2 = new JLabel("섭씨 온도");
11      JTextField field1 = new JTextField(15);
12      JTextField field2 = new JTextField(15);
13      JButton button = new JButton("변환");
14
15      panel.add(label1);
16      panel.add(field1);
17      panel.add(label2);
18      panel.add(field2);
19      panel.add(button);
20
21      setSize(300, 150);                        // (3)
22      setTitle("온도변환기");
23      setVisible(true);
24    }
```

```
25
26    public static void main(String argv[]) {
27        TempConverter f = new TempConverter();
28    }
29 }
```

1. 프레임에 직접 추가하는 것보다 패널을 프레임에 추가하고 패널에 다른 컴포넌트를 추가하는 편이 낫다. 따라서 패널을 생성하고 프레임에 추가하자.

```
JPanel panel = new JPanel();
add(panel);
```

2. 필요한 컴포넌트들을 생성하고 패널에 추가한다.

```
JLabel label1 = new JLabel("화씨 온도");
JLabel label2 = new JLabel("섭씨 온도");
JTextField field1 = new JTextField(15);
JTextField field2 = new JTextField(15);
JButton button = new JButton("변환");

panel.add(label1);
panel.add(field1);
panel.add(label2);
panel.add(field2);
panel.add(button);
```

3. 필요한 메소드를 호출하여서 프레임의 속성을 변경한다.

```
setSize(300, 150);
setDefaultCloseOperation(JFrame.EXIT_ON_CLOSE);
setTitle("온도변환기");
setVisible(true);
```

피자 주문 화면 만들기   예제 9-7

패널 안에 다른 패널이 포함될 수 있다. 이것을 이용하여서 다음 그림처럼 프로그램의 화면을 디자인하라.

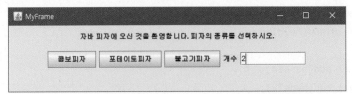

아래 그림과 같이 프레임에 패널 2장을 깔고 그 위에 버튼과 레이블, 텍스트 필드를 배치해보자.

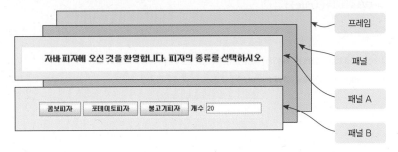

MyFrame.java

```java
01  import java.awt.*;
02  import javax.swing.*;
03
04  public class MyFrame extends JFrame {
05
06     public MyFrame() {
07        setSize(600, 150);
08        setDefaultCloseOperation(JFrame.EXIT_ON_CLOSE);
09        setTitle("MyFrame");
10
11        JPanel panel = new JPanel();
12        JPanel panelA = new JPanel();
13        JPanel panelB = new JPanel();
14
15        JLabel label1 = new JLabel("자바 피자에 오신 것을 환영합니다.
16                                     피자의 종류를 선택하시오.");
17        panelA.add(label1);
18
19        JButton button1 = new JButton("콤보피자");
20        JButton button2 = new JButton("포테이토피자");
21        JButton button3 = new JButton("불고기피자");
22        panelB.add(button1);
23        panelB.add(button2);
24        panelB.add(button3);
```

```
25
26          JLabel label2 = new JLabel("개수");
27          JTextField field1 = new JTextField(10);
28          panelB.add(label2);
29          panelB.add(field1);
30
31          panel.add(panelA);
32          panel.add(panelB);
33          add(panel);
34          setVisible(true);
35      }
36
37      public static void main(String[] args) {
38          MyFrame f = new MyFrame();
39      }
40  }
```

도전문제

패널의 배경색은 panel.setBackground(Color.BLUE);와 같은 문장으로 변경이 가능하다. 3장의 패널 색상을 다르게 하여서 각각의 패널이 어디에 위치하는지를 조사하여 보자.

중간점검

1. 패스워드를 받을 때 사용하는 텍스트 필드 클래스는 무엇인가?

2. 레이블에 이미지를 표시하는 절차를 설명하라.

3. 텍스트 필드에서 사용자가 입력한 텍스트를 가져오는 메소드는 무엇인가?

계산기 예제   **LAB**

간단한 계산기를 작성하여 보자. 계산 기능은 나중에 추가하기로 하자. 여기서는 다음과 같은 화면만 구현하면 된다. 배치 관리자로 GridLayout을 사용하여 보자.

Calculator.java

```java
// 소스만 입력하고 Ctrl+Shift+O를 누른다.

public class Calculator extends JFrame {

    private JPanel panel;
    private JTextField tField;
    private JButton[] buttons;
    private String[] labels = {
            "Backspace", "", "", "CE", "C",
            "7", "8", "9", "/", "sqrt",
            "4", "5", "6", "x", "%",
            "1", "2", "3", "-", "1/x",
            "0", "+/-", ".", "+", "=",
    };


    public Calculator() {
        tField = new JTextField(35);
        panel = new JPanel();
        tField.setText("0.");
        tField.setEnabled(false);

        panel.setLayout(new GridLayout(0, 5, 3, 3));
        buttons = new JButton[25];
```

```
25        int index = 0;
26        for (int rows = 0; rows < 5; rows++) {
27            for (int cols = 0; cols < 5; cols++) {
28                buttons[index] = new JButton(labels[index]);
29                if( cols >= 3 )
30                    buttons[index].setForeground(Color.red);
31                else
32                    buttons[index].setForeground(Color.blue);
33                buttons[index].setBackground(Color.yellow);
34                panel.add(buttons[index]);
35                index++;
36            }
37        }
38        add(tField, BorderLayout.NORTH);
39        add(panel, BorderLayout.CENTER);
40        setVisible(true);
41        pack();
42    }
43
44    public static void main(String args[]) {
45        Calculator s = new Calculator();
46    }
47 }
```

이미지 뷰어

우리는 이번 장에서 각 컴포넌트들을 화면에 배치하는 방법과 레이블에 이미지를 표시하는 방법을 학습하였다. 이것을 이용하여서 다음과 같은 이미지 뷰어를 만들어보자. 물론 아직은 이벤트 처리가 되지 않지만, 다음 장을 미리 예습한 독자라면 이벤트 처리 기능도 추가할 수 있을 것이다.

프레임의 기본 배치 관리자로 BorderLayout을 사용한다. 패널을 2개 생성하고 하나의 패널에는 이미지 레이블을 넣어서 화면의 "Center"에 배치한다. 또 하나의 패널에는 4개의 버튼을 넣어서 화면의 "South"에 배치한다.

Summary

Introduction to **JAVA Programming**

- GUI(Graphic User Interface)는 그래픽을 이용하여 사용자 인터페이스를 구성하는 기술이다.

- 자바에서 GUI를 위한 패키지에는 AWT, 스윙(SWING) 등이 있다. 스윙은 경량 컴포넌트들로 구성된 GUI로서 운영체제가 다르더라도 동일한 모양을 지원한다.

- AWT는 java.awt 패키지로 제공되고 스윙은 javax.swing 패키지로 제공된다.

- 컨테이너는 안에 컴포넌트들을 저장할 수 있는 특수한 컴포넌트이다.

- JFrame은 최상위 컨테이너로서 윈도우 기능을 제공한다. 내부에 있는 컨텐트 페인을 이용하여서 컴포넌트들을 부착할 수 있다.

- 컨테이너는 하나의 배치 관리자를 가질 수 있다. 배치 관리자는 컴포넌트들의 위치와 크기를 제어한다.

- FlowLayout은 컨테이너에 추가되는 순서대로 컴포넌트를 부착한다. 위쪽에서 아래쪽으로, 왼쪽에서 오른쪽으로 배치한다. 패널의 기본 배치 관리자이다.

- BorderLayout은 컨테이너의 영역을 동서남북, 중앙의 5개의 영역으로 구분하여 이 영역에 컴포넌트를 배치한다. 프레임의 기본 배치 관리자이다.

- GridLayout은 컨테이너의 공간을 동일한 크기의 격자로 나누고 이 격자에 컴포넌트를 배치한다.

- 스윙 컴포넌트에 이미지를 표시하려면 먼저 ImageIcon 인스턴스를 생성하여야 한다. 이후에 setIcon() 메소드를 사용하여 컴포넌트에 이미지를 지정한다.

- 텍스트 필드 중에서 JPasswordField를 사용하면 사용자가 입력하는 텍스트가 보이지 않는다.

Introduction to **JAVA Programming**

1. JFrame 생성자에게 전달하는 문자열의 역할은?

❶ 제목

❷ 주석

❸ 프레임 안에 표시되는 내용

❹ 의미없음

2. 컨테이너에 위젯을 추가할 때 사용하는 메소드는?

❶ add()

❷ remove()

❸ addObject()

❹ addWidget()

3. 컨테이너의 배치 관리자를 설정하는 메소드는?

❶ set()

❷ setLayout()

❸ setManager()

❹ add()

4. 다음 중 FlowLayout을 이용하여 컨테이너에 요소를 추가하는 올바른 방법은?

❶ add(component);

❷ set(component);

❸ add(x, y, component);

❹ add(component, "Center");

5. 절대 위치로 위젯들을 배치하려면 어떤 메소드를 실행하여야 하는가?

❶ setlayout(null);

❷ set(null);

❸ setlayout(new GridLayout(3, 3));

❹ pack()

6. 절대 위치로 배치하려고 한다. 위젯의 위치는 어떤 메소드로 설정하는가?

❶ setLoc()

❷ setLocation()

❸ setSize()

❹ setPosition()

7. setPreferredSize()가 하는 역할은 무엇인가?

❶ 배치 관리자에 원하는 크기를 알린다.　❷ 위젯의 크기를 설정한다.

❸ 컨테이너의 크기를 변경한다.　　　　❹ 전체 윈도우의 크기를 설정한다.

8. 컨테이너의 기본 배치 관리자로 잘못된 것은?

❶ JFrame: FlowLayout　　　　❷ JPanel: FlowLayout

❸ JDialog: BorderLayout　　　❹ JApplet: BorderLayout

9. 자바의 배치 관리자가 아닌 것은?

❶ FlowLayout　　　　❷ RelativeLayout

❸ BorderLayout　　　❹ GridLayout

10. 다음 중 컨테이너 클래스가 아닌 것은?

❶ JFrame　　　　❷ JPanel

❸ JDialog　　　　❹ JTextField

11. 왼쪽에서 오른쪽으로 순차적으로 위젯을 배치하는 배치 관리자는?

❶ FlowLayout　　　　❷ LinearLayout

❸ BorderLayout　　　❹ GridLayout

12. 패널 p에 4×3 격자 모양으로 위젯들을 배치하려고 한다. 배치 관리자를 설정하는 코드는?

❶ p.setLayout(4, 3);　　　　❷ p.setLayout(GridLayout(4,3));

❸ p.setLayout(Grid(4,3));　　❹ p.setLayout(new GridLayout(4,3));

13. 컨테이너 p의 배치 관리자를 제거하려면 어떻게 하여야 하는가?

❶ p.setLayout();　　　　❷ p.setLayout(0);

❸ p.setLayout(false);　　❹ p.setLayout(null);

14. 다음 코드는 화면에 프레임을 표시하는 프로그램이다. 빈칸을 채워보자.

```java
import javax.swing.*;
public class MyFrame extends JFrame {
    public MyFrame() {
        setSize(300, 150);
        setTitle("MyFrame");
        setVisible(true);
    }
    public static void main(String[] args) {
        _____    // MyFrame 객체를 생성한다.
    }
}
```

15. 위의 문제를 상속을 이용하지 않는 버전으로 변경해보라. 즉 구성을 이용해보자.

```java
import javax.swing.*;
public class Test {
    public static void main(String[] args) {
        _____    // JFrame 객체를 생성한다.
        _____    // setSize() 호출
        _____    // setTitle() 호출
        _____    // setVisible() 호출
    }
}
```

Programming

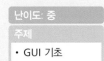

1. 다음과 같은 프로그램의 화면만 작성하여 보자. 적절한 배치 관리자를 선택하여 사용한다. 아직 이벤트 처리를 학습하지 않았으므로 기능을 제공할 필요는 없지만 기능을 제공해도 좋다.

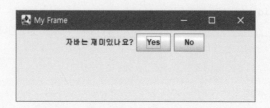

2. 다음과 같은 프로그램의 화면만 만들어보자. 적절한 배치 관리자를 선택하여 사용한다. 아직 이벤트 처리를 학습하지 않았으므로 기능을 제공할 필요는 없지만 기능을 제공해도 좋다.

3. 다음과 같은 프로그램의 화면만 만들어보자. 적절한 배치 관리자를 선택하여 사용한다. 패널을 추가로 사용하여도 좋다.

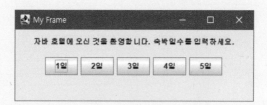

4. 다음과 같은 프로그램의 화면만 만들어보자. 배경색이 다른 패널을 이용한다. 이클립스의 "window builder"를 이용하여도 좋다.

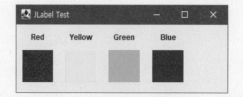

5. 체중과 키를 받아서 BMI를 계산하는 다음과 같은 화면을 만들어보자. 이클립스의 "window builder"를 사용해도 좋다.

난이도: 상

주제
• GUI 기초

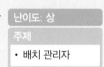

6. 회원의 정보를 받아서 데이터베이스에 저장하는 프로그램의 화면을 만들어보자. 이클립스의 "window builder"를 사용해도 좋다.

난이도: 상

주제
• GUI 기초

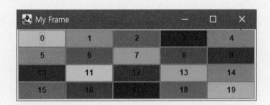

7. 프레임 안에 20개의 버튼을 다음과 같이 배치하는 프로그램을 작성하라. GridLayout을 사용한다. 버튼의 배경색은 랜덤한 색상으로 한다.

난이도: 상

주제
• 배치 관리자

랜덤한 색상은 다음과 같이 만들 수 있다.

```
int R = (int)(Math.random()*256);
int G = (int)(Math.random()*256);
int B= (int)(Math.random()*256);
Color color = new Color(R, G, B);
```

Hint

8. 다음과 같은 간단한 전화번호 입력기의 화면을 만들어보자. 여러 개의 패널과 배치 관리자를 혼용하여 완성해본다.

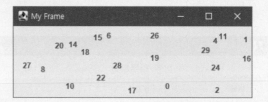

9. 다음과 같이 난수를 발생하여서 레이블을 불규칙하게 배치하여 보자. 어떤 배치 관리자를 어떻게 사용하여야 하는가?

절대 위치로 배치하려면 setBounds()를 사용하거나 setSize()와 setLocation()을 함께 사용한다. 난수는 Math.random()으로 발생시킨다.

GUI 이벤트 처리

▶ 다음과 같은 작업들을 수행하는 방법을 알고 있나요? 이번 장에서 함께 알아봐요.

1. 버튼에서 발생하는 이벤트를 처리하여서 어떤 작업을 할 수 있나요?
2. 이벤트 처리기를 익명 클래스로 작성할 수 있나요?
3. 이벤트 처리기를 람다식으로 작성할 수 있나요?
4. 키보드 이벤트를 받아서 어떤 작업을 할 수 있나요?
5. 마우스 이벤트를 받아서 어떤 작업을 할 수 있나요?

EVENT

➕ 학습목차
10.1 이벤트 처리 개요
10.2 이벤트 처리 방법
10.3 스윙 컴포넌트의 이벤트

10.4 키 이벤트
10.5 Mouse와 MouseMotion 이벤트
10.6 어댑터 클래스

Power JAVA 3e

이벤트란?

그래픽 사용자 인터페이스(GUI)를 사용하는 프로그램의 구조는 일반적인 프로그램과는 상당히 다르다. 일반적인 프로그램은 문장들을 차례대로 실행하여 작업을 진행하지만, GUI 프로그램에서는 버튼이나 텍스트 필드와 같은 컴포넌트들을 화면에 배치한 후에 사용자의 입력을 기다리고 있다가 사용자가 특정 컴포넌트를 건드려서 이벤트가 발생하면 다음 작업이 진행된다. 이처럼 어떤 이벤트가 일어나는 지를 감시하고 있다가, 이벤트가 발생하면 적절한 처리를 해주는 프로그래밍 방식을 **이벤트-구동 프로그래밍(event-driven programming)**이라고 한다.

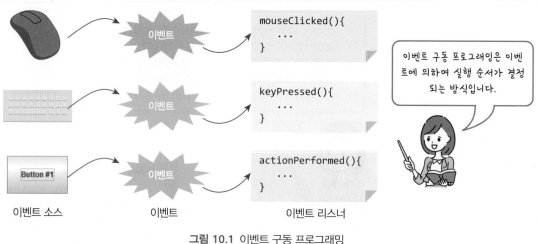

이벤트 소스   이벤트   이벤트 리스너

그림 10.1 이벤트 구동 프로그래밍

이벤트(event)는 사용자가 버튼을 클릭한다거나 마우스를 움직이거나 키를 누르면 발생한다. 이벤트가 발생하면 이벤트 객체가 생성된다. 이벤트 객체는 이벤트에 대한 여러 가지 정보를 가지고 있다. 발생된 이벤트 객체에 반응하여서 이벤트를 처리하는 객체를 **이벤트 리스너(event listener)**라고 한다. 만약 컴포넌트에 이벤트 리스너가 등록되어 있다면, 이벤트가 발생하였을 때 이벤트 리스너 내부의 메소드가 호출된다. 만약 등록된 리스너가 없다면 아무 일도 일어나지 않는다. 앞장에서 작성한 프로그램에서 버튼을 눌렀을 때 아무 일도 일어나지 않았는데, 버튼에 이벤트 리스너가 등록되지 않았기 때문이다.

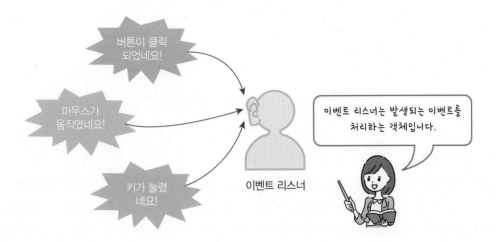

이벤트 리스너 클래스를 작성하는 것은 전적으로 프로그래머의 책임이다. 이벤트 리스너 클래스를 작성하고 이 리스너 클래스의 인스턴스를 생성하여서 이것을 버튼 컴포넌트와 연결하여야 한다. 일단 이벤트 구동 프로그래밍에서 나타나는 용어들을 정리해보자.

- 이벤트 객체: 발생한 이벤트에 대한 정보를 가지고 있는 객체이다. 예를 들어서 마우스 이벤트 객체라면 마우스의 현재 위치, 버튼 눌림 상태 등을 가지고 있다.

- 이벤트 소스: 이벤트를 생성하는 컴포넌트이다. 예를 들어서 버튼이 이벤트를 발생하였다면 버튼이 이벤트 소스가 된다.

- 이벤트 리스너: 이벤트를 처리하기 위하여 이벤트에 귀를 기울이고 있는 객체이다. 예를 들어서 버튼에서 발생하는 이벤트를 처리하려면 이벤트 리스너를 버튼에 등록하여야 한다.

이벤트 처리 과정

이벤트에 반응할 수 있는 프로그램을 작성하는 절차를 살펴보자.

❶ 이벤트 리스너를 작성한다.

어떤 클래스가 이벤트 리스너가 되기 위해서는 리스너 인터페이스를 구현하여야 한다. 리스너 인터페이스는 이벤트를 처리하기 위한 규격이다. 자바는 이벤트의 종류에 따라 여러 가지 리스너 인터페이스를 제공한다. 예를 들어 버튼을 클릭하면 액션 이벤트(action event)가 발생한다. 액션 이벤트를 처리하기 위한 리스너 인터페이스는 ActionListener 인터페이스이다. 따라서 버튼이 발생하는 이벤트를 처리하려면 클래스를 정의할 때, ActionListener 인터페이스를 구현하여야 한다.

ActionListener에는 actionPerformed()라는 추상 메소드만이 정의되어 있다. 이 메소드는 액션 이벤트가 발생할 때마다 호출된다. ActionListener 인터페이스를 구현하는 MyListener라고 하는 클래스를 작성하면 다음과 같은 구조가 된다.

```
class MyListener implements ActionListener {
    public void actionPerformed(ActionEvent e) {
        ...    // Action 이벤트를 처리하는 코드가 여기에 들어간다.
    }
}
```

> 액션 이벤트가 발생하면 호출된다.

② **이벤트 리스너를 컴포넌트에 등록한다.**

이벤트 리스너를 컴포넌트에 등록하는 단계이다. 컴포넌트에 리스너를 등록해야만, 발생되는 이벤트가 처리된다. 각 컴포넌트는 이벤트 리스너를 등록할 수 있는 메소드를 제공한다. 예를 들어서 버튼의 경우, addActionListener()가 그러한 메소드이다. 이벤트 리스너를 등록하는 예제 코드는 다음과 같다.

```
public class MyFrame extends JFrame {          // 프레임을 상속하여서 MyFrame 선언
    ...
    public MyFrame()    // 생성자에서 컴포넌트를 생성하고 추가한다.
    {
        button = new JButton("동작");                // 버튼 생성
        button.addActionListener(new MyListener());
        ...
    }
}
```

> 이벤트 리스너 객체를 new를 이용하여서 생성하고, 버튼에 이벤트 리스너 객체를 등록한다.

여기서 addActionListener()의 매개 변수로 새로 생성된 MyListener 클래스의 인스턴스가 전달되었다.

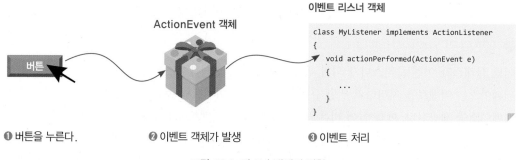

이벤트 리스너 객체

```
class MyListener implements ActionListener
{
    void actionPerformed(ActionEvent e)
    {
        ...
    }
}
```

ActionEvent 객체

❶ 버튼을 누른다.   ❷ 이벤트 객체가 발생   ❸ 이벤트 처리

그림 10.2 리스너 객체의 역할

이벤트 객체

이벤트 객체는 발생된 이벤트에 대한 모든 정보를 리스너로 전달한다. 이벤트 객체는 getSource()

메소드를 가지고 있다. getSource()는 이벤트를 발생한 이벤트 소스를 반환한다. getSource()는 Object 타입으로 반환하므로, 이것을 필요한 타입으로 형변환하여서 사용하면 된다.

```java
public void actionPerformed(ActionEvent e) {
    button = (JButton)e.getSource();
        ...
}
```

이벤트의 종류에 따라서 추가적인 정보들을 얻을 수 있다. 예를 들어 MouseEvent 객체의 경우에는, 클릭된 마우스 버튼 번호를 getButton() 메소드를 통하여 얻을 수 있다.

중간점검

1. 이벤트가 발생하면 적절한 처리를 해주는 프로그래밍 방식을 무엇이라고 하는가?
2. 이벤트를 처리하는 객체를 무엇이라고 하는가?
3. 이벤트를 처리하는 절차를 요약해보자.

10.2 | 이벤트 처리 방법

카운터 프로그램을 예로 들어서 설명해보자. 아래 프로그램에서 "증가" 버튼을 누르면 카운터 값이 하나씩 증가되어서 표시된다. 우리는 버튼에서 발생하는 액션 이벤트를 처리하여야 한다.

이벤트를 처리하려면 리스너 클래스를 작성하여야 한다. 리스너 클래스를 작성하는 위치에 따라서 여러 가지의 방법이 있다. 너무 방법이 많아서 독자들이 짜증낼 수도 있을 거 같다. 하지만 우리가 GUI 프로그램을 학습하는 이유는 단순히 GUI 작성 기법을 배우자는 것이 아니다. 이론으로만 학습하였던 클래스, 인터페이스, 내부 클래스, 익명 클래스, 람다식과 같은 중요한 개념들을 실제로 사용해보는 것이 더 중요하다. 여기서는 가능한 여러 가지 이벤트 처리 방법을 나열하고 각 방법의 장점과 단점을 비교해볼 것이다.

내부 클래스가 이벤트를 처리하는 방법

내부 클래스로 이벤트를 처리하는 것은 많이 사용되는 방법이다.

EventTest1.java

```
01  import javax.swing.*;
02  import java.awt.FlowLayout;
03  import java.awt.event.*;            ❶ java.awt.event 패키지에 이벤트를
                                          처리하는 클래스들이 모여 있음
04
05  public class EventTest1 extends JFrame {
06      private JButton button;
07      private JLabel label;
08      int counter=0;
09
10      class MyListener implements ActionListener {     ❷ 내부 클래스로 이벤트를
                                                           처리하는 클래스 정의
11          public void actionPerformed(ActionEvent e) {
12              counter++;
13              label.setText("현재의 카운터값:  "+counter);
14          }
15      }
```

```
16    public  EventTest1() {
17        setSize(400, 150);
18        setTitle("이벤트 예제");
19        setLayout(new FlowLayout());
20        button = new JButton("증가");
21        label = new JLabel("현재의 카운터값:   "+counter);
22        button.addActionListener(new MyListener());
23        add(label, "Center");
24        add(button, "East");
25        setVisible(true);
26        setDefaultCloseOperation(EXIT_ON_CLOSE);
27    }
28    public static void main(String[] args) {
29        EventTest1 t = new EventTest1();
30    }
31  }
```

❸ 버튼에 이벤트 처리 객체를 등록시킨다.

1. 이벤트를 처리하는 패키지를 포함시킨다.

java.awt.event 패키지 안에 이벤트를 처리하는 클래스들이 모여 있다. 이것을 포함시킨다.

2. 이벤트를 처리하는 클래스를 작성한다.

리스너 인터페이스를 구현하는 클래스는 어디든지 정의할 수 있으나 내부 클래스로 정의하는 경우가 많다. 리스너는 어떤 하나의 클래스에서만 사용되기 때문이다. 내부 클래스는 다른 클래스 안에 위치하는 클래스로서 외부 클래스의 필드들을 자유롭게 사용할 수 있다. actionPerformed()에서는 counter 변수를 증가하고 증가된 값을 레이블의 텍스트로 설정한다.

3. 이벤트 리스너를 이벤트 소스에 등록한다.

new를 이용하여 리스너 객체를 생성하고 addActionListener()를 이용하여 버튼에 리스너 객체를 등록한다.

외부 클래스가 이벤트를 처리하는 방법

이벤트를 처리하는 클래스는 주로 내부 클래스로 작성한다. 왜 외부 클래스로 작성하지 않을까? 만약 다음과 같이 MyListener를 외부 클래스로 구현했다고 하자. MyListener 외부 클래스에서는 EventTest1 안에 정의된 label 변수에는 접근하기 힘들다. 따라서 버튼이 눌려졌을 때, 레이블의 텍스트를 변경하기가 어렵게 된다. 내부 클래스로 작성하면 이런 문제가 발생하지 않는다. 내부 클래스는 외부 클래스의 멤버 변수들을 자유롭게 사용할 수 있기 때문이다.

EventTest2.java

```java
01  class MyListener implements ActionListener {
02      public void actionPerformed(ActionEvent e) {
03          JButton button = (JButton) e.getSource();
04          // counter++;
05          // label.setText("현재의 카운터값:  "+counter);
06      }
07  }
08
09  public class EventTest2 extends JFrame {
10      private JButton button;
11      private JLabel label;
12      int counter=0;
13
14      public  EventTest2() {
15          setSize(400, 150);
16          setTitle("이벤트 예제");
17          setLayout(new FlowLayout());
18          button = new JButton("증가");
19          label = new JLabel("현재의 카운터값:  "+counter);
20          button.addActionListener(new MyListener());
21          add(label, "Center");
22          add(button, "East");
23          setVisible(true);
24          setDefaultCloseOperation(EXIT_ON_CLOSE);
25      }
26      public static void main(String[] args) {
27          EventTest2 t = new EventTest2();
28      }
29  }
```

> counter와 label은 MyFrame 클래스 안에 있어서 접근하기 어렵다. 물론 완전히 못하는 것은 아니다.

> 버튼에 이벤트 처리 객체를 등록시킨다.

> 버튼을 눌러도 카운터가 증가되지 않는다.

프레임 클래스가 이벤트를 처리하는 방법

이 방법은 프레임 클래스가 JFrame을 상속받으면서 동시에 ActionListener 인터페이스도 구현하는 방법이다. 이 방법도 비교적 많이 사용된다.

EventTest3.java

```java
01  public class EventTest3 extends JFrame implements ActionListener {
02      private JButton button;
03      private JLabel label;
04      int counter=0;
05
```

> MyFrame 클래스는 JFrame 클래스를 상속받고 동시에 ActionListener를 구현한다. 따라서 프레임이 버튼에서 발생하는 이벤트도 처리할 수 있다.

```
06    public void actionPerformed(ActionEvent e) {
07        counter++;
08        label.setText("현재의 카운터값:  "+counter);
09    }
10    public EventTest3() {
11        this.setSize(400, 150);
12        this.setTitle("이벤트 예제");
13
14        JPanel panel = new JPanel();
15        button = new JButton("증가");
16        label = new JLabel("현재의 카운터값:  "+counter);
17        button.addActionListener(this);
18        panel.add(label);
19        panel.add(button);
20        add(panel);
21        setVisible(true);
22        setDefaultCloseOperation(EXIT_ON_CLOSE);
23    }
24    public static void main(String[] args) {
25        EventTest3 t = new EventTest3();
26    }
27 }
```

> EventTest1 클래스 안에 actionPerformed()가 정의되어 있어야 한다.

> 현재 객체를 이벤트 리스너로 버튼에 등록한다. 즉 자기 자신이 이벤트를 처리한다고 등록한다.

익명 클래스를 사용하는 방법

이벤트 리스너 클래스를 정의할 때, 많이 사용되는 방법 중의 하나가 익명 클래스를 사용하는 것이다. 익명 클래스는 말 그대로, 이름이 없는 클래스를 작성하여 한 번만 사용하는 것이다. 이것은 처음에는 상당히 이상해 보이지만, 실제로는 익숙해지면 코드를 읽기 쉽게 만든다. 왜냐하면 클래스가 정의되면서 바로 사용되기 때문이다. 안드로이드 프로그래밍에서도 자주 사용된다. 따라서 그 형식을 완벽하게 이해하도록 하자.

EventTest4.java

```
01  public class EventTest4 extends JFrame {
02      private JButton button;
03      private JLabel label;
04      int counter=0;
05
06      public EventTest4() {
07          this.setSize(400, 150);
08          this.setTitle("이벤트 예제");
09
10          JPanel panel = new JPanel();
11          button = new JButton("증가");
12          label = new JLabel("현재의 카운터값:  "+counter);
```

> ❶ 익명 클래스는 ActionListener 인터페이스를 구현한다. 익명 클래스의 객체도 동시에 생성된다.

```
13    button.addActionListener(new ActionListener() {
14        public void actionPerformed(ActionEvent e) {
15            counter++;
16            label.setText("현재의 카운터값:  "+counter);
17        }
18    });
19    panel.add(label);
20    panel.add(button);
21    add(panel);
22    setVisible(true);
23    setDefaultCloseOperation(EXIT_ON_CLOSE);
24    }
25    public static void main(String[] args) {
26        EventTest4 f = new EventTest4();
27    }
28 }
```

❷ 익명 클래스 안에서 actionPerformed() 메소드를 정의한다.

익명 클래스는 이름이 없는 클래스라고 할 수 있다. 익명 클래스는 부모 클래스를 상속받거나 특정 인터페이스를 구현하여 작성할 수 있고 그 목적은 부모 클래스의 메소드를 재정의하거나 인터페이스의 메소드를 정의하는 것이다. 예제에서는 ②가 익명 클래스이고 익명 클래스 안에서 ActionListener 인터페이스의 actionPerformed() 함수를 정의하고 있다. 익명 클래스와 일반 클래스를 비교하면 다음과 같다.

익명 클래스	일반 클래스

MyListener   obj = new ActionListener() {   ...
};
	class MyListener implements ActionListener {
	   ...
	}
	MyListener obj = new MyListener();

람다식을 이용하는 방법

람다식(lambda expression)은 이름이 없는 메소드(함수)라고 할 수 있다. 우리가 람다식을 사용하는 이유는 간결함 때문이다. 람다식을 이용하면 메소드가 필요한 곳에 간단히 메소드를 보낼 수 있다. 특히 메소드가 한 번만 사용되고 메소드의 길이가 짧은 경우에 유용하다. 이전 버전의 자바에서는 메소드를 객체로 만들 수 있는 방법이 없었다. 하지만 Java 8부터는 함수를 객체로 만들 수 있다. 이것이 바로 람다식이다. 매개 변수 a와 b를 가지고 a+b를 계산하여 반환하는 함수를 람다식으로 작성하면 다음과 같다.

Syntax: 람다식

메소드 시그니처 · 람다 연산자 · 메소드 구현

```
(int a, int b) -> { return a + b; }
```

람다식은 특히 이벤트 처리에 이용할 수 있다. 버튼 이벤트를 처리하는 데 람다식을 활용해보자.

EventTest5.java

```java
01  public class EventTest5 extends JFrame {
02     private JButton button;
03     private JLabel label;
04     int counter=0;
05
06     public EventTest5() {
07        this.setSize(400, 150);
08        this.setTitle("이벤트 예제");
09
10        JPanel panel = new JPanel();
11        button = new JButton("증가");
12        label = new JLabel("현재의 카운터값:  "+counter);
13        button.addActionListener(e -> {
14           counter++;
15           label.setText("현재의 카운터값:  "+counter);
16        });
17        panel.add(label);
18        panel.add(button);
19        add(panel);
20        setVisible(true);
21        setDefaultCloseOperation(EXIT_ON_CLOSE);
22     }
23     public static void main(String[] args) {
24        EventTest5 t = new EventTest5();
25     }
26  }
```

❶ 람다식을 이용하여 이벤트를 처리하고 있다. 변수 e는 이벤트를 나타낸다. 람다식은 함수를 객체로 만들어서 메소드에 전달할 수 있다.

1. 람다식은 메소드를 객체로 만든 것이다. 위의 코드에서 다음과 같은 부분이 람다식이다.

```
e -> {
   counter++;
   label.setText("현재의 카운터값:  "+counter);
}
```

e가 메소드의 매개 변수이고 { ... } 부분이 메소드의 몸체이다.

참고 이벤트 리스너를 작성할 때 주의할 점은 이벤트를 빠른 시간 내에 처리해야 한다는 점이다. 모든 그리기와 이벤트 처리가 동일한 스레드 안에서 실행되므로 이벤트 처리가 늦어지면 프로그램이 마우스나 키보드에 반응하지 않게 된다. 만약 이벤트 처리가 길어질 것 같으면 별도의 스레드를 생성하여서 그 스레드가 작업을 하도록 하여야 한다.

중간점검

1. 왜 리스너를 외부 클래스로 작성하지 않는가?
2. 프레임이 액션 이벤트를 처리하려면 어떤 인터페이스를 구현하여야 하는가?
3. 익명 클래스를 설명해보자.
4. 람다식을 설명해보자.

거의 모든 스윙 컴포넌트들이 다양한 이벤트를 발생한다. 예를 들어서 아직 학습하지 않았지만 콤보박스를 제공하는 JComboBox 클래스는 ActionEvent, ItemEvent, PopupMenuEvent를 발생한다. 따라서 개발자는 자신이 처리하고 싶은 이벤트를 선택해 리스너 클래스를 작성하여 주면 된다. 스윙 컴포넌트가 발생하는 이벤트는 모든 컴포넌트가 공통적으로 지원하는 **저수준 이벤트**와 일부 컴포넌트만 지원하는 **의미적 이벤트**로 나눌 수 있다.

저수준 이벤트:
Mouse, MouseMotion, Key,
Component, Container, Focus,
Window

의미적 이벤트:
Action, Adjustment, Document,
Item, Text

저수준 이벤트

저수준 이벤트(low-level event)는 모든 컴포넌트에서 발생된다. 예를 들어서 마우스나 키보드로부터 발생되는 이벤트는 저수준 이벤트이다. 이벤트들은 상당히 자주 발생할 수 있다. 따라서 이벤트 처리에 시간을 너무 사용하면 안 된다. 저수준 이벤트에는 다음과 같은 것들이 있다.

이벤트 종류	설명
Component	컴포넌트의 크기나 위치가 변경되었을 경우 발생
Focus	키보드 입력을 받을 수 있는 상태가 되었을 때, 혹은 그 반대의 경우에 발생
Container	컴포넌트가 컨테이너에 추가되거나 삭제될 때 발생
Key	사용자가 키를 눌렀을 때 키보드 포커스를 가지고 있는 객체에서 발생
Mouse	마우스 버튼이 클릭되었을 때, 또는 마우스가 객체의 영역으로 들어오거나 나갈 때 발생
MouseMotion	마우스가 움직였을 때 발생
MouseWheel	컴포넌트 위에서 마우스 휠을 움직이는 경우 발생
Window	윈도우에 어떤 변화(열림, 닫힘, 아이콘화 등)가 있을 때 발생

의미적 이벤트

의미적 이벤트(semantic event)는 일부 컴포넌트에서만 발생한다. 대표적인 의미적 이벤트는 액션 이벤트이다. 만약 가능하다면 저수준 이벤트보다는 의미적 이벤트를 처리하는 것이 좋다. 의미적 이벤트를 사용하는 것이 코드를 강건하게 하고 이식성을 좋게 한다. 의미적 이벤트의 경우, 각 컴포넌트에 따라 발생할 수 있는 이벤트의 종류가 달라진다. 예를 들어서 버튼 컴포넌트는 액션 이벤트를 발생하지만 리스트는 리스트 선택 이벤트를 발생한다.

이벤트 종류	설명
Action	사용자가 어떤 동작을 하는 경우에 발생
Caret	텍스트 삽입점이 이동하거나 텍스트 선택이 변경되었을 경우 발생
Change	일반적으로 객체의 상태가 변경되었을 경우 발생
Document	문서의 상태가 변경되는 경우 발생
Item	선택 가능한 컴포넌트에서 사용자가 선택을 하였을 때 발생
ListSelection	리스트나 테이블에서 선택 부분이 변경되었을 경우에 발생

이 중에서 액션 이벤트만을 살펴본다. 다른 의미적 이벤트는 고급 컴포넌트를 학습할 때 다루도록 하자.

액션 이벤트

버튼이 발생하는 이벤트를 처리하려면 클래스를 정의할 때, ActionListener 인터페이스를 구현하여야 한다. ActionListener에는 actionPerformed()라는 추상 메소드만이 정의되어 있다. 이 메소드는 액션 이벤트가 발생할 때마다 호출된다. 액션 이벤트는 버튼에서만 발생하는 것은 아니다. 다음과 같은 경우에도 액션 이벤트가 발생한다.

- 사용자가 버튼을 클릭하는 경우
- 사용자가 메뉴 항목을 선택하는 경우
- 사용자가 텍스트 필드에서 엔터키를 누르는 경우

예제 10-1	배경색 변경하기

두 개의 버튼을 만들어서 패널의 배경색을 변경하는 프로그램을 작성하여 보자. 이벤트 리스너는 하나만 생성한다. 배경색은 패널의 setBackground() 메소드를 이용하여 변경한다. 하나의 이벤트 리스너가 여러 개의 컴포넌트에 등록될 수 있다. 이 때에는 이벤트 객체의 getSource()를 호출하여 이벤트를 발생한 컴포넌트를 얻거나 getActionCommand()를 호출하여 버튼의 텍스트를 얻어서 이벤트 소스를 구별하여야 한다.

ChangeBackground.java

```
01  // 소스를 입력하고 Ctrl+Shift+O를 눌러서 필요한 파일을 포함한다.
02  public class ChangeBackground extends JFrame {
03      private JButton button1;
04      private JButton button2;
05      private JPanel panel;
06      MyListener listener = new MyListener();
07
08      public ChangeBackground() {
09          this.setSize(300, 200);
10          this.setDefaultCloseOperation(JFrame.EXIT_ON_CLOSE);
11          this.setTitle("이벤트 예제");
12          panel = new JPanel();
13          button1 = new JButton("노란색");
14          button1.addActionListener(listener);
15          panel.add(button1);
16          button2 = new JButton("핑크색");
17          button2.addActionListener(listener);
18          panel.add(button2);
19          this.add(panel);
20          this.setVisible(true);
21          setDefaultCloseOperation(EXIT_ON_CLOSE);
22      }
23      private class MyListener implements ActionListener {
24          public void actionPerformed(ActionEvent e) {
25              if (e.getSource() == button1) {
26                  panel.setBackground(Color.YELLOW);
27              } else if (e.getSource() == button2) {
28                  panel.setBackground(Color.PINK);
29              }
30          }
31      }
32      public static void main(String[] args) {
33          ChangeBackground t = new ChangeBackground();
34      }
35  }
```

> 리스너 객체를 미리 생성시켜 놓는다.

> 두 개의 버튼에 동일한 이벤트 리스너 객체를 등록한다.

> getSource()를 이용하여서 이벤트 소스를 찾는다.

1. 버튼을 누르면 발생하는 이벤트는 무엇인가?

2. 버튼에서 발생하는 이벤트를 처리하려면 어떤 인터페이스를 구현해야 하는가?

3. 화면에 버튼이 여러 개 있을 때, 리스너에서는 어떻게 버튼을 구별하면 되는가?

중간점검

LAB 키패드 만들기

우리는 이벤트 처리의 기본을 학습하였다. 다른 컴포넌트는 몰라도 버튼 이벤트는 처리할 수 있다. 버튼 이벤트만 학습하여도 많은 애플리케이션을 작성할 수 있다. 숫자를 입력할 수 있는 키패드 프로그램을 작성하여 보자.

KeyPad.java

```java
01  // 소스만 입력하고 Ctrl+Shift+O를 누른다.
02  public class KeyPad extends JFrame implements ActionListener {
03      private JTextField txt;
04      private JPanel panel;
05
06      public KeyPad() {
07          txt = new JTextField(20);
08          add(txt, BorderLayout.NORTH);
09          panel = new JPanel();
10          panel.setLayout(new GridLayout(3, 3));
11          add(panel, BorderLayout.CENTER);
12          for (int i = 1; i <= 9; i++) {
13              JButton btn = new JButton("" + i);
14              btn.addActionListener(this);
15              btn.setPreferredSize(new Dimension(100, 30));
16              panel.add(btn);
17          }
18          pack();
19          setVisible(true);
20          setDefaultCloseOperation(EXIT_ON_CLOSE);
21      }
22
23      @Override
24      public void actionPerformed(ActionEvent e) {
25          String actionCommand = e.getActionCommand();
26          txt.setText(txt.getText() + actionCommand);
27      }
28      public static void main(String[] args) {
29          KeyPad f = new KeyPad();
30      }
31  }
```

Introduction to **JAVA Programming**

가위 바위 보 게임 LAB

가위, 바위, 보 게임을 작성하여 보자. 먼저 가위, 바위, 보를 나타내는 버튼을 생성한다. 사용자가 버튼 중에서 하나를 클릭하면 이것을 컴퓨터가 내부에서 생성한 난수값과 비교한다. 그리고 누가 이겼는지를 화면에 출력한다.

RockPaperScissor.java

```
01    ...
02    public class RockPaperScissor extends JFrame implements ActionListener {
03        final int SCISSOR = 0;
04        final int ROCK = 1;
05        final int PAPER = 2;
06
07        private JPanel panel;
08        private JLabel output, information;
09        private JButton rock, paper, scissor;
10
11        public RockPaperScissor() {
12            setTitle("가위, 바위, 보");
13            setSize(400, 150);
14
15            panel = new JPanel();
16            panel.setLayout(new GridLayout(0, 3));    // 그리드 배치 관리자 선택
17
18            information = new JLabel("아래의 버튼 중에서 하나를 클릭하시오!");
19            output = new JLabel("Good Luck!");
20            rock = new JButton("0: 가위");
21            paper = new JButton("1: 바위");
22            scissor = new JButton("2: 보");
23            rock.addActionListener(this);
24            paper.addActionListener(this);
25            scissor.addActionListener(this);
26
```

❶ 프레임에서 직접 이벤트를 처리하고 있다.

모든 버튼에서 발생하는 이벤트는 현재 객체, 즉 프레임 객체가 처리한다고 등록한다.

```
27        panel.add(rock);
28        panel.add(paper);
29        panel.add(scissor);
30
31        add(information, BorderLayout.NORTH);
32        add(panel, BorderLayout.CENTER);
33        add(output, BorderLayout.SOUTH);
34        setVisible(true);
35    }
36
37    public static void main(String[] args) {
38        RockPaperScissor f = new RockPaperScissor();
39    }
40
41    @Override
42    public void actionPerformed(ActionEvent e) {
43        JButton b = (JButton)e.getSource();      // 이벤트 발생 컴포넌트 추출
44        int user = Integer.parseInt(""+b.getText().charAt(0));
45                                                 // 버튼 텍스트의 첫 번째 글자 추출
46        Random random = new Random();
47        int computer = random.nextInt(3);   // 0부터 2까지의 난수 발생
48        if( user == computer)
49            output.setText("인간과 컴퓨터가 비겼음");
50        else if( user == (computer+1)%3)  // 0은 1한테 지고 1은 2한테, 2는 0한테 진다.
51            output.setText("인간: "+user+" 컴퓨터: "+computer+"   인간 승리");
52        else
53            output.setText("인간: "+user+" 컴퓨터: "+computer+"   컴퓨터 승리");
54    }
55 }
```

❷ 이벤트 처리 메소드

이벤트를 처리하는 메소드 actionPerformed()를 정의하고 있다. getSource()를 호출하여 사용자가 선택한 버튼이 어떤 것인지를 파악한다. 그 버튼 텍스트의 첫 번째 글자를 정수로 변경한다. 버튼 텍스트에는 0, 1, 2 글자가 첫 번째 글자로 되어 있다. 이어서 난수를 발생하고 사용자 선택과 난수를 비교한다. 사용자 선택이 난수보다 하나 많으면 사용자가 승리한 것이다.

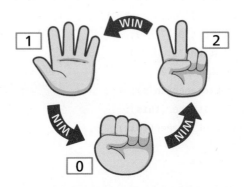

키 이벤트(key event)는 사용자가 키보드를 이용하여 입력을 하는 경우에 발생한다. 키를 누를 때도 발생하지만 키에서 손을 떼는 경우에도 발생한다. 키보드 이벤트에는 다음과 같은 3가지 형태가 있다.

- keyPressed 이벤트: 사용자가 키를 누르면 이벤트가 발생한다.
- keyReleased 이벤트: 사용자가 키에서 손을 떼면 이벤트가 발생한다.
- keyTyped 이벤트: 입력된 유니코드 문자가 전송된다.

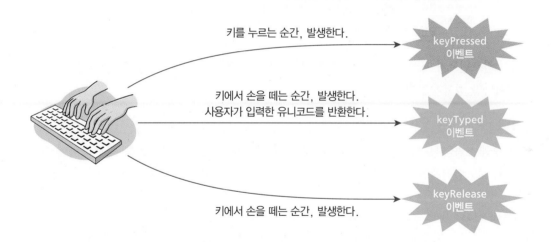

사용자가 하나의 키를 누르면, 3개의 키 이벤트가 순차적으로 발생한다. 즉 keyPressed() → keyTyped() → keyReleased()순으로 호출된다. 개발자는 이 3개의 키 이벤트 중에서 자신의 용도에 가장 잘 맞는 하나를 선택하여 처리하면 된다.

포커스

컴포넌트가 키 이벤트를 받으려면 반드시 포커스(focus)를 가지고 있어야 한다. 포커스란 키 입력을 받을 권리이다. 일반적으로 오직 한 개의 컴포넌트만 포커스를 가지고 있어서 키 입력을 독점하게 된다. 하나의 컴포넌트가 독점하지 않으면 이상한 일들이 발생할 것이다. 우리가 에디터에 입력한 텍스트들이 다른 응용 프로그램에도 전달되면 어떻게 될까? 따라서 포커스가 가지고 있지 않은 컴포넌트는 키 이벤트를 받을 수 없다.

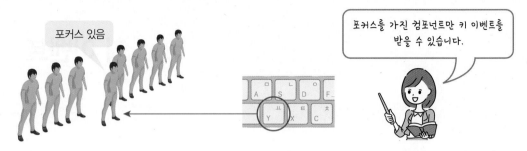

포커스는 사용자가 Tab 키를 눌러서 변경할 수도 있지만, 프로그램이 강제적으로 키보드 포커스를 요청하려면 컴포넌트의 requestFocus(), setFocusable(true)을 호출하여야 한다.

```
panel.setFocusable(true);
panel.requestFocus();
```

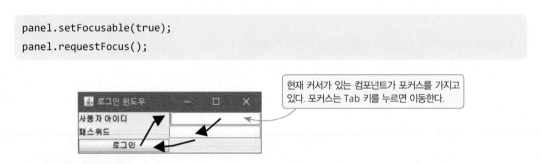

하나의 컴포넌트가 포커스를 얻으면, 이전 컴포넌트는 포커스를 잃게 된다. 포커스를 가진 컴포넌트는 하나만 있어야 한다.

KeyListener 인터페이스

어떤 클래스가 키보드 이벤트를 처리하려면 KeyListener 인터페이스를 구현하여야 한다. KeyListener 인터페이스는 다음과 같은 추상 메소드를 가지고 있다.

```
public class MyListener  implements KeyListener {
                                                        사용자가 키를 눌렀을 경우에 호출

   public void keyPressed(KeyEvent e) {          }
   public void keyReleased(KeyEvent e) {         }       사용자가 키에서 손을 떼었을 경우에 호출
   public void keyTyped(KeyEvent e) {            }
}                                                        사용자가 글자를 입력했을 경우에 호출
```

KeyListener 인터페이스의 추상 메소드는 3가지의 키 이벤트에 대응된다. 개발자는 자신이 원하는 추상 메소드를 구현하여서 사용하면 된다.

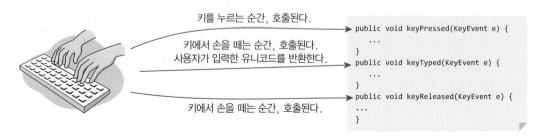

KeyEvent 클래스

키 이벤트가 발생하여서 콜백 메소드가 호출되면 KeyEvent 객체가 전달된다. KeyEvent 객체 안에는 무엇이 저장되어 있을까? 다음과 같은 메소드를 호출하면 사용자가 입력한 키에 대한 다양한 정보를 얻을 수 있다.

메소드	설명
int getKeyChar()	KeyEvent에 들어있는 글자(유니코드)를 반환한다.
int getKeyCode()	KeyEvent에 들어있는 키코드(keycode)를 반환한다. 키코드란 글자가 아니라 키보드 자판의 각각의 키를 가리키는 상수이다. 예를 들어 Escape 키의 키코드는 VK_ESCAPE로 정의되어 있다.
boolean isActionKey()	이벤트를 발생시킨 키가 액션 키이면 true를 반환한다. 액션 키란 Cut, Copy, Paste, Page Up, Caps Lock, 화살표와 function 키를 의미한다.

getKeyChar()

사용자가 입력한 문자를 얻으려면 e.getKeyChar()를 호출한다. 유니코드가 반환된다. 예를 들어서 'c' 글자가 눌려지는 순간, 카운터를 증가시키는 코드는 다음과 같이 작성할 수 있다.

```java
public void keyPressed(KeyEvent e) {
   if( e.getKeyCode() == 'c' )
      count++;
}
```

getKeyCode()

만약 글자가 아니고 키보드의 어떤 자판을 눌렀는지를 알고 싶으면 e.getKeyCode()를 호출한다. 키코드란 가상 키보드의 각 키를 나타내는 번호이다. 많이 사용되는 가상 키보드의 키코드는 KeyEvent에 정의되어 있고 다음과 같다.

상수	설명	상수	설명
VK_ENTER	Enter 키	VK_F1	F1 키
VK_END	End 키	VK_F2	F2 키
VK_CAPSLOCK	Capslock 키	. . .	
VK_ALT	Alt 키	VK_F12	F12 키
VK_LEFT	왼쪽 화살표	VK_PAGE_DOWN	Page Down 키
VK_RIGHT	오른쪽 화살표	VK_PAGE_UP	Page Up 키

예를 들어 사용자가 누른 키가 Enter키인지를 판단하기 위해서는 다음과 같은 문장을 이용한다.

```java
public void keyPressed(KeyEvent e) {
    if (e.getKeyCode() == KeyEvent.VK_ENTER) {
        //처리할 내용
    }
}
```

isControlDown()

isControlDown()을 호출하면 사용자가 컨트롤 키를 누르고 있는지도 알 수 있다. 예를 들어서, 사용자가 컨트롤 키를 누르고 있는지를 검사하는 코드는 다음과 같다.

```java
public void keyPressed(KeyEvent e) {
    if (e.isControlDown()) {
        //처리할 내용
    }
}
```

예제 10-2	키 이벤트 정보 출력하기

키 이벤트가 어떤 정보들을 반환하는지를 알기 위하여 텍스트 필드에 글자를 입력할 때 발생하는 키 이벤트 정보를 출력해본다. 프로그램을 실행한 후에 여러 가지 키를 눌러보자. 콘솔 창에 출력되는 문자열을 관찰한다.

```
Key Pressed  a 65 false false false
KeyTyped   a 0 false false false
Key Released  a 65 false false false
```

```
KeyEventTest.java
01    ...
02    public class KeyEventTest extends JFrame implements KeyListener { // (1)
03       public KeyEventTest() {
04          setTitle("이벤트 예제");
05          setSize(300, 200);
06          JTextField tf = new JTextField(20);
07          tf.addKeyListener(this); // (2)
08          add(tf);
09          setVisible(true);
10          setDefaultCloseOperation(JFrame.EXIT_ON_CLOSE);
11       }
12
13       public void keyTyped(KeyEvent e) {
14          display(e, "KeyTyped ");
15       }
16
17       public void keyPressed(KeyEvent e) {
18          display(e, "KeyPressed ");
19       }
20
21       public void keyReleased(KeyEvent e) {
22          display(e, "Key Released ");
23       }
24
25       protected void display(KeyEvent e, String s) {
26          char c = e.getKeyChar();
27          int keyCode = e.getKeyCode();
28          String modifiers = e.isAltDown() + " " + e.isControlDown()
29                           + " " + e.isShiftDown();
30          System.out.println(s + " " + c + " " + keyCode + " " + modifiers);
31       }
32
33       public static void main(String[] args) {
34          KeyEventTest f = new KeyEventTest();
35       }
36    }
```

예제 10-3   자동차 움직이기

키보드의 화살표 키로 움직이는 자동차를 작성하여 보자. 프레임에 패널을 붙이고 패널에서 자동차 이미지를 그린다. 패널 안에서 키 이벤트를 처리하여 화살표 키가 입력되면 화면의 자동차를 움직인다. 여기서 주의할 점은 패널이 키 입력을 받으려면 반드시 setFocusable(true)를 호출하여야 한다.

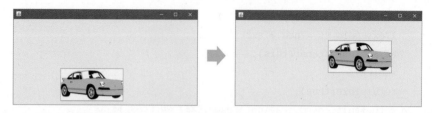

MoveCar.java

```java
01   import java.awt.event.*;
02   import javax.swing.*;
03
04   public class MoveCar extends JFrame {
05      int img_x=150, img_y=150;
06      JButton button;
07
08      public MoveCar() {
09         setSize(600, 300);
10         button = new JButton("");
11         ImageIcon icon = new ImageIcon("d:\\car.png");
12
13         button.setIcon(icon);
14         JPanel panel = new JPanel();
15         panel.setLayout(null);
16         button.setLocation(img_x, img_y);
17         button.setSize(200, 100);
18         panel.add(button);
19         panel.requestFocus();
20         panel.setFocusable(true);
21         panel.addKeyListener(new KeyListener() {
22            public void keyPressed(KeyEvent e) {
23               int keycode = e.getKeyCode();
24               switch (keycode) {
25               case KeyEvent.VK_UP: img_y -= 10; break;
26               case KeyEvent.VK_DOWN: img_y += 10; break;
27               case KeyEvent.VK_LEFT: img_x -= 10; break;
28               case KeyEvent.VK_RIGHT: img_x += 10; break;
29               }
30               button.setLocation(img_x, img_y);
31            }
32            public void keyReleased(KeyEvent arg0) {          }
33            public void keyTyped(KeyEvent arg0) {       }
34         });
```

> 익명 클래스를 이용하여 KeyListener를 구현하는 클래스를 작성한다.

```
35        add(panel);
36        setVisible(true);
37        setDefaultCloseOperation(JFrame.EXIT_ON_CLOSE);
38    }
39    public static void main(String[] args) {
40        MoveCar f = new MoveCar();
41    }
42 }
```

중간점검

1. 컴포넌트가 키 이벤트를 받으려면 어떤 사전 작업을 해야 하는가?

2. 컴포넌트가 포커스를 받으려면 어떤 메소드를 호출하여야 하는가?

3. 위쪽 화살표 키를 인식하려면 어떤 메소드를 사용하여야 하는가?

4. 'q' 키가 입력되면 전체 프로그램을 종료하고 싶다. 어떻게 하면 되는가?

5. 'a' 키를 입력하면 어떤 키 이벤트들이 발생하는가? 순서대로 말해보자.

마우스 이벤트(Mouse Event)는 사용자가 마우스 버튼을 누르거나 마우스를 움직일 때 발생한다. 사용자가 버튼을 누르거나 메뉴를 선택할 때는 마우스 이벤트를 처리할 필요가 없다(앞에서 학습한대로 이러한 경우는 액션 이벤트로 처리하면 된다). 하지만 사용자가 화면에 마우스로 그림을 그리게 하려면 마우스 이벤트를 처리하여야 한다.

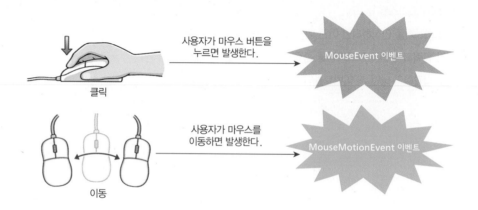

마우스에서 발생하는 이벤트는 8가지나 된다. 이중 5가지는 MouseListener 안에 정의되고, 2가지는 MouseMotionListener 안에, 나머지 1가지는 MouseWheelListener 안에 정의된다. 마우스에 대한 이벤트를 이렇게 분리하는 이유는 마우스의 움직임을 추적하는 것이 시스템의 오버헤드를 증가시키기 때문이다. 중요한 것만 살펴보자. 마우스 버튼의 클릭을 처리하려면 MouseListener 를 구현하여서 MouseEvent를 받으면 된다. 마우스가 이동할 때 마우스의 위치를 받으려면 MouseMotionListener를 구현하여서 MouseMotionEvent를 받아야 한다. 먼저 MouseListener 인터페이스에 대하여 살펴보자.

MouseListener 인터페이스

MouseListener 인터페이스는 다음과 같은 추상 메소드를 가지고 있다.

```
public class MyListener implements MouseListener {
    public void mousePressed(MouseEvent e) {        }
    public void mouseReleased(MouseEvent e) {       }
    public void mouseEntered(MouseEvent e) {        }
    public void mouseExited(MouseEvent e) {         }
    public void mouseClicked(MouseEvent e) {        }
}
```

> 사용자가 컴포넌트를 클릭한 경우에 호출된다.

> 마우스 컴포넌트 위에서 떼어지면 호출된다.

> 마우스 커서가 컴포넌트로 들어가면 호출된다.

> 마우스 커서가 컴포넌트에서 나가면 호출된다.

> 마우스 컴포넌트 위에서 눌려지면 호출된다.

사용자가 마우스 버튼을 누르면 mousePressed()가 호출되고 마우스 버튼에서 손을 떼면 mouseReleased()가 호출된다. 이어서 mouseClicked()가 호출된다. 마우스의 현재 좌표는 e.getX()와 e.getY()를 호출하면 알 수 있다. 만약 마우스의 버튼이 한번 클릭된다면 다음과 같은 순서로 이벤트들이 발생된다.

실행 결과

```
Mouse pressed (# of clicks: 1) X=118 Y=81
Mouse released (# of clicks: 1) X=118 Y=81
Mouse clicked (# of clicks: 1) X=118 Y=81
```

> 버튼을 눌렀을 때 발생

> 버튼에서 손을 떼면 발생

> 버튼이 한 번 클릭되면 발생

MouseMotionListener 인터페이스

마우스가 이동힐 때 좌표를 받으려면 이 인터페이스를 구현한다.

```
public class MyClass implements MouseMotionListener {
    public void mouseDragged(MouseEvent e) {    }
    public void mouseMoved(MouseEvent e) {      }
}
```

> 마우스를 드래그하면 호출된다.

> 마우스가 클릭되지 않고 이동하는 경우에 호출된다.

마우스 버튼이 눌린 채로 이동하면 mouseDragged()가 호출되고, 그냥 이동하면 mouseMoved()가 호출된다. 마우스의 현재 좌표는 이벤트의 객체의 getX()와 getY()를 호출하면 알 수 있다. 주의할 점은 드래그 시에는 mouseMoved()는 호출되지 않는다는 점이다. 또 드래그 시에는 mouseClicked()는 호출되지 않는다. 만약 마우스가 클릭된 채로 드래그된다면 위의 이벤트들이 중복하여 발생된다. 실제로 패널을 생성하고 패널 위에서 마우스를 움직이면, 다음과 같이 이벤트가 발생하는 것을 관찰할 수 있다.

실행 결과

```
Mouse pressed (# of clicks: 1) X=93 Y=47
Mouse dragged X=93 Y=48
Mouse dragged X=94 Y=48
...
Mouse dragged X=117 Y=66
Mouse dragged X=118 Y=66
Mouse released (# of clicks: 1) X=118 Y=66
```

> 버튼을 클릭하였을 때 발생

> 버튼을 클릭한 채로 움직이면 발생

> 버튼에서 손을 떼면 발생

MouseEvent 객체

마우스 이벤트 객체도 많은 정보를 우리에게 전달한다. 먼저 마우스 버튼이 몇 번이나 클릭됐는지는 getClickCount()로 알 수 있다. 이것은 더블 클릭을 감지하기 위한 것이다. 또한 마우스가 클릭된 위치는 getX(), getY()로 알 수 있다. 클릭된 버튼은 getButton()으로 알 수 있다. MouseEvent 클래스가 가지고 있는 메소드들은 다음과 같다.

메소드	설명
int getClickCount()	빠른 연속적인 클릭의 횟수를 반환한다. 예를 들어 2이면 더블 클릭을 의미한다.
int getX() int getY() Point getPoint()	이벤트가 발생했을 당시의 (x,y) 위치를 반환한다. 위치는 컴포넌트에 상대적이다.
int getXOnScreen() int getYOnScreen() int getLocationOnScreen()	절대 좌표 값 (x,y)을 반환한다. 이들 좌표값은 화면에 상대적이다.
int getButton()	어떤 마우스 버튼의 상태가 변경되었는지를 반환한다. NOBUTTON, BUTTON1, BUTTON2, BUTTON3 중의 하나이다.

예를 들어서 더블 클릭을 인식하려면 getClickCount()를 호출한 후에 2가 반환되는지를 보면 된다.

예제 10-4	마우스 이벤트 정보 출력하기	

```java
MouseEvent.java
01  class MouseEventTest extends JFrame implements MouseListener,
02                                                    MouseMotionListener {
03      public MouseEventTest() {
04          setTitle("Mouse Event");
05          setSize(300, 200);
06
07          JPanel panel = new JPanel();
08          panel.addMouseListener(this);
09          panel.addMouseMotionListener(this);
10          add(panel);
11          setVisible(true);
12          setDefaultCloseOperation(JFrame.EXIT_ON_CLOSE);
13      }
14
```

```java
15    public void mousePressed(MouseEvent e) {
16       display("Mouse pressed (# of clicks: " + e.getClickCount() + ")", e);
17    }
18    public void mouseReleased(MouseEvent e) {
19       display("Mouse released (# of clicks: " + e.getClickCount() + ")", e);
20    }
21    public void mouseEntered(MouseEvent e) {
22       display("Mouse entered", e);
23    }
24    public void mouseExited(MouseEvent e) {
25       display("Mouse exited", e);
26    }
27    public void mouseClicked(MouseEvent e) {
28       display("Mouse clicked (# of clicks: " + e.getClickCount() + ")", e);
29    }
30    public void mouseDragged(MouseEvent e) {
31       display("Mouse dragged", e);
32    }
33    public void mouseMoved(MouseEvent e) {
34       display("Mouse moved", e);
35    }
36    protected void display(String s, MouseEvent e) {
37       System.out.println(s + " X=" + e.getX() + " Y=" + e.getY());
38    }
39    public static void main(String[] args) {
40       MouseEventTest f = new MouseEventTest();
41    }
42 }
```

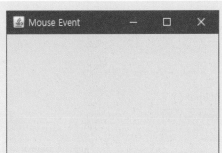

```
Mouse moved X=240 Y=0
Mouse moved X=241 Y=0
Mouse exited X=242 Y=-1
Mouse entered X=119 Y=2
Mouse moved X=119 Y=2
Mouse moved X=156 Y=25
Mouse moved X=205 Y=57
Mouse moved X=256 Y=95
Mouse exited X=653 Y=419
```

예제 10-5   마우스로 자동차 이동하기

앞에서 키보드의 화살표 키를 이용하여 자동차를 움직이는 프로그램을 작성한 바 있다. 이번에는 마우스 클릭으로 자동차를 이동하는 프로그램을 작성하여 보자.

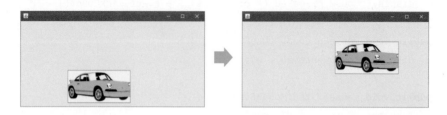

MoveCar2.java

```java
01    import java.awt.event.*;
02    import javax.swing.*;
03
04    public class MoveCar extends JFrame {
05
06        int img_x=150, img_y=150;
07        JButton button;
08        public MoveCar() {
09            setSize(600, 300);
10            button = new JButton("");
11            ImageIcon icon = new ImageIcon("d:\\car.png");
12
13            button.setIcon(icon);
14            JPanel panel = new JPanel();
15            panel.setLayout(null);
16            button.setLocation(img_x, img_y);
17            button.setSize(200, 100);
18            panel.add(button);
19            panel.requestFocus();
20            panel.setFocusable(true);
21            panel.addMouseListener(new MouseListener() {
22                public void mousePressed(MouseEvent e) {
23                    img_x = e.getX();
24                    img_y = e.getY();
25                    button.setLocation(img_x, img_y);
26                }
27                public void mouseReleased(MouseEvent e) {        }
28                public void mouseEntered(MouseEvent e) {         }
29                public void mouseExited(MouseEvent e) {          }
30                public void mouseClicked(MouseEvent e) {         }
31            });
```

> 마우스가 클릭되면 버튼의 위치를 변경한다.

```
32        add(panel);
33        setVisible(true);
34        setDefaultCloseOperation(JFrame.EXIT_ON_CLOSE);
35    }
36
37    public static void main(String[] args) {
38        MoveCar f = new MoveCar();
39    }
40 }
```

마우스로 원 그리기 　　　예제 10-6

우리는 아직 원을 그리는 방법을 학습하지 않았지만 프레임에서 getGraphics()을 호출하여 Graphics 객체를 얻은 후에 fillOval()을 호출하면 간단히 원을 그릴 수 있다. 마우스를 클릭하는 곳에 원을 그려보자.

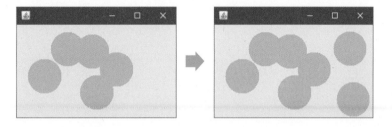

DrawCircle.java

```
01 public class DrawCircle extends JFrame implements MouseListener {
02    public DrawCircle() {
03        addMouseListener(this);
04        setSize(300, 300);
05        setLayout(null);
06        setVisible(true);
07        setDefaultCloseOperation(JFrame.EXIT_ON_CLOSE);
08    }
09                                           ┌─────────────────────────┐
                                             │ 마우스가 클릭된 좌표에 원을 그린다. │
                                             └─────────────────────────┘
10    public void mouseClicked(MouseEvent e) {
11        Graphics g = getGraphics();
12        g.setColor(Color.ORANGE);
13        g.fillOval(e.getX()-30, e.getY()-30, 60, 60);
14    }
15
16    public void mouseEntered(MouseEvent e) {    }
17    public void mouseExited(MouseEvent e) {     }
18    public void mousePressed(MouseEvent e) {    }
19    public void mouseReleased(MouseEvent e) {   }
```

```
20
21      public static void main(String[] args) {
22          DrawCircle f = new DrawCircle();
23      }
24  }
```

중간점검

1. 사용자가 마우스를 더블클릭하였는지를 인식하려면 어떻게 해야 하는가?

2. 마우스 이벤트 리스너나 마우스의 현재 좌표를 알려면 어떻게 해야 하는가?

3. 위의 원 그리기 프로그램에서 색상과 원의 크기를 난수로 해보자.

이벤트를 처리하기 위해서는 리스너 인터페이스에서 정의되어 있는 모든 메소드를 구현해야 한다. 따라서 프로그래머가 작성하기를 원하는 메소드는 하나뿐인 경우에도 인터페이스의 모든 메소드를 구현해야 하는 불편함이 따른다. 이러한 불편을 해소하기 위한 것이 **어댑터 클래스(Adaptor Class)**이다. **어댑터 클래스는 인터페이스를 구현해놓은 클래스이다.** 어댑터 클래스를 상속받아서 원하는 메소드만을 재정의하는 것이 가능해진다.

예를 들어서 마우스 이벤트를 처리하는 마우스 어댑터 클래스는 다음과 같이 정의된다. 실제 소스에서 약간의 주석만 삭제한 소스이다.

```java
public abstract class MouseAdapter implements MouseListener, MouseWheelListener,
                                              MouseMotionListener {
   public void mouseClicked(MouseEvent e) {}
   public void mousePressed(MouseEvent e) {}
   public void mouseReleased(MouseEvent e) {}
   public void mouseEntered(MouseEvent e) {}
   public void mouseExited(MouseEvent e) {}
   public void mouseWheelMoved(MouseWheelEvent e){}
   public void mouseDragged(MouseEvent e){}
   public void mouseMoved(MouseEvent e){}
}
```

예를 들어 마우스 이벤트를 처리하는 경우에 2가지 방법을 비교해보자.

리스너 인터페이스를 구현하는 방법

이 경우에는 개발자가 사용하지 않는 메소드들도 모두 구현하여야 한다.

```java
class MyListener implements MouseListener, MouseWheelListener, MouseMotionListener{
   public void mouseClicked(MouseEvent e) {        // 작성하기 원하는 메소드
      ...
   }
   public void mousePressed(MouseEvent e) {}       // 불필요한 메소드
   public void mouseReleased(MouseEvent e) {}
   public void mouseEntered(MouseEvent e) {}
   public void mouseExited(MouseEvent e) {}
   public void mouseWheelMoved(MouseWheelEvent e){}
   public void mouseDragged(MouseEvent e){}
   public void mouseMoved(MouseEvent e){}
}
```

어댑터 클래스를 상속받는 방법

이 경우에는 개발자가 필요한 메소드만 오버라이드하면 된다.

```java
class MyListener  extends MouseAdaptor {
    public void mouseClicked(MouseEvent e){
        if( e.getX > 300 ){
            ...
        }
    }
}
```

인터페이스를 구현해 놓은 어댑터 클래스

필요한 메소드만 재정의한다.

예제 10-7   마우스 드래그 이벤트 출력하기

마우스 어댑터 클래스를 사용하여서 마우스 드래그 이벤트를 처리해보자. 마우스 드래그 이벤트가 발생하면 이벤트 정보를 콘솔에 출력한다.

MouseDrag.java

```java
01  public class MouseDrag extends JFrame {
02      JPanel panel;
03
04      public MouseDrag() {
05          setTitle("Mouse Event");
06          setSize(300, 200);
07
08          panel = new JPanel();
09          panel.addMouseMotionListener(new MouseAdapter() {
10              public void mouseDragged(MouseEvent e) {
11                  System.out.println(e);
12              }
13          });
14          add(panel);
15          setVisible(true);
16          setDefaultCloseOperation(JFrame.EXIT_ON_CLOSE);
17      }
18
19      public static void main(String[] args) {
20          MouseDrag f = new MouseDrag();
21      }
22  }
```

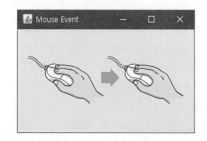

```
java.awt.event.MouseEvent
[MOUSE_DRAGGED,(94,54), ...
java.awt.event.MouseEvent
[MOUSE_DRAGGED,(95,55), ...
```

1. 어댑터 클래스의 장점은 무엇인가?

2. 익명 클래스로 KeyAdaptor 객체를 생성하고 getKeyCode()만 재정의하는 코드를 작성해 보자.

중간점검

Mini Project

계산기 프로그램

우리가 앞 장에서 화면만을 만들었던 간단한 계산기이다. 이번 장에서 버튼의 액션 이벤트를 처리하여 기초적인 계산 기능을 부여해보자. 9장, 10장의 내용을 총정리해서 프로그램을 완성해본다.

무엇을 추가하여야 할까? 버튼이 눌렸을 때 이벤트 처리를 하여야 한다. 모든 버튼에 대하여 동일한 이벤트 처리 루틴을 등록하도록 하자. 각 버튼의 구별은 이벤트의 getActionCommand()을 호출하여서 할 수 있다. getActionCommand()은 버튼에 써있는 텍스트를 반환한다. 이 텍스트를 보고 어떤 버튼인지를 구별할 수 있는 것이다.

몇 개의 변수를 추가하도록 하자.

- private double result - 연산의 계산 결과를 가지고 있다.

- private String operator – 입력된 연산을 기억한다.

- private boolean startOfNumber – 숫자가 입력되기를 기다리는 상태이면 true이고, 숫자가 입력되는 도중이면 false가 된다.

입력되는 숫자는 모두 텍스트 필드에 적어놓는다. 즉 사용자가 "123.0"이라고 입력하면 이것이 화면의 맨 위에 있는 텍스트 필드에 그대로 기록된다. 계산할 때는 텍스트 필드의 내용을 Double.parseDouble(display.getText());를 사용해 실수로 변경할 수 있다.

연산자의 종류에 따라서 연산을 수행하면 된다. 첫 번째 피연산자는 이미 result 변수에 저장되어 있으므로 result에서 두 번째 피연산자를 적용시키면 된다. 즉 연산자가 '+'이면 result에 두 번째 연산자를 더해주면 된다.

Introduction to **JAVA Programming**   **Tic-Tac-Toe 게임**   **Mini Project**

Tic-Tac-Toe 게임을 작성하여 보자. Tic-Tac-Toe 게임은 3×3칸을 가진 게임판을 만들고, 경기자
가 동그라미 기호(O)와 가위표 기호(X)을 번갈아 가며 게임판에 놓는 게임이다. 가로, 세로, 대각
선 상관 없이 직선으로 동일한 기호 3개를 먼저 만들면 승리한다.

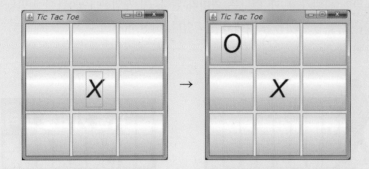

모든 버튼에 동일한 액션 리스너 객체를 등록한다. 액션 리스너에서는 버튼 클릭 이벤트를 처리하
고 아직 클릭 안 된 것을 확인한 후에 동그라미 차례이면 'O'으로, 가위 차례이면 'X'로 버튼의 텍
스트를 변경한다.

```java
@Override
    public void actionPerformed(ActionEvent e) {
        for(int i =0;i<3;i++){
            for(int j =0;j<3;j++){
                if( e.getSource()==buttons[i][j] &&
                                    buttons[i][j].getText().equals(" ") ==true){
                    if( turn == 'X'){
                        buttons[i][j].setText("X");
                        turn = 'O';
                    }
                    else {
                        buttons[i][j].setText("O");
                        turn = 'X';

                    }
                }
            }
        }
    }
```

Mini Project

지뢰 찾기 게임

지뢰 찾기는 1인용 게임이다. 게임의 목표는 "지뢰"가 숨겨진 직사각형 보드에서 인접 지뢰의 개수 힌트의 도움을 받아 어떤 지뢰도 폭파시키지 않고 안전하게 제거하는 것이다. 지뢰가 없는 곳을 클릭했을 때 숫자가 나오면 주변 칸에 지뢰가 숨겨져 있다는 것을 의미한다. 예를 들어서 숫자가 2이면 주변 칸에 지뢰가 두 개 있다는 의미가 된다. 이 게임은 1960년대에 만들어졌으며 오늘날 사용되는 많은 컴퓨팅 플랫폼을 위해 작성되었다. 최신 버전의 마이크로소프트 지뢰 찾기는 다음과 같은 모습이다.

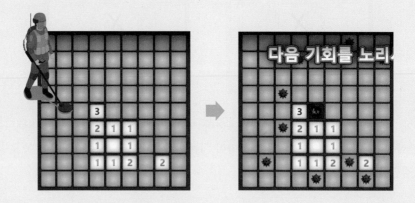

일단 게임을 익히기 위하여 마이크로소프트 스토어에서 지뢰 찾기를 다운로드하여 몇 판 해보자. 이어서 자바의 스윙과 이벤트 처리를 응용하여 위의 게임과 유사한 게임을 제작해보자. 많은 방법이 있지만, 버튼을 GridLayout으로 배치하여 게임을 제작하는 것이 가장 자연스러워 보인다. 사용자가 버튼을 클릭하면 버튼의 텍스트를 인접 지뢰의 개수로 설정한다. 어떤 칸이 지뢰일 확률은 난수를 발생시켜서 결정한다. 전체의 30%를 지뢰로 하고 싶으면 0부터 99 사이의 난수를 생성하여 30보다 적은 경우에만 지뢰를 놓으면 된다.

Summary

Introduction to JAVA Programming

- 이벤트 구동 프로그래밍이란 이벤트의 발생에 의하여 프로그램의 실행 흐름이 결정되는 프로그래밍 방식이다. 자바 GUI 프로그래밍도 여기에 속한다.

- 이벤트는 버튼을 클릭하거나, 마우스를 움직이거나 하면 발생한다.

- 이벤트 소스는 이벤트를 발생하는 컴포넌트를 의미한다.

- 이벤트 리스너란 이벤트를 받아서 처리하는 객체이다.

- 이벤트 객체는 이벤트 리스너에 전달되는 객체로서 발생한 이벤트에 대한 정보를 저장하고 있다.

- 이벤트 리스너 클래스는 여러 가지 방법으로 구현할 수 있다. 많이 사용되는 방법은 내부 클래스로 작성하거나 익명 클래스로 작성하는 방법이다.

- 내부 클래스로 이벤트 리스너를 작성하면 외부 클래스의 멤버에 자유롭게 접근할 수 있어서 편리하다.

- 키 이벤트는 KeyListener 인터페이스를 구현하여 처리한다. getKeyChar(), getKeyCode() 등의 메소드가 제공된다.

- 컴포넌트가 키 이벤트를 받으려면 포커스를 가지고 있어야 한다. 컴포넌트가 포커스를 강제적으로 요청하려면 requestFocus() 메소드를 호출한다.

- 마우스 이벤트는 MouseListener나 MouseMotionListener를 구현하여 처리한다. mouseClicked()와 같은 메소드들이 제공된다.

- 마우스 이벤트는 현재 마우스의 위치를 알려주는 getX(), getY() 등의 메소드를 제공한다.

- 어댑터 클래스는 리스너 인터페이스의 메소드들을 전부 구현해놓은 클래스로서, 이것을 상속받아서 필요한 메소드만 오버라이드할 수 있다.

Exercise

1. 버튼을 누르면 발생하는 이벤트는?

❶ ActionEvent   ❷ MouseEvent

❸ ItemEvent   ❹ KeyEvent

2. JButton 객체 b의 리스너로 객체 obj를 설정하는 올바른 문장은?

❶ b.add(obj)   ❷ b.addActionEvent(obj)

❸ b.addActionListener(obj) ❹ b.setActionListener(obj)

3. 다음 중 의미적 이벤트가 아닌 것은?

❶ ActionEvent   ❷ MouseEvent

❸ ItemEvent   ❹ AdjustmentEvent

4. 다음 중 액션 이벤트를 발생시키지 않는 위젯은?

❶ 버튼   ❷ 메뉴 항목

❸ 텍스트 필드   ❹ 스크롤바

5. 사용자가 키보드의 키를 눌렀을 때 keyTyped(), keyPressed(), keyRelelased()가 호출되는 순서는?

❶ keyType()

❷ keyType(), keyPressed()

❸ keyType(), keyPressed(), keyReleased()

❹ keyPressed(), keyType(), keyReleased()

6. 다음 문장이 참인지 거짓인지를 판단하시오. 거짓이면 올바르게 수정하시오.

(1) 버튼에서 발생하는 이벤트는 Key 이벤트이다.

(2) 마우스가 움직였을 때 발생하는 이벤트는 MouseEvent이다.

(3) 어댑터 클래스를 사용하면 코드가 길어진다.

7. 다음의 이벤트 처리 코드를 익명 클래스를 이용하여서 다시 작성하여 보자.

```
class MyFrame extends JFrame implements ActionListener {
    JButton button;
    public MyFrame() {
        button = new JButton("버튼을 누르시오");
        button.addActionListener(this);
        ...
    }
    public void actionPerformed(ActionEvent e) {
        System.out.println("마침내 버튼이 눌려졌습니다.");
    }
}
```

8. 7번의 이벤트 처리 코드를 람다식을 사용하여 다시 작성하여 보자.

9. 다음의 이벤트 처리 코드를 MouseAdaptor 클래스를 사용하여 다시 작성하여 보자.

```
addMouseListener(new MouseListener() {
    public void mousePressed(MouseEvent e) {
        img_x = e.getX();
        img_y = e.getY();
        repaint();
    }
    public void mouseReleased(MouseEvent e) { }
    public void mouseEntered(MouseEvent e) { }
    public void mouseExited(MouseEvent e) { }
    public void mouseClicked(MouseEvent e) { }
});
```

Programming

1. 프레임 안에 버튼을 하나 생성하고, 버튼이 눌려지면 버튼의 클릭 횟수를 다음과 같이 텍스트로 표시하는 프로그램을 작성하라.

2. 사용자로부터 2개의 정수를 받아서 합을 계산하여 화면에 표시하는 프로그램을 작성하라.

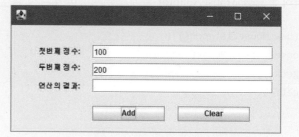

3. 9장 연습문제에서 체중과 키를 받아서 BMI를 계산하는 프로그램의 화면을 만든 적이 있다. 이번에는 여기에 이벤트 처리 기능을 추가하여서 실제 BMI가 화면에 표시되게 하라.

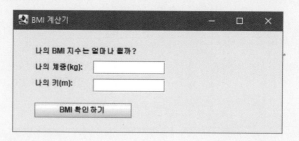

4. 마일을 입력하고 "변환" 버튼을 누르면 마일이 킬로미터로 변환되어 표시되는 프로그램을 작
성하라.

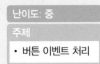

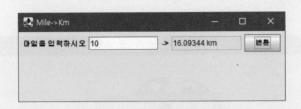

5. 원금과 이율을 입력하면 이자를 계산하여 주는 프로그램을 작성하라. 버튼을 누르면 이자가
계산되어야 한다.

6. 버튼으로 움직이는 자동차 표시 프로그램을 만들어보자. "LEFT" 버튼을 누르면 자동차가 왼
쪽으로 움직이고 "RIGHT" 버튼을 누르면 자동차가 오른쪽으로 움직여야 한다.

난이도: 중
주제
• 버튼 이벤트 처리

난이도: 중
주제
• 버튼 이벤트 처리

난이도: 상
주제
• 버튼 이벤트 처리

난이도: 상

주제
• 키 이벤트 처리

7. 키보드의 화살표 키로 움직이는 자동차 표시 프로그램을 작성하여 보자. 키 이벤트를 처리하여서 왼쪽 화살표 키가 입력되면 화면의 자동차를 왼쪽으로, 오른쪽 화살표 키가 입력되면 자동차를 오른쪽으로 움직인다.

위젯이 키 입력을 받으려면 setFocusable(true)를 호출하여야 한다.

난이도: 상

주제
• 마우스 이벤트 처리

8. 위와 동일한 프로그램에서 마우스로 자동차를 움직이는 프로그램을 작성하여 보자. 마우스의 왼쪽 버튼을 누르면 자동차가 왼쪽으로 움직이고, 마우스의 오른쪽 버튼을 누르면 오른쪽으로 움직여야 한다.

난이도: 상

주제
• 버튼 처리

9. 슬롯 머신과 유사한 게임을 구현하여 보자. 프레임 안에 3개의 버튼이 있다. 사용자가 "스핀" 버튼을 누를 때마다 3개의 숫자 텍스트가 0부터 10 사이의 난수로 변경된다.

10. 숫자를 추측하는 게임을 작성하여 보자. 프로그램은 1부터 100 사이의 하나의 숫자를 랜덤하게 생성하여 가지고 있다. 사용자는 숫자를 추측하고 컴퓨터는 사용자가 입력한 숫자가 정답보다 높은지 낮은지만을 알려준다. 다음과 같은 사용자 인터페이스를 사용한다. 숫자가 정답이 아니면, 힌트를 나타내는 레이블의 배경색을 빨간색으로 변경한다.\

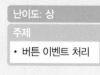

난이도: 상
주제
• 버튼 이벤트 처리

위젯의 배경색을 변경하는 것은 다음 코드를 참조하라.

```
obj.setBackgroundColor(Color.red);
```

11. 가위, 바위, 보 게임을 작성하여 보자. 가위, 바위, 보를 나타내는 버튼을 생성한다. 사용자가 버튼 중에서 하나를 클릭하면 이것을 컴퓨터가 생성한 값과 비교한다. 사용자가 선택한 것과 컴퓨터가 선택한 것을 화면에 표시한다. 그리고 누가 이겼는지를 화면에 출력한다. 이클립스의 "window builder"를 사용해도 좋다.

난이도: 상
주제
• 버튼 이벤트 처리

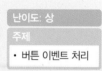

12. 마우스를 클릭할 때마다 사각형이 화면에 그려지는 예제를 작성하여 보자. 배열을 사용하여서 지금까지 생성된 사각형들을 저장하라. 동적 배열인 ArrayList에 사각형들을 저장해보자.

13. 8-퍼즐은 3×3 격자(9개의 사각형 포함)로 구성된 간단한 게임이다. 사각형 중 하나는 항상 비어있다. 사각형은 다른 위치로 이동할 수 있고, 이 게임의 목표는 숫자가 "목표 상태"로 표시되도록 하는 것이다. 왼쪽 이미지는 초기 상태이고 오른쪽 이미지는 목표 상태로 생각할 수 있다. 사용자가 사각형을 클릭하여 8-퍼즐을 수행할 수 있는 프로그램을 작성해보자. 프로그램이 목표 상태를 자동으로 찾을 필요는 없다.

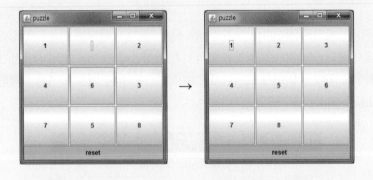

스윙 컴포넌트

▶ 다음과 같은 작업들을 수행하는 방법을 알고 있나요? 이번 장에서 함께 알아봐요.

1. 스윙을 사용하여 화면에 이미지를 표시할 수 있나요?
2. 스윙을 사용하여 메모를 입력받을 수 있나요?
3. 스윙을 사용하여 메뉴가 붙어 있는 GUI 애플리케이션을 만들 수 있나요?
4. 라디오 버튼과 체크 박스를 화면에 만들 수 있나요?
5. 슬라이더를 사용하여 수치값을 마우스로 받을 수 있나요?
6. 스윙을 사용하여 피자 주문 화면을 만들 수 있나요?

➕ 학습목차

11.1   스윙 컴포넌트 소개
11.2   레이블과 버튼의 고급 기능
11.3   텍스트 필드와 텍스트 영역
11.4   체크 박스

11.5   라디오 버튼
11.6   콤보 박스
11.7   메뉴 붙이기
11.8   슬라이더

Power JAVA 3e

스윙(Swing) 컴포넌트는 윈도우 기반 응용 프로그램을 만드는 데 사용되는 JFC(Java Foundation Classes)의 일부이다. JFC는 데스크탑 애플리케이션 개발을 쉽게 하는 GUI 컴포넌트들의 집합이다. 스윙 컴포넌트는 AWT(Abstract Windowing Toolkit) API를 기반으로 하며 완전히 자바로 작성되었다. AWT와 달리, 스윙은 플랫폼 독립적이고 경량 컴포넌트 구조이다. javax.swing 패키지는 JButton, JTextField, JTextArea, JRadioButton, JCheckbox, JMenu, JColorChooser 등과 같은 클래스를 제공한다.

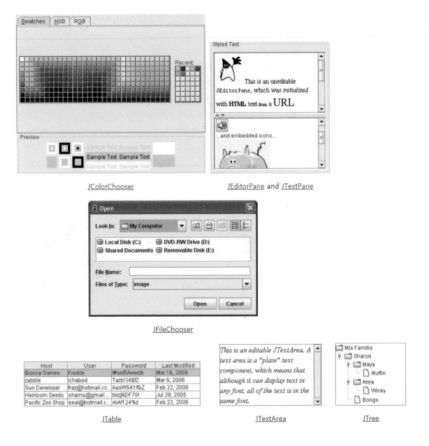

위의 그림은 스윙을 사용하는 프로그램의 화면이다. 우리는 앞장에서 기본적인 컴포넌트는 어느 정도 학습하였다. 이번 장에서는 고급 컴포넌트들을 살펴보자.

Jcomponent 클래스

최상위 컨테이너를 제외하고는 거의 모든 컴포넌트가 JComponent를 상속받는다. 예를 들어서 JPanel, JLabel, JButton, JComboBox같은 컴포넌트들은 모두 JComponent를 상속받고 있다. JComponent 클래스에는 스윙 컴포넌트들이 공통적으로 가져야 하는 속성과 메소드가 포함되어 있다.

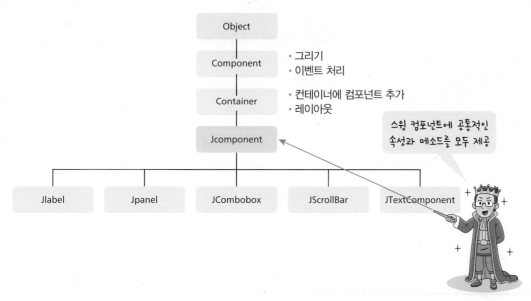

JComponent 클래스는 Component와 Container 클래스를 상속받는다. Component 클래스는 화면 그리기와 이벤트 처리 기능을 제공한다. Container 클래스는 주로 컨테이너 클래스에 컴포넌트를 추가하거나 제거하는 기능과 레이아웃 기능을 제공한다. 이들 클래스가 제공하는 기능은 JComponent 클래스로 상속되므로 스윙 컴포넌트들이 사용할 수 있다. 여기서는 스윙 컴포넌트들이 사용할 수 있는 공통적인 메소드 중에서 중요한 것만 살펴보자. 참고로 setXXX()과 같은 설정자 메소드가 있으면 getXXX() 형식의 접근자 메소드가 존재할 가능성이 높다.

컴포넌트의 외관 변경

메소드	설명
setBorder(Border), getBorder()	컴포넌트의 경계를 설정한다.
setForeground(Color), setBackground(Color)	컴포넌트의 전경색과 배경색을 설정한다.
getForeground(), getBackground()	컴포넌트의 전경색과 배경색을 얻는다.
setFont(Font), getFont()	컴포넌트의 폰트를 설정한다.
setCursor(Cursor), getCursor()	컴포넌트의 커서를 설정한다.

예를 들어 레이블의 배경색을 변경하려면 label.setBackground(Color.RED)라고 하면 된다.

컴포넌트의 상태 변경

메소드	설명
setToolTipText(String)	툴팁에 표시되는 텍스트를 설정한다.
setEnabled(boolean), isEnabled()	컴포넌트를 활성화하거나 비활성화한다.
setVisible(boolean), isVisible()	컴포넌트를 화면에 표시한다.

예를 들어 컴포넌트를 화면에 표시하려면 con.setVisible(true)하면 된다.

공통 이벤트 처리

메소드	설명
addMouseListener(MouseListener) removeMouseListener(MouseListener)	마우스 리스너를 추가하거나 제거한다.
…	…

예를 들어 패널에 마우스 리스너를 부착하려면 panel.addMouseListener(this)하면 된다.

컴포넌트 그리기

메소드	설명
repaint()	컴포넌트의 일부나 전체를 다시 그리라고 요청한다.
revalidate()	컨테이너 안의 컴포넌트를 다시 배치하라고 요청한다.
paintComponent(Graphics)	컴포넌트를 그린다. 컴포넌트에서는 이 메소드를 재정의하여서 컴포넌트 위에 그림을 그릴수 있다.

예를 들어 컴포넌트가 다시 그려달라고 요청하려면 repaint()를 호출하면 된다.

컨테이너에 추가/제거

메소드	설명
add(Component)	컴포넌트를 컨테이너에 추가한다.
remove(Component)	컨테이너에서 컴포넌트를 삭제한다.
getParent()	컴포넌트의 컨테이너를 반환한다.

예를 들어 컨테이너에 버튼을 추가하려면 con.add(new JButton("Press Me"))하면 된다.

레이아웃

메소드	설명
getWidth(), getHeight()	픽셀 단위의 컴포넌트 크기를 반환한다.
getSize()	픽셀 단위의 컴포넌트 크기를 반환한다.
getX(), getY()	부모 컨테이너 안에서의 컴포넌트의 상대적인 위치를 반환한다.
getLocation()	부모 컨테이너 안에서의 상대적인 위치를 반환한다.
setLocation(int, int)	부모 컨테이너 안에서의 컴포넌트의 좌표를 지정한다.
setBounds(int, int, int, int)	부모 컨테이너 안에서의 크기와 위치를 설정한다.

컨테이너의 크기를 알고 싶으면 con.getWidth(), con.getHeight()를 호출한다.

크기와 위치 정보 얻기

메소드	설명
setPreferredSize(Dimension) setMaximumSize(Dimension) setMinimumSize(Dimension)	컴포넌트의 크기를 설정한다.
setAlignmentX(float), setAlignmentY(float)	컨테이너 안에서 컴포넌트들의 정렬을 지정한다.
setLayout(LayoutManager), getLayout()	배치 관리자를 설정한다.

컴포넌트가 크기 힌트를 컨테이너에 주고 싶으면 label.setPreferredSize(Dimension)와 같이 호출한다.

1. 컴포넌트의 폭과 높이를 알고 싶으면 어떤 메소드를 호출하는가?

2. 컴포넌트의 현재 위치를 알고 싶으면 어떤 메소드를 호출하는가?

중간점검

3. 컨테이너에게 원하는 크기를 전달하고 싶을 때, 사용하는 메소드 중에서 하나만 말해보자.

11.2 | 레이블과 버튼의 고급 기능

레이블의 색상과 폰트 변경하기

레이블에 사용되는 색상과 폰트는 변경이 가능하다. 색상과 폰트는 12장을 참조하자.

예제 11-1	레이블의 색상과 폰트 변경하기	

레이블의 색상과 폰트를 변경하여 프레임 위에 표시해보자.

```java
LabelTest.java

01  ...
02  public class LabelTest extends JFrame {
03      private JPanel panel;
04      private JLabel label1, label2;
05
06      public LabelTest() {
07          setTitle("레이블 테스트");
08          setSize(400,150);
09
10          panel = new JPanel();
11          label1 = new JLabel("Color Label");
12          label1.setForeground(Color.BLUE);
13          label2 = new JLabel("Font Label");
14          label2.setFont(new Font("Arial", Font.ITALIC, 30));
15          label2.setForeground(Color.ORANGE);
16          panel.add(label1);
17          panel.add(label2);
18          add(panel);
19          setVisible(true);
20          setDefaultCloseOperation(EXIT_ON_CLOSE);
21      }
22
23      public static void main(String[] args) {
24          new LabelTest();
25      }
26  }
```

레이블에 이미지 표시하기

레이블과 버튼에는 텍스트뿐만 아니라 이미지도 표시할 수 있다. 그림 11.1은 레이블과 버튼에 이미지를 추가로 표시한 것이다.

그림 11.1 이미지를 가지고 있는 레이블과 버튼

스윙 컴포넌트에 이미지를 표시하려면 먼저 ImageIcon 인스턴스를 생성하여야 한다. ImageIcon은 JPEG, GIF, PNG 이미지 파일을 읽을 수 있다. 다음 단계는 setIcon() 메소드를 사용하여 레이블에 이미지를 지정하는 것이다.

```java
ImageIcon image = new ImageIcon("d://dog.png");
JLabel label = new JLabel("Dog");
label.setIcon(image);
```

레이블에 이미지가 설정되면 레이블의 텍스트는 오른쪽에 표시된다. 버튼에 이미지를 추가하는 과정도 레이블과 아주 유사하다.

예제 11-2   레이블로 이미지 표시하기

레이블로 이미지를 표시하고 아래에 버튼을 표시해보자. d: 드라이브에 dog.png 파일이 있어야 한다.

ImageLabelTest.java

```
01   ...
02   public class ImageLabelTest extends JFrame {
03      private JPanel panel;
04      private JLabel label;
05
06      public ImageLabelTest() {
07         setTitle("레이블 테스트");
08         setSize(400, 250);
09
10         panel = new JPanel();
11         label = new JLabel("");
12         ImageIcon icon = new ImageIcon("d://dog.png");
13         label.setIcon(icon);
14         panel.add(label);
15         add(panel);
16         setVisible(true);
17         setDefaultCloseOperation(EXIT_ON_CLOSE);
18      }
19
20      public static void main(String[] args) {
21         new ImageLabelTest();
22      }
23   }
```

중간점검

1. 스윙에서 이미지 파일을 읽어서 레이블 위에 표시하려면 어떻게 하는가?

2. 레이블에서 텍스트를 표시하는 폰트를 변경하려면 어떤 메소드를 사용하는가?

3. 레이블에서 텍스트의 색상을 변경하려면 어떤 메소드를 사용하는가?

텍스트 필드(text field)는 JTextField 클래스로서 입력이 가능한 한 줄의 텍스트 필드를 만드는 데 사용된다. 텍스트 필드 안에서 문자열을 선택할 수 있고 선택한 문자열을 복사하여 붙이는 것 (Cut and Paste)도 가능하다. JTextField는 두 개의 자식 클래스를 가지는데 JPasswordField는 패스워드 입력처럼 사용자가 입력하는 문자를 보여주지 않는 컴포넌트이다. JFormattedTextField는 사용자가 입력할 수 있는 문자 집합을 제한한다.

JTextField:	김철수
JPasswordField:	••••
JFormattedTextField:	2009. 3. 7

텍스트 필드를 생성하려면 다음과 같은 문장들을 사용한다.

```java
JTextField tf = new JTextField(30);       // 30자 크기의 텍스트 필드를 만든다.
tf.setText("아이디를 입력하시오.");            // 텍스트 필드의 텍스트를 설정한다.
System.out.println(tf.getText());         // 텍스트 필드의 텍스트를 가져온다.
```

텍스트 필드가 사용자로부터 입력을 받을 수 있으려면 키보드 포커스를 가지고 있어야 한다. requestFocus()를 호출한다.

```java
tf.requestFocus();
```

텍스트 필드에 입력한 후에 [Enter]키를 누르면 액션 이벤트가 발생한다. 액션 리스너를 정의하고 actionPerformed()에서 액션 이벤트를 처리하면 된다.

예제 11-3	사용자로부터 받은 정수의 제곱 계산하기

텍스트 필드를 이용하여 사용자로부터 정수를 입력받은 후에 정수의 제곱을 구하여 결과를 출력 전용의 텍스트 필드를 이용하여 표시하는 프로그램을 작성하여 보자.

TestFieldFrame.java

```java
...
public class TextFieldFrame extends JFrame {
    private JButton button;
    private JTextField text, result;

    public TextFieldFrame() {
        setSize(300, 150);
        setTitle("제곱 계산하기");
        ButtonListener listener = new ButtonListener();      // 리스너 객체 생성

        JPanel panel = new JPanel();
        panel.add(new JLabel("숫자 입력: "));                  // 레이블 객체 생성
        text = new JTextField(15);                            // 컬럼 수가 15인 텍스트 필드 생성
        text.addActionListener(listener);                     // 텍스트 필드에 리스너 연결
        panel.add(text);

        panel.add(new JLabel("제곱한 값: "));
        result = new JTextField(15);                          // 결과를 나타낼 텍스트 필드
        result.setEditable(false);                            // 편집 불가 설정
        panel.add(result);

        button = new JButton("OK");
        button.addActionListener(listener);
        panel.add(button);
        add(panel);
        setVisible(true);
        setDefaultCloseOperation(EXIT_ON_CLOSE);
    }
    // 내부 클래스로서 텍스트 필드와 버튼의 액션 이벤트 처리
    private class ButtonListener implements ActionListener {   // 버튼을 누르거나 텍스트 필드에서 엔터키를 누르면 호출
        public void actionPerformed(ActionEvent e) {
```

```
32          if (e.getSource() == button || e.getSource() == text) {
33              String name = text.getText();
34                  int value = Integer.parseInt(name);
35                  result.setText(" " + value * value);
36                  text.requestFocus();
37              }
38          }
39      }
40      public static void main(String[] args) {
41          new TextFieldFrame();
42      }
43  }
```

> 텍스트를 입력받아서 정수로 변환하고 제곱 값을 구한 후에 결과를 result에 출력한다. 텍스트 포커스를 text에 설정한다.

패스워드 필드 사용하기 | 예제 11-4

패스워드 필드는 용어 그대로 암호를 입력받을 때 사용한다. 패스워드 필드에 사용자가 암호를 입력하면 글자들이 모두 * 문자로 표시된다. 패스워드 필드를 사용하여서 다음과 같은 로그인 윈도우를 작성하여 보자.

`LoginWindow.java`

```
01  ...
02  public class LoginWindow extends JFrame {
03
04      public LoginWindow()
05      {
06          setTitle("login window");
07          setSize(300, 150);
08
09          JPanel panel = new JPanel();
10          add(panel);
11
12          panel.add(new JLabel("id    "));
13          panel.add(new JTextField(20));
14          panel.add(new JLabel("pass"));
15          panel.add(new JPasswordField(20));
16
```

```
17        JButton login = new JButton("login");
18        panel.add(login);
19
20        JButton cancel = new JButton("cancel");
21        panel.add(cancel);
22
23        setVisible(true);
24        setDefaultCloseOperation(EXIT_ON_CLOSE);
25    }
26    public static void main(String[] args) {
27        new LoginWindow();
28    }
29 }
```

1. 보다 정교한 배치 관리자를 사용해보자.

2. 회원 가입 버튼을 추가하고 이 버튼을 누르면 벡터(vector)에 아이디와 패스워드를 저장하라.

3. "login" 버튼을 누르면 벡터에 저장된 정보를 탐색하여서 "로그인 성공"이나 "로그인 실패"와 같은 메시지를 화면에 출력하라.

텍스트 영역 사용하기

텍스트 영역(TextArea)은 앞의 텍스트 필드와 비슷하지만 한 줄이 아니라 여러 줄의 텍스트가 들어 갈 수 있다.

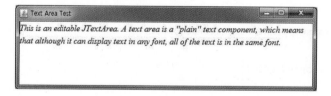

그림 11.2 텍스트 영역

```
textArea = new JTextArea(10, 30);      // 10행 30열의 텍스트 영역을 만든다.
```

생성자의 매개 변수는 텍스트 영역의 행과 열이다. 텍스트 영역에서 텍스트를 가져오려면 getText()를 사용하고 텍스트를 넣으려면 setText()를 사용한다. 이것은 텍스트 필드와 동일하다. 텍스트를 추가하려면 append()를 사용한다.

```
textArea.append("겁이 많은 개일수록 큰소리로 짖는다");
```

사용자가 텍스트 필드에 텍스트를 입력하고 엔터키를 누르면 이것을 텍스트 영역에 추가하는 프로그램을 작성하여 보자.

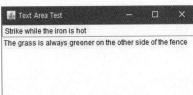

TextAreaFrame.java

```java
...
public class TextAreaFrame extends JFrame implements ActionListener {
    protected JTextField textField;
    protected JTextArea textArea;

    public TextAreaFrame() {
        setTitle("Text Area Test");

        textField = new JTextField(30);
        textField.addActionListener(this);

        textArea = new JTextArea(6, 30);
        textArea.setEditable(false);

        add(textField, BorderLayout.NORTH);
        add(textArea, BorderLayout.CENTER);

        pack();
        setVisible(true);
    }

    public void actionPerformed(ActionEvent evt) {
        String text = textField.getText();
        textArea.append(text + "\n");
        textField.selectAll();
        textArea.setCaretPosition(textArea.getDocument().getLength());
    }

    public static void main(String[] args) {
        new TextAreaFrame();
    }
}
```

> TextArea의 줄 수와 칸 수는 생성자의 인수로 지정이 가능하다. 문자열을 인수로 주면 TextArea 생성 시에 그 문자열이 표시영역에 나타난다.

> 텍스트 필드에서 텍스트를 읽어서 텍스트 영역에 추가한다. 입력을 편하게 하기 위하여 텍스트 필드에 있는 텍스트를 모두 선택한다.

스크롤 페인

스크롤 페인(scroll pane)은 컴포넌트에 스크롤 기능을 제공한다. 일반적으로 화면은 제한되어 있고 화면보다 더 큰 컴포넌트를 표시하기 위해서는 스크롤 기능이 필요하다. 스크롤 기능을 추가하려면 스크롤 페인에 컴포넌트를 집어넣어야 한다. 예를 들어서 앞의 프로그램에 스크롤 기능을 추가하려면 텍스트 영역을 스크롤 페인의 생성자 매개 변수로 넘겨서 스크롤 페인에 추가하면 된다.

```
textArea = new JTextArea(6, 30);       // 텍스트 영역을 생성한다.
JScrollPane scrollPane = new JScrollPane(textArea);  // ❶
add(scrollPane, BorderLayout.CENTER);
```

❶은 텍스트 영역 객체를 포함하고 있는 JScrollPane 객체를 생성한다. 일반적으로 JScrollPane의 어떤 메소드도 호출할 필요가 없는데 그 이유는 스크롤 페인은 자동적으로 모든 일을 처리하기 때문이다. 즉 필요하면 스크롤 바를 생성하고 사용자가 스크롤 노브를 움직이면 클라이언트를 다시 그린다. 앞의 TextArea 예제 프로그램에 위의 코드를 삽입하여 스크롤 페인을 추가하면 다음과 같이 텍스트 영역에 스크롤 바가 나타난다.

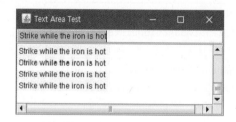

그림 11.3 텍스트 영역을 스크롤 페인에 넣은 결과

JScrollPane 클래스는 텍스트 영역 외에도 어떤 종류의 컴포넌트와도 사용할 수 있다.

중간점검

1. 사용자로부터 여러 줄의 텍스트를 입력받으려면 어떤 컴포넌트를 사용하는가?

2. 사용자로부터 패스워드를 입력받으려면 어떤 컴포넌트를 사용하는가?

3. 텍스트 필드에서 사용자가 <Enter> 키를 누르면 어떤 이벤트가 발생하는가?

체크 박스(check box)란 사용자가 클릭하여서 체크된 상태와 체크되지 않은 상태 중의 하나로 만들 수 있는 컨트롤이다. 체크 박스는 흔히 사용자로 하여금 YES와 NO 중에서 하나를 선택하게 하는데 사용된다. 아래 그림은 4개의 체크 박스를 가진 애플리케이션을 보여준다.

체크 박스를 생성하기 위해서는 JCheckBox 클래스를 사용한다. 체크 박스는 다음과 같이 생성하면 된다.

```
onion = new JCheckBox("양파");
cheese = new JCheckBox("치즈", true);
onion.setSelected(true);
```

만약 생성자에서 초기 상태를 주지 않으면 체크되지 않은 체크 박스가 생성된다. 체크된 상태를 원하면 두 번째 매개 변수를 "true"로 주면 된다. 체크 박스를 강제적으로 true나 false로 설정하려면 setSelected()를 사용한다.

체크 박스 이벤트 처리

사용자가 체크 박스를 클릭하면 ItemEvent가 발생한다. ItemEvent를 처리하려면 ItemListener를 구현하여야 한다. 익명 클래스를 사용하는 것이 편하다.

```
JCheckBox check = new JCheckBox("Checkbox", false);
check.addItemListener(new ItemListener() {
    public void itemStateChanged(ItemEvent e) {
        System.out.println("체크상태: " + check.isSelected());
    }
});
```

예제 11-6 체크 박스 사용하기

아래와 같은 2개의 체크 박스를 가지는 프로그램을 작성해보자.

```
CheckBox Test          —  □  ×
☑ 피자
☐ 스파게티
피자가 선택되었습니다.
```

CheckBoxTest.java

```java
01  ...
02  public class CheckBoxTest extends JFrame {
03    public CheckBoxTest() {
04      setTitle("CheckBox Test");
05      setLayout(new GridLayout(0, 1));
06      JLabel label = new JLabel();
07      JCheckBox checkbox1 = new JCheckBox("피자");
08      JCheckBox checkbox2 = new JCheckBox("스파게티");
09      add(checkbox1);
10      add(checkbox2);
11      add(label);
12      checkbox1.addItemListener(new ItemListener() {
13        public void itemStateChanged(ItemEvent e) {
14          label.setText("피자가 " + (e.getStateChange() ==
15                          1 ? "선택되었습니다." : "선택해제되었습니다."));
16        }
17      });
18      checkbox2.addItemListener(new ItemListener() {
19        public void itemStateChanged(ItemEvent e) {
20          label.setText("스파게티가 " + (e.getStateChange() ==
21                          1 ? "선택되었습니다." : "선택해제되었습니다."));
22        }
23      });
24      setSize(300, 150);
25      setVisible(true);
26    }
27
28    public static void main(String args[]) {
29      new CheckBoxTest();
30    }
31  }
```

중간점검

1. 체크 박스에서는 어떤 이벤트가 발생하는가?

2. 체크 박스 이벤트를 처리하려면 어떤 방법이 가장 편리한가?

라디오 버튼(radio button)은 체크 박스와 비슷하지만 하나의 그룹 안에서는 한 개의 버튼만 선택할 수 있다는 점이 다르다. 만약 하나의 라디오 버튼을 클릭하면 다른 버튼은 자동적으로 선택이 해제된다.

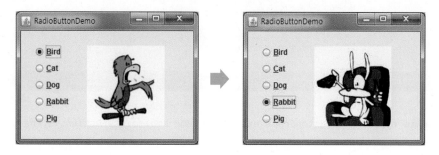

그림 11.4 라디오 버튼

라디오 버튼을 만들기 위해서는 두 개의 클래스를 이용한다. 하나는 JRadionButton으로 라디오 버튼을 생성하는 데 사용한다. 또 하나는 ButtonGroup으로 버튼들을 그룹핑하는 데 사용된다. 라디오 버튼은 모든 사용법이 앞의 체크 박스와 비슷하다. 예를 들어서 라디오 버튼은 다음과 같이 생성한다.

```
JRadioButton    radio1 = new JRadioButton("Small Size");
JRadioButton    radio2 = new JRadioButton("Medium Size");
JRadioButton    radio3 = new JRadioButton("Large Size");
...
ButtonGroup  group = new ButtonGroup();          ButtonGroup 객체를 생성한다.

group.add(radio1);
group.add(radio2);          라디오 버튼들을 ButtonGroup 객체에 추가한다.
group.add(radio3);
```

라디오 버튼 객체들을 생성한 후에는 이것들을 그룹핑하여야 한다. 이것은 ButtonGroup 클래스를 생성하고 여기에 라디오 버튼들을 추가하면 된다. ButtonGroup의 기능은 하나의 라디오 버튼만이 선택될 수 있도록 하는 것이다.

라디오 버튼 이벤트 처리

만약 라디오 버튼이 눌려지는 순간, 어떤 작업을 실행하고 싶다면 액션 이벤트를 처리하면 된다. 코드에서 라디오 버튼이 눌려졌는지를 검사하고 싶다면 isSelected()를 사용한다. 만약 강제적으로 어떤 버튼을 선택되게 하려면 doClick()을 사용한다.

예제 11-7	커피 주문 화면 만들기

커피의 크기를 선택하는 다음과 같은 화면을 라디오 버튼을 이용하여서 생성하여 보자.

RadioButtonFrame.java

```
01  ...
02  public class RadioButtonFrame extends JFrame implements ActionListener {
03
04      private JRadioButton small, medium, large;
05      private JLabel text;
06      private JPanel topPanel, sizePanel, resultPanel;
07
08      public RadioButtonFrame () {
09          setTitle("라디오 버튼 테스트");
10          setSize(500, 150);
11
12          topPanel = new JPanel();
13          topPanel.add(new JLabel("어떤 크기의 커피를 주문하시겠습니까?"));
14          add(topPanel, BorderLayout.NORTH);
15
16          sizePanel = new JPanel();
17          small = new JRadioButton("Small Size");
18          medium = new JRadioButton("Medium Size");      ← 라디오 버튼 생성
19          large = new JRadioButton("Large Size");
20
21          ButtonGroup size = new ButtonGroup();
22          size.add(small);                               ← 버튼 그룹을 생성하고
23          size.add(medium);                                여기에 라디오 버튼을
24          size.add(large);                                 추가한다.
25          small.addActionListener(this);
26          medium.addActionListener(this);                ← 버튼에 액션 리스너를
27          large.addActionListener(this);                   등록한다.
```

```
28      sizePanel.add(small);
29      sizePanel.add(medium);
30      sizePanel.add(large);
31      add(sizePanel, BorderLayout.CENTER);
32
33      resultPanel = new JPanel();
34      text = new JLabel("크기가 선택되지 않았습니다.");
35      text.setForeground(Color.red);
36      resultPanel.add(text);
37      add(resultPanel, BorderLayout.SOUTH);
38      setVisible(true);
39   }
40
41   public void actionPerformed(ActionEvent e) {
42      if (e.getSource() == small) {
43         text.setText("Small 크기가 선택되었습니다.");
44      }
45      if (e.getSource() == medium) {
46         text.setText("Medium 크기가 선택되었습니다.");
47      }
48      if (e.getSource() == large) {
49         text.setText("Large 크기가 선택되었습니다.");
50      }
51   }
52
53   public static void main(String[] args) {
54      new RadioButtonFrame();
55   }
56 }
```

버튼 그룹을 생성하고 여기에 라디오 버튼을 추가한다.

라디오 버튼이 눌러지면 호출된다. 레이블에 선택 결과를 출력한다.

경계 만들기

경계(border)란 시각적으로 컴포넌트들을 그룹핑할 때 사용하는 장식적인 요소이다. 일반적으로 체크 박스나 라디오 버튼을 그룹핑할 때 함께 사용한다. 일반적으로 패널에 경계를 설정하면 패널에 추가되는 컴포넌트들은 경계 안에 보이게 된다. 경계 객체인 Border를 생성하기 위해서는 다음 중에서 하나를 골라서 사용하면 된다. 다음의 메소드들은 모두 BorderFactory 클래스의 정적 메소드이다. 경계가 생성되면 이 경계 객체를 패널의 setBorder() 메소드를 이용하여 패널에 부착하면 된다.

앞의 라디오 버튼 예제에 경계를 생성하려면 Border 객체를 생성하고 sizePanel에 경계를 설정하여야 한다.

```
Border border = BorderFactory.createTitledBorder("크기");
sizePanel.setBorder(border);
```

중간점검

1. 라디오 버튼 중에서 하나만 눌려지도록 하려면 추가적으로 어떤 객체가 필요한가?
2. 라디오 버튼을 누르면 어떤 이벤트가 발생하는가?

콤보 박스(combo box)도 여러 항목 중에서 하나를 선택하는 데 사용할 수 있다. 콤보 박스는 텍스트 필드와 리스트의 결합이다. 사용자는 콤보 박스의 텍스트를 직접 입력할 수도 있고 리스트에서 선택할 수도 있다. 하지만 텍스트 필드를 편집 불가로 해놓는 경우에는 사용자는 리스트에서 선택만 할 수 있다.

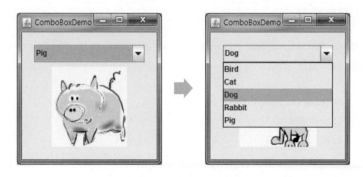

그림 11.5 콤보박스의 모습

콤보 박스를 생성하기 위해서는 먼저 생성자 중에서 하나를 골라서 호출하여야 한다. 생성자는 비어 있는 콤보 박스를 생성한다. 여기에 항목을 추가하려면 addItem() 메소드를 사용한다.

```java
JComboBox combo = new JComboBox();
combo.addItem("dog");
combo.addItem("lion");
combo.addItem("tiger");
```

콤보 박스로부터 사용자가 선택한 항목을 가져오려면 getSelectedItem()을 사용한다. 이 메소드는 Object 타입으로 반환하므로 이것을 형변환하여서 사용하여야 한다.

사용자가 콤보 박스에서 항목을 선택하면 액션 이벤트가 발생된다. 보통은 이 액션 이벤트는 무시하고 특정 버튼을 누르는 경우에만 선택된 항목을 가져오게 된다. 하지만 사용자가 항목을 선택하였을 때 피드백을 주고 싶은 경우에는 콤보 박스의 액션 이벤트를 처리할 수 있다.

예제 11-8 | 콤보 박스를 사용하여 이미지 선택하기

사용자가 콤보 박스에서 하나의 이미지를 선택하면 이것을 화면에 표시하는 프로그램을 작성해보자.

 "

ComboBoxFrame.java

```java
01  import java.awt.*;
02  import java.awt.event.*;
03  import javax.swing.*;
04
05  public class ComboBoxFrame extends JFrame implements ActionListener {
06      JLabel label;
07
08      public ComboBoxFrame() {
09          setTitle("콤보 박스");
10          setSize(400, 200);
11
12          String[] animals = { "dog", "cat", "bird" };
13          JComboBox animalList = new JComboBox(animals);
14          animalList.setSelectedIndex(0);
15          animalList.addActionListener(this);
16
17          label = new JLabel();
18          label.setHorizontalAlignment(JLabel.CENTER);
19          changePicture(animals[animalList.getSelectedIndex()]);
20          add(animalList, BorderLayout.NORTH);
21          add(label, BorderLayout.CENTER);
22          setVisible(true);
23      }
24
25      public void actionPerformed(ActionEvent e) {
26          JComboBox cb = (JComboBox) e.getSource();
27          String name = (String) cb.getSelectedItem();
28          changePicture(name);
29      }
30
31      protected void changePicture(String name) {
32          ImageIcon icon = new ImageIcon("d:\\"+ name + ".png");
```

```
33        label.setIcon(icon);
34        if (icon != null) {
35            label.setText(null);
36        } else {
37            label.setText("이미지가 발견되지 않았습니다.");
38        }
39    }
40
41    public static void main(String[] args) {
42        ComboBoxFrame frame=new ComboBoxFrame();
43    }
44 }
```

이미지 파일들은 d 드라이브에 있어야 한다.

1. 콤보 박스에서 어떤 이벤트가 발생하는가?
2. 콤보 박스의 특징은 무엇인가?

중간점검

메뉴는 공간을 절약하면서 사용자가 여러 가지 옵션 중에서 하나를 선택하게 하는 방법이다. 메뉴는 다른 컴포넌트와는 달리 컨테이너 안에 배치되지 않는다. 메뉴는 메뉴바에 나타나거나 팝업 메뉴로만 나타난다. 메뉴바는 윈도우 상단에 위치하면서 여러 개의 메뉴를 가지고 있다. 팝업 메뉴는 사용자가 팝업이 가능한 컴포넌트 위에서 마우스 오른쪽 버튼을 누르면 그 위치에 등장한다. 메뉴 항목은 이미지나 텍스트를 가질 수 있다. 물론 폰트나 색상 등도 변경이 가능하다. 메뉴에 관련된 용어는 다음과 같다.

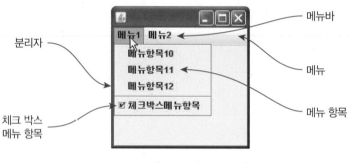

그림 11.6 메뉴에서의 용어

메뉴는 간단하게는 버튼이다. 그 이유는 버튼과 마찬가지로 누르면 이벤트가 발생하기 때문이다. 메뉴바는 JMenuBar 클래스에 의하여 지원된다. 메뉴바는 프레임에만 부착될 수 있다. 패널에는 부착할 수 없다. 메뉴 항목은 MenuItem 객체로 표현된다. 메뉴는 JMenu 객체에 의해 표현되는데 JMenuItem의 서브 클래스로 구현되기 때문에 메뉴 안의 메뉴, 즉 서브 메뉴를 쉽게 만들 수 있다.

메뉴 생성 절차

기본적인 메뉴의 생성 순서는 다음과 같다.

```
// ① 메뉴바 관련 변수를 선언한다.
JMenuBar menuBar;      // 메뉴바
JMenu menu;    // 메뉴
JMenuItem menuItem;    // 메뉴 항목
```

```
// ② 메뉴바를 생성한다.
menuBar = new JMenuBar();

// ③ 메뉴를 생성하여 메뉴바에 추가한다.
menu = new JMenu("메뉴1");
menuBar.add(menu);

// ④ 메뉴 항목을 생성하여 메뉴에 추가한다.
menuItem = new JMenuItem("메뉴항목1",  KeyEvent.VK_T);
menu.add(menuItem);

// ⑤ 프레임에 메뉴바를 설정한다.
frame.setJMenuBar(mb);
```

메뉴 이벤트 처리

각 메뉴 항목에 대하여 액션 이벤트를 처리해주면 된다.

```
// 각각의 메뉴 항목에 대하여 이벤트 처리기 등록
menuItem.addActionListener(this);
```

메뉴 만들어 보기 | 예제 11-9

프레임을 생성한 후에 메뉴바를 붙인다. 메뉴바에는 5개의 메뉴를 생성하여 추가하고 첫 번째 메뉴에 다양한 메뉴
항목들을 생성하여 추가하여 보자.

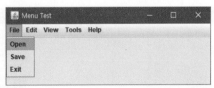

MenuTest.java

```
45    import javax.swing.*;
46
47    public class MenuTest extends JFrame {
48
49       public MenuTest() {
50          setTitle("Menu Test");
51          setSize(400, 150);
```

```
52          JMenuBar menuBar = new JMenuBar();
53          JMenu menu = new JMenu("File");
54          menu.add(new JMenuItem("Open"));
55          menu.add(new JMenuItem("Save"));
56          menu.add(new JMenuItem("Exit"));
57          menuBar.add(menu);
58
59          menuBar.add(new JMenu("Edit"));
60          menuBar.add(new JMenu("View"));
61          menuBar.add(new JMenu("Tools"));
62          menuBar.add(new JMenu("Help"));
63
64          setJMenuBar(menuBar);
65          setVisible(true);
66      }
67
68      public static void main(String args[]) {
69          MenuTest f = new MenuTest();
70      }
71  }
```

예제 11-10 이미지 뷰어 만들기

메뉴와 레이블을 이용하여서 이미지를 화면에 보여주는 프로그램을 작성해보자. "Open"과 "Exit"로 이루어진 메뉴를 만들고 "Open" 메뉴를 선택하면 다음과 같이 파일을 선택하는 대화 상자가 나타난다. 이미지 파일이 선택되면 이것을 레이블을 이용하여 화면에 표시한다.

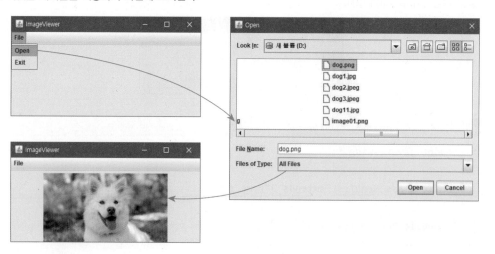

파일을 선택하는 대화 상자는 다음과 같은 코드로 생성할 수 있다.

```java
JFileChooser chooser = new JFileChooser();
int r = chooser.showOpenDialog(this);
if (r == JFileChooser.APPROVE_OPTION) {        // 사용자가 "열기" 버튼을 누르면
    String name = chooser.getSelectedFile().getAbsolutePath();
    label.setIcon(new ImageIcon(name));
}
```

ImageViewer.java

```java
01  public class ImageViewer extends JFrame implements ActionListener {
02      private JLabel label;
03      private JMenuItem open, exit;
04
05      public ImageViewer() {
06          setTitle("ImageViewer");
07          setSize(350, 200);
08
09          JMenuBar mbar = new JMenuBar();
10          JMenu m = new JMenu("File");
11          open = new JMenuItem("Open");
12          open.addActionListener(this);          // 메뉴 항목의 액션 이벤트를 처리한다.
13          m.add(open);
14          exit = new JMenuItem("Exit");
15          exit.addActionListener(this);
16          m.add(exit);
17          mbar.add(m);
18          setJMenuBar(mbar);
19
20          label = new JLabel();
21          JPanel panel = new JPanel();
22          panel.add(label, "Center");
23          add(panel);
24          setVisible(true);
25      }
26
27      public void actionPerformed(ActionEvent e) {
28          Object source = e.getSource();
29          if (source == open) {
30              JFileChooser chooser = new JFileChooser();
31              int r = chooser.showOpenDialog(this);
32              if (r == JFileChooser.APPROVE_OPTION) {
33                  String name = chooser.getSelectedFile().getAbsolutePath();
34                  label.setIcon(new ImageIcon(name));
```

```
35              }
36          } else if (source == exit)
37              System.exit(0);
38      }
39      public static void main(String[] args) {
40          ImageViewer f = new ImageViewer();
41      }
42  }
```

1. 메뉴가 만들어지는 과정을 설명해보자.
2. 메뉴 항목을 선택하면 어떤 이벤트가 발생하는가?

슬라이더(slider)는 사용자가 특정한 범위 안에서 하나의 값을 선택할 수 있는 컴포넌트이다. 슬라이더는 특히 사용자로부터 일정 범위 안의 수치값을 입력받을 때 편리하다.

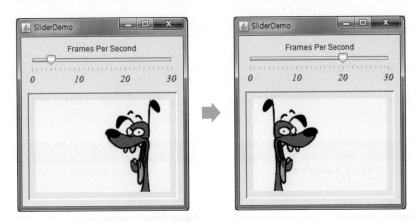

그림 11.7 슬라이더

슬라이더를 생성하려면 JSlider 클래스의 생성자를 호출하여야 한다. 예를 들어 0에서 100까지의 범위를 가지고 초기값이 50인 슬라이더는 다음과 같이 생성할 수 있다.

```
slider = new JSlider(0, 100, 50);
```

만약 매개 변수를 주지 않았더라도 디폴트로 0에서 100까지의 슬라이더가 생성된다. 슬라이더를 좀 더 사용하기 쉽게 하려면 장식을 덧붙인다. 예를 들어서 슬라이더에 눈금을 표시하려면 다음과 같이 한다.

```
slider.setMajorTickSpacing(10);      // 큰 눈금 간격
slider.setMinorTickSpacing(1);       // 작은 눈금 간격
slider.setPaintTicks(true);          // 눈금을 표시한다.
slider.setPaintLabels(true);         // 값을 레이블로 표시한다.
```

슬라이더의 값이 변경되었을 경우, 이벤트를 받고 싶으면 Change 리스너를 등록하면 된다.

```
slider.addChangeListener(this);
```

이벤트 리스너 안에서 슬라이더의 값을 읽기 위해서는 getValue() 메소드를 사용한다. 예를 들어서 OK 버튼을 눌렀을 때 슬라이더의 값을 읽고 싶다면 다음과 같이 한다.

```java
public void stateChanged(ChangeEvent e) {
   JSlider source = (JSlider) e.getSource();
   if (!source.getValueIsAdjusting()) {
      int value = (int) source.getValue();
      button.setSize(value * 10, value * 10);
   }
}
```

예제 11-11   슬라이더를 이용한 이미지 크기 변경

슬라이더를 움직이면 표시되는 이미지의 크기가 변경해보자. 버튼 안에 이미지를 표시하고 버튼의 크기를 조절한다.

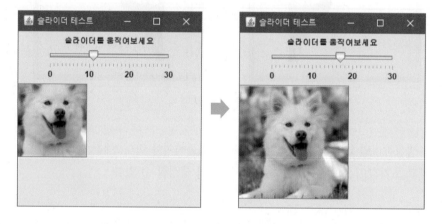

SliderFrame.java

```java
01    // 소스를 입력하고 Ctrl+Shift+O를 눌러서 필요한 파일을 포함한다.
02
03    public class SliderFrame  extends JFrame implements ChangeListener {
04        static final int INIT_VALUE = 15;
05        private JButton buttonOK;
06        private JSlider slider;
07        private JButton button;
08
09        public SliderFrame() {
10            JPanel panel;
11
12            setTitle("슬라이더 테스트");
```

```
13              setDefaultCloseOperation(JFrame.EXIT_ON_CLOSE);
14
15              panel = new JPanel();
16              JLabel label = new JLabel("슬라이더를 움직여보세요", JLabel.CENTER);
17              label.setAlignmentX(Component.CENTER_ALIGNMENT);
18              panel.add(label);
19
20              slider = new JSlider(0, 30, INIT_VALUE);
21              slider.setMajorTickSpacing(10);     // 큰 눈금 간격
22              slider.setMinorTickSpacing(1);      // 작은 눈금 간격
23              slider.setPaintTicks(true);         // 눈금을 표시한다.
24              slider.setPaintLabels(true);        // 값을 레이블로 표시한다.
25              slider.addChangeListener(this);     // 이벤트 리스너를 붙인다.
26              panel.add(slider);
27
28              button = new JButton("");
29              ImageIcon icon = new ImageIcon("dog.gif");
30              button.setIcon(icon);
31              button.setSize(INIT_VALUE * 10, INIT_VALUE * 10);
32              panel.add(button);
33              add(panel);
34
35              setSize(300, 300);
36              setVisible(true);
37      }
38
39      public void stateChanged(ChangeEvent e) {
40              JSlider source = (JSlider) e.getSource();
41              if (!source.getValueIsAdjusting()) {
42                      int value = (int) source.getValue();
43                      button.setSize(value * 10, value * 10);
44              }
45      }
46
47      public static void main(String[] args) {
48              new SliderFrame();
49      }
50  }
```

1. 슬라이더에서 발생하는 이벤트는?

2. 0에서 200까지의 범위를 가지고 초기값이 10인 슬라이더를 생성하는 문장을 작성해보자.

중간점검

피자를 주문할 수 있는 애플리케이션을 작성하여 보자. 다음의 스케치를 참조하라.

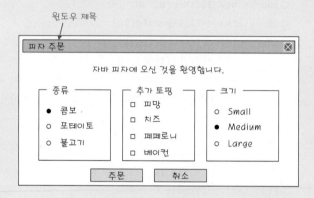

(1) "자바 피자에 오신 것을 환영합니다"라는 텍스트를 가지고 있는 패널 WelcomePanel을 작성
하여 보자.

```java
class WelcomePanel extends JPanel
{
    private JLabel message;
    public WelcomePanel()
    {
        message = _____; // 레이블 생성
    }
    add(message);
}
```

(2) TypePanel을 작성하여 보자. TypePanel은 피자의 타입을 선택할 수 있는 라디오 버튼들을 가
지고 있다. 3개의 행과 1개의 열을 가지는 GridLayout을 사용한다.

```java
class TypePanel extends JPanel
{
    private JRadioButton combo, potato, bulgogi;
    public TypePanel()
    {
        setLayout(new GridLayout(3, 1));
        combo = new JRadioButton("콤보", true);
        potato = new _____("포테이토");
        bulgogi = new _____("불고기");
```

```
        ButtonGroup bg = new ButtonGroup();
        bg.add(combo);
        bg.add(potato);
        bg.add(bulgogi);
        setBorder( BorderFactory.createTitledBorder("종류"));
        add(combo);
        add(potato);
        add(bulgogi);
    }
}
```

(3) 같은 방식으로 "추가토핑"을 나타내는 패널 ToppingPanel을 작성한다.

(4) 같은 방식으로 "크기"를 나타내는 패널 SizePanel을 작성한다.

(5) 이제 각 부분들을 한데 모아보자. 다음 그림을 참조하여 BorderLayout을 사용해 결합한다.

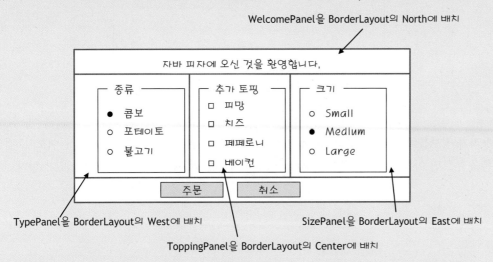

(6) BorderLayout의 South 영역에 "주문" 버튼과 "취소" 버튼을 추가하여 프로그램을 완성한다.

(7) 피자의 가격을 계산할 수 있도록 각각의 패널에서 사용자가 선택을 하면 가격을 반환하는 메소드를 작성한다. 사용자가 "주문" 버튼을 누르면 전체 가격을 화면에 표시한다.

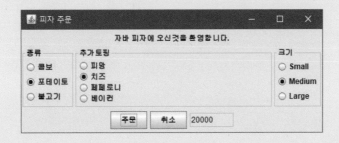

Mini Project   입회원서

다음과 같은 동아리 입회원서 형식을 스윙 컴포넌트를 사용하여 제작해보자. GUI는 "Window-Builder"를 사용하여 비주얼하게 작성하여도 된다.

사용자가 정보를 입력하면 ArrayList에 저장하도록 하자. 추가로 "검색" 버튼을 만들어보자. 검색 버튼을 누르면 이름이나 전화번호로, ArrayList에 저장된 회원들의 정보를 찾을 수 있게 한다.

- 스윙 컴포넌트들은 계층적인 구조로 되어 있다. 거의 모든 스윙 컴포넌트의 부모 클래스는 JComponent로서 컴포넌트의 모양, 크기, 위치를 변경할 수 있는 많은 메소드들을 제공한다.

- JLabel을 이용하여 문자열이나 이미지를 표시할 수 있다. 폰트는 변경 가능하다.

- JCheckBox는 선택과 선택해제의 두 가지의 상태를 가지는 특수한 버튼이다.

- JRadioButton은 여러 개의 버튼 중에서 오직 하나의 버튼만 선택되는 특수한 버튼이다.

- Item 이벤트는 체크 박스가 선택되거나 해제될 때 발생한다.

- JTextField는 한 줄의 문자열을 입력받을 때 사용한다. 사용자가 <Enter> 키를 누르면 액션 이벤트가 발생한다.

- JTextArea는 여러 줄의 문자열을 입력할 수 있는 영역을 제공한다.

- JSlider는 사용자가 일정 범위의 수치값을 마우스로 입력하게 해주는 컴포넌트이다.

- Change 이벤트는 컴포넌트에 어떤 변화가 일어날 때 발생하는 이벤트이다.

- JList는 여러 개의 아이템을 리스트 형식으로 보여주고 사용자가 그 중에서 하나를 선택하도록 하는 컴포넌트이다.

Exercise

1. JCheckBox가 사용하는 이벤트 리스너는?

❶ ActionListener   ❷ ItemListener

❸ FormListener   ❹ CheckListener

2. JCheckbox가 선택되었는지 어떻게 알 수 있는가?

❶ selected()   ❷ wasSelected()

❸ isSelected()   ❹ couldBeSelected()

3. 라디오 버튼을 강제적으로 선택되게 하는 메소드는 무엇인가?

❶ setSelected(true)   ❷ setSelected(false)

❸ setSelected()   ❹ selected()

4. JTextArea 내부에 텍스트를 어떻게 설정하는가?

❶ setText(String)   ❷ setWords(String)

❸ setString(String)   ❹ setField(String)

5. 사람들이 내부의 텍스트를 변경하지 못하도록 하려면 어떻게 해야 하는가?

❶ setForeground(false)   ❷ setEditable(false)

❸ setChangeable(false)   ❹ setTouchable(false)

6. JList가 사용하는 이벤트 리스너는?

❶ ListListener   ❷ ListSelListener

❸ ActionListener   ❹ CheckListener

7. JList에 항목을 추가할 때 사용하는 메소드는?

❶ add()   ❷ addItem()

❸ addElement()   ❹ addObject()

1. 우리는 레이블을 이용하여 이미지를 화면에 표시할 수 있다. 다음과 같이 3개의 이미지를 화면에 표시하는 프로그램을 작성해보자. GridLayout을 사용하여 3개의 레이블을 배치하고 여기에 이미지를 표시한다.

2. 입력 버튼이 눌려질 때마다 각 학생의 성적을 ArrayList에 저장하고, "평균계산" 버튼이 눌려지면 현재까지 입력된 모든 학생들의 성적의 평균을 구하여 다음과 같이 나타나도록 프로그램을 작성하라.

3. 문서에서 단어를 찾을 때 사용하는 다음과 같은 화면을 구현하여 보자. 주어진 텍스트에서 사용자가 입력한 값을 찾아본다.

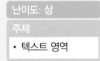

4. 자동차 정비소를 위한 애플리케이션을 작성하여 보자. 다음과 같은 메뉴와 요금표를 사용한다.

수리	가격(원)
엔진 오일 교환	45000
자동 변속기 오일 교환	80000
에어컨 필터 교환	30000
타이어 교환	100000

사용자가 수리를 선택하면 전체 가격을 계산하여 출력하도록 하라. 사용자는 여러 수리를 동시에 할 수 있다. 체크 박스를 사용하라.

5. 지인들의 전화번호와 주소를 입력할 수 있는 프로그램을 작성해보자. ArrayList에 객체 형태로 정보를 저장한다.

6. 다음 그림과 같이 아주 단순한 영문-한글 변역기를 작성하여 보자. 왼쪽 텍스트 영역에 사용자가 영어를 입력하고 "번역" 버튼을 누르면 미리 입력된 몇 개의 영어 단어만을 한글로 변환한다.

텍스트 영역에서 getText() 를 이용하여 텍스트를 얻은 후에 , 텍스트에서 단어를 분리하려면 Scanner 클래스의 next() 메소드를 사용하면 된다 . String 클래스의 메소드를 사용하여도 좋다 .

7. 화면의 왼쪽에는 라디오 버튼이 있고 오른쪽에는 레이블이 있다. 사용자가 라디오 버튼에서 하나를 선택하면 해당되는 이미지가 오른쪽의 레이블에 표시되도록 하라.

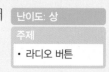

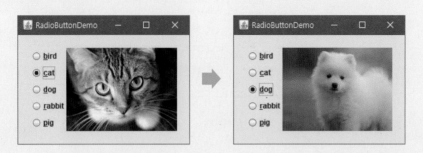

8. 음식값을 입력하고 팁을 % 단위로 설정하면 총액을 계산해주는 프로그램을 작성해보자. 슬라이더의 이벤트를 처리한다.

9. 콤보 박스에서 색상을 선택하면 아래 사각형의 색상이 변경되는 프로그램을 작성하라.

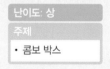

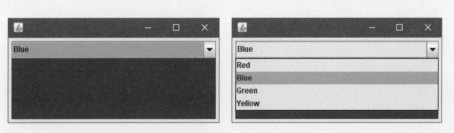

10. 다음의 메뉴를 가지는 프로그램을 생성해보자. 각 메뉴가 선택되면 메뉴의 이름을 화면에 출력한다.

자바 그래픽

▶ 다음과 같은 작업들을 수행하는 방법을 알고 있나요? 이번 장에서 함께 알아봐요.

1. 화면에 도형들을 그릴 수 있나요?
2. 화면에 이미지를 그릴 수 있나요?
3. 버튼을 눌러서 그림을 변경할 수 있나요?
4. 마우스로부터 좌표를 받아서 그림을 그릴 수 있나요?

➕ 학습목차

12.1 그래픽 프로그래밍의 기초
12.2 색상과 폰트 변경하기
12.3 기초 도형 그리기

12.4 이미지 출력 및 처리
12.5 그래픽과 이벤트의 결합

Power JAVA 3e

그래픽은 문자나 숫자보다 더 빠르고 쉽게 정보를 전달할 수 있다. 이번 장에서는 자바에서의 그래픽에 대하여 자세히 살펴본다. 자바는 비교적 최근에 출시된 언어답게 출시 때부터 그래픽에 많은 신경을 썼다. 그림 12.1은 자바 그래픽을 이용한 데모 화면이다. Java 2D를 사용하면 상당히 고차원적인 연산들을 할 수 있다. 곡선을 그릴 수 있으며 도형을 회전할 수도 있고 앤티에일리어싱이나 그라디언트 채우기 등도 가능하다.

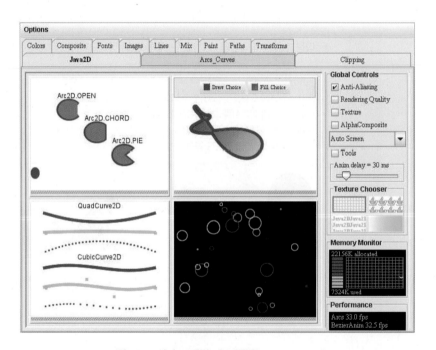

그림 12.1 자바 그래픽 데모 예제(java.sun.com)

자바는 플랫폼에 독립적이기 때문에 한번만 배우면 어디서나 똑같은 모양의 그래픽 프로그램을 작성할 수 있다. 즉 자바의 그래픽 모델은 플랫폼에 독립적이다. 이는 대단한 장점이 된다. 자바로 그래픽 프로그램을 작성하면 컴퓨터의 종류나 운영체제에 관계없이 어디서나 거의 유사한 모양으로 나타난다.

일단 이번 절에서는 화면에 다음과 같은 그림을 그려보자. 앞에서 클래스와 객체를 학습할 때, 아주 많이 등장한 클래스가 있었다. 원과 사각형을 나타내는 Circle 클래스와 Rectangle 클래스를 기억하는가? 이번 장에서 그 클래스들을 화면에 그려보자.

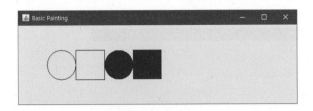

어디에 그릴 것인가?

프레임 위에도 직접 도형들을 그릴 수 있으나 이것은 좋은 방법은 아니다. 자바에서는 프레임은 다른 컴포넌트를 넣어두는 컨테이너의 역할로 설계되었다. 따라서 다른 컴포넌트 위에 그린 후에 그 컴포넌트를 프레임에 추가하는 것이 좋다. 그렇다면 어떤 컴포넌트가 좋을까? 우리는 JPanel 위에 그리도록 하자. JPanel은 그림을 그릴 수 있는 화면을 가지고 있고, 동시에 컨테이너의 역할 도 한다. 따라서 버튼이나 텍스트 필드와 같은 컴포넌트를 넣을 수 있다. 즉 사용자 인터페이스와 그래픽을 동시에 구현할 수 있는 것이다.

우리는 먼저 JFrame을 생성하고 여기에 JPanel을 추가한 후에 JPanel 위에 그림을 그려보자. 기 능을 쉽게 추가하기 위해서는 JPanel을 그대로 사용하는 것보다, JPanel을 상속받아서 MyPanel 을 작성하는 편이 낫다. JPanel의 각종 메소드를 재정의하면 추가적인 기능을 쉽게 구현할 수 있다.

```
class MyPanel extends JPanel
{
    ...
}
public class MyFrame extends JFrame
{
    public MyFrame(){
        MyPanel panel = new MyPanel();
        add(panel);
    }
}
```

> 프레임 안에 패널을 추가하고 패널 위에 그림을 그리자.

어떻게 그리는가?

컴포넌트 위에 그림을 그리기 위해서는 컴포넌트가 가지고 있는 paintComponent() 메소드를 재 정의하여야 한다. paintComponent()는 컴포넌트가 자신의 모습을 화면에 그리는 메소드라고 생 각하면 된다. 모든 컴포넌트가 paintComponent()를 가지고 있다. 컨테이너가 내부에 포함된 컴 포넌트의 paintComponent()를 적절한 시기에 호출하여서 화면을 그리게 된다. 따라서 자바에서 그림을 그리는 코드는 반드시 paintComponent() 메소드 안에 위치하여야 한다.

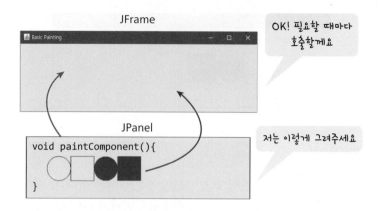

그러면 도대체 언제 paintComponent()가 호출되는 것일까? paintComponent()는 컴포넌트를 다시 그릴 필요가 있을 때마다 자바 시스템에 의하여 호출된다. 예를 들어서 컴포넌트가 가려졌다가 다시 화면에 나타날 때에 paintComponent()가 자동으로 호출된다. 따라서 그림을 그리는 코드가 paintComponent() 안에 들어 있지 않으면 컴포넌트가 제대로 그려지지 않는다.

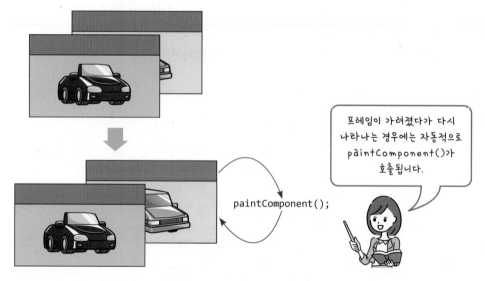

그림 12.2 paintComponent() 메소드

다음과 같은 구조를 사용하도록 하자.

```java
class MyPanel extends JPanel
{
    public void paintComponent(Graphics g)
    {
        // 여기에 그림을 그리는 코드를 넣는다.
    }
}
```

paintComponent()를 재정의한다.

paintComponent()는 Graphics 타입의 매개 변수를 가지고 있다. Graphics 클래스는 그림을 그리는 데 필요한 모든 설정값(예를 들어 색상이나 폰트)과 그림 그리는 메소드를 가지고 있다. 따라서 자바에서의 모든 그리기는 Graphics 클래스를 통해야 한다.

repaint() 메소드

사용자가 paintComponent()를 직접 호출하면 안 된다. 이 메소드는 반드시 자동으로 호출되어야 한다. 그런데 만약 사용자가 화면을 다시 그리고 싶으면 어떻게 해야 하는가? 이 경우에는 repaint()를 호출하면 된다. repaint()가 적절한 시기에 paintComponent()를 호출한다.

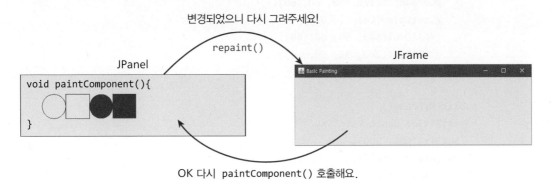

만약 그림이 그려지는 컴포넌트가 JPanel이나 JLabel처럼 그래픽 컴포넌트인 경우, paintComponent() 메소드에서 super.paintComponent(g);를 호출해주는 것이 좋다. 부모 클래스가 그려야 될 부분도 있기 때문이다. 자기 그림만 그리고 종료해버리면 부모 클래스는 그릴 기회를 얻지 못한다. **참고**

완전한 예제

아직 아무것도 학습하기 전이지만 다음과 같은 화면을 생성하는 예제를 작성해보고 지나가자. paintComponent() 메소드를 오버라이드하면 된다.

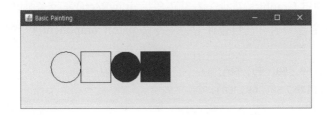

MyFrame.java

```java
01  import javax.swing.*;
02  import java.awt.*;
03
04  public class MyFrame extends JFrame {
05
06      class MyPanel extends JPanel {
07          protected void paintComponent(Graphics g) {        // (1)
08              super.paintComponent(g);
09              g.drawOval(60, 50, 60, 60);                     // (2)
10              g.drawRect(120, 50, 60, 60);                    // (3)
11              g.setColor(Color.BLUE);
12              g.fillOval(180, 50, 60, 60);
13              g.fillRect(240, 50, 60, 60);
14          }
15      }
16      public MyFrame() {
17          setTitle("Basic Painting");
18          setSize(600, 200);
19          add(new MyPanel());
20          setVisible(true);
21          setDefaultCloseOperation(EXIT_ON_CLOSE);
22      }
23
24      public static void main(String[] args) {
25          MyFrame f = new MyFrame();
26      }
27  }
```

> JPanel을 상속받는 MyPanel 정의

1. paintComponent()는 Graphics 타입의 매개 변수를 가지고 있다. Graphics 클래스는 그림을 그리는 데 필요한 모든 설정값(예를 들어 색상이나 폰트)과 그림 그리는 메소드를 가지고 있다. 따라서 자바에서의 모든 그리기는 Graphics 클래스를 통해야 한다.

2. 사각형을 그리려면 Graphics 객체가 가지고 있는 drawRect()을 호출하면 된다. 예를 들어 화면에 사각형과 원을 그리려면 다음과 같은 문장을 paintComponent() 안에 추가한다.

```java
g.drawOval(60, 50, 60, 60);
g.drawRect(120, 50, 60, 60);
```

1. 스윙 컴포넌트가 자기 자신을 그리는 메소드로서 오버라이드해야 그림을 그릴 수 있는 메소드는 무엇인가?
2. Graphics 클래스가 가지고 있는 것은 무엇인가?
3. 그림을 그리기 위한 캔버스로 많이 사용하는 컴포넌트는 무엇인가?

이번 절에서는 도형의 색상을 변경하는 방법을 살펴보자. 또한 Color 클래스를 이용하여 필요한 색상을 정의하는 방법도 학습한다. 문자열을 표시하는 데 사용되는 폰트를 생성하고 변경하는 방법도 살펴보자.

색상 객체 생성

자바에서는 색상을 정의하고 관리하는 데 java.awt 패키지의 일부인 Color 클래스를 사용한다. Color 클래스로 만들어지는 객체는 특정한 하나의 색을 나타낸다. 특정한 색을 표현하기 위해서는 빛의 3원색인 Red 성분, Green 성분, Blue 성분이 얼마나 함유되어 있는지를 0에서 255까지의 수를 사용하여 나타낸다. 예를 들어 흰색은 (255, 255, 255)가 되고 검정색은 (0, 0, 0), 노란색은 (255, 255, 0)으로 표현된다.

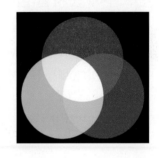

많이 쓰이는 색상 값들은 Color 클래스 안에서 미리 정의되어 있다. 이런 색상 값들은 클래스 변수이면서 상수이다. 이들은 클래스 안에서 static으로 정의되어 있고 객체의 이름이 아닌 클래스의 이름으로 참조할 수 있다. 예를 들어 Color.white, Color.black, Color.yellow 등으로 참조할 수 있다.

색상을 정의하기 위해서는 Color의 클래스 변수를 사용하는 방법과 Red, Green, Blue의 RGB 값을 지정하여 Color 객체를 생성하는 방법의 2가지가 있다. 다음은 같은 색을 다른 방법으로 나타낸 것이다.

```
Color c = Color.magenta;
Color c = new Color (255, 0, 255);
```

Color는 알파값(alpha)을 가질 수 있다. 알파값이란 색상의 투명도를 나타낸다. 기본적으로는 255(전혀 투명하지 않음)이지만 사용자가 변경할 수 있다. 예를 들어서

```
Color c = new Color (255, 0, 0, 128);
```

와 같이 생성하면 빨간색인데 **투명도가 50%**인 색상이 만들어진다.

색상 설정 방법

컴포넌트 객체에서는 setBackground() 메소드를 사용하여 배경색을 지정할 수 있는데, 지정된 배경색으로 객체가 표시된다. 컴포넌트 객체 위에 문자 및 그림을 그리는데 사용되는 전경색은 Graphics 클래스의 setColor() 메소드로 변경 가능하다. setColor() 메소드로 색상을 변경하면 다시 변경하기 전까지 이 색상을 사용하여 모든 문자와 그림이 그려진다.

생성자	설명
setBackground(Color c)	컴포넌트 객체에서 배경색을 설정한다.
setColor(Color c)	전경색을 설정한다.
Color getColor()	현재의 전경색을 반환한다.

윈도우에 문자열 출력

지금까지 우리가 사용해온 System.out.println()은 콘솔에 텍스트를 출력하였다. 하지만 윈도우에 텍스트를 출력하려면 drawString() 메소드를 사용하여야 한다. drawString()도 Graphics 클래스에 포함되어 있다. 예를 들어서 (x, y) 위치에 문자열 "Hello World!"을 출력하려면 다음과 같이 한다.

```
g.drawString("Hello World!", x, y);
```

문자열은 지정된 폰트로 출력된다. 만약 폰트가 지정되어 있지 않으면 디폴트 폰트가 사용된다.

폰트 객체 생성

폰트를 지정하기 위해서는 Font 클래스를 사용한다. 각 Font 객체는 폰트 이름(Courier, Helvetica,..)과 스타일(plain, bold, italic,...), 크기(12포인트,...)의 3가지 속성을 가지고 있다. 폰트를 지정하려면 먼저 Font 클래스의 객체를 만드는 것이 필요하다. 예를 들어서 다음 문장은 크기가 10이고 plain 스타일의 Courier 폰트 객체를 생성한다.

```
Font   font = new Font("Courier", Font.PLAIN, 10);  // plain 형식이고 크기는 10포인트
```

생성자의 첫 번째 매개 변수는 폰트의 이름이다. 전형적인 폰트의 이름은 "Times", "Courier", "Helvetica" 등이 있다. 이외에도 만약 시스템에 설치된 폰트가 있으면 사용할 수 있다. 예를 들어서 "Times New Roman"이라고 하면 Times New Roman 폰트가 사용된다. 하지만 이런 식으로 폰트 이름을 지정하는 것은 단점도 있다. 프로그램이 실행되는 컴퓨터에 프로그래머가 지정한 폰트가 설치되어 있으리란 법이 없다. 따라서 이 문제를 해결하는 데는 두 가지의 방법이 있다.

- 자바가 제공하는 논리적인 폰트 중에서 하나를 사용한다.
- 사용가능한 폰트의 리스트에서 사용자가 선택하도록 한다.

논리적인 폰트는 대표적인 폰트를 나타낸다. 다음은 논리적인 폰트 이름이다.

논리적인 폰트	설명
"Serif"	삐침(serif)를 갖는 가변폭 글꼴, 대표적으로 TimesRoman이 있다.
"SansSerif"	삐침(serif)를 갖지않는 가변폭 글꼴, 대표적으로 Helvetica가 있다.
"Monospaced"	고정폭을 가지는 글꼴, 대표적으로 Courier가 있다.
"Dialog"	대화상자에서 텍스트 출력을 위하여 사용되는 글꼴
"DialogInput"	대화상자에서 텍스트 입력을 위하여 사용되는 글꼴

자바는 위의 논리적인 폰트는 항상 존재함을 보장한다. "Serif"는 글자의 끝에 장식적인 삐침을 가지는 폰트이다. "San Serif"는 장식적인 삐침이 없다. "Monospaced"은 모든 글자의 너비가 같다.

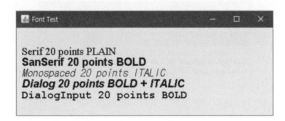

생성자의 두 번째 매개 변수는 볼드(bold)나 이탤릭(italic)과 같은 수식자이다. 폰트의 스타일에는 다음의 3가지가 있다.

폰트 스타일	설명
Font.BOLD	볼드체
Font.ITALIC	이탤릭체
Font.PLAIN	표준체

스타일을 조합하고 싶은 경우에는 Font.BOLD | Font.ITALIC과 같이 한다.

생성자의 세 번째 매개 변수는 크기로서 단위는 포인트(point)이다. 포인트는 1/72인치이다.

폰트 설정 방법

컴포넌트나 Graphics 객체에서 폰트를 지정하기 위해서는 setFont() 메소드를 사용한다. 예를 들어 컴포넌트의 paint() 메소드에서 Graphics 객체의 폰트를 지정하려면 다음과 같은 문장을 사용한다.

```java
public void paint(Graphics g)
{
    Font f = new Font("Serif",  Font.BOLD | Font.ITALIC,  12);
    g.setFont(f);
    ...
}
```

컴포넌트에서도 setFont()를 이용하여 컴포넌트가 사용하는 폰트를 변경할 수 있다. 예를 들어 레이블 컴포넌트에서 텍스트를 표시하는 폰트는 다음과 같이 변경한다.

```java
JLabel  myLabel = new JLabel("폰트 색상");
Font f = new Font("Dialog", Font.ITALIC, 10);          // ①
myLabel.setFont(f);               // ②
```

예제 12-1

논리적인 폰트들을 생성하고 각각의 폰트를 사용하여서 문자열을 출력하여 보자.

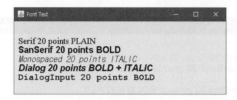

FontTest.java

```java
01  ...
02  class MyPanel extends JPanel {
03      Font f1, f2, f3, f4, f5;
04
05      public MyPanel() {                              // 폰트 객체를 생성한다.
06          f1 = new Font("Serif", Font.PLAIN, 20);
07          f2 = new Font("San Serif", Font.BOLD, 20);
08          f3 = new Font("Monospaced", Font.ITALIC, 20);
09          f4 = new Font("Dialog", Font.BOLD | Font.ITALIC, 20);
10          f5 = new Font("DialogInput", Font.BOLD, 20);
11      }
12
13      public void paintComponent(Graphics g) {
14          super.paintComponent(g);
15          g.setFont(f1);                              // 폰트를 변경한다.
16          g.drawString("Serif 20 points PLAIN", 10, 50);
17          g.setFont(f2);
18          g.drawString("SanSerif 20 points BOLD", 10, 70);
19          g.setFont(f3);
20          g.drawString("Monospaced 20 points ITALIC", 10, 90);
21          g.setFont(f4);
22          g.drawString("Dialog 20 points BOLD + ITALIC", 10, 110);
23          g.setFont(f5);
24          g.drawString("DialogInput 20 points BOLD", 10, 130);
25      }
26  }
```

```
27
28   public class FontTest extends JFrame {
29      public FontTest() {
30         setSize(500, 200);
31         setTitle("Font Test");
32         JPanel panel = new MyPanel();
33         add(panel);
34         setVisible(true);
35         setDefaultCloseOperation(JFrame.EXIT_ON_CLOSE);
36      }
37
38      public static void main(String[] args) {
39         FontTest s = new FontTest();
40      }
41   }
```

- Font 생성자가 시스템에 실제로 폰트를 생성시키는 것은 아니다. 시스템에 이미 설치된 폰트를 프로그램에서 사용할 수 있도록 객체를 생성할 뿐이다.
- 컴포넌트가 컨테이너의 폰트를 그대로 사용하려면 setFont(null)하면 된다.

참고

1. 스윙에서 색상을 나타내는 클래스 이름은 무엇인가? 자바에서는 얼마나 많은 색상을 사용할 수 있을까?
2. 순수한 빨강색을 나타내는 Color 객체를 만들어보자.
3. 크기 10포인트인 "Serif" 폰트를 나타내는 Font 객체를 만들어보자.

중간점검

12.3 │ 기초 도형 그리기

Graphics 클래스

자바는 java.awt.Graphics 클래스를 통하여 그래픽 기능을 제공한다. Graphics 클래스는 그리기에 사용되는 색상 및 글꼴 등의 상태를 유지하고 화면에 그림을 그리는 메소드를 제공한다. Graphics 클래스는 세 가지 유형의 메소드를 제공한다.

- 기초 도형들: drawXxx()과 fillXxx() 형식의 메소드를 통하여 직선, 사각형, 타원 등을 화면에 그릴 수 있다.
- 텍스트 문자열: drawString() 메소드를 통해 텍스트를 화면에 그릴 수 있다.
- 이미지 : drawImage() 메소드를 통해 화면에 이미지를 그릴 수 있다.

그래픽 좌표계

자바에서는 대부분의 2D 그래픽 시스템과 마찬가지로 좌표의 원점 (0,0)은 왼쪽 상단 구석에 있다. 컴포넌트의 getWidth()및 getHeight()을 호출하여 컴포넌트의 폭과 높이를 알 수 있다.

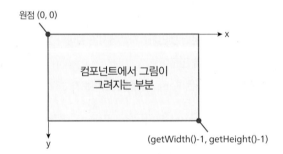

기초 도형 그리기

Graphics 클래스는 점, 선, 곡선, 사각형, 문자열, 이미지 같은 기초 도형을 그리는 메소드를 제공한다.

기초 도형	관련된 메소드
직선	drawLine(), drawPolyline()
사각형	drawRect(), fillRect(), clearRect()
3차원 사각형	draw3DRect(), fill3DRect()
둥근 사각형	drawRoundRect(), fillRoundRect()
타원	drawOval(), fillOval()
호	drawArc(), fillArc()
다각형	drawPolygon(), fillPolygon()

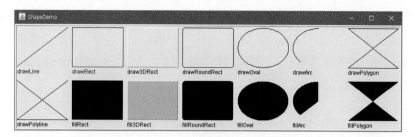

그림 12.3 그리기 메소드

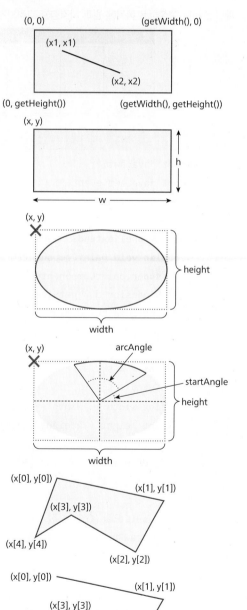

`drawLine(int x1, int y1, int x2, int y2)`
좌표 (x1,y1)에서 좌표 (x2,y2) 까지 직선을 그린다.

`drawRect(int x, int y, int width, int height)`
좌표 (x1,y1)에서 좌표 (x2,y2) 까지 직선을 그린다.

`drawOval(int x, int y, int width, int height)`
좌측 상단의 좌표가 x,y이며 폭 width, 높이 height인 타원을 그린다.

`drawArc(int x, int y, int width, int height, int startAngle, int arcAngle)`
좌측 상단의 좌표가 x, y이며 폭 width, 높이 height의 사각형 안에 내접하는 타원을 startAngle을 시작 각도로 하여 arcAngle의 각도만큼의 호를 그린다.

`drawPolygon(int[] x, int y[], length)`
배열 x[]와 배열 y[]을 가지고 여러 개의 직선을 그린다.

`drawPolyline(int[] x, int y[], length)`
배열 x[]와 배열 y[]을 가지고 여러 개의 직선을 그린다.

Graphics가 제공하는 메소드들을 크게 분류한다면 외곽선만 그리는 메소드와 내부를 채워서 그리는 메소드로 구분할 수 있다. drawXXX()로 시작하는 메소드는 외곽선만을 그리고 fillXXX()로 시작하는 메소드는 내부를 채워서 그린다. 외곽선과 내부는 모두 전경색(foreground color)으로 그려진다. 전경색은 setColor()로 변경할 수 있다.

예제 12-2	기본 예제

패널을 하나 생성하고 여기에 원과 사각형을 그려보자.

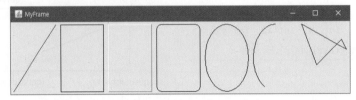

MyFrame.java

```
01    import java.awt.*;
02    import java.awt.event.*;
03    import javax.swing.*;
04
05    class MyPanel extends JPanel {
06        public void paintComponent(Graphics g) {
07            super.paintComponent(g);
08            Dimension d = getSize();
09            int gWidth = d.width / 7;
10            int gHeight = d.height;
11
12            int x = 5;
13            int y = 5;
14            int width = gWidth - 10;
15            int height = gHeight - 10;
16
17            g.drawLine(x, y + height - 1, x + width, y);
18            x += gWidth;
19
20            g.setColor(Color.black);
21            g.drawRect(x, y, width, height);
22            x += gWidth;
23
24            g.setColor(Color.lightGray);
25            g.draw3DRect(x, y, width, height, true);
26            x += gWidth;
27            g.setColor(Color.black);
```

```
28
29      g.drawRoundRect(x, y, width, height, 20, 20);
30      x += gWidth;
31
32      g.drawOval(x, y, width, height);
33      x += gWidth;
34
35      g.drawArc(x, y, width, height, 90, 150);
36      x += gWidth;
37
38      int xp[] = { x, x + 30, x + 80, x + 90 };
39      int yp[] = { y, y + 80, y + 30, y + 50 };
40      g.drawPolygon(xp, yp, xp.length);
41    }
42  }
43  public class MyFrame extends JFrame {
44    public MyFrame() {
45      setTitle("MyFrame");
46      setSize(700, 180);
47      setDefaultCloseOperation(JFrame.EXIT_ON_CLOSE);
48
49      MyPanel p = new MyPanel();
50      setVisible(true);
51      add(p);
52    }
53    public static void main(String[] args) {
54      MyFrame frame = new MyFrame();
55    }
56  }
```

 채워진 도형 그리기   예제 12-3

앞의 예제에서 drawXXX()를 fillXXX()로 변경하면 색상으로 채워진 도형이 그려진다.

```java
class MyPanel extends JPanel {
    public void paintComponent(Graphics g) {
        super.paintComponent(g);
        Dimension d = getSize();
        int gWidth = d.width / 7;
        int gHeight = d.height;

        int x = 5;
        int y = 5;
        int width = gWidth - 10;
        int height = gHeight - 10;

        g.drawLine(x, y + height - 1, x + width, y);
        x += gWidth;

        g.setColor(Color.blue);
        g.fillRect(x, y, width, height);
        x += gWidth;

        g.setColor(Color.lightGray);
        g.fill3DRect(x, y, width, height, true);
        x += gWidth;

        g.setColor(Color.red);
        g.fillRoundRect(x, y, width, height, 20, 20);
        x += gWidth;

        g.setColor(Color.green);
        g.fillOval(x, y, width, height);
        x += gWidth;

        g.setColor(Color.pink);
        g.fillArc(x, y, width, height, 90, 150);
        x += gWidth;

        int xp[] = { x, x+30, x+80, x+90 };
        int yp[] = { y, y+80, y+30, y+50 };
        g.setColor(Color.orange);
        g.fillPolygon(xp, yp, xp.length);
    }
}
```

여기서는 지금까지 학습한 내용을 바탕으로 눈사람 얼굴을 직선, 타원, 사각형 등을 이용하여 그려보자.

SnowManFace.java

```java
01  import javax.swing.*;
02  import java.awt.*;
03  import java.awt.event.*;
04
05  public class SnowManFace extends JFrame {
06      class MyPanel extends JPanel {
07
08          public void paintComponent(Graphics g) {
09              super.paintComponent(g);
10              g.setColor(Color.YELLOW);
11              g.fillOval(20, 30, 200, 200);
12              g.setColor(Color.BLACK);
13              g.drawArc(60, 80, 50, 50, 180, -180); // 왼쪽 눈
14              g.drawArc(150, 80, 50, 50, 180, -180); // 오른쪽 눈
15              g.drawArc(70, 130, 100, 70, 180, 180); // 입
16          }
17      }
18
19      public SnowManFace() {
20          setSize(300, 300);
21          setTitle("눈사람 얼굴");
22          setVisible(true);
23          add(new MyPanel());
24          setDefaultCloseOperation(JFrame.EXIT_ON_CLOSE);
25      }
26      public static void main(String[] args) {
27          SnowManFace s = new SnowManFace();
28      }
29  }
```

전경색을 노란색으로 변경한다.

채워진 타원을 그린다.

전경색을 검정색으로 변경한다.

1. SnowManFace에 버튼을 추가하고 이 버튼이 눌리면 찡그린 얼굴로 변경되도록 소스를 수정하라.

2. 얼굴의 디테일을 좀 더 추가하여 보자.

중간점검

예제 12-5   파이 차트 그리기

앞에서 학습한 원호 그리기 메소드와 색상을 이용하여 파이 차트를 그려보자.

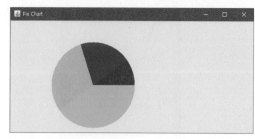

PieChart.java

```
01    import java.awt.*;
02    import javax.swing.*;
03
04    class Slice {
05       double value;
06       Color color;
07
08       public Slice(double value, Color color) {
09          this.value = value;
10          this.color = color;
11       }
12    }
13    class MyPanel extends JPanel {
14       Slice[] list = {
15          new Slice(10, Color.red), new Slice(20, Color.blue),
16                      new Slice(30, Color.orange), new Slice(40, Color.green)
17       };
18       public void paintComponent(Graphics g) {
19          double total = 0.0D;
20          for (Slice s : list) {
21             total += s.value;
22          }
23          double currValue = 0.0;
24          int start = 0;
25          for (Slice s : list) {
26             start = (int) (currValue * 360 / total);
27             int angle = (int) (s.value * 360 / total);
28
29             g.setColor(s.color);
30             g.fillArc(100, 50, 200, 200, start, angle);
31             currValue += s.value;
32          }
```

파이 차트의 한 조각을 나타내는 클래스이다. 퍼센트를 나타내는 value와 색상을 나타내는 color 필드를 가지고 있다.

Slice 객체 배열을 생성한다. 배열 요소들을 초기값으로 채운다.

Slice 객체 배열에 있는 값을 꺼내서 파이 차트를 그린다. fillArc()를 사용한다.

```
33          }
34      }
35  public class PieChart extends JFrame {
36      public PieChart() {
37          setSize(600, 300);
38          setTitle("Pie Chart");
39          add(new MyPanel());
40          setVisible(true);
41          setDefaultCloseOperation(JFrame.EXIT_ON_CLOSE);
42      }
43
44      public static void main(String[] args) {
45          PieChart c = new PieChart();
46      }
47  }
```

중간점검

1. 스윙을 이용하여 (10, 10)에서 (100, 100)까지의 선을 그리는 문장을 작성해보자.
2. 스윙을 이용하여 (0, 0)에서 (100, 100)까지의 사각형에 내접하는 원을 그리는 문장을 작성해보자.
3. drawXXX()와 fillXXX() 메소드는 어떤 점이 다른가?

우리는 앞에서 레이블을 이용하여 화면에 이미지를 출력하는 방법을 학습하였다. 자바 그래픽을 사용하면 직접 화면에 이미지를 그릴 수 있다. 화면에 이미지를 출력할 때도 ImageIcon 객체를 사용하는 것이 편리하다. 다만 ImageIcon 객체에서 Image 객체를 추출하는 절차만 추가하면 된다.

```
ImageIcon icon = new ImageIcon("d://car.png");
img = icon.getImage();
```

이미지를 화면에 그리는 것은 Graphics 클래스의 drawImage()를 사용한다.

```
public void paintComponent(Graphics g) {
    super.paintComponent(g);
    g.drawImage(img, x, y, null);
}
```

(x, y) 위치는 이미지의 좌측 상단이 그려지는 화면의 좌표를 나타낸다. 만약 이미지를 확대하거나 축소해서 그리려면 다음과 같은 메소드를 사용한다.

```
    g.drawImage(img, x, y, width, height,  null);
```

| 예제 12-6 | 화면에 이미지 그리기 |

하드디스크에 저장된 자동차 이미지를 화면에 그려보자.

DrawImageFrame.java

```
01   ...
02   public class DrawImageFrame extends JFrame {
03      Image img;
04
05      public DrawImageFrame() {
06         ImageIcon icon = new ImageIcon("d://car.jpg");
07         img = icon.getImage();              // 이미지 아이콘 객체에서 이미지를 추출한다.
08         setSize(500, 200);
09         add(new MyPanel());
10         setVisible(true);
11         setDefaultCloseOperation(JFrame.EXIT_ON_CLOSE);
12      }
13
14      class MyPanel extends JPanel {
15         public void paintComponent(Graphics g) {
16            super.paintComponent(g);
17            g.drawImage(img, 0, 0,  null);      // 이미지를 화면의 원점에 그린다.
18         }
19      }
20
21      public static void main(String[] args) {
22         DrawImageFrame f = new DrawImageFrame();
23      }
24   }
```

화면에 이미지 그리기 #2   예제 12-7

이번에는 자동차를 나타내는 클래스 Car 안에서 자동차를 그려보자. 어떤 점이 이전 예제와 달라지는지를 관찰해
보자.

```
01   import javax.swing.*;
02   import java.awt.*;
03   import java.awt.image.ImageObserver;
04
05   class Car {
```

```java
06    public Car() {
07       super();
08       ImageIcon icon = new ImageIcon("d://car.png");
09       image = icon.getImage();        // 이미지 아이콘 객체에서 이미지를 추출한다.
10    }
11    public void draw(Graphics g) {
12       g.drawImage(image, x, y, null);  // 이미지를 화면의 원점에 그린다.
13    }
14    int x=0, y=0;
15    Image image;
16 }
17
18 public class DrawImageFrame extends JFrame {
19    Car car;
20    public DrawImageFrame() {
21       car = new Car();
22       setSize(500, 200);
23       add(new MyPanel());
24       setVisible(true);
25       setDefaultCloseOperation(JFrame.EXIT_ON_CLOSE);
26    }
27
28    class MyPanel extends JPanel {
29       public void paintComponent(Graphics g) {
30          super.paintComponent(g);
31          car.draw(g);
32       }
33    }
34
35    public static void main(String[] args) {
36       DrawImageFrame f = new DrawImageFrame();
37    }
38 }
```

중간점검

1. 이미지를 화면에 그리는 메소드 이름은?

2. 하드 디스크 d:에 있는 "a.jpg" 이미지를 읽어서 객체로 생성하는 문장을 작성해보자.

응용 프로그램에서는 그래픽만 단독으로 사용되는 경우도 있지만, 일반적으로 그래픽은 이벤트 처리와 결합되어서 사용되는 경우가 많다. 마우스 이벤트나 키보드 이벤트 버튼 이벤트를 사용하여 그래픽을 제어하는 응용 프로그램을 작성해보자.

이벤트와 그래픽의 결합　　　예제 12-8

사용자가 화면을 클릭하면 그 위치에 사각형을 그리도록 프로그램을 작성하여 보자. 마우스의 버튼이 눌러지면 위치를 저장했다가 화면에 사각형을 그리면 된다. 사각형을 직접 그리는 것이 아니고 repaint()만 호출해주고 사각형은 paintComponent()에서 그려야 한다.

MyFrame.java

```
01  ...
02  public class MyFrame extends JFrame {
03      int x, y;
04      class MyPanel extends JPanel {
05          public MyPanel()        {
06              addMouseListener(new MouseAdapter() {
07                  public void mousePressed(MouseEvent e) {
08                      x = e.getX();
09                      y = e.getY();
10                      repaint();
11                  }
12              });
13          }
14          protected void paintComponent(Graphics g) {
15              super.paintComponent(g);
16              g.setColor(Color.ORANGE);
17              g.fillRect(x, y, 100, 100);
18          }
19      }
20
```

> 화면을 다시 그리도록 repaint()를 호출한다.

> (x, y) 위치에 사각형을 그린다.

```
21      public MyFrame() {
22         setTitle("Basic Painting");
23         setSize(600, 200);
24         add(new MyPanel());
25         setVisible(true);
26         setDefaultCloseOperation(JFrame.EXIT_ON_CLOSE);
27      }
28
29      public static void main(String[] args) {
30         MyFrame f = new MyFrame();
31      }
32   }
```

만약 사용자가 화면을 다시 그리고 싶으면 어떻게 해야 하는가? 여기서는 마우스가 클릭되면 그 위치에 사각형을 그려야 한다. 이 경우에는 repaint()를 호출하면 된다. repaint()가 적절한 시기에 paintComponent()를 호출한다. 절대로 paintComponent()를 직접 호출하면 안 된다.

예제 12-9   바운싱 볼 애니메이션

그래픽과 밀접한 관계가 있는 것이 애니메이션이다. 여기서는 튀어 오르는 공을 애니메이션으로 만들어보자. 공의 현재 위치는 변수 x,y로, 공의 속도는 xInc, yInc로 표현된다. 공은 바닥에서는 반사되어야 한다.

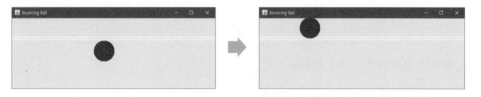

주기적으로 화면을 그려야 하므로 타이머가 필요하다. 10ms마다 타이머가 걸리도록 설정한다. 타이머가 걸리면 액션 이벤트가 발생한다. 액션 이벤트가 발생하면 화면을 업데이트한다.

```
01   ...
02   public class BouncingBall extends JFrame implements ActionListener {
03      static final int WIDTH = 600;
04      static final int HEIGHT = 200;
05      private static final int PERIOD = 10;
06
07      class MyPanel extends JPanel {
08         int x=0, y=0, xInc=3, yInc=3, diameter=60;
09
10         public void paintComponent(Graphics g) {
11            super.paintComponent(g);
```

```
12          if (x < 0 || x > (BouncingBall.WIDTH - diameter))
13              xInc = -xInc;
14          if (y < 0 || y > (BouncingBall.HEIGHT - diameter))
15              yInc = -yInc;
16          x += xInc;
17          y += yInc;
18          g.setColor(Color.RED);
19          g.fillOval(x, y, diameter, diameter);
20      }
21   }
22
23   public BouncingBall() {
24      MyPanel panel = new MyPanel();
25      panel.setPreferredSize(new Dimension(WIDTH, HEIGHT));
26      add(panel);
27      pack();
28      setTitle("Bouncing Ball");
29      Timer timer = new Timer(PERIOD, this);
30      timer.start();
31      setVisible(true);
32      setDefaultCloseOperation(JFrame.EXIT_ON_CLOSE);
33   }
34
35   @Override
36   public void actionPerformed(ActionEvent evt) {
37      repaint();
38   }
39
40   public static void main(String[] args) {
41      BouncingBall f = new BouncingBall();
42   }
43
44 }
```

> 공이 벽에 부딪히면 공의 속도를 역으로 변경한다.

> 일정 시간이 지났으므로 공의 속도만큼 공의 위치를 변경한다.

> 패널의 크기를 정확히 WIDTH * HEIGHT로 한다.

> 타이머 이벤트를 이용하여 공을 움직인다.

버튼이 눌리면 이미지를 이동   예제 12-10

화면의 버튼이 눌리면 자동차 이미지가 왼쪽이나 오른쪽으로 이동하는 프로그램을 작성해보자.

DrawImageFrame2.java

```
01  ...
02  public class DrawImageFrame2 extends JFrame {
03
04      Image img;
05      int pos_x = 100, pos_y = 0;
06
07      public DrawImageFrame2() {
08          ImageIcon icon = new ImageIcon("d://car.jpg");
09          img = icon.getImage();
10          setSize(500, 200);
11          add(new MyPanel(), BorderLayout.CENTER);
12          JPanel panel = new JPanel();
13          Button b1 = new Button("왼쪽으로 이동");
14          Button b2 = new Button("오른쪽으로 이동");
15          b1.addActionListener(e -> {
16              pos_x -= 10;
17              repaint();
18          });
19          b2.addActionListener(e -> {
20              pos_x += 10;
21              repaint();
22          });
23          panel.add(b1);
24          panel.add(b2);
25          add(panel, BorderLayout.SOUTH);
26          setVisible(true);
27          setDefaultCloseOperation(JFrame.EXIT_ON_CLOSE);
28      }
29
30      class MyPanel extends JPanel {
31          public void paintComponent(Graphics g) {
32              super.paintComponent(g);
33              g.drawImage(img, pos_x, pos_y, this);
34          }
35
36      }
37
38      public static void main(String[] args) {
39          DrawImageFrame2 f = new DrawImageFrame2();
40      }
41  }
```

> 람다식을 사용하여서 이미지를 그리는 좌표를 변경한다.

마우스로 그림을 그릴 수 있는 프로그램을 작성해보자.

기본적인 아이디어는 마우스의 좌표를 어딘가에 저장하였다가 paintComponent()에서 다시 꺼내서 화면에 조 그마한 원으로 그리는 것이다. 좌표를 저장하는 공간은 동적 배열인 벡터(또는 ArrayList)를 이용한다. 점의 개수 를 미리 알 수 없기 때문이다.

MyPaintApp.java

```
01  ...
02  class Point {
03      int x, y;
04      public Point(int x, int y) {
05          this.x = x;
06          this.y = y;
07      }
08  }
09
10  public class MyPaintApp extends JFrame {
11      int x, y;
12      Vector<Point> list = new Vector<>();
13
14      class MyPanel extends JPanel {
15          public MyPanel() {
16              addMouseMotionListener(new MouseMotionAdapter() {
17                  public void mouseDragged(MouseEvent event) {
18                      x = event.getX();
19                      y = event.getY();
20                      list.add(new Point(x, y));
21                      repaint();
22                  }
23              });
24          }
25
26          public void paintComponent(Graphics g) {
27              super.paintComponent(g);
28              for (Point p : list)
29                  g.fillOval(p.x, p.y, 4, 4);
```

> Point 객체를 저장할 수 있는 벡터를 생성한다.

> 마우스가 드래그되면 좌표를 벡터에 추가한다.

> 벡터에 들어 있는 좌표를 하나 씩 꺼내서 타원으로 그려준다.

```
30          }
31      }
32
33      public MyPaintApp() {
34          setSize(600, 150);
35          setTitle("My Paint");
36          add(new MyPanel());
37          setVisible(true);
38          setDefaultCloseOperation(JFrame.EXIT_ON_CLOSE);
39      }
40
41      public static void main(String[] args) {
42          MyPaintApp f = new MyPaintApp();
43      }
44  }
```

중간점검   1. 이미지를 움직여서 애니메이션을 만들 때, 많이 이용하는 이벤트는 어떤 이벤트인가?

도전문제   위의 코드에서는 마우스 드래그 위치에 타원을 그린다. 다른 방법도 있다. 이전 점과 현재 점을 직선으로 연결할 수도 있다. 사실은 이 방법이 더 많이 사용된다. 위의 코드를 이 방법을 사용하도록 수정하여 보자.

반사되는 공 애니메이션   **LAB**

앞의 예제에서 하나의 공이 움직이는 프로그램을 작성하였다. 이번 실습에서는 색상이나 크기가 다른 여러 개의 공을 생성하여 동시에 화면에서 움직이게 하자.

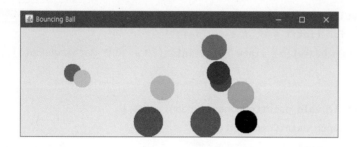

```
01    ..
02    class Ball {
03        int x, y, xInc, yInc, diameter;
04        final Random r = new Random();
05        Color color;
06
07        public Ball(int d) { // (1)
08            this.diameter = d;
09            x = (int) (Math.random() * (BouncingBall.WIDTH - d) + 3);
10            y = (int) (Math.random() * (BouncingBall.HEIGHT - d) + 3);
11            xInc = (int) (Math.random() * 5 + 1);
12            yInc = (int) (Math.random() * 5 + 1);
13            color = new Color(r.nextInt(256), r.nextInt(256), r.nextInt(256));
14        }
15
16        public void paint(Graphics g) { // (2)
17            if (x < 0 || x > (BouncingBall.WIDTH - diameter))
18                xInc = -xInc;
19            if (y < 0 || y > (BouncingBall.HEIGHT - diameter))
20                yInc = -yInc;
21            x += xInc;
22            y += yInc;
23            g.setColor(color);
24            g.fillOval(x, y, diameter, diameter);
25        }
26    }
```

> 1개의 공을 Ball 클래스로 모델링한다.

> 공의 크기나 색상, 속도 등이 난수로 결정된다.

> 공을 그려주는 메소드이다. 외부에서 Graphics 객체를 받아서 그린다.

```java
27
28  public class BouncingBall extends JFrame implements ActionListener {
29      static final int WIDTH = 600;
30      static final int HEIGHT = 200;
31      private static final int PERIOD = 10;
32
33      class MyPanel extends JPanel {
34          public Ball basket[] = new Ball[10]; // (3)
35
36          public MyPanel() {
37              for (int i = 0; i < 10; i++)
38                  basket[i] = new Ball((int) (30 + 30 * Math.random()));
39          }
40
41          public void paintComponent(Graphics g) {
42              super.paintComponent(g);
43              for (Ball b : basket) {
44                  b.paint(g);
45              }
46          }
47      }
48
49      public BouncingBall() {
50          MyPanel panel = new MyPanel();
51          panel.setPreferredSize(new Dimension(WIDTH, HEIGHT));
52          add(panel);
53          pack();
54          setTitle("Bouncing Ball");
55          Timer timer = new Timer(PERIOD, this);
56          timer.start();
57          setVisible(true);
58          setDefaultCloseOperation(JFrame.EXIT_ON_CLOSE);
59      }
60
61      @Override
62      public void actionPerformed(ActionEvent evt) {
63          repaint();
64      }
65
66      public static void main(String[] args) {
67          BouncingBall f = new BouncingBall();
68      }
69  }
```

> 여러 개의 Ball 객체를 저장하기 위하여 객체 배열을 사용하였다.

> 배열에 객체를 생성하여 저장한다.

> 배열 안의 객체를 하나씩 꺼내서 객체의 paint() 메소드를 호출해준다.

> 프레임 안의 패널 크기를 WIDTH×HEIGHT로 하기 위한 코드이다.

영상 처리 **LAB**

영상 처리(image processing)는 이미지를 읽어서 여러 가지 처리를 하는 학문 분야이다. 예를 들어서 화질이 나쁜 이미지의 화질을 향상시키는 것도 영상 처리의 일종이다. 간단한 영상 처리를 학습하여 보자. 컬러 이미지를 읽어서 흑백 이미지로 만드는 프로그램을 작성하여 보자.

컬러 이미지의 각 픽셀은 빛의 3원색인 R(red), G(green), B(blue) 성분을 저장하고 있다. 픽셀에 저장된 이들 R, G, B 값을 읽어서 단순 평균하여 흑백 이미지로 만들 수 있다. 물론 흑백 이미지를 만드는 알고리즘은 여러 가지가 있으나 여기서는 가장 간단한 단순 평균 방법을 사용하였다.

프로그램을 실행하기 전에 프로젝트 폴더에 Lenna.png 파일이 존재하여야 한다. 인터넷에서 이 파일을 다운로드 받아서 프로젝트 폴더로 복사하도록 하자. 물론 다른 파일을 사용하여도 된다.

```
GrayScaleImage.java

01  public class GrayScaleImage extends JFrame {
02
03    BufferedImage image;
04    int width;
05    int height;
06
07    public GrayScaleImage() {
08      try {
09        File input = new File("Lenna.png");
10        image = ImageIO.read(input);
11        width = image.getWidth();
12        height = image.getHeight();
13
14        for (int r = 0; r < height; r++) {
```

> 파일 처리는 아직 학습하지 않았다.
> 여기서는 그냥 참고만 하자.

```
15              for (int c = 0; c < width; c++) {
16                  Color color = new Color(image.getRGB(r, c));
17                  int red = (int) (color.getRed());
18                  int green = (int) (color.getGreen());
19                  int blue = (int) (color.getBlue());
20                  int avg = (red + green + blue) / 3;
21                  Color newColor = new Color(avg, avg, avg);
22                  image.setRGB(r, c, newColor.getRGB());
23              }
24          }
25
26          File ouptut = new File("output.png");
27          ImageIO.write(image, "png", ouptut);
28          add(new MyPanel());
29          pack();
30          setVisible(true);
31          setDefaultCloseOperation(JFrame.EXIT_ON_CLOSE);
32
33      } catch (Exception e) {
34          System.out.println("이미지 읽기 실패!");
35      }
36  }
37
38  class MyPanel extends JPanel {
39      public void paintComponent(Graphics g) {
40          g.drawImage(image, 0, 0, null);
41      }
42      public Dimension getPreferredSize() {
43          if (image == null) return new Dimension(100, 100);
44          else return new Dimension(width, height);
45      }
46  }
47
48  static public void main(String args[]) throws Exception {
49      GrayScaleImage obj = new GrayScaleImage();
50  }
51 }
```

> 이미지의 픽셀값은 getRGB()라는 메소드를 사용하면 추출할 수 있다. Color 객체를 통해서 R, G, B 값을 얻는다. 이것의 평균을 구해서 다시 저장한다.

> 그레이스케일 이미지를 화면에 그린다.

도전문제   원본 이미지 파일과 변환된 이미지 파일을 동시에 보여주도록 위의 프로그램을 변경하여 보자.

Introduction to **JAVA Programming**

움직이는 사진   LAB

유튜브를 보다 보면 큰 사진을 화면에서 천천히 움직여서 움직이는 영상처럼 느끼게 하는 기법을 많이 본다. 이 효과를 자바로 구현하여보자. 화면보다 큰 이미지를 읽어서 이미지가 시작되는 위치를 변경하여 이미지가 움직이는 효과를 주자. g.drawImage(image, x, y)에서 x와 y의 위치를 변경한다.

```
MyFrame.java

01    ...
02    public class MyFrame extends JFrame implements ActionListener {
03        static final int MAX_FRAME = 500;
04        int frameNumber;
05        Image background;
06        private Thread aThread;
07
08        class MyPanel extends JPanel {
09            public void paintComponent(Graphics g) {
10                super.paintComponents(g);
11                g.drawImage(background, -frameNumber, -frameNumber, this);
12            }
13        }
14
15        public MyFrame() {
16            ImageIcon icon2 = new ImageIcon("d://back.jpg");
17            background = icon2.getImage();
18            setSize(600, 300);
19            Timer timer = new Timer(10, this);
20            timer.start();
21            add(new MyPanel());
22            setVisible(true);
23            setDefaultCloseOperation(JFrame.EXIT_ON_CLOSE);
```

> 영상을 화면의 음수 위치에 표시하라는 의미이므로 영상의 일부가 표시된다.

영상

프레임

> 타이머를 이용하여 애니메이션을 만든다.

```
24        }
25
26        @Override
27        public void actionPerformed(ActionEvent evt) {
28            frameNumber = (++frameNumber) % MAX_FRAME;
29            repaint();
30        }
31
32        public static void main(String[] args) {
33            MyFrame f = new MyFrame();
34        }
35    }
```

프레임 번호를 증가시키고 다시 그리기를
요청한다.

Introduction to **JAVA Programming**   신호등 프로그램   **Mini Project**

신호등을 나타내는 프로그램을 작성해보자. 버튼을 하나 만들어서 신호등의 하단에 추가한다. 버튼을 누르면 신호등이 차례대로 바뀌어야 한다. 다음 코드를 참조한다.

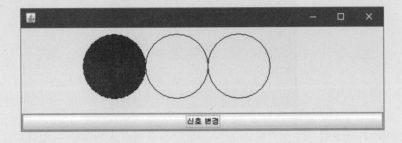

```java
01  class MyPanel extends JPanel implements ActionListener {
02      int light_number=0;
03      public MyPanel() {
04          setLayout(new BorderLayout());
05          JButton b = new JButton("신호 변경");
06          b.addActionListener(this);
07          add(b, BorderLayout.SOUTH);
08      }
09
10      @Override
11      protected void paintComponent(Graphics g) {
12          // 신호등을 그린다.
13      }
14
15      @Override
16      public void actionPerformed(ActionEvent arg0) {
17          if (++light_number >= 3)
18              light_number = 0;
19          repaint();
20      }
21  }
```

Mini Project

탁구 게임

다음과 같이 2사람이 탁구 게임을 할 수 있는 프로그램을 작성하여 보자.

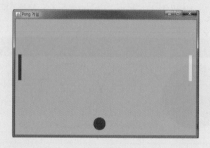

먼저 어떤 클래스가 필요한지를 생각해보자. 다음과 같은 클래스를 생각할 수 있다.

- Ball 클래스 - 공을 나타낸다.
- Racket 클래스 - 라켓을 나타낸다.
- GameBoard 클래스 - 게임판을 나타낸다.

GameBoard 클래스가 Ball 객체와 Racket 객체를 포함하도록 설계하면 된다. Racket 객체는 2개가 필요하다. 전체적인 클래스 다이어그램은 다음과 같다.

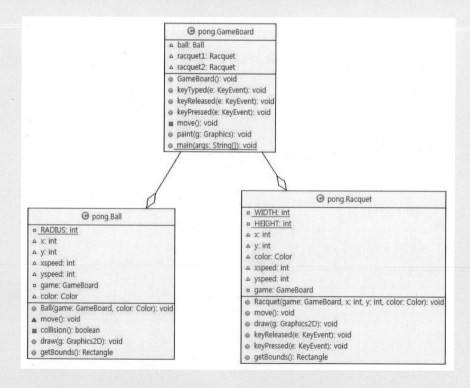

Introduction to **JAVA Programming**   벽돌깨기 게임

이번 장에서는 지금까지 학습한 내용을 여러 가지로 응용해 다음과 같이 공을 이용해 벽돌을 깨는 고전 게임을 작성해보자. 이번 장에서는 상속을 이용하여 프로그램을 작성해본다. 사용자는 화살표키를 이용해서 패들을 움직이고 공은 패들에 맞으면 반사된다. 공이 벽돌에 맞으면 벽돌은 깨진다.

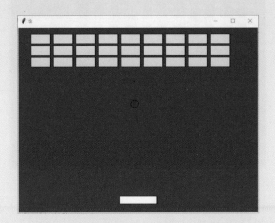

최초의 벽돌깨기 게임은 아타리사가 만든 Breakout이었다. 놀라운 점은 이 게임의 프로그래머가 스티브 워즈니악과 스티브 잡스였다는 점이다(두 사람은 아타리사에서 함께 일했었다). 게임에서, 벽돌 층이 화면의 상단 1/3을 채운다. 공이 화면을 가로질러 이동하면서 화면의 상단과 측면 벽에서 반사된다. 공이 벽돌에 부딪치면 벽돌이 파괴된다. 공이 화면 하단에 닿으면 플레이어가 패배한다. 플레이어는 공을 반사시키는 패들을 가지고 있다. 이 프로젝트에서는 벽돌깨기 게임을 단계적으로 작성해보자.

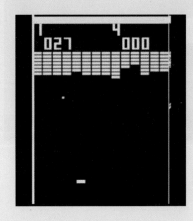

Mini Project
갤러그 게임 I

이번 장에서는 "갤러그"와 유사한 게임을 제작해보자. 이제까지 우리가 학습한 모든 것을 사용하여 보자. 우리는 자바 그래픽을 이용하여서 다음과 같은 "갤러그" 유사 게임을 제작할 것이다.

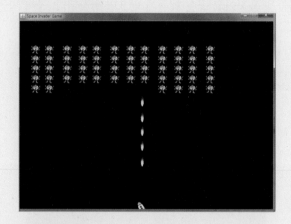

객체 지향 프로그램에서는 객체들이 메시지를 주고받으면서 어떤 작업을 한다고 하였다. 객체 지향 프로그램을 작성하는 가장 첫 번째 단계는 어떤 객체들이 필요한가를 분석하는 단계이다. 갤러그 게임에서는 비교적 간단하다. 다음과 같은 객체만 있으면 될 것이다.

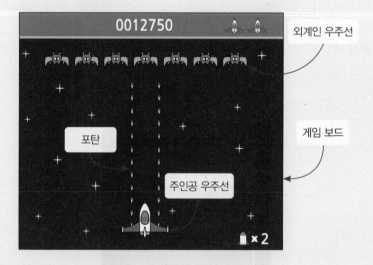

따라서 위의 객체들을 생성할 수 있는 클래스를 작성하면 된다.

- StarShipSprite 클래스 - 주인공 우주선을 모델링한다.
- AlienSprite 클래스 - 외계인 우주선을 모델링한다.

- ShotSprite 클래스 - 포탄을 모델링한다.
- SpaceInvaderGame 클래스 - 게임 보드를 모델링한다.

각 클래스들이 가져야 될 속성과 메소드를 생각해보자. 외계인 우주선이나 주인공 우주선, 포탄은 모두 움직이고 있다. 따라서 현재 위치를 나타내는 x, y 변수가 필요하다. 또 1초에 움직이는 거리, 즉 x 방향의 속도(dx 변수로 나타내자)와 y 방향의 속도(dy 변수로 나타내자)도 필요하다. 이 클래스들은 모두 이미지를 가지고 있어야 할 것이다. 따라서 결론적으로 StarShipSprite 클래스, AlienSprite 클래스, ShotSprite 클래스들은 모두 어떤 공통적인 속성을 가지고 있다는 것이다.

3개의 클래스가 모두 공통적인 속성을 가지고 있다면 이것을 중복해서 정의하는 것보다 더 좋은 방법이 있다! 이미 여러분들도 떠올렸겠지만 상속을 사용하여야 한다. 따라서 Sprite 라는 클래스를 작성하고 여기에 공통적인 속성과 동작들을 정의하도록 하자.

공통적인 동작(메소드)에는 어떤 것들이 있을까? StarShipSprite 클래스, AlienSprite 클래스, ShotSprite 클래스들은 모두 화면에 자신의 이미지를 그리는 메소드 draw()를 가져야 한다. 그리고 1초에 한 번씩 호출되어서 자신의 위치를 변경하는 move() 메소드도 필요하다. move() 메소드는 다른 게임 관련 문헌에서는 update()라고도 한다.

자 그러면 이들 정보를 바탕으로 UML 클래스 다이어그램을 그려보면 아마 다음과 같이 그릴 수 있을 것이다.

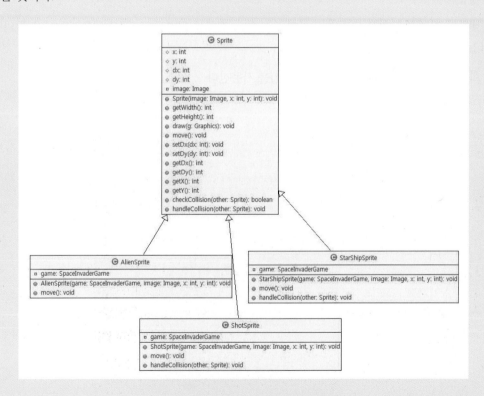

Summary

- paintComponent()는 모든 컴포넌트의 모양을 그리는 메소드이다. 우리는 이것을 오버라이드 하여서 컴포넌트 위에 우리가 원하는 그림을 그릴 수 있다.

- 컴포넌트가 다시 그리기를 요청하려면 repaint()를 호출하면 된다. repaint()는 결국 컴포넌트 의 paintComponent()를 호출하게 된다. 우리가 paintComponent()를 직접 호출하면 안 된다.

- JPanel은 그래픽 응용 프로그램에서 캔버스의 역할을 할 수 있다.

- Graphics 객체에는 색상과 폰트를 변경할 수 있는 메소드들을 제공한다.

- 색상은 Color 객체로 나타낸다.

- 폰트는 Font 객체로 나타낸다.

- 화면에 문자열을 그리려면 drawString()을 사용한다.

- 도형을 그리기 위하여 Graphics 객체는 drawRect(), drawLine(), drawOval() 등의 메소드를 제공한다.

- 내부가 칠해진 도형을 그리기 위하여 Graphics 객체는 fillRect(), fillOval(), fillArc() 등의 메 소드를 제공한다.

- 화면에 이미지를 그리려면 drawImage()를 사용한다.

1. Graphic 클래스가 제공하는 메소드 중에서 원을 그리는 메소드 이름은?

❶ drawCircle()   ❷ drawArc()

❸ drawOval()   ❹ drawEllipse()

2. 그래픽 좌표계의 원점은 어디인가?

❶ 화면의 중심   ❷ 왼쪽 상단

❸ 왼쪽 하단   ❹ 오른쪽 하단

3. 화면을 다시 그리려면 어떤 메소드를 호출하여야 하는가?

❶ drawAll()   ❷ paint()

❸ paintComponent()   ❹ repaint()

4. 스윙 컴포넌트에 그림을 그리려면 어떤 메소드를 오버라이딩하여야 하는가?

❶ repaint()   ❷ paintComponent()

❸ paintThis()   ❹ paintObject()

5. 화면에 (100, 100) 좌표에 크기가 200×300 사각형을 그리는 메소드 호출은?

❶ drawRectangle(100, 100, 200, 300)

❷ drawRectangle(100, 100, 300, 400)

❸ drawRect(100, 100, 200, 300)

❹ drawRect(100, 100, 300, 400)

6. 패널의 배경색을 빨간색으로 설정하는 문장으로 올바른 것은?

❶ panel.setBackground(Red);

❷ panel.setBackground(color.red);

❸ panel.setBackground(new Color(255, 0, 0));

❹ panel.setBackground(Color(255, 0, 0));

7. 다음 질문에 간단히 답하라.

(a) 색상을 나타내는 클래스는?

(b) 폰트를 나타내는 클래스는?

(c) 화면에 그림을 그릴 때 재정의하여야 하는 메소드로서 그림을 그리는 문장들이 들어가는 메소드는?

(d) 자바에서 그림이 그려지는 캔버스의 역할을 하는 클래스는?

8. 아래 문장의 참, 거짓을 판단하고 거짓이면 올바르게 수정하라.

(a) 자바 좌표 체계에서 y값은 아래에서 위쪽으로 증가한다.

(b) 자바에서 색상은 Red, Green, Blue 색상의 양을 0에서 512사이의 정수로 표현된다.

(c) drawOval(x, y, 100, 200)의 처음 두 개의 인수는 타원의 중심을 나타낸다.

9. 다음은 화면에 그림을 그리는 기본 구조이다. (0, 0)을 왼쪽 상단으로 하고 크기가 100×100인 사각형을 그리고자 한다. 빈칸에 올바른 문장을 넣으시오.

```java
class MyPanel extends JPanel {
    public void paintComponent(Graphics g) {
        super.paintComponent(g);
        _____;
    }
}
```

10. 그림을 다시 그려야 할 때, 자바에서는 paintComponent()를 직접 호출하면 안 된다. 어떻게 해야 하는가?

Programming

1. 집을 그리는 애플리케이션을 작성하라. 집에는 문 1개, 창문 1개, 지붕, 굴뚝이 있어야 한다. 아래 그림을 참조하라.

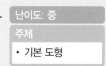

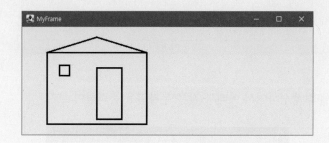

2. 자신의 명함을 화면에 그려보자. 명함은 텍스트와 그림을 모두 포함하고 있어야 한다.

난이도: 중

주제
• 자바 그래픽

3. 사용자가 화면을 클릭하면 그 위치에 사각형을 그리도록 프로그램을 작성해보자. 사용자가 사각형을 마우스로 드래그하면 사각형이 움직이도록 하자.

난이도: 상

주제
• 기본 도형,
  이벤트 처리

4. 버튼을 누르면 사각형의 색상을 변경하는 프로그램을 작성하여 보자. 프레임 위에 패널을 얹고 패널에 사각형을 그린다. 화면의 하단에 버튼을 추가하고 버튼을 누르면 난수를 이용하여 색상을 변경한다.

5. 논리적인 폰트들을 생성하여서 아래와 같은 문자열을 출력하여 보자.

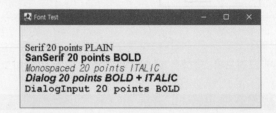

6. 하나의 주사위를 나타내는 Dice 클래스를 작성하여 보자. Dice 클래스의 생성자에서는 위치, 색상, 현재 주사위 면을 받아서 주사위를 화면에 그린다. 엔터 키가 눌려질 때마다 두 개의 주사위가 각각 랜덤한 값으로 던져지는 프로그램을 작성하여 보자.

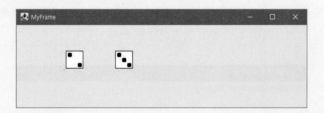

7. 자동차를 나타내는 Car 클래스를 작성한다. Car 클래스의 생성자에서는 색상, 크기, 위치를 매개 변수로 받아서 지정된 위치에 자동차를 그린다. Car 객체를 여러 개 생성하여서 자동차가 왼쪽에서 오른쪽으로 움직이도록 한다.

8. 스파이럴 그림을 그려보자. 직선을 그리고 89도 회전하여 다시 직선을 그린다.

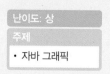
난이도: 상
주제
• 자바 그래픽

```
double x2 = x1 + Math.cos(angle) * length;
double y2 = y1 - Math.sin(angle) * length;
g.drawLine((int) x1, (int) y1, (int) x2, (int) y2);
```

반복이 진행될수록 직선의 길이는 약간씩 길어지게 한다. 직선의 색상은 난수로 결정한다.

9. 간단한 애니메이션을 작성하여 보자. 우주선 이미지를 읽어서 화면에 표시한다. 동시에 타이머를 이용하여 우주선을 움직여 보자. 우주선은 좌측 하단에서 우측 상단으로 움직인다.

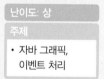
난이도: 상
주제
• 자바 그래픽,
  이벤트 처리

자바의 타이머는 다음과 같은 문장으로 사용이 가능하다. 시간의 단위는 밀리초이다.

```
timer = new Timer(speed, this);
timer.start();
```

10. 이번 장에서 학습한 내용을 바탕으로 버튼을 누르면 2차 함수가 화면에 그려지는 프로그램을 작성하여 보자.

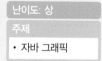
난이도: 상
주제
• 자바 그래픽

$$y = ax^2 + bx + c$$

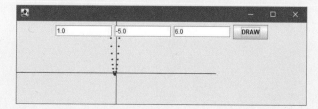

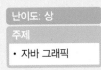

11.   밤하늘을 배경으로 몇 개의 별을 그리는 애플리케이션을 작성하라. Star 클래스를 작성한다. Star 클래스에서는 지정된 위치에 별을 그린다.

제네릭과 컬렉션

▶ 다음과 같은 작업들을 수행하는 방법을 알고 있나요? 이번 장에서 함께 알아봐요.

1. 어떤 자료형에서도 동작하는 메소드를 제네릭으로 작성할 수 있나요?
2. ArrayList를 사용하여 데이터를 저장하고 처리할 수 있나요?
3. Map을 사용하여서 키와 값을 묶어서 저장할 수 있나요?
4. Collections 클래스가 제공하는 sort()와 같은 메소드를 사용할 수 있나요?

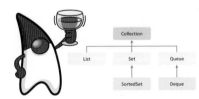

Power JAVA 3e

➕ 학습목차

13.1   제네릭 프로그래밍
13.2   컬렉션이란?
13.3   벡터
13.4   ArrayList
13.5   LinkedList

13.6   Set
13.7   Map
13.8   Queue
13.9   Collections 클래스

제네릭 프로그래밍(generic programming)이란 다양한 종류의 데이터를 처리할 수 있는 클래스와 메소드를 작성하는 기법이다. 제네릭은 Java 5부터 추가된 기능으로 이것을 사용하면 복잡한 애플리케이션을 개발할 때 발생하는 여러 가지 버그들을 많이 줄일 수 있다. 제네릭은 안드로이드와 같은 애플리케이션을 개발할 때 많이 사용되므로 정확하게 알고 있어야 한다. Object 타입의 변수를 사용하는 것보다 안전하고 사용하기 쉽다. 대표적인 예가 ArrayList 클래스이다. ArrayList<T>는 어떤 종류의 객체도 저장할 수 있는 배열이다. 여기서 T는 배열에 저장되는 타입을 나타내는 매개 변수이다.

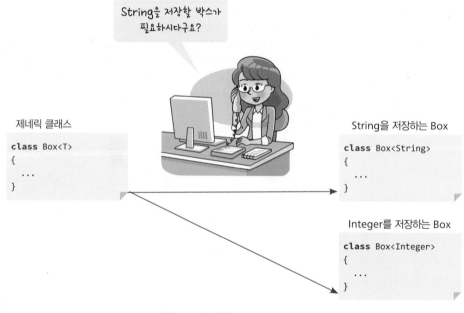

그림 13.1 제네릭 프로그래밍의 개념

제네릭을 한마디로 말하자면 클래스를 정의할 때, 클래스 안에서 사용되는 **자료형(타입)**을 구체적으로 명시하지 않고 T와 같이 기호로 적어놓는 것이다. 객체를 생성할 때, T 자리에 구체적인 자료형을 적어주면 된다. 즉 자료형을 클래스의 매개 변수로 만든 것이다. 위의 그림에서 Box 클래스는 데이터를 저장하는 클래스이다. Box 클래스 안에 저장되는 자료형을 구체적으로 적지 않고 T라고 하는 타입 매개 변수로 표시한다. Box에 저장되는 타입은 Box의 객체를 생성할 때 구체적으로 적어주면 된다. 이렇게 되면 Box로 생성된 객체는 어떤 타입의 데이터든지 저장할 수 있다.

이전의 방법

제네릭 프로그래밍 개념이 등장하기 전에도 모든 종류의 객체를 받을 수 있는 클래스를 작성할 수 있었다. 어떻게 하였을까? 다형성을 이용하였다. 객체를 Object 타입으로 받아서 처리하는 방법을 사용하면 된다. 간단한 예제를 들어서 설명하여 보자. 하나의 데이터만을 저장할 수 있는 Box라는 간단한 클래스를 작성하여 보자. Box는 어떤 타입의 데이터도 저장할 수 있다. 어떻게 이것이 가능할까? Object 타입의 변수는 어떤 객체도 참조할 수 있으므로 다음과 같이 내부에 Object 타입의 변수를 선언하고 이 변수로 데이터를 가리키면 된다.

```java
public class  Box {
   private Object data;
   public void set(Object data)  {    this.data = data;    }
   public Object get()           {    return data;    }
}
```

실제로 Box 클래스는 여러 가지 다양한 타입의 데이터를 저장할 수 있다.

```java
Box b = new Box();

b.set("Hello World!");            // ① 문자열 객체를 저장
String s = (String)b.get();       // ② Object 타입을 String 타입으로 형변환

b.set(new Integer(10));           // ③ 정수 객체를 저장
Integer i = (Integer)b.get( );    // ④ Object 타입을 Integer 타입으로 형변환
```

이렇게 다양한 형태의 데이터를 담을 수 있는 이유는 데이터를 Object 참조 변수로 받아서 저장하기 때문이다. 모든 객체는 궁극적으로 Object의 자손이다. 따라서 다형성에 의하여 Object 참조 변수는 어떤 객체든지 참조할 수 있는 것이다.

이것은 상당히 편리한 기능이지만 몇 가지의 문제가 있다. 먼저 데이터를 꺼낼 때마다 ②, ④와 같이 항상 형변환을 하여야 한다. 더 심각한 문제는 문자열을 저장하고서도 부주의하게 Integer 객체로 형변환을 할 수도 있으며 이것은 실행 도중에 오류를 발생한다.

```java
b.set("Hello World!");
Integer i = (Integer)b.get( );        // 오류! 문자열을 정수 객체로 형변환
```

```
Exception in thread "main" java.lang.ClassCastException: java.lang.String cannot be
cast to java.lang.Integer at GenericTest.main(GenericTest.java:10)
```

제네릭을 이용한 방법

제네릭 기법을 이용하게 되면 앞의 문제들을 모두 해결할 수 있다. **제네릭 클래스(generic class)** 는 타입을 변수로 표시한다. 이것을 **타입 매개 변수(type parameter)**라고 하는데 타입 매개 변수 는 객체 생성 시에 프로그래머에 의하여 결정된다.

Box 클래스를 제네릭으로 다시 작성하여 보면 다음과 같다. "public class Box"을 "public class Box<T>"으로 변경하면 된다. 여기서는 T가 타입 매개 변수가 된다.

```
class Box<T> {        ┌── T는 타입을 의미한다.
    private T data;
    public void set(T data)    {    this.data = data;      }
    public T get()             {    return data;      }
}
```

앞의 코드와 비교하여 보면 제네릭 클래스에서는 자료형을 표시하는 자리에 Object 대신에 T가 사용되고 있음을 알 수 있다. 일반적으로 대문자를 이용하여 타입 변수를 표시한다.

타입 매개 변수의 값은 객체를 생성할 때 구체적으로 결정된다. 예를 들어서 문자열을 저장하는 Box 클래스의 객체를 생성하려면 T 대신에 String을 사용하면 된다.

```
Box<String> b = new Box<String>();
```

만약 정수를 저장하는 Box 클래스의 객체를 생성하려면 다음과 같이 T 대신에 <Integer>를 사용 하면 된다.

```
Box<Integer> b = new Box<Integer>();
```

하지만 int는 사용할 수 없는데, int는 기초 자료형이고 클래스가 아니기 때문이다.

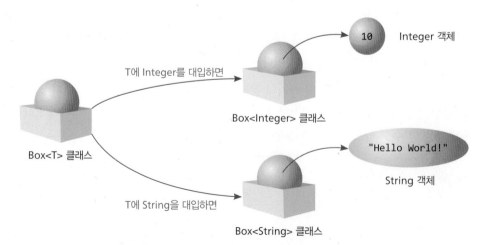

그림 13.2 Box 클래스에 저장하는 데이터의 타입은 객체 생성 시에 결정된다.

문자열을 저장하는 객체를 생성하여 사용하면 다음과 같다.

```
Box<String> b = new Box<String>();
b.set("Hello World!");    // 문자열 저장
String s = b.get();
```

만약 Box<String>에 정수 타입을 추가하려고 하면 컴파일러가 컴파일 단계에서 오류를 감지할 수 있다. 따라서 더 안전하게 프로그래밍할 수 있다.

```
Box<String> stringBox = new Box<String>();
stringBox.set(new Integer(10));    // 정수 타입을 저장하려고 하면 컴파일 오류!
```

```
The method set(String) in the type Box<String> is not applicable for the arguments
(Integer) at GenericTest.main(GenericTest.java:27)
```

다이아몬드

Java 7 버전부터는 제네릭 클래스의 생성자를 호출할 때, 타입 인수를 구체적으로 주지 않아도 된다. 컴파일러는 문맥에서 타입을 추측한다. <>을 다이아몬드라고 한다. 예를 들어서 다음과 같이 쓸 수 있다.

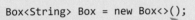

    Box<String> Box = new Box<>();   생성자 호출시 구체적인 타입을 주지 않아도 된다.

제네릭이 제일 필요한 사람은 누구일까?

보통은 라이브러리를 작성하는 프로그래머들이 제네릭을 깊이 연구하여야 한다. 대부분의 일반 프로그래머들은 Vector와 같이 주어진 제네릭 클래스를 사용하는 방법만 알면 된다. 하지만 자신만의 제네릭 클래스와 메소드를 작성해보고 싶은 프로그래머들은 제네릭을 꼼꼼히 학습하여야 한다.

제네릭 메소드

지금까지 제네릭 클래스를 정의하는 방법을 학습하였다. 하지만 일반 클래스의 메소드에서도 타입 매개 변수를 사용하여서 제네릭 메소드를 정의할 수 있다. 이 경우에는 타입 매개 변수의 범위가 메소드 내부로 제한된다. 예를 들어서 주어진 배열에서 마지막 배열 원소를 반환하는 제네릭 메소드를 작성하여 보자.

```
public class MyArrayAlg {
                                        제네릭 메소드 정의

    public static <T> T getLast(T[] a) {
        return a[a.length - 1];
    }
}
```

메소드 getLast()는 일반 클래스 안에서 정의되어 있다. 그러나 <T>를 가지고 있으므로 제네릭 메소드이다. 타입 매개 변수는 반드시 메소드의 수식자와 반환형 사이에 위치되어야 한다. 제네릭 메소드를 호출하기 위해서는 실제 타입을 꺾쇠 안에 적어주어도 되지만 그냥 일반 메소드처럼 호출하여도 된다.

```java
public class MyArrayAlgTest {

    public static void main(String[] args) {
        String[] language = { "C++", "C#", "JAVA" };
        String last = MyArrayAlg.getLast(language);    // last는 "JAVA"
        System.out.println(last);
    }
}
```

실행 결과

```
JAVA
```

참고 만약 개발자가 원한다면 다음과 같이 실제 자료형을 꺾쇠 안에 넣어주어도 된다.

```java
String last = MyArrayAlg.<String>getLast(language);    // last는 "JAVA"
```

예제 13-1 제네릭 메소드 작성하기

다음 코드와 같이 정수 배열, 실수 배열, 문자 배열을 모두 출력할 수 있는 제네릭 메소드 printArray()를 작성하여 보자.

GenericMethodTest.java

```java
01  public class GenericMethodTest {
02      public static <T> void printArray(T[] array) {
03          for (T element : array) {
04              System.out.printf("%s ", element);
05          }
06          System.out.println();
07      }
08      public static void main(String args[]) {
09          Integer[] iArray = { 10, 20, 30, 40, 50 };
10          Double[] dArray = { 1.1, 1.2, 1.3, 1.4, 1.5 };
11          Character[] cArray = { 'K', 'O', 'R', 'E', 'A' };
12
13          printArray(iArray);
14          printArray(dArray);
15          printArray(cArray);
16      }
17  }
```

```
10 20 30 40 50
1.1 1.2 1.3 1.4 1.5
K O R E A
```

타입 매개 변수의 표기

한 가지 주의할 점은 제네릭 클래스는 여러 개의 타입 매개 변수를 가질 수 있으나 타입의 이름은 클래스나 인터페이스 안에서 유일하여야 한다. 관례에 의하여, 타입의 이름은 하나의 대문자로 한다. 이것은 변수의 이름과 타입의 이름을 구별할 수 있게 하기 위함이다. 일반적으로 많이 사용되는 이름들은 다음과 같다.

- E - Element(요소: 자바 컬렉션 라이브러리에서 많이 사용된다.)
- K - Key
- N - Number

제네릭은 상당히 복잡하다. 제네릭에 대하여 흥미가 있다면 자바 튜토리얼 사이트(java.sun.com)를 참조하기 바란다. 복잡하지만 잘 정리되어 있다.

타입 매개 변수는 기초 자료형으로는 객체화될 수 없다. 예를 들어서 OrderedPair<String, int>는 잘못되었다. OrderedPair<String, Integer>는 가능하다.

1. 데이터를 Object 참조형 변수에 저장하는 것이 왜 위험할 수 있는가?
2. Box 객체에 Rectangle 객체를 저장하도록 제네릭을 이용하여 생성하여 보라.
3. 타입 매개 변수 T를 가지는 Point 클래스를 정의하여 보라. Point 클래스는 2차원 공간에서 점을 나타낸다.
4. 제네릭 메소드 sub()에서 매개 변수 d를 타입 매개 변수를 이용하여서 정의하여 보라.

컬렉션(collection)은 애플리케이션의 작성을 도와주는 중요한 도구이다. 컬렉션은 자료를 저장하기 위한 구조이다. 대부분의 프로그램은 자료를 저장하여야 하고 따라서 어떤 자료구조를 사용할 것인지를 결정하여야 한다. 예를 들어서 전화번호부 프로그램은 전화번호를 어딘가에 저장하여야 하고 메일 프로그램은 수신된 메일을 어딘가에 저장하여야 한다. 많이 사용되는 자료구조로는 리스트(list), 스택(stack), 큐(queue), 집합(set), 해쉬 테이블(hash table) 등이 있다. 컬렉션은 데이터를 저장하는 자료구조이다. 컬렉션은 앞 절에서 설명한 제네릭 기법으로 구현되어 있기 때문에 어떠한 타입의 데이터도 저장할 수 있다.

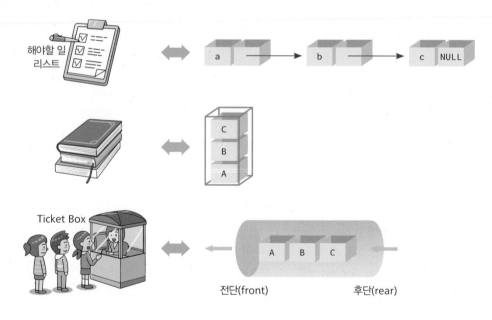

그림 13.3 자료구조의 예

우리는 앞에서 배열에 대하여 학습하였다. 배열은 가장 기초적인 형태의 컬렉션이지만 결정적인 약점이 있다. 배열은 크기가 고정되어 있기 때문에, 데이터가 수시로 삽입되고 삭제되는 환경에서는 사용하기 불편하다. 예를 들어서 게임에서 몬스터들이 수시로 생겨나고 없어진다면 고정 크기의 배열에 저장하기 힘들다. 이런 경우에 컬렉션의 일종인 벡터를 사용하면 몬스터들의 리스트를 편리하게 저장할 수 있다.

컬렉션의 종류

자바는 컬렉션 인터페이스와 컬렉션 클래스로 나누어서 제공한다. 자바에서는 컬렉션 인터페이스를 구현한 클래스도 함께 제공하므로 이것을 간단하게 사용할 수도 있고 아니면 각자 필요에 맞추어 인터페이스를 자신의 클래스로 구현할 수도 있다. 이들 인터페이스와 클래스들은 모두 java.util 패키지에 포함되어 있다. 컬렉션 인터페이스 계층 구조는 표 13.1과 같다.

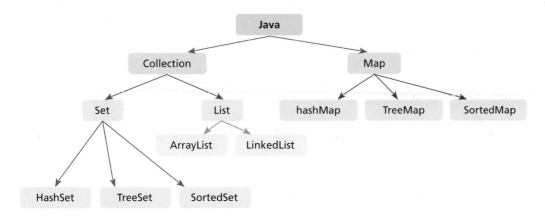

표 13.1 컬렉션 인터페이스

인터페이스	설명
Collection	모든 자료구조의 부모 인터페이스로서 객체의 모임을 나타낸다.
Set	집합(중복된 원소를 가지지 않는)을 나타내는 자료구조
List	순서가 있는 자료구조로 중복된 원소를 가질 수 있다.
Map	키와 값들이 연관되어 있는 사전과 같은 자료구조
Queue	극장에서의 대기줄과 같이 들어온 순서대로 나가는 자료구조

List는 동적 배열을 정의하고 있다. Set은 집합을 정의하고 있으며, Map은 키가 주어지면 값을 반환하는 사전과 같은 자료구조를 정의하고 있다. 사용자는 자신이 인터페이스를 구현하여도 되고 (고급 사용자), 아니면 자신의 필요에 맞는 컬렉션 클래스(예를 들어서 ArrayList)를 선택하여 사용하면 된다.

컬렉션의 특징

- 컬렉션은 제네릭을 사용한다.

- 컬렉션에는 int나 double과 같은 기초 자료형은 저장할 수 없다. 클래스만 가능하다. 기초 자료형을 클래스로 감싼 랩퍼 클래스인 Integer나 Double은 사용할 수 있다.

```
Vector<int> list = new Vector<int>();              // 컴파일 오류!
Vector<Integer> list = new Vector<Integer>();      // OK !
```

- 기본 자료형을 저장하면 자동으로 랩퍼 클래스의 객체로 변환된다. 이것을 오토박싱(auto boxing)이라고 한다.

컬렉션 인터페이스의 주요 메소드

컬렉션 인터페이스는 모든 자료구조의 부모 인터페이스로서 컬렉션이 제공하는 메소드는 모든 자료구조에서 사용할 수 있다.

표 13.2 Collection 인터페이스의 메소드

메소드	설명
boolean isEmpty() boolean contains(Object obj) boolean containsAll(Collection<?> c)	공백 상태이면 true 반환 obj를 포함하고 있으면 true 반환
boolean add(E element) boolean addAll(Collection<? extends E> from)	원소를 추가
boolean remove(Object obj) boolean removeAll(Collection<?> c) boolean retainAll(Collection<?> c) void clear()	원소를 삭제
Iterator<E> iterator() Stream<E> stream() Stream<E> parallelStream()	원소 방문
int size()	원소의 개수 반환
Object[] toArray() <T> T[] toArray(T[] a)	컬렉션을 배열로 변환

이들 메소드는 Collection 인터페이스를 상속받아서 구현한 모든 클래스가 사용할 수 있다. 가장 중요한 메소드는 원소를 추가하는 add()와 원소를 삭제하는 remove()이다.

컬렉션의 모든 요소 방문하기

컬렉션에 저장된 요소들을 차례로 방문하는 연산은 많이 사용된다. 다양한 방법이 있다. 컬렉션 중 하나인 ArrayList에 문자열을 저장하였다가 꺼내는 코드를 다양한 방법으로 구현해보자.

```java
String a[] = new String[] { "A", "B", "C", "D", "E" };
List<String> list = Arrays.asList(a);
```

① 전통적인 for 구문을 사용할 수 있다.

```java
for (int i=0; i<list.size(); i++)
    System.out.println(list.get(i));
```

② for-each 구문을 사용할 수 있다.

```java
for (String s: list)
    System.out.println(s);
```

③ 반복자(Iterator)를 사용할 수 있다.

ArrayList에 있는 원소에 접근하는 또 하나의 방법은 반복자(iterator)를 사용하는 것이다. 반복자는 특별한 타입의 객체로 컬렉션의 원소들을 접근하는 것이 목적이다. ArrayList 뿐만 아니라 반복자는 모든 컬렉션에 적용할 수 있다. 반복자는 java.util 패키지에 정의되어 있는 Iterator 인터페이스를 구현하는 객체이다. Iterator 인터페이스에는 다음의 3개의 메소드만 정의되어 있다. 이들 3개의 메소드를 이용하여서 컬렉션의 원소들을 하나씩 처리하게 된다.

메소드	설명
hasNext()	아직 방문하지 않은 원소가 있으면 true를 반환
next()	다음 원소를 반환
remove()	최근에 반환된 원소를 삭제

반복자를 사용하기 위해서는 먼저 ArrayList의 iterator() 메소드를 호출하여서 반복자 객체를 얻는다. 다음으로 반복자 객체의 hasNext()와 next() 메소드를 이용하여서 컬렉션의 각 원소들을 접근하게 된다. 다음 코드를 참조하라.

```java
String s;
Iterator e = list.iterator();
while(e.hasNext())
{
    s = (String)e.next();          // 반복자는 Object 타입을 반환!
    System.out.println(s);
}
```

④ Stream 라이브러리를 이용하는 방법

아마도 가장 간명한 방법이다. forEach 메소드와 람다식을 사용한다. 이 방법은 14장에서 자세하게 설명된다.

```
list.forEach((n) -> System.out.println(n));
```

중간점검

1. 컬렉션에는 어떤 것들이 있는가?

2. 컬렉션 클래스들은 어디에 이용하면 좋은가?

3. Collection 인터페이스의 각 메소드들의 기능을 자바 API 웹페이지를 이용하여서 조사하여 보자.

벡터(Vector) 클래스는 java.util 패키지에 있는 컬렉션의 일종으로 가변 크기의 배열(dynamic array)을 구현하고 있다. 기존의 배열은 크기가 고정되어 있어서 사용하기 불편하다. 하지만 벡터는 요소의 개수가 늘어나면 자동으로 배열의 크기가 늘어난다. 또한 벡터는 제네릭 기법을 사용하고 있으므로 어떤 타입의 객체라도 저장할 수 있다. 정수와 같은 기초형 데이터도 오토박싱 기능을 이용하여서 객체로 변환되어 저장할 수 있다.

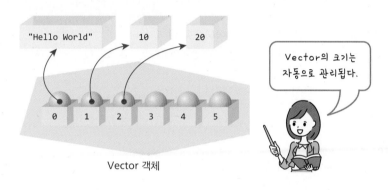

그림 13.4 벡터

벡터는 많은 유용한 메소드들을 가지고 있다. 벡터에 요소를 추가하려면 add() 메소드를 사용한다. 정해진 위치에 요소를 삽입하려면 add(index, object) 메소드를 사용하면 된다. 벡터에서 값을 추출하려면 get() 메소드를 사용한다. size()는 현재 벡터 안에 있는 요소들의 개수를 반환한다.

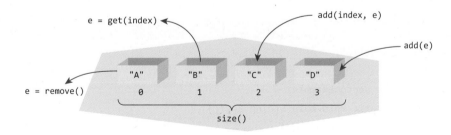

VectorTest.java

```java
01  import java.util.Vector;
02
03  public class VectorTest {
04
05      public static void main(String[] args) {
06
07          Vector vc = new Vector();
08
09          vc.add("Hello World!");
10          vc.add(new Integer(10));
11          vc.add(20);
12
13          System.out.println("vector size: " + vc.size());
14
15          for (int i = 0; i < vc.size(); i++) {
16              System.out.println("vector element " + i + ": " + vc.get(i));
17          }
18          String s = (String)vc.get(0);
19      }
20  }
```

> 벡터 객체를 생성할 때, 크기를 안 주어도 된다. 물론 크기를 줄 수도 있다.

> 어떤 타입의 객체도 추가가 가능하다.

> get()은 Object 타입으로 반환하므로 형변환하여서 사용한다.

실행 결과

```
vector size: 3
vector element 0: Hello World!
vector element 1: 10
vector element 2: 20
```

제네릭 기능을 사용하는 벡터

Vector 클래스도 제네릭을 지원한다. 따라서 Vector 객체를 생성할 때 new Vector<String>이라고 하면 문자열 객체만을 저장하는 Vector를 생성할 수 있다.

VectorExample1.java

```java
01  import java.util.*;
02
03  public class VectorExample1 {
04      public static void main(String args[]) {
05
06          Vector<String> vec = new Vector<String>(2);
07
08          vec.add("Apple");
09          vec.add("Orange");
10          vec.add("Mango");
11
```

```
12        System.out.println("벡터의 크기: "+vec.size());
13        Collections.sort(vec);          벡터에 저장된 문자열들을 정렬한다.
14
15        for(String s: vec)
16           System.out.print(s + " ");
17     }
18  }
```

```
벡터의 크기: 3
Apple Mango Orange
```

객체를 벡터에 저장하기   예제 13-2

몬스터를 나타내는 클래스 Monster를 정의하고 Monster 객체를 몇 개 생성하여서 벡터에 저장한다. 저장된 Mosnter 객체를 꺼내서 출력해보자.

```
벡터의 크기: 3
[{Mon1,100.0}, {Mon2,200.0}, {Mon3,300.0}]
```

VectorExample2.java

```
01  import java.util.*;
02                                              Monster 클래스 정의
03  class Monster {
04     String name;
05     double hp;
06     public Monster(String name, double hp){
07        this.name = name;
08        this.hp = hp;
09     }
10     public String toString(){ return "{"+name+","+hp+"}"; }
11  }
12
13  public class VectorExample2 {
14                                              Monster 객체를 저장하는
15     public static void main(String args[]) {  벡터를 생성한다.
16        Vector<Monster> list = new Vector<>();
17                                              Monster 객체를
18        list.add(new Monster("Mon1", 100));    벡터에 추가한다.
19        list.add(new Monster("Mon2", 200));
20        list.add(new Monster("Mon3", 300));
21
22        System.out.println("벡터의 크기: "+list.size());
23        System.out.print(list);
24     }
25  }
```

ArrayList도 가변 크기의 배열을 구현하는 클래스이다. 앞 절에서 학습한 Vector와 아주 유사하다. 하지만 Vector는 스레드 간의 동기화를 지원하는데 반하여 ArrayList는 동기화를 하지 않기 때문에 Vector보다 성능은 우수하다. 하지만 멀티 스레드 상황이라면 Vector를 사용하는 것이 좋다.

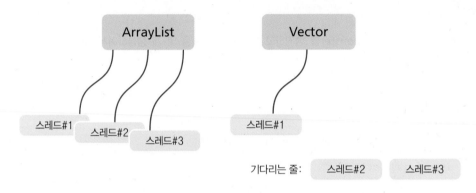

ArrayList의 기본 연산

ArrayList는 타입 매개 변수를 가지는 제네릭 클래스로 제공된다. 따라서 ArrayList를 생성하려면 타입 매개 변수를 지정하여야 한다. 만약 저장하려는 데이터의 타입이 문자열이라면 다음과 같이 생성한다.

```
ArrayList<String> list = new ArrayList<String>();
```

ArrayList의 많은 메소드들 중에서 중요한 것은 다음 그림과 같다.

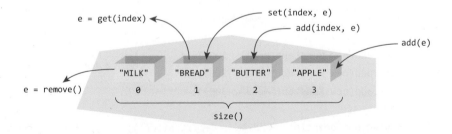

생성된 ArrayList 객체에 데이터를 저장하려면 add() 메소드를 사용한다.

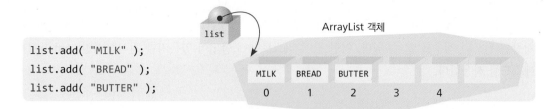

```
list.add( "MILK" );
list.add( "BREAD" );
list.add( "BUTTER" );
```

만약에 기존의 데이터가 들어 있는 위치를 지정하여서 add()를 호출하면 새로운 데이터는 중간에 삽입된다.

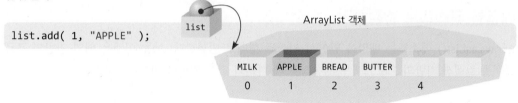

```
list.add( 1, "APPLE" );
```

만약 특정한 위치에 있는 원소를 바꾸려면 set() 메소드를 사용한다.

```
list.set( 2, "GRAPE" );          // 인덱스 2의 원소를 "GRAPE"로 대체
```

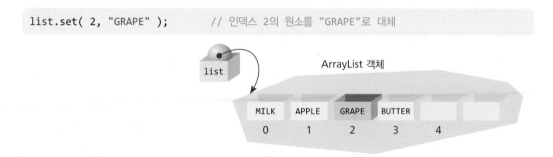

데이터를 삭제하려면 remove() 메소드를 사용한다.

```
list.remove( 3 );                // 인덱스 3의 원소를 삭제한다.
```

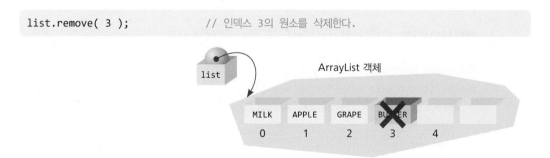

ArrayList 객체에 저장된 객체를 가져오는 메소드는 get()이다. get()은 인덱스를 받아서 그 위치에 저장된 원소를 반환한다. 예를 들어서 list.get(1)이라고 하면 인덱스 1에 저장된 데이터가 반환된다.

```
String s = list.get(1);
```

만약 이때 범위를 벗어나는 인덱스를 사용하면 예외가 발생한다. size() 메소드를 이용하면 현재 저장된 원소의 개수를 알 수 있다. 어떤 값이 리스트에 포함되어 있는지를 검사하려면 contains() 메소드를 사용한다.

```
if (list.contains("APPLE"))
    System.out.println("APPLE이 리스트에서 발견되었습니다.");
```

배열을 리스트로 변경하기

Arrays.asList() 메소드는 배열을 받아서 리스트 형태로 반환한다. 보통 이것은 배열 기반의 프로그램을 컬렉션 기반의 프로그램으로 변경할 때 다리와 같은 역할을 한다.

```
List<String> list = Arrays.asList(new String[size]);
```

예제 13-3	객체를 ArrayList에 저장하기

2차원 공간의 한 점을 나타내는 Point 클래스 객체를 저장하는 ArrayList를 생성해보자.

ArrayListTest.java

```java
01  import java.util.*;
02
03  class Point {
04      int x, y;
05      public Point(int x, int y) {
06          this.x = x;
07          this.y = y;
08      }
09      public String toString(){ return "("+x+","+y+")"; }
10  }
11  public class ArrayListTest {
12      public static void main(String args[]) {
13          ArrayList<Point> list = new ArrayList<>();
14
15          list.add(new Point(0, 0));
16          list.add(new Point(4, 0));
17          list.add(new Point(3, 5));
18          list.add(new Point(-1, 3));
19          list.add(new Point(13, 2));
20
21          System.out.println(list);
22      }
23  }
```

ArrayList 객체

0	1	2	3	4
Point x:0 y:0	Point x:4 y:0	Point x:3 y:5	Point x:-1 y:3	Point x:13 y:2

실행 결과

```
[(0,0), (4,0), (3,5), (-1,3), (13,2)]
```
실행 결과

문자열을 ArrayList에 저장하기   예제 13-4

문자열을 ArrayList에 저장하고, indexOf() 메소드를 이용하여 특정 문자열을 찾아보자. indexOf()는 Array-List 안에 저장된 데이터를 찾아서 인덱스를 반환하는 메소드이다.

ArrayListTest2.java

```java
01  import java.util.ArrayList;
02
03  public class ArrayListTest2 {
04      public static void main(String[] args) {
05
06          ArrayList<String> list = new ArrayList<>();
07          list.add("Apple");
08          list.add("Banana");
09          list.add("Mango");
10          list.add("Pear");
11          list.add("Grape");
12
13          int index = list.indexOf("Mango");
14
15          System.out.println("Mango의 위치:"+index);    // 1
16      }
17  }
```

> ArrayList에 저장된 문자열들을 검색한다.

Mango의 위치:2   실행 결과

불행하게도 자바에서는 배열, ArrayList, 문자열 객체의 크기를 알아내는 방법이 약간 다르다.

- 배열: array.length
- ArrayList: arrayList.size()
- 문자열: string.length()

참고

1. ArrayList가 기존의 배열보다 좋은 점은 무엇인가?
2. ArrayList의 부모 클래스는 무엇인가?
3. 왜 인터페이스 참조 변수를 이용하여서 컬렉션 객체들을 참조할까?
4. ArrayList 안의 객체들을 반복 처리하는 방법들을 모두 설명하라.

중간점검

13.5 | LinkedList

많은 코드에서 배열의 향상된 버전인 ArrayList을 사용한다. 하지만 때에 따라서는 ArrayList는 큰 단점을 가질 수 있다. ArrayList의 중간에서 데이터의 삽입이나 삭제가 빈번하게 발생하는 경우에는 문제가 된다. 왜냐하면 삽입이나 삭제 위치의 뒤에 있는 원소들을 이동하여야 하기 때문이다. 이런 경우에는 연결 리스트로 구현된 LinkedList를 사용하는 것이 좋다.

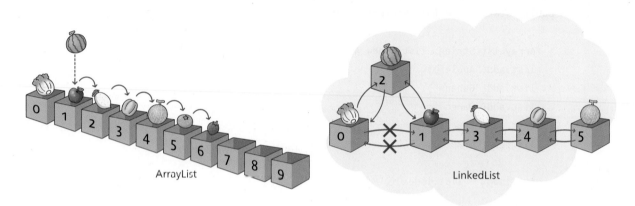

그림 13.5 배열의 중간에 데이터를 삽입하려면 원소들을 이동하여야 한다.
연결 리스트 중간에 삽입하려면 링크만 수정하면 된다.

연결 리스트(linked list)는 각 원소를 링크로 연결한다. 각 원소들은 다음 원소를 가리키는 링크를 저장하고 있다. 연결 리스트에서는 중간에 원소를 삽입하거나 삭제하는 것이 어려운 작업이 아니다. 삽입이나 삭제되는 위치의 바로 앞에 있는 원소의 링크값만을 변경하면 된다. LinkedList가 장점만 있는 것은 아니다. 위치(인덱스)를 가지고 원소를 접근하는 연산은 LinkedList가 ArrayList보다 더 시간이 많이 걸린다. 따라서 위치적인 접근이 많다면 ArrayList가 낫다. LinkedList의 사용 방법은 ArrayList와 완전히 같다. 다만 LinkedList가 제공하는 메소드가 훨씬 많다.

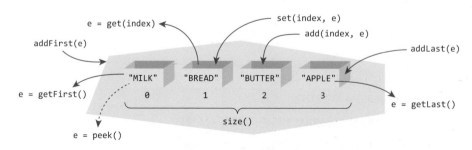

LinkedListTest.java

```java
01    import java.util.*;
02
03    public class LinkedListTest {
04        public static void main(String args[]) {
05            LinkedList<String> list = new LinkedList<String>();
06
07            list.add("MILK");
08            list.add("BREAD");
09            list.add("BUTTER");
10            list.add(1, "APPLE");      // 인덱스 1에 "APPLE"을 삽입
11            list.set(2, "GRAPE");      // 인덱스 2의 원소를 "GRAPE"로 대체
12            list.remove(3);            // 인덱스 3의 원소를 삭제한다.
13
14            for (int i = 0; i < list.size(); i++)
15                System.out.print(list.get(i)+" ");
16        }
17    }
```

MILK APPLE GRAPE   실행 결과

ArrayList vs LinkedList

ArrayList는 인덱스를 가지고 원소에 접근할 경우, 항상 일정한 시간만 소요된다. ArrayList는 리스트의 각각의 원소를 위하여 노드 객체를 할당할 필요가 없다. 또 동시에 많은 원소를 이동하여야 하는 경우에는 System.arraycopy()를 사용할 수 있다.

만약 리스트의 처음에 빈번하게 원소를 추가하거나 내부의 원소 삭제를 반복하는 경우에는 LinkedList를 사용하는 것이 낫다. 이들 연산들은 LinkedList에서는 일정한 시간만 걸리지만 ArrayList에서는 원소의 개수에 비례하는 시간이 소요된다. 그러나 문제는 인덱스를 가지고 접근할 때는 반대가 된다. 따라서 성능에서 손해를 보게 된다. 따라서 LinkedList를 사용하기 전에 응용 프로그램을 LinkedList와 ArrayList를 사용하여 구현한 후에 실제 시간을 측정하여 보는 것이 좋다. 일반적으로는 ArrayList가 빠르다.

ArrayList는 한 가지 튜닝 매개 변수를 가지고 있다. 즉 초기 용량(initial capacity)이 그것으로 확장되기 전에 ArrayList가 저장할 수 있는 원소의 개수를 말한다. LinkedList는 튜닝 매개 변수가 없지만 대신 몇 가지의 메소드를 가지고 있다. addFirst(), getFirst(), removeFirst(), addLast(), getLast(), removeLast() 들이 여기에 해당한다.

1. ArrayList와 LinkedList의 차이점은 무엇인가?

2. 어떤 경우에 LinkedList를 사용하여야 하는가?

중간점검

13.6 | Set

앞에서 학습한 ArrayList에서는 데이터 간의 순서가 존재한다. 하지만 만약 순서에는 상관없이 데이터만 저장하고 싶은 경우도 존재한다. 이때 사용할 수 있는 자료구조가 **집합(Set)**이다. 수학적으로 집합(set)은 동일한 데이터를 중복해서 가질 수 없다. A = { 1, 2, 3, 4 5 }는 집합이지만 B = { 1, 1, 2, 2, 3 }은 집합이 아니다. Set 인터페이스는 Collection 인터페이스에 정의된 메소드를 제공하며 다만 데이터의 중복만을 막도록 설계되어 있다.

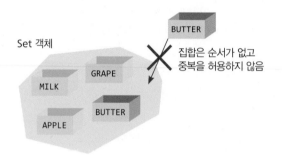

그림 13.6 집합

자바에서는 Set 인터페이스에 대하여 HashSet, TreeSet, LinkedHashSet의 3가지의 구현이 제공된다. HashSet은 해쉬 테이블에 원소를 저장하기 때문에 성능면에서 가장 우수하다. 하지만 원소들의 순서가 일정하지 않은 단점이 있다. TreeSet은 레드-블랙 트리(red-black tree)에 원소를 저장한다. 따라서 값에 따라 순서가 결정되지만 HashSet보다는 느리다. LinkedHashSet은 해쉬 테이블과 연결 리스트를 결합한 것으로 원소들의 순서는 삽입되었던 순서와 같다. LinkedHashSet은 약간의 비용을 들여서 HashSet의 문제점인 순서의 불명확성을 제거한 방법이다.

HashSet을 사용하여 문자열을 저장해보자. contains() 메소드도 사용해보자. contains()는 집합 안에 데이터가 있는지, 없는지 여부를 반환한다.

```java
SetTest.java
01  import java.util.*;
02
03  public class SetTest {
04     public static void main(String args[]) {
05        HashSet<String> set = new HashSet<String>();
06
07        set.add("Milk");
08        set.add("Bread");
09        set.add("Butter");
10        set.add("Cheese");
11        set.add("Ham");
12        set.add("Ham");
13
14        System.out.println(set);
15
16        if (set.contains("Ham")) {
17           System.out.println("Ham도 포함되어 있음");
18        }
19     }
20  }
```

실행 결과
```
[Ham, Butter, Cheese, Milk, Bread]
Ham도 포함되어 있음
```

만약 LinkedHashSet을 사용한다면 다음과 같은 결과가 얻어진다. 입력된 순서대로 출력됨에 주의하라.

실행 결과
```
[Milk, Bread, Butter, Cheese, Ham]
Ham도 포함되어 있음
```

만약 TreeSet을 사용한다면 다음과 같은 결과가 얻어진다. 알파벳 순서대로 정렬되는 것에 주의하자.

실행 결과
```
[Bread, Butter, Cheese, Ham, Milk]
Ham도 포함되어 있음
```

합집합과 교집합

수학에서 집합 연산에는 합집합, 교집합이 있다. 자바 Set에도 addAll()과 retainAll()이라는 메소드가 있어서 합집합, 교집합을 구현한다.

```java
Set<Integer> s1 = new HashSet<>(Arrays.asList(1, 2, 3, 4, 5, 7, 9));
Set<Integer> s2 = new HashSet<>(Arrays.asList(2, 4, 6, 8));

s1.retainAll(s2);        // 교집합을 계산한다.
System.out.println(s1);
```

실행 결과   `[2, 4]`

Arrays.asList()는 배열 데이터를 List로 변경하는 메소드이다. 많이 사용되는 메소드이다.

예제 13-6   중복된 단어 검출하기

집합은 우리가 잘 알다시피 중복을 허용하지 않는다. 이것을 이용하여 전체 문장에서 중복된 단어를 검출하는 프로그램을 작성할 수 있다.

FindDupplication.java

```java
21    import java.util.*;
22
23    public class FindDupplication {
24       public static void main(String[] args) {
25          Set<String> s = new HashSet<String>();
26          String[] sample = { "사과", "사과", "바나나", "토마토" };
27          for (String a : sample)
28             if (!s.add(a))                    집합에 추가되지 않으면 중복된 단어이다.
29                System.out.println("중복된 단어: " + a);
30
31          System.out.println(s.size() + " 중복되지 않은 단어: " + s);
32       }
33    }
```

실행 결과   중복된 단어: 사과
3 중복되지 않은 단어: [토마토, 사과, 바나나]

중간점검

1. Set은 어떤 타입의 애플리케이션에 유용한가?

2. Set과 List의 차이점은 무엇인가?

Map | 13.**7**

Map은 키-값을 하나의 쌍으로 묶어서 저장하는 자료구조이다. 다른 언어에서는 딕셔너리 (dictionary)라고도 한다. Map은 사전과 같은 자료구조이다. 즉 사전처럼 단어가 있고(이것을 키 (key)라고 부른다), 단어에 대한 설명(이것을 값(value)이라고 부른다)이 있다. Map은 중복된 키 를 가질 수 없다. 각 키는 오직 하나의 값에만 매핑될 수 있다. 키가 제시되면 Map은 값을 반환한 다. 예를 들어서 아이디와 패스워드 정보를 Map에 저장할 수 있다. 이 경우, 키는 아이디가 될 것 이고 값은 패스워드가 될 것이다.

```
Map<String, String> map = Map.of("kim", "1234", "park", "pass", "lee", "word");
```

키(key)	값(value)
"kim"	"1234"
"park"	"pass"
"lee"	"word"

그림 13.7 Map의 개념

Map은 List와 같은 자료구조와는 상당히 다르기 때문에 Collection 인터페이스를 사용하지 않고 별도의 Map이라는 이름의 인터페이스가 제공되고 이 인터페이스를 구현한 HashMap, TreeMap, LinkedHashMap 등의 3가지의 클래스가 제공된다. HashMap은 해싱 테이블에 데이터를 저장하 고 TreeMap은 탐색 트리에 데이터를 저장한다.

HashMap과 TreeMap 중에서 어떤 것을 사용하여야 하는가? 만약 키들을 정렬된 순서로 방문할 필요가 없다면 HashMap이 약간 빠르다. 데이터를 저장하려면 put() 메소드를 사용한다. 키들은 중복되지 않아야 한다. 동일한 키로 두 개의 값을 저장할 수 없다.

```
Map<Integer, String> freshman = new HashMap<>();    // 생성
freshman.put("kim", "1234");                         // 저장
. . .
```

값을 추출하려면 get() 메소드를 사용하면 된다.

```
value = freshman.get("park");                        //"pass"를 반환
```

Java 9부터는 한 줄의 문장을 사용하여 HashMaps를 초기화할 수 있다.

```
Map<Integer, String> map = Map.of("kim", "1234", "park", "pass", "lee", "word")
```

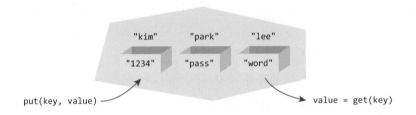

put(key, value)   value = get(key)

예제 13-7   Map에 학생들의 데이터 저장하기

하나의 예로 학생들과 관련된 자료들을 Map에 저장하여 처리하는 코드를 살펴보자.

MapTest.java

```java
01  import java.util.HashMap;
02  import java.util.Map;
03
04  public class MapTest {
05     public static void main(String[] args) {
06        Map<String, String> map = new HashMap<String, String>();
07
08        map.put("kim", "1234");
09        map.put("park", "pass");
10        map.put("lee", "word");
11
12        System.out.println(map.get("lee"));        // 키를 가지고 값을 참조한다.
13
14        for (String key: map.keySet()) {           // 모든 항목을 방문한다.
15           String value = map.get(key);
16           System.out.println("key=" + key + ", value=" + value);
17        }
18        map.remove(3);                             // 하나의 항목을 삭제한다.
19        map.put("choi", "password");               // 하나의 항목을 대치한다.
20        System.out.println(map);
21     }
22  }
```

> keySet()은 키들의 집합을 반환한다.

실행 결과

```
word
key=lee, value=word
key=kim, value=1234
key=park, value=pass
{choi=password, lee=word, kim=1234, park=pass}
```

Map의 모든 요소 방문하기

Map은 Collection 인터페이스를 구현하지 않는다. 따라서 Map에 저장된 데이터를 꺼내는 코드는 다른 컬렉션과는 약간 다르다. 역시 많은 방법이 있다.

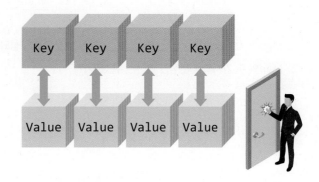

① for-each 구문과 keySet()을 사용하는 방법

```
for (String key: map.keySet()) {
    System.out.println("key=" + key + ", value=" + map.get(key));
}
```

Java 10 이상의 버전에서는 변수 타입 추론을 사용할 수 있다.

```
for (var key: map.keySet()) {
    System.out.println("key=" + key + ", value=" + map.get(key));
}
```

② 반복자를 사용하는 방법

```
Iterator<String> it = map.keySet().iterator();
while (it.hasNext()) {
    String key = it.next();
    System.out.println("key=" + key + ", value=" + map.get(key));
}
```

③ Stream 라이브러리를 사용하는 방법

위의 코드에서 각 요소에 대하여 반복하는 부분을 람다식으로 교체한다면 다음과 같이 간단하게 작성할 수 있다.

```
map.forEach ( (key, value)-> {
    System.out.println("key=" + key + ", value=" + value);
});
```

중간점검

1. Map의 각 원소들은 _____와 _____의 두 부분으로 구성되어 있다.
2. Map의 두 가지의 기본적인 연산은 무엇인가?

큐(queue)는 데이터를 처리하기 전에 잠시 저장하고 있는 자료구조이다. 큐는 후단(tail)에서 원소를 추가하고 전단(head)에서 원소를 삭제한다.

전단(head)   후단(tail)

전형적인 큐는 원소들을 FIFO(first-in-first-out) 형식으로 저장한다. FIFO 큐에서는 새로운 원소들이 큐의 끝에 추가된다. 예외적인 큐는 우선 순위 큐(priority queues)이다. 우선 순위 큐는 원소들을 우선순위에 따라서 저장한다. 기본적인 우선 순위는 원소들의 값이다.

자바에서 큐는 Queue 인터페이스로 정의되며, 이 Queue 인터페이스를 구현한 3개의 클래스가 주어진다.

- ArrayDeque
- LinkedList
- PriorityQueue

디큐(deque)는 전단과 후단에서 모두 원소를 추가하거나 삭제할 수 있다. 디큐는 버전 1.6부터 Deque 인터페이스로 추가되었다. Deque 인터페이스는 ArrayDeque와 LinkedList 클래스들로 구현된다.

Queue 메소드

add() 메소드는 새로운 원소의 추가가 큐의 용량을 넘어서지 않으면 원소를 추가한다. 만약 용량을 넘어가면 IllegalStateException이 발생한다. offer() 메소드는 원소 추가에 실패하면 false가 반환되는 것만 다르다.

remove()와 poll()는 큐의 처음에 있는 원소를 제거하거나 가져온다. 정확히 어떤 원소가 제거되느냐는 큐의 정렬 정책에 따라 달라진다. 만약 큐에 원소가 없으면 remove()는 NoSuchElementException을 발생하고 poll()은 null을 반환한다. element()와 peek() 메소드는 큐의 처음에 있는 원소를 삭제하기 않고 가져온다. 만약 큐가 비어 있으면 element()는 NoSuchElement Exception을 발생하고 peek()는 null을 반환한다.

예제

아래의 예에서 큐가 카운트다운 타이머를 구현하기 위하여 사용되었다. 미리 큐에 정수들을 넣어 놓고 값들이 차례대로 큐에서 삭제되면서 1초에 하나씩 화면에 출력된다.

```java
QueueTest.java

01    import java.util.LinkedList;
02    import java.util.Queue;
03
04    public class QueueTest {
05       public static void main(String[] args) {
06          Queue<Integer> q = new LinkedList<>();
07
08          for (int i = 0; i < 5; i++)
09             q.add(i);
10
11          System.out.println("큐의 요소: " + q);
12
13          int e = q.remove();
14          System.out.println("삭제된 요소: " + e);
15          System.out.println(q);
16       }
17    }
```

실행 결과

```
큐의 요소: [0, 1, 2, 3, 4]
삭제된 요소: 0
[1, 2, 3, 4]
```

우선 순위 큐

우선 순위 큐는 원소들이 무작위로 삽입되었더라도 정렬된 상태로 원소들을 추출한다. 즉 remove() 를 호출할 때마다 가장 작은 원소가 추출된다. 그러나 우선 순위 큐가 항상 정렬된 상태로 원소들을 저장하고 있는 것은 아니다. 우선 순위 큐는 히프(heap)라고 하는 자료구조를 내부적으로 사용한다. 히프는 이진 트리의 일종으로서 add()와 remove()를 호출하면 가장 작은 원소가 효율적으로 트리의 루트로 이동하게 된다. 우선 순위 큐의 가장 대표적인 예는 작업 스케줄링(job scheduling)이다. 각 작업은 우선 순위를 가지고 있고 가장 높은 우선 순위의 작업이 큐에서 먼저 추출되어서 시작된다.

PriorityQueueTest.java

```java
01  import java.util.*;
02
03  public class PriorityQueueTest {
04      public static void main(String[] args) {
05          PriorityQueue<Integer> pq = new PriorityQueue<Integer>();
06          pq.add(30);
07          pq.add(80);
08          pq.add(20);
09
10          System.out.print(pq);
11          System.out.println("삭제된 원소: " + pq.remove());
12      }
13  }
```

작은 숫자가 우선 순위가 높다

실행 결과

```
[20, 80, 30]
삭제된 원소: 20
```

Collections 클래스

Collections 클래스는 여러 유용한 알고리즘을 구현한 메소드들을 제공한다. 이 메소드들은 제네릭 기술을 사용하여서 작성되었으며 정적 메소드의 형태로 되어 있다. 메소드의 첫 번째 매개 변수는 알고리즘이 적용되는 컬렉션이 된다. 이중에서 중요한 알고리즘만 살펴보자.

- 정렬(Sorting)
- 섞기(Shuffling)
- 탐색(Searching)

정렬

정렬은 가장 중요한 컴퓨터 알고리즘이라고 하여도 과언이 아니다. 정렬은 데이터를 어떤 기준에 의하여 순서대로 나열하는 것이다. 정렬 알고리즘에는 퀵 정렬, 합병 정렬, 히프 정렬 등의 다양한 방법이 존재한다. Collections 클래스의 정렬은 속도가 비교적 빠르고 안정성이 보장되는 합병 정렬을 이용한다. 합병 정렬은 시간 복잡도가 O(nlog(n))이며 특히 거의 정렬된 리스트에 대헤서는 상당히 빠르다.

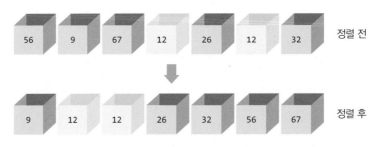

그림 13.8 안정된 정렬

Collections 클래스의 sort() 메소드는 List 인터페이스를 구현하는 컬렉션에 대하여 정렬을 수행한다. 간단한 예를 들어보면 다음과 같다.

```
List<String> list = new LinkedList<String>();
list.add("김철수");
list.add("김영희");
Collections.sort(list);              // 리스트 안의 문자열이 정렬된다.
```

만약 리스트에 들어 있는 원소가 String 타입이라면 알파벳 순서대로 정렬될 것이다. 만약 Date 원소들이라면 시간적인 순서로 정렬될 것이다. 어떻게 이것이 가능한가? String과 Date는 모두 Comparable 인터페이스를 구현한다. 정렬은 바로 이 Comparable 인터페이스를 이용하여 이루 어진다.

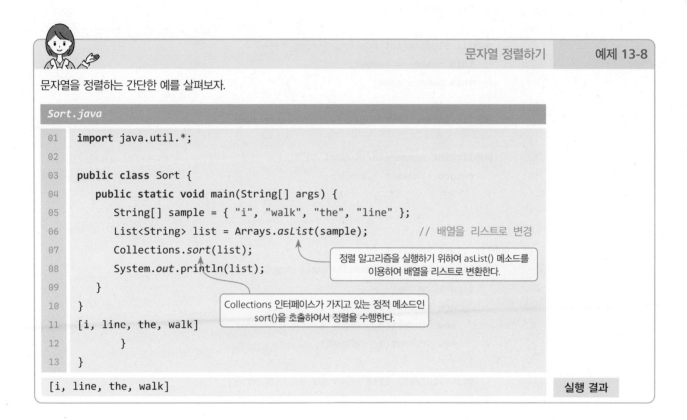

문자열 정렬하기　　예제 13-8

문자열을 정렬하는 간단한 예를 살펴보자.

Sort.java

```
01  import java.util.*;
02
03  public class Sort {
04      public static void main(String[] args) {
05          String[] sample = { "i", "walk", "the", "line" };
06          List<String> list = Arrays.asList(sample);      // 배열을 리스트로 변경
07          Collections.sort(list);
08          System.out.println(list);
09      }
10  }
11  [i, line, the, walk]
12          }
13  }
```

정렬 알고리즘을 실행하기 위하여 asList() 메소드를 이용하여 배열을 리스트로 변환한다.

Collections 인터페이스가 가지고 있는 정적 메소드인 sort()을 호출하여서 정렬을 수행한다.

실행 결과

```
[i, line, the, walk]
```

사용자 클래스의 객체 정렬하기　　예제 13-9

만약 사용자가 만든 클래스라면 아마 Comparable 인터페이스가 구현되지 않았을 것이다. Comparable 인터 페이스는 다음의 메소드만을 가지고 있다.

```
public interface Comparable<T> {
    public int compareTo(T o);
}
```

compareTo() 메소드는 매개 변수 객체를 현재의 객체와 비교하여 음수(작으면), 0(같으면), 양수(크면)를 반환 한다. 예를 들어서 학생을 나타내는 클래스 StudentEmployee에 학번을 비교하는 compareTo()를 구현하여 서 정렬하여 보자.

SortTest.java

```java
01  import java.util.*;
02
03  class Student  implements Comparable<Student> {
04     int number;
05     String name;
06
07     public Student(int number, String name) {
08        this.number = number;
09        this.name = name;
10     }
11     public String toString() {      return name;       }
12
13     public int compareTo(Student s) {
14        return s.number - number;
15     }
16  }
17
18  public class SortTest {
19     public static void main(String[] args) {
20        Student array[] = {
21           new Student(2, "김철수"),
22           new Student(3, "이철수"),
23           new Student(1, "박철수"),
24        };
25        List<Student> list = Arrays.asList(array);
26        Collections.sort(list);
27        System.out.println(list);
28     }
29  }
```

> 만약 역순으로 정렬하기를 원한다면 다음과 같이 하면 된다.
> Collections.sort(list, Collections.reverseOrder())

실행 결과 [박철수, 김철수, 이철수]

섞기

섞기(Shuffling) 알고리즘은 정렬의 반대 동작을 한다. 즉 리스트에 존재하는 정렬을 파괴하여서 원소들의 순서를 랜덤하게 만든다. 이 알고리즘은 특히 게임을 구현할 때 유용하다. 예를 들어서 카드 게임에서 카드를 랜덤하게 섞는 경우에 사용할 수 있다. 또한 테스트할 때도 필요하다.

```
Shuffle.java
01    import java.util.*;
02
03    public class Shuffle {
04        public static void main(String[] args) {
05            List<Integer> list = new ArrayList<Integer>();
06            for (int i = 1; i <= 10; i++)
07                list.add(i);
08            Collections.shuffle(list);
09            System.out.println(list);
10        }
11    }
```

[5, 9, 7, 3, 6, 4, 8, 2, 1, 10]   실행 결과

탐색

탐색(Searching)이란 리스트 안에서 원하는 원소를 찾는 것이다. 만약 리스트가 정렬되어 있지 않다면 처음부터 모든 원소를 방문할 수밖에 없다(선형 탐색). 하지만 리스트가 정렬되어 있다면 중간에 있는 원소와 먼저 비교하는 것이 좋다(이진 탐색). 만약 중간 원소보다 찾고자 하는 원소가 크면 뒷부분에 있고 반대이면 앞부분에 있다. 이런 식으로 하여서 문제의 크기를 반으로 줄일 수 있다. 예를 들어서 1024개의 원소가 있는 리스트라면 최대 10번만 비교하면 원하는 원소를 찾을 수 있다. 만약 선형 탐색을 하였다면 평균 512번의 비교가 필요하다.

그림 13.9 탐색의 개념

Collections 클래스의 binarySearch 알고리즘은 정렬된 리스트에서 지정된 원소를 이진 탐색한다. binarySearch()은 리스트와 탐색할 원소를 받는다. 리스트는 정렬되어 있다고 가정한다.

```
index = Collections.binarySearch(collec, element);
```

만약 반환값이 양수이면 탐색이 성공한 객체의 위치이다. collec.get(index)하면 원하는 객체를 얻을 수 있다. 만약 반환값이 음수이면 탐색이 실패한 것이다. 실패하였어도 도움이 되는 정보가 반환되는데 반환값에서 현재의 데이터가 삽입될 수 있는 위치를 알아낼 수 있다. 반환값이 pos이면 (-pos - 1)이 삽입 위치가 된다.

```
int pos = Collections.binarySearch(list, key);
if (pos < 0)
    l.add(-pos-1);
```

예제 13-10   숫자들의 리스트 탐색하기

0부터 100까지의 정수들을 ArrayList에 저장하고 50을 이진 탐색으로 찾아보자.

Search.java

```
01    import java.util.*;
02
03    public class Search {
04       public static void main(String[] args) {
05          int key = 50;
06          List<Integer> list = new ArrayList<Integer>();
07          for (int 1 = 0; i < 100; i++)
08             list.add(i);
09          int index = Collections.binarySearch(list,key);
10          System.out.println("탐색의 반환값  =" + index);
11       }
12    }
```

실행 결과   탐색의 반환값 =50

중간점검

1. 배열에 저장된 데이터를 Collections 클래스를 사용하여서 정렬하는 절차를 설명하라.

2. Collections 클래스의 기타 메소드의 매개 변수와 반환값들을 조사하여 보라.

영어 사전 **LAB**

일반적인 개발자들은 자바의 컬렉션 라이브러리를 자유자재로 사용할 수 있도록 익히는 것이 더 중요하다. 여기서는 Map을 사용하여서 영어 사전을 구현하여 보자. 사용자가 단어를 입력하면 단어의 설명을 보여준다.

```
영어 단어를 입력하시오:map
단어의 의미는 지도
영어 단어를 입력하시오:school
단어의 의미는 학교
영어 단어를 입력하시오:quit
```

실행 결과

여러 가지 다양한 컬렉션 중에서 사전을 구현할 때는 물론 Map을 사용하는 것이 좋다. Map은 key를 제시하면 value를 찾아서 반환한다. key에는 영어 단어를 넣고 value에는 의미를 넣으면 된다. 그리고 Map이 제네릭으로 구현되었으므로 사용할 때 우리가 필요한 자료형으로 초기화하면 된다.

EnglishDic.java

```java
01  import java.util.*;
02
03  public class EnglishDic {
04    public static void main(String[] args) {
05      Map<String, String> st = new HashMap<String, String>();
06
07      st.put("map", "지도");
08      st.put("java", "자바");
09      st.put("school", "학교");
10
11      Scanner sc = new Scanner(System.in);
12      do {
13        System.out.print("영어 단어를 입력하시오:");
14        String key = sc.next();
15        if( key.equals("quit") ) break;
16        System.out.println("단어의 의미는 " + st.get(key));
17      } while(true);
18    }
19  }
```

도전문제

1. 사전에 단어를 추가하거나 검색, 삭제할 수 있는 간단한 메뉴 시스템을 만든다. 사전에 단어를 추가하고, 단어를 삭제하는 기능도 구현하여 보자.

2. 그래픽 사용자 인터페이스를 사용하여서 사전 프로그램을 다시 작성할 수 있는가? 텍스트 필드를 사용하여서 단어를 입력받고 레이블을 통하여 단어의 설명을 화면으로 출력한다.

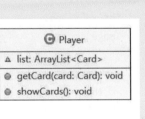

Introduction to **JAVA Programming**   카드 게임   **Mini Project**

제네릭과 컬렉션을 이용하여서 카드 게임 프로그램을 작성해보자. 먼저 어떤 클래스가 필요할 지를 생각해보자. 카드 게임 세계에서 필요한 것은 "카드", "덱", "경기자"이다. 따라서 이것들은 모두 클래스로 작성된다.

- Card
- Deck
- Player

Deck에 대하여 생각해보자. Card와 Deck은 어떤 관계가 있을까? Card 객체 여러 개가 저장된 것이 Deck 객체라고 할 수 있다. 어디에 저장하면 좋을까? 물론 배열이다. 하지만 자바에는 배열보다 더 좋은 것이 있다 바로 ArrayList이다. 따라서 Deck 클래스 안에 ArrayList를 생성하여서 여기에 52장의 카드를 저장하도록 하자. 그리고 카드 게임에서는 딜러가 카드를 섞어서 경기자들에 나누어주게 된다. 카드를 섞는 것은 Collection 클래스의 정적 메소드 shuffle()을 이용하여 구현하여 보자.

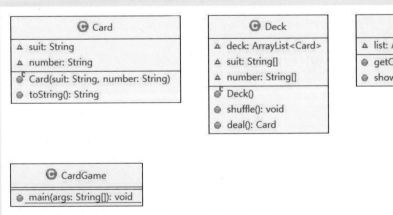

이들 클래스를 사용하여 포커 게임을 구현해보자.

Mini Project   두더지 게임

켈렉션은 게임에서 많이 사용된다. 예를 들어서 화면에 몬스터가 표시되고 마우스를 클릭하여서 몬스터를 잡는 게임을 생각해보자.

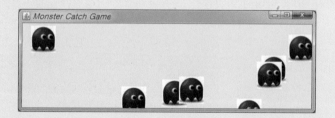

몬스터들은 어딘가에 저장되어야 하는데, 중간에 사용자한테 잡혀서 소멸될 수도 있기 때문에 동적인 저장 방법이 필요하다. 따라서 이런 경우에는 벡터나 ArrayList를 사용하는 것이 좋다. 다음과 같은 Monster 객체를 ArrayList에 저장하고 이것을 꺼내서 화면에 표시하는 프로그램을 작성해보자.

```java
class Monster {
    int x, y, hp;
    Image img;

    Monster(int x, int y, int hp) {
        this.x = x;
        this.y = y;
        this.hp = hp;
        ImageIcon icon = new ImageIcon("d://monster.png");
        img = icon.getImage();
    }

    public void draw(Graphics g) {
        g.drawImage(img, x, y, null);
    }
}
```

화면의 몬스터를 움직이게 하고 마우스로 클릭하여 몬스터를 잡는 간단한 게임으로 확장해보자.

Introduction to JAVA Programming

Summary

- 제네릭 프로그래밍(generic programming)이란 다양한 종류의 데이터를 처리할 수 있는 클래스와 메소드를 작성하는 기법이다.

- 제네릭은 클래스를 정의할 때, 클래스 안에서 사용되는 자료형(타입)을 구체적으로 명시하지 않고 T와 같이 기호로 적어놓는 것이다.

- 컬렉션(collection)은 자료를 저장하기 위한 구조이다.

- 많이 사용되는 컬렉션에는 리스트(list), 스택(stack), 큐(queue), 집합(set), 해쉬 테이블(hash table) 등이 있다.

- 벡터(Vector) 클래스는 java.util 패키지에 있는 컬렉션의 일종으로 가변 크기의 배열(dynamic array)을 구현하고 있다.

- ArrayList도 가변 크기의 배열을 구현하는 클래스이다. ArrayList는 동기화를 하지 않기 때문에 Vector보다 성능은 우수하다.

- 순서에는 상관없이 데이터만 저장하고 싶은 경우에는 집합(Set)을 사용할 수 있다. 집합(set)은 동일한 데이터를 중복해서 가질 수 없다.

- Map은 많은 데이터 중에서 원하는 데이터를 빠르게 찾을 수 있는 컬렉션이다. 다른 언어에서는 딕셔너리(dictionary)라고도 한다.

- Map은 키(key)와 값(value)을 쌍으로 저장한다. 각 키는 오직 하나의 값에만 매핑될 수 있다. 키가 제시되면 Map은 값을 반환한다.

- Collections 클래스는 정렬(Sorting), 섞기(Shuffling), 탐색(Searching)과 같은 유용한 알고리즘을 구현한 메소드들을 제공한다.

Exercise

1. 중복 요소를 제한하는 컬렉션은?

   ❶ Set   ❷ List

   ❸ Map   ❹ Queue

2. ArrayList에 요소를 추가하는 메소드는?

   ❶ append()   ❷ add()

   ❸ addElement()   ❹ set()

3. ArrayList에서 요소를 삭제하는 메소드는?

   ❶ delete()   ❷ remove()

   ❸ deleteElement()   ❹ removeElement()

4. 정적 배열을 동적 배열로 바꿀 때 사용하는 메소드는?

   ❶ array()   ❷ toArray()

   ❸ fromArray()   ❹ convertArray()

5. 리스트의 중간에서 삽입과 삭제될 때, 좋은 성능을 보이는 컬렉션은?

   ❶ Vector   ❷ ArrayList

   ❸ LinkedList   ❹ Array

6. 다음 중 스레드에 대하여 안전한 컬렉션은?

   ❶ Vector   ❷ ArrayList

   ❸ LinkedList   ❹ Array

7. 어떤 정보를 저장하는데 절대 중복이 발생하면 안된다고 가정하자. 그리고 모든 요소들은 삽입된 순서대로 출력되어야 한다. 어떤 컬렉션을 사용하여야 하는가?

   ❶ Map   ❷ Set

   ❸ List   ❹ Collection

8. 어떤 정보를 키-값의 쌍으로 저장하고자 한다. 어떤 컬렉션을 사용하여야 하는가?

  ❶ Map   ❷ Set

  ❸ List   ❹ Collection

9. Map에 데이터를 저장하는 메소드는?

  ❶ add()   ❷ set()

  ❸ append()   ❹ addKeyValue()

10. 다음은 Stack 클래스의 일부분이다.

(a) Stack에 저장되는 데이터의 타입을 int 대신에 제네릭 타입으로 표시하여 보자.

```java
public class Stack{
   private int[] stack;
   public void push(int data) { ... }
   public int pop() { ... }
}
```

(b) String 타입의 데이터를 가지는 Stack을 생성하는 문장을 쓰시오.

11. 다음과 같이 리스트가 생성되었다고 하자. 다음의 각 문장을 실행한 후의 리스트를 예측해보시오.

```java
String[] s = { "사과", "배", "바나나" };
ArrayList list = new ArrayList(Arrays.asList(s));
```

(a) list.add("포도");

(b) list.add(2, "자몽");

(c) System.out.println(list.get(3));

(d) list.remove(1);

(e) System.out.println(list.contains("사과"));

(f) System.out.println(list.indexOf("사과"));

12. list가 ArrayList<Double>의 객체를 참조하고 있다고 하자. list의 모든 원소를 출력하는 문장을 다음과 같이 작성하라.

(a) 인덱스 변수를 사용하는 보통의 for 루프

(b) for-each 구문을 사용

Programming

난이도: 상

주제

• 제네릭 클래스

1. 동일한 타입의 데이터 2개를 저장하는 SimplePair 클래스를 작성해보자. SimplePair 클래스를 사용하는 코드는 다음과 같다.

```java
public class SimplePairTest {

  public static void main(String[] args) {
    SimplePair<String> pair = new SimplePair<String>("apple", "tomato");
    System.out.println(pair.getFirst());
    System.out.println(pair.getSecond());
  }
}
```

난이도: 상

주제

• 제네릭 메소드

2. 클래스 MyMath를 작성하여 보자. MyMath에는 평균을 구하는 getAverage() 제네릭 메소드를 추가하여 보자. getAverage()는 Integer나 Double과 같은 다양한 타입의 데이터 배열을 받아서 평균을 구할 수 있도록 하라.

```
정수를 입력하시오: 3
정수를 입력하시오: 4
정수를 입력하시오: 5

평균값: 4
```

난이도: 중

주제

• ArrayList

3. 본문에서 ArrayList를 설명하였다. 문자열을 저장할 수 있는 ArrayList 객체를 생성하고 여기에 "a", "b", "c", "d", "e"를 저장한 후 이것을 출력하는 프로그램을 작성해보자.

```
[a, b, c, d, e]
```

난이도: 중

주제

• Set

4. "A", "B", "C"를 저장하고 있는 HashSet 객체 s1을 생성하고, 이어서 "A", "D"를 저장하고 있는 HashSet 객체 s2를 생성한다. s1과 s2의 합집합과 교집합을 계산해보자.

```
합집합 [D, A, B, C]
교집합 [A]
```

5. "A", "B", "C"를 저장하고 있는 HashSet 객체 s1을 생성하고, 이어서 "A", "D"를 저장하고 있는 HashSet 객체 s2를 생성한다. s1과 s2의 합집합과 교집합을 계산해보자.

```
합집합 [D, A, B, C]
교집합 [A]
```

6. ArrayList를 카운트다운 타이머로 사용할 수 있다. ArrayList에 정수들을 넣어놓고 차례대로 큐에서 정수들을 꺼내어서 1초에 하나씩 화면에 출력하는 프로그램을 작성해보자.

```
10 9 8 7 6 5 4 3 2 1 0
```

7. 국가의 이름을 키로 하고 수도를 값으로 하여 Map에 몇 개의 (키, 값)을 저장한다. Map에 저장된 전체 데이터를 출력하고 사용자로부터 국가 이름을 받아서 수도를 찾아서 출력해본다.

```
key: USA, Value: Washington
key: Japan, Value: Tokyo
key: China, Value: Beijing
key: UK, Value: London
key: Korea, Value: Seoul

국가 이름을 입력하시오: Korea
Korea의 수도: Seoul
```

8. 이름들이 모여 있는 문자열 배열이 있다. 이름들이 등장하는 횟수를 Map에 저장해보자.

```
String names[] = {
    new String("Kim"),
    new String("Choi"),
    new String("Park"),
    new String("Kim"),
    new String("Kim"),
    new String("Park")
};
```

```
3개의 이름이 발견되었습니다.
{Kim=3, Choi=1, Park=2}
```

9. 장기 자랑 프로그램에 사용될 수 있는 심사 위원들의 점수를 집계하는 프로그램을 작성하라. 점수는 0.0에서 10.0까지 가능하다. 10명의 점수 중에서 최저 점수와 최고 점수는 제외된다. Double 타입의 ArrayList를 사용하라.

```
심사위원의 점수: 1
심사위원의 점수: 2
심사위원의 점수: 8
심사위원의 점수: 9
점수의 합: 10.0
```

10. 로또 번호를 생성하는 프로그램을 작성하여 보자. 로또는 1부터 45까지의 숫자 중에서 6개를 선택한다. 로또 번호는 중복되면 안 된다. 따라서 집합을 나타내는 HashSet을 사용하여서 중복을 검사하여 보자. Math.random()을 사용하면 0부터 1사이의 난수를 생성할 수 있다. 0부터 1사이의 난수가 생성되면 여기에 44를 곱하고 1을 더하면 1부터 45사이의 정수를 생성할 수 있다. 생성된 정수는 HashSet의 contains() 메소드를 이용하여서 이미 선택된 정수인지를 검사한다.

```
Lotto [set=[16, 23, 7, 8, 26, 30]]
```

11. 랜덤 리스트(random list)를 작성하여 보자. 랜덤 리스트란 원소들을 가지고 있다가 get()이라는 메소드를 호출하면 랜덤하게 하나의 원소를 선택하여서 반환한다. 모든 타입의 객체를 저장하도록 제네릭을 사용하라. 원소들은 ArrayList를 이용하여서 저장하고 add() 메소드는 원소를 추가한다. select()가 호출되면 난수 생성기를 이용해서 ArrayList 원소 중에서 하나를 선택하여 반환하라. 다음 코드를 참조하라.

```
public class RandomList<T> {
    _____;
    public void add(T  item) { _____;}
    public T select() { _____;}
}
```

함수형 프로그래밍, 람다식, 스트림

▶ 다음과 같은 작업들을 수행하는 방법을 알고 있나요? 이번 장에서 함께 알아봐요.

> 1. 함수형 프로그래밍을 이해하고 사용할 수 있나요?
> 2. 스트림 API를 사용하여 컬렉션에서 특정 조건을 만족하는 데이터를 추려낼 수 있나요?
> 3. 원하는 동작을 포장하여서 메소드에 전달할 수 있나요?
> 4. 람다식으로 이름 없는 메소드를 작성하고 전달할 수 있나요?

➕ 학습목차

14.1 함수형 프로그래밍의 소개

14.2 람다식

14.3 동작 매개 변수화

14.4 함수형 인터페이스

14.5 메소드 참조

14.6 스트림 API

Power JAVA 3e

14.1 | 함수형 프로그래밍의 소개

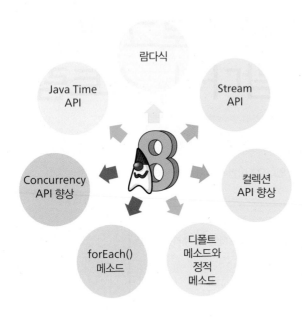

최근에 자바는 거의 1년에 한 번씩 업그레이드 버전을 발표하고 있다. 무엇이 변경되고 있을까? 많은 기능들이 추가되고 있겠지만 아마도 최근에 가장 중요한 기능 추가는 함수형 프로그래밍(functional programming)의 지원일 것이다. 함수형 프로그래밍의 지원은 Java 8부터 시작되었다. Java 8은 모든 자바 버전 중에서 획기적인 버전으로 평가받는데, Java 8에 추가된 기능들이 이전의 변경 사항보다 여러 면에서 더 심오하기 때문이다.

함수형 프로그래밍을 잘 사용하면 아주 쉽게 프로그램을 작성할 수 있다. 예를 들어, 문자열들을 저장하고 있는 리스트가 있고, 이것을 문자열의 길이에 따라서 정렬하려고 한다. 예전 자바 버전(Java 7 이전 버전)에서는 왼쪽과 같이 익명 클래스를 사용하여 다소 장황한 코드를 작성해야 했다. Java 8부터는 오른쪽과 같이 훨씬 간결하고 이해하기 쉽게 코드를 작성될 수 있다.

예전 스타일

```java
Collections.sort (mylist, new Comparator <String> () {
    public int compare (String s1, String s2) {
        return (s1.length()-s2.length());
    }
});
```

새로운 스타일

```java
mylist.sort(comparing(String :: length));
```

위의 코드는 문자열의 길이를 사용하여 문자열 리스트를 정렬한다고 읽을 수 있다. 위와 같은 코드는 함수형 프로그래밍의 영향을 받은 것이다. 함수형 프로그래밍은 나름대로의 장점을 가지고 있어서, 앞으로 점점 많이 사용될 것이다. 자바의 최근 버전은 함수형 프로그래밍과 병렬 처리를 강조하는 방향으로 나가고 있다.

기계어　　어셈블리어　　절차 지향　　객체 지향　　함수형 프로그래밍

프로그래밍 패러다임 분류

프로그래밍 패러다임을 크게 나누면 명령형 프로그래밍(imperative programming)과 선언적 프로그래밍(declarative programming)으로 나눌 수 있다. 선언적 프로그래밍의 한 형태가 함수형 프로그래밍(functional programming)이다. 함수형 프로그래밍은 프로그래밍을 순수 함수의 적용으로 생각하는 프로그래밍 방법론이다.

이 2가지의 프로그래밍 방식이 어떻게 다른지 살펴보자.

명령형 프로그래밍 방법

구체적인 예제로 살펴보자. 정수가 ArrayList에 저장되어 있다고 가정하자. 우리는 ArrayList에서 짝수만 추려내고 싶다. 먼저 명령형 프로그래밍에서는 어떻게 하여야 하는가? 명령형 프로그래밍은 전통적인 방법이다. ArrayList에 저장된 정수들을 꺼내서 반복 루프로 처리해야 할 것이다.

명령형 프로그래밍
무엇(what)을 어떻게(how) 하라고 지시한다.

선언적 프로그래밍
무엇(what)을 하라고만 지시한다. 어떻게(how)는 말하지 않아도 된다.

함수형 프로그래밍

```
Imperative.java
01  public class Imperative {
02      public static void main(String args[]) {
03          List<Integer> list = List.of(12, 3, 16, 2, 1, 9, 7, 20    );
04          List<Integer> even = new ArrayList<>();
05
06          for(Integer e : list) {    // 짝수를 찾는다.
07              if(e%2 == 0 ) {
08                  even.add(e);
09              }
10          }
11          for(Integer e : even) {    // 찾은 짝수를 출력한다.
12              System.out.println(e);
13          }
14      }
15  }
```

```
실행 결과
12
16
2
20
```

정수는 list에 저장되어 있으며, for-each 루프를 사용해 list에서 정수를 하나씩 꺼낸다. 그 후 if 문을 이용하여 2로 나누어서 나머지가 0인 정수만 추린다. 이 정수들을 리스트 young에 저장하고 최종적으로 young 리스트를 순회하면서 정수를 화면에 출력한다.

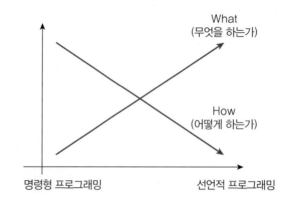

명령형 프로그래밍은 작업을 어떻게(how) 수행하느냐를 중시한다. 즉 먼저 이것을 수행한 다음, 다음에 이것을 수행하라고 말해주는 프로그래밍이다. 예를 들어 직원 리스트에서 가장 연봉이 높은 직원을 찾는 경우, 리스트에서 직원 정보를 하나씩 가져와 지금까지 찾은 가장 연봉이 높은 직원과 비교한다. 그리고 현재 직원의 연봉이 더 많으면 교체한다. 이 과정을 리스트의 요소가 끝날 때까지 반복한다. 이러한 스타일의 프로그래밍은 컴퓨터의 할당문(대입문), 조건문, 반복문과 유사한 명령을 사용하기 때문에 고전적인 객체 지향 프로그래밍과 매우 잘 어울린다. 명령형 프로그래밍에서는 하나의 명령문이 실행되어서 프로그램의 상태가 계속 바뀌면서 작업이 진행된다.

함수형 프로그래밍 방법

우리는 아직 함수형 프로그래밍을 본격적으로 학습하지 않았지만 함수형 프로그래밍을 사용한다면 다음과 같이 간략하게 코드를 작성할 수 있다.

Functional.java

```
01  public class Test {
02      public static void main(String args[]) {
03          List<Integer> list = List.of(12, 3, 16, 2, 1, 9, 7, 20);
04          list.stream()
05              .filter(e -> e % 2 == 0)
06              .forEach(System.out::println);
07      }
08  }
```

실행 결과

```
12
16
2
20
```

여기서 stream()은 리스트 안의 원소들을 하나씩 추출하는 메소드이다. filter()는 들어오는 정수 중에서 짝수만을 추려내는 메소드이다. .filter()와 같이 메소드 앞에 .이 찍힌 것은 메소드 체이닝 이라고 하는 기법이다. 앞의 메소드가 반환하는 객체의 메소드를 호출하는 것이다. forEach()는 들어오는 각 정수에 대하여 전달받은 함수를 적용한다. System.out::println은 메소드 참조라고 하는 것으로 함수를 다른 함수로 보내는 방법이다. 약 9줄의 코드가 3줄로 줄어들게 된다.

선언적 프로그래밍은 해야 할 일(what)에 집중한다. 함수형 프로그래밍에서는 함수들이 계속 적용되면서 작업이 진행된다. 함수형 프로그램은 명령문이 아닌 수식이나 함수 호출로 이루어진다. 함수형 프로그래밍은 1930년대의 람다 수학에 근간을 두고 있다. 이들 함수들이 구현되는 세부적인 방법은 라이브러리가 담당한다. 이 방법의 가장 큰 장점은 함수 호출이 문제 설명처럼 읽히고, 그 이유 때문에 코드가 수행하는 작업을 이해하려고 할 때, 보다 명확하게 알 수 있다는 점이다. 이런 스타일을 선언적 프로그래밍이라고 한다. 선언적 프로그래밍에서는 개발자가 원하는 것을 기술하고 시스템이 그 목표를 달성하는 방법을 결정한다.

왜 함수형 프로그래밍인가?

함수형 프로그래밍은 선언적 프로그래밍 개념을 실제로 구현한 형태이다. 개발자는 부작용 없는 함수를 사용하여, 원하는 작업을 기술하고, 시스템에서 이것을 어떻게 구현할지를 결정한다. 이러한 아이디어는 소프트웨어를 보다 쉽게 구현하고 유지하는 데 도움이 될 수 있다. 자바에서는 함수형 프로그래밍의 일부를 스트림 API를 이용하여 지원한다.

또 하나 중요한 장점은 함수형 프로그래밍이 병렬 처리가 쉽다는 것이다. 최근 CPU는 모두 멀티 코어를 장착하고 있고 함수형 프로그래밍에서는 부작용 없는 순수 함수만을 사용하기 때문에 코어를 여러 개 사용하여도 서로 간에 복잡한 문제가 발생하지 않는다.

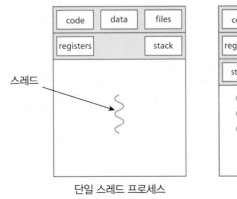

단일 스레드 프로세스

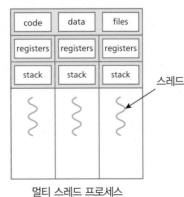

멀티 스레드 프로세스

함수란 무엇인가?

함수는 함수형 프로그래밍의 핵심 개념이다. 물론 함수는 예전부터 사용되어 왔지만 다시 한번 자세히 살펴보자. 예를 들어 함수는 부작용(side effect)이 있을 수 있다. 부작용이 있다는 말은 함수가 실행하면서 외부의 변수를 변경한다는 의미이다. 이런 이유 때문에 명령형 프로그래밍에서의 함수는 외부의 상태에 따라 서로 다른 결과값을 반환할 수 있다. 대표적인 예가 Random 클래스의 nextInt()이다. nextInt()는 호출될 때마다 난수 발생기의 상태가 변경되고 따라서 반환값이 달라진다.

함수형 프로그래밍에서 함수는 순수 함수(pure function)라고 한다. 부작용이 없는 함수를 순수 함수라고 한다. 즉 외부 상태를 변경하지 않는다. 순수 함수는 스레드에 대하여 안전하고, 병렬적인 계산이 가능하다. 따라서 프로그램의 동작을 이해하고 예측하기가 훨씬 쉽게 된다. 순수 함수는 0개 이상의 인수를 가질 수 있으며 하나 이상의 결과를 반환한다. 순수 함수는 위와 같이 블랙박스로 그릴 수 있다. 부작용이 없는 함수의 가장 좋은 예는 sin()이나 log()와 같은 수학 함수들이다. 이 함수들은 인수만 동일하다면 항상 동일한 결과를 반환한다.

자바와 함수형 프로그래밍

자바에서는 순수 함수로만 프로그램을 작성한다는 것은 상당히 어렵다. 예를 들어서 입출력 함수들은 대부분 부작용이 있다. Scanner 클래스의 nextLine()이나 Random 클래스의 nextInt()를 생각해보자. 함수를 호출할 때마다 결과가 달라진다. 따라서 자바에서는 순수한 함수형 프로그래밍이라기보다는 함수형 스타일(functional style)을 지원한다고 해야 한다.

순수 함수는 병렬 처리와도 밀접한 관련이 있다. 순수 함수는 스레드에 대하여 안전하다. 만약 순수 함수가 아니라면 여러 개의 스레드가 동시에 함수 코드를 수행할 수 없다. 물론 락(lock) 기능을 이용하여서 함수를 감쌀 수도 있지만, 이렇게 되면 2개의 코어가 동시에 함수를 수행할 수 있는 기능을 잃어버리게 된다.

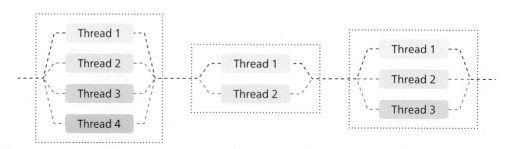

그렇다면 자바에서 코드의 일부라도 함수형 스타일로 만들려면 어떻게 해야 할까? 먼저 함수는 지역 변수만을 변경할 수 있다. 다른 범위의 변수를 변경하면 안 된다. 또한 참조하는 객체는 변경 불가능해야 한다. 즉, 모든 필드는 final이고 참조 유형의 모든 필드는 다른 변경 불가능한 객체를 참조한다. 또한 함수나 메소드가 예외를 발생시키지 않아야 한다는 추가 요구 사항이 있다. 예외를 던진다는 것은 값을 반환하는 함수를 통하지 않고 결과를 받고 있다는 것을 의미한다.

객체 지향 프로그래밍과 함수형 프로그래밍

자바 프로그래머들은 객체 지향 스타일과 함수형 스타일을 적절하게 구사할 수 있어야 한다. 최근의 자바 프로그램에서는 이 2가지 스타일이 섞여 있다. 최근에 멀티 코어와 같은 하드웨어 발전과 SQL 쿼리와 유사한 쿼리 문장 사용으로 인하여 예전보다 함수형 스타일이 각광받고 있다.

객체 지향 프로그래밍(OOP)	함수형 프로그래밍
OOP는 객체에 기반을 두고 있다.	함수 호출을 기본 프로그래밍 블록으로 강조한다.
OOP는 명령형 프로그래밍 모델에 따른다.	선언적 프로그래밍과 밀접하게 연결되어 있다.
병렬 처리를 지원하지 않는다.	병렬 처리를 지원한다.
기본적인 요소는 객체와 메소드이다.	기본적인 요소는 변수와 순수 함수이다.

극단적인 객체 지향 스타일도 있을 수 있다. 자바에서는 모든 것이 객체이고 프로그램은 객체의 필드를 업데이트하고 다른 객체의 메소드를 호출하여 동작한다. 또한 극단적인 함수형 스타일도 있을 수 있다. 즉 부작용이 전혀 없는 순수 함수 프로그래밍 스타일이 있다. 실제로 자바 프로그래머는 항상 이러한 스타일을 혼합하여 사용해왔다. ArrayList와 같은 컬렉션들을 반복자(Iterator)를 사용하여 탐색할 수도 있고 아니면 함수형 스타일 방식으로 컬렉션들이 저장하고 있는 데이터의 합계를 계산할 수 있다.

객체 지향 프로그래밍

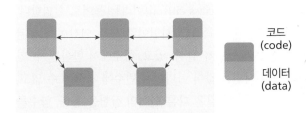

객체 지향 프로그래밍에서는 객체가
코드와 데이터를 캡슐화한다.

함수형 프로그래밍

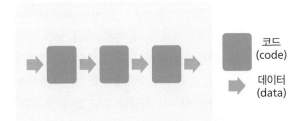

함수형 프로그래밍에서는 함수들
사이로 데이터가 흘러가게 된다.

1. 순수 함수란 무엇인가?
2. 명령형 프로그래밍 방식과 선언적 프로그래밍 방식을 비교해보자.
3. 함수형 프로그래밍의 장점을 2가지만 들어보자.
4. 병렬 처리 관점에서는 어떤 방식이 더 좋은가? 그 이유는 무엇일까?

중간점검

함수의 1급 시민 승격

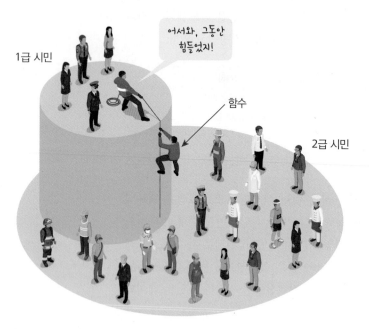

1급 시민

어서와, 그동안 힘들었지!

함수

2급 시민

메소드는 클래스 안에 정의된 함수이다. 여기서는 그냥 함수라고 부르기로 하자. Java 8 이전에는 함수는 값(value)이 아니었다. 즉 우리는 함수를 변수에 저장할 수 없었는데, 함수는 값이 아니었기 때문이다. 또한 다른 메소드로 함수를 전달할 수 없었는데, 이 또한 함수가 값이 아니었기 때문이다.

자바 프로그램에서 조작할 수 있는 값에는 어떤 것들이 있을까? 12와 같은 정수형, 1.23456과 같은 부동소수점형 등이 있다. 자바에서는 배열도 객체이다. 또 각종 객체들도 값이다. 객체는 new 연산자를 통하여 생성할 수 있다. 예를 들어서 "Hello"와 같은 문자열은 객체이며 String s = new String("Hello");와 같은 문장을 실행하면 문자열 객체가 생성되고 문자열 객체의 참조값이 변수 s에 저장된다.

이것을 보통 1급 시민(first-class citizen), 2급 시민(second-class citizen)이라는 용어로 설명한다. 기초형의 값이나 객체, 배열 등은 자바에서 1급 시민이다. 즉 1급 시민이란 모든 연산이 허용된 엔터티를 의미한다. 즉 변수에 저장될 수 있고, 함수의 인수가 될 수 있고, 함수에서 반환될 수 있다. 이제까지 자바에서 함수는 2급 시민이었다. 2급 시민은 값이 아니어서 변수에 저장될 수 없고, 다른 함수로 전달할 수도 없다. 하지만 Scala 및 Groovy와 같은 다른 언어의 실험을 통해, 함수를 1급 시민으로 만드는 것이 유용하다는 것이 밝혀졌다.

Java 8에서는 함수가 1급 시민으로 승격되었다. 즉 함수가 값이 된 것이다. 함수가 값이 되면 다음과 같은 일들이 가능해진다.

- 함수도 변수에 저장할 수 있다.
- 함수를 매개 변수로 받을 수 있다.
- 함수를 반환할 수 있다.

가장 중요한 점은 함수를 다른 함수로 전달할 수 있다는 것이다. 이것을 이용하여 다음 절에서 설명하는 "동작 매개 변수화"가 가능하다. 또 함수가 1급 시민이 되면, 강력한 스트림 API의 사용이 용이해진다. 스트림 API를 사용하게 되면 병렬 프로그래밍을 쉽게 할 수 있다. 스트림 API는 이번 장의 맨 마지막에서 설명한다.

람다식의 필요성

우리는 다음 절에서 설명하는 "동작 매개 변수화"를 사용하여 코드를 전달하는 것이 코드의 빈번한 요구 사항 변경에 대처하는 데 유용하다는 것을 확인할 것이다. 우리는 동작을 나타내는 코드 블록을 정의한 다음 전달할 수 있다. 예를 들어서 "버튼 클릭"과 같은 특정 이벤트가 발생할 때, 해당 코드 블록을 실행하도록 설정할 수 있다. 동작 매개 변수화를 사용하면 더 유연하고 재사용 가능한 코드를 작성할 수 있다.

하지만 익명 클래스를 사용하여 코드 블록을 나타내는 것은 만족스럽지 않다는 것을 알았다. 익명 클래스의 사용 방법이 너무 장황해서 프로그래머가 실제로 동작 매개 변수화를 사용하는 것을 꺼리게 된다. 우리는 이미 람다식에 대해서는 이미 어느 정도 알고 있지만 이번 절에서 보다 자세히 살펴보자.

람다식이란?

람다식(lambda expression)은 나중에 실행될 목적으로 다른 곳에 전달될 수 있는 코드 블록이다. 람다식은 이름이 없는 함수라고 할 수 있다. 우리가 람다식을 사용하는 이유는 간결함 때문이다. 람다식을 이용하면 함수가 필요한 곳에 간단히 함수를 보낼 수 있다. 특히 함수가 딱 한 번만 사용되고 함수의 길이가 짧은 경우에 유용하다.

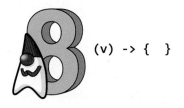

(v) -> { }

람다식 정의

자바에서 람다식은 (argument) → (body) 구문을 사용하여 작성된다. 간단하게 매개 변수 a와 b를 전달받아서 a+b를 계산하여 반환하는 메소드를 람다식으로 정의하면 다음과 같다.

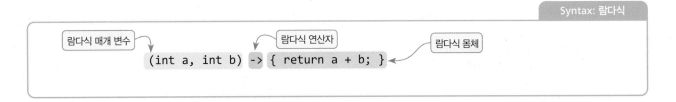

람다식 매개 변수   람다식 연산자   람다식 몸체

```
(int a, int b) -> { return a + b; }
```

- 람다식은 0개 이상의 매개 변수를 가질 수 있다.

- 화살표 ->는 람다식에서 매개 변수와 몸체를 구분한다.

- 매개 변수의 형식을 명시적으로 선언할 수 있다. 또는 문맥에서 추정될 수 있다. (int a)는 (a)와 동일하다. 빈 괄호는 매개 변수가 없음을 나타낸다. 예를 들어 () -> 69와 같이 표현한다.

- 단일 매개 변수이고 타입은 유추가 가능한 경우에는 괄호를 사용할 필요가 없다. 예를 들어 a -> return a*a와 같이 표현한다.

- 몸체에 하나 이상의 문장이 있으면 중괄호 { }로 묶어야 한다.

다음은 람다식의 몇 가지 예이다.

```java
() -> System.out.println("Hello World");
(String s) -> { System.out.println(s); }
() -> 69
() -> { return 3.141592; };
(String s) -> s.length()
(Car c) -> c.getprice() > 150
(int x, int y) -> {
    System.out.print("결과값:");
    System.out.println(x + y);
}
(Car c1, Car c2) -> c1.getPrice().compareTo(c2.getPrice())
```

람다식의 활용

이제 람다식을 사용할 수 있는 곳이 궁금할 것이다. 우리는 변수에 람다를 할당할 수 있다. 또 함수 인터페이스의 컨텍스트에서 람다식을 사용할 수 있다. 자바에서 메소드를 다른 메소드에 전달할 필요가 생각보다 자주 발생한다. 3가지의 예를 들어보자.

1. 자바에서 그래픽 사용자 인터페이스 코드를 작성할 때, 함수 몸체를 전달하고 싶으면 보통 익명 클래스를 많이 사용한다. 예를 들어 익명 클래스를 사용하여 버튼의 클릭 이벤트를 처리하는 코드는 왼쪽과 같다. 객체에서 발생하는 마우스 클릭 이벤트를 처리하기 위하여 ActionListener를 상속받아서 익명 클래스를 정의하고 객체를 생성하여 버튼의 마우스 리스너로 등록하였다. 익명 클래스를 이용하면 addActionListener에 우리가 작성한 메소드를 전달할 수 있다. 하지만 익명 클래스는 상당히 장황한 방법이다. 람다식을 이용하면 오른쪽과 같이 작성할 수 있다.

```java
// 이전의 방법
button.addActionListener(new ActionListener() {
  @Override
  public void actionPerformed(ActionEvent e) {
    System.out.println("버튼 클릭!");
  }
});
```

```java
// 람다식을 이용한 방법
button.addActionListener( (e) -> {
    System.out.println("버튼 클릭!");
});
```

2. 자바에서 스레드를 작성하려면 먼저 Runnable 인터페이스를 구현하는 클래스부터 작성하여야 한다. 이 인터페이스는 run()이라고 하는 메소드 하나만을 가지고 있다. 왼쪽과 같이 작성하여야 한다. 하지만 람다식을 사용하면 오른쪽과 같이 간단하게 익명 메소드를 정의하고 이것을 Thread 클래스로 전달하는 것이 가능하다.

```java
// 이전의 방법
new Thread(new Runnable() {
  @Override
  public void run() {
     System.out.println("스레드 실행");
  }
}).start();
```

```java
// 람다식을 이용한 방법
new Thread( () -> System.out.println(
                  "스레드 실행 ") ).start();
```

3. 람다식을 사용하면 배열의 모든 요소를 출력하는 코드에서 forEach()와 같은 함수형 프로그래밍을 사용할 수 있다.

```java
// 이전의 방법
List<Integer> list = Arrays.asList(
                      1, 2, 3, 4, 5);
for(Integer n: list) {
  System.out.println(n);
}
```

```java
// 람다식을 이용한 방법
List<Integer> list = Arrays.asList(
                      1, 2, 3, 4, 5);
list.forEach(n -> System.out.println(n));
```

LAB   타이머 프로그램

Timer 클래스를 사용하여서 1초에 한 번씩 "beep"를 출력하는 프로그램을 람다식을 이용하여 작성해보자.

실행 결과

```
beep
beep
beep
...
```

Timer 객체는 지정된 시간이 지나면 어떤 메소드를 호출할 것인지를 알아야 한다. 이때 사용되는 것이 ActionListener 인터페이스이다. Timer 클래스는 지정된 시간이 지나면 actionPerformed() 메소드를 호출한다. 따라서 1초에 한 번씩 메시지를 호출하려면 아래와 같이 ActionListener 인터페이스를 구현한 클래스를 작성하고 Timer에 이 클래스의 객체를 등록하면 된다. 아래의 프로그램을 람다식을 이용하여서 간결하게 작성해보자.

```java
class MyClass implements ActionListener {
    public void actionPerformed(ActionEvent event) {
        System.out.println("beep");
    }
}
public class CallbackTest {
    public static void main(String[] args) {
        ActionListener listener = new MyClass();
        Timer t = new Timer(1000, listener);
        t.start();
        for (int i = 0; i < 1000; i++) {
            try {            Thread.sleep(1000);            }
            catch (InterruptedException e) {        }
        }
    }
}
```

Introduction to **JAVA Programming**

타이머 프로그램 **Solution**

CallbackTest.java

```java
01  import javax.swing.Timer;
02
03  public class CallbackTest {
04    public static void main(String[] args) {
05      Timer t = new Timer(1000, event -> System.out.println("beep"));
06      t.start();
07      for (int i = 0; i < 1000; i++) {
08        try {           Thread.sleep(1000);           }
09        catch (InterruptedException e) {           }
10      }
11    }
12  }
```

> 람다식을 사용하고 있다.

---

1. 람다식을 정의해보자.

2. 두 개의 정수를 받아서 두 개의 정수를 곱한 값을 반환하는 람다식을 정의해보자.

3. 다음 코드는 문법적으로 올바른 람다식인가?

   (int x, int y)->x%y

중간점검

함수형 프로그래밍에서 핵심적인 사항은 함수를 다른 함수의 인수로 전달하는 것이다. 함수(즉 코드가 들어 있는 블록)를 다른 함수로 전달하는 것이 왜 필요할까? 그것은 바로 어떤 코드 블록을 보내는 것이 코딩을 편하게 하기 때문이다. 이번 절에서는 왜 코드 블록을 함수로 보내야 하는지 그 이유를 자세하게 살펴보자. 이것은 개발자들이 한번쯤은 생각해보아야 하는 문제이다.

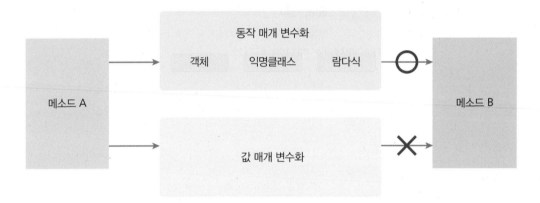

우리가 기업용 프로그램을 작성할 때, 반드시 기억해야 하는 것은 사용자 요구 사항이 끊임없이 변경된다는 것이다. 예를 들어 우리가 자동차 영업사원을 위한 프로그램을 작성한다고 하자. 영업사원은 자동차 재고를 저장하고 검색할 수 있는 애플리케이션을 원하고 있다. 처음에 영업사원은 자동차 재고에서 흰색 자동차를 찾는 기능을 원한다고 하였다. 그러나 다음날 "자동차 가격이 5000만원 이하 자동차도 찾을 수 있죠?"라고 말할 수 있다. 이틀 후 영업사원은 "색상이 흰색이고 5000만원 이하인 자동차도 찾을 수 있나요?"라고 물어볼 수도 있다. 개발자는 이러한 변화하는 요구 사항에 부응하면서 최소한의 노력으로 구현 및 유지 관리가 간단한 방법을 사용해야 한다.

"동작 매개 변수화(behavior parameterization)"라고 불리는 기법은 고객의 빈번한 요구 사항 변경을 처리할 수 있는 소프트웨어 개발 패턴이다. 이 방법에서는 사용자의 요구를 담은 코드 블록을 생성하고 이것을 프로그램의 다른 부분에 전달하는 것이다. 예를 들어 코드 블록을 다른 메소드 selectCar()에 인수로 전달할 수 있다. 결과적으로 메소드 selectCar()의 동작은 해당 코드 블록을 기반으로 매개 변수화된다. 이것이 동작 매개 변수화이다.

이것을 실생활의 예로 들어보자. 여러분이 동생한테 심부름을 자주 시킨다고 가정하자. 동생에게 빵, 우유, 사과 등의 리스트를 주면서 마트에서 사오라고 말할 수 있다. 이는 상품 리스트 mylist를 인수로 buy(mylist) 메소드를 호출하는 것과 같다. 하지만 이번에는 동생이 이전에 한 번도 해본 적이 없는 일을 시키려고 한다. 예를 들어서 "은행에서 돈을 찾아오는 일"이다. 이때는 동생에게 할 일을 적은 쪽지를 전달하는 것이 필요해진다. 즉 은행에 가서 번호표를 받고, 지급 요구서를 작성하여 직원에게 제출하는 등의 할 일을 순서대로 적어서 주는 것이 편하다. 동생은 이 명령어 리스트가 있으면 쉽게 심부름을 할 수 있을 것이다. 이것은 할 일이 저장된 코드 블록 code를 만들어서 do(code) 메소드를 호출하는 것과 같다. 만약 동생에게 다른 일을 시키고 싶으면 이 코드 블록만 변경하면 된다.

자동차 세일즈맨이 판매 가능한 자동차들을 리스트에 저장하고 있다. 자동차를 나타내는 Car 클래스가 있고, carList가 Car 객체들이 저장된 리스트라고 하자. 지금부터는 자동차 재고 리스트에서 특정한 자동차를 선택하는 문제를 여러 가지 방법으로 구현하면서 예전의 방법과 최신의 방법을 비교해보자.

```java
private static Car[] carArray = {
    new Car(1, "BENS SCLASS", "BLACK", 11000),
    new Car(2, "BNW 9", "BLUE", 8000),
    new Car(3, "KEA 9", "WHITE", 7000)
};

private static List<Car> inventory = Arrays.asList(carArray);
```

첫 번째 버전: 매개 변수가 없음

우리는 filterWhiteCars() 메소드를 작성하려고 한다. 이 메소드는 흰색 자동차만을 추려서 리스트로 만들어서 반환하는 함수이다.

```java
public static List<Car> filterWhiteCars(List<Car> inventory) {
   List<Car> result = new ArrayList<>();
   for (Car car: inventory){
      if ("WHITE".equals(car.getColor()))                      result.add(car);
   }
   return result;
}
```

갑자기 고객이 마음을 바꾸고 빨간 자동차도 좋다고 한다. 즉 흰색하고 빨강색인 자동차를 골라내야 한다. 어떻게 하면 좋을까? 간단한 해결책은 메소드를 복사하고 이름을 filterRedCars()로 바꾸고 if ("RED".equals(car.getColor())))로 변경하는 것이다. 하지만 이 접근 방식은 사용자가 여러 색상을 동시에 선택하기를 원할 경우, 잘 대처하지 못한다.

두 번째 버전: 값 매개 변수화

코드의 대부분을 복제하지 않으려면 어떻게 해야 할까? 이때는 색상을 매개 변수화하고 메소드에 색상을 나타내는 매개 변수를 추가하면 좀 더 유연한 코드가 된다.

```java
public static List<Car> filterCarByColor(List<Car> inventory, String color) {
   List<Car> result = new ArrayList<>();
   for (Car car: inventory){
      if ( car.getColor().equals(color) )            result.add(car);
   }
   return result;
}
```

하지만 사용자의 요구가 다시 변경되었다. "너무 비싼 자동차는 구입할 수 없습니다. 5000만 원 이하만 구입이 가능합니다"라고 한다. 이럴 경우엔 어떻게 해야 하는가? 이제까지의 경험으로 개발자는 고객이 가격 기준을 바꾸고 싶어 할 수도 있다는 것을 깨달았다. 다음과 같이 매개 변수를 더 추가하는 함수를 작성할 수도 있지만, 이러한 해결책은 최악의 방법이다.

```java
public static List<Car> filterCars(List<Car> inventory, String color,  int price) {
    List<Car> result = new ArrayList<>();
    for (Car car: inventory) {
      if ( (car.getColor().equals(color)) || (car.getPrice() <= price) )
          result.add(Car);
    }
    return result;
}
```

이 솔루션도 변화하는 요구 사항에 잘 대처하지 못한다. 만약 고객이 자동차의 배기량, 형태, 승차 인원 등과 같은 자동차의 다른 속성으로 필터링하도록 요청하면 어떻게 되는가?

세 번째 버전: 동작 매개 변수화

사용자의 변화하는 요구 사항에 대처하기 위해 많은 매개 변수를 추가하는 것보다 더 나은 방법이 필요하다. 만약 우리가 원하는 동작을 함수로 전달하면 어떨까? 한 가지 가능한 방법은 자동차의 속성을 검사하여 true, false를 반환하는 함수를 작성하여 메소드로 전달하는 것이다. 함수를 전달하려면 다음과 같은 가상 메소드가 정의된 인터페이스가 필요하다.

```java
public interface CarPredicate{
    boolean test (Car car);
}
```

우리는 CarPredicate를 받아서 자동차 객체의 속성을 검사하는 filterCars() 메소드를 작성하면 된다. 이것이 바로 동작 매개 변수화이다. 메소드가 여러 행동(전략)을 매개 변수로 취하고 이것을 이용하여 작업을 수행한다. CarPredicate를 사용하는 수정된 filter() 메소드는 다음과 같다.

```java
public static List<Car> filterCars(List<Car> inventory,  CarPredicate p) {
    List<Car> result = new ArrayList<>();
    for(Car car: inventory) {
      if(p.test(car))  result.add(car);
    }
    return result;
}
```

이 코드는 이전의 방법보다 훨씬 유연하면서 동시에 읽고 사용하기 쉽다! 이제 CarPredicate 객체를 생성하여 filterCars()에 전달하기만 하면 된다. 예를 들어 사용자가 5000만 원 이하이고 색상이 흰색인 자동자를 찾아달라고 요청하면 그에 따라 CarPredicate를 구현하는 클래스를 작성하고 객체를 생성하여 전달하면 된다.

```java
public class whiteCheapPredicate implements CarPredicate {
    public boolean test(Car car){
        return "WHITE".equals(car.getColor()) && car.getPrice() <= 5000;
    }
}
List<Car> whiteCheapCars = filterCars(inventory, new whiteCheapPredicate());
```

filterCars()의 동작은 전달하는 코드에 따라 달라진다. 즉 filterCars()의 동작을 매개 변수화했다. 동작 매개 변수화는 컬렉션을 반복하는 논리와 컬렉션의 각 요소에 적용할 동작을 분리할 수 있기 때문에 훌륭하다. 이 filterCars() 메소드는 객체만 받을 수 있기 때문에, 해당 코드를 객체 안에 포장해야 한다.

네 번째 버전: 익명 클래스 사용

앞의 코드는 익명 클래스를 사용하면 좀 더 간단해질 수 있다. 익명 클래스는 이름이 없는 클래스이다. 익명 클래스를 사용하면 클래스를 선언하고 동시에 인스턴스화 할 수 있다. 다음 코드는 CarPredicate 익명 클래스를 사용하여 객체를 만들어 필터링 예제를 다시 작성하는 방법을 보여 준다.

```java
List<Car> whiteCars = filterCars(inventory, new CarPredicate() {
    public boolean test(Car car){
        return "WHITE".equals(car.getColor());
    }
});
```

익명 클래스도 나름대로의 문제점이 있다. 많은 공간을 차지하면서 사용하기에 혼란스럽다. 약간 익명 클래스의 형식은 장황하다. 장황한 코드는 작성하고 유지하는 데 오랜 시간이 걸리고 읽는 것이 즐겁지 않기 때문에 권장하지 않는다. 좋은 코드는 한눈에 이해하기 쉬워야 한다.

다섯 번째 버전: 람다식 사용

Java 8에서 지원되는 람다식을 사용하여 다시 작성할 수 있다.

```java
List<Car> whiteCars = filterCars(inventory, (Car car) -> "WHITE".equals(
                                                        car.getColor()));
```

이 코드가 이전 시도보다 훨씬 깔끔해 보인다. 코드가 문제 설명에 훨씬 더 가깝게 보이기 시작했기 때문에 좋다. 아래 그림은 지금까지의 여정을 요약한 것이다.

람다식은 아주 간편하다. 하지만 잊으면 안되는 사실이 있다. 람다식을 사용하려면 람다식을 받아줄 수 있는 인터페이스가 있어야 한다. 이 인터페이스를 "함수형 인터페이스"라고 한다. 우리의 코드에서도 CarPredicate라는 이름의 인터페이스가 반드시 필요하다. 이것은 다음에 더 자세히 살펴보자.

1. 동작 매개 변수화는 무엇인가?
2. 코드를 함수로 보내는 것의 장점은 무엇인가?
3. 코드를 함수로 보내는 방법에는 어떤 것들이 있는가?

중간점검

| **함수형 인터페이스**

함수형 인터페이스(functional interface)는 하나의 추상 메소드만을 가진 인터페이스이다. 우리가 이제까지 사용했던 ActionListener, Comparator가 모두 함수형 인터페이스의 대표 주자이다.

```java
public interface Comparator<T> {
    int compare(T o1, T o2);
}
```

> 하나의 추상 메소드만을 가진 인 터페이스를 함수형 인터페이스라 고 합니다.

람다식과 함수형 인터페이스는 불가분의 관계에 있다. 컴파일러는 람다식을 어떻게 검사할 수 있을까? 람다식을 올바르게 컴파일하려면 반드시 함수형 인터페이스가 정의되어 한다. 람다식은 대응되는 함수형 인터페이스가 있어야만 의미가 있다. 함수형 인터페이스는 람다식으로 구현할 수 있다. 위의 Comparator 인터페이스를 람다식으로 구현해보면 다음과 같다(인터페이스는 구현한다고 말하는 것을 잊지 말자).

```java
Comparator<Car> byprice =
    (Car a1, Car a2) -> a1.getPrice()-a2.getPrice()   // 자동차의 가격은 정수라고 가정한다.
```

위의 코드에서 변수 byprice는 Comparator 함수형 인터페이스를 구현한 객체이다. 자바에는 Comparator 인터페이스가 이미 정의되어 있기 때문에, 우리는 람다식을 사용하여 이 인터페이스를 구현할 수 있는 것이다. 람다식의 모양도 매개 변수가 2개이고 하나의 정수값을 반환하는 형태로 작성하여야 한다. 다른 형태는 허용되지 않는다. 결론적으로 람다식을 사용하려면 누군가가 먼저 람다식을 위한 함수형 인터페이스를 정의하여야 한다.

다음과 같은 간단한 예제 프로그램을 살펴보자. 이번에는 간단한 인터페이스를 작성해보자. 인터페이스를 함수형 인터페이스로 지정하려면 @FunctionalInterface 어노테이션을 붙이는 것이 좋다. 이 어노테이션은 인터페이스 안에 하나의 추상 메소드만 있는지 확인하고 다른 추상 메소드를 추가하려고 하면 오류를 발생시킨다.

```java
@FunctionalInterface
interface MyMath       ← 함수형 인터페이스
{
   int calculate(int x);
}

public class Test
{
   public static void main(String args[])     {
      int value = 9;
      MyMath s = (int x)->x*x;    ← 람다식은 MyMath 인터페이스의
      int y = s.calculate(value);      인스턴스가 될 수 있다.
      System.out.println(y);
   }
}
```

위에서 MyMath는 함수형 인터페이스이며, 이 안에는 calculate()라는 함수가 정의되어 있다. calculate()는 정수를 받아서 정수를 반환하는 함수이다. 이 함수형 인터페이스를 이용해서 람다식을 만들 때는 반드시 정수를 받아서 정수를 반환하는 식으로 람다식을 만들어야 한다. 다른 형태의 람다식을 만들면 컴파일 오류가 발생한다.

```java
MyMath s1 = (double x)->x*x;        // 타입 오류!!
MyMath s2 = (int  x, int  y)->x*x;          // 인수의 개수 오류!!
```

람다식도 아무렇게나 만들면 안 된다. 반드시 람다식에 대응되는 함수형 인터페이스에 맞추어서 제작하여야 한다. 만약 타입에 관계없이 인수를 받거나 값을 반환하려면 제네릭을 사용하여야 한다. 이때는 사용할 때도 제네릭 표기를 해야 한다.

```java
@FunctionalInterface
interface MyMath<T>           // 제네릭 사용
{
   T calculate(T x);
}
   ...
MyMath<Integer> s = (Integer x)->x*x;       // 제네릭 사용
```

우리는 앞에서 코드 블록을 전달하려면 지루하고 장황한 익명 메소드보다 람다식을 사용하는 것이 좋다는 것을 학습했다. 람다식은 간결하게 코드를 전달할 수 있다. 람다식은 기술적으로 보자면 이전에는 할 수 없었던 작업을 하게 하는 것은 아니지만, 동작 매개 변수화의 이점을 얻기 위해 더 이상 익명 클래스를 사용하여 장황한 코드를 작성할 필요가 없게 한다. 람다식은 이전에 설명한 동작 매개 변수화 스타일을 채택하도록 권장하고, 코드가 더 명확하고 유연해진다. 예를 들어 앞의 Comparator 인터페이스를 구현할 때, 익명 클래스를 사용하면 다음과 같다.

```
Comparator<Car> byprice = new Comparator<Car>() {
   public int compare(Car a1, Car a2){
      return a1.getPrice()-a2.getPrice();
   }
};
```

람다식을 사용하면, 보다 간결한 방식으로 객체를 만들 수 있다.

```
Comparator<Car> byprice =
   (Car a1, Car a2) -> a1.getPrice()-a2.getPrice() ; // 자동차의 가격은 정수라고 가정한다.
```

참고 | 최근 자바 버전에서는 인터페이스도 디폴트 메소드를 가질 수 있다. 디폴트 메소드를 가지고 있더라도 하나의 추상 메소드만 가지고 있다면, 여전히 함수형 인터페이스이다.

미리 만들어져 있는 함수형 인터페이스

하지만 람다식을 사용할 때마다 함수형 인터페이스를 작성해야 한다면, 이것도 상당한 스트레스이다. 이런 이유로 자바에서는 많이 사용되는 함수형 인터페이스는 java.util.function 패키지로 제공한다. 몇 개의 예는 다음과 같다.

함수형 인터페이스	반환형	추상 메소드 이름
Supplier〈T〉	T	get()
Consumer〈T〉	void	accept()
BiConsumer〈T, U〉	void	accept()
Predicate〈T〉	boolean	test()
BiPredicate〈T, U〉	boolean	test()
Function〈T, R〉	R	apply()
BiFunction〈T, U, R〉	R	apply()
UnaryOperator〈T〉	T	apply()
BinaryOperator〈T〉	T	apply()

- Supplier - 유형 T의 객체를 반환하는 함수형 인터페이스
- Consumer - 유형 T의 객체에 어떤 동작을 수행하는 함수형 인터페이스다.
- BiConsumer - 2개의 매개 변수를 가지는 Consumer 인터페이스
- Predicate - 유형 T의 입력에 기반하여 부울 값을 반환하는 함수형 인터페이스
- Function - 유형 T을 받아서 유형 R을 반환하는 함수형 인터페이스
- BiFunction - 2개의 매개 변수를 가지는 Function 인터페이스

Function 인터페이스

Function<T, R> 인터페이스는 특정 객체를 받아서 특정 객체를 반환하는 추상 인터페이스이다. 추상 메소드 apply()는 T 타입의 객체를 입력으로 하고 R 타입의 객체를 반환한다. 다음과 같이 정의되어 있다.

```
@FunctionalInterface
public interface Function<T, R> {
   R apply(T t);
}
```

주로 T → R 형태의 함수를 람다식으로 정의하거나 메소드 참조로 정의할 때 사용한다.

```
import java.util.function.Function;

public class FunctionTest {
  public static void main(String[] args) {

    Function<Integer, Integer> f1 = i -> i*4;      // 람다식을 함수형 인터페이스 Function 변수에 저장한다.
    System.out.println(f1.apply(3));

    Function<String, Integer> f2 = s -> s.length();  // 람다식을 함수형 인터페이스 Function 변수에 저장한다.
    System.out.println(f2.apply("Hello"));
  }
}
```

다음과 같이 대응된다.

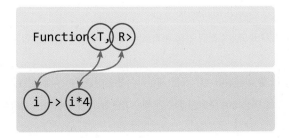

Predicate 인터페이스

Predicate 인터페이스는 단일 값을 매개 변수로 사용하고 true 또는 false를 반환하는 간단한 함수를 나타낸다. 다음과 같이 사용할 수 있다.

```
Predicate predicate = (v) -> v != null;
```

Supplier 인터페이스

Supplier 인터페이스는 일종의 값을 제공하는 함수를 나타내는 함수형 인터페이스이다. Supplier 인터페이스는 팩토리 인터페이스로 생각될 수 있다. 다음은 Supplier 인터페이스의 구현 예이다.

```
Supplier<Integer> supplier = () -> new Integer((int) (Math.random() * 100));
```

이 Supplier 구현은 0에서 100 사이의 임의 값을 가진 Integer 인스턴스를 반환한다.

Consumer 인터페이스

Consumer 인터페이스는 값을 반환하지 않고 값을 소비하는 함수를 나타내는 함수형 인터페이스이다. Consumer 구현은 값을 인쇄하거나 파일에 기록하거나 네트워크 등을 통해 값을 전달하는 객체가 될 수 있다. 다음은 Consumer 인터페이스의 구현 예이다.

```
Consumer<Integer> consumer = (value) -> System.out.println(value);
```

이 Consumer 구현은 매개 변수로 전달된 값을 System.out에 출력한다.

BiFunction 인터페이스

BiFunction은 두 개의 인수를 취하고 하나의 객체를 반환하는 함수형 인터페이스이다.

```
BiFunction<Integer, Integer, Integer> func = (x1, x2) -> x1 + x2;
Integer result = func.apply(1, 2);

BiFunction<Integer, Integer, Double> func1 = (x1, x2) -> Math.pow(x1, x2);
Double result2 = func1.apply(10, 2);
```

중간점검

1. 정수형 인수 2개를 받아서 부동소수점형 값을 반환하는 함수 calc()를 가지고 있는 함수형 인터페이스 Test를 정의해보자.

2. BiFunction 인터페이스를 이용하여 x1*x2를 계산하여 반환하는 람다식을 만들어보자.

3. Predicate 인터페이스을 이용하여 주어진 정수가 짝수이면 true를 반환하는 람다식을 만들어보자.

Java 8에서 가장 반가운 변경 사항 중 하나는 람다식의 도입이었다. 이로 인해 익명 클래스를 사용하지 않고 코드의 크기를 크게 줄이면서 가독성을 높일 수 있다. 메소드 참조(method reference)는 특수한 유형의 람다식이다. 기존 메소드를 참조하여 간단한 람다식을 만드는 데 자주 사용된다.

우리는 앞에서 익명 클래스를 사용하는 대신 람다식을 사용할 수 있다는 것을 배워서 알고 있다. 그러나 실제로 람다식은 메소드에 대한 호출일 뿐이다. 아래의 람다식이 하는 일은 단지 println() 호출이다.

```
list.forEach(s -> System.out.println(s));
```

따라서 개발자들은 "호출되는 메소드만을 보낼 수 없을까?"을 생각하게 된다. 여기서 등장한 것이 메소드 참조이다. 메소드 참조는 메소드 자체를 참조하는 것이다. 메소드 호출과 혼동하면 안된다. System.out.println(s)와 같이 쓰면 이것은 메소드 호출이어서 메소드가 바로 실행되어 버린다. 메소드 참조에서는 메소드가 실행되면 안 된다. 따라서 메소드 호출과는 다른 새로운 표기법이 필요하다. 자바 전문가들은 :: 기호를 사용하기로 결정하였다. System.out 안에 있는 메소드 println()은 다음과 같이 참조할 수 있다.

```
System.out::println;
```

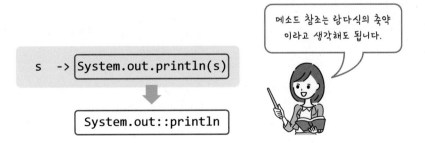

메소드 참조는 람다식의 축약이라고 생각해도 됩니다.

메소드 참조는 여러 가지 형식이 있지만, 다음과 같이 클래스 이름이나 객체 뒤에 ::을 찍고 메소드 이름을 나열한다.

익명 클래스에서 메소드 참조까지의 발전사

```
new Consumer<String>() {
   @Override
   public void accept(String s){
      System.out.println(s);
   }
}
```
익명 클래스 사용

```
s->System.out.println(s)
```
람다식 사용

```
System.out::println
```
메소드 참조 사용

람다식과 메소드 참조

메소드 참조도 코드 블록을 전달하는 동작 매개 변수화의 한 방법이다. 코드 블록이 하는 일이 단지 메소드 호출뿐이라면 간단하게 해당 메소드만 보내자는 것이다. 람다식과 대응되는 메소드 참조를 만들어보면 다음과 같다.

표 14.1 람다식과 대응되는 메소드 참조의 예

람다식	메소드 참조
(Car car) -> Car.getPrice()	Car::getPrice
() -> Thread.currentThread().dumpStack()	Thread.currentThread()::dumpStack
(s) -> System.out.println(s)	System.out::println
(s) -> this.isValidName(s)	this::isValidName

메소드 참조의 종류

다음과 같은 4가지 종류의 메소드 참조가 있다. 하나씩 살펴보자.

종류	문법	예제
정적 메소드 참조	ContainingClass::staticMethodName	Integer::parseInt
특정 객체의 인스턴스 메소드 참조	ContainingObject::instanceMethodName	System.out::println
특정 유형의 인스턴스 메소드 참조	ContainingType::methodName	String::toUpperCase
생성자 참조	ClassName::new	String::new

정적 메소드 참조

가장 간단한 메소드 참조이다. 람다식이 왼쪽과 같은 형태일 때, 오른쪽처럼 변환할 수 있다.

```
(args) -> ClassName.staticMethod(args)          ClassName::staticMethod
```

예를 들어서 문자열이 저장된 리스트 list를 대문자로 변환하여서 출력하는 간단한 예제를 보자. 문자열 리스트를 대문자로 변환하는 작업은 StringUtils 클래스의 정적 메소드 capitalize()를 직접 호출하는 간단한 람다식을 활용하여 이를 달성할 수 있다(왼쪽 그림). 만약 위의 람다식을 메소드 참조를 사용한다면 오른쪽과 같이 코딩할 수 있다.

```
list.forEach(s -> StringUtils.capitalize(s));          list.forEach(StringUtils::capitalize);
```

만약 메소드 참조를 변수에 저장해야 한다면 이전에 설명하였던 함수형 인터페이스를 사용해야 한다. 메소드 참조는 결국 람다식이고 람다식은 함수형 인터페이스가 정의되어야 컴파일러가 컴파일을 할 수 있다.

```java
import java.util.function.BiFunction;

class Calculator {
    public static int add(int a, int b) {
        return a + b;
    }
}

public class Test {
    public static void main(String[] args) {
        BiFunction<Integer, Integer, Integer> obj = Calculator::add;
        int result = obj.apply(10, 20);
```

```
        System.out.println("주어진 수의 덧셈: " + result);
    }
}
```

특정 객체의 인스턴스 메소드 참조

메소드는 람다식 외부의 클래스 멤버일 수도 있고, 람다식에서 제공되는 매개 변수의 멤버일 수도 있다. 이전 예제에서는 람다식 외부의 클래스 멤버인 메소드를 호출하였다. 이번에는 이미 생성되어 있는 객체의 인스턴스 메소드를 참조해보자. 다음은 람다식을 메소드 참조로 변형한 것이다. obj는 이미 생성된 객체이다.

```
(obj) -> obj.instanceMethod(args)              obj::instanceMethod
```

예를 들어서 다음 코드를 보자. 문자열 객체 s는 문자열을 저장한다. 문자열 s의 길이는 람다식 (s) -> s.length()으로도 계산할 수 있지만 s::length와 같이 메소드 참조로도 표시할 수 있다.

```
public class Test {
    static void print(Supplier<Integer> f) {
        System.out.println(f.get());
    }
    public static void main(String[] args) {
        String s = "Hello World!";
        print(s::length);
    }
}
```
> 람다식으로 표현하면
> ()->s.length()

람다식 매개변수의 인스턴스 메소드 참조

람다식에서 제공되는 매개 변수 obj의 메소드를 호출해서 매개 변수 args를 인수로 사용하는 경우도 있다. 이것을 메소드 참조로 표현하면 오른쪽과 같다. 이 경우에는 인수로 객체를 받아서 그 객체의 인스턴스 메소드를 호출하는 형태이다. 람다식이 다음과 같은 형태일 때 사용한다.

```
(obj, args) -> obj.instanceMethod(args)        ObjectType::instanceMethod
```

String 클래스의 예를 들어보자. 다음과 같이 문자열을 저장한 배열이 생성되어 있다고 하자.

```
public static void main(String[] args) {
    String[] sArray = { "Kim", "Park", "Lee", "Choi", "Mary" };
```

```
    Arrays.sort(sArray,
        String::compareToIgnoreCase);
}
```

(String a, String b)-> a.compareToIgnoreCase(b)

위의 메소드 참조식인 String::compareToIgnoreCase를 람다식으로 변환해보면 (String a, String b)->a.compareToIgnoreCase(b)가 될 것이다.

생성자 참조

생성자도 메소드 참조 방법으로 참조할 수 있다. 하지만 이때는 적절한 생성자를 호출하는 함수형 인터페이스를 개발자가 만들어주어야 한다.

```java
@FunctionalInterface
interface MyInterface {
    public Student get(String str);
}
class Student {
    private String name;
    public Student(String name) {
        this.name = name;
    }
}
public class Test {
    public static void main(String[] args) {
        MyInterface obj = Student :: new;
        obj.get("Park");
    }
}
```

메소드 참조 예제　예제 14-1

예를 들어 특정한 디렉터리 안에서 디렉터리와 파일을 구분하려고 한다고 하자. 우리는 파일이 주어지면 이것이 디렉터리인지 단순한 파일인지를 확인하는 메소드를 작성해야 한다. 다행히도 File 클래스에는 isDirectory() 메소드가 있다. 이 메소드는 File 객체를 받아서 부울 값을 반환한다. 그러나 필터링에 사용하려면 다음과 같이 File-Filter 객체로 감싼 후에, 객체 형태로 메소드에 전달해야 한다.

```java
File[] direc = new File(".").listFiles(new FileFilter() {
    public boolean accept(File file) {
        return file.isDirectory();
    }
});
```

위와 같은 코드는 동작은 되지만 상당히 이해하기 어렵다. 왜냐하면 우리는 이미 사용할 수 있는 메소드 isDirec-tory()를 가지고 있다. 도대체 왜 FileFilter 클래스로 감싸서 객체로 만들어야 하는가? 왜냐하면 Java 8 이전에는 메소드가 1급 시민이 아니었기 때문이다. JDK8 이후 버전에서는 다음과 같이 동일한 코드를 다시 작성할 수 있다.

```
File [] direc = new File ( "."). listFiles (File :: isDirectory);
```

우리는 이미 사용할 수 있는 함수 isDirectory()가 있으므로 이것을 메소드 참조 구문을 이용하여 ListFiles()에 전달하였다. :: 연산자는 이 메소드를 값으로 사용하라는 의미이다. 이 방법의 장점은 코드가 문제 설명에 더 가깝게 읽는다는 것이다. 자바의 최신 버전에서는 메소드는 더 이상 2급 시민이 아니다. 객체를 전달하는 객체 참조와 유사하게 File::isDirectory는 메소드 참조를 생성한다. 일반적으로 메소드에 코드가 포함되어 있으므로 메소드 참조를 사용하면 코드를 전달할 수 있다.

TIP

람다식 vs 메소드 참조

만약 메소드 참조가 기억하기 어렵고 이해가 가지 않는다면 그냥 람다식을 사용하는 것도 방법이다. 익명 클래스를 람다식으로 변경하면 10줄 → 1줄로 소스의 크기를 줄일 수 있다. 하지만 람다식을 메소드 참조로 변경한다고 해도 소스의 크기는 거의 줄어들지 않는다. 다만 뒤에서 설명할 스트림 API를 사용할 때는 람다식보다는 메소드 참조가 더 편리하다.

중간점검

1. (String s)->Integer.parseInt(s)를 메소드 참조 형식으로 바꿔보자.
2. (String s)->s.toLowerCase()를 메소드 참조 형식으로 바꿔보자.
3. ()->s.getName()을 메소드 참조 형식으로 바꿔보자.

자바에서 스트림(stream)은 입출력에서도 등장하는데 여기서의 스트림은 ArrayList와 같은 컬렉션에서 시작되는 스트림을 의미한다. 입출력에서와 같이 스트림은 한 번에 하나씩 생성되고 처리되는 일련의 데이터이다. 스트림 API를 이용하면 메소드를 이용하여 입력 스트림에서 항목을 하나씩 읽고 처리한 후에, 항목을 출력 스트림으로 쓸 수 있다. 한 메소드의 출력 스트림은 다른 메소드의 입력 스트림이 될 수 있다.

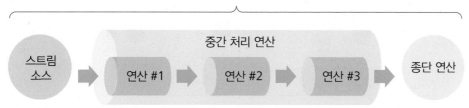

UNIX 운영체제에서는 예전부터 스트림이 많이 사용되었다. UNIX 운영체제에서는 대부분의 명령어들이 표준 입력에서 데이터를 읽어서 처리한 후에, 표준 출력으로 결과를 내보낸다. 이러한 명령어를 파이프로 연결하게 되면 상당히 복잡한 작업을 수행할 수 있었다. Java 8은 이 아이디어를 기반으로 스트림 API를 추가하였다.

예제 14-2

간단한 예제를 보면서 스트림의 개념을 설명해보자.

```
01  public class Test {
02      public static void main(String[] args) {
03          List<String> list = Arrays.asList("Kim", "Park", "Lee", "Choi",
04                                                      "Chee");   // (1)
05
06          List<String> sublist = list.stream()           // (2) 스트림 생성
07            .filter(s -> s.startsWith("C"))      // (3) 스트림 처리
08            .sorted()                            // (4) 스트림 처리
09            .collect(Collectors.toList());       // (5) 결과 생성
10
```

```
11          System.out.println(sublist);    // (6) 결과 출력
12      }
13 }
```

```
[Chee, Choi]
```

❶ 문자열들을 ArrayList에 저장한다.

❷ ArrayList의 stream() 메소드를 호출하여서 스트림을 생성한다. 이후에 ArrayList에 저장된 데이터들이 하나씩 스트림으로 공급된다.

❸ 첫 번째 처리 스트림인 filter() 메소드는 "C"로 시작하는 문자열만을 통과시킨다. 람다식이 사용되었다.

❹ sorted() 메소드는 문자열을 정렬한다.

❺ collect() 메소드는 결과를 모아서 리스트로 만든다.

❻ 결과가 저장된 리스트를 출력한다. "C"로 시작되는 문자열들이 추출되고 정렬되어 리스트에 저장되어 있음을 알 수 있다.

위의 코드를 그림으로 그려보면 다음과 같다.

스트림의 장점

거의 모든 자바 애플리케이션은 컬렉션을 만들고 처리한다. 이것은 많은 프로그래밍 작업의 기본이다. 예를 들어, 은행에서는 고객과의 거래를 저장하기 위하여 거래들이 저장된 컬렉션을 생성할 수 있다. 그런 다음, 거래 금액을 확인하기 위해 전체 컬렉션을 처리할 수 있다. 이러한 연산이 많은 애플리케이션에서 많이 나타나고 중요하지만, 그동안 컬렉션 처리는 자바에서 완벽하지 않았다.

첫째, 컬렉션에 대한 일반적인 처리 패턴은 "찾기"(예: 가장 높은 평점의 학생 찾기) 또는 "그룹화"와 같은 SQL과 유사한 작업이다. 대부분의 데이터베이스에서는 이러한 작업을 선언적으로 지정할 수 있다. 예를 들어, 학생들의 데이터베이스에서 SQL 쿼리 "SELECT id, MAX(gpa) from list"를 사용하면 최고 평점을 받은 학생의 ID를 찾을 수 있다. SQL 문장에서 알 수 있지만, 개발자가 최고 평점을 탐색하는 방법을 구현할 필요가 없다. 즉 개발자가 루프와 변수를 사용하여 가장 높은 값을 추적할 필요가 없다는 의미이다. 개발자는 단지 원하는 작업을 표현하면 된다. 이러한 쿼리를 명시적으로 구현하는 방법은 SQL이 제공한다. 컬렉션에서도 반복문을 사용하지 않고 SQL처럼 선언만 하여서 비슷한 작업을 할 수 있으면 얼마나 좋을까? 스트림 API를 사용하면 다음과 같이 간단하게 표현하는 것이 가능하다.

```
List<Integer> result =
   list.stream()
       .filter(s ->s.getAge() < 25)
       .sorted(comparing(Student::getGPA).reversed())
       .map(Student::getId)
       .collect(Collectors.toList());
```

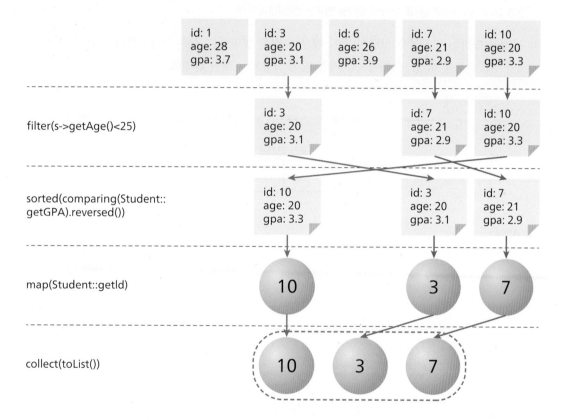

둘째, 큰 컬렉션을 효율적으로 처리하려면 멀티 코어 아키텍처를 활용하는 것이 좋다. 그러나 병렬 코드를 작성하는 것은 아직도 어렵고 오류가 발생하기 쉽다. 스트림 API를 사용하면 다중 스레드 코드를 한 줄도 작성하지 않고도 다중 코어 아키텍처를 활용할 수 있다. stream() 대신에 parallelStream()을 사용하면 스트림 API가 자동으로 쿼리를 여러 개의 코어를 활용하는 코드로 분해한다.

```
List<Integer> result =
   list.parallelStream()
       .filter(s ->s.getAge() < 25)
       .sorted(comparing(Student::getGPA).reversed())
       .map(Student::getId)
       .collect(toList());
```

스트림 연산

스트림 API는 데이터를 처리하기 위한 각종 연산들을 제공한다. 스트림 API가 제공하는 연산들은 3가지로 분류할 수 있다.

- 생성 단계: 스트림 객체를 생성하는 단계이다. 배열이나 컬렉션을 가지고 스트림을 생성할 수 있다.
- 처리 단계: 입력 데이터를 출력 데이터로 가공하는 연산이다.
- 종말 단계: 처리된 데이터를 모아서 결과를 만드는 연산이다.

각 단계에 속하는 연산들은 상당히 많기 때문에 전부 설명하는 것은 불가능하다. 자바의 API 페이지를 참조하도록 하자. 이 책에서는 가장 많이 사용되는 것만 설명한다.

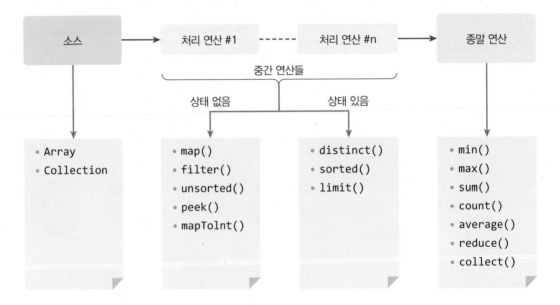

생성 단계

스트림은 배열이나 컬렉션에서 만들 수 있다. 간단한 예는 다음과 같다.

```
// 배열에서 만들기
String[] arr = { "Kim", "Lee", "Park" };
Stream<String> s2 = Arrays.stream(arr);

// 컬렉션에서 만들기
List<String> list = Arrays.asList("Kim", "Lee", "Park");
Stream<String> s1 = list.stream();
```

필터링(filter())

필터링은 조건에 맞는 데이터만을 통과시키는 연산이다. filter() 메소드를 사용하며, 이 메소드는 람다식을 인수로 받는다. 예를 들어서 문자열 중에서 "P"가 포함된 문자열만 통과시키려면 다음과 같은 코드를 사용한다.

```java
List<String> list = Arrays.asList("Kim", "Lee", "Park");
Stream<String> s1 = list.stream()
                        .filter(s->s.contains("P"));
```

여기서 메소드 체이닝에 주의하도록 하자. stream()이 반환한 값의 메소드 filter()를 연이어서 호출하게 된다.

매핑 연산(map())

매핑 연산은 map() 메소드를 사용하며 기존의 데이터를 변형하여서 새로운 데이터로 생성하는 연산이다. 이 메소드도 람다식을 인수로 받는다. 예를 들어서 문자열들을 모두 소문자로 변환하려면 다음과 같은 코드를 사용한다.

```java
List<String> list = Arrays.asList("Kim", "Lee", "Park");
Stream<String> s1 = list.stream()
                        .map(s->s.toUpperCase());
```

스트림의 처리 단계에서 람다식 대신에 메소드 참조도 얼마든지 사용할 수 있다. 위의 코드를 메소드 참조를 사용하는 버전으로 변경하면 다음과 같다.

```java
Stream<String> s1 = list.stream()
                        .map(String::toUpperCase());
```

정렬 연산(sorted())

입력되는 데이터들을 어떤 기준에 따라 정렬하는 연산이다. 정렬 기준은 Comparator 객체가 된다. 기준이 주어지지 않으면 기본 정렬된다. 예를 들어 문자열들을 내림차순으로 정렬하려면 다음과 같은 코드를 사용한다.

```java
Stream<String> s1 = list.stream()
                        .sorted(Comparator.reverseOrder());
```

축소 연산(reduce())

reduce()는 스트림의 요소에 대하여 어떤 함수를 가지고 축소 연산을 수행한다. 즉 요소들을 어떤 함수를 이용하여 결합하여서 하나의 값으로 만들 수 있다. 예를 들어 정수 리스트의 각 요소는 결과를 생성하기 위해 더하기 연산자를 사용하여 반복적으로 결합할 수 있다. 우리는 본질적으로 정수 리스트를 하나의 숫자로 "축소"했다. 이 코드에는 두 개의 매개 변수가 있다. 변수의 초기 값과 리스트의 모든 요소를 결합하는 연산이다.

```
List<Integer> numbers = Arrays.asList(1, 2, 3, 4, 5, 6, 7, 8);
int sum = numbers.stream().reduce(0, (a, b) -> a + b);
```

종말 단계

종말 단계에서는 입력 데이터들을 모아서 결과를 생성한다. 여러 가지의 결과를 생성할 수 있도록 다양한 메소드들이 제공된다. 구체적으로 최대값, 최소값, 합계, 평균값, 개수를 계산할 수 있는 메소드들이 제공된다. 이 중에서 몇 가지만 사용해보자.

```
int sum = IntStream.of(20, 10, 30, 90, 60)      // 정수를 스트림으로 생성해주는 문장이다.
                 .sum();                         // 합계를 계산하여 반환한다.
int count = IntStream.of(20, 10, 30, 90, 60)    // 정수를 스트림으로 생성해주는 문장이다.
                 .count();                       // 합계를 계산하여 반환한다.
```

그리고 종말 단계에서 아주 많이 사용하는 메소드가 collect()이다. collect()는 스트림 처리의 결과를 컬렉션으로 만들어주는 메소드이다. 어떤 컬렉션으로 만들것인지는 Collectors 인수로 결정한다. 가장 많은 타입은 List 타입으로 결과를 저장하는 것이다.

```
IntStream.of(20, 10, 30, 90, 60)                 // 정수를 스트림으로 생성해주는 문장이다.
        .sorted()
        .collect(Collectors.toList());
```

forEach() 연산

forEach() 메소드를 사용하면 스트림의 각 항목에 대하여 어떤 특정한 연산을 수행할 수 있다. 예를 들어서 스트림을 지나가는 모든 데이터를 화면에 출력하고 싶으면 다음과 같이 할 수 있다.

```
List<String> list = Arrays.asList("Kim", "Lee", "Park");
Stream<String> s1 = list.stream()
                        .forEach(System.out::println);
```

여기서는 메소드 참조를 사용하였다. 물론 람다식도 사용할 수 있다. 지금부터는 몇 개의 예제를
작성해보자.

예제 14-3

1부터 8까지를 저장하는 컬렉션을 만들고 이 중에서 짝수만을 골라내어 제곱하는 코드를 스트림 API로 만들어보
자. 람다식을 사용해보자.

입력데이터 =[1, 2, 3, 4, 5, 6, 7, 8]
실행결과 =[4, 16, 36, 64]

실행 결과

```
01  public class StreamExample1 {
02      public static void main(String[] args) {
03      List<Integer> numbers = Arrays.asList(1, 2, 3, 4, 5, 6, 7, 8);
04      System.out.println("입력데이터 ="+numbers);
05      List<Integer> result =
06          numbers.stream()
07                  .filter(n -> {
08                      return n % 2 == 0;
09                  })
10                  .map(n -> {
11                      return n * n;
12                  })
13                  .collect(Collectors.toList());
14      System.out.println("실행결과 ="+result);
15      }
16  }
```

예제 14-4

스트림은 각 요소에서 정보를 추출하는 데 사용할 수 있다. 단어들의 리스트를 받아서 각 단어의 길이 리스트를 반
환하는 코드를 작성해보자.

입력데이터 =[Java, Stream, Library]
실행결과 =[4, 6, 7]

실행 결과

```
01  public class StreamExample2 {
02      public static void main(String[] args) {
03      List<String> words = Arrays.asList("Java", "Stream", "Library");
04      System.out.println("입력데이터 ="+words);
05      List<Integer> result =    words.stream()
```

```
06          .map(String::length)
07          .collect(Collectors.toList());
08     System.out.println("실행결과 ="+result);
09    }
10 }
```

예제 14-5

가전 제품들을 ArrayList에 저장하고, 가격이 300만 원 이상인 가전 제품의 이름을 출력하는 프로그램을 작성해 보자. 스트림 API를 사용한다.

```
01 class Product{
02     int id;
03     String name;
04     int price;
05     public Product(int id, String name, int price) {
06       super();
07       this.id = id;
08       this.name = name;
09       this.price = price;
10     }
11 }
12 public class StreamTest  {
13     public static void main(String[] args) {
14         List<Product> list = new ArrayList<Product>();
15         list.add(new Product(1,"NoteBook", 100));
16         list.add(new Product(2,"TV", 320));
17         list.add(new Product(3,"Washing Machine", 250));
18         list.add(new Product(4,"Air Conditioner", 500));
19
20         List<String> result =list.stream()
21                                 .filter(p -> p.price > 300)
22                                 .map(p->p.name)
23                                 .collect(Collectors.toList());
24         System.out.println(result);
25     }
26 }
```

실행 결과 [TV, Air Conditioner]

최근 함수형 프로그래밍이 인기를 얻으면서 모든 코드를 함수형으로 작성해야 하는지 고민하는 개발자들도 있을 것이다. 그러나 그렇지 않다. 함수형 프로그래밍을 객체 지향 프로그래밍의 반대 개념으로 정의하는 것은 잘못된 것이다. 각 프로그래밍 방법은 상호 배타적이지 않으며 대부분은 개발자들은 이 3가지 방법을 모두 사용한다.

1. 스트림에서 나타나는 3가지의 단계는 무엇인가?
2. 스트림의 결과를 리스트로 저장하는 함수는 무엇인가?
3. 문자열들의 리스트를 받아서 "A"로 시작하는 문자열을 필터링한 후에 알파벳 순으로 정렬하고 리스트로 저장하는 코드를 작성하라.

Mini Project

상품 검색하기

하나의 상품을 나타내는 Product 클래스를 정의한다.

```java
public class Product {
    private int id;
    private String name;
    private float price;
    ...
}
```

여러 가지 상품을 생성하고 ArrayList에 저장한 후에 사용자로부터 조건을 받아서 검색하는 프로그램을 작성해보자. 람다식이나 스트림 API, 메소드 참조 등을 적극적으로 사용해보자.

```
상품을 검색하세요.
상품의 이름(*은 모든 상품을 의미): NoteBook
상품의 가격 상한: 5000000

검색된 상품은 HP NoteBook Model 100 입니다.
```

Introduction to **JAVA Programming**

Summary

- 프로그래밍 패러다임을 크게 나누면 명령형 프로그래밍(imperative programming)과 선언적 프로그래밍(declarative programming)으로 나눌 수 있다.

- 선언적 프로그래밍은 해야 할 일(what)에 집중한다. 함수형 프로그래밍에서는 함수들이 계속 적용되면서 작업이 진행된다. 함수형 프로그램은 명령문이 아닌 수식이나 함수 호출로 이루어진다.

- 순수 함수란 부작용이 없는 함수이다. 부작용이란 함수의 실행으로 인하여 프로그램의 상태가 영구히 변경되는 것이다.

- "동작 매개 변수화(behavior parameterization)"라고 불리는 기법은 고객의 빈번한 요구 사항 변경을 처리할 수 있는 소프트웨어 개발 패턴이다. 이 방법에서는 사용자의 요구를 담은 코드 블록을 생성하고 이것을 프로그램의 다른 부분에 전달한다.

- 스트림 라이브러리를 사용하면 ArrayList와 같은 컬렉션에서 조건을 주어서 다양한 처리를 순차적으로 연결할 수 있다.

- 자바 모듈(module)은 여러 가지 자바 패기지들을 하나의 단위(모듈)에 포장할 수 있는 메커니즘이다.

Exercise

1. 다음 표는 람다식을 메소드 참조로 변환하는 표이다. 빈칸을 채워보자.

람다식	메소드 참조
x->System.out.println(x)	
(String s) -> s.toLowerCase();	
(s1, s2) -> s1.compareTo(s2)	
(v) -> obj.setValue(v)	

2. 다음 코드에서 익명 클래스를 람다식으로 바꿔보자.

```
Collections.sort(numbers, new Comparator<Integer>() {
    @Override
    public int compare(Integer n1, Integer n2) {
        return n1.compareTo(n2);
    }
});
```

3. 다음의 코드를 스트림 API와 메소드 참조, 또는 람다식을 이용하여 바꿔보자.

(a)

```
List<String> list1 = Arrays.asList("Apple", "Banana", "Pear", "Cherry");
List<String> list2 = new ArrayList<>();
for (String string: list1) {
    if (string.equals("Apple") || string.equals("Cherry")) {
        list2.add(string);
    }
}
```

(b)

```
List<String> list3 = new ArrayList<>();
for (String string: list2) {
    list3.add(string + " (Fruits)");
}
```

(c)

```
for (String string: list3) {
    System.out.println(string);
}
```

4. 다음의 코드를 스트림 API와 메소드 참조, 또는 람다식을 이용하여 바꿔보자.

```
List<Integer> numbers
    = Arrays.asList(10, 20, 30, 40, 50, 60, 70, 80, 90, 100);

int result = 0;
for (Integer n : numbers) {
    if (n % 2 == 0) {
        result += n * 2;
    }
}
System.out.println(result);
```

난이도: 상

주제
• 메소드 참조

1. 정수들의 리스트(List<Integer>)를 받아서 정수의 제곱값을 계산한 후에 제곱값들을 부동소수점수의 리스트(List<Double>)로 반환하는 코드를 작성한다. 제곱값은 Math.sqrt() 메소드로 계산할 수 있는데 이 함수를 메소드 참조 형식으로 사용하라.

```
[1, 2, 3, 4, 5, 6]
[1.0, 1.4142135623730951, 1.7320508075688772, 2.0, 2.23606797749979,
2.449489742783178]
```

난이도: 중

주제
• 스트림 API

2. String의 리스트를 받아서 소문자로 변환한 후에 새로운 리스트로 반환하는 코드를 작성하라.

```
[ Apple, Banana, Cherry ]
[ apple, banana, cherry ]
```

난이도: 상

주제
• 람다식과 함수형
  인터페이스

3. 다음과 같은 함수형 인터페이스를 구현하는 람다식을 작성하여 테스트해본다.

```java
public interface ArrayProcessing  {
    double apply( double[] array );
}
```

(1) 주어진 배열에서 최대값을 계산하는 람다식을 작성하고 테스트한다.

(2) 주어진 배열에서 최소값을 계산하는 람다식을 작성하고 테스트한다.

(3) 주어진 배열에서 평균값을 계산하는 람다식을 작성하고 테스트한다.

난이도: 상

주제
• 람다식과 함수형
  인터페이스

4. int getArea(int side)라는 함수를 가지는 함수형 인터페이스를 구현하는 람다식을 생성한다. 각 도형들의 면적을 계산하는 람다식을 작성하고 테스트한다.

```java
interface Shape {
    public int getArea(int side);
}
```

5. Color 객체의 리스트를 받아서 컬러 이름 순으로 정렬하고 결과를 리스트로 반환하는 코드를 작성하라. Color 클래스는 다음과 같이 정의된다. 생성자나 접근자, 설정자는 생략되었다.

```
public class Color {
    String name;            // "Red"
    String hexaCode;        // "FF0000"
}
```

6. 자바가 제공하는 Function<T, R> 인터페이스를 사용하여 문자열을 받아서 문자열의 길이를 반환하는 람다식을 정의하고 사용해보자.

```
Hello -> 5
```

7. 자바가 제공하는 BiFunction<T, U, R> 인터페이스를 사용하여서 정수 T에 인수 U를 더하는 람다식을 정의하고 사용해보자.

```
10 + 20 -> 30
```

8. 다음과 같이 문자열이 저장된 리스트가 있다고 하자.

```
List<String> list = Arrays.asList("Kim", "Park", "He", "I", "Lee", "Hello", "World");
```

리스트에 저장된 문자열 중에서 문자열의 길이가 3 이상인 경우에만 문자열을 대문자로 변환하는 코드를 작성하고 테스트하라.

```
[ "KIM", "PARK", "LEE", "HELLO", "WORLD" ]
```

9. 하나의 음식을 나타내는 Food라는 클래스를 작성한다. 뷔페 식당의 메뉴에는 여러 개의 Food 객체가 저장되어 있다고 하자. Food 객체 중에서 칼로리가 300 이하이고 채식에 속하는 음식의 이름만을 추출하여서 리스트로 만드는 코드를 작성하고 테스트하라.

```
public class Food {
    private String name;        // 음식의 이름
    private boolean isVege;     // 채식 음식 여부
    private int calories;       // 각 음식의 칼로리
    private Type type;          // 각 음식의 타입(고기, 생선, 기타)
    ...
}
```

```
[ "연어구이", "피자", "치킨샐러드" ]
```

난이도: 상

주제
· 스트림 API

10. 국가를 나타내는 Country 클래스와 도시를 나타내는 City 클래스가 다음과 같이 정의되어 있다고 하자. 가상적인 데이터를 생성하고 스트림 API를 사용하여 각 국가에서 가장 많은 인구를 가지는 도시를 찾아보자.

```java
public class Country {
    private String name;
    private int population;
    private double gdp;
    private List<City> cities;
        ...
}
```

```java
public class City {
    private String name;
    private int population;
    private String countryName;
        ...
}
```

파일 입출력

▶ 다음과 같은 작업들을 수행하는 방법을 알고 있나요? 이번 장에서 함께 알아봐요.

1. 텍스트 파일을 오픈하여서 내용을 화면에 출력할 수 있나요?
2. 이미지 파일을 복사하는 프로그램을 작성할 수 있나요?
3. 객체를 파일에 저장할 수 있나요?
4. 디렉토리에 있는 파일의 크기나 이름을 알아낼 수 있나요?
5. 파일을 암호화하는 프로그램을 작성할 수 있나요?

➕ 학습목차

15.1 입출력 스트림
15.2 문자 스트림
15.3 바이트 스트림
15.4 중간 처리 스트림
15.5 객체 저장하기
15.6 파일 객체

Power JAVA 3e

입출력 스트림이란?

스트림(stream) 단어의 원래 의미는 "물이 흐르는 개울"이다. 자바에서는 "바이트들의 연속적인 흐름"을 스트림이라고 한다. 바이트들이 물 위로 떠다니는 모습을 상상하면 된다. 우리는 스트림 객체에서 바이트를 읽을 수 있고 스트림 객체에 바이트를 쓸 수 있다. 스트림의 소스와 목적지는 일반적으로 파일이다. 하지만 네트워크나 입출력 장치, 아니면 객체와도 연결될 수 있다.

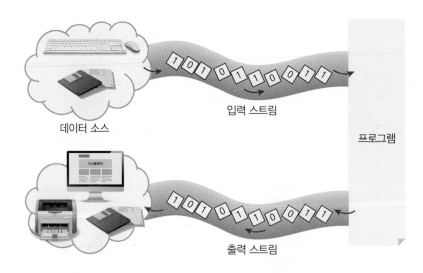

그림 15.1 스트림의 개념

자바에서 어떤 장치에 데이터를 쓰려면 장치와 연결된 스트림을 생성한 후에 스트림에 데이터를 쓰면 된다. 동일한 방법으로 어떤 장치에서 데이터를 읽으려면 장치와 연결된 스트림을 생성한 후에 스트림에서 데이터를 읽으면 된다. 만약 스트림이라는 공통적인 입출력 모델이 없었다면 프로그래머는 입출력 장치마다 데이터를 읽고 쓰는 메소드들을 따로따로 작성해야 할 것이다.

일반적으로 물이 한쪽 방향으로 흐르듯이 하나의 스트림은 하나의 방향만 가능하다. 따라서 입력과 출력을 동시에 하려면 입력 스트림과 출력 스트림이 각각 필요하다. 우리가 사용해왔던 System.in과 System.out도 각각 키보드와 모니터와 연결된 스트림으로 표준 입력 스트림과 표준 출력 스트림으로 불린다. 앞에 붙은 System은 우리가 사용하고 있는 컴퓨터 시스템을 나타낸다.

이번 장에서 학습하는 입출력 스트림은 컬렉션에 적용되는 스트림과는 약간 다르다. 물론 컬렉션에 적용되는 스트림 함수들을 입출력에서도 사용하는 방법은 존재한다. 이번 장의 후반부를 참고하자.

참고

입출력 스트림의 종류

자바에는 스트림을 지원하는 클래스들이 가득 들어 있는데, 이 클래스들을 몇 가지의 기준에 따라서 분류할 수 있다. 입력 스트림과 출력 스트림으로도 분류할 수 있고, 전송하는 데이터의 단위에 따라 바이트 스트림(8비트 단위)과 문자 스트림(16비트 단위)으로 분류할 수 있다.

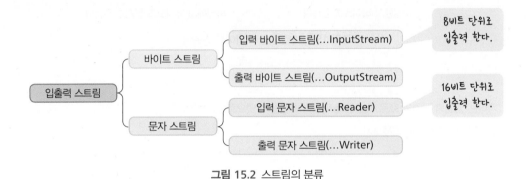

그림 15.2 스트림의 분류

바이트 스트림(byte stream)은 바이트 단위(8비트)로 입출력하는 기본적인 클래스들이며, 주로 이진 데이터를 읽고 쓰기 위하여 사용된다. 모든 바이트 스트림 클래스들은 추상 클래스인 InputStream와 OutputStream에서 상속된다. 바이트 스트림 클래스 이름에는 InputStream(입력)과 OutputStream(출력)이 붙는다.

문자 스트림(character stream)은 문자 단위로 입출력하는 클래스이다. 자바는 기본적으로 문자를 처리할 때 유니코드를 사용한다. 바이트 스트림은 유니코드로 저장된 정보를 처리할 때는 불편하다. 자바에는 유니코드를 처리하는 클래스들이 따로 준비되어 있다. 이들은 모두 기본 추상 클래스인 Reader와 Writer 클래스에서 파생된다. 문자 스트림 클래스 이름에는 Reader(입력)와 Writer(출력)가 붙는다.

어떤 스트림을 사용해야 할까?

예를 들어서 파일 입출력을 한다고 하자. 먼저 어떤 단위로 입출력을 할 것인지를 결정해야 한다. 즉 바이트 단위로 입출력할 것인지, 아니면 문자 단위로 입출력할 것인지를 결정해야 한다. 만약 이미지나 압축 파일처럼 이진 파일에서 데이터를 입출력할 때는 바이트 스트림을 사용한다. 반면에 텍스트 파일에서 읽을 때는 문자 스트림을 사용하는 것이 편리하다. 파일 입출력 시에는 다음 그림 15.2와 같은 4가지의 클래스를 기억하면 된다. 이진 파일일 때는 FileInputStream과 FileOutputStream을 사용한다. 텍스트 파일일 때는 FileReader와 FileWriter를 사용한다.

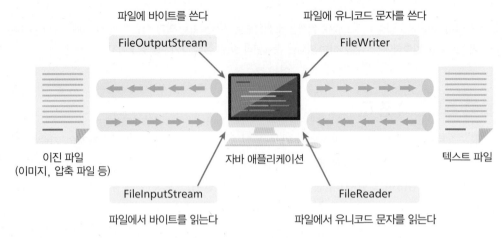

그림 15.3 파일 입출력 바이트 스트림

중간점검

1. 자바는 입출력 장치와 프로그램 간의 데이터 흐름을 무엇으로 생각하는가?

2. 스트림의 특징을 이야기해보자.

3. 스트림을 크게 분류하면 _____과 _____로 나눌 수 있다.

문자 스트림(a)에서는 입출력 단위가 문자이다(바이트가 아니다!). 자바 플랫폼은 유니코드를 사용해서 문자를 저장한다. 문자 스트림은 자동적으로 이 유니코드 문자를 지역 문자 집합으로 변환한다. 예를 들어서 미국 같은 경우에는 유니코드를 8비트 아스키코드로 변환한다. 문자 스트림은 유니코드를 자동적으로 지역 문자 집합으로 변환해주기 때문에 프로그래머는 국제화된 프로그램을 작성하는 데 있어서 상당한 수고를 덜 수 있다.

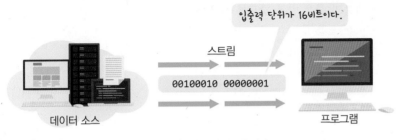

그림 15.4 문자 스트림의 개념

모든 문자 스트림 클래스는 Reader와 Writer 클래스로부터 상속된다. 모든 문자 스트림은 Reader와 Writer로부터 파생된다. 파일에서 문자를 읽거나 쓰려면 FileReader와 FileWriter를 사용한다. 문자 스트림에서는 read()와 write() 메소드가 주력 메소드이다.

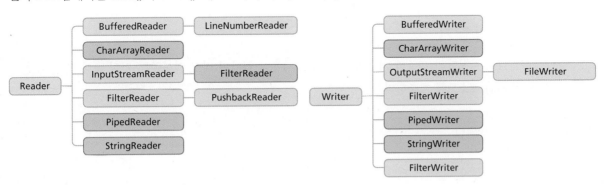

반환형	메소드	설명
int	read()	입력 스트림에서 한개의 문자를 읽는다. 반환값은 0에서 65535 범위(0x0000에서 0xFFFF)의 유니코드 값이다. 스트림이 종료되면 −1을 반환한다.
int	read(char[] cbuf)	입력 스트림에서 문자를 읽어서 cbuf[]에 저장하고 읽은 개수를 반환한다.
int	skip(long n)	입력 스트림에서 n만큼의 문자를 건너뛴다
void	close()	입력 스트림을 닫는다.

Reader 클래스의 주요 메소드

스트림 생성하기

다음과 같은 문장으로 파일을 읽는 FileReader 객체를 생성할 수 있다.

```
FileReader fr = new FileReader("test.txt");
```

FileReader의 생성자는 디스크에서 "test.txt" 파일을 찾아서 열고, 파일에 스트림을 붙인다. test.txt 파일은 문자만을 가지고 있는 파일이라고 가정하자. 파일을 열 때는 예외가 발생할 수 있다. 따라서 try-catch 문을 이용하여서 FileNotFoundException 예외를 처리하여야 한다.

기본 입출력 메소드

문자 스트림에서 문자를 읽고 쓰는 기본 메소드는 read()와 write()이다. 파일에서 문자들을 읽는 경우 일반적으로 다음과 같은 반복 루프를 사용한다.

```
int ch;
while ((ch = fr.read()) != -1)
   System.out.print((char) ch +" ");
```

여기서 주의할 점은 read()가 int 타입을 반환한다는 점이다. 왜 char 타입을 반환하지 않는가? int 타입을 반환형으로 해야만 입력 스트림의 끝을 표시하는 -1을 인식할 수 있기 때문이다. char 타입을 반환하는 경우, 파일 안에 0xFFFF가 있다고 하면 이것도 -1이기 때문에 파일의 끝과 구별할 수 없다. 하지만 반환형을 int형으로 하면 파일의 끝을 나타내는 -1은 0xFFFFFFFF이고 파일에 있는 0xFFFF은 0x0000FFFF로 반환되므로 서로 구별할 수 있는 것이다.

스트림 닫기

스트림은 상당히 귀중한 자원이다. 따라서 사용이 끝나면 바로 닫아주는 것이 좋다. 다음 문장은 close() 메소드를 호출한다.

```
fr.close()
```

기본 예제로 하드 디스크에 있는 한글 텍스트 파일을 읽어서 화면에 출력하는 프로그램을 작성해보자. 이때 텍스트 파일은 ANSI 엔코딩으로 저장하여야 한다. UTF-8로 저장하면 문자들이 깨져서 출력된다.

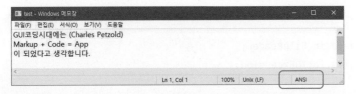

FileReaderExample.java

```java
01  import java.io.*;
02
03  public class FileReaderExample2 {
04     public static void main(String args[]) {
05        FileReader fr;
06        try {                                        // (1)
07           fr = new FileReader("test.txt");          // (2)
08           int ch;
09           while ((ch = fr.read()) != -1)            // (3)
10              System.out.print((char) ch + " ");
11           fr.close();                               // (4)
12        } catch (IOException e) {     e.printStackTrace();     }
13     }
14  }
```

실행 결과

```
G U I 코 딩 시 대 에 는   ( C h a r l e s   P e t z o l d )
M a r k u p   +   C o d e   =   A p p
이   되 었 다 고   생 각 합 니 다 .
```

문자 사이에 스페이스를 넣어서 출력하였다. 한글이나 영문이 모두 2바이트 문자(유니코드)로 출력되고 있음을 알 수 있다.

(1) 파일을 열 때는 예외가 발생할 수 있으므로 예외를 try-catch 블록으로 처리한다.

(2) 파일 이름을 인수로 하여 FileReader 객체를 생성한다.

(3) read()를 사용하여 한 문자를 읽는다. 문자는 int형으로 반환된다. 파일의 끝 EOF(-1)를 정확히 판단하기 위해서이다. 본문 설명을 참조한다.

(4) 스트림을 사용한 후에는 반드시 close()를 호출하여야 한다. 더 이상 사용되지 않는 스트림을 닫는 것은 아주 중요하다. 소스에서도 만약 오류가 발생했을 경우이면 finally 블록을 사용하여 스트림을 닫고 있다. 스트림을 닫지 않으면 심각한 자원 누출이 발생한다.

try-with-resources 사용

이번에는 최신 자바 버전에서 지원하는 try-with-resources 구문을 사용해보자. 이 경우에는 close()를 따로 호출하지 않아도 자동으로 호출된다.

FileReaderExample2.java

```java
01  import java.io.FileReader;
02  import java.io.IOException;
03
04  public class FileReaderExample2 {
05    public static void main(String args[]) throws Exception {
06      try (FileReader fr = new FileReader("test.txt")) {
07
08        int ch;
09        while ((ch = fr.read()) != -1)
10          System.out.print((char) ch);
11      } catch (IOException e) {
12        e.printStackTrace();
13      }
14    }
15  }
```

결과는 동일하다. try 문안에 리소스를 지정하면 리소스의 사용이 끝났을 때 자동으로 닫아준다.

예제 15-2   텍스트 파일 복사하기

텍스트 파일을 복사하는 프로그램을 FileReader와 FileWriter를 사용하여서 다시 작성하여 보자.

CopyFile1.java

```java
01  //소스를 입력하고 Ctrl+Shift+O를 눌러서 필요한 파일을 포함한다.
02  public class CopyFile1 {
03
04  public static void main(String[] args) throws IOException {
05    try(FileReader in = new FileReader("test.txt");
06        FileWriter out = new FileWriter("copy.txt")){
07        int c;
08        while ((c = in.read()) != -1) {
09            out.write(c);
10        }
11      }
12    }
13  }
```

try-with-resources 구문을 사용할 때는 2개 이상의 리소스를 동시에 생성해도 된다. FileCopy2는 int 변수를 이용한다는 점에 유의한다. FileCopy2에서는 문자값을 32비트 중에서 하위 16비트에만 저장하다.

자바에서는 유니코드를 사용한다. 한글은 유니코드의 어떤 규격을 사용하는 것일까? 유니코드 중에서 MS949 라는 유니코드를 사용한다. 이것은 흔히 ANSI 한글 코드라고 불리는 것으로 KS5601을 확장한 코드이다. 자바에서 한글을 읽으려면 반드시 ANSI로 저장해야 한다. 메모장에도 ANSI로 저장하는 옵션과 UTF-8로 저장하는 옵션을 제공한다.

파일 경로를 표시할 때 "d:\source\test.txt"라고 하면 안된다. 백슬래시 기호 \은 특수 문자에 사용하기 때문에 \t는 탭으로 인식한다. 따서 "d:\\source\\test.txt"와 같이 백슬래시를 2번 사용하여서 \ 문자를 확실하게 표시하여야 한다. 자바에서는 백슬래스 대신에 유닉스처럼 슬래시를 사용하여 "d:/source/test.txt"와 같이 하여도 된다.

JDK9에서는 리소스 객체가 블록의 외부에서 선언되어도 되어도 try-with-resources 구문을 사용할 수 있다.

```
FileReader is = new FileReader("test.txt");
try(is){
    ...
}
```

1. 문자 스트림에서 흘러가는 기본 데이터 단위는 무엇인가?
2. 문자 스트림 클래스들의 조상 클래스는 무엇인가?
3. 텍스트를 피일을 읽기 위하여 반드시 필요한 클래스 이름은?
4. 문자 스트림에서 하나의 문자를 읽는 메소드 이름은? 하나의 문자를 쓰는 메소드 이름은?

15.3 | 바이트 스트림

바이트 스트림(Byte Stream)은 8비트의 바이트 단위로 입출력을 수행하는 스트림이다. 모든 바이트 스트림은 InputStream과 OutputStream에서 파생된다. 많은 바이트 스트림 클래스들이 존재한다. 여기서는 바이트 스트림이 어떻게 동작하는지를 이해하기 위하여 파일 입출력 바이트 스트림에 초점을 맞춰보자.

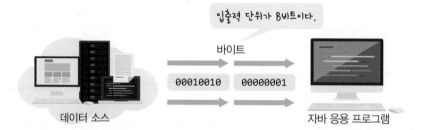

가장 대표적인 클래스를 살펴보자. 파일 입출력을 담당하는 바이트 스트림은 FileInputStream 클래스와 FileOutputStream 클래스이다. FileInputStream 클래스는 파일에서 바이트를 읽고 FileOutputStream 클래스는 파일에다가 바이트를 쓴다. 역시 기본적인 메소드는 read()와 write() 이다.

| 예제 15-3 | 이진 파일 쓰기 |

FileOutputStream을 이용하여서 프로그램 안에 정의된 바이트 배열을 파일에 저장해보자.

```java
FileStreamTest.java
01  import java.io.*;
02
03  public class FileStreamTest {
04
05      public static void main(String[] args) {
06
07          byte list[] = { 10, 20, 30, 40, 50, 60 };
08          try (FileOutputStream out = new FileOutputStream("test.bin")) {
09              for (byte b : list)
10                  out.write(b);
```

```
11          } catch (IOException e) {
12             e.printStackTrace();
13          }
14
15       }
16    }
```

실행 결과

```
Lister - [d:\test.bin]                                    —    □    ✕
파일(F)  편집(E)  옵션(O)  인코딩(C)  도움말(H)                          100 %
00000000: 0A 14 1E 28 32 3C       |           | ■■■(2〈|
```

실행 결과

이진 파일 읽기   예제 15-4

앞에서 저장한 파일을 읽으려면 다음과 같은 코드를 사용한다.

FileStreamTest2.java

```
01   import java.io.*;
02
03   public class FileStreamTest2 {
04
05      public static void main(String[] args) {
06
07         byte list[] = new byte[6];
08         try (FileInputStream out = new FileInputStream("test.bin")) {
09            out.read(list);
10         } catch (IOException e) {
11            e.printStackTrace();
12         }
13
14         for (byte b : list)
15            System.out.print(b + " ");
16         System.out.println();
17      }
18   }
```

실행 결과

```
10 20 30 40 50 60
```

예제 15-5   이미지 파일 복사하기

이미지 파일은 이진 파일이다. 즉 파일에 데이터가 이진수 형식으로 저장되어 있다. 하나의 이미지 파일을 다른 이미지 파일로 복사하는 프로그램을 작성하여 보자.

실행 결과

```
원본 파일 이름을 입력하시오: a.jpg
복사 파일 이름을 입력하시오: b.jpg
a.jpg를 b.jpg로 복사하였습니다.
```

이미지 파일은 이진 파일이라 FileInputStream과 FileOutputStream과 같이 바이트 스트림을 처리하는 클래스를 사용하면 된다. 바로 앞 페이지에서 우리는 try-with-resources 문장을 학습하였다. try-with-resources 문장을 사용하면 try 블록의 실행이 끝났을 때, 모든 리소스들은 자동적으로 닫히게 된다. 즉 finally 블록을 사용하지 않아도 된다.

```java
try(InputStream in = new FileInputStream("a.jpg");
    OutputStream out = new FileOutputStream("b.jpg"))
{
    ...
}
```

try-with-resources 문장을 사용하려면 클래스가 AutoClosable 인터페이스를 구현하여야 하는데, FileInputStream과 FileOutputStream은 오라클에서 제공하는 클래스라 AutoClosable 인터페이스가 이미 구현되어 있다.

ByteStreamLab.java

```java
01  import java.io.*;
02  import java.util.Scanner;
03
04  public class ByteStreamsLab {
05      public static void main(String[] args) throws IOException {
06          Scanner scan = new Scanner(System.in);
07          System.out.print("원본 파일 이름을 입력하시오: ");
08
09          String inputFileName = scan.next();
10          System.out.print("복사 파일 이름을 입력하시오: ");
11          String outputFileName = scan.next();
12
```

```
13          try (InputStream inputStream = new FileInputStream(inputFileName);
14              OutputStream outputStream = new FileOutputStream(outputFileName)) {
15
16              int c;
17              while ((c = inputStream.read()) != -1) {
18                  outputStream.write(c);
19              }
20          }
21          System.out.println(inputFileName + "을 " + outputFileName +
22                                                  "로  복사하였습니다.  ");
23      }
24  }
```

1. 위의 프로그램의 실행 시간을 주의 깊게 살펴보자. 이미지 파일의 크기가 커지면 상당한 시간이 걸리는 것을 알 수 있다. 파일 복사 시간을 줄이려면 어떻게 하는 것이 좋을까?

도전문제

2. main() 메소드는 모든 예외를 외부로 던진다. 이렇게 하지 말고 FileNotFoundException이 발생하면 프로그램 안에서 사용자에게 통보해주도록 변경하여 보자.

1. 바이트 스트림과 문자 스트림의 차이는 무엇인가?

중간점검

2. 파일에서 바이트를 읽을 때, 사용해야 하는 클래스 이름은 무엇인가?

3. 바이트 스트림에서 하나의 바이트를 읽는 메소드 이름은 무엇이고 하나의 바이트를 쓰는 메소드 이름은 무엇인가?

DataStream

앞에서 스트림은 물이 흘러가는 파이프와 같다고 하였다. 아래 그림처럼 파이프들이 서로 결합할 수 있듯이 스트림들도 서로 결합할 수 있다. 이렇게 되면 스트림을 통해 흘러가는 데이터에 대하여 다양한 가공 처리를 할 수 있다. 예를 들어서 입력 스트림이 문자를 읽으면 여기에 연결된 다른 스트림이 대문자로 바꾸는 작업을 할 수 있다. 출력 스트림은 변환된 문자들을 파일에 쓸 수 있다.

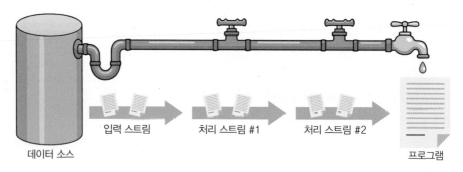

데이터 소스   입력 스트림   처리 스트림 #1   처리 스트림 #2   프로그램

그림 13.5 스트림은 연결될 수 있다.

간단한 예를 들어보자. 정수들이 이진수 형태로 저장된 파일 sample.dat가 있다고 하자. 다음과 같이 이 파일에 FileInputStream을 연결하였다.

```
FileInputStream in = new FileInputStream("data.bin");
```

이 상태에서 읽으려면 read()를 사용해야 하는데 다음과 같은 문장만 가능하다.

```
byte b = (byte) in.read();
```

파일에 저장된 정수를 꺼내려면 바이트 4개를 모아서 정수로 변환하여야 한다. 어떻게 하는 것이 좋은가? 자바 라이브러리 설명서를 보면 DataInputStream 클래스가 정수 단위로 읽을 수 있는 readInt() 메소드를 제공한다. 하지만 DataInputStream 클래스는 파일에서 읽을 수는 없다. 어떻게 하면 좋을까?

자바에서는 2개의 스트림을 결합할 수 있는 기능을 제공한다. 먼저 FileInputStream 객체를 생성하고 이것을 DataInputStream 생성자로 전달하면 된다.

```
DataInputStream dataSt = new DataInputStream(new FileInputStream("data.bin"));
int i = dataSt.readInt();
```

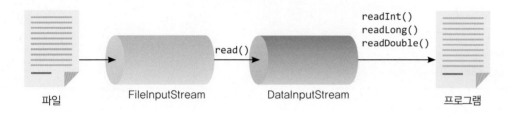

DataInputStream과 DataOutputStream 클래스는 기초 자료형 단위로 데이터를 읽고 쓸 수 있다. 즉 바이트 단위가 아니라 int나 double 타입으로 읽고 쓸 수 있다는 것을 의미한다. 주의할 점은 각 자료형의 크기가 다르기 때문에 쓸 때와 동일한 순서로 읽어야 한다는 점이다.

DataInputStream 클래스는 readByte(), readInt(), readDouble()과 같은 메소드들을 제공한다. DataOutputStream 클래스는 writeByte(int v), writeInt(int v), writeDouble(double v)와 같은 메소드들을 제공한다.

간단한 예제를 살펴보자. 자료형이 다른 몇 개의 데이터를 파일에 출력하였다가 다시 읽어보자.

예제 15-6

DataStreamTest.java

```
01  import java.io.*;
02
03  public class DataStreamTest {
04     public static void main(String[] args) throws IOException {
05        DataInputStream in = null;
06        DataOutputStream out = null;
07        try {
08           out = new DataOutputStream(new FileOutputStream("data.bin"));
09           out.writeInt(123);
10           out.writeFloat(123.456F);
11           out.close();
12
13           in = new DataInputStream(new FileInputStream("data.bin"));
14           int aint = in.readInt();
15           float afloat = in.readFloat();
16
```

```
17        System.out.println(aint);
18        System.out.println(afloat);
19    } finally {
20        if (in != null) {     in.close();     }
21        if (out != null) {     out.close();     }
22    }
23  }
24 }
```

실행 결과

```
123
123.456
```

버퍼 스트림

지금까지의 스트림은 버퍼를 사용하지 않는 입출력(unbuffered I/O)이었다. read 또는 write 요청은 운영체제에 의하여 요청하는 즉시 처리된다. 이것은 매우 비효율적인 방법이다. 왜냐하면 입출력 요청은 디스크 접근이나 네트워크 접근과 같은 매우 시간이 많이 걸리는 동작을 요구하기 때문이다.

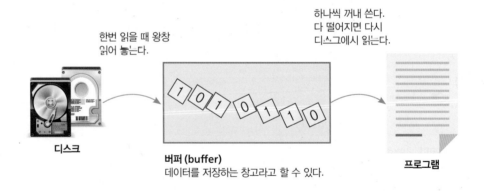

그림 15.6 버퍼 스트림의 개념

이러한 오버헤드를 줄이기 위하여 자바에서는 버퍼링된 스트림(buffered I/O)을 제공한다. 버퍼 입력 스트림은 입력 장치에서 한번에 많이 읽어서 버퍼에 저장한다. 프로그램이 입력을 요구하면 버퍼에서 꺼내서 반환한다. 버퍼가 비었을 때만 입력 장치에서 읽는다. 버퍼 출력 스트림도 마찬가지이다.

버퍼가 없는 스트림을 버퍼가 있는 스트림으로 변경하려면 버퍼 스트림 객체를 생성하면서 생성자의 인수로 버퍼가 없는 스트림 객체를 전달하면 된다. 예를 들어서 앞에서 등장하였던 파일 복사 프로그램에서 입출력 스트림 객체를 생성할 때 다음과 같은 문장으로 변경하기만 하면 버퍼가 추가된다.

```
inputStream = new BufferedReader(new FileReader("input.txt"));
outputStream = new BufferedWriter(new FileWriter("output.txt"));
```

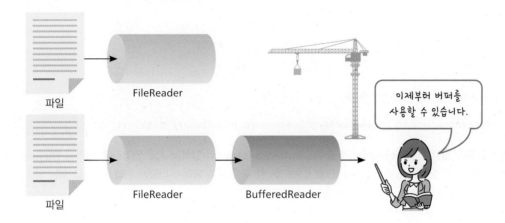

자바에서는 버퍼가 없는 스트림에 버퍼를 추가하기 위하여 4개의 버퍼 스트림이 제공된다. 바이트 스트림을 위하여 BufferedInputStream과 BufferedOutputStream가 제공된다. 그리고 문자 스트림을 위해서는 BufferedReader와 BufferedWriter, PrintWriter가 제공된다. 우리에게 익숙한 println()을 사용하려면 출력 시 PrintWriter를 사용하는 것이 좋다.

어떤 경우에는 버퍼가 다 채워지지 않았어도 버퍼를 쓰는 것이 필요하다. 이것을 비우기(flushing)라고 한다. 버퍼된 출력 클래스에는 자동 비우기 기능이 있다. 만약 자동 비우기 기능이 활성화되면 어떤 이벤트가 발생할 때 버퍼가 비워진다. 예를 들어서 PrintWriter는 println()이나 format() 메소드가 호출되면 버퍼를 비운다. 버퍼를 수동으로 비우기 위해서는 flush() 메소드를 호출한다.

줄 단위로 복사하기   예제 15-7

문자 단위가 아니라 한 줄 단위로 입출력해야 하는 경우도 종종 있다. 이럴 때는 BufferedReader와 Printer-Writer 클래스를 사용하면 된다. 복사 프로그램을 줄 단위로 복사하도록 변경하여 보자.

CopyLines.java

```
01  import java.io.*;
02  public class CopyLines {
03      public static void main(String[] args) {     FileReader에 BufferedReader를 연결한다.
04
05          try( BufferedReader in = new BufferedReader(new FileReader
06              ("test.txt")); PrintWriter out = new PrintWriter (new FileWriter
07              ("output.txt"))) {
                                        FileWriter의 출력이 PrinterWriter의 입력이 된다.
08              String line;
09              while (( line = in.readLine()) != null) {
```

```
10              out.println( line);
11          }
12      } catch (IOException e) {
13          e.printStackTrace();
14      }
15  }
16 }
```

> 한 줄 단위로 입출력할 수 있다.

여기서 스트림을 다른 스트림과 연결하는 경우가 나온다.

```
BufferedReader  in = new BufferedReader(new FileReader("test.txt"));
```

위의 문장이 실행되면 FileReader의 출력이 BufferedReader의 입력과 서로 연결된다. 따라서 FileReader가 출력하는 문자들이 BufferedReader로 입력되어 한 줄 단위로 묶여서 나오게 된다. 한 줄을 읽는 메소드는 readLine()이고 한 줄을 쓰는 메소드는 println()이다.

InputStreamReader와 OutputStreamWriter 클래스

바이트 스트림과 문자 스트림을 연결하는 두 개의 범용의 브릿지 스트림이 있다: InputStreamReader와 OutputStreamWriter가 그것이다. 만약 사용자의 요구에 맞는 문자 스트림이 없는 경우에는 이들을 이용하여 생성할 수 있다. 주로 특수한 문자 집합을 처리할 때 사용된다. 이런 경우는 주로 네트워킹에서 발생한다.

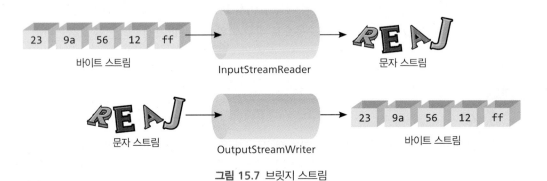

그림 15.7 브릿지 스트림

자바에서 문자는 유니코드로 표현된다. 유니코드에서는 기본적으로 각 문자가 정수의 코드 포인트로 표현된다. 하지만 이 코드 포인트 값을 바이트들로 포장하는 여러 가지 방법이 있는데 이것을 문자 엔코딩(character encoding)이라고 한다.

문자	UTF-16	UTF-8
'A'	00 41	41
'가'	AC 00	EA B0 80

가장 대표적인 엔코딩 방법이 UTF-8이다. 이것은 코드 포인트 값을 1~4 바이트로 엔코딩하는 방법이다. UTF-8의 장점은 영문자를 1바이트로 표현할 수 있다는 점이다(따라서 영문이 많이 있는 경우, 파일의 크기를 줄일 수 있다). UTF-16은 영문자를 포함한 모든 문자를 2바이트로 표현한다. 자바에서 사용하는 유니코드의 규격은 UTF-16이다. 하지만 자바 프로그램이 읽는 파일은 UTF-8로 엔코딩되어 있을 수 있다. 이때 InputStreamReader를 사용할 수 있다.

InputStreamReader는 바이트 스트림을 문자 스트림으로 변환한다. 이 과정에서 바이트를 읽어서 지정된 문자 집합을 사용하여 문자로 변환한 후 출력한다. 문자집합은 이름으로 지정될 수 있고 또는 플랫폼의 디폴트 문자집합이 사용될 수 있다. 예를 들어서 "UTF-8"로 엔코딩된 파일을 올바르게 읽으려면 InputStreamReader 클래스를 생성할 때, 문자 집합을 "UTF-8"로 지정한다.

```
BufferedReader in = new BufferedReader(new InputStreamReader(
    new FileInputStream(fileDir), "UTF8"));
```

만약 한글과 영문이 혼합되어 있는 "UTF-8" 파일을 읽어서 InputStreamReader로 처리하면 영문은 1바이트에서 2바이트로 변환되고 한글은 3바이트에서 2바이트로 변환된다.

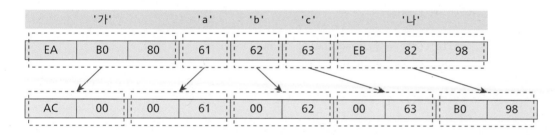

UTF-8로 엔코딩된 파일을 읽을 때, FileReader 클래스를 사용하면 안 된다. FileReader 클래스에는 문자 엔코딩을 변경하는 기능이 없다. 이때는 다음 예제와 같이 InputStreamReader 클래스를 사용하여야 한다.

예제 15-8

다음과 같이 UTF-8로 엔코딩된 파일을 자바 프로그램에서 올바르게 읽어보자.

CharEncodingTest

```
01   // 소스를 입력하고 Ctrl+Shift+O를 눌러서 필요한 파일을 포함한다.
02
03   public class CharEncodingTest {
04       public static void main(String[] args) throws IOException {
05           File fileDir = new File("input.txt");
06           BufferedReader in = new BufferedReader(new InputStreamReader(new
07               FileInputStream(fileDir), "UTF8"));
08
09           String str;
10
11           while ((str = in.readLine()) != null) {
12               System.out.println(str);
13           }
14           in.close();
15       }
16   }
17 }
```

GUI코딩시대에는 (Charles Petzold)

Markup + Code = App

이 되었다고 생각합니다.

위의 프로그램에서 문자 엔코딩 지정 부분을 없애고 다시 실행하여 보면 다음과 같이 출력이 깨지는 것을 볼 수 있다.

```
BufferedReader in = new BufferedReader(new InputStreamReader(
    new FileInputStream(fileDir)));
```

GUI齂뷀본?떽???뿰?뒌 (Charles Petzold)

Markup + Code = App

?쎀 ?룄?뽐?떎怨? ?깬媛곹븨?땀?떎.

문자 단위가 아니라 한 줄 단위로 입출력해야 하는 경우도 종종 있다. 이럴 때는 BufferedReader와 Printer-Writer 클래스를 사용하면 된다. 앞에서 작성했던 복사 프로그램을 줄 단위로 복사하도록 변경하여 보자.

CopyLines.java

```java
18    import java.io.*;
19
20    public class CopyLines {
21       public static void main(String[] args) throws IOException {
22
23          BufferedReader inputStream = null;
24          PrintWriter outputStream = null;
25
26          try {
27             inputStream = new BufferedReader(new FileReader("input.txt"));
28             outputStream = new PrintWriter(new FileWriter("output.txt"));
29             String l;
30             while ((l = inputStream.readLine()) != null) {
31                outputStream.println(l);
32                }
33          } finally {
34             if (inputStream != null) { inputStream.close();   }
35             if (outputStream != null) { outputStream.close();  }
36          }
37       }
38    }
```

> FileReader에 BufferedReader를 연결한다.

> FileWriter의 출력이 PrinterWriter의 입력이 된다.

> 한 줄 단위로 입출력할 수 있다.

여기서 스트림을 다른 스트림과 연결하는 경우가 나온다.

```java
inputStream = new BufferedReader(new FileReader("input.txt"));
```

위의 문장이 실행되면 FileReader의 출력이 BufferedReader의 입력과 서로 연결된다. 따라서 FileReader가 출력하는 문자들이 BufferedReader로 입력되어 한 줄 단위로 묶여서 나오게 된다. 한 줄을 읽는 메소드는 readLine()이고 한 줄을 쓰는 메소드는 println()이다.

중간점검

1. 바이트 스트림에 붙일 수 있는 버퍼 스트림의 이름은?
2. 문자 스트림과 바이트 스트림을 연결하는 클래스는?
3. int나 double처럼 기초 자료형 단위로 데이터를 읽고 쓸 때 필요한 클래스는?

만약 우리가 Student 객체를 가지고 있다고 가정하자. 객체 안에는 여러 가지 정보가 저장되어 있다. 예를 들어서 객체 안에는 학번이나 이름, 주소와 같은 정보들이 저장될 것이다. 이 객체를 파일에 저장하려면 어떻게 해야 할까? 물론 객체의 데이터를 하나씩 꺼내서 저장하여도 되지만 더 편리한 방법이 있다.

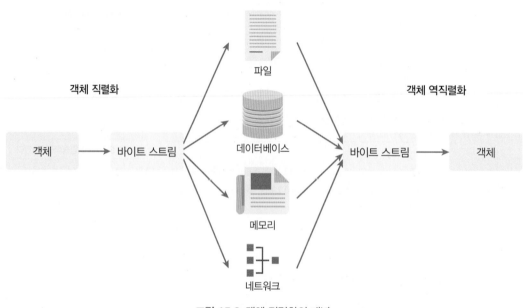

그림 15.8 객체 직렬화의 개념

자바는 "객체 직렬화"라고 하는 편리한 메커니즘을 가지고 있다. 객체 직렬화는 객체가 가진 데이터들을 순차적인 데이터로 변환한다. 순차적인 데이터가 되면 파일에 쉽게 저장할 수 있다. 어떤 클래스가 직렬화를 지원하려면 Serializable라는 인터페이스를 구현하면 된다. 우리가 사용하는 대부분의 표준적인 클래스는 이미 객체의 직렬화를 지원하고 있다. 객체가 직렬화 과정을 통하여 자신의 상태를 파일에 기록해놓으면 필요할 때마다 불러들여서 다시 객체를 복구할 수 있다. 객체가 직렬화된 데이터를 읽어서 자신의 상태를 복구하는 것을 **역직렬화(deserialization)**라고 한다.

ObjectStream 클래스는 객체의 입출력을 지원한다. 이 클래스를 이용하면 객체를 파일에 저장할 수 있고 또 반대로 파일에 저장된 객체를 읽어 들일 수 있다. 물론 네트워크를 통하여 다른 곳에 보내거나 받는 것도 가능하다.

자바가 기본적으로 제공하는 Date 클래스를 이용하여서 현재 날짜를 나타내는 객체를 저장하였다가 다시 읽어서 콘솔에 표시하는 소스는 다음과 같다.

ObjectStreamTest.java

```java
import java.io.*;
import java.util.*;

public class ObjectStreamTest {
    public static void main(String[] args) throws Exception {
        ObjectInputStream in = null;
        ObjectOutputStream out = null;
        int c;

        out = new ObjectOutputStream(new FileOutputStream("object.dat"));
        out.writeObject(new Date());
        out.close();

        in = new ObjectInputStream(new FileInputStream("object.dat"));
        Date d = (Date) in.readObject();
        System.out.println(d);
        in.close();
    }
}
```

실행 결과

```
Sat Jan 06 14:46:32 KST 2018
```

중간점검

1. 객체 직렬화란 무엇인가?
2. 객체 직렬화에 사용되는 클래스 이름은 무엇인가?

지금까지 데이터를 읽고 쓰는 간단한 모델인 스트림에만 집중하여 설명하였다. 스트림은 많은 디스크 파일을 비롯한 다양한 데이터 소스와 목적지를 표현할 수 있다. 그러나 스트림은 파일의 모든 연산을 지원하지는 않는다. 따라서 이번 절에서는 우리는 스트림이 지원하지 못하는 파일 처리 기능에 대하여 살펴보자.

Path 객체

Path 클래스는 경로를 나타내는 클래스로서 "C:\home\work"와 같은 경로를 받아서 객체를 반환한다. Path 객체를 사용하면 경로에 대하여 많은 내용을 파악할 수 있다. 간단한 예는 다음과 같다.

```
Path workDirectory = Paths.get("C:/home/work");
```

경로는 절대 경로와 상대 경로로 표시할 수 있다. 경로 파싱이 잘못되면 InvalidPathException이 발생한다.

```
01  import java.nio.file.*;
02
03  public class PathTest {
04
05      public static void main(String[] args) {
06          Path path = Paths.get("D:\\sources\\test.txt");
07          System.out.println("전체 경로: "+ path);
08          System.out.println("파일 이름: "+ path.getFileName());
09          System.out.println("부모 이름: "+ path.getParent().getFileName());
10      }
11  }
```

전체 경로: D:\sources\test.txt
파일 이름: test.txt
부모 이름: sources

File 객체

File 클래스는 파일을 조작하고 검사하는 코드를 쉽게 작성하게 해주는 클래스이다. File 객체는 파일이 아닌 파일 이름을 나타내는 객체이다. 우리는 FileWriter와 같은 클래스의 생성자에 이 File 객체를 넘겨서 실제로 파일을 생성할 수 있다.

만약 File 객체가 나타내는 파일이 존재한다면 프로그램은 파일의 속성을 조사하고 파일에 대한 여러 가지 동작을 수행할 수 있다. 예를 들면 파일의 이름을 변경한다거나 삭제하거나 권한을 변경할 수 있다. 예를 들어서 다음과 같이 File 객체를 생성할 수 있다.

```
File  file = new File("data.txt");
```

다음 표 15.1과 같은 메소드들이 지원된다.

표 15.1 File 클래스의 메소드

반환형	메소드	설명
boolean	canExecute()	파일을 실행할 수 있는지의 여부
boolean	canRead()	파일을 읽을 수 있는지의 여부
boolean	canWrite()	파일을 변경할 수 있는지의 여부
static File	createTempFile(String prefix, String suffix)	임시 파일을 생성
boolean	delete()	파일을 삭제
void	deleteOnExit()	가상 기계가 종료되면 파일을 삭제
boolean	exists()	파일의 존재 여부
String	getAbsolutePath()	절대 경로를 반환
String	getCanonicalPath()	정규 경로를 반환
String	getName()	파일의 이름을 반환
String	getParent()	부모 경로 이름을 반환
File	getParentFile()	부모 파일을 반환
boolean	isDirectory()	디렉터리이면 참(true)
boolean	isFile()	파일이면 참(true)
long	lastModified()	파일이 변경되었는지 여부
long	length()	파일 길이 반환
String[]	list()	디렉터리 안에 포함된 파일과 디렉터리를 반환
boolean	mkdir()	디렉터리를 생성
boolean	renameTo(File dest)	파일 이름을 변경
boolean	setExecutable(boolean executable)	파일을 실행 가능하게 설정
boolean	setLastModified(long time)	파일을 변경된 것으로 설정

만약 File 객체인 dir가 디렉터리를 가리킨다면 list()를 이용하여 디렉터리 안에 있는 파일들의 리스트를 얻을 수 있다.

```
String[] fileNames = dir.list(); // 현재 디렉터리의 전체 파일 리스트
```

만약 File 객체인 file이 실제 파일을 가리킨다면 delete() 메소드를 사용하면 삭제할 수 있고 setLastModified()를 이용하여 파일 변경 날짜를 설정할 수 있다. 다음 문장은 파일의 변경 날짜를 현재 시간으로 설정한다.

```
new File("data.txt").setLastModified(new Date().getTime());
```

예제 15-11	파일 속성 알아보기

특정 디렉터리 안의 각 파일에 대하여 파일의 속성을 표시하여 보자.

> 여기서 만약 File 객체를 생성할 때 파일의 이름만 주면 현재 디렉터리에서 파일을 찾는다. 따라서 현재 디렉터리에 있지 않은 파일은 절대 경로로 이름을 주어야 한다.

FileTest.java

```java
01  public class FileTest {
02    public static void main(String[] args) throws IOException {
03      String name = "c:/eclipse";
04      File dir = new File(name);
05      String[] fileNames = dir.list();          // 현재 디렉터리의 전체 파일 리스트
06      for (String s : fileNames) {
07        File f = new File(name + "/" + s);  // 절대 경로로 이름을 주어야 함
08        System.out.println("==============================");
09        System.out.println("이름: " + f.getName());
10        System.out.println("경로: " + f.getPath());
11        System.out.println("부모: " + f.getParent());
12        System.out.println("절대경로: " + f.getAbsolutePath());
13        System.out.println("정규경로: " + f.getCanonicalPath());
14        System.out.println("디렉터리 여부:" + f.isDirectory());
15        System.out.println("파일 여부:" + f.isFile());
16        System.out.println("==============================");
17      }
18    }
19  }
```

```
==============================
이름: .eclipseproduct
경로: c:\eclipse\.eclipseproduct
부모: c:\eclipse
절대경로: c:\eclipse\.eclipseproduct
정규경로: C:\eclipse\.eclipseproduct
디렉터리 여부:false
파일 여부:true

==============================
...
```

스트림 라이브러리로 파일 처리하기

파일 처리에서도 스트림 라이브러리를 사용할 수 있다. 예를 들어서 현재 디렉터리의 모든 파일을 출력하는 코드는 다음과 같이 작성할 수도 있다.

```
Files.list(Paths.get(".")).forEach(System.out::println);
```

Files 객체의 readAllLines()를 호출하면 파일의 모든 내용을 문자열 배열로 작성하여 반환한다.

```
List<String> lines = Files.readAllLines(Paths.get("test.txt"));
```

Files.lines() 메소드로 파일에서 한 줄씩 읽을 수 있으며 스트림 형태로 파일의 내용을 제공한다. 이 스트림을 필터링하고 매핑할 수 있다. 예를 들어서 파일을 읽어서 각 줄 끝에 있는 불필요한 공백을 제거하고 빈 줄을 필터링한 후에 출력하는 코드는 다음과 같다.

```
Files.lines(new File("test.txt").toPath())
    .map(s -> s.trim())
    .filter(s -> !s.isEmpty())
    .forEach(System.out::println);
```

중간점검

1. "test.txt" 파일의 크기를 출력하는 코드를 작성해보자.
2. "test.txt" 파일을 삭제하는 코드를 작성해보자.
3. File 객체를 통하여 우리는 어떤 작업을 할 수 있는가?

LAB 디렉터리 파일 검색 및 문장 추가

특정한 디렉터리 안의 C 소스 파일을 모두 찾아서 소스의 첫 번째 줄에 다음과 같은 문장을 추가하는 자바 프로그램을 작성해보자.

```
#define _CRT_SECURE_NO_WARNINGS
```

보통 이러한 작업은 윈도우 쉘 스크립트나 파이썬을 사용하지만 자바 언어로도 가능하다.

```
#include <stdio.h>
int main(void)
{
    printf("Hello");
    return 0;
}
```

➡

```
#define _CRT_SECURE_NO_WARNINGS
#include <stdio.h>
int main(void)
{
    printf("Hello");
    return 0;
}
```

디렉터리 안에 있는 모든 파일을 찾으려면 다음과 같은 루프를 사용한다.

```
File directoryPath = new File("D:/src");
File filesList[] = directoryPath.listFiles();

Scanner sc = null;
for (File file : filesList) {
    ...
}
```

파일을 읽는 방법은 여러 가지이지만 Scanner 클래스에 파일 객체를 넘겨도 파일의 내용을 문자열로 읽을 수 있다.

```
sc = new Scanner(file);
String input;
StringBuffer sb = new StringBuffer();

sb.append("#define _CRT_SECURE_NO_WARNINGS\n");
while (sc.hasNextLine()) {
    input = sc.nextLine();
    sb.append(input + "\n");
}
```

Solution 디렉터리 파일 검색 및 문장 추가

```java
import java.io.*;
import java.util.Scanner;

public class Test {
    public static void main(String args[]) throws IOException {

        File directoryPath = new File("D:/src");
        File filesList[] = directoryPath.listFiles();

        Scanner sc = null;
        for (File file : filesList) {
            System.out.println("파일 이름: " + file.getName());
            System.out.println("파일 경로: " + file.getAbsolutePath());
            System.out.println("파일 크기: " + file.getTotalSpace());

            sc = new Scanner(file);
            String input;
            StringBuffer sb = new StringBuffer();

            sb.append("#define _CRT_SECURE_NO_WARNINGS\n");
            while (sc.hasNextLine()) {
                input = sc.nextLine();
                sb.append(input + "\n");
            }
            String oldName = file.getAbsolutePath();
            String fileName;
            if (oldName.indexOf(".") > 0)
                fileName = oldName.substring(0, oldName.lastIndexOf("."));
            else
                fileName = oldName;

            System.out.println(fileName);
            BufferedWriter writer =
                                new BufferedWriter(new FileWriter(fileName + "1.c"));
            writer.write(sb.toString());
            writer.close();
        }
    }
}
```

Introduction to **JAVA Programming**

압축(ZIP) 파일 해제하기   LAB

여기서는 ZIP 방식으로 압축된 파일을 압축 해제하여 원본 파일을 얻는 방법을 살펴보자.

- 압축 파일 이름을 입력하시오: test.zip
- 원본 파일 이름을 입력하시오: test.txt

자바의 Util 패키지 안에는 zip 압축과 압축해제를 할 수 있는 클래스들이 제공된다. 이 클래스들을 이용하여 보자. 파일 스트림과 압축 해제하는 스트림을 서로 연결하면 된다.

```java
// 소스를 입력하고 Ctrl+Shift+O를 눌러서 필요한 파일을 포함한다.

public class UnzipTest {
    public static void main(String[] args) throws Exception {

        Scanner sc = new Scanner(System.in);
        System.out.println("압축 파일 이름을 입력하시오: ");
        String inname = sc.next();
        System.out.println("원본 파일 이름을 입력하시오: ");
        String outname = sc.next();
        ZipInputStream inStream = new ZipInputStream(new FileInputStream(inname));    // FileInputStream과 ZipInputStream을 서로 연결한다.
        OutputStream outStream = new FileOutputStream(outname);

        byte[] buffer = new byte[1024];
        int read;
        ZipEntry entry;
        if ((entry = inStream.getNextEntry()) != null) {    // 단순히 ZIP 스트림에서 읽어서 출력 스트림에 쓴다.
            while ((read = inStream.read(buffer)) > 0) {
                outStream.write(buffer, 0, read);
            }

        }
        outStream.close();
        inStream.close();
    }
}
```

1. 위의 프로그램에 그래픽 사용자 인터페이스를 추가할 수 있는가? 즉 TextArea와 같은 컴포넌트를 이용하여 압축을 푼 파일의 내용을 화면에 표시하도록 하자. 파일 이름도 TextField와 같은 컴포넌트를 통하여 입력받는다.

도전문제

파일 암호화하기

난이도: 중
주제
• 파일 읽고 쓰기

파일 암호화는 일상 생활에서도 많이 사용되는 기술이다. 민감한 개인 정보가 들어 있는 파일은 반드시 암호화를 시키는 것이 좋다. 이번 장에서 기초적인 암호화 기술을 사용하여서 파일을 암호화해보자. 어떤 암호화 기술을 사용하여도 좋다.

권장하는 암호화 방법은 XOR 암호화 방법이다. 이 알고리즘에서는 파일 안의 모든 문자에 대하여 암호키와 비트 XOR 연산자를 적용한다. 출력을 해독하려면 동일한 키를 사용하여 XOR 함수를 다시 적용하면 된다.

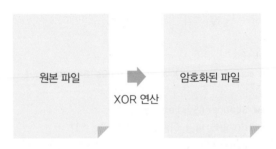

예를 들어서 암호화키 "0123456789"를 이용하여 왼쪽의 텍스트 파일을 암호화하면 오른쪽 파일처럼 된다.

→

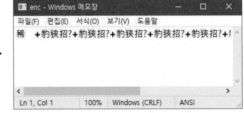

파일 암호화하기   **Solution**

```java
import java.io.FileInputStream;
import java.io.FileOutputStream;

public class XorEnc {
    static byte[] key = { 10, 20, 30, 40 };
    public static void main(String[] args) throws Exception {
        FileInputStream is = new FileInputStream("test.txt");
        FileOutputStream os = new FileOutputStream("test.enc");

        byte[] data = new byte[1024];
        int read = is.read(data);
        int index = 0;
        while( read != -1 ) {
            for( int k=0; k<read; k++ ) {
                data[k] ^= key[index % key.length];
                index++;
            }
            os.write(data, 0, read);
            read = is.read(data);
        }
        os.flush();
        os.close();
        is.close();
    }
}
```

LAB 파일에서 특정 문자 횟수 세기

주어진 파일에서 특정한 문자 a가 파일에 나타나는 횟수를 세는 예제를 작성하라. 파일 이름은 사용자가 입력할 수 있도록 하라.

```
'a'의 횟수: 1
```

```java
import java.io.*;
import java.nio.file.*;

public class CountLetter {
    public static int getCount(char c, File f) throws Exception {
        int count = 0;
        try (InputStream in = new FileInputStream(f);
            BufferedReader reader = new BufferedReader(new InputStreamReader(in)))
        {
            String line = null;
            while ((line = reader.readline()) !- null) {
                for (int i = 0; i < line.length(); i++) {
                    if (c == line.charAt(i)) {
                        count++;
                    }
                }
            }
        }
        return count;
    }

    public static void main(String[] args) throws Exception {
        File file = new File("d:/test.txt");
        int count = getCount('a', file);
        System.out.println("a의 횟수: "+count);
    }
}
```

Introduction to **JAVA Programming**   CSV 파일 읽기

CSV 파일은 딥러닝의 훈련 데이터 형식으로 많이 사용된다. CSV 파일은 텍스트 파일로서 콤마 (,)로 데이터를 분리하여 제공한다. 예를 들면 다음과 같다.

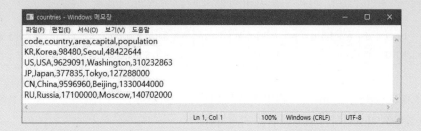

자바에는 많은 CSV 파서 라이브러리가 있다. 하지만 간단한 CSV 파일은 핵심 자바만을 이용하여도 가능하다. FileReader, BufferedReader, String.split()만 사용하면 간단한 CSV 파일을 파싱할 수 있다. 이번 실습에서는 CSV 파일을 파싱하여서 문자열을 화면에 출력하는 프로그램을 작성해보자.

FileReader를 이용하여 CSV 파일을 연다. BufferedReader를 연결하고 CSV 파일의 내용을 한 줄씩 읽는다. String.split()를 이용하여 입력 문자열을 ","분리자로 분리하여 각 데이터를 읽는다.

```java
BufferedReader reader = new BufferedReader(new FileReader(pathToCsv));
while ((row = csvReader.readLine()) != null) {
    String[] data = row.split(",");
    // 여기서 필요한 작업을 한다.
}
csvReader.close();
```

Mini Project

시저 암호화

시저 암호를 구현하여 보자. 로마의 유명한 정치가였던 쥴리어스 시저(Julius Caesar, 100-44 B.C.)는 친지들에게 비밀리에 편지를 보내고자 할 때 다른 사람들이 알아보지 못하도록 문자들을 다른 문자들로 치환하였다. 시저 암호의 규칙을 표로 그려 보면 다음과 같다.

평문	a	b	c	d	e	f	g	h	i	j	k	l	m	n	o	p	q	r	s	t	u	v	w	x	y	z
암호문	D	E	F	G	H	I	J	K	L	M	N	O	P	Q	R	S	T	U	V	W	X	Y	Z	A	B	C

예를 들어 평문 "come to me"은 "FRPH WR PH"으로 바뀐다. 시저 암호 방식을 이용하여서 파일을 암호화하고 복호화하는 프로그램을 작성하라.

```
Wkh odqjxdjh ri wuxwk lv vlpsoh.
The language of truth is simple.
```

다음 코드를 참조한다.

```java
public class CaesarCipher {
    public static void main(String[] args) throws IOException {

        FileReader fr = new FileReader("input.txt");
        BufferedReader br = new BufferedReader(fr);
        String plaintext = br.readLine();

        System.out.println(CaesarCipher.encode(plaintext, 3));
        System.out.println(CaesarCipher.decode(
                        CaesarCipher.encode(plaintext, 3), 3));
        fr.close();
    }
}
```

Introduction to JAVA Programming

Summary

- 스트림은 입출력 장치와 프로그램 간의 데이터 흐름을 추상화한 것이다.

- 바이트 스트림에서는 데이터가 바이트 단위로 쪼개져서 이동한다.

- 문자 스트림에서는 데이터가 문자(유니코드) 단위로 쪼개져서 이동한다.

- 바이트 스트림의 조상 클래스는 InputStream과 OutputStream이다.

- 문자 스트림의 조상 클래스는 Reader와 Writer이다.

- 바이트 스트림은 이진 데이터가 저장된 파일에서 데이터를 읽을 때 사용한다. 예를 들어서 이미지 파일에서 데이터를 읽을 때는 바이트 스트림을 사용한다.

- 문자 스트림은 텍스트 데이터가 저장된 파일에서 데이터를 읽을 때 사용한다.

- 버퍼 스트림은 입출력 장치와 프로그램 사이에 버퍼 기능을 제공한다.

- 파일에서 바이트를 읽을 때는 FileInputStream를 사용한다. 파일에 바이트를 쓸 때는 FileOutputStream을 사용한다.

- 파일에서 문자를 읽을 때는 FileReader를 사용한다. 파일에 바이트를 쓸 때는 FileWriter를 사용한다.

- 데이터 스트림은 기본 자료형(int, double, ...) 단위로 데이터를 읽거나 쓸 때 사용한다.

- 객체는 직렬화하여서 파일에 저장할 수 있고, 반대로 파일에서 역직렬화 과정을 거쳐서 읽을 수 있다.

- File 객체를 사용하면 디렉터리 안의 파일들의 속성을 변경할 수 있다.

Exercise

1. 이미지 파일을 읽으려면 어떤 클래스를 사용하는 것이 제일 바람직한가?

   ❶ FileReader   ❷ FileInputStream

   ❸ File   ❹ InputReader

2. 파일의 크기를 알아내려면 어떤 클래스를 사용해야 하는가?

   ❶ FileReader   ❷ FileInputStream

   ❸ File   ❹ InputReader

3. 문자 입력을 담당하는 가장 기본적인 추상 클래스 이름은 무엇인가?

   ❶ InputStream   ❷ OutputStream

   ❸ Reader   ❹ Writer

4. 바이트 스트림을 문자 스트림으로 변환하는 클래스는 어떤 것인가?

   ❶ InputStream   ❷ InputStreamReader

   ❸ Reader   ❹ Writer

5. FileWriter 생성자에 잘못된 파일 이름이 전달되면 어떻게 되는가?

   ❶ 그대로 계속된다.   ❷ 사용자 디스크가 손상된다.

   ❸ 생성자가 null 값을 반환한다.   ❹ IOException이 발생한다.

6. readLine()이 반환하는 데이터의 타입은 무엇인가?

   ❶ char   ❷ byte[]

   ❸ String   ❹ int

7. read()가 반환하는 데이터의 타입은 무엇인가?

   ❶ char   ❷ byte

   ❸ String   ❹ int

8. 다음과 같은 파일을 읽을 때 가장 적합한 스트림 클래스는 무엇일까?

❶ 이미지 파일 　　　　　❷ 메모장 파일(텍스트 파일)

❸ mp3 파일 　　　　　　❹ HTML 파일

9. 다음 문장은 올바르게 컴파일되는가?

```
File file = new File("test.txt");
FileReader in = new FileReader( file );
```

10. 텍스트 파일을 읽으려고 한다. 속도의 저하를 막기 위하여 버퍼를 사용하려고 한다. 어떤 스트림 클래스들을 어떻게 연결하여야 하는가?

11. 다음은 텍스트 파일을 읽는 문장이다. 만약 디스크에 파일이 없다면 예외가 발생한다. 예외는 try-catch 구조를 사용하여 처리할 수 있다. 아래의 문장 예외가 처리되도록 코드를 추가해보자.

```
FileReader fr = new FileReader("D:\\test.txt");
```

12. 자동차를 나타내는 Car 클래스를 간단히 정의한다. Car 클래스는 speed 필드만을 가지고 있다고 가정한다.

(a) 참조 변수 myCar가 가리키는 Car 객체를 직렬화하여서 파일 Car.obj에 저장하는 문장을 작성하시오.

(b) 파일 Car.obj에 저장된 객체를 역직렬화하여서 복원하는 문장을 작성하시오.

Programming

난이도: 중

주제
• 파일 쓰기

1. 사용자로부터 받은 이름, 학번, 연락처를 contacts.txt 파일에 저장하는 프로그램을 작성하라. 각 연락처는 별도의 줄에 저장된다. "quit"가 입력되면 종료한다.

```
이름, 학번, 전화번호를 입력하시오: 김철수 1 010-1111
이름, 학번, 전화번호를 입력하시오: 김영희 2 010-2222
이름, 학번, 전화번호를 입력하시오: 홍길동 3 010-3333
이름, 학번, 전화번호를 입력하시오: quit
contacts.txt에 저장되었습니다.
```

난이도: 상

주제
• 파일 쓰기

2. 지정된 개수의 난수를 문자열 형식으로 파일에 저장하는 프로그램을 작성하라. 한 줄에 Line 개의 정수를 저장한다. 각 정수는 공백으로 구분한다.

```
난수의 최대값: 100
한 줄에 출력하는 난수의 개수: 10
난수의 개수: 100
파일의 이름: test.txt
```

난이도: 상

주제
• 파일 읽기

3. 정수가 문자열의 형태로 들어있는 파일을 읽어서 오름차순으로 정렬한다. 앞 문제에서 생성한 파일을 사용하라. 정렬된 숫자는 다시 문자열의 형태로 파일에 쓴다.

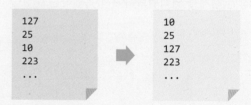

난이도: 중

주제
• 파일 읽기와 쓰기

4. 파일에 저장된 문자들을 전부 읽어서 소문자를 대문자로 변환하는 프로그램을 작성해보자.

소문자를 대문자로 변환하는 것은 다음 문장을 참조한다.

```
if (Character.isLowerCase(ch))  {
            ch=Character.toUpperCase(ch);
```

5. 텍스트 파일을 읽고 앞에 라인 번호를 붙여서 화면에 출력하는 프로그램을 작성하라.

난이도: 중
주제
• 파일 읽기와 쓰기

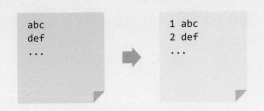

```
abc
def
...
```

```
1 abc
2 def
...
```

BufferedReader 클래스를 FileReader 와 연결하고 readLine() 을 호출하면 한 줄을 읽을 수 있다.

6. 이진 파일을 바이트 단위로 읽고 각 바이트를 16진수로 콘솔에 쓰는 프로그램을 작성하라.

난이도: 중
주제
• 이진 파일

```
입력 파일 이름(이진 파일): test.dat
00 00 00 0C 00 00 02 FF FF FF FF D8 00 02 1F 2B
FF EE EF E9 FF FF FE DA 00 00 00 12 FF FF FF FF
```

7. 현재 디렉터리의 모든 파일과 디렉터리를 출력하는 프로그램을 작성해보자.

난이도: 중
주제
• 파일 처리

```
test.java
test.py
sample.java
sample.py
```

File 객체의 list() 메소드를 사용한다.

난이도: 상

주제
• 파일 처리

8. 현재 디렉터리의 .java 확장자를 가지는 파일에서 특정한 문자열을 검색하는 프로그램을 작성해보자. 문자열이 있는 줄과 줄 번호를 함께 출력한다.

```
검색할 문자열: class

test.java 11: public class Grep
sample.java 30: public class MyFrame
```

난이도: 상

주제
• 파일 처리

9. 현재 디렉터리의 .java 확장자를 가지는 파일만을 출력하는 프로그램을 작성해보자.

```
test.java
sample.java
총 2개의 파일이 발견되었습니다.
```

File 객체의 list() 메소드와 문자열 객체의 endsWith() 메소드를 고려해보자.

난이도: 상

주제
• 파일 처리

10. 현재 디렉터리에 있는 파일 중에서 backup 확장자를 가지는 파일만을 삭제하는 프로그램을 작성해보자.

```
test.backup 파일을 삭제합니다.
sample.backup 파일을 삭제합니다.
총 2개의 파일을 삭제하였습니다.
```

난이도: 상

주제
• 텍스트 파일 읽기

11. 우리는 행맨이라는 단어 게임을 앞장에서 작성해 본 적이 있다. 그때는 단어들이 문자열 배열에 저장되어 있었다. 이번 문제에서는 문제에 사용되는 문자열들이 파일 words.txt에 저장되어 있고 매번 랜덤하게 선택된다고 가정한다.

```
행맨 게임에 오신 것을 환영합니다.
현재의 상태: _____
글자를 추측하시오: i
현재의 상태: _i_
...
```

난이도: 상

주제
• 텍스트 파일 읽기

12. 두 개의 텍스트 파일 input1.txt와 input2.txt를 비교하여서 표절을 검사하는 프로그램을 작성해보자. 먼저 가장 간단하게 2개의 파일이 완벽하게 일치하는지를 검사한다. 이후에 파일의 내용을 단어로 분리하여서 조금 수준 높은 표절 검사를 진행한다.

첫 번째 파일: input1.txt
두 번째 파일: input2.txt

단어가 90% 일치합니다.
표절입니다.

13. 본문에서 파일을 XOR 연산을 사용하여 암호화한 프로그램을 소개하였다. 이번 문제에서는 XOR 암호화된 파일을 받아서 암호화 키를 알아내는 프로그램을 작성해보자. 복잡도를 줄이기 위하여 암호화 키는 1바이트라고 가정한다. 또 원문에는 "computer"라는 단어가 포함되어 있다고 가정한다.

난이도: 상
주제
• 이진 파일 읽기와 쓰기

암화화된 파일: test.bin
암호화 키를 찾고 있습니다.

발견된 암호화 키: 32
원문: A computer is a machine that can be programmed to carry out sequences of arithmetic or logical operations automatically.

14. 사용자로부터 다음과 같은 형식으로 사용자의 번호, 이름, 전화번호, 이메일 주소 등을 입력받아서 파일로 저장한다. 입력이 끝나면 사용자로부터 번호를 입력받아서 그 번호에 해당하는 전화번호를 출력하는 프로그램을 작성하라.

난이도: 상
주제
• 파일 처리

번호	이름	전화번호	이메일주소
1	홍길동	011-111-1111	hong@hanmail.net
2	김유신	010-222-2222	kim@hanmail.net

15. 2의 거듭제곱을 보여주는 HTML 파일을 자동으로 생성하는 프로그램을 작성하라. 파일 이름은 "table.html"으로 한다. 웹 브라우저로 보면 다음과 같이 표시되어야 한다.

난이도: 상
주제
• 파일 처리

```
<html><head>
<title>2의 거듭제곱</title>
</head>
<body>
<table border cellpadding=5>
<tr><th>2의 거듭제곱</th><th>Value</th></tr>
<tr><td>0</td><td>1</td></tr>
<tr><td>1</td><td>2</td></tr>
...
</table>
</body></html>
```

2의 거듭제곱	Value
0	1
1	2
2	4
3	8
4	16

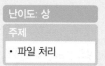

16. 본문에서 파일을 복사하는 프로그램을 작성해보았다. 이번에는 그래픽 사용자 인터페이스를 사용하는 파일 복사 프로그램을 작성해보자. 사용자는 복사할 파일의 이름과 대상 파일의 이름을 텍스트 필드에 입력하고 버튼을 클릭하여 복사를 수행한다. FileDialog 클래스에 대한 문서를 참조하여 사용자가 그래픽으로 소스 파일을 선택할 수 있도록 해보자.

멀티 스레딩

▶ 다음과 같은 작업들을 수행하는 방법을 알고 있나요? 이번 장에서 함께 알아봐요.

1. 스레드를 사용하여서 독립적으로 실행되는 코드를 만들 수 있나요?
2. 스레드의 우선순위를 조정하거나 종료시킬 수 있나요?
3. 여러 개의 스레드가 함께 실행될 때, 발생하는 문제를 피할 수 있나요?
4. 여러 개의 스레드를 사용하여 작업을 빠르게 수행할 수 있나요?

➕ 학습목차

16.1 멀티 태스킹
16.2 스레드 생성과 실행
16.3 스레드 스케줄링
16.4 동기화
16.5 스레드 간의 조정

멀티 태스킹이란?

멀티 태스킹(multi-tasking)은 여러 개의 태스크(작업)를 동시에 실행하는 기법이다. 다수의 작업을 동시에 실행하면 컴퓨터의 효율을 높일 수 있다. 인간도 음악을 들으면서 운동을 하거나, 동시에 여러 명과 메시지를 주고받을 수 있다. 컴퓨터도 문서를 편집하면서 인쇄도 할 수 있고 동시에 인터넷에서 파일을 다운로드할 수 있다. 단일코어 CPU에서도 멀티태스킹은 가능하다. 운영체제가 CPU의 시간을 쪼개어서 작업들에 시간을 할당하기 때문에 작업들이 동시에 수행되는 것처럼 보인다. 물론 멀티코어를 가지고 있는 CPU라면 실제로도 동시에 실행될 것이다.

음악을 들으면서 운동을 할 수 있다.

인쇄를 하면서 문서 편집을 할 수 있다.

단일 스레드

다중 스레드

그림 16.1 멀티 태스킹과 멀티 스레딩

멀티 스레딩(multi-threading)은 병렬 작업의 아이디어를 하나의 애플리케이션 안으로 가져온 것이다. 즉 하나의 애플리케이션 안에서도 여러 가지 작업을 동시에 하는 것을 의미한다. 예를 들어서 동영상을 재생하는 애플리케이션은 인터넷을 통하여 mp4 파일을 내려받으면서, 동시에 압축을 풀어서 동영상을 재생한다. 이들 각각의 작업은 **스레드(thread)**라고 한다. 스레드는 실이라는 의미로, 하나의 실행 흐름(thread of execution)을 의미한다. 자바는 멀티 스레딩을 프로그래머들에게 언어 수준에서 제공한다. 프로그래머들은 하나의 애플리케이션 안에서 동시에 실행되는 여러 스레드를 만들 수 있으며 이 스레드들은 자바 런타임 시스템에 의하여 동시에 실행된다. 이는 C나 C++보다도 진보된 것으로 효율적인 프로그램 작성을 가능케 한다.

프로세스와 스레드

컴퓨터에는 **프로세스(process)**와 **스레드(thread)**라는 2가지의 실행 단위가 있다. 가장 근본적인 차이점은 프로세스는 자신만의 데이터를 기지는 데 반하여 스레드들은 모두 동일한 데이터를 공유한다. 동시에 수행되는 스레드들이 데이터를 공유한다는 것은 상당히 위험할 수도 있지만, 스레드 간의 통신은 상당히 효율적이 된다.

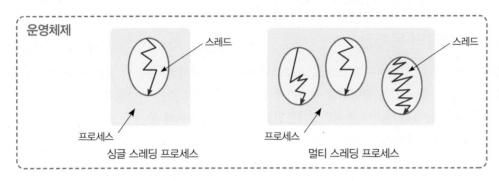

그림 16.2 스레드는 하나의 프로세스 안에 존재한다.

멀티 스레딩을 사용하는 이유

한마디로, 우리는 응용 프로그램을 보다 빠르게 실행하기 위하여 멀티 스레딩을 사용한다. 최근의 CPU는 속도가 매우 빠르며 여러 개의 코어가 포함되어 있기 때문에, 하나의 스레드로는 모든 코어를 이용할 수 없다. 따라서 값비싼 하드웨어가 대부분의 시간 동안 유휴 상태로 유지된다. 멀티 스레딩을 사용하면 여러 코어를 최대한 활용할 수 있다. 특히 많은 클라이언트 컴퓨터가 접속되는 웹 서버가 빠르게 응답하려면 다중 코어와 멀티 스레딩을 적극적으로 사용하여야 한다. 최근의 분위기에서는 무엇보다도 서버의 응답 시간이 중요하다. 따라서 멀티 코어 CPU를 많이 추가하는 경향이지만 정작 프로그램에서 멀티 코어를 활용하지 못한다면 돈만 낭비하는 꼴이 된다. 멀티 스레딩은 자바 애플리케이션에서 CPU의 멀티 코어를 활용하는 중요한 기법이다.

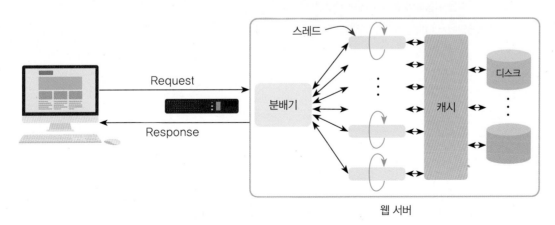

그림 16.3 웹 서버에서의 스레드 이용

멀티 스레딩은 게임이나 애니메이션에서도 필요하다. 예를 들어 키보드나 마우스에서 입력을 받고 네트워크에 무언가를 업로드하는 동시에 화면도 그려야 한다고 하자. 하나의 스레드에서 이 모든 작업을 수행하면 순차적으로 실행된다. 즉 먼저 화면을 그리고 나서 키보드/마우스에서 입력을 받고 마지막으로 네트워크에 업로드한다. 다른 작업을 수행하는 동안 화면이 정지된 것으로 보이기 때문에 게임 프로그램에 문제가 발생할 수 있다. 자바에서는 여러 스레드를 사용하여 이러한 작업들을 각각 독립적으로 실행할 수 있다.

멀티 스레딩의 문제점

멀티 스레딩 프로그램은 단일 스레드 프로그램보다 신경 써야 할 부분이 많은데 그 이유는 동시에 여러 스레드들이 같은 데이터를 공유하게 되면 동기화라고 하는 까다로운 문제가 발생하기 때문이다. 예를 들어서 버스에 좌석이 3개뿐인데 두 사람이 서버에 동시에 접근하여 좌석을 2개씩 예약한다면 문제가 될 것이다. 자바에는 이 문제를 해결할 수 있는 도구들이 포함되어 있다.

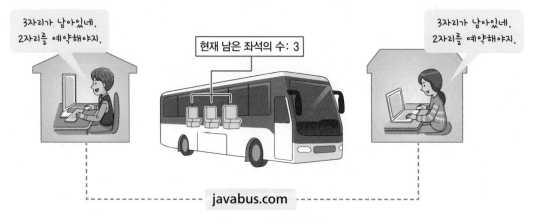

그림 16.4 동기화 문제

중간점검

1. 멀티 스레딩을 사용해야 하는 이유는 무엇인가?
2. 멀티 스레딩에서 나타날 수 있는 문제는 어떤 것이 있을까?

자바에서 스레드를 생성하여 작업을 실행하는 방법에는 다음과 같은 2가지의 방법이 있다.

- Thread 클래스를 상속하는 방법
- Runnable 인터페이스를 구현하는 방법

Thread 클래스

Thread 클래스는 스레드를 나타내는 클래스이다. Thread 클래스에는 스레드의 생성 및 제어에 관련된 여러 가지 메소드들이 정의되어 있다. 앞으로 하나씩 살펴보자.

메소드	설명
Thread()	매개 변수가 없는 기본 생성자이다.
Thread(String name)	이름이 name인 Thread 객체를 생성한다.
static int activeCount()	현재 활동 중인 스레드의 개수를 반환한다.
String getName()	스레드의 이름을 반환한다.
intgtPriority()	스레드의 우선 순위를 반환한다.
void interrupt()	현재의 스레드를 중단한다.
boolean isInterrupted()	현재의 스레드가 중단될 수 있는지를 검사한다.
void setPriority(int priority)	스레드의 우선 순위를 지정한다.
void setName(String name)	스레드의 이름을 지정한다.
static void sleep(int milliseconds)	현재의 스레드를 지정된 시간만큼 재운다.
void run()	스레드가 해야 하는 작업을 이 메소드 안에 위치시킨다. 스레드가 시작될 때 호출된다.
void start()	스레드를 시작한다.
static void yield()	현재 스레드를 다른 스레드에 양보하게 만든다.

Thread 클래스를 상속하여 스레드 생성하기

첫 번째 방법은 Thread 클래스를 상속받아 자식 클래스를 만들고 run() 메소드를 재정의하는 방법이다. run() 메소드에는 스레드가 수행하여야 할 작업 내용이 들어간다. 자식 클래스의 인스턴스를 생성하고 start() 메소드를 호출하면 스레드가 실행된다. 예를 들어서 0부터 10까지 카운트하는 스레드를 작성하여 보면 다음과 같다.

MyThreadTest.java

```
01  class MyThread extends Thread {  // ①
02      public void run() {                    // ②
03          for (int i = 0; i <= 10; i++)
04              System.out.print(i + " ");
05      }
06  }
07
08  public class MyThreadTest {
09      public static void main(String args[]) {
10          Thread t = new MyThread(); // ③
11          t.start();                         // ④
12      }
13  }
```

> MyThread 클래스는 Thread를 상속받는다. MyThread 클래스는 하나의 메소드 run()만을 가지고 있는데 run()은 이 스레드가 시작되면 자바 런타임 시스템에 의하여 호출된다. 스레드가 실행하는 모든 작업은 이 run() 메소드 안에 있어야 한다. 현재는 단순히 0부터 10까지를 화면에 출력한다.

> 스레드를 실행시키려면 Thread에서 파생된 클래스 MyThread의 인스턴스를 생성한 후 start()를 호출한다. Thread 타입의 변수 t가 선언되고 MyThread의 객체를 생성하였다. 객체가 생성되었다고 스레드가 바로 시작되는 것은 아니다. start() 메소드를 호출해야만 스레드가 실행된다.

실행 결과 0 1 2 3 4 5 6 7 8 9 10

1. Thread를 상속받아서 클래스를 작성한다.

2. run() 메소드를 재정의한다.

3. Thread 객체를 생성한다.

4. start()를 호출하여 스레드를 시작한다.

Runnable 인터페이스를 구현하는 방법

Thread 클래스를 확장하는 방법은 하나의 큰 단점이 있다. 자바에서는 단일 상속만이 가능하므로 다른 클래스를 이미 상속받은 클래스는 스레드로 만들 수 없다. 이 경우에는 Runnable 인터페이스를 구현하는 방법을 사용하여야 한다. Runnable 인터페이스 안에는 run() 메소드만 정의되어 있다. Runnable 인터페이스를 구현한 객체를 Thread 클래스의 생성자로 넘기면 된다. 이 방법도 결국은 Thread 클래스를 사용한다.

MyRunnableTest.java

```
01  class MyRunnable implements Runnable {  // ①
02      public void run() {                    // ②
03          for (int i = 0; i <= 10; i++)
04              System.out.print(i + " ");
05      }
06  }
07
08  public class MyRunnableTest {
09      public static void main(String args[]) {
10          Thread t = new Thread(new MyRunnable());  // ③
11          t.start();                                 // ④
12      }
13  }
```

> Runnable을 구현하는 클래스를 작성한다. run() 메소드를 재정의하여 작업에 필요한 코드를 넣는다.

> Thread 클래스의 인스턴스를 생성하고, Runnable 객체를 Thread 생성자의 매개 변수로 넘긴다. Thread 객체의 start() 메소드를 호출하여야 한다.

실행 결과 0 1 2 3 4 5 6 7 8 9 10

1. Runnable 인터페이스를 구현한 클래스를 작성한다.
2. run() 메소드를 작성한다.
3. Thread 객체를 생성하고 이때 MyRunnable 객체를 인수로 전달한다.
4. start()를 호출하여서 스레드를 시작한다.

Q&A

Q 그렇다면 스레드를 생성하기 위해서는 어떤 방법을 사용하는 것이 좋은가?

A Runnable 인터페이스를 사용하는 편이 더 일반적이다. Runnable 객체는 Thread가 아닌 다른 클래스를 상속받을 수 있다. Thread 클래스에서 상속받으면 다른 클래스를 상속받을 수 없다. 하지만 간단히 스레드를 생성할 때는 Thread 클래스를 상속받아도 좋다.

start() 대신에 run() 메소드를 직접 호출하면 안 된다.

참고

```
Thread obj = new Thread(MyRunnable());
obj.run(); //start()여야 한다.
```

Runnable의 run()이 예상대로 실행되기 때문에 처음에는 눈치채지 못할 수 있다. 하지만 그것은 새로운 스레드가 아니고 현재 스레드에서 실행되는 것이다.

스레드 2개 만들어보기   예제 16-1

0부터 10까지 세는 스레드를 두 개 만들어보자. 2개의 스레드가 실행되면서 스레드의 출력이 섞이는 것을 알 수 있다.

TestThread.java

```
01    class MyRunnable implements Runnable {
02        String myName;
03        public MyRunnable(String name) {          myName = name;  }
04        public void run() {
05            for (int i = 0; i <= 10; i++)
06                System.out.print(myName + i + " ");
07        }
08    }
09    public class TestThread {
10        public static void main(String[] args) {
11            Thread t1 = new Thread(new MyRunnable("A"));
12            Thread t2 = new Thread(new MyRunnable("B"));
```

스레드를 구분하기 위하여 이름을 설정한다.

이름이 "A"와 "B"인 스레드 2개를 생성하고 시작한다.

```
13          t1.start();
14          t2.start();
15      }
16  }
```

> 2개의 스레드가 실행되면서 스레드의 출력이 섞이는 것을 알 수 있다.

실행 결과 A0 B0 B1 B2 B3 B4 B5 B6 B7 B8 B9 B10 A1 A2 A3 A4 A5 A6 A7 A8 A9 A10

람다식을 이용한 스레드 작성

Java 8 버전부터 추가된 람다식은 스레드 프로그래밍에도 많이 활용된다. 앞에서 설명한 방법은 고전적인 방법이었다. 즉 람다식을 이용하지 않는 방법이다. 여기서는 람다식을 이용하면 얼마나 프로그램이 간단하게 작성되는지를 살펴보자. 0부터 10까지 카운트하는 프로그램을 람다식을 이용하여서 다시 작성하면 다음과 같다.

LambdaTest.java

```
01  public class LambdaTest {
02      public static void main(String args[]) {
03          Runnable task = () -> {
04              for (int i = 0; i <= 10; i++)
05                  System.out.print(i + " ");
06          };
07
08          new Thread(task).start();
09      }
10  }
```

> 람다식으로 생성

실행 결과 0 1 2 3 4 5 6 7 8 9 10

예제 16-2　　그래픽 버전 카운터 만들어보기

Thread 클래스가 가지고 있는 정적 메소드 sleep(millisec)은 밀리초 단위의 시간을 받아서, 지정된 시간 동안 현재 스레드의 실행을 중단한다. 예를 들어서 sleep(1000)이라고 호출하면 1초 동안 스레드가 잠자게 된다. 이번에는 스윙 컴포넌트를 사용하여서 0부터 10까지 1초 단위로 카운트하는 애플리케이션을 그래픽 모드로 작성하여 보자.

CountDownTest.java

```
01  import javax.swing.*;
02  import java.awt.*;
03  public class CountDownTest extends JFrame {
04      private JLabel label;
05
```

```
06   class MyThread extends Thread {
07      public void run() {
08         for (int i = 0; i <=10; i++) {
09            try {
10               Thread.sleep(1000);
11            } catch (InterruptedException e) {
12               e.printStackTrace();
13            }
14            label.setText(i + "");
15         }
16      }
17   }
18
19   public CountDownTest() {
20      setTitle("카운트다운");
21      setSize(400, 150);
22      label = new JLabel("Start");
23      label.setFont(new Font("Serif", Font.BOLD, 100));
24      add(label);
25      setVisible(true);
26      (new MyThread()).start();
27   }
28
29   public static void main(String[] args) {
30      CountDownTest t = new CountDownTest();
31   }
32 }
```

스레드를 내부 클래스로 만들면 필드에 접근하기가 쉬워진다.

sleep()은 도중에 예외 InterruptedException가 발생할 가능성이 있다. try-catch 블록으로 처리한다.

1초가 지나가면 레이블의 텍스트를 변경한다.

스레드를 시작한다.

1. 스레드를 만드는 방법을 정리해보라.

2. Thread 클래스의 어떤 메소드를 재정의하여서 작업을 기술하는가?

3. sleep()을 호출할 때 발생할 수 있는 예외는?

중간점검

LAB   자동차 경주 게임 만들기

Introduction to **JAVA Programming**

아주 간단한 자동차 경주 게임을 작성하여 보자. 본격적인 게임은 화면에 자동차를 직접 그려야 하지만 여기서는 컴포넌트의 위치를 변경하는 메소드 setBounds()를 사용하여 자동차를 이동한 다. 3대의 자동차는 이미지를 나타내는 3개의 레이블로 구현된다. 스레드를 사용하여서 0.1초에 한 번씩 난수의 값만큼 자동차의 위치를 변경해보자.

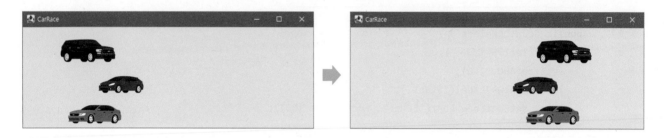

자동차를 나타내는 이미지 3개를 준비한다. 이미지들을 이클립스 프로젝트 폴더로 드래그한다. 스레드 3개를 생성하여, 하나의 스레드가 하나의 자동차를 움직이도록 한다. 3개의 스레드를 동시 에 시작한다. 이미지의 위치는 난수를 이용하여 설정한다.

스레드   스레드   스레드

도전문제

1. 결승선을 화면에 그려서 어떤 자동차가 우승하였는지를 표시해보자.

2. 이미지 파일을 표시하여 화면의 배경을 만들어보자.

3. 자동차가 오른쪽 경계점을 벗어나면 화면이 왼쪽으로 스크롤 되어서 게임이 계속되도록 해보자.

4. 자동차의 개수를 5개로 늘려보자.

자동차 경주 게임 만들기   Solution

CarGame.java

```java
01  import javax.swing.*;
02
03  public class CarGame extends JFrame {
04
05      class MyThread extends Thread {
06          private JLabel label;
07          private int x, y;
08
09          public MyThread(String fname, int x, int y) {
10              this.x = x;
11              this.y = y;
12              label = new JLabel();
13              label.setIcon(new ImageIcon(fname));
14              label.setBounds(x, y, 100, 100);
15              add(label);
16          }
17
18          public void run() {
19              for (int i = 0; i < 200; i++) {
20                  x += 10 * Math.random();
21                  label.setBounds(x, y, 100, 100);
22                  repaint();
23                  try {
24                      Thread.sleep(100);
25                  } catch (InterruptedException e) {
26                      e.printStackTrace();
27                  }
28              }
29          }
30      }
31
32      public CarGame() {
33          setTitle("CarRace");
34          setSize(600, 200);
35
36          setDefaultCloseOperation(JFrame.EXIT_ON_CLOSE);
37          setLayout(null);
```

하나의 스레드가 하나의 자동차를 나타낸다.

배치 관리자를 절대 위치 배치 관리자로 한다.

```
38
39    (new MyThread("car1.gif", 100, 0)).start();
40    (new MyThread("car2.gif", 100, 50)).start();
41    (new MyThread("car3.gif", 100, 100)).start();
42    setVisible(true);
43  }
44
45  public static void main(String[] args) {
46    CarGame t = new CarGame();
47  }
48 }
```

스레드를 생성하고 시작한다.

스레드의 상태

스레드는 5가지 상태 중 하나일 수 있다. 자바에서 스레드의 상태는 자바 가상 머신에 의해 제어된다.

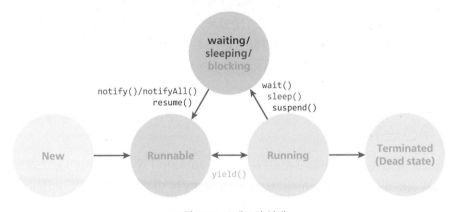

그림 16.5 스레드의 상태

- New 상태 - Thread 클래스의 인스턴스는 생성되었지만 start() 메소드를 호출하기 전이라면 스레드는 New 상태에 있다.

- Runnable 상태 - start() 메소드가 호출되면 스레드는 실행 가능한 상태가 된다. 하지만 아직 스레드 스케줄러가 선택하지 않았으므로 실행 상태는 아니다.

- Running 상태 - 스레드 스케줄러가 스레드를 선택하면, 스레드는 실행 중인 상태가 된다.

- Blocking 상태 - 스레드가 아직 살아 있지만, 여러 가지 이유로 현재 실행할 수 없는 상태이다.

- Terminated 상태 - 스레드가 종료된 상태이다. 스레드의 run() 메소드가 종료되면 스레드도 종료된다.

자바의 스레드 스케줄러는 다음에 실행할 스레드를 결정하는 자바 가상 머신의 일부이다. 대부분의 경우 스레드 스케줄러는 선점형 스케줄링과 타임 슬라이싱을 사용하여 스레드들을 스케줄링한다. 그러나 어떤 스케줄링을 선택하느냐는 자바 가상 머신에 의하여 결정된다.

아무래도 가장 우선순위가 높을 것을 먼저 실행시켜야지

스레드 스케줄러 | Priority 3 | Priority 4 | Priority 4 | Priority 6 | Priority 7 | Priority 6

선점형(preemptive) 스케줄링이란 **우선순위(priority)에 기반을 둔** 스케줄링이다. 즉 우선순위가 높은 스레드가 먼저 실행되는 알고리즘이다. 모든 스레드는 우선순위를 가지고 있다. 스레드는 생성되면 Thread 클래스에 정의된 MIN_PRIORITY와 MAX_PRIORITY 사이로 우선순위를 배정받는다. 스케줄러는 현재 수행 가능한 스레드 중에서 가장 우선 순위가 높은 스레드를 먼저 수행시킨다. 선택된 스레드는 일정한 타임 슬라이스 동안만 실행된다. 주어진 타임 슬라이스가 끝나면 스레드가 중단되고 준비 상태가 되어서 다음 실행을 기다린다. 스케줄러가 다음에 실행할 스레드를 선택하게 된다.

스레드 우선 순위

각 스레드에는 우선 순위가 있다. 우선순위는 1에서 10 사이의 숫자로 표시된다. 스레드의 기본 우선 순위는 NORM_PRIORITY이다. MIN_PRIORITY의 값은 1이고 MAX_PRIORITY의 값은 10이다.

- 정적 정수 MIN_PRIORITY(1)
- 정적 정수 NORM_PRIORITY(5)
- 정적 정수 MAX_PRIORITY(10)

스레드는 생성될 때 자신을 생성한 스레드로부터 우선 순위를 상속받는다. 실행 도중에는 다음의 메소드를 이용하여 스레드의 우선 순위를 얻거나 변경하는 것이 가능하다.

- void setPriority(int newPriority): 현재 스레드의 우선 순위를 변경한다.
- getPriority(): 현재 스레드의 우선 순위를 반환한다.

sleep()

Thread 클래스의 sleep() 메소드는 지정된 시간 동안 스레드를 재우기 위하여 사용된다. 스레드가 수면 상태로 있는 동안, 인터럽트되면 InterruptedException이 발생한다. 따라서 이 예외를 처리하여야 한다. sleep()은 CPU의 시간을 다른 스레드에게 넘겨주는 효율적인 방법이다. 또한 sleep()은 다른 스레드와 보조를 맞추는 용도로도 사용될 수 있다.

sleep()은 2가지 버전으로 제공된다. 하나는 밀리초 단위이고 다른 하나는 나노초 단위로 시간을 지정할 수 있다.

- public static void sleep(long miliseconds)
- public static void sleep(long miliseconds, int nanos)

그러나 이런 시간들은 정확하게 지켜진다고 보장할 수는 없다. 또한 언제라도 중간에 중단될 수 있음을 명심하여야 한다.

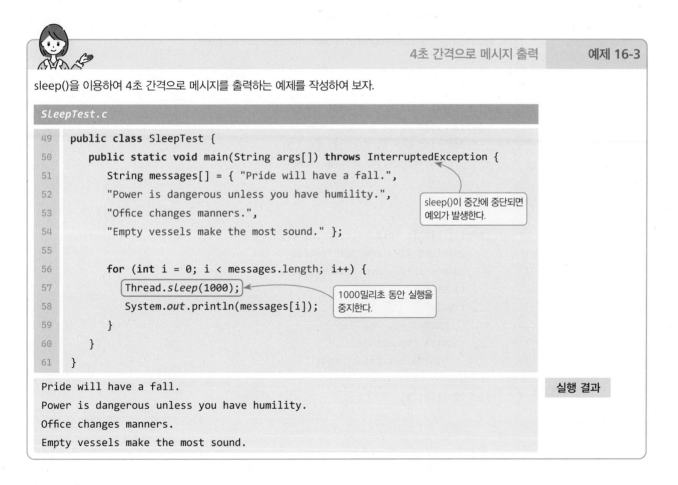

4초 간격으로 메시지 출력   예제 16-3

sleep()을 이용하여 4초 간격으로 메시지를 출력하는 예제를 작성하여 보자.

SleepTest.c

```
49  public class SleepTest {
50     public static void main(String args[]) throws InterruptedException {
51        String messages[] = { "Pride will have a fall.",
52        "Power is dangerous unless you have humility.",
53        "Office changes manners.",
54        "Empty vessels make the most sound." };
55
56        for (int i = 0; i < messages.length; i++) {
57           Thread.sleep(1000);
58           System.out.println(messages[i]);
59        }
60     }
61  }
```

sleep()이 중간에 중단되면 예외가 발생한다.

1000밀리초 동안 실행을 중지한다.

실행 결과

```
Pride will have a fall.
Power is dangerous unless you have humility.
Office changes manners.
Empty vessels make the most sound.
```

join()

join() 메소드는 스레드가 종료될 때까지 기다리는 메소드이다. 즉, 특정 스레드가 작업을 완료할 때까지 현재 스레드의 실행을 중지하고 기다리는 것이다. join() 메소드는 하나의 스레드가 다른 스레드의 종료를 기다릴 때 사용한다. 예를 들어서 다음 문장은 스레드 t가 종료될 때까지 현재 스레드가 기다리는 문장이다.

```
t.join();
```

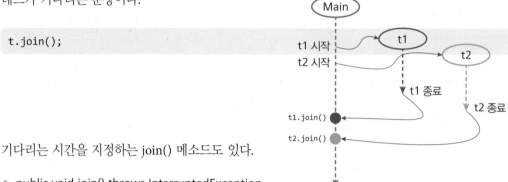

기다리는 시간을 지정하는 join() 메소드도 있다.

- public void join() throws InterruptedException
- pblic void join(long milliseconds)throws InterruptedException

2개의 스레드 t1과 t2를 만들어서 t1이 종료되기를 기다렸다가 t2를 시작해보자.

```java
01  public class JoinTest extends Thread {
02      public void run() {
03          for (int i = 1; i <= 3; i++) {
04              System.out.println(getName() + " "+i);
05          }
06      }
07
08      public static void main(String args[]) {
09          JoinTest t1 = new JoinTest();
10          JoinTest t2 = new JoinTest();
11          t1.start();
12          try {
13              t1.join();
14          } catch (Exception e) {
15              System.out.println(e);
16          }
17          t2.start();
18      }
19  }
```

실행 결과

```
Thread-0 1
Thread-0 2
Thread-0 3
Thread-1 1
Thread-1 2
Thread-1 3
```

Thread 클래스는 스레드 이름을 변경하고 가져오는 메소드를 제공한다. 기본적으로 각 스레드에 는 Thread-0, Thread-1 등의 이름이 붙는다. setName()을 사용하여 스레드 이름을 변경할 수 있다. setName() 및 getName() 메소드의 구문은 다음과 같다.

- public String getName(): 스레드의 이름을 반환하는 데 사용된다.
- public void setName(String name): 스레드의 이름을 변경하는 데 사용된다.

인터럽트(interrupt)와 yield()

인터럽트(interrupt)는 하나의 스레드가 실행하고 있는 작업을 중지하도록 하는 메커니즘이다. 스레드가 인터럽트에 어떻게 반응하느냐는 전적으로 프로그래머의 책임이다. 일반적인 경우에는 스레드가 종료된다. 하나의 스레드가 다른 스레드의 interrupt()를 호출하면 해당 스레드가 중지된다. 그런데 어떻게 실행하고 있는 스레드가 인터럽트에 반응할 수 있을까? 바로 InterruptedException이라는 예외를 처리해주면 된다.

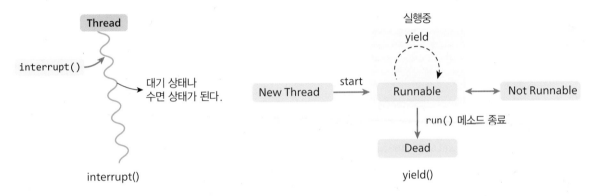

yield()는 CPU를 다른 스레드에게 양보하는 메소드이다. 동일한 우선순위를 가지고 있는 다른 스레드를 실행시키고자 할 때 사용된다.

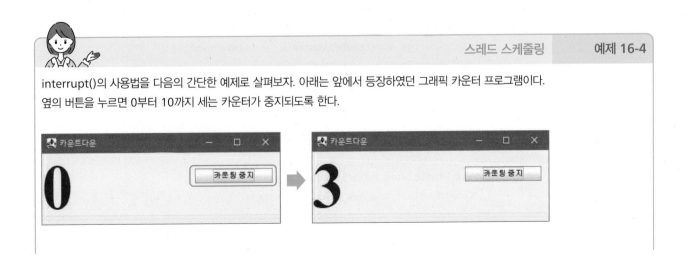

스레드 스케줄링   예제 16-4

interrupt()의 사용법을 다음의 간단한 예제로 살펴보자. 아래는 앞에서 등장하였던 그래픽 카운터 프로그램이다. 옆의 버튼을 누르면 0부터 10까지 세는 카운터가 중지되도록 한다.

ThreadControl.java

```java
20    import javax.swing.*;
21    import java.awt.*;
22
23    public class CountDownTest extends JFrame {
24       private JLabel label;
25       Thread t;
26
27       class Counter extends Thread {
28          public void run() {
29             for (int i = 0; i <= 10; i++) {
30                try {
31                   Thread.sleep(1000);
32                } catch (InterruptedException e) {
33                   return;
34                }
35                label.setText(i + "");
36             }
37          }
38       }
39
40       public CountDownTest() {
41          setTitle("카운트다운");
42          setSize(400, 150);
43          getContentPane().setLayout(null);
44          label = new JLabel("0");
45          label.setBounds(0, 0, 384, 111);
46          label.setFont(new Font("Serif", Font.BOLD, 100));
47          getContentPane().add(label);
48
49          JButton btnNewButton = new JButton("카운터 중지");
50          btnNewButton.setBounds(247, 25, 125, 23);
51          btnNewButton.addActionListener(e -> t.interrupt());
52          getContentPane().add(btnNewButton);
53          setVisible(true);
54          t = new Counter();
55          t.start();
56       }
57
58       public static void main(String[] args) {
59          CountDownTest t = new CountDownTest();
60       }
61    }
```

여기서 리턴하여야 스레드가 중지된다.

버튼이 눌리면 interrupt()를 호출한다.

데몬 스레드

데몬 스레드(demon thread)는 사용자 스레드에 서비스를 제공하는 스레드이다. 그 수명은 사용자 스레드에 달려 있다. 즉 모든 사용자 스레드가 종료되면 자바 가상 머신은 데몬 스레드를 자동으로 종료한다. gc, finalizer 등과 같이 자동으로 실행되는 많은 데몬 스레드가 있다. 명령 프롬프트에 jconsole을 입력하면 모든 세부 정보를 볼수 있다. jconsole 도구는 로드된 클래스, 메모리 사용량, 실행 중인 스레드 등에 대한 정보를 제공한다.

정상 스레드   데몬 스레드

자바 스레드 풀

스레드 풀(thread pool)은 미리 초기화된 스레드들이 모여 있는 곳이다. 일반적으로 스레드가 저장된 컬렉션의 크기는 고정되어 있지만 반드시 그런 것은 아니다. 스레드 풀의 동일한 스레드를 사용하여 N개의 작업을 쉽게 실행할 수 있다. 스레드의 개수보다 작업의 개수가 더 많은 경우 작업은 FIFO 큐에서 기다려야 한다.

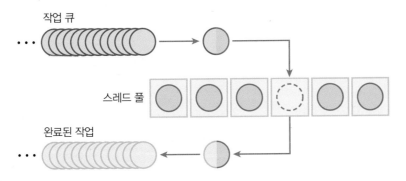

작업 큐

스레드 풀

완료된 작업

스레드가 실행을 완료하면 큐에서 새 작업을 선택하여 실행할 수 있다. 모든 작업이 완료되면 스레드는 활성 상태를 유지하고, 스레드 풀에서 차후 작업을 기다린다. 스레드 풀은 새로운 작업에 대한 대기열을 계속 주시한다. 새로운 작업이 도착하면 스레드는 다시 작업을 선택하고 실행하기 시작한다.

Java 5부터 자바 API는 Executor 프레임워크를 제공한다. 이것은 Executor 인터페이스와 하위 인터페이스 ExecutorService, 이들 인터페이스를 구현한 ThreadPoolExecutor 클래스로 이루어진다. 스레드 풀을 사용하면, 개발자는 Runnable 객체를 구현하고 ThreadPoolExecutor로 보내기만 하면 된다. ThreadPoolExecutor는 이것을 인스턴스화 하여서 스레드로 실행하는 일을 담당한다. 스레드 풀을 사용하면 성능을 향상시킬 수 있다. 즉 스레드가 새로 생성되는 시간을 절약할 수 있다. 스레드가 비록 프로세스에 비하면 경량이긴 하지만, 하나의 스레드가 생성되려면 상당한 시간이 소요된다. ThreadPoolExecutor는 스레드가 계속 생성되는 것을 방지하기 위해 몇 개의 스레드를 미리 생성한 후에 풀링하여 사용한다.

스레드 풀을 사용하는 예제를 작성해보자. 우리가 수행할 작업은 랜덤한 값으로 sleep()을 호출하고 종료되는 간단한 작업이다.

```java
import java.util.concurrent.Executors;
import java.util.concurrent.ThreadPoolExecutor;

class MyTask implements Runnable {
    private String name;

    public MyTask(String name) {
        this.name = name;
    }

    public String getName() {
        return name;
    }
    public void run() {
        try {
            System.out.println("실행중 : " + name);
            Thread.sleep((long)(Math.random() * 1000));
        } catch (InterruptedException e) {
            e.printStackTrace();
        }
    }
}
```

위의 작업을 5개 생성하고 크기가 2인 스레드 풀을 이용하여 작업을 실행해보자.

```java
import java.util.concurrent.Executors;
import java.util.concurrent.ThreadPoolExecutor;

public class ThreadPoolTest
{
    public static void main(String[] args)
    {
        ThreadPoolExecutor executor = (ThreadPoolExecutor)
                                                Executors.newFixedThreadPool(2);

        for (int i = 1; i <= 5; i++)
        {
            MyTask task = new MyTask("작업 " + i);
            System.out.println("작업 생성 : " + task.getName());
            executor.execute(task);
```

```
        }
        executor.shutdown();
    }
}
```

```
작업 생성 : 작업 1
작업 생성 : 작업 2
작업 생성 : 작업 3
실행중 : 작업 1
작업 생성 : 작업 4
실행중 : 작업 2
작업 생성 : 작업 5
실행중 : 작업 3
실행중 : 작업 4
실행중 : 작업 5
```

스레드들은 동일한 데이터를 공유하기 때문에 매우 효율적으로 작업할 수 있다. 하지만 동일한 메모리를 사용하기 때문에 2가지의 문제가 발생할 수 있다. 하나는 **스레드 간섭(thread interference)**이고 또 하나는 **메모리 불일치 오류(memory consistency error)**이다.

- 스레드 간섭(thread interference)
- 메모리 불일치 문제(consistency problem)

스레드 간섭은 여러 개의 스레드가 공유된 데이터에 동시에 접근할 때 발생한다. 예를 들어서 하나의 스레드가 공유 데이터 값을 변경하고 있는 중간에, 다른 스레드가 끼어들면 이상한 결과가 나타난다. 예를 들어서 공유 프린터를 한 사람이 사용하고 있는데, 다른 사람이 공유 프린터 사용을 시도하면 두 사람의 출력이 섞이게 될 것이다(프린팅 큐가 없는 경우라고 가정하자). 메모리 불일치 오류는 스레드에 따라서 공유된 메모리의 값이 일치하지 않는 현상이다. 이러한 오류를 막는 도구를 **동기화(synchronization)**라고 한다.

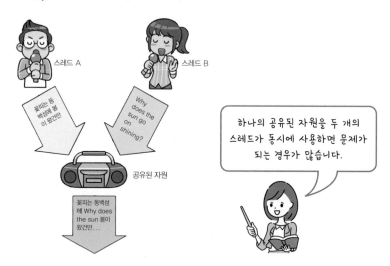

그림 16.6 공유된 자원에서의 동기화 문제

스레드 동기화 방법

동기화란 쉽게 설명하면 공유된 자원 중에서 동시에 사용하면 안 되는 자원을 보호하는 도구이다. 여러 가지의 방법이 있지만, 밀폐된 방 안에 자원을 놓고 한 번에 하나의 스레드만 방문을 열고 사용할 수 있게 하는 것이다. 하나의 스레드의 작업이 끝나면 다음 스레드가 사용할 수 있도록 한다.

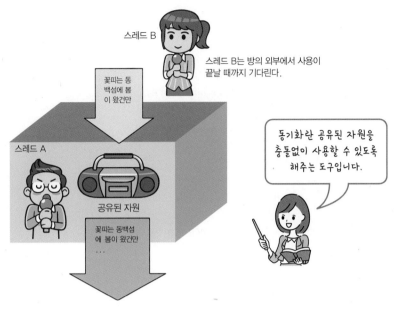

그림 16.7 공유된 자원에서의 동기화 문제 해결 방법

우리의 일상 생활에서도 이러한 예는 많은데, 공유 프린터, 공중 화장실, 공동 세미나실, 공동 실험실, 공동 강의실과 같은 곳은 모두 하나의 사용자가 사용하고 있으면 다른 사용자는 사용이 끝날 때까지 기다려야 한다. 이러한 부분을 **임계 영역 (critical section)**이라고 한다.

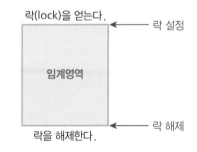

어떤 문제가 발생할 수 있는가?

예를 들어서 정수 배열을 출력하는 클래스를 다음과 같이 작성하여 사용한다고 가정하자.

```java
class Printer {
   void print(int[] arr) {
      for (int i = 0; i < arr.length; i++) {
         System.out.print(arr[i]+" ");
         try {
            Thread.sleep(100);
         } catch (InterruptedException e) {
            e.printStackTrace();
         }
      }
   }
}
```

하나의 Printer 객체를 여러 개의 스레드가 공유하면서 출력한다고 가정하자.

```
class MyThread1 extends Thread {
   Printer prn;
   int[] myarr = { 10, 20, 30, 40, 50 };

   MyThread1(Printer prn) {          this.prn = prn;    }
   public void run() {          prn.print(myarr);    }
}

class MyThread2 extends Thread {
   Printer prn;
   int[] myarr = { 1, 2, 3, 4, 5 };

   MyThread2(Printer prn) {          this.prn = prn;    }
   public void run() {          prn.print(myarr);    }
}

public class TestSynchro {
   public static void main(String args[]) {
      Printer obj = new Printer();
      MyThread1 t1 = new MyThread1(obj);
      MyThread2 t2 = new MyThread2(obj);
      t1.start();
      t2.start();
   }
}
```

다음과 같이 스레드의 출력이 섞이게 된다.

```
1 10 20 2 30 3 4 40 5 50
```

```
10 1 2 20 3 30 4 40 5 50
```

실행 결과는 실행할 때마다 달라진다. 왜 이렇게 출력되는지는 쉽게 알 수 있다. 스레드들이 Printer 객체를 동시에 접근하여서 배열을 출력하기 때문이다.

동기화

위의 문제를 막으려면 동기화를 사용하면 된다. 자바에서는 다음과 같은 3가지의 방법을 제공하고 있다.

- 동기화 메소드(synchronized method)
- 동기화 블록(synchronized block)
- 정적 동기화(static synchronization)

Printer 객체는 임계 영역으로 생각할 수 있고 이런 경우에는 synchronized 키워드를 사용하여서 메소드나 코드에 락(lock, 잠김)을 걸어야 한다. 즉 하나의 스레드가 임계 영역에 진입하면 다른 스레드들을 락(lock)이 풀릴 때까지 기다리게 하여야 한다. 이것은 마치 어떤 사람이 놀이기구를 사용하고 있으면 다른 사람들은 기다려야 하는 것과 마찬가지이다.

동기화는 락(lock) 또는 모니터(monitor)로 알려진 방법을 사용하여 구축된다. 모든 객체에는 연결된 락이 있다. 규칙에 따라 객체의 필드에 대한 일관된 액세스가 필요한 스레드는 액세스하기 전에 객체의 락을 획득한 다음, 작업이 완료되면 락을 해제해야 한다. 자바에서는 java.util.concurrent.locks 패키지에는 여러 가지 락 구현 방법이 포함되어 있다.

동기화 메소드 사용 예제

동기화 메소드를 사용하여 이전 예제를 수정해보자. 다음과 같이 synchronized 키워드를 메소드 앞에 붙여주면 된다.

```
class Printer {
    synchronized void print(int[] arr) {
        ...
    }
}
```

공유 데이터를 조작하는 메소드 앞에 synchronized를 붙인다.

실행 결과   10 20 30 40 50 1 2 3 4 5

메소드를 동기화되도록 한 것은 두 가지의 효과를 가진다.

- 먼저 동기화된 메소드는 동시 호출되더라도 마이크로 단계들이 겹치지 않는다. 하나의 스레드가 동기화된 메소드를 실행하고 있으면, 그 스레드가 종료할 때까지 다른 모든 스레드는 중지된다. 이것은 스레드 간섭 문제를 해결한다.

- 동기화된 메소드가 종료되면 자동적으로 이후의 메소드 호출은 변경된 상태만을 볼 수 있다. 이것은 메모리 불일치 오류 문제를 해결한다.

동기화된 메소드는 스레드 간섭과 메모리 불일치 오류를 막는 간단한 기법이다. 만약 어떤 객체를 두 개 이상의 스레드가 사용한다면, 공유된 객체의 변수에 대한 모든 읽기와 쓰기 연산은 동기화된 메소드를 통하여 이루어져야 한다. 이 기법은 효과적이지만 데드락(deadlock)과 아사 문제(starvation)를 해결할 수는 없다. 동기화 문제는 운영체제에서도 중요하게 다루어진다. 보다 자세한 사항은 자바 튜토리얼 홈페이지를 참고하기 바란다.

동기화 블록 사용 예제

동기화된 블록은 메소드의 특정 리소스에 대한 동기화를 수행하는 데 사용할 수 있다. 메소드에 100줄의 코드가 있지만 10줄만 동기화하려는 경우, 동기화된 블록을 사용할 수 있다고 가정한다. 동기화된 블록에 메소드의 모든 코드를 넣으면 동기화된 메소드와 동일하게 작동한다.

```
class Printer {
    void print(int[] arr) throws Exception {
        synchronized(this){
        for (int i = 0; i < arr.length; i++) {
            System.out.print(arr[i]+" ");
            Thread.sleep(100);
        }
        }
    }
}
```

교착(데드락) 예제

하지만 동기화가 임계 영역 문제는 해결하지만, 또 하나의 문제를 일으킬 수도 있다. 즉 동일한 자원을 접근하려고, 동기화를 기다리면서 대기하는 스레드들이 많아지면 자바 가상 머신이 느려지거나 일시 중단되기도 한다. 이것을 교착 상태(deadlock), 기아(starvation)과 라이브락(livelock)이라고 한다. 이 중에서 우리는 교착 상태만을 살펴보자.

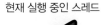 현재 실행 중인 스레드

 기아 상태에 놓인 스레드

우선순위가 높은 대기 스레드

교착 상태는 멀티 스레딩에서 얼마든지 나타날 수 있다. 교착 상태는 첫 번째 스레드가 두 번째 스레드가 획득한 객체 락을 기다리고 있고, 두 번째 스레드는 첫 번째 스레드가 획득한 객체 락을 기다리는 상황에서 발생할 수 있다. 두 스레드가 서로 상대방이 가진 락을 기다리고 있기 때문에, 아무리 시간이 경과하여도 교착 상태가 해결될 수 없다.

스레드 1은 자원 A를 가지고 있다.　　　　스레드 2은 자원 B를 가지고 있다.

원하는 자원

스레드 1은 자원 B를 원한다.　　　　스레드 2은 자원 A를 원한다.

```java
public class DeadLockTest {
    public static void main(String[] args) {
        final String res1 = "Gold";
        final String res2 = "Silver";

        Thread t1 = new Thread(()-> {
            synchronized (res1) {
            System.out.println("Thread 1: 자원 1 획득");
            try { Thread.sleep(100);} catch (Exception e) {}
            synchronized (res2) {
            System.out.println("Thread 1: 자원 2 획득");
            }
        }});

```

```
15          Thread t2 = new Thread(()-> {
16              synchronized (res2) {
17              System.out.println("Thread 2: 자원 2 획득");
18              try { Thread.sleep(100);} catch (Exception e) {}
19              synchronized (res1) {
20              System.out.println("Thread 2: 자원 1 획득");
21              }
22          }});
23
24          t1.start();
25          t2.start();
26      }
27  }
```

실행 결과
```
Thread 1: 자원 1 획득
Thread 2: 자원 2 획득
```

실행 결과를 보면 교착 상태에 빠진 것을 알 수 있다. 교착 상태를 해결하려면 어떻게 하면 될까? 교착 상태는 운영체제에서 학습해야 할 중요한 개념이다. 여기서는 간단하게 잠금 순서를 변경하는 기법만 살펴보자. Thread-2에서 잠금 순서를 변경하면 프로그램이 교착 상태에 빠지는 것을 방지할 수 있다. 즉 Thread-1과 동일한 순서대로 자원을 획득하면 교착 상태에 빠지지 않는다.

```
01      Thread t2 = new Thread(()-> {
02          synchronized (res1) {
03          System.out.println("Thread 2: 자원 1 획득");
04          try { Thread.sleep(100);} catch (Exception e) {}
05          synchronized (res2) {
06          System.out.println("Thread 2: 자원 2 획득");
07          }
08      }});
```

실행 결과
```
Thread 1: 자원 1 획득
Thread 1: 자원 2 획득
Thread 2: 자원 1 획득
Thread 2: 자원 2 획득
```

교착 상태는 상당히 복잡한 개념이므로 응용 프로그램을 개발하기 전에 자세히 교착 상태 상황을 살펴보아야 한다.

중간점검

1. 스레드 동기화는 어떤 경우에 필요한가?

2. 동기화를 위해서 공유된 메소드 앞에 붙여야 하는 키워드는?

스레드들은 때로 서로 간에 동작을 조정할 필요가 있다. 대표적인 예가 생산자와 소비자 타입의 예제이다. 이런 종류의 예제는 두 개의 스레드 사이에서 데이터를 공유한다. 생산자는 데이터를 생산하고 소비자는 데이터를 가지고 어떤 작업을 한다. 두 개의 스레드는 공유된 객체를 사용하여 통신을 하게 된다. 이런 경우 조정은 필수적이다. 소비자 객체는 생산자가 데이터를 배달하기 전에 데이터를 가져오려고 시도하면 안 된다. 또한 생산자도 소비자가 아직 이전 데이터를 가져가지 않았는데 새로운 데이터를 생산하면 안 된다.

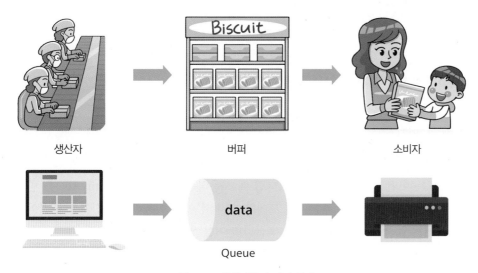

그림 16.8 생산자와 소비자 문제

이런 종류의 코드를 작성할 때 최악의 선택은 스레드로 하여금 다음과 같이 조건을 반복 루프에서 무한정 검사하게 하는 것이다. 이것을 **폴링(polling)**이라고 한다. 이것은 CPU의 시간을 엄청나게 낭비한다.

```java
public void badMethod() {
    // CPU 시간을 엄청나게 낭비한다.
    // 절대 해서는 안 된다!
    while(!condition) {    }
    System.out.println("조건이 만족되었습니다!");
}
```

wait()와 notifyAll()

보다 효율적인 방법은 조건이 만족될 때까지 현재의 스레드를 일시 중지시키는 것이다. wait()를 사용하면 다른 스레드가 어떤 이벤트가 발생했다고 알려줄 때까지 스레드가 중지된다.

```
public synchronized goodMethod() {
    while(!condition) {
        try {
            wait();    이벤트가 발생할 때까지 리턴하지 않는다.
                       이벤트가 발생하면 깨어나서 다시 조건을 체크한다.
        } catch (InterruptedException e) {}
    }
    System.out.println("조건이 만족되었습니다!");
}
```

wait() 메소드는 어떤 일이 일어나기를 기다릴 때 사용하는 메소드이다. notifyAll()은 반대로 어떤 일이 일어났을 때 이를 알려주는 메소드이다. 따라서 이를 이용하여 생산자는 생산이 끝나면 이를 소비자에게 알려주고 소비자는 소비가 끝나면 이를 생산자에게 알려준다.

그림 16.9 wait()와 notifyAll()

여기서 주의할 점은 wait()에서 리턴한 후에 반드시 다시 조건을 검사하여야 한다는 점이다. 발생된 이벤트가 우리가 원하는 이벤트가 아닐 수도 있다. 또한 wait()는 InterruptedException 예외를 발생할 수 있으므로 적절하게 처리해주어야 한다.

여기서 왜 goodMethod가 synchronized 키워드로 동기화되어야 할까? 예를 들어서 d가 우리가 wait()를 호출하기 위하여 사용하는 객체라고 가정하자. 하나의 스레드가 d.wait()를 호출하면 그 스레드는 반드시 객체 d에 대하여 락(lock)을 소유하여야 한다. 그렇지 않으면 오류가 발생된다. 동기화된 메소드 안에 있다는 것은 락을 가지고 있다는 것을 의미하기 때문에, 동기화된 메소드 안에서 wait()를 호출하면 된다.

```
public synchronized goodMethod() {
    ...
}
```

wait()가 호출되면 스레드는 가지고 있던 락을 해제하고 실행을 일시 중지한다. 차후에 다른 스레드가 동일한 락을 획득하여서 notifyAll()을 호출하면, 이벤트가 발생하기를 기다리면서 일시 중지된 모든 스레드들이 깨어나게 된다.

```
public synchronized notifyCondition() {
    condition = true;
    notifyAll();
}
```

생산자-소비자 예제

이것을 앞에서 설명한 생산자-소비자(Producer-Consumer) 애플리케이션을 작성하는 데 적용하여 보자. 이런 종류의 애플리케이션은 두 개의 스레드가 하나의 데이터를 공유한다. 생산자는 데이터를 생산하고 소비자는 데이터를 소비한다.

생산자-소비자 문제에서 중요한 것은 생산자가 생산하기 전에 소비자가 물건을 가져가면 안 된다는 점이다. 또 반대로 이전 물건을 소비하기 전에 생산하면 안 된다. 여기서는 케이크를 적절하게 생산하고 소비하는 문제를 다루어보자. 케이크 재고가 항상 1이 되게 하자. 이것을 위하여 우리가 학습한 두 가지의 방법을 동시에 사용하여야 한다.

- 동기화된 메소드를 사용하여 두 개의 스레드가 동시에 버퍼 객체에 접근하는 것을 막는다. 동기화된 메소드는 synchronized 키워드를 메소드 앞에 붙여서 만든다.
- 케이크를 생산하고 가져가는 동작을 일치시키기 위하여 두 개의 스레드를 동기화할 수 있는 어떤 방법이 필요하다. 스레드 간의 동작을 일치하기 위하여 사용하는 메소드들이 wait(), notifyAll()이다. 이들 메소드를 이용하여 생산이 되었음을 소비자에게 명시적으로 알리고 또한 소비가 되었음을 명시적으로 생산자에게 알릴 수 있다.

먼저 케이크를 임시적으로 보관하는 Buffer 클래스를 작성한다. 이 Buffer 객체를 두 개의 스레드가 공유하게 된다.

```java
class Buffer {
    private int data;                                    ← 생산자로부터 소비자에게 전해지는 데이터
    private boolean empty = true;                         ← 소비자가 기다리고 있으면 true,
                                                            생산자가 기다리고 있으면 false
    public synchronized int get() {
        while (empty) {
            try {
                wait();                                   ← 케이크가 생산될 때까지 기다린다.
            } catch (InterruptedException e) {

            }
        }
        empty = true;                                     ← 상태를 토글한다.
        notifyAll();                                      ← 생산자를 깨운다.
        return data;
    }

    public synchronized void put(int data) {
        while (!empty) {
            try {
                wait();
            } catch (InterruptedException e) {

            }
        }
        empty = false;
        this.data = data;
        notifyAll();
    }
}
```

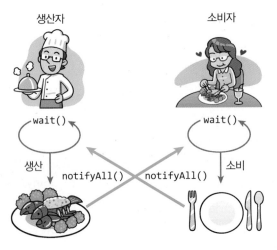

그림 16.10 생산자와 소비자 문제

생산자를 코딩하여 보자. 실제 세계를 감안해서 케이크를 생산한 후에 난수 시간만큼 휴식을 취한다.

```java
class Producer implements Runnable {
   private Buffer buffer;

   public Producer(Buffer buffer) {
      this.buffer= buffer;     // 버퍼 참조 변수를 저장한다.
   }

   public void run() {
      for (int i = 0; i < 10; i++) {
         buffer.put(i);     // 버퍼에 케이크를 가져다 놓는다.
         System.out.println("생산자: " + i + "번 케이크를 생산하였습니다.");
         try {
            Thread.sleep((int) (Math.random() * 100));
         } catch (InterruptedException e) {
         }
      }
   }
}
```

이번에는 같은 방식으로 소비자 스레드를 작성한다.

```java
class Consumer implements Runnable {
   private Buffer buffer;
   public Consumer(Buffer drop) {
      this.buffer= drop;     // 버퍼 참조 변수를 저장한다.
   }

   public void run() {
      for (int i = 0; i < 10; i++) {
         int data = buffer.get();     // 버퍼에 케이크를 가져온다.
         System.out.println("소비자: " + data + "번 케이크를 소비하였습니다.");
         try {
            Thread.sleep((int) (Math.random() * 100));
         } catch (InterruptedException e) {
         }
      }
   }
}
```

마지막으로 메인 스레드를 작성해준다. 생산자 스레드와 소비자 스레드를 생성하여 실행한다.

```java
public class ProducerConsumerTest {
    public static void main(String[] args) {
        Buffer buffer = new Buffer();
        (new Thread(new Producer(buffer))).start();
        (new Thread(new Consumer(buffer))).start();
    }
}
```

실행 결과

```
생산자: 0번 케이크를 생산하였습니다.
소비자: 0번 케이크를 소비하였습니다.
생산자: 1번 케이크를 생산하였습니다.
소비자: 1번 케이크를 소비하였습니다.
...
생산자: 9번 케이크를 생산하였습니다.
소비자: 9번 케이크를 소비하였습니다.
```

만약 wait(), notifyAll()을 사용하지 않고 무조건 케이크를 가져가고 생산한다면 다음과 같이 잘 못된 결과가 나온다.

```java
class Buffer {
    private int data;
    public synchronized int get() {
        return data;
    }
    public synchronized void put(int data) {
        this.data = data;
    }
}
```

실행 결과

```
생산자: 0번 케이크를 생산하였습니다.
소비자: 0번 케이크를 소비하였습니다.
소비자: 0번 케이크를 소비하였습니다.
소비자: 0번 케이크를 소비하였습니다.
생산자: 1번 케이크를 생산하였습니다.
소비자: 1번 케이크를 소비하였습니다.
...
```

실행 결과 동일한 케이크를 여러 번 가져가는 것을 알 수 있다. 또한 소비가 되지 않았는데도 케이크를 생산하는 것을 알 수 있다.

중간점검

1. wait()와 notifyAll()은 어떤 경우에 사용하면 좋은가?

2. synchronized 키워드가 있으면 wait()와 notifyAll()이 없어도 되는가?

공 움직이기   **LAB**

스레드를 이용하여 화면에서 공을 움직이는 프로그램을 작성해보자. 스레드의 작업을 지정할 때
람다식을 이용해보자.

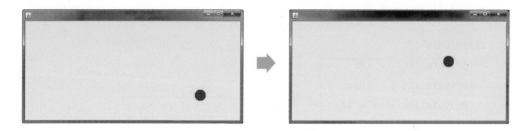

다음과 같은 UML 클래스 다이어그램을 참조한다.

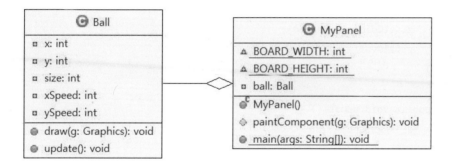

람다식을 이용하여 Runnable 객체를 생성하는 코드는 다음과 같다.

```
Runnable task = () -> {
   while (true) {
      ball.update();
      repaint();
      try {
         Thread.sleep(50);
      } catch (InterruptedException ignore) {
      }
   }
};
```

Solution 공 움직이기

MyPanel.java

```java
01  import java.awt.*;
02  import javax.swing.*;
03
04  class Ball {
05      private int x = 100;
06      private int y = 100;
07      private int size = 30;
08      private int xSpeed = 10;
09      private int ySpeed = 10;
10
11      public void draw(Graphics g) {
12          g.setColor(Color.RED);
13          g.fillOval(x, y, size, size);
14      }
15
16      public void update() {
17          x += xSpeed;
18          y += ySpeed;
19          if ((x + size) > MyPanel.BOARD_WIDTH - size || x < 0) {
20              xSpeed = -xSpeed;
21          }
22          if ((y + size) > MyPanel.BOARD_HEIGHT - size || y < 0) {
23              ySpeed = -ySpeed;
24          }
25      }
26  }
27
28  public class MyPanel extends JPanel {
29      static final int BOARD_WIDTH = 600;
30      static final int BOARD_HEIGHT = 300;
31      private Ball ball = new Ball();
32
33      public MyPanel() {
34          this.setBackground(Color.YELLOW);
```

공을 Ball 클래스로 모델링한다.

공의 속성은 위치, 크기, 속도이다.

공을 화면에 그려주는 메소드이다.

공의 새로운 위치를 계산한다. 공이 벽에 부딪히면 반사되도록 한다.

```
35    Runnable task = () -> {
36        while (true) {
37            ball.update();
38            repaint();
39            try {
40                Thread.sleep(50);
41            } catch (InterruptedException ignore) {
42            }
43        }
44    };
45    new Thread(task).start();
46    }
47
48    @Override
49    protected void paintComponent(Graphics g) {
50        super.paintComponent(g);
51        ball.draw(g);
52    }
53
54    public static void main(String[] args) {
55        JFrame frame = new JFrame();
56        frame.setSize(MyPanel.BOARD_WIDTH, MyPanel.BOARD_HEIGHT);
57        frame.add(new MyPanel());
58        frame.setDefaultCloseOperation(JFrame.EXIT_ON_CLOSE);
59        frame.setVisible(true);
60    }
61 }
```

> 람다식을 이용하여 Runnable 객체를 생성한다. 무한루프를 돌면서 공의 위치를 변경하고 화면에 다시 그린다. 50 밀리초 동안 쉰다.

1. 화면에 공을 여러 개 만들려면 어떻게 하면 좋을까?

2. "Start" 버튼과 "Stop" 버튼을 만들어서 "Start" 버튼이 눌러진 경우에만 공이 움직이도록 해보자. 물론 "Stop" 버튼이 눌러지면 공이 정지하여야 한다.

도전문제

Mini Project   갤러그 게임 II

우리는 12장에서 갤러그 게임을 미니 프로젝트로 작성해보았다. 12장에서는 스레드를 사용하지 않았다. 여기서는 스레드를 사용하여 게임 루프를 구현해보자. 3개의 객체(플레이어, 적, 미사일)가 등장한다. 플레이어 캐릭터는 화살표 키를 이용하여서 상하좌우로 움직일 수 있다. 적은 가로로 왕복한다. 미사일은 스페이스 키를 누르면 발사된다. 미사일이 적에 맞아도 아무런 일도 일어나지 않는다. 일단은 이 3개의 객체를 하나의 스레드로 움직이는 데만 집중하여 보자.

플레이어, 적, 미사일은 모두 공통적인 특징을 공유하고 있다. 그림 파일을 가지고 있으며 움직인다. 또한 자기 자신을 화면에 그려야 한다. 따라서 GraphicObject라는 슈퍼 클래스를 작성하고 이것을 상속받아서 플레이어, 적, 미사일을 작성한다. 또 2개의 중요한 메소드가 있는데 update()는 자신의 위치를 변경하는 데 사용되고 draw()는 자기 자신을 화면에 그리는 데 사용된다.

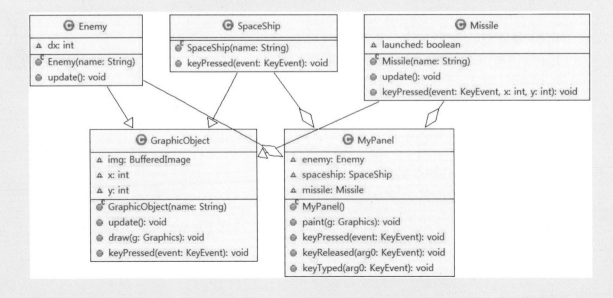

1. 적 캐릭터가 미사일에 맞으면 소멸되도록 코드를 추가하라.

2. 난수를 발생하여서 적 캐릭터가 움직이는 경로를 불규칙하게 하라.

3. ArrayList를 이용하여서 여러 개의 적 캐릭터를 생성하고 관리하라.

도전문제

Summary

Introduction to **JAVA Programming**

- 멀티 스레딩이란 하나의 프로그램 안에서 동시에 실행되는 여러 개의 스레드를 생성하여서 작업을 동시에 처리하는 기법이다.

- 자바에서 멀티 스레딩은 Thread 클래스에 의하여 지원된다.

- 자바에서 스레드를 생성할 때, Thread 클래스를 상속받을 수도 있고, 아니면 Runnable 인터페이스를 구현할 수도 있다.

- Thread 클래스를 상속받을 때는 run() 메소드를 오버라이딩하고 이곳에 작업을 위한 코드를 넣는다.

- Runnable 인터페이스를 구현할 때는 인터페이스 안의 run() 메소드를 구현한다. 역시 이곳에 작업을 위한 코드를 넣는다.

- 스레드는 우선 순위를 기준으로 스케줄링된다. 동일한 우선 순위라면 라운드로빈 방식으로 스케줄링된다.

- 여러 개의 스레드가 데이터를 공유하면 동기화 문제가 발생한다. 동기화 문제란 이띤 스레드가 데이터를 소작하고 있는 도중에 다른 스레드가 끼어드는 것이다.

- 동기화 문제를 방지하려면 공유된 데이터, 즉 임계 영역을 synchronized 블록으로 지정하여야 한다.

- 스레드끼리 데이터를 주고받으려면 wait(), notifyAll() 등의 메소드를 사용한다.

Introduction to **JAVA Programming**

1. 우리가 스레드로 하고 싶은 작업이 들어가는 Thread 클래스의 메소드는 무엇인가?

❶ run()   ❷ start()

❸ stop()   ❹ main()

2. 스레드의 실행을 시작하게 하는 메소드는?

❶ init()   ❷ start()

❸ run()   ❹ resume()

3. 다른 스레드를 강제적으로 종료시키는 메소드는 무엇인가?

❶ init()   ❷ sleep()

❸ run()   ❹ interrupt()

4. 다른 스레드가 종료하기를 기다리는 메소드는 무엇인가?

❶ init()   ❷ sleep()

❸ join()   ❹ interrupt()

5. 동기화 문제가 발생하지 않도록 메소드의 앞에 놓아야 하는 키워드는?

❶ run   ❷ synchronized

❸ stop   ❹ lock

6. 만약 컴퓨터에 CPU가 하나뿐이고 단일 코어 CPU라면 어떻게 여러 개의 스레드가 동시에 실행될 수 있을까?

7. 스레드를 생성하는 방법을 간단히 설명하고 각 방법의 장점과 단점을 설명하라.

(a) Thread 클래스를 상속받는 방법

(b) Runnable 인터페이스를 구현하는 방법

8. wait()와 notifyAll()은 어떤 경우에 사용하는가?

9. 다음은 스레드를 생성하여 실행하는 코드이다. 비어 있는 부분에 어떤 코드를 넣어야 할까?

```java
class Test implements Runnable {
   public static void main(String args[])    {
      // 여기에 스레드를 생성하는 코드를 넣는다.
   }
   public void run() { System.out.println("Hi!"); }
}
```

10. 아래의 스레드를 생성하고 실행하는 문장은 무엇인가?

```java
public class Test implements Runnable {
   public void run()    { System.out.println("Hi!");    }
}
```

❶ new Runnable(Test).start();

❷ new Thread(Test).run();

❸ new Thread(new Test()).start();

❹ new Test(),start();

11. 다음 프로그램의 출력은?

```java
public class Test implements Runnable {
   public static void main(String [] args)    {
      Test t = new Test();
      Thread x = new Thread(t);
      x.start();
   }
   public void run()    {
      for(int i = 0; i < 3; i++)
         System.out.print(i + "..");
   }
}
```

Programming

1. 이름이 "A", "B", "C"인 스레드 3개를 생성하여 동시에 시작해보자. 각 스레드들은 1부터 10까지를 순서대로 출력한다. 본문의 코드를 참조하라.

| 난이도: 중 |
| 주제 |
| • 스레드 생성과 실행 |

```
C10 C9 C8 C7 C5 C4 B10 B9 A10 A9 ...
```

2. 다음과 같은 디지털 시계를 스레드를 이용하여 작성해보자. 스레드를 하나 생성하고 Thread. sleep(1000)을 호출하여 1초마다 화면을 다시 그리면 된다.

| 난이도: 상 |
| 주제 |
| • sleep() |

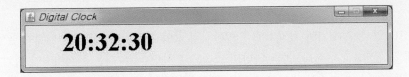

현재 시각은 다음 코드로 얻을 수 있다.

```
Calendar now = Calendar.getInstance();
int hrs = now.get(Calendar.HOUR_OF_DAY);
int min = now.get(Calendar.MINUTE);
int sec = now.get(Calendar.SECOND);
String time = hrs+":"+min+":"+sec;
```

3. 화면에서 이미지가 왼쪽 상단에서 오른쪽 하단으로 부드럽게 이동하는 애니메이션을 스레드를 이용하여 작성해보자.

| 난이도: 상 |
| 주제 |
| • 스레드, 그래픽 |

4. 화면의 사각형이 축소되었다가 다시 확대되는 반복적인 애니메이션을 작성하여 보자. 스레드를 이용한다.

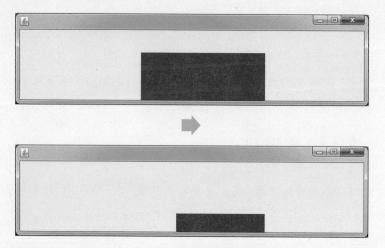

5. 크기가 100인 정수 배열이 있고 0부터 99까지의 값이 저장되어 있다. 이 배열에 들어 있는 값의 합계를 계산하고자 한다. 물론 하나의 스레드로 하면 너무 쉬운 문제이지만 여기서는 배열을 2개로 쪼갠 후에 2개의 스레드를 이용하여서 합계를 계산해보자. 첫 번째 스레드는 0부터 49까지를, 두 번째 스레드는 50에서 99까지를 담당한다.

합계: 4950

 다른 스레드가 종료될 때까지 기다리려면 t.join() 을 사용한다.

6. 이번에는 배열에 0부터 100 사이의 난수를 저장하고, 난수 중에서 가장 큰 수를 찾아보자. 이번에도 2개의 스레드를 사용해보라.

최대수: 99

7. Thread 클래스의 join() 메소드를 테스트하기 위하여 다음과 같은 애니메이션을 만들어보자. 2명의 육상 선수는 모두 스레드를 이용하여 구현된다. 프로그램은 첫 번째 스레드가 종료될 때까지 t1.join()을 호출하여 기다린다. 첫 번째 스레드가 종료되면 비로소 두 번째 스레드를 시작한다.

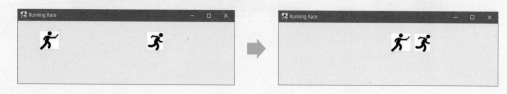

8. 여러 사람이 동시에 버스의 좌석을 예약하는 문제를 프로그램해보자. 각각의 사람은 스레드로 구현한다. 버스는 클래스로 구현하고 동기화를 위하여 synchronized 키워드를 적절하게 사용한다.

난이도: 상
주제
• 스레드 동기화

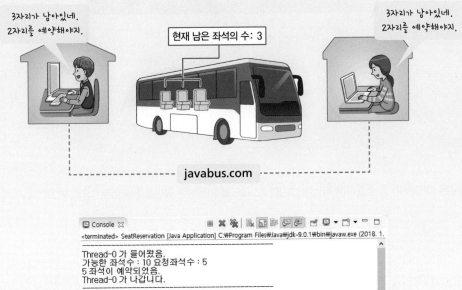

현재 남은 좌석의 수: 3

javabus.com

```
Console
<terminated> SeatReservation [Java Application] C:\Program Files\Java\jdk-9.0.1\bin\javaw.exe (2018. 1.

Thread-0 가 들어왔음.
가능한 좌석수 : 10 요청좌석수 : 5
5 좌석이 예약되었음.
Thread-0 가 나갑니다.
────────────────────────────
Thread-1 가 들어왔음.
가능한 좌석수 : 5 요청좌석수 : 4
4 좌석이 예약되었음.
Thread-1 가 나갑니다.
────────────────────────────
Thread-2 가 들어왔음.
가능한 좌석수 : 1 요청좌석수 : 2
좌석 예약이 불가능합니다.
Thread-2 가 나갑니다.
```

9. 화면의 임의의 위치를 마우스로 클릭하면 그 위치에서 하나의 로켓이 만들어져서 상승하는 프로그램을 작성해보자. 로켓이 화면을 벗어나면 로켓은 삭제된다. 로켓은 이미지 레이블을 이용해서 만들어보자. 각 로켓은 스레드로 구현하라.

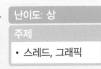

난이도: 상
주제
• 스레드, 그래픽

난이도: 상

주제

• 스레드, 그래픽

10. 비 오는 화면을 스레드를 이용하여 만들어보자. 약 30개 정도의 물방울을 생성하고 위에서 아래로 떨어지게 한다. 물방울들은 타원으로 그려지고 ArrayList에 저장된다. 하나의 스레드를 이용하여서 물방울 전체를 아래로 랜덤하게 떨어지게 한다.

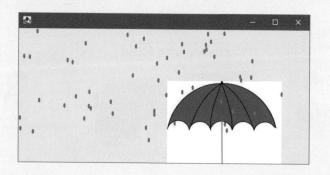

물방울은 fillOval() 을 호출하여 화면에 그린다 . 스레드를 이용하여 물방울들을 아래쪽으로 이동한다 .

난이도: 상

주제

• 스레드, 그래픽

11. 별이 반짝이는 화면을 만들어보자. 배경 이미지 위에 별들을 30개 정도 생성한다. 별들의 위치는 변경되지 않는다. 하지만 별들의 크기는 변경된다. 하나의 스레드로 별들의 크기를 랜덤하게 변경시키면 반짝이는 것처럼 보이게 된다.

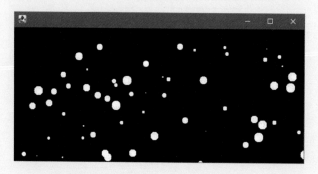

Introduction to **JAVA Programming**

CHAPTER

17

네트워크 프로그래밍

▶ 다음과 같은 작업들을 수행하는 방법을 알고 있나요? 이번 장에서 함께 알아봐요.

1. www.google.com과 같은 호스트의 IP 주소를 얻는 방법을 알고 있습니까?
2. 온라인 웹 페이지의 데이터를 표시할 수 있습니까?
3. 소켓을 이용한 네트워킹 프로그래밍을 작성할 수 있습니까?
4. 무연결 UDP 프로그래밍을 수행할 수 있습니까?
5. 간단한 채팅 프로그램을 만들 수 있나요?

➕ 학습목차

17.1 네트워크 프로그래밍의 기본 개념
17.2 인터넷에서 파일 다운로드하기
17.3 TCP를 이용한 통신

17.4 서버와 클라이언트 제작
17.5 UDP를 이용한 통신
17.6 UDP를 이용한 서버와 클라이언트 작성하기

Power JAVA 3e

서버와 클라이언트

네트워크에는 서버(Server)와 클라이언트(Client)가 존재한다. 서버는 여러 명의 사용자들에게 서비스를 제공하는 컴퓨터이고 클라이언트는 서비스를 요청해서 사용하는 컴퓨터를 의미한다. 이러한 클라이언트와 서버 컴퓨터는 미리 정의된 프로토콜을 이용하여서 서로 간에 통신을 한다.

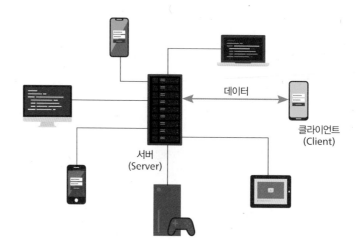

서버와 클라이언트의 예를 몇 가지만 들어보자.

- 웹 서버: 월드 와이드 웹에는 서비스를 제공하는 웹 서버가 있다. 월드 와이드 웹에서 클라이언트는 인터넷 익스플로러 같은 웹 브라우저이다. 웹 서버와 브라우저 간의 프로토콜은 HTTP라고 불린다.

- 이메일 서버: 이메일에도 메일 서버가 있고 클라이언트로 마이크로소프트 아웃룩 같은 이메일 프로그램이 있다. 이메일은 SMTP(Simple Mail Transfer Protocol)를 사용한다.

- DNS 서버: www.naver.com과 같은 사람에게 친근한 인터넷 주소를 209.218.30.6과 같은 숫자로 된 주소로 변환해주는 서버도 있다. 이 서버는 DNS(Domain Name System)이라는 프로토콜을 사용하고 DNS 서버라고 한다. 우리가 웹 브라우저에서 www.naver.com라고 치면 DNS 서버가 이것을 IP 주소로 변환하여 준다.

IP 주소(IPv4)

우리가 어떤 사람과 전화를 하려면 그 사람의 전화번호를 알아야 한다. 컴퓨터의 세계에서도 마찬가지이다. 하나의 컴퓨터가 다른 컴퓨터와 통신을 하려면 그 컴퓨터의 주소를 알아야 한다. IP 주소(IP address)는 네트워크에 존재하는 컴퓨터를 유일하게 식별하는 숫자이다. IP 주소는 32 비트의 이진수이며 이론적으로 인터넷에 존재하는 약 40억 개의 컴퓨터를 식별할 수 있다(IPv4 규격). IP 주소는 보통 숫자 중간에 점을 찍어서 표시한다. 예를 들면 208.168.119.12와 같다.

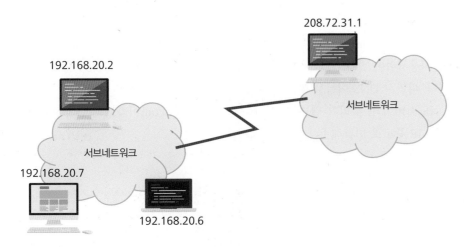

IP 주소(IPv6)

최근에는 인터넷상의 컴퓨터 증가로 128비트를 사용하는 IPv6 규격이 사용된다. IPv4는 32비트 주소체계여서 약 40억 개의 주소만 가능하지만 IPv6는 128비트를 사용하므로 $3.4*10^{38}$개의 주소를 가질 수 있다. 이는 폭발적으로 늘어나는 인터넷 사용에 대비하기 위한 것이다. IPv6는 이진수 형식으로 표시된다. 즉 128비트의 001010000..과 같은 형식이다.

자기 컴퓨터의 IP 주소를 알아보려면 다음과 같이 ipconfig 명령어를 실행시키면 된다.

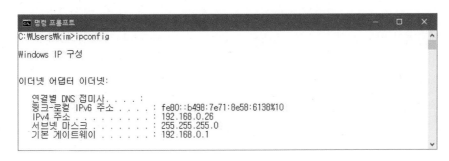

호스트 이름, DNS, URL

호스트 이름은 네트워크상에서 컴퓨터의 이름이다. 호스트 이름은 표준인 DNS(Domain Name System)를 사용해서 생성된다. DNS는 보통 인간에게 친근한 문자열을 사용하여서 이름을 짓는다. 예를 들어서 **www.naver.com**과 같다. 만약 DNS를 사용하지 않는다면 207.181.28.9과 같은 IP 주소를 사용하여야 한다. 그러나 컴퓨터들이 통신을 하려면 이러한 DNS 이름보다는 IP 주소가 필요하다. 따라서 DNS 이름을 IP 주소로 변환하여 주는 작업이 필요하다. 이 작업을 수행하는 서버가 DNS 서버이다. 우리가 웹 브라우저에서 **www.naver.com**이라고 치면 DNS 서버가 이것을 대응되는 IP 주소로 변환해준다.

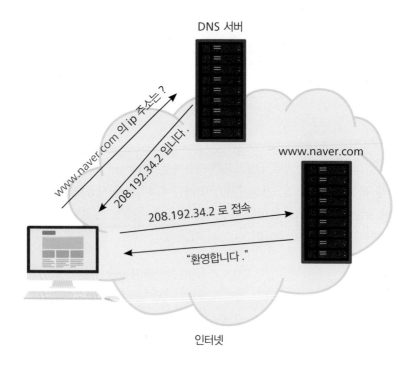

모든 컴퓨터는 자기 자신을 가리키는 특별한 호스트 이름과 IP 주소를 가지고 있다. localhost와 127.0.0.1이 바로 그것이다. 이것은 특히 네트워킹 프로그램을 간단히 테스트할 때 유용하다.

URL

DNS와 연관되어 있는 것이 URL(Uniform Resource Locator)이다. URL은 인터넷상의 파일이나 데이터베이스 같은 자원에 대한 주소를 지정하는 방법이다. URL은 인터넷에 있는 자원의 위치를 나타내기 위한 규약이다. 자원이라는 것은 대개 파일을 의미하고 이 경우 인터넷은 거대한 하나의 파일 시스템이라고 할 수 있다. URL은 바로 우리가 인터넷에서 웹 페이지를 볼 때 웹 브라우저의 주소 칸에 적어주는 값이다. URL은 호스트 이름에 파일의 경로를 붙여서 표시한다.

URL은 두 부분으로 되어있는데 첫 번째 부분은 자원에 접근할 때 사용하는 프로토콜(protocol)을, 두 번째 부분은 자원의 이름을 나타낸다. 예를 들어서 http는 하이퍼텍스트 전송 프로토콜을 나타내고 ftp는 파일 전송 프로토콜을 나타낸다.

자원의 이름은 호스트 이름, 파일 이름, 포트 번호, 참조 등의 필드로 구성되어 있다. 이 중에 호스트 이름과 파일의 이름은 반드시 필요하지만 다른 필드는 생략이 가능하다.

호스트 이름 → IP 주소 프로그램

호스트 이름을 받아서 IP 주소를 반환하는 프로그램을 작성해보자. 인터넷 주소는 **InetAddress 클래스**가 담당한다. InetAddress 클래스의 getByName()을 호출하면서 호스트 이름을 전달하면 IP 주소를 저장하고 있는 객체가 반환된다.

ShapeTest.java

```
01    // 소스를 입력하고 Ctrl+Shift+O를 눌러서 필요한 파일을 포함한다.
02
03    public class host2ip
04    {
05      public static void main ( String[] args ) throws IOException  {
06        String hostname = "www.naver.com";
07
08        try  {
09          InetAddress address = InetAddress.getByName(hostname);
10          System.out.println("IP 주소: " + address.getHostAddress());
11        }
12        catch ( UnknownHostException e )  {
13          System.out.println(hostname + "의 IP 주소를 찾을 수 없습니다. " );
14        }
15      }
16    }
```

IP 주소: 125.209.222.142　　　　　　　　　　　　　　　　　**실행 결과**

도전문제

위의 프로그램과는 반대로 IP 주소를 가지고 호스트 이름을 알려면 어떻게 하면 될까? 또 자신의 컴퓨터 IP 주소를 출력하는 프로그램을 작성하여 보자. 자신의 컴퓨터의 IP 주소를 알려면 getLocalHost() 메소드를 사용하면 된다.

중간점검

1. IP 주소와 호스트 이름은 어떻게 다른가?
2. 자신을 가리키는 IP 주소는 무엇인가?
3. DNS 서버가 하는 역할은 무엇인가?

우리의 첫 번째 과제는 웹에서 파일을 다운로드해보는 것이다. 예를 들어서 **www.naver.com**에 연결하여 네이버 서버가 보내주는 첫 번째 HTML 파일을 다운로드해보자.

우리는 15장에서 파일에서 데이터를 읽는 방법을 학습하였다. 네트워크에서 데이터를 읽는 방법도 파일에서 읽는 방법과 아주 유사하다. 스트림을 네트워크에 연결하여 데이터를 읽으면 된다. 자바에서 네트워크 프로그래밍을 위한 패키지는 java.net이다. 이 패키지에는 네트워크를 지원하는 클래스들이 아주 많이 존재한다. 많은 클래스 중에서 **java.net.URL**가 있다. 이 클래스는 우리의 프로그램과 인터넷 상의 원격 컴퓨터가 가지고 있는 자원을 연결한다. 물론 원격 컴퓨터가 자원에 접근하는 것을 허락하여야 한다.

URL 클래스를 사용하여서 원격 컴퓨터에 접근하려면 다음과 같이 URL 생성자를 호출하면서 웹 사이트의 주소를 전달한다. URL이 잘못 지정되었을 경우에 MalformedURLException 예외를 발생시키므로 다음과 같이 예외를 처리하여야 한다. URL 객체는 일단 만들어지면 그 내용을 수정할 수가 없다.

```
try {
    URL  url = new URL("https://www.naver.com/");
    // 여기에 필요한 코드가 들어간다.

} catch (MalformedURLException e){
    // 예외 처리
}
```

URL 객체를 생성하였다고 해서 바로 원격 컴퓨터와 연결되는 것은 아니다. URLConnection 클래스를 사용하여서 URL과 응용 프로그램 사이의 통신 링크를 생성하여야 한다. URLConnection 클래스가 성공적으로 생성되면 URL이 지정하는 자원에서 데이터를 읽고 쓸 수 있다. 만약 원격 파일을 읽을 필요가 있으면 파일에 연결된 스트림을 열어야 한다.

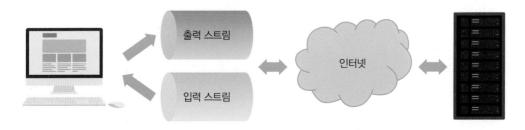

일반적으로 HTTP 연결을 통하여 인터넷에서 파일을 읽으려면 다음과 같은 단계를 거쳐야 한다.

1. URL 클래스의 객체를 생성한다.

2. URL 객체를 이용해서 연결하기 위하여 URLConnection 객체를 생성한다.

3. URLConnection 객체의 getInputStream() 메소드를 호출하여서 입력 스트림을 얻는다.

4. 스트림에서 데이터를 읽는다.

URLConnection 객체를 이용하여 외부 URL에 의하여 표현되는 서버에 접속할 수 있으며 또한 접속에 앞서서 여러 가지 통신 파라미터들을 설정할 수 있다. 네트워크에서는 항상 오류가 발생할 수 있기 때문에 메소드가 예외를 던지거나, try-catch 구조를 사용하여 예외를 잡아 처리하여야 한다. **www.naver.com**에서 데이터를 읽어서 콘솔에 표시하는 프로그램을 작성하면 다음과 같다.

URLConnectionReader.java

```
01  import java.net.*;
02  import java.io.*;
03
04  public class URLConnectionReader {
05    public static void main(String[] args) throws Exception {
06      URL site = new URL("https://www.naver.com/");
07      URLConnection url = site.openConnection();
08      BufferedReader in = new BufferedReader(
09                          new InputStreamReader(
10                          url.getInputStream()));
11      String inLine;
12
13      while ((inLine = in.readLine()) != null)
14        System.out.println(inLine);
15      in.close();
16    }
17  }
```

실행 결과

```
<!DOCTYPE html PUBLIC "-//W3C//DTD XHTML 1.0 Transitional//EN"
"http://www.w3.org/TR/xhtml1/DTD/xhtml1-transitional.dtd">
<html xmlns="http://www.w3.org/1999/xhtml" xml:lang="ko" lang="ko">
<head>
<meta http-equiv="Content-Type" content="text/html; charset=euc-kr" />
...
```

URL과 URLConnections 클래스는 인터넷상의 자원을 접근하는데 상대적으로 고수준의 메커니즘이다. 그러나 많은 경우에 **소켓(Socket)**과 같은 저수준의 네트워크 통신 기능이 필요한 경우도 있다. 예를 들면 자바로 클라이언트-서버 응용 프로그램을 만드는 경우이다.

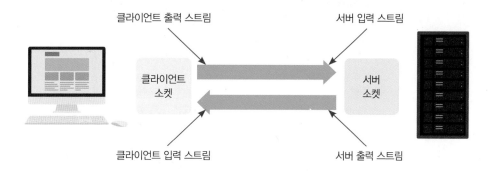

클라이언트-서버 응용 프로그램에서 서버는 특정한 서비스를 제공한다. 예를 들면 데이터베이스 서버는 데이터베이스 쿼리를 받아서 처리한 후에 결과를 클라이언트로 보낸다. 클라이언트와 서버 사이의 통신은 신뢰성이 있어야 한다. 즉, 신뢰성이 있다는 것은 데이터의 누락이 없어야 하고, 서버에서 보낸 순서대로 클라이언트측에 도착한다는 의미이다. 일단 필요한 개념들을 간략하게 정리하여 보자.

프로토콜

사람들은 동일한 언어를 사용할 때만 다른 사람들과 의사소통을 할 수 있다. 컴퓨터도 마찬가지이다. 컴퓨터 상호 간에 데이터를 주고 받기 위해서는 어떤 규칙이 필요하다. **프로토콜(Protocol)**은 컴퓨터 간에 상호통신을 할 때 데이터를 원활하고 신뢰성 있게 주고 받기 위해 필요한 약속을 규정하는 것이다. 프로토콜 본래의 의미는 외교에서 의례 또는 의정서를 나타내는 말이지만, 네트워크 구조에서는 통신을 원하는 두 개체 간에 무엇을, 어떻게, 언제 통신할 것인가를 서로 약속한 규약이다. 프로토콜에는 정보의 교환 형식과 송수신 방법 등을 규정하는 규칙이 있다. 같은 프로토콜을 사용하면 컴퓨터의 기종이 달라도 컴퓨터 상호 간에 통신할 수 있고, 데이터의 의미를 일치시켜 원하는 동작을 시킬 수 있게 된다.

일상 생활에서의 예를 들어보자. 전화를 걸어서 상대방과 통화를 하는 과정을 살펴보자. 아주 간단한 행동이지만 몇 가지의 절차가 필요하다. 먼저 전화 수화기를 들어야 하고 전화번호를 누른 후에 상대방이 전화를 받을 때까지 기다리고 상대방이 수화기를 들면 통화가 시작된다. 또 통화가 끝나면 다시 수화기를 내려 놓는다. 이와 마찬가지로 컴퓨터 사이에 데이터를 주고 받는 경우에도 데이터를 받을 주소를 먼저 알려주어야 하고 상대방이 데이터를 받을 수 있는지를 검사하는 절차가 필요하다. 이것이 프로토콜이다.

다른 기종의 컴퓨터 간에도 통신이 이루어져야 하기 때문에 프로토콜은 몇 개의 기능적인 계층으로 나누어서 정의하는 것이 일반적이다. 통신 프로토콜은 일반적으로 몇 개의 계층(layer)으로 구분한다. TCP/IP 통신 프로토콜은 5개의 계층으로 이루어져 있다.

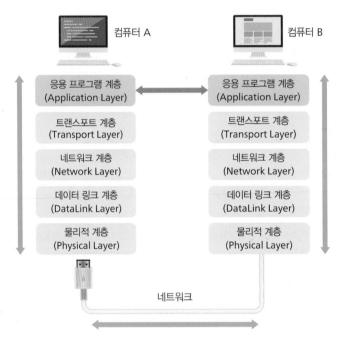

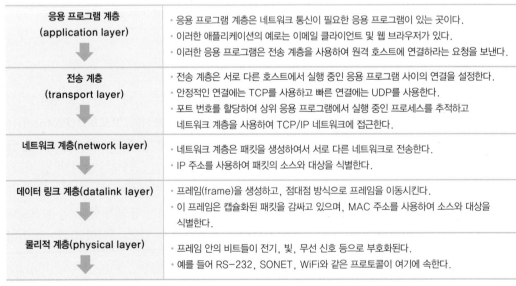

응용 프로그램 계층 (application layer)	• 응용 프로그램 계층은 네트워크 통신이 필요한 응용 프로그램이 있는 곳이다. • 이러한 애플리케이션의 예로는 이메일 클라이언트 및 웹 브라우저가 있다. • 이러한 응용 프로그램은 전송 계층을 사용하여 원격 호스트에 연결하라는 요청을 보낸다.
전송 계층 (transport layer)	• 전송 계층은 서로 다른 호스트에서 실행 중인 응용 프로그램 사이의 연결을 설정한다. • 안정적인 연결에는 TCP를 사용하고 빠른 연결에는 UDP를 사용한다. • 포트 번호를 할당하여 상위 응용 프로그램에서 실행 중인 프로세스를 추적하고 네트워크 계층을 사용하여 TCP/IP 네트워크에 접근한다.
네트워크 계층(network layer)	• 네트워크 계층은 패킷을 생성하여서 서로 다른 네트워크로 전송한다. • IP 주소를 사용하여 패킷의 소스와 대상을 식별한다.
데이터 링크 계층(datalink layer)	• 프레임(frame)을 생성하고, 점대점 방식으로 프레임을 이동시킨다. • 이 프레임은 캡슐화된 패킷을 감싸고 있으며, MAC 주소를 사용하여 소스와 대상을 식별한다.
물리적 계층(physical layer)	• 프레임 안의 비트들이 전기, 빛, 무선 신호 등으로 부호화된다. • 예를 들어 RS-232, SONET, WiFi와 같은 프로토콜이 여기에 속한다.

프로토콜을 계층적으로 정의하게 되면 프로토콜의 각 부분들을 독립적으로 설계하고 테스트할 수 있다. 하나의 레이어(layer)의 구현은 아래 레이어가 제공하는 서비스를 이용하여 이루어진다.

예를 들어서 이메일을 보내는 SMTP(Simple Mail Transfer Protocol)를 생각하여 보자. SMTP 클라이언트는 SMTP 규격을 따르는 어떤 SMTP 서버에게도 메시지를 전송할 수 있다. 가정집에서는 유선 인터넷 선을 사용하고 비행기에서는 WiFi를 통하여 이메일을 보낼 수 있다.

TCP/IP 통신을 이용하기 전에 결정해야 하는 것이 전송 계층 중에서 TCP를 사용할 것이냐 UDP를 사용할 것인가를 결정하여야 한다. 먼저 TCP와 UDP에 대하여 간단히 살펴보자.

TCP

TCP(Transmission Control Protocol)는 신뢰성 있게 통신하기 위하여 먼저 서로 간에 연결을 설정한 후에 데이터를 보내고 받는 방식이다. TCP는 보통 전화와 비슷하다고 이야기한다. 전화를 하기 위해서는 먼저 전화번호를 누르고 상대방이 받으면 통화를 할 수 있다. 통화가 끝나면 연결은 종료된다. TCP는 신뢰성 있게 데이터를 보낼 수 있다. 즉 중간에 데이터들이 잘 도착하는지를 상대방의 응답을 통하여 확인하고, 분실된 데이터가 있으면 다시 보낸다. 또한 데이터를 받는 순서가 데이터를 보내는 순서와 동일하게 관리한다. 반면 단점은, 연결을 하는 과정과 연결을 해제하는 과정에 상당히 많은 시간이 걸린다는 것이다. 이는 짧은 데이터를 보내는 경우에는 상당한 부담이 된다.

❶ 먼저 가능한 경로 중에서 하나가 결정된다.

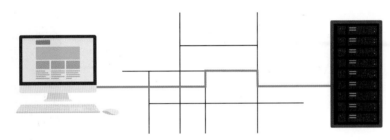

❷ 데이터는 패킷으로 나누어지고 패킷에 주소를 붙여서 전송한다.

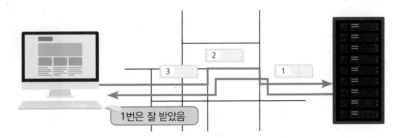

HTTP(Hypertext Transfer Protocol), FTP(File Transfer Protocol), Telnet 등은 모두 TCP를 사용한다. TCP를 사용해야만 데이터의 순서가 보장되기 때문이다. FTP로 파일을 인터넷에서 다운로드 받을 때 파일 안의 데이터가 뒤죽박죽된다면 아무도 이용하지 않을 것이다.

TCP는 신뢰성 있는 점대점 통신 채널을 제공한다. 따라서 클라이언트-서버 응용에서 사용될 수 있다. TCP를 이용하여 통신을 하기 위해서는 클라이언트와 서버 프로그램은 서로 간의 연결을 만들어야 한다. 각 프로그램은 소켓을 연결의 양 끝점에 접속한다. 데이터를 주고받기 위해서는 클라이언트와 서버는 연결에 붙어있는 소켓에서 읽고 쓴다.

UDP

UDP(User Datagram Protocol)는 TCP와는 달리 연결을 하지 않고, 데이터를 몇 개의 고정 길이의 패킷(다이어그램이라고 부른다)으로 분할한 다음, 패킷의 앞에 주소를 붙여서 데이터를 전송하는 방식이다. UDP는 데이터를 여러 개의 편지에 나누어서 보내는 것으로 설명할 수 있다. 편지에는 주소가 붙어있고 우체국에서는 주소를 보고 편지를 배달한다. 편지는 배달 중간에 분실될 수도 있고 배달되는 순서가 바뀔 수도 있다. 따라서 UDP는 높은 신뢰도가 필요하지 않은 통신을 위하여 사용된다.

UDP의 장점은 연결 절차가 필요 없으므로 빠르고 효율적인 통신이 가능하다는 것이다. UCC와 같은 인터넷상의 동영상 서비스는 일반적으로 UDP로 서비스를 제공한다. 약간의 패킷의 손실이 있어도 동영상을 보는 데 지장이 없기 때문이다. P2P방식의 네트워크 게임에서는 TCP와 UDP를 병행해서 사용한다고 한다. 캐릭터의 이동처럼 비교적 중요하지 않은 부분은 UDP를 사용한다.

❶ 데이터를 패킷으로 나누어서 패킷에 주소를 붙이고 전송한다

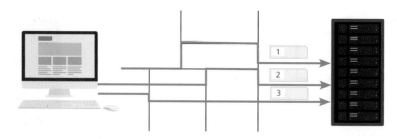

❷ 패킷의 순서가 지켜지지 않으며 패킷이 분실될 수도 있다.

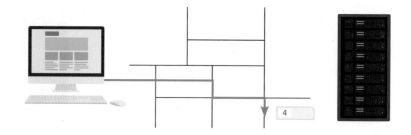

포트

보통 하나의 컴퓨터에는 하나의 물리적인 통신선을 통하여 외부와 연결되어 있다. 그러나 컴퓨터 안에서는 여러 개의 응용 프로그램들이 네트워크를 사용할 수 있다. 따라서 하나의 통신선을 타고 들어오는 데이터를 각각의 응용 프로그램에 차질 없이 배달하기 위해서는 각각의 응용 프로그램

이 사용하는 가상적인 통신 선로가 필요하다. 이것이 바로 포트(port)의 개념이다. 하나의 컴퓨터 안에는 여러 개의 포트가 존재하고 있으며, 인터넷을 통하여 데이터를 보내려면 반드시 어떤 포트를 사용할 것인지를 지정하여야 한다. 따라서 네트워크를 통하여 전달되는 모든 데이터의 주소는 특정 컴퓨터를 가리키는 IP 주소와 포트 번호로 구성된다. 포트 번호는 0에서 65535까지의 정수를 사용하여 표기된다. 0에서 1023까지의 번호는 미리 예약되어 있으며(well-known port) 이 번호들은 대개 FTP와 같이 잘 알려진 서비스에 대해서 미리 할당되어 있다. 따라서 응용 프로그램에서는 1023 이상의 번호를 사용하여야 한다.

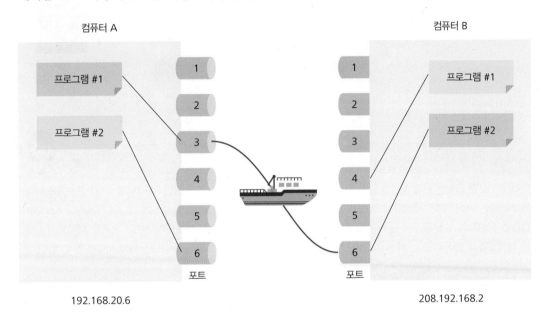

포트 번호는 IP 주소에다가 콜론을 붙여서 표시한다. 예를 들어서 208.168.119.12의 포트 번호 80은 208.168.119.12:80과 같이 표시한다.

소켓이란?

소켓은 TCP를 위한 구소이다. TCP를 사용하여 응용 프로그램끼리 통신을 하기 위해서는, 먼저 연결을 하여야 하는데 연결을 하기 위해서는 연결 끝점(end point)이 있어야 한다. 이 연결 끝점을 소켓(Socket)이라고 한다. 소켓은 앞에서 설명한 포트를 이용하여 만들어진다. 하나의 포트에 하나의 소켓을 만들어 결합한다. 소켓은 개념적으로 응용 프로그램과 포트 사이에 존재한다고 생각할 수 있다.

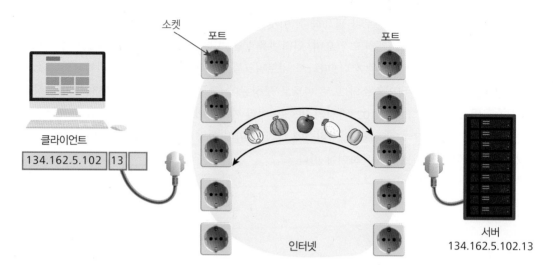

그림 17.1 소켓의 개념

예제 17-1   날짜 서버에 연결하기

인터넷에 보면 정확한 현재 시각을 알려주는 서버들이 존재한다(원자 시계로 측정된 시각이다). 여기서는 미국 시각을 알려주는 서버(NIST 서버)에 소켓을 이용하여 접속해 보자. 소켓은 Socket 클래스에 의하여 제공된다. Socket 클래스 생성자의 첫 번째 인수는 사이트 주소이고 두 번째 인수가 바로 포트 번호이다. NIST 서버를 지정하는 소켓을 생성하면 바로 서버와 연결된다. 소켓으로부터 입력 스트림을 얻어서 스트림에 읽으면 현재 시각을 알 수 있다.

SocketTest.java

```
01  // 소스를 입력하고 Ctrl+Shift+O를 눌러서 필요한 파일을 포함한다.
02  public class SocketTest {
03      public static void main(String[] args) throws IOException {
04          try (Socket s = new Socket("time-c.nist.gov", 13)) {
05              InputStream inStream = s.getInputStream();
06              Scanner in = new Scanner(inStream);
07
08              while (in.hasNextLine()) {
09                  String line = in.nextLine();
10                  System.out.println(line);
11              }
12          }
13      }
14  }
```

```
59453 21-08-27 06:34:46 50 0 0  65.7 UTC(NIST) *
```

중간점검

1. TCP 통신에서 새로운 연결이 만들어지는 과정을 설명하라.

2. accept() 메소드가 반환하는 값은 무엇인가?

3. 소켓에서 입력 스트림 객체를 얻는 메소드 이름은 무엇인가?

우리는 자바로 서버와 클라이언트를 제작하여 볼 것이다. 자바는 실제로 서버를 제작하는 데 가장 많이 사용되는 언어이다. 서버와 클라이언트라고 해서 너무 거창하게 생각하면 안 된다. 서버의 기능도 천차만별이고 아주 간단한 서버도 있다. 두 사람이 간단한 채팅을 할 수 있는 프로그램을 작성해보자. GUI도 없고, 프로토콜도 "quit" 뿐이다.

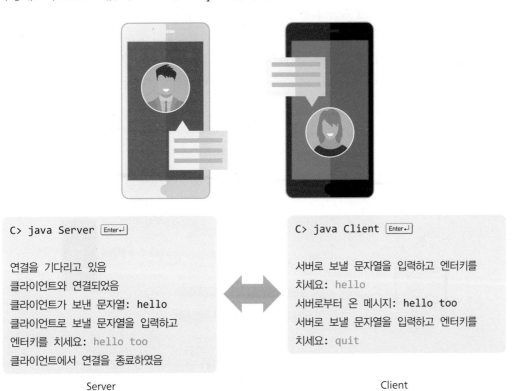

C> java Server [Enter↵]

연결을 기다리고 있음
클라이언트와 연결되었음
클라이언트가 보낸 문자열: hello
클라이언트로 보낼 문자열을 입력하고
엔터키를 치세요: hello too
클라이언트에서 연결을 종료하였음

Server

C> java Client [Enter↵]

서버로 보낼 문자열을 입력하고 엔터키를
치세요: hello
서버로부터 온 메시지: hello too
서버로 보낼 문자열을 입력하고 엔터키를
치세요: quit

Client

서버와 클라이언트를 제작하는데 꼭 알아야 되는 개념이 있다. 다음 그림을 보자. 클라이언트와 서버가 연결되어 있고 소켓을 통하여 서로 데이터를 주고받고 있다.

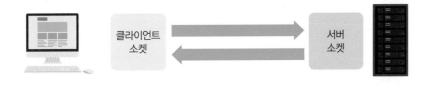

전혀 문제가 없는 것처럼 보인다. 하지만 문제가 있다! 만약 중간에 다른 클라이언트가 이 서버에 접속을 시도하면 어떻게 될까?

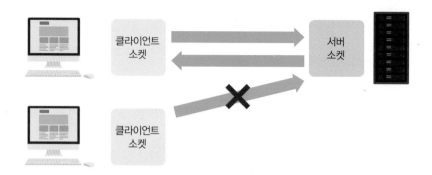

두 번째 클라이언트는 서버에 접속할 수 없다. 왜냐하면 서버의 소켓을 이미 첫 번째 클라이언트가 독점하여 사용하고 있기 때문이다. 하나의 소켓에 동시에 2개의 컴퓨터가 연결될 수는 없다. 데이터가 섞이기 때문이다. 두 번째 클라이언트는 첫 번째가 끝나기를 기다려야 할까? 하지만 서버는 동시에 여러 개의 클라이언트를 상대하여야 한다. 따라서 새로운 접근 방법이 필요하다.

서버는 연결 요청만을 받는 소켓을 따로 가지고 있다. 모든 클라이언트는 이곳으로 연결 요청을 하여야 한다. 연결 요청이 승인되면 서버는 해당 클라이언트를 상대하는 새로운 소켓을 만든다. 클라이언트는 이 새로운 소켓을 사용하여 데이터를 주고받는다.

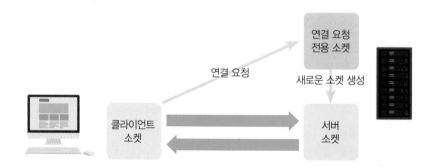

예를 들어 어떤 컴퓨터에서 FTP 서비스를 제공하는 서버가 수행되고 있다고 가정하자. FTP 서버는 서비스 전용 포트 번호(21번으로 고정되어 있다)로 연결 요청이 들어오기를 기다린다. 클라이언트는 서비스 전용 포트 번호로 연결 요청 메시지를 보낸다. 별 문제가 없으면 서버는 연결 요청을 받아들이고 서버는 새로운 포트 번호를 가지는 새로운 소켓을 만든다. 이후부터는 새로 만든 소켓을 이용하여 서버와 클라이언트는 파일을 읽고 쓸 수 있다. 연결을 요청하는 전용 21번 포트는 다른 클라이언트를 위하여 그대로 두어야 한다.

Socket과 ServerSocket 클래스

자바에서 Socket 클래스와 ServerSocket 클래스는 클라이언트측과 서버측을 구현하는 데 사용된다. Socket 클래스가 모든 특수한 시스템의 세부 사항을 감추어 주기 때문에, 자바 프로그램은 플랫폼 독립적이 될 수 있다. ServerSocket 클래스는 서버가 클라이언트에 대한 연결을 기다리고 받아들일 수 있는 소켓을 구현한다. 이 절에서는 먼저 소켓을 이용하여 어떻게 서버를 제작할 수 있는지를 살펴보자. 자바에서 서버는 5개의 단계를 거쳐서 작성된다.

1. ServerSocket 객체 생성

```
ServerSocket   server = new ServerSocket(portNumber, queueLength);
```

위와 같이 ServerSocket 생성자를 호출하면 포트 번호가 portNumber인 포트를 기반으로 하는 소켓을 생성한다. queueLength는 서버에 연결되기를 기다리는 클라이언트의 최대 개수이다. portNumber는 클라이언트가 서버 컴퓨터에서 서버 애플리케이션을 찾기 위하여 필요하다. 각 클라이언트는 이 포트 번호를 이용하여 서버에게 연결을 요청하여야 한다.

2. accept() 메소드 호출

서버는 클라이언트가 연결을 시도하기를 기다린다. 이것은 ServerSocket의 메소드인 accept()를 호출하면 된다.

```
Socket clientSocket = server.accept();
```

accept() 메소드는 클라이언트와 연결이 되면 새로운 Socket 객체를 생성하여 반환한다. 이 새로운 Socket 객체를 이용하여서 서버는 클라이언트와 상호 대화할 수 있다. 이전 단계에서의 portNumber에 연결된 소켓은 다른 클라이언트들의 연결을 위하여 그냥 두어야 한다.

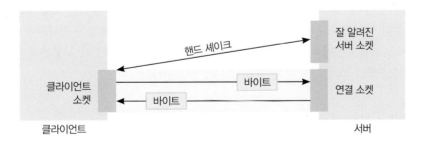

3. 소켓으로부터 스트림 객체를 얻는다.

서버가 클라이언트와 바이트를 주고 받기 위하여 OutputStream과 InputStream 객체를 얻는다. 서버는 OutputStream을 통하여 클라이언트에게 정보를 보낸다. 클라이언트로부터의 정보는 InputStream을 통하여 얻는다. Socket의 getOutputStream()과 getInputStream() 메소드를 사용한다.

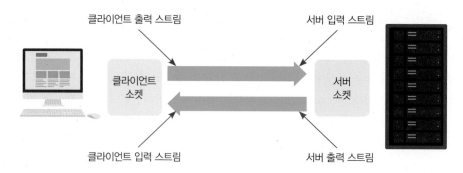

```
InputStream   input = clientSocket.getInputStream();
OutputStream output = clientSocket.getOutputStream();
```

write()와 read()를 사용하여 읽고 쓸 수 있다. 필요하다면 이들 스트림을 다른 스트림으로 감쌀 수 있다. 예를 들어서 바이트 대신에 객체 단위로 정보를 주고받으려면 ObjectStream으로 감쌀 수 있다.

4. 상호 대화 단계

서버와 클라이언트는 스트림을 이용하여서 상호 대화한다. 서버와 클라이언트 사이에는 미리 약속된 프로토콜이 있어야 한다.

5. 종료

서버와 클라이언트 사이에 전송이 끝나면 서버가 close() 메소드를 호출하여서 스트림과 소켓을 닫는다.

채팅 서버 제작

두 명의 사용자가 TCP/IP 통신을 이용하여 채팅을 할 수 있는 프로그램을 만들어보자. 먼저 서버 프로그램부터 작성하자. 서버 프로그램은 먼저 특정한 포트에서 요청을 기다리기 위해 새로운 ServerSocket을 만듦으로써 시작한다. 서버를 작성할 때는 다른 서비스가 사용하지 않는 포트 번호를 선택하여야 한다. 여기서는 포트 번호 5000을 사용한다.

```
serverSocket = new ServerSocket(5000);
System.out.println("연결을 기다리고 있음");
```

ServerSocket은 클라이언트-서버 소켓 연결에서 서버측의 구현을 제공하는 클래스이다. Server Socket는 포트에 연결할 수 없으면 예외를 발생한다. 예를 들면 포트가 이미 사용되고 있는 경우에는 서버를 종료한다. 만약 서버가 성공적으로 포트에 연결되면 ServerSocket 객체는 생성되고 서버는 클라이언트로부터의 요청을 기다린다.

```
clientSocket = serverSocket.accept();
out = new PrintWriter(clientSocket.getOutputStream());
in = new BufferedReader(new InputStreamReader(clientSocket.getInputStream()));
System.out.println("클라이언트와 연결되었음");
```

accept() 메소드는 클라이언트가 시작되어 호스트에 대하여 요청할 때까지 기다린다. 연결이 요청되고 성공적으로 접속되면 accept() 메소드는 새로운 포트와 연결된 Socket 객체를 반환한다. 서버는 클라이언트와 이 새로운 Socket을 통하여 통신할 수 있다. 또한 원래의 정해진 포트와 연결된 ServerSocket을 통하여 계속 클라이언트 연결 요청을 기다릴 수 있다.

서버가 클라이언트와 성공적으로 연결을 설정한 다음에 서버는 클라이언트와 스트림을 이용하여 통신한다. 클라이언트로 보내는 첫 번째 메시지를 얻는 후에 사용자가 입력하는 메시지를 클라이언트로 보낸다. 클라이언트가 "quit"를 전송하면 통신이 종료된다. 서버 전체 소스는 다음과 같다.

Server.java

```
01  import java.io.*;
02  import java.net.*;
03  import java.util.Scanner;
04
05  public class Server {
06     public static void main(String[] args) {
07        ServerSocket serverSocket=null;
08        Socket clientSocket=null;
09        BufferedReader in=null;
10        PrintWriter out=null;
11        Scanner sc = new Scanner(System.in);
12
13        try {
14           serverSocket = new ServerSocket(5000);
15           System.out.println("연결을 기다리고 있음");
16           clientSocket = serverSocket.accept();
17           out = new PrintWriter(clientSocket.getOutputStream());
18           in = new BufferedReader(new InputStreamReader(
19                                        clientSocket.getInputStream()));
20           System.out.println("클라이언트와 연결되었음");
21
22           while (true) {
23              String msg = in.readLine();
24              if (msg.equalsIgnoreCase("quit")) {
25                 System.out.println("클라이언트에서 연결을 종료하였음");
26                 break;
27              }
```

```
28              System.out.println("클라이언트가 보낸 문자열: " + msg);
29              System.out.print("클라이언트로 보낼 문자열을 입력하고 엔터키를 치세요: ");
30              String omsg = sc.nextLine();
31              out.write(omsg + "\n");
32              out.flush();
33          }
34          out.close();
35          clientSocket.close();
36          serverSocket.close();
37      } catch (IOException e) {
38          e.printStackTrace();
39      }
40    }
41  }
```

채팅 클라이언트 제작

클라이언트 프로그램을 시작할 때 서버가 미리 수행되고 있어야 하며 미리 정해진 포트에서 클라이언트의 접속 요청을 기다리고 있어야 한다. 따라서 클라이언트 프로그램이 하는 첫 번째 작업은 호스트 이름과 포트를 가지고 수행되는 서버에 접속하는 것이다.

```
clientSocket = new Socket("localhost", 5000);
out = new PrintWriter(clientSocket.getOutputStream());
in = new BufferedReader(new InputStreamReader(clientSocket.getInputStream()));
```

소켓을 만들 때 clientClient는 호스트 이름으로 "localhost"를 사용한다. 이것은 현재 프로그램이 실행되는 로컬 호스트의 이름이다. 만약 네트워크상의 특정 컴퓨터에서 서버가 실행되고 있다면 특정 컴퓨터의 이름이어도 된다. 포트 번호 5000은 서버 컴퓨터에 있는 원격 포트 번호이다. 바로 채팅 서버가 접속 요청을 기다리고 있는 포트이다. 클라이언트 소켓은 사용 가능한 지역 포트에 연결된다. 서버도 또한 새로운 소켓을 얻고 이 소켓은 포트 번호인 5000에 연결된다. 서버의 소켓과 클라이언트의 소켓은 서로 연결된다.

다음으로 서버와 클라이언트 간의 통신을 구현하는 반복 루프가 있다. 클라이언트가 먼저 메시지를 서버로 보낸다. 클라이언트는 사용자로부터 메시지를 받아서 서버로 보낸다. 만약 사용자가 "quit"라고 하면 클라이언트는 이것을 서버로 보낸 후에 루프를 빠져 나온다. 그렇지 않으면 이것을 소켓에 연결된 출력 스트림을 통하여 서버로 보낸다.

```
while (true) {
    System.out.print("서버로 보낼 문자열을 입력하고 엔터키를 치세요: ");
    msg = sc.nextLine();
    if (msg.equalsIgnoreCase("quit")) {
```

```
          out.println(msg);
          out.flush();
          break;
      }
      out.println(msg);
      out.flush();
      msg = in.readLine();
      System.out.println("서버로부터 온 메시지: " + msg);
  }
}
```

이어서 서버로부터 온 메시지를 읽어서 화면에 표시한다. 전체 소스는 다음과 같다.

Client.java

```
01  import java.io.*;
02  import java.net.Socket;
03  import java.util.Scanner;
04
05  public class Client {
06      public static void main(String[] args) throws IOException {
07          Socket clientSocket = null;
08          BufferedReader in = null;
09          PrintWriter out = null;
10          final Scanner sc = new Scanner(System.in);
11          try {
12              clientSocket = new Socket("localhost", 5000);
13              out = new PrintWriter(clientSocket.getOutputStream());
14              in = new BufferedReader(new InputStreamReader(
15                                          clientSocket.getInputStream()));
16              String msg;
17              while (true) {
18                  System.out.print("서버로 보낼 문자열을 입력하고 엔터키를 치세요: ");
19                  msg = sc.nextLine();
20                  if (msg.equalsIgnoreCase("quit")) {
21                      out.println(msg);
22                      out.flush();
23                      break;
24                  }
25                  out.println(msg);
26                  out.flush();
27                  msg = in.readLine();
28                  System.out.println("서버로부터 온 메시지: " + msg);
29              }
30          } catch (IOException e) {
31              e.printStackTrace();
32          } finally {
```

```
33          out.close();
34          clientSocket.close();
35        }
36      }
37  }
```

서버와 클라이언트 프로그램 실행

우리는 2개의 프로그램을 동시에 실행하여야 한다. 먼저 서버 프로그램을 실행한다.

```
C> java Server  Enter↵
연결을 기다리고 있음
```

이어서 클라이언트 프로그램을 실행한다.

```
C> java Client  Enter↵
서버로 보낼 문자열을 입력하고 엔터키를 치세요:
```

클라이언트가 접속하는 순간 서버의 출력창에는 다음과 같은 메시지가 출력된다.

```
C> java Server  Enter↵
연결을 기다리고 있음
클라이언트와 연결되었음
```

클라이언트 프로그램에서 서버로 보낼 메시지를 입력하고 엔터키를 누른다.

```
C> java Client  Enter↵
서버로 보낼 문자열을 입력하고 엔터키를 치세요: hello  Enter↵
```

서버의 출력창에는 클라이언트가 보낸 메시지가 출력된다. 서버도 메시지를 입력한 후에 엔터키를 누른다.

```
C> java Server  Enter↵
연결을 기다리고 있음
클라이언트와 연결되었음
클라이언트가 보낸 문자열: hello
클라이언트로 보낼 문자열을 입력하고 엔터키를 치세요: hello too  Enter↵
```

클라이언트 출력창에 서버로부터 온 메시지가 표시된다.

```
C> java Client [Enter↵]
서버로 보낼 문자열을 입력하고 엔터키를 치세요: hello [Enter↵]
서버로부터 온 메시지: hello too
```

이런 식으로 채팅을 하다가 클라이언트가 "quit" 메시지를 보내면 연결이 종료된다.

```
C> java Client [Enter↵]
서버로 보낼 문자열을 입력하고 엔터키를 치세요: hello
서버로부터 온 메시지: hello too
서버로 보낼 문자열을 입력하고 엔터키를 치세요: quit
```

서버에는 다음과 같은 메시지가 표시된다.

```
C> java Server [Enter↵]
연결을 기다리고 있음
클라이언트와 연결되었음
클라이언트가 보낸 문자열: hello
클라이언트로 보낼 문자열을 입력하고 엔터키를 치세요: hello too [Enter↵]
클라이언트에서 연결을 종료하였음
```

만약 이클립스를 사용한다면 하나의 패키지 안에 2개의 소스 코드를 입력하고 [Run As] → [Java Application] 메뉴로 서버와 클라이언트를 각각 실행한 후에 콘솔을 바꿔가면서 메시지를 입력하면 된다.

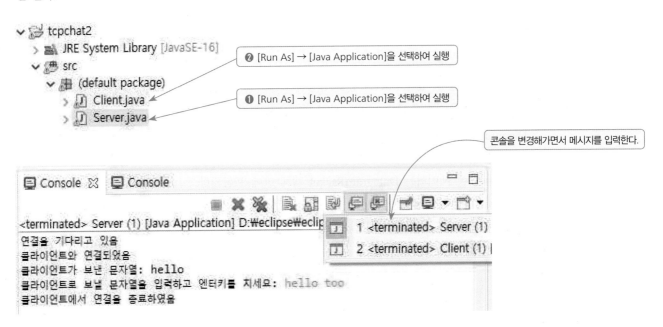

TCP 프로토콜을 이용한 방식은 전화와 비슷하다. 통화를 하기 전에 먼저 전화번호를 눌러 상대방 전화와 연결한다. 연결된 후에는 말을 하지 않더라도 연결은 유지된다.

UDP(User Datagram Protocol) 프로토콜을 이용한 방식은 편지와 비슷하다. 만약 하나의 봉투 안에 다 넣을 수 없으면 여러 개의 봉투를 이용할 수 있다. 똑같은 시간에 발송한 편지라고 하더라도 도착하는 시간이 다를 수 있다. 또한 편지들의 순서가 지켜지지 않는다. 최악의 경우에는 편지가 중간에 분실될 수도 있다.

TCP 프로토콜

UDP 프로토콜

UDP는 높은 신뢰도가 필요하지 않는 응용에 쓰인다. 즉 데이터가 중간에 분실될 수 있고 보낸 순서와 도착 순서가 일치하지 않을 수도 있다. 각각의 데이터그램 패킷마다 주소를 가지고 있다. 데이터그램은 UDP 프로토콜을 구현하고 있다. UDP 프로토콜은 신뢰도를 신경쓰지 않으므로 더 빠른 속도를 낼 수 있다. 또한 연결을 설정하지 않아도 되므로 오버헤드가 적다. 자바에서는 UDP를 DatagramPacket과 DatagramSocket 클래스로 지원한다.

DatagramSocket()은 UDP 프로토콜을 사용하는 소켓을 생성한다. TCP 프로토콜 소켓과는 다르게 서버 소켓과 클라이언트 소켓의 구분이 없다. 그리고 DatagramPacket 객체만을 보내고 받을 수 있다. 모든 데이터는 DatagramPacket 객체 안에 포함된다. 목적지 주소와 포트 번호는 모두 DatagramPacket 객체 안에 포함된다. TCP 프로토콜의 경우, 목적지 주소와 포트 번호는 소켓을 생성하면서 결정되었다. 다음과 같은 생성자를 가진다.

```
DatagramSocket(int port, InetAddress laddr)
```

DatagramPacket은 UDP 프로토콜을 사용하여서 데이터를 보내기 위한 클래스이다. 두 가지 형태의 생성자가 사용된다. 하나는 수신 컴퓨터를 위한 형태로 버퍼만 지정하면 된다. 다른 하나는 송신 컴퓨터를 위한 형태로 상대방 주소와 포트 번호가 추가로 전달된다.

```
DatagramPacket(byte[] buf, int length, InetAddress address, int port)
```

| | UDP를 사용하여서 데이터 보내고 받기 | 예제 17-2 |

문자열 1개를 UDP를 이용하여 보내고 받는 프로그램을 가지고 UDP 통신을 설명해보자.

Sender.java

```
01   // 소스를 입력하고 Ctrl+Shift+O를 눌러서 필요한 파일을 포함한다.
02
03   public class Sender {
04      public static void main(String[] args) throws IOException {
05
06          DatagramSocket socket = null;
07          socket = new DatagramSocket();
08          String s = "우리는 여전히 우리 운명의 주인이다.";
09          byte[] buf = s.getBytes();
10
11          // "address"의 "port"에 있는 클라이언트에게 데이터를 보낸다.
12          InetAddress address = InetAddress.getByName("127.0.0.1"); // 로컬 호스트
13          DatagramPacket packet = new DatagramPacket(buf, buf.length, address,
14                                                     5000);
15          socket.send(packet);
16          socket.close();
17      }
18   }
```

UDP 패킷은 편지를 쓰는 것과 같은 방법으로 데이터를 보낸다. 우리가 편지를 보내려면 먼저 내용물을 봉투에 넣은 후에 봉투의 겉면에 받는 사람의 주소를 적는다. UDP 패킷도 마찬가지이다. 데이터를 가지고 있는 DatagramPacket 객체를 생성하고 여기에 수신 컴퓨터의 주소를 적는다. 이것을 DatagramSocket 객체의 send() 를 이용하여 전송한다.

Receiver.java

```
01   // 소스를 입력하고 Ctrl+Shift+O를 눌러서 필요한 파일을 포함한다.
02
03   public class Receiver {
04      public static void main(String[] args) throws IOException {
05
06          byte[] buf = new byte[256];
07
```

```
08        DatagramSocket socket = new DatagramSocket(5000);   // 포트 번호: 5000
09        DatagramPacket packet = new DatagramPacket(buf, buf.length);
10        socket.receive(packet);
11        System.out.println(new String(buf));
12    }
13 }
```

UDP 패킷을 수신하려면, DatagramSocket 객체와 DatagramPacket 객체를 생성한 후에 DatagramSocket 객체의 receive() 메소드를 실행한다. receive() 메소드에서 패킷이 도착할 때까지 기다리게 된다.

위의 프로그램 중에서 먼저 Receiver를 실행한다. 이어서 Sender를 실행시키면 다음과 같은 화면이 Receiver에서 나타난다.

실행 결과   우리는 여전히 우리 운명의 주인이다.

UDP 통신을 이용하여서 간단한 채팅을 할 수 있는 메신저 예제를 작성하여 보자. 이 메신저는 정해진 상대와 텍스트를 주고 받을 수 있다.

이번에는 그래픽 사용자 인터페이스(GUI)를 사용하여 보자. 텍스트 필드를 생성하여서 사용자가 메시지를 입력할 수 있게 한다. 텍스트 영역은 상대방 컴퓨터가 보내는 메시지를 표시하는 데 사용된다. 여기서는 송신용 포트 번호와 수신용 포트 번호가 5000번과 6000번으로 고정되어 있다. 각종 멤버 변수들을 쉽게 접근하기 위하여 프레임을 나타내는 클래스는 내부 클래스로 정의되었다.

```
MessengerA.java

01  // 소스를 입력하고 Ctrl+Shift+O를 눌러서 필요한 파일을 포함한다.
02
03  public class MessengerA {
04      protected JTextField textField;
05      protected JTextArea textArea;
06      DatagramSocket socket;
07      DatagramPacket packet;
08      InetAddress address = null;
09      final int myPort = 5000;              // 수신용 포트 번호
10      final int otherPort = 6000;    // 송신용 포트 번호
11
12      public MessengerA() throws IOException {
13          MyFrame f=new MyFrame();
14          address = InetAddress.getByName("127.0.0.1");
15          socket = new DatagramSocket(myPort);
16      }
```

```java
17
18      // 패킷을 받아서 텍스트 영역에 표시한다.
19      public void process() {
20         while (true) {
21            try {
22               byte[] buf = new byte[256];
23               packet = new DatagramPacket(buf, buf.length);
24               socket.receive(packet); // 패킷을 받는다.
25               // 받은 패킷을 텍스트 영역에 표시한다.
26               textArea.append("RECIEVED: " + new String(buf) + "\n");
27            }
28            catch (IOException ioException) {
29               ioException.printStackTrace();
30            }
31         }
32      }
33
34      // 내부 클래스 정의
35      class MyFrame extends JFrame implements ActionListener {
36
37         public MyFrame() {
38            super("MessengerA");
39            setDefaultCloseOperation(JFrame.EXIT_ON_CLOSE);
40
41            textField = new JTextField(30);
42            textField.addActionListener(this);
43
44            textArea = new JTextArea(10, 30);
45            textArea.setEditable(false);
46
47            add(textField, BorderLayout.PAGE_END);
48            add(textArea, BorderLayout.CENTER);
49            pack();
50            setVisible(true);
51         }
52
53         public void actionPerformed(ActionEvent evt) {
54            String s = textField.getText();
55            byte[] buffer = s.getBytes();
56            DatagramPacket packet;
57
58            // 패킷을 생성한다.
```

```
59        packet = new DatagramPacket(buffer, buffer.length, address, otherPort);
60        try {
61            socket.send(packet); // 패킷을 보낸다.
62        } catch (IOException e) {
63            e.printStackTrace();
64        }
65        textArea.append("SENT: " + s + "\n");
66        textField.selectAll();
67        textArea.setCaretPosition(textArea.getDocument().getLength());
68     }
69   }
70
71   public static void main(String[] args) throws IOException {
72      MessengerA m = new MessengerA();
73      m.process();
74   }
75 }
```

MessengerB.java

```
01 // 다음의 몇 개의 문장만 제외하고 MessengerA와 동일
02 ...
03 public class MessengerB {
04    ...
05    final int myPort = 6000;
06    final int otherPort = 5000;
07
08    public MessengerB() throws IOException {
09       ...
10    }
11    public static void main(String[] args) throws IOException {
12       MessengerB m = new MessengerB();
13       m.process();
14    }
15 }
```

위의 코드 중에서 가장 중요한 코드는 다음과 같다. InetAddress.getByName()을 이용하여서 호스트 이름에 대응되는 IP 주소를 알아낸다. 그리고 나의 컴퓨터가 사용하는 포트 번호를 이용하여 DatagramSocket 객체를 생성한다. 이 객체를 이용하여 상대방 컴퓨터로부터 오는 패킷을 수신할 수 있다.

```java
public MessengerA() throws IOException {
    address = InetAddress.getByName("127.0.0.1");
    socket = new DatagramSocket(myPort);
}
```

패킷 수신은 socket.receive()를 호출하면 된다. 수신된 패킷은 packet 객체에 저장된다.

```java
byte[] buf = new byte[256];
packet = new DatagramPacket(buf, buf.length);
socket.receive(packet); // 패킷을 받는다.
```

사용자가 텍스트 필드에서 엔터키를 누르면 이것은 액션 이벤트로 받아서 처리한다. 사용자가 입력한 내용을 buffer에 저장한 후 DatagramPacket 객체에 넣어서 상대방 컴퓨터로 송신한다.

```java
packet = new DatagramPacket(buffer, buffer.length, address, otherPort);
socket.send(packet);   // 패킷을 보낸다.
```

중간점검

1. UDP의 장점과 단점은 무엇인가?

2. UDP에서는 패킷을 받을 상대방을 어떻게 지정하는가?

3. DatagramSocket 클래스에서 패킷을 보내고 받는 메소드 이름은?

Introduction to **JAVA Programming**

다자 회의 시스템

최근에 코로나 바이러스가 유행하면서 줌과 같은 인터넷 회의 시스템이 많이 사용되고 있다. 하나의 서버가 여러 클라이언트를 모아서 회의를 할 수 있는 프로그램을 작성해보자.

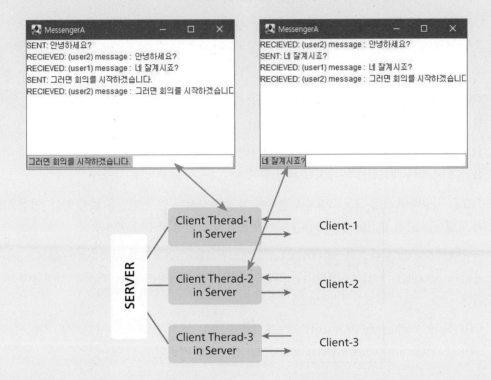

서버에서는 ArrayList를 이용하여 클라이언트 정보를 저장한다. 그리고 클라이언트가 접속할 때마다 서비스 스레드를 생성하여서 각 클라이언트를 서비스한다. 만약 어떤 클라이언트가 메시지를 보내면 이 메시지는 ArrayList에 저장된 모든 클라이언트에게 보내면 된다. 핵심적인 코드는 다음과 같다.

```java
ArrayList<ServerThread> list = new ArrayList<>();
try (ServerSocket ssocket = new ServerSocket(5000)){
   while(true) {
      Socket socket = ssocket.accept();
      ServerThread thread = new ServerThread(socket, list);
      list.add(thread);
      thread.start();
   }
}
```

Summary

- 네트워크에는 서버와 클라이언트 컴퓨터가 존재한다.

- IP 주소는 네트워크에서 컴퓨터를 식별하는 숫자이다.

- URL(Uniform Resource Locator)은 인터넷상의 파일이나 데이터베이스 같은 자원에 대한 주소를 지정하는 방법이다.

- 자바에서 InetAddress 클래스의 getByName()을 호출하면서 호스트 이름을 전달하면 IP 주소를 저장하고 있는 객체가 반환된다.

- 웹에서 파일을 다운로드하려면 java.net.URL 클래스를 사용한다.

- TCP(Transmission Control Protocol)는 신뢰성 있게 통신하기 위하여 먼저 서로 간에 연결을 설정한 후에 데이터를 보내고 받는 방식이다.

- TCP를 사용하여 응용 프로그램끼리 통신을 하기 위해서는 먼저 연결을 해야 한다. 연결을 하기 위해서는 연결 끝점(end point)이 있어야 하는데 그것이 바로 소켓이다.

- 자바에서 Socket 클래스와 ServerSocket 클래스는 클라이언트측과 서버측을 구현하는 데 사용된다. accept() 메소드는 클라이언트와 연결이 되면 새로운 Socket 객체를 생성하여 반환한다.

- UDP(User Datagram Protocol) 프로토콜을 이용한 방식은 편지와 비슷하다. 자바에서는 UDP를 DatagramPacket과 DatagramSocket 클래스로 지원한다.

1. 다음 중 네트워킹을 위한 클래스와 인터페이스가 포함된 패키지는 무엇인가?

❶ java.io   **❷** java.util

❸ java.net   **❹** java.network

2. 현재 컴퓨터의 IP 주소를 얻기 위한 문장으로 맞는 것은?

❶ InetAddress a=new InetAddress();

❷ InetAddress a=new InetAddress("localhost");

❸ InetAddress a=InetAddress.getLocalHost();

3. 다음 클래스 중 웹 서버에서 HTTP 요청을 보내는 데 사용되는 객체는 무엇인가?

❶ Socket   **❷** ServerSocket

❸ DatagramSocket   **❹** URL

4. 다음 중 getInputStream() 메소드를 제공하지 않는 클래스는 무엇인가?

❶ Socket   **❷** DatagramSocket

❸ URLConnection   **❹** ServerSocket

5. 다음 중 IP 주소와 DNS를 캡슐화하는 데 사용되는 클래스는 무엇인가?

❶ DatagramPacket   **❷** URL

❸ InetAddress   **❹** URLNetwork

6. IPv4는 몇 개의 비트를 이용하는가?

❶ 8   **❷** 16

❸ 32   **❹** 128

7. 원격 클라이언트 프로그램과 접속하는 서버를 만드는 데 사용되는 클래스는 무엇인가?

❶ ServerSocket   ❷ Socket

❸ httpResponse   ❹ DNSServer

8. 무연결 소켓 프로그래밍에 사용되는 클래스는?

❶ DatagramSocket   ❷ DatagramPacket

❸ ❶과 ❷모두   ❹ 없음

9. TCP와 UDP 프로토콜의 차이점은 무엇인가?

10. Socket 클래스와 ServerSocket 클래스의 차이점은 무엇인가?

11. ServerSocket 클래스의 accept() 메소드가 하는 일은 무엇인가?

12. 네트워크 서버 프로그램은 다중 스레드로 만들어진다. 이것이 의미하는 바를 설명해보자.

1. 웹에 있는 특정한 이미지 파일을 한정된 버퍼를 사용하여 다운로드하는 프로그램을 작성하여 보자. 버퍼의 크기는 2048 바이트로 한다.

난이도: 상

주제
• URL 클래스 사용

```
https://cdn.pixabay.com/photo/2014/05/02/21/49/laptop-336373_960_720.jpg사이트에서
이미지를 다운로드합니다.
151바이트 만큼 읽었음!
1369바이트 만큼 읽었음!
1369바이트 만큼 읽었음!
...
```

URL 클래스를 사용하여서 웹상의 특정한 이미지 파일에 연결한다. URL 클래스의 openStream() 을 호출하여서 입력 스트림을 얻으면 된다.

2. 본문에 수록된 TCP 채팅 프로그램은 GUI를 사용하지 않는 버전이었다. 소스를 참조하여서 다음과 같은 GUI를 가지고 프로그램으로 다시 제작해보자. 사용자는 포트 번호를 마음대로 선택할 수 있다. 오른쪽 하단의 텍스트 필드에 텍스트를 입력하고 엔터키를 누르면 상대방 컴퓨터로 텍스트가 전달된다. 모든 대화는 오른쪽의 텍스트 영역에 표시된다.

난이도: 상

주제
• TCP 채팅

텍스트 필드에서 엔터키를 누르면 액션 이벤트가 발생한다. 액션 이벤트가 발생하면 getText()로 텍스트 필드의 내용을 읽어서 상대방 컴퓨터로 전송하면 된다.

3. TCP 소켓을 이용하여서 간단한 서버를 제작해보자. 서버는 EchoServer라고 불리고 클라이언트가 보내는 모든 문자열을 다시 보낸다. EchoServer와 EchoClient 클래스를 작성하여 동시에 실행시켜 본다. 서버와 클라이언트 사이에 주고받는 문자열을 화면에 표시하라. 다음의 두 가지 버전을 순차적으로 작성해보자.

(a) 콘솔 기반으로 작성하여 본다.

(b) 그래픽 기반으로 작성하여 본다.

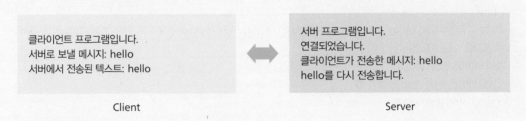

Client   Server

4. 사용자가 네트워크를 통하여 영어 단어를 보내면 한글로 번역하여 보내주는 서버를 구현해보자. 서버가 하나의 클라이언트만 처리하는 것이 아니고 동시에 여러 개의 클라이언트를 처리하기 위해서는 서버의 구조를 조금 변경하여야 한다. 다중 클라이언트를 지원하기 위해서는 각 클라이언트마다 스레드를 하나씩 생성하여 동시에 여러 클라이언트들에게 서비스를 제공하는 서버를 만들 수 있다.

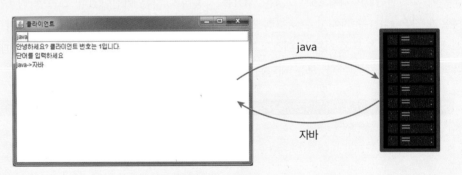

5. 접속하는 컴퓨터에게 현재의 날짜를 서비스하는 서버 DateServer를 제작하여 보자. 서비스를 제공하는 포트 번호를 결정하여야 하는데 9000번으로 하자. 클라이언트가 접속하면 현재의 날짜를 클라이언트로 보낸다. DateServer 프로그램을 실행한 상태에서 DateClient 프로그램을 실행한다. 만약 명령어로 실행시킨다면 다음과 같이 될 것이다.

Client   Server

6. 서버는 클라이언트로부터 텍스트를 받아서 이것을 전부 대문자로 만들어서 다시 보내는 프로그램을 작성해보자. 이번에는 효율적으로 여러 클라이언트를 처리하기 위하여 스레드를 사용해보자. 서버는 동시에 다른 클라이언트를 수신하고 서비스할 수 있으므로 진정한 동시성이 있다.

난이도: 상

주제
• TCP 서버

클라이언트 프로그램입니다.
서버로 전송할 텍스트: abcdef
서버에서 전송된 텍스트: ABCDEF

서버 프로그램입니다.
연결되었습니다.
클라이언트가 전송한 텍스트: abcdef
클라이언트로 보낸 텍스트: ABCDEF

Client   Server

7. 간단한 파일 전송 프로그램을 작성해보자. 클라이언트 컴퓨터는 이진 파일을 서버로 전송할 수 있다. 아주 간단한 프로토콜을 사용하라. 즉 클라이언트는 먼저 파일 이름(문자열)과 파일 크기(정수)를 보내고 이어서 이진 파일을 전송한다.

난이도: 상

주제
• 파일 전송

클라이언트 프로그램입니다.
서버로 전송할 파일 이름: test.jpg
파일 전송을 시작합니다.
파일 전송이 완료되었습니다.

서버 프로그램입니다.
연결되었습니다.
전송받을 파일 이름: test.jpg
파일 크기: 898756바이트
…………………………………………
test.jpg로 서버에 저장되었습니다.

Client   Server

다음 코드를 참조한다.

```
pr.println(FileName);                   // 파일 이름을 서버로 보낸다.
pr.println(FileSize);                   // 파일 크기를 서버로 보낸다.
...
bis.read(filebyte, 0, filebyte.length); // 로컬 컴퓨터에서 파일을 읽는다.
os.write(filebyte, 0, filebyte.length); // 서버로 이진 파일을 보낸다.
```

8. 6번의 파일 전송 프로그램을 GUI 버전으로 재작성해보자. 다음과 같은 사용자 인터페이스를 가진다. 서버가 이미지 파일을 받으면 화면에 표시한다.

Introduction to **JAVA Programming**

CHAPTER

18

데이터베이스 프로그래밍
내용 요약

18장 내용은 인피니티북스 홈페이지에서 다운로드할 수 있습니다(http://www.infinitybooks.co.kr).

▶ 다음과 같은 작업들을 수행하는 방법을 알고 있나요? 이번 장에서 함께 알아봐요.

1. JDBC를 사용하여 자바 애플리케이션을 MySQL과 같은 데이터베이스와 연결하는 방법을 알고 있나요?
2. JDBC를 사용하여 데이터베이스의 테이블을 출력하는 방법을 알고 있나요?
3. JDBC를 사용하여 데이터베이스에서 이미지를 저장하고 검색하는 방법을 알고 있나요?
4. JDBC를 사용하여 데이터베이스에서 파일을 저장하고 검색하는 방법을 알고 있나요?

JAVA   RDBMS

Power JAVA 3e

 학습목차

18.1 자바와 데이터베이스
18.2 데이터베이스의 기초
18.3 SQL
18.4 JDBC를 이용한 프로그래밍
18.5 Prepared Statements 사용하기
18.6 JDBC를 사용하여 이미지 저장하기
18.7 JDBC를 사용하여 텍스트 파일 저장하기

이번 장에서는 데이터베이스의 기초와 SQL 명령어를 배우고 JDBC를 사용하여 자바와 데이터베이스를 연결 및 사용하는 방법에 대해 살펴본다.

자바와 데이터베이스

JDBC(Java Database Connectivity)는 자바 애플리케이션과 데이터베이스를 연결하는 라이브러리이다. JDBC를 사용하면 자바 프로그램에서 데이터베이스에 접근하여서 검색이나 저장 등 여러 가지 관련된 작업을 할 수 있게 된다.

> 데이터베이스는 네트워크로 연결된 컴퓨터에 데이터를 제공합니다.

데이터베이스란?

데이터베이스는 데이터가 빠르게 추출될 수 있도록 데이터를 조직화하여서 저장하는 방법이다. 일반적으로 열과 행으로 이루어진 테이블에 데이터를 저장한다.

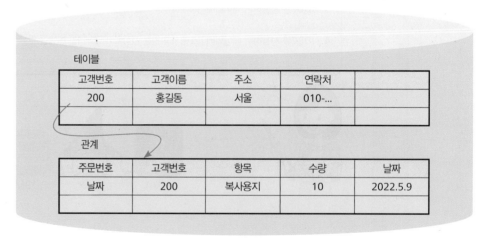

테이블

고객번호	고객이름	주소	연락처	
200	홍길동	서울	010-...	

관계

주문번호	고객번호	항목	수량	날짜
날짜	200	복사용지	10	2022.5.9

데이터베이스

SQL이란?

SQL 관계형 데이터베이스에서 사용하기 위하여 설계된 언어이다. 표준적인 SQL 명령어들이 있으며 이것은 모든 관계형 데이터베이스에 의하여 지원된다. SQL 명령어들은 두 가지의 카테고리로 나누어진다. **데이터 정의 명령어(Data Definition Language)**들은 테이블을 생성하거나 변경한다. **데이터 조작 명령어(Data Manipulation Language)**는 데이터를 추출, 추가, 삭제, 수정한다. 많이 사용되는 SQL 명령어를 요약하면 다음과 같다.

구분	명령어	설명
데이터 정의 명령어 (Data Definition Language)	CREATE	사용자가 제공하는 컬럼 이름을 가지고 테이블을 생성한다. 사용자는 컬럼의 데이터 타입도 지정하여야 한다. 데이터 타입은 데이터베이스에 따라 달라진다. CREATE TABLE은 보통 DML보다 적게 사용된다. 왜냐하면 이미 테이블이 만들어져 있는 경우가 많기 때문이다.
	ALTER	테이블에서 컬럼을 추가하거나 삭제한다.
	DROP	테이블의 모든 레코드를 제거하고 테이블의 정의 자체를 데이터베이스로부터 삭제하는 명령어이다.
	USE	어떤 데이터베이스를 사용하는지를 지정한다.
데이터 조작 명령어 (Data Manipulation Language)	SELECT	데이터베이스로부터 데이터를 쿼리하고 출력한다. SELECT 명령어들은 결과 집합에 포함시킬 컬럼을 지정한다. SQL 명령어 중에서 가장 자주 사용된다.
	INSERT	새로운 레코드를 테이블에 추가한다. INSERT는 새롭게 생성된 테이블을 채우거나 새로운 레코드들를 이미 존재하는 테이블에 추가할 때 사용된다.
	DELETE	지정된 레코드를 테이블로부터 삭제한다.
	UPDATE	테이블에서 레코드에 존재하는 값을 변경한다.

JDBC를 이용한 데이터베이스 사용 절차

JDBC를 이용하여서 데이터베이스를 사용하는 전형적인 절차는 다음과 같다.

1. URL로 지정된 JDBC 드라이버를 적재(load)한다.

2. 사용자 이름과 패스워드를 가지고 데이터베이스에 연결한다.

3. SQL 문장을 작성하여 전송하고 실행한다. SQL 명령어의 결과로 생성되는 결과 집합을 얻는다.

4. 결과 집합을 화면에 표시하거나 결과 집합을 처리한다. 사용이 끝나면 연결을 해제한다.

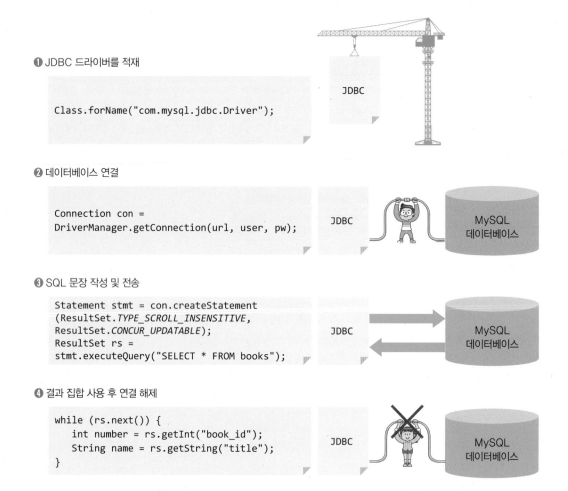

❶ JDBC 드라이버를 적재

```
Class.forName("com.mysql.jdbc.Driver");
```

JDBC

❷ 데이터베이스 연결

```
Connection con =
DriverManager.getConnection(url, user, pw);
```

JDBC   MySQL 데이터베이스

❸ SQL 문장 작성 및 전송

```
Statement stmt = con.createStatement
(ResultSet.TYPE_SCROLL_INSENSITIVE,
ResultSet.CONCUR_UPDATABLE);
ResultSet rs =
stmt.executeQuery("SELECT * FROM books");
```

JDBC   MySQL 데이터베이스

❹ 결과 집합 사용 후 연결 해제

```
while (rs.next()) {
    int number = rs.getInt("book_id");
    String name = rs.getString("title");
}
```

JDBC   MySQL 데이터베이스

찾아보기

ㄱ

가비지 컬렉션 · 191
가비지 컬렉터(Garbage Collector) · 192
가시성 표시자(visibility indicator) · 174
값에 의한 호출(call-by-value) · 194
강제적인 형변환 · 62
객체 배열 · 209
객체 생성 · 147
객체 지향(object-oriented) · 6
객체(object) · 110, 134, 135
객체의 동작 · 135
객체의 상태 · 135
객체의 소멸 · 191
결과 집합 처리 · DL_20
결과 집합(Result Sets) · DL_14
경계(border) · 483
계층 구조 · 328
관계 연산자(relational operator) · 71
관계형 데이터베이스
    (relational database) · DL_5
교착(데드락) · 713
구성관계(composition) · 175
구현(realization) · 175
그래픽 사용자 인터페이스 · 374
그래픽 좌표계 · 516
그래픽 프로그래밍 · 506
기본 생성자(default contrcutor) · 158
기본 입출력 메소드 · 648
기초 도형 · 516
기초 변수(primitive variable) · 148
기초형(primitive type) · 54

ㄴ

낙타체(CamelCase) · 48
내부 반복문(inner loop) · 105
내부 클래스 · 305
네이티브 코드(native code) · 13

네트워크 연결 풀 · 207
네트워크 프로그래밍 · 734
논리 연산자 · 72
논리형 리터럴 · 58

ㄷ

다각형 · 516
다운캐스팅 · 250
다이아몬드 · 555
다중 if-else 문 · 89
다중 상속(Multiple inheritance) · 290
다형성 · 143
다형성(polymorphism) · 246
달빅(Dalvik) · 10
대입 연산 · 190
댑터 클래스(Adaptor Class) · 451
데몬 스레드 · 705
데이터베이스 · DL_5
데이터베이스 관리 시스템(DBMS)
    · DL_5
데이터베이스 연결 · DL_17
동기화(synchronization) · 708, 711
동작 매개 변수화 · 610
동적 객체 배열 · 213
동적 바인딩 · 251
둥근 사각형 · 516
드라이버 클래스 적재 · DL_16
디폴트 메소드(default method) · 293
딕셔너리(dictionary) · 575

ㄹ

라디오 버튼(radio button) · 481
람다식 정의 · 605
람다식(lambda expression)
    · 19, 428, 604
래그드 배열 · 118
랩퍼 클래스 · 340

레이블 · 470
레이블(label) · 400
레이아웃 · 469
레코드 · DL_10
리터럴(literal) · 57

ㅁ

마우스 이벤트(Mouse Event) · 444
매핑 연산(map()) · 631
멀티 스레딩(multi-threading) · 7, 688
멀티 태스킹(multi-tasking) · 688
메모리 불일치 오류
    (memory consistency error) · 708
메소드 오버라이딩
    (method overriding) · 239
메소드 오버로딩
    (method overloading) · 154
메소드(method) · 26, 47, 48, 135
메시지(message) · 134
멤버(member) · 146
명령어 도구 · 27
명령형 프로그래밍(imperative
    programming) · 136, 599
명시적인 호출 · 235
모듈 · 359
모듈화 · 360
무한 루프 · 107
묵시적인 호출 · 236
문자 스트림(character stream)
    · 645, 647
문자열(string) · 60
문자형 · 56
문장(statement) · 50

ㅂ

바이트 스트림(byte stream) · 645, 652
바이트 코드(byte code) · 5, 12
배열(array) · 110

배치 관리자 · 388
버튼 · 404
버퍼 스트림 · 658
벡터(Vector) · 563
변수 · 59
변수(variable) · 52
복합 대입 연산자 · 70
부동소수점형 리터럴 · 57
분산처리 · 7
비트 연산자 · 72
비트 이동 연산자 · 73

ㅅ

사각형 · 516
산술 연산 · 69
상속(inheritance) · 143, 175, 224
상수 정의 · 291
상수(constant) · 58
색상 객체 · 511
생성자 참조 · 625
생성자(constructor) · 155
서버 지향 구조(SOA) · 17
서버(Server) · 734
섞기 · 584
설정자(setters) · 166
소스 파일 · 24
소켓(Socket) · 741, 745
수식(expression) · 68
스레드 간섭(thread interfe-rence) · 708
스레드 스케줄링 · 699
스레드 우선 순위 · 700
스레드 풀 · 207
스레드(thread) · 688
스윙 비주얼 디자이너 · 397
스윙 컴포넌트 · 466
스윙 패키지 · 376
스윙(Swing) · 10, 374
스크롤 페인(scroll pane) · 478
스트림 닫기 · 648
스트림 연산 · 630
스트림(stream) · 627, 644
슬라이더(slider) · 493
식별자(identifier) · 52

실행 · 25

ㅇ

안드로이드 · 10
애플릿(applet) · 8
액션 이벤트 · 432
양방향 연관(bidirectional association) · 175
업캐스팅 · 247, 250, 253
연산자(operator) · 68
영상 처리 · 535
예외 처리 · 351
오류 · 236
오버라이딩 · 242
오버로딩 · 242
오토박싱 · 341
외부 반복문(outer loop) · 105
요구 사항 문서(problem requirements) · 171
우선 순위 큐 · 580
월드 와이드 웹(world wide web) · 3
유니코드(unicode) · 56
유향 연관(direct association) · 175
의미적 이벤트 · 431
의미적 이벤트(semantic event) · 431
의존 관계 · 175
의존(dependency) · 175
이미지 출력 · 524
이벤트 · 420
이벤트 리스너(event listener) · 420
이벤트-구동 프로그래밍 · 420
이클립스(Eclipse) · 2, 28
익명 클래스(anonymous class) · 308
인덱스(index) · 110
인스턴스 변수(instance variable) · 200
인스턴스(instance) · 145, 146
인터럽트(interrupt) · 703
일반화(generalization) · 175
입출력 스트림 · 644

ㅈ

자동적인 형변환 · 61
자료형(data type) · 54

자바 API 패키지 · 335
자바 가상 기계(JVM: Java Virtual Machine) · 5, 12
자바 데스크탑 애플리케이션 (Java desktop application) · 8
자바 모듈 컴파일 · 362
자바 상속 · 227
자바 서블릿 · 9
자바 스레드 풀 · 705
자바 튜토리얼 · 39
자바 프로그램 · 25
자바 플랫폼 · 15
자바(Java) · 2
자바스크립트 · 3
자율 주행 자동차 · 298
작업 명세서(statement of work) · 171
저수준 이벤트 · 431
절차 지향 · 139
절차 지향 프로그래밍 (procedural programming) · 136
접근 제어(access control) · 163
접근자(getters) · 166
정렬 · 582
정렬 연산(sorted()) · 631
정보 은닉 (information hiding) · 141, 165
정적 import 문장 · 329
정적 메소드(static method) · 295
정적 멤버(static member) · 199
정적 변수(class variable) · 200
정적 블록 · 206
제네릭 · 564
제네릭 메소드 · 555
제네릭 클래스(generic class) · 554
제네릭 프로그래밍 (generic programming) · 552
제임스 고슬링(James Gosling) · 3
조건 연산자 · 75
조건식 · 99
종단 메소드(final method) · 255
종단 클래스(final class) · 255
종말 단계 · 632
주석(comment) · 51

중간 처리 스트림 · 656
중첩 반복문 · 105
중첩 클래스 · 304
증감 연산자 · 69
증감식 · 99
지역 클래스(local class) · 306
직선 · 516
직쏘 프로젝트 · 359
집합관계(aggregation) · 175

ㅊ

참조 변수(reference variable)
　· 148, 159, 190
참조형(reference type) · 54
채팅 서버 · 750
채팅 클라이언트 · 752
체크 박스(check box) · 479
최상위 컨테이너 · 377
추상 클래스(abstract class) · 278, 286
추상화(abstraction) · 144
축소 연산(reduce()) · 632
캡슐화(encapsulation) · 138, 140

ㅋ

커서(Cursors) · DL_14
컨테이너 컴포넌트 · 377
컬렉션(collection) · 558
컴파일 · 25
컴파일 오류 · 36
컴퓨터 하드웨어에서 인터페이스 · 282
콤보 박스(combo box) · 485
큐(queue) · 579
클라이언트(Client) · 734
클래스 · 145
클래스 멤버(class member) · 199
클래스 식별 · 172
클래스(class) · 26, 47
키 이벤트(key event) · 437

ㅌ

타원 · 516
타입 매개 변수(type parameter) · 554
탐색 · 585

테이블 · DL_6
텍스트 영역(TextArea) · 476
텍스트 필드(text field) · 403, 473
통합 개발 환경(IDE) · 28
틀(template) · 146
패키지 · 320

ㅍ

포커스 · 437
포트 · 744
폰트 객체 · 512
폰트 설정 · 513
프로그래밍 패러다임 · 599
프로세스(process) · 689
프로토콜 · 741
필드(field) · 135
필터링(filter()) · 631

ㅎ

함수형 인터페이스 · 616
함수형 프로그래밍 · 600
형변환(type conve-rsion) · 61
호 · 516
히프 메모리(heap memory) · 191

A

Apache Groovy · 14
appletviewer · 27
apt · 27
ArrayList · 121, 566
Arrays 클래스 · 349
AWT(Abstract Windows Toolkit)
　· 374

B

BiFunction 인터페이스 · 620
bin · 22
boolean · 55
BorderLayout · 391
break 문 · 107
byte · 55

C

C++ · 3

Calendar 클래스 · 349
CardLayout · 393
char · 55
CLASSPATH · 332
Clojure · 14
Collections 클래스 · 582
conf · 22
Consumer 인터페이스 · 620
continue 문 · 107

D

DataStream · 656
do-while 문 · 104
double · 55

E

equals() 메소드 · 338
extcheck · 27

F

File 객체 · 667
final 키워드 · 205
finalize() 메소드 · 339
float · 55
FlowLayout · 390
for 문 · 98
for-each 루프 · 113
Function 인터페이스 · 619

G

getClass() 메소드 · 337
getKeyChar() · 439
getKeyCode() · 439
Graphics 클래스 · 516
GridLayout · 393

H

has-a 관계 · 261

I

if-else 문 · 88
import · 65
include · 22
InputStreamReader · 660

int · 55
IntelliJ IDEA · 28
IP 주소 · 734
is-a 관계 · 259
isControlDown() · 440

J

jar · 27
JAR 압축 파일 · 333
java · 27
Java API 문서 · 39
Java EE · 16
Java ME · 17
Java SE · 16
javac · 27
javadoc · 27
JavaFx · 374
JavaFX · 17
javah · 27
javap · 27
Jcomponent 클래스 · 467
jdb · 27
JDBC · DL_29
JDBC(Java Database Connectivity) · DL_2
JDK(Java Development Kit) · 20
JFrame 클래스 · 383
jmods · 22
join() · 702
JPanel 클래스 · 386
JRE(Java Runtime Environment) · 20
JSP · 9
JVM · 14

K

KeyEvent 클래스 · 439
KeyListener 인터페이스 · 438
Kotlin · 14

L

legal · 22
lib · 22
LinkedList · 570
long · 55

M

main() · 149
Map · 575
Math 클래스 · 348
MouseEvent 객체 · 446
MouseMotionListener 인터페이스 · 445
MySQL · DL_6
MySQL JDBC 드라이버 · DL_15

N

notifyAll() · 716

O

Object 클래스 · 336
Open JDK · 20
Oracle JDK · 20
OutputStreamWriter · 660

P

Path 객체 · 666
Predicate 인터페이스 · 620
public 클래스 · 149

R

Random 클래스 · 348
repaint() 메소드 · 509
RIA(Rich Internet Application) · 17

S

Scala · 14
Scanner · 66

ServerSocket 클래스 · 749
Set · 572
short · 55
sleep() · 700
Socket · 749
SQL · DL_
String 클래스 · 343
StringBuffer 클래스 · 346
Supplier 인터페이스 · 620
switch 문 · 94

T

TCP · 741
this() · 160
Thread 클래스 · 691
toString() 메소드 · 337
try-catch 구조 · 352
Try-With-Resource · 356
try-with-resources · 650

U

UDP(User Datagram Protocol) · 744
UML · 173
URL · 736

W

wait() · 716
while 문 · 102

Y

yield() · 703

기타

2계층(Two-tier) 처리 모델 · DL_3
2차원 배열 · 116
3계층(Three-tier) 처리 모델 · DL_3
3차원 사각형 · 516